AN INTRODUCTION TO
COGNITIVE BEHAVIOUR THERAPY
: SKILLS AND APPLICATIONS
BY DAVID WESTBROOK, HELEN KENNERLEY AND JOAN KIRK

認知行動療法臨床ガイド

デヴィッド・ウエストブルック／ヘレン・ケナリー／ジョアン・カーク・著
下山晴彦・監訳／石丸径一郎／小堀彩子／高橋美保／袴田優子／松澤広和／森田慎一郎・訳

認知行動療法臨床ガイド

An Introduction to Cognitive Behaviour Therapy
Skills and Applications

**An Introduction to Cognitive Behaviour Therapy
Skills and Applications. Second Edition**
by
David Westbrook, Helen Kennerley and Joan Kirk

English language edition published by Sage Publications of
London, Thousand Oaks and New Delhi and Singapore
© David Westbrook, Helen Kennerley and Joan Kirk 2007, 2011

Japanese translation published
by arrangement with Sage Publications Ltd.
through The English Agency (Japan) Ltd.

はじめに

　本書は，認知行動療法の実践方法を体系的に，しかも具体的に分かりやすく解説した優れた臨床ガイドブックです。行動療法の基本的方法から，第3世代のマインドフルネス認知療法やアクセプタンス＆コミットメント・セラピーに至るさまざまな技法について，順を追って解説しており，初心者だけでなく，ベテランのセラピストにとっても，現代の認知行動療法を学ぶための最善のテキストとなっています。

　さらに，本書は，極めて実践的な指南書にもなっています。これまでの認知行動療法の解説書の多くは，特定の理論モデルと技法を説明することに終始していました。そのために現場の多様な問題に即して認知行動療法を柔軟に適用することができませんでした。それに対して本書は，精神障害や心理的問題の分類に合わせたケース・フォーミュレーションの作成の仕方が豊富な事例を含めて説明されているので，どのような問題には，どの技法を，どのように組み合わせて用いるのがよいのかを理解することができます。スーパーヴィジョンの方法まで解説してあり，認知行動療法を学ぶ者にとっても，また教えようとする者にとっても痒いところに手の届くテキストとなっています。

　認知行動療法は，発展経過において，広範囲の問題に対して，より有効に介入できるように技法を開発してきています。その起源である行動療法が創始された時代から数えるならば，認知行動療法にはすでに100年近い歴史があり，しかも現在でも発展しつづけている方法です。第1世代の行動療法，第2世代の認知療法に基づく認知行動療法，そして第3世代の文脈や機能を重視する認知行動療法というように，次々と新たなアイデアや技法が提案され，実践され，効果が認められ，幅広く活用されるようになっています。
　そのため，現代認知行動療法は，多様なモデルに基づく，多様な技法を備えたものになっており，学習者は戸惑うことも多くなっていました。本書は，そのような多様な方法を体系的に整理して，学ぶプロセスに沿って解説がなされているため，極めて利用者に優しいテキストとなっています。多くの方が本書を通して実践的に認知行動療法を学ぶことを期待しております。

2012年9月
訳者を代表して　下山晴彦

目次

はじめに 003

第1部 基本的特徴

第01章 CBTの基本理論とその発展 ... 009

第02章 CBTは他の心理療法とどこが違うのか──CBTの特徴 ... 033

第2部 基本的方法

第03章 協働関係 ... 051

第04章 アセスメントとフォーミュレーション ... 075

第05章 CBTにおける効果測定 ... 109

第06章 クライエントが自分自身のセラピストとなるために ... 129

第3部 技法

第07章 ソクラテス式問答法 ... 145

第08章 認知技法 ... 171

第09章 行動実験 ... 209

第 10 章 身体技法 225

第 11 章 介入の過程 247

第 4 部 各障害への適用

第 12 章 うつ病 271

第 13 章 不安障害 291

第 14 章 不安障害──特定モデルと介入プロトコル 313

第 15 章 より広範囲への CBT の応用 339

第 5 部 発展と応用

第 16 章 CBT の新たな提供方法 357

第 17 章 CBT の新たな展開 373

第 18 章 CBT 実践の評価 397

第 19 章 CBT にスーパーヴィジョンを用いる 409

おわりに 425
文献一覧 427
索引 443
著者略歴 449
監訳者略歴 450
訳者略歴 450

認知行動療法臨床ガイド

An Introduction to Cognitive Behaviour Therapy
Skills and Applications

01 CBTの基本理論とその発展

● はじめに

　本章では，読者の皆さんに，まず認知行動療法（Cognitive Behaviour Therapy：CBT）の背景となっている本質的な事柄，たとえば基本的な理論や方法の発展について説明することにします。その理由は，「CBTとは，クライエントがAという問題を示したら，Bというテクニックを適用するもの」と誤解されていることが多いからです。CBTは，単純にレシピに従って調理すれば料理ができると謳っているハウツー式のクッキングブックのようなものとして揶揄されることもあります。CBTとは何かを明確にすることによって，このような誤解を解くことが本章の目的となります。

　まず明確にしておかなければいけないのは，実際のCBTは，そのような機械的にテクニックを適用するものではないということです。CBTに関しては，何にもまして"理解"ということが大切となります。つまり，クライエントを"理解"し，CBTの理論を"理解"し，それらの理解をフォーミュレーションにおいて統合することがCBTの実践で本質的に重要な事柄なのです（第4章参照）。読者の皆さんは，人間をどのように理解するのかについては，すでにご自身の臨床経験や個人的体験にもとづき，各々の考え方をおもちであると思います。したがって，クライエントの理解の仕方については，ある程度の見解をもっているといえるでしょう。そこで本章では，CBTの理論の理解の仕方について，まず皆さんと一緒に確認していく作業から始めることにします。

　もうひとつ明確にしておきたいことがあります。それは，CBTは，単一の，統一された心理療法ではないということです。CBTをあたかもひとつの心理療法であるかのように語るとしたら，それは誤解を招くことになります。CBTは一枚岩の構造ではなく，さまざまなアプローチの間での論争や議論をしながら発展しつづけているのです。その点で現在でもさまざまな方向に広がりのある展開を見せているのがCBTなのです。

　そのようなさまざまなアプローチがあるなかで本書で採用するアプローチは，"ベック"モデルにもとづいています。これは，1960年代から1970年代にA.T. Beckによって最初に定式化されたものです（Beck, 1963, 1964；Beck et al., 1979）。このモデルは，過去25年間，英国で優勢を占めてきています。その点で私たち英国の心理職の活動においてベックモデルがCBTのさまざまなアプローチのなかで主流を占めていると考え，本書で採用することにしました。もちろん，私たち以外のCBTの理論家や臨床家のなかには，本書でなされるCBTの解説に関して異なる見解をもつ人もいると思います。私たちは，そのような見解を否定したり，排

除したりするつもりはありません。たとえば，"第三の波"（Hayes, 2004）といった比較的新しいアイディアが CBT をより豊かにする可能性をもち，CBT 全体の進展を促していると考えています。しかし，本書の狙いは，CBT を支える基盤となっている基本的な理論や方法とは何かを示すことです。したがって，CBT の発展に関する私たちの見解は，本章とは別のところで後述することにします（第 17 章参照）。

● CBT の発展史

　クライエントの背景についての知識を得ることは，そのクライエントの状態を理解するのに役立ちます。それと同様に CBT がどのように発展してきたのかを理解することが，現在の CBT の在り方を理解するのに役立ちます。そこで，CBT の発展の歴史をみていくと，現在の CBT は大きく 2 つのアプローチの影響を受けていることがわかります。1 つは，Wolpe やその他の人々が 1950 年代と 1960 年代に発展させた行動療法です（Wolpe, 1958）。もう 1 つは，1960 年代に始まり 1970 年代の「認知革命」でかなりの影響力をもった A.T. Beck による認知療法のアプローチです。

　行動療法は，19 世紀以降心理療法の主流を占めていた Freud の心理力動的パラダイムに対抗するアプローチとして提起されました。Freud の精神分析については，1950 年代にその理論や効果を支持する実証的なエビデンスを欠いているとして，科学性を重視する学術的な心理学からその有効性に疑義が呈されました（Eysenck, 1952）。そのように科学的観点から精神分析を批判したのが行動主義心理学であり，行動療法は，その影響を強く受けていました。行動主義は，人の心のなかで何が起きているかは直接観察できないので，科学的研究の分析対象にはできないとの見解にもとづくものです。そのため，行動主義者たちは，観察可能な出来事の間の再現可能な結びつき，特に刺激（環境に存在する特徴や出来事）と反応（研究されている人々や動物から生じる観察可能で測定可能な反応）の結びつきを分析対象としました。ここで刺激－反応の結びつきを分析対象としたのは，当時の心理学の主要モデルであった学習理論の影響によるものでした。生体がどのようにして刺激と反応の間の新しい結びつきを学習するのかを説明する一般原理を見出すことが，学習理論の目的となっていたからです。

　行動療法は，行動主義にもとづき，精神分析の前提となっていた無意識過程，隠された動機，観察不能な心の構造を，証拠のない憶測であるとして退け，その代わりに，望ましくない行動や感情反応を修正するために学習理論の原理を用いることを主張しました。このことを有名な Freud の症例（Freud, 1909）である "ハンス少年"（馬に恐怖反応を示す）を例にとって考えてみましょう。Freud は，ハンス少年の動物恐怖の無意識の原因を探し出すことによって治療する介入法を提案しました。それに対して行動療法のセラピストは，学習理論にもとづき，恐怖反応にとってかわる新たな反応の学習を促す介入法を提案しました。行動療法の見解によれば，ハンス少年のような恐怖症状を示す患者は，馬という刺激を恐怖反応に結びつける学習をしてしまっていることになります。したがって，介入の目的は，その刺激に対

して恐怖を感じない，新たな反応を作り出すことになるわけです。

このような方法は，系統的脱感作法として知られる不安障害の介入法として発展しました。系統的脱感作法では，クライエントにリラックスした状態，つまり弛緩した状態で恐怖を引き起こす刺激を繰り返し想像してもらいます。クライエントに，想像上で恐怖刺激に対するエクスポージャー，つまり曝露をしてもらうのです。これによって恐怖反応は弛緩反応にとってかわることになります。その後，このような想像エクスポージャー（たとえば，馬のイメージについて考えてもらう）は，現実の対象に対して曝露する現実エクスポージャー（実際の馬に近づいてもらう）に置き換えられることが多くなっていきました。

行動療法は，早くから恐怖症や強迫性障害（Obsessive-Compulsive Disorder：OCD）といった不安障害に対して有効な介入法として広く社会に受け入れられるようになりました。これには，主に2つの理由がありました。第1に，行動療法が科学的心理学の立場にもとづいており，つねに実証的なアプローチを採用していたということがあります。そのため，行動療法が不安の問題を改善するのに効果的であるという明確な証拠を，世の中に示すことができたということがあります。第2に，典型的な行動療法は6〜12セッションで構成されていたので，伝統的な心理療法よりもかなり経済的だということもありました。

このように行動療法は，当初から好意的に社会に受け入れられました。しかし，それで十分というわけではありませんでした。行動主義の原理に厳密に従って行動療法を実行しようとした場合，扱う対象に制限があったからです。つまり，行動という客観的対象以外の，思考，信念，解釈，心象（イメージ）といった心理プロセスを扱えないという限界があったのです。心理プロセスを扱えないという理由で，行動療法への不満が生じてきました。思考，信念，解釈，心象などの心理プロセスは，明らかに私たち人間が日常生活を営む際の活動の一部となっているものです。それが心理学で扱えないのは納得できないという意見が強くなってきました。1970年代には，この不満は，「認知革命」として知られることになる出来事に発展していきました。

まず，認知的な現象を心理学と心理療法に導入するための方法が探求されるようになりました。しかし，その一方で正当な根拠のない憶測を避けるために，実証的方法は維持されることが求められました。このような動向を示すものとして，A.T. Beckらは1950年代から1960年代初期にかけて認知療法のアイディアを発展させはじめ，それは，次第に影響力をもつようになっていきました。そして，1970年代に抑うつの認知療法に関するA.T. Beckの著作（Beck et al., 1979）が出版されるとともに，認知療法が抑うつに対して抗うつ剤と同程度の効果があるとする研究結果が示されました（例えば，Rush et al., 1977）。それによって，革命に火がついたのです。続く数年間を経て，行動療法と認知療法は互いに成長し影響を与え合ってきました。このようにして両者が重なり合って成立したのが，現在一般的に広く知られているCBTです。

● 基本原則

　では，現在のCBTの基盤は，上述の行動療法と認知療法のどのような要素によって形成されているのでしょうか。ここでは，私たちが考えるCBTモデルの基本となっている原則や考え方をみていくことにします。読者の皆さんは，そのような原理を知ることでCBTが活用するのに値する方法であるのか，あるいは少なくとも試してみるだけの価値のあるものかどうかを自分自身で判断することができます。

　そこで，以下においてCBTの基盤にあると私たちが考えるCBTの原則を示すことにします。それは，CBTの中心にある人間観であり，問題や介入に関する基本的な考え方です。私たちは，このような原則をCBTに特有のものとして提示しているつもりはありません。下記の原則の多くは，他の介入アプローチにも当てはまるものといえます。しかし，このような原則が重なり合うところに，CBTを特徴づけるものがみえてきます。

✳ 認知原則

　"認知的"と呼ばれる介入法の核にある原則は，人の感情反応や行動は"認知"(cognition)によって強く影響を受けているという考え方です。人は，自分自身あるいは自らが置かれた状況について考え，理解し，解釈しています。つまり，人は，考えることを通して自らの人生や生活に**意味**を与えているのです。その意味を与える"考える"ということが"認知"に相当します。

　では，認知とはどのような機能を有しているのでしょうか。この点に関しては，"認知過程を想定しない"観点を取り上げてみるとわかりやすくなります。あなたが悲しい表情をしている知人に会ったとしましょう。そして，その人に「どうして悲しんでいるの？」と尋ねたとします（他の場合には「どうして喜んでいるの？」「どうして怒っているの？」と尋ねることもあるでしょう）。そのような場合，**出来事**や**状況**についての説明が返ってくることになります。たとえば「恋人とうまくいかなくて困っているんだ」ということになります。しかし，事はそれほど単純というわけではありません。というのは，もしある出来事が特定の感情を自動的に引き起こすということであれば，同じ出来事はその出来事を経験する誰にとっても同じ感情を引き起こすことにならなければいけないからです。実際私たちが目にしているのは，程度の差はあれ，同じ出来事に対して人はそれぞれ**異なった**反応をしているという事実です。親しい人との死別や致死の病の宣告といった，誰にとってもつらい出来事であっても，それにどのように反応するのかは，人によって異なります。そのような出来事に完璧に打ちのめされてしまう人もいれば，それなりに落ち着いて対処できる人もいます。つまり，感情を決定するのは単に出来事だけではないのです。感情を決定するものとして，出来事以外に何かがあるはずです。

　CBTでは，この出来事以外の"何か"を，認知，すなわち出来事に対するその人の解釈で

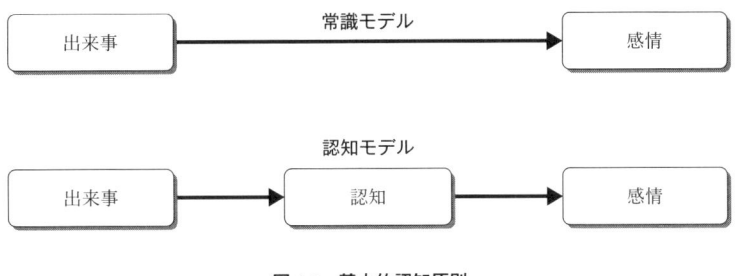

図 1.1　基本的認知原則

あるとみなすのです。2 人の人がある出来事に対して異なった反応をする場合，それは彼らがその出来事を異なって解釈しているからとみなすわけです。ある人が，何らかの出来事に普通でない仕方で反応する場合，それはその人がその出来事を普通でないと考えたり，思い込んだりしているからです。つまり，その出来事は，その人に特有な**意味**をもっており，その人はその意味にもとづいて反応したわけです。図 1.1 に，このことを例示したので参照してください。

このプロセスについて単純な例を用いて検討してみましょう。仮にあなたが道を歩いているとしましょう。そこに，反対側から知り合いの女性がやってきました。しかも彼女は，あなたを無視しているように思えます。以下に，この出来事に対して生じる可能性のある考え，つまり解釈を複数挙げました。また，それらの解釈に対応して生じる可能性のある感情反応も提示しました。

- 「彼女に何と声をかけたらいいんだろう。彼女はきっと僕のことをつまらない男だと思っているのだろう」（不安）
- 「とにかく皆，僕のことを避けている。僕を好いてくれる人など誰もいない」（抑うつ）
- 「あいつは生意気でうぬぼれている。俺は間違ったことなんて何もしていないのに」（怒り）
- 「昨夜のパーティで飲みすぎていたので，まだ二日酔いなんだろう！」（愉快）

図 1.1 は，基本的な認知原則を例示したものです。これによって，異なった認知が異なった感情を生じさせるプロセスを理解していただけると思います。これは，ある特定の認知とそれに対応する感情状態の間に関連があることも示しています。たとえば，ある人に対して，「彼は不正をする人だ」という認知をもった場合，つまり「彼は，私たち誰もが守っている規則を破る人だ」といった考えをもった場合には，通常怒りの感情が湧いてきます。このような認知と感情の関連性については，後ほど詳しくみていくことにします。

もちろんこのように私たちが与える"意味"が重要だという考え方は，何も目新しいものではありません。古代ギリシャのストア派の哲学者エピクテトスは，1800 年以上も前に「人間が悩まされるのは，物事によってではない。物事に関して人間が思い描いた信念や観念によって悩まされるのである」と述べています。ただし，このことを知ることだけで人間の苦悩がなくなるというわけではありません。エピクテトスによって簡潔に示された理論は，細

分化し，練り上げることによって，苦悩している人々を助ける強力なアプローチを発展させることができるのです。人々の認知を変える手助けをすることで，彼らの感じ方を変える手助けもできるのです。本書は，まさにこの人々を助ける強力なアプローチを解説するものなのです。

✴ 行動原則

CBTでは，行動（私たちが**行うこと**）は心理状態の維持において——あるいは変化において——決定的に重要な役割をもっているとみなしています。これは，行動療法から受け継いだ要素です。先に挙げた例を再び取り上げて，この点を説明しましょう。もしあなたが1つ目の認知（「彼女はきっと僕のことをつまらない男だと思っているのだろう」），あるいは2つ目の認知（「僕を好いてくれる人など誰もいない」）をもっていたとします。その後にあなたが取る行動は，あなたの不安や抑うつが維持されるかどうかに決定的な影響を与えることになります。

ここで，あなたは，不安や抑うつを乗り越えて彼女に近寄って話しかけたとします。そのような場合，あなたは，彼女が実際には自分を無視したのではなく，声をかけようと近づいてきていたのを知ることになります。結果的にあなたは，その後，物事を否定的に考える傾向が少なくなっていくかもしれません。逆に，もしあなたが彼女を見て見ないふりをして通り過ぎたとしましょう。そのような場合には，あなたは自分の考え方が不正確なものかどうかを知る機会を失います。そして，否定的な思考とそれに関連する感情が維持されることになるでしょう。したがって，CBTでは，行動が思考や感情に強い影響を及ぼす可能性があること，そして行動を変えることはしばしば思考や感情を変化させる強力な方法となることを重要な原則としているのです。

✴ 正常と異常の連続性原則

伝統的な医学的アプローチでは，メンタルヘルスの問題を正常な状態やプロセスとは切り離された，異常な病理的状態とみなします。つまり，正常な心理的プロセスでは説明不可能なものとみなすのです。それに対してCBTでは，メンタルヘルスの問題を正常な心理的プロセスが肥大し，極端な状態になったものとみなしたほうが問題の改善に役立つと考えます。言い換えるならば，CBTは，心理的問題を普通の心理状態とまったく異次元の状態とみなすのではなく，普通の心理状態とつながる連続線上の極端な事態とみなすのです。このような理解の仕方は，次のような見解とも関わってきます。それは，(a) 心理的問題は，異常な人に起こる特別なものではなく，誰にでも起こりうるものである，(b) CBT理論はクライエントと同様にセラピストにも適用されるものである，ということです。

* **"今ここで"の原則**

　伝統的な心理力動療法では，問題の症状——例えば恐怖症の人の不安——を調べることは表面的なことであると考えます。そして，介入を成功させるためには，その問題の根本にあると仮定される発達過程や隠された動機，無意識の葛藤を明らかにしなければならないという見解をとります。それに対して行動療法の見解では，介入のメインターゲットは症状それ自体であると考えます。そして，現時点でその症状を維持させているのはどのようなプロセスであるのかを検討し，そのプロセスを変えることによって，不安に（また，あらゆる症状に）直接関わり，問題の解決に取り組むことができるという見解をとります。

　このような行動療法の原則に対して精神分析は，想定される"根本の原因"ではなく，症状を扱うことは，**代理症状**の発生に帰結すると批判します。つまり，無意識の葛藤が解決されていなければ，それは結果として新しい症状の発展につながると主張するわけです。しかし，実際に多くの行動療法の結果を調査したところ，そのようなことはほとんど起きていないことが明らかとなりました。むしろ，行動療法によって症状を直接扱うことは，過去の無意識の葛藤を扱うよりも広範囲な改善をもたらすという結果が示されました。

　現在のCBTは，"今ここで起きている"問題を直接扱うという点で行動療法のアプローチを引き継いでいます。介入の主要な焦点は，多くの場合，現在何が起こっているのかということになります。セラピストの主な関心は，症状が進行する原因となったかもしれない何年も前の過程ではなく，問題を維持している最近のプロセスなのです。アセスメントとフォーミュレーションを扱う第4章では，このことについてさらに詳しくみていくことにします。

* **"相互作用システム"原則**

　これは，問題を人と環境といったさまざまな"システム"間の相互作用とみなすべきであるという見解であり，行動療法から引き継いだ要素です（Lang, 1968）。現代のCBTでは，そのようなシステムとして一般的に次の4つを特定しています。

- 認知
- 情動あるいは感情
- 行動
- 生理機能

　これらのシステムは，互いに複雑なフィードバックシステムのなかで相互作用し合い，そして環境にも作用しています。ここでの"環境"は，できる限り広い意味で理解すべきものです。つまり，目に見える物理的環境だけでなく，社会的，家族的，文化的，経済的環境も含まれています。このような相互作用を図示したものが図1.2です。イギリスでは，このような個人のシステムと環境との相互作用を「ホットクロスバン」モデル（Padesky and Greenberger,

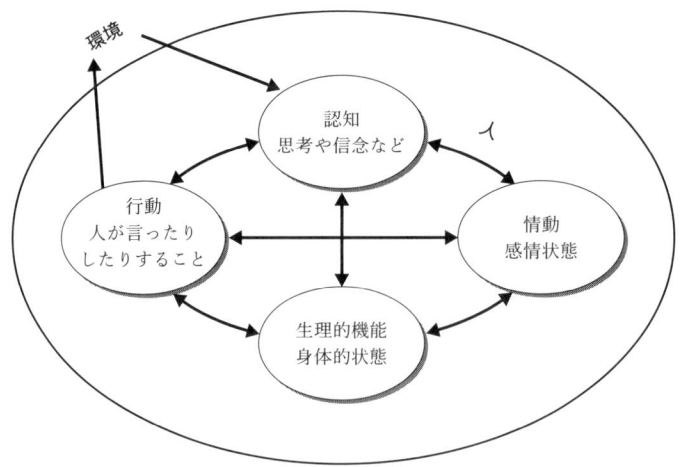

図1.2　相互作用システム

1955）と呼んでいます。

　このようなシステムの相互作用として問題の維持プロセスを分析することは，複雑な問題の成り立ちを理解するのに役立ちます。問題をより詳細に描き出す場合や，ある問題の特定の側面にターゲットを当てる場合などにも活用できます。また，あるシステムが他のシステムと関連しているようにみえて実は関連していない場合もあります。システム間の相互作用の原則を適用することで，どのような場合にシステムが関連しないのかを見立てることができます。たとえば，"勇気"という言葉は，「感情として恐れを感じてはいても，その行動は怯えていない」ということです。このようにシステム相互作用の原則を適用することで，ある人の行動システムはその人の感情システムと関連していないということを理解できます。

✻ 実証原則

　CBTでは，単なる臨床的な逸話ではなく科学的な証拠にもとづき，可能な限り厳密に理論や介入の有効性を評価しなければならないと考えます。実証原則は，下記の観点からCBTが発展するうえで重要な原則となっています。

- 科学的観点：CBTによる介入が適切に構成され，確立された理論であることを理解してもらうために必要である。CBTの特徴のひとつとして，科学的研究を活用することで発展し，さらに新たな領域を開拓し，適用領域を確実に広げているということがある。これは，創案された当初の内容からほとんど変化がなく，他の学派の心理療法とは対照的である。
- 倫理的観点：介入を受け，そのための対価を支払う人々に対して，CBTによる介入は効果が出やすいと自信をもって伝えることができるようになるために必要である。
- 経済的観点：限られたメンタルヘルス資源を，最大限の利益を生じさせる方法で用いていることを確証するために必要である。

✳ 要約

ここまで述べてきたことは，私たちがCBTの中心的な原則として考えていることです。要約すると以下のようになります。

- 認知原則：決定的なのは出来事の解釈（認知）であって，出来事そのものではない。
- 行動原則：私たちが行うこと（行動）は，私たちの思考や感情に強い影響力をもつ。
- 連続性原則：メンタルヘルスの問題は，正常な心理的プロセスの極端な場合として最も適切に概念化される。
- "今ここで"の原則：ほとんどの場合，過去ではなく最近のプロセスに焦点を当てるほうが良い結果が得られる。
- 相互作用システム原則：問題を，その人が生活している環境と，思考と感情と行動と生理のシステムの間の相互作用とみなすことが問題解決に役立つ。
- 実証原則：理論と介入の両者の有効性が実証的に評価されることが重要となる。

では，次に上記のCBTの基本原則のなかでも最初に紹介した，認知原則の説明に進むことにします。

● 認知のレベル

ここまで"認知"を単一の概念であるかのように説明してきました。しかし，実際には，CBTにおいて認知は複数の異なる性質，つまり複数の"レベル"に区別されて用いられます。そこで，以下に認知のレベルに関して説明を加えることにします。これらの区別は，臨床的に有効性の観点からなされたものです。認知を複数のレベルに分けることの科学的な実証性については，後述します。ここでは，認知レベルの区別は，CBTのセラピストによって異なっている場合があることに留意していただきたいと思います。したがって，以下に述べる区別は，すべてのセラピストの間で共有されているものでも，また唯一のものでないことをお断りしておきます。

✳ 否定的自動思考

否定的自動思考（negative automatic thoughts）は，A.T. Beckによって初めて用いられたものであり，CBTの基本的な認知概念のひとつです。この用語は，私たち誰もが注意して意識すれば気づくことができるレベルの思考を意味しています。この否定的自動思考がある場合，その人の内面あるいは周囲で起きる出来事への意味づけ，つまり評価や解釈は否定的なものとなります。

あなたの経験から，この否定的自動思考を考えてみましょう。最近，混乱したり，不安になったり，当惑したり，うんざりしたりしたことがあると思います。そのような感情が生じた出来事を思い浮かべてください。その状況に自分を置き，あなたの心のなかで何が起きていたのかを思い出してみてください。そうすることで皆さんの多くは，比較的簡単に自分自身の否定的自動思考に気づくことができると思います。たとえば，あなたが不安を感じていたとしましょう。そのような場合，あなたは自動的に何か良くないことが自分や自分の関係者に起こるだろうと考えているでしょう。苛立ちを感じている場合はどうでしょうか。そのような場合には，他者は狡猾であり，自分がきっちりと守っている規則に従わないだろうと考えていることでしょう。諦めの感情にとらわれている場合には，失敗や挫折を考え，自己否定的な自動思考を経験しているでしょう。

　否定的自動思考は，気分に直接的な影響を与えるものとみなされており，その点でCBTの介入においては非常に重視されています。否定的自動思考の内容は多岐にわたりますが，そこにはいくつかの共通した特徴があります。

- その名称が示すように，自動的に，何の努力もせずに思い浮かんでくるものである（ただし，否定的自動思考に気づき，意識するためには努力が必要な場合がある）。
- 特定の出来事や状況に対して生じてくる，ある一定の思考である。特に慢性的な問題においては，決まりきったステレオタイプの思考がみられることが多い。しかし，時と場合によって大きく変化することもある。
- 気づくことは，比較的簡単である。多くの人は，それを意識できる。また，モニタリングをする練習をすれば，すぐに気づくことができるようになる。
- あまりに簡潔な内容であり，しかも頻繁に生じており，習慣化しているために，考えが浮かんだと"自覚される"ことはない。あまりにありふれた心理的環境のひとつであるため，呼吸と同様にあえて注意して意識しないと気づかない。
- 特に強い感情を体験しているときには当然のことと感じられる。自動"思考"であるにもかかわらず，それは考えではなく，明らかな事実であるかのごとく思える。多くの場合，疑問を感じることもなく，それらを事実としてすべて鵜呑みにしてしまう。たとえば，何か悪い出来事があったとしよう。そのことに対してがっかりし，ひどく滅入っていたとする。そのような場合には，「自分なんて役立たずだ」という考え（否定的自動思考）は，その人にとってはあたかも真実のように思える。介入に必須のステップとしてセラピストは，クライエントが否定的自動思考を鵜呑みにすることを止めるのを援助する。クライエントは，自らの自動思考に対して距離を置き，それが正しいものかどうかを慎重に検討する。CBTのモットーは，「思考は，ひとつの見方（opinion）であり，事実（fact）ではない」である——つまり，すべての見方がそうであるように，思考は正しいかもしれないし，そうではないかもしれないのである。
- 「自分なんて役立たずだ」と言った場合，それは，言語的な構成概念として理解される。しかし，言葉だけでなく，イメージの形式をとることもある。これは留意すべき重要な

ポイントである。たとえば，社会恐怖では，「誰もが私のことを変な人だと思っている」と言葉で考えるよりも，赤面したり汗をかいたりしている自分，人前で混乱している自分を頭のなかにイメージしている。
- 感情の状態に直接的な影響を与えるものでありながら，意識し，変化させることが比較的容易にできる。したがって，介入の初期段階における介入の対象となる。

✴ 中核的思い込み

　認知のレベルという点に関して，否定的自動思考と対極にあるのが中核的思い込み（core belief〔訳註：文脈によっては belief を信念と訳すこともある〕）です。否定的自動思考が表面の意識しやすいレベルにあるのに対して，中核的思い込みは，心の"根底"にあって気づくことが非常に難しい思考です。それは，自分自身，他者，世の中に関して心の奥底の深いところで抱いている信念といえる思考です。中核的思い込みの特徴は，以下のようなものです。

- ほとんどの場合，すぐに意識することができないものである。さまざまな状況における，その人の特徴的な思考や行為の観察によって推察される。
- たとえば，「私は悪者だ」「誰も私のことを信頼していない」というように，一般的で絶対的な表現として示される。否定的自動思考とは異なり，時と場合によって変化することはなく，その人にとってすべての状況において当てはまる基本的真実として理解されている。
- 通常，幼少期からの経験の結果として，人生の早い段階で獲得される。場合によっては，耐え難いトラウマといった体験の結果として，後になって変化したり発展したりすることもある。
- 不安障害やうつ病といった問題に焦点を当てた短期介入においては（変化する可能性はあるにしろ），一般的にはこの中核的思い込みを直接扱うことはない。パーソナリティ障害のような慢性的な問題に焦点を当てた介入の場合には，直接中核的思い込みを扱うことがより重要となる（第17章参照）。

✴ 不適切な先入観

　不適切な先入観（dysfunctional assumption〔訳註：文脈によって assumption を推論と訳すこともある〕）は，中核的思い込みと否定的自動思考の中間にあって両者の隙間をつなぐものとみなすことができます。不適切な先入観は，否定的自動思考が芽を出す"土壌"を提供する役割を担っています。また，不適切な先入観は，本人にとっては"生活のルール"として経験されています。つまり，生活場面で何らかの判断をする場合に適用する具体的なルールを提供するものとなっています。中核的思い込みも判断に影響を与えますが，それは，不適切な先入観ほど具体的なルールとしては感じられません。ただし，不適切な先入観の影響は，

否定的自動思考と比べて，より一般的なものとなります。

　不適切な先入観は，条件文として「もし〜ならば…である」という形で表現されるか，あるいは「〜すべき」や「〜しなければならない」といった表現となって示されます。この不適切な先入観は，多くの場合，否定的な内容の中核的思い込みと折り合って生きていくために必要な対策として機能します。たとえば，「自分は，本質的に誰にも愛されない人間だ」といった否定的な内容の中核的思い込みをもっていたとしましょう。そのような場合には，その中核的思い込みと折り合っていくために，「（自分は誰にも愛されていない。だから……）もし自分が人を喜ばせることができるならば，人は自分を認めてくれるだろう。でも，人を喜ばせずに自分のしたいことをしたならば，きっと人は自分を拒否するに違いない」という先入観を抱くことになります。あるいは「（自分は誰にも愛されていない。だから……）自分は，自分の要求を諦めて人に譲らなければならない。そうしなければ，誰もが私を拒絶するに違いない」という先入観を抱くかもしれません。

　このように不適切な先入観は，中核的思い込みの影響と折り合って生活するためのルールを示すものとなっています。しかし，それは，つねに一時的な気休めに過ぎないのです。先ほどの例でいえば，「もし自分が誰かを喜ばせることに失敗したならば，自分はひどい目に遭うだろう」という考えになってしまうのです。このように不適切な先入観を実行できない事態が生じたならば，否定的自動思考と強い否定的感情が引き起こることになります。

　不適切な先入観の特徴は，以下のようなものとなります。

- 中核的思い込みと同様に，否定的自動思考のように明確に示されるものでも，容易に言語化されるものでもない。よくみられる否定的自動思考のパターンや行動から，その存在を推論するしかない。
- 通常は，条件文（「もし〜ならば…である」）としての表現，あるいは「〜すべき／〜しなければならない。さもなければ…」といった表現をとる。
- 内容によっては，文化的に強化されることがある。たとえば，「他者を第一に考える」あるいは「成功することに価値が置かれる」といった文化では，そのような内容の先入観が強化される。
- その内容があまり強固であったり，過度に一般化されていたりする場合には，生活のルールとして機能しないものとなる。また，生活するうえで避けて通れない困難や混乱を適切に処理できるだけの柔軟性を備えていない場合にも，先入観は不適切なものとなる。
- クライエントが否定的自動思考に気づいた後に介入の対象となる。したがって，不適切な先入観は，介入の後半で介入対象として扱われる。不適切な先入観を修正することによって，クライエントは再発を予防することが可能となる。

　図1.3に，特定の考えに関する認知のレベルと，認知レベルが変化する次元を例示してあるので参照してください。

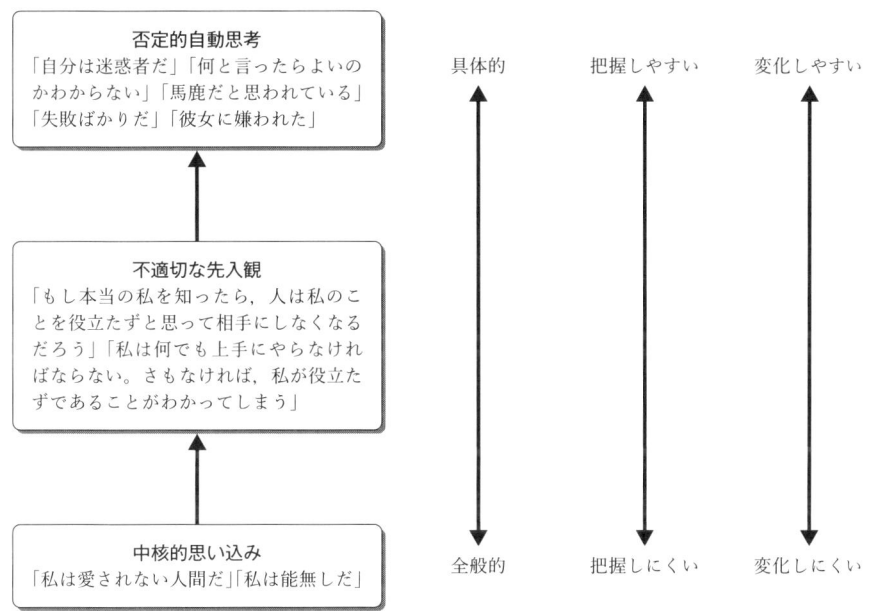

図1.3　認知のレベル

　中核的思い込みは，問題の"根本"にあり，問題の"根底にある"原因であると仮定されています。したがって，効果的な介入を行うためには中核的思い込みを直接扱わなくてはならないと推測しがちです。しかし，私たちは，このような推測に疑問を投げかけます。中核的思い込みは，否定的自動思考が具体的な事柄を指しているのに比べて**全般的な意味合い**が強くなっていますが，これは必ずしも，中核的思い込みがより重要であることを意味しているわけではありません。これまでで最も成功したCBTの効果研究においては，否定的自動思考が介入対象となっていました。それにもかかわらず，十分な介入効果がみられましたし，その効果も決して短期に終わるものではありませんでした。これは，不安や抑うつといった，一般的なメンタルヘルスの問題を抱える人々は，幅広い考え方をしているためと思われます。つまり，単に否定的な思い込みや不適切な先入観だけでなく，肯定的で役立つ考え方をももちあわせていると想定できるのです。そして，介入過程において，彼らが持ち合わせていた肯定的な考え方が，刺激を受けて活性化されたのではないかと思われます。なお，パーソナリティ障害のような生涯続く問題に関しては，クライエントが肯定的な考え方をもちあわせているとは想定し難いので，中核的思い込みを扱っていくことが重要となるでしょう。ただし，このことは，まだ実証的に検証されたというわけではありません。

● それぞれの問題に特有の認知パターン

　既述したように現代のCBT理論では，それぞれの問題に特有の認知パターンがあること

がわかっています。これらの特徴的なパターンは，認知の**内容**と認知の**プロセス**の両方と関係しています。たとえば，抑うつの人は，自分自身や他者に対して否定的な考え方をします。これが，抑うつに特徴的な思考内容です。また，うつ状態の人は，特徴的な考え方の偏りを示します。たとえば，良い出来事よりも悪い出来事によく気づくとともに，悪い出来事のほうを記憶しがちです。何か悪いことが起きるとその原因は自分にあると考えたり，ちょっとした失敗を拡大して悲観的に考え，最悪の結果を想定したりします。これが抑うつに特徴的な思考プロセスです。

　以下において，それぞれの問題に特有な認知パターンの例をざっとみていくことにします（特定の問題については後の章で詳しく解説しますので，そちらを参照してください）。

✳ 抑うつ

　抑うつの特徴的な認知パターンは，A.T. Beck によって概念化された**否定的認知の三要素**といわれているものです。それは，**自分自身**，**世の中**，**将来**に関する否定的で偏った見方のことです。つまり，うつ状態にある人の典型的な認知パターンは，次のようになります。自分自身については，「自分はダメな人間だ（役に立たない，愛されない，無能，価値がない，負け犬である）」という認知の偏りがみられます。世の中については，「世の中はひどいものだ（何も良いことがない，人生は苦しみばかりだ）」という認知の偏りとなります。将来については「将来は絶望的だ（自分も世の中も悲惨な状態がこのままずっと続くに違いない，何をしてもダメだ）」という認知の偏りとなります。

✳ 不安

　不安に関連する認知プロセスの一般的特徴は，何に関しても過剰に脅かされると考えてしまうことです。

　たとえば，何かしようとした場合，望まない結果になる危険性が高いといった先入観をもち，それに脅かされてしまいます。その際，どのようなことに脅かされるのか，つまりそこで生じてくる認知の偏りの内容は，以下に示すように，それぞれの障害の種類によって異なっています。

- パニック障害では，ちょっとした不安症状に対して「死んでしまう」「気が狂ってしまう」といった破局的な解釈を与えてしまう。
- 健康不安では，ちょっと不安を感じた症状を，深刻な慢性疾患に罹っていると悲劇的に解釈してしまう。たとえば，「自分は死に至る病に罹っている」といった誤った認知をもつ。
- 社会不安では，「自分は他者から否定的に評価されている」といった偏った認知をもつ。たとえば，「彼らは，私のことをバカだ（あるいは，つまらない奴だ，変人だ）と思うだろう」と考える。

- 強迫性障害では,「自分や他者に害を及ぼすことが起きており,それは自分に責任がある」と考え,「問題が起きるのを防がなければならない」と過剰に思い込んでいる。

✱ 怒り

怒りには,「ある人の振る舞いが**不公平である**」「ある人は暗黙の（あるいは明白な）**ルール**を破っている」「ある人は敵意をもっている」といった認知がみられる。つまり,「それをすべきでない。それは不公平なことであり,彼らは私を困らせようとしているのだ」という認知である。

● CBTにおける問題発展モデル

本章では,これまでCBTを構成するさまざま要素を紹介してきました。そこで,次にそれらの要素を統合することによって,CBTが問題の成り立ちを全体としてどのようにとらえるのかを示す問題発展モデルを解説することにします。問題発展モデルを図示したものを図1.4として示したので参照してください。

図1.4に示されているように私たちは,経験（多くが幼少期の経験ですが,それ以降の経験も含みます）を通じて,中核的思い込みや先入観を形成していきます。中核的思い込みや先入観は,程度の差はありますが,私たちの在り方に重要な影響を与えることになります。つまり,私たちは,中核的思い込みや先入観を通して世界を見て,そこに意味を見出し,自らの生き方を決めているのです。私たちは誰しも,適応的思い込みと,不適応的思い込みをあわせもっています。適応的思い込みは,私たちが物事を上手に処理する際に役立つ考え方を提供するものです。不適応的思い込みであっても,それがあるからといってすぐに問題が引き起こされるというわけではありません。しかし,中核的な思い込みや先入観を突き崩すような出来事に遭遇したり,あるいはそのような出来事が繰り返し起きた場合に,適応的思い込みでは対処できない深刻な事態が生じることがあります（これを**決定的出来事**と呼びます）。そのようなときに不適応的思い込みが活性化し,否定的先入観が喚起されます。その結果,不安や抑うつといった不快な感情が生じることになります。そして否定的思考,感情,行動,身体的変化が相互に影響し合うようになり,不適応的なパターンが繰り返され,問題を維持するフィードバックループ,つまり悪循環に陥っていくことになってしまいます。

● 最近のCBTの位置づけ

ここまで,CBTの発展の歴史を概観してきました。そこで本節では,最近のCBTの位置づけと,CBTをめぐる重要なコンテクストについてみていくこととします。

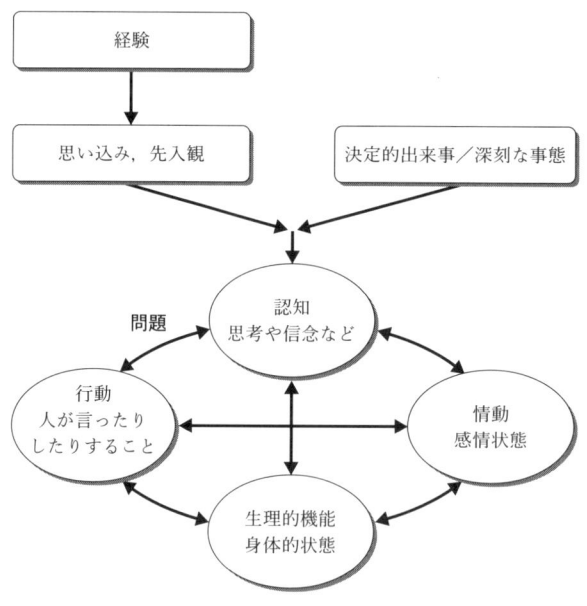

図1.4　問題発展モデル

✳ 心理療法へのアクセス改善（IAPT）

　より幅広い見通しで考えると，本書の初版が出て以降の（少なくとも英国国内での）CBTにおける最も重要な発展は，英国政府の心理療法へのアクセス改善（IAPT：Improving Access to Psychological Therapies）プログラムが爆発的に拡大したものだといえるでしょう。このプログラムは，著名な経済学者であり，政府の指南役であったLayard卿の主導による計画やロビー活動から生まれたものです。Layard卿は，（a）メンタルヘルスの問題が不幸感や経済活動の損失の主要な原因であること，（b）ほとんど一般的なメンタルヘルスの問題の多くにCBTは変化をもたらしうること，という2つを確信するようになりました（Center for Economic Performance, 2006）。Layard卿と，David ClarkやDavid Richardsを筆頭とする共同研究者たちは，心理療法に多額の投資をすれば健康を増進できることを政府に説明し，さらにそうした投資が政府自体への大きな利益にもなることを説明しました。メンタルヘルスの改善が一部の患者たちの復職につながることで，失業給付金が節減できる，というのがその論拠です。

　2006年に始まった2地域での初期の予備研究を経て，2007年10月，政府は「心理療法へのアクセス改善」（IAPT：http://www.iapt.nhs.uk を参照）と呼ばれるプログラムに対し，少なくとも3年間は多額の資金を投入することを宣言しました。その資金の額は，3年目までで計算すると年間1億7,000万ポンド以上というものでした。この資金投入は，プライマリケアにおける不安と抑うつの治療を主なねらいとした，エビデンスにもとづいた心理療法の提供の大規模な拡大につながっています。というのも，3年の期間内に3,600人のセラピストを新たに訓練し，国営保健サービス（NHS：National Health Service）に配置することが目標に掲げられたからです。2008年の秋までには，この新しいサービスと訓練課程の第1弾が始動し，

運営が開始されました。

　IAPT の第 1 弾は，2 種類の CBT から構成されていました。その背景には，CBT は強力なエビデンスにもとづいていると考えられていた（本章で後述します）にもかかわらず，資格をもった CBT のセラピストが顕著に不足していたという事情がありました（最新の IAPT では，エビデンスにもとづいたもうひとつの療法である対人関係療法（IPT：Interpersonal Therapy）もうつ病に対して提供することを計画しています。同様に，軽度から中程度の抑うつにはカウンセリングやカップル・セラピーも提供されます）。IAPT における CBT の 1 つ目のカテゴリは，「専門性の高い（HI：high intensity）」セラピーと呼ばれ，新しいセラピストの約 60％を占めていました。それに対し，2 つ目のグループはセラピストの約 40％を構成しており，「専門性の低い（LI：low intensity）」ワーカーと呼ばれていました（その後，PWPs：Psychological Wellbeing Practitioners と改名されました）。どちらのグループの訓練もさしあたっては政府の出資を受けており，その訓練課程は 1 年間の実地訓練からなります。HI の課程は年間で総計 65 日程度，LI の課程は 25 日程度です。HI のワーカーは，看護師や臨床心理士などの専門資格を得ることを想定されています。しかし LI のワーカーは専門資格を得ることが必須ではなく，教育や授業などといった形で地域のコミュニティとより密接に関わっていくことが期待されています。予備研究を行った地域で得られた準備データからはプログラムの有効性が支持されました（Clark et al., 2009）。しかし，今後さらにより多くのエビデンスがまだ必要となるのは言うまでもありません。予備研究を行った 2 つの地域は公式の外部評価研究の対象となっていますが，その結果はまだ公表されていません。

　本書が主に焦点を当てているのは伝統的な CBT であり，IAPT の用語でいうところの HI セラピーです。それに対して，LI のサービスは伝統的なセラピーとは大きく異なった形で CBT を供給しています。この LI-CBT が IAPT プログラムの最も革新的部分を多くの形で担っているのです。LI-CBT のもつ要素のいくつかは第 16 章で簡単に触れますが，より詳細なことについては Richards（2010）や Bennett-Levy et al.（2010）をご参照ください。

✳ CBT を行ううえで必要となる能力

　本書の初版が出て以降のもうひとつの重要な発展が，「CBT を行ううえで必要となる能力の枠組み」が公表されたことです。この新規の構想は，英国の健康省から資金を得たものであり，IAPT プログラムと関連づけて，不安やうつに対して質の高い CBT を提供するためにはセラピストにどのようなスキルが求められるのか―― IAPT で提案されているような CBT のセラピストをより多く訓練しようとする場合に，具体的にどのようなことをするように訓練をすればいいのか――を特定することをねらいとしたものです。Roth and Pilling（2007）は，専門家間のグループでのコンサルテーションを行うなかで，LI による介入と HI による介入双方に必要となる能力について，有用な見取図を作成しました。Roth と Pilling のアプローチは，個別の障害について有効性が示された CBT による介入法の治療マニュアルを精査することによって，何が重要な能力となるのかを特定するというものでした。それらのマニュアルにもとづ

いた治療はうまくいくと考えるのはもっともらしいことでしたし，それらのマニュアルと同じ手順に従っていれば他のセラピストも有効な治療を提供していることになります。RothとPillingは，以下の5つの領域に分かれる，必要となる能力の「見取図」を作成しました。

- **心理療法を行ううえで全般的に必要となる能力**　これは，どの心理療法の学派に属するセラピストにも求められる，基礎的に必要となる能力である。たとえば，メンタルヘルスの知識，クライエントとの関係を築く能力など。
- **CBTを行ううえで基礎的に必要となる能力**　アジェンダの設定や宿題の活用のような，CBTの基本構造に関連したスキル。
- **CBTを行ううえでの特殊技能**　思考記録を活用する，思考と信念を割り出しテストする，といった中核的な介入方略。
- **問題ごとに個別に必要となる能力**　うつ病に対するA.T. Beckの認知療法，強迫性障害（OCD）に対する曝露反応妨害法といった，特定の障害に対する介入プログラムにおいて用いられるアプローチ法。
- **メタ的に必要となる能力**　特定の治療方略をいつ活用するかをセラピストが効果的に判断するための，より高レベルのスキル。個人に治療を適用するためのケース・フォーミュレーションの活用，治療を行ううえでの困難への対処などがこれに当たる。

この枠組みはきわめて詳細なものであるため，ここにそのまま記載することはできませんが，Roth and Pilling（2007）や"Further Reading"で紹介されているCOREのウェブサイトを参照することで，必要となる能力の枠組みに関してより詳細な情報を得ることができます。

本書では，上記のすべての領域におけるCBTのスキルを紹介することをねらいとしています。それぞれの領域に対応することを特に詳しく扱った章は，以下のようになります。

- 心理療法を行ううえで全般的に必要となる能力——第3・19章
- CBTを行ううえで基礎的に必要となる能力——第1・2・5・6・11章
- CBTを行ううえでの特殊技能——第7〜10章
- 問題ごとに個別に必要となる能力——第12〜15章
- メタ的に必要となる能力——第4・11章

CBTの有効性に関する実証的研究

CBTではエビデンスを重視していることはすでに指摘しました。そこで，最後にエビデンスの観点からCBTの効果について，現在出されている結果を確認することにします。CBTが効果的であることの証拠はどのようなものでしょうか。また，CBT理論が人間の機能を的確に表すモデルであるとする証拠は，どのようなものなのでしょうか。

	認知行動療法	対人関係精神療法	家族療法	精神力動的心理療法
うつ	✓	✓	○	?
パニック／広場恐怖	✓	○	○	○
全般性不安障害	✓	○	○	○
特定の恐怖症	✓	○	○	○
社会不安障害	✓	○	○	○
強迫障害	✓	○	○	○
心的外傷後ストレス障害	✓	○	○	?
拒食症	?	○	?	?
過食症	✓	✓	○	○
パーソナリティ障害	✓	○	○	✓
統合失調症	?	○	✓	○
双極性障害	?	○	○	○

● 記号説明
✓ ＝効果の十分な証拠がある
? ＝限られているが効果が支持されている
○ ＝現在実証されていない（注：ここ何年かでは効果を支持する十分な証拠はない）
効果：必ずしも効果的でないことの十分な証拠があるわけではない。

表 1.5　最近の論文の要約（Roth and Fonagy（2005））（第 17 章もあわせて参照のこと）

✳ CBT の介入効果

　Roth and Fonagy（2005）は，心理療法の介入効果の集大成である書籍『どの問題に何が効くのか』（*What Works for Whom ?*）の改訂版において CBT の有効性をまとめています。その結果を表 1.5 に示しましたので，参照してください。成人の心理障害のほとんどに対して CBT が有効であることを強く支持する実証的データがみられ，しかも CBT は他の心理療法に比較してより多くの問題に効果があることも実証的に示されました。

　上記の効果研究は，厳密に統制された実験手続きによって行われたものです。しかし，そのような研究施設で行われた実験研究だけでなく，臨床現場における実践研究においても同様に CBT の有効性を示す実証的証拠がみられるようになっています。たとえば，Merrill et al.（2003）や Stuart et al.（2000）や Westbrook and Kirk（2005）などがそれに当たります。

　これら以外にも CBT の効果を示す証拠があります。それは，イギリスの国立医療技術評価機構（National Institute for Clinical Excellence : NICE）という国立の専門機関において出されているデータです。NICE は，国営保健サービス（National Health Service）において採用するのが望ましい活動を判断するために，さまざまな医療活動の介入効果を調査し，その成果を集約するための政府機関です。NICE は，調査結果にもとづき，過去 3 年間において主要な健康問題に関するガイドラインを示しています。以下がそこに記載されている内容の要約です。

- ●統合失調症（NICE, 2002）：CBT は，統合失調症患者に対する有効な介入手段である（p.13）。

- うつ病（NICE, 2004a）：軽度の抑うつを示す人に対して，ヘルスケア専門職は CBT にもとづく自助プログラムを推奨することを考慮すべきである（p.5）。中程度と重度のうつ病患者，薬物療法に抵抗するうつ病患者に個人心理療法を実施する場合には，CBT が第一選択となる（p.27）。
- 摂食障害（NICE, 20004b）：成人の神経性大食症に対しては神経性大食症のための CBT を提案すべきである（p.4）。むちゃ食い障害は，むちゃ食いのための認知行動療法を提案すべきである（p.5）。
- 全般性不安障害，パニック障害（NICE, 2004c）：症状の低減に長期的有効性が示されている介入方法のなかで第一選択は CBT である（p.6）。
- PTSD（心的外傷後ストレス障害）（NICE, 2005）：多くの PTSD 患者にはトラウマに焦点づけた心理的介入法（トラウマ焦点化認知行動療法あるいは眼球運動の脱感作・再処理法（EMDR））を提案すべきである（p.4）。

要するに CBT は，現在の時点で最も確実で，しかも広範囲の効果と有効性が実証されている心理学的介入法なのです。

✳ CBT 理論の妥当性に関する証拠

介入効果が実証されれば，その介入の論拠となっている理論の正当性が示されたことになる，と考えるのは正しくありません。それは，介入効果が理論上想定されていない要因との組み合わせの結果である可能性を否定できないからです。ランダム化比較試験（Randomized Controlled Trial : RCT）によって伝統的呪術による治療がうつ病に効果的であるという結果が示されたとしましょう。しかし，その結果によって，うつ病は悪霊によって引き起こされるものだという見解にすぐに納得する人はいないでしょう。むしろ，そこに強力なプラシーボ効果がなかったかどうか，あるいは介入において精神状態を活性化する物質を含む薬物が用いられていなかったかどうかを調べるでしょう。それと同様に，介入における CBT の効果を示すだけでは CBT の理論の妥当性を示したことにはならないのです。実際，CBT におけるいくつかの基礎的な理論上の概念は，介入効果の証拠に比較すると不確かなものです。たとえば，Clark et al.（1999）は，うつ病に関する認知理論において科学的な証明がどれだけなされているのかを詳細に検討しています。彼らは，うつ病において想定される否定的な思考パターンに関して，次のような証拠があると結論づけています。

- 自己や将来に関する否定的な思考が顕著に増加する。世の中に関しても，それほど顕著ではないが，否定的な思考は増加する。
- 自己に関する肯定的思考は減少する。しかし，これは，それほど顕著ではない。また，うつ状態に特有の変化とはいえない（つまり，他の問題においても同様の肯定的思考の減少は起きる）。

- 顕著に喪失や失敗に関する思考や思い込みが増加する。これは，不安などの問題を抱えた人に比較して顕著に多いので，うつ病に特有の認知的変化といえる。

　CBTの理論では，たとえば否定的思考は落ち込んだ気分を引き起こすというように，否定的思考が原因となって問題が引き起こされると想定されています。問題を引き起こすと想定されている否定的思考の役割について Clark et al.（1999）は，実際に問題を起こすことが実験研究によって検証されたと述べています。その実験では，健康な研究協力者が自己を否定的に考えるようにしたところ，主観的側面，行動的側面，意欲の側面に確かな変化が起きたとのことです。それによって，自己に関する否定的思考は，軽度から中程度のうつ病に類似した心理状態を引き起こすことが検証された，というのが彼らの結論です。

　このようにうつ状態を呈していない人々に対して実験的に否定的思考をさせることができれば，うつ病に類似した状態を一時的に作り出すことが可能なのです。さらに実験場面でCBTの理論から想定される認知処理過程の偏りを同定することも可能となっています。そのような実験において，うつ状態にある人々の特徴として，以下のようなことが明らかになっています。

- 自己に関わる情報処理過程において否定的な方向に進む偏りがみられる。ただし，中立的な情報や人柄に関わらない情報については偏りがみられない。
- 否定的な出来事の想起が亢進し，否定的思い込みが増加する。

　さらに上記のような情報処理過程の変化は自動的に，しかも前意識のレベルで生じるとの証拠も見出されています。

　最後に，CBTの理論に関してほぼ支持されている事柄を確認しておきます。それは，否定的思い込みがうつ病に罹りやすい要因となっているということです。なぜならば，うつ病の患者は，うつ状態ではないときでも潜在的な形で否定的思い込みが存在しているという研究結果が出ているからです。Clark et al.（1999）は，上記見解については，それを支持する，ある程度の証拠はあるが，それは明確に検証できたといえるほどの根拠ではないと述べています（実験的にそのような"潜在的"な思い込みを同定することが難しいのは仕方ないともいえるでしょう）。

　以上，うつ病に特有のCBTモデルを検討しました。しかし，うつ病だけでなく，他の心理障害についても，それぞれに特有のCBTモデルがあります。そして，それぞれの心理障害に特有のモデルの妥当性に関しても実証的な検討が進んでいます。信頼性の高い支持的な結果が出ている障害モデルもあれば，明確な証拠が出ていない障害モデルもあります。この点に関して現在明らかになっている見解は，以下のようになっています。

(a) CBTは多くの問題において，疑いなく有効的な介入法である。
(b) CBT理論を支持する実証的な研究結果が出ている。しかし，まだCBTのアプローチ

については研究を発展させていく必要がある領域が残されている。

● 要約

- 現在のCBTの起源は，行動療法と認知療法にある。メンタルヘルスの問題の解決に際して，前者は行動を変えることが重要だと強調し，後者は出来事に伴う意味を理解して変えていくことが重要だと強調する。
- 問題を4つの"システム"の相互作用とみなすと有益である。
  - —認知システム：思考，想像，信念
  - —行動システム：他者によって直接観察可能な，人が言ったりしたりすること
  - —情動システム：感情状態
  - —生理機能システム：自律神経系の覚醒や食欲の変動のような，身体に起こること
- 認知は3つの"レベル"に区別される。
  - —否定的自動思考：さまざまな状況で自動的に生じてくる，ある一定の思考。気分に否定的な影響を与える。意識することが比較的容易にできる。
  - —不適切な先入観：さまざまな状況において，行動したり何かを予想したりする際の指針となる"生活のルール"。「もし〜ならば…である」という条件文として表現されることが多い。
  - —中核的思い込み：自分自身，他者，世の中に関する非常に包括的な思い込み。幅広い状況において作用する。すぐに意識することができない場合が多い。
- それぞれの心理的問題は特有の認知の内容や認知の様式，あるいはその両方を伴う。たとえば不安には，「脅かされてしまう」という先入観や，その先入観に関連した，何に関しても脅威だと考えてしまう認知の偏りが伴っている。
- CBTにはさまざまなメンタルヘルスの問題を改善させる効果があるということは，かなり明確に実証されている。それに比べると，CBTによる介入の論拠となっている理論を支持する証拠は明確ではないが，ある程度は実証されている。

● 練習問題

✳ 振り返り／考えてみよう

- 本章で概説されたCBTの基本的な原則についてあなたは何を思うか，考えてみましょう。その原則は理に適っていると思えますか。あなたに合わない原則や，理に適っていると思えない原則がありますか。
- CBTの基盤となっている認知理論について，あなたは何を思いますか。その理論は理に

適っていると思えますか。その理論はあなたの臨床経験に合致しているでしょうか。
- CBT の理論を支持する証拠が CBT の介入効果の証拠に比べると明確ではない，ということは問題でしょうか。

✳ やってみよう

- あなた自身の否定的思考，不適切な先入観，中核的思い込みについて注意を向けてみましょう。とりわけあなたが何らかの形で心を乱されたときや，感情的に高ぶったときに，自分の思考を調整してみましょう。あなたの思考は，ここで述べたパターンをたどるでしょうか。さまざまな種類の認知に関する私たちの記述とあなたの体験とは，どこが類似していて，どこが違っているでしょうか。
- このようにあなた自身の思考に注意を向けることは，あなたの臨床実践に何らかの示唆を与えるでしょうか。
- もしそうであるならば，どのようにしてあなたの臨床実践へと適合させていきますか。

● 学習を深めるために

Beck, A.T., Rush, A.J., Shaw, B.F. and Emery, G.（1979）Cognitive Therapy of Depression. New York : Guilford Press.（坂野雄二［監訳］（1992）うつ病の認知療法．岩崎学術出版社）
出版から30年以上の時を経ても，認知革命を起こしたこの本は未だに，うつ病患者と接する臨床の現場のリアルな感覚を伴った第一級の名著である。

Greenberger, D. and Padesky, C.（1995）Mind over Mood. New York : Guilford Press.（大野裕［監訳］（2001）うつと不安の認知療法練習帳．創元社）
クライエントの援助を目的に作られたセルフヘルプの本。CBT のよくわかるシンプルな入門書でもある。実際に CBT をクライエントに対して活用する意図があるかどうかは別として，多くの新人セラピストが「とても役立つ」と感じた一冊である。

House, R. and Loewenthal, D.（Eds.）（2009）Against and for CBT : Towards a Constructive Dialogue ? Ross-on-Wye : PCCS Books.
CBT に関する哲学，科学，倫理学，政治学についての（大部分において，かなり批判的な）見解を組み合わせたもの（IAPT プログラムとの関連で）。ポストモダニストの立場から書かれている部分が多く，CBT に関する専門用語がよく出てくるので，読みやすい章は少ない。しかし，新たな視点を身につけたい人にとっては興味深い文献である。

The Centre for Outcomes Research & Effectiveness（CORE）Website at University College, London, under whose auspices the CBT Competences framework was developed — http://www.ucl.ac.uk/clinical-psychology/CORE/CBT_Framework.htm
CORE のサイトでは，不安とうつに対して CBT を活用するうえで必要となる能力について，より詳細に記述されている。また，自分自身のスキルがその能力を発揮できるレベルにどの程度追いついているかを，臨床家が自ら査定するためのツールも，このサイトに含まれている。

02
CBTは他の心理療法とどこが違うのか
CBTの特徴

　CBTと他の心理療法には共通点が多い一方，重要な相違点が存在します。本章では，CBTアプローチの基本的な特徴について述べ，さらにCBTに対する誤解について明らかにします。本章の内容は，読者の皆さんだけでなく，あなたのクライエントにも役立つでしょう。というのも，CBTに関する正確な情報が得ることができれば，その情報にもとづきCBTを継続するかどうか決められるからです（Garfield, 1986）。そして，介入の結果も良いものになるでしょう（Roth and Fonagy, 2005）。

　本章では，CBTと他のセラピーとの違いを表す特徴について述べていきます。その特徴とは，協働的であること，構造化されていて積極的であること，実施期間の区切られた短期療法であること，そして，実証的で問題志向的であることです。また，CBTでは，誘導による発見，行動的方法，「実生活場面」での作業，要約とフィードバックといった技法が頻繁に用いられます。

● 協働的であること

　基本的にCBTは，セラピストとクライエントによる「協働」作業となります。セラピストとクライエントは互いに，積極的に，各々の担当領域の専門家としてCBTに参加します。言い換えれば，セラピストは問題解決のための効果的な方法を知っており，クライエントは問題の当事者として多くを知っているのです。

　協働性を重視する考え方は，クライエントが心理療法に期待していたものと異なっているかもしれません。そのため，セラピストとクライエントが最初から認識を共有するためには，クライエントがCBTに対して何を期待しているのかを明らかにすることが大切になってきます。セラピーの最初の説明は，クライエントがどれくらい役割の重要なのかに関するものとなります。たとえば，次のような言い方ができるでしょう。

　CBTのセッションでは，私たちお互いが重要な役割を担っています。私はCBTに精通していて，ある問題がどのように人を困らせるのかよくわかっています。でも，あなたの問題がどのようにあなた自身に影響を及ぼしているのか詳しくわかっているのは，私ではなくあなたです。あなたが知っていることをお聞かせいただかないと，あなたの状況を理解し，それに基づいて問題を少しずつ変化させていくことはできません。ですから，本当に，これは協働作業ということです。

上のような説明では，クライエントの側で，「いつでもセラピストはどんな答えでもわかっている」などと期待できないことがそれとなく伝えられています。もし不確かなことがあれば，セラピストはクライエントに対し，問題をはっきり説明するよう頼んだり，より多くの情報を求めたり，状況認識について尋ねたりしてもかまいません。

　あるクライエントが鮮明に見た夢の話をして，セラピストに「（その夢について）どのように考えることができるのですか？」と尋ねました。その質問にすぐには答えず，セラピストは，クライエントに次のように尋ねました。「その夢を見たことに関して，あなた自身は何が重要なことだと考えますか？」「その夢から醒めてみて，あなたのなかに残った気分はどんなものでしたか？」

　CBTではセラピストとクライエントが率直で開かれた関係を築くことが推奨されています。まず，このことを再確認してください。CBTでは，セラピストは，自分が担う作業が何であり，その作業を行う理由をクライエントに示します。そしてクライエントに対し，どの作業が役に立ったのか，または役に立たなかったのか，率直にフィードバックするように求めます。
　介入の進展に伴って，協働の仕方も発展していきます。アジェンダを設定する，宿題を考える，フィードバックをする，といったことに関してより積極的な役割を担うようにクライエントを徐々に促すといいでしょう。クライエントに心からの敬意を払い，クライエントが自分自身のセラピストになりつつあるという感覚を育むことで，介入はいっそう前進するでしょう。クライエント自身が熟練したCBT実践者となりセッションを終えることが理想的です。クライエントが一人でCBTアプローチを使うことができ，将来起こりうる再発に備えられるようにしていくということです（第6章参照）。

● 構造化されていて積極的であること

　問題焦点型として構造化されているCBTの性質上，セッションの構造を保つため，セラピストはクライエントとともに作業をすることが求められます。たとえば各セッションの冒頭で，セラピストはクライエントと明確なアジェンダを設定し，おおむねそのアジェンダに沿ってセッションを進めていきます（第11章参照——アジェンダ設定について詳しく書かれています）。
　CBTのセラピストは「積極的に」クライエントに関わります。そして，CBT以外のセラピーのセラピストよりも発言量が多いでしょう——おそらく，初期の段階ではセッション時間の半分はセラピストが話しているのではないでしょうか。これはCBTを初めて経験するセラピストにはわずらわしく感じられるかもしれません。しかし，セラピストの発言の多くは質疑応答の形式を取り，セッションがどのような方向に進むのかは，互いの努力の結果として決まってきます。セラピーの初期段階では，ほぼセラピストがセッション内容の方向を決めます。セッションが進むにつれて，クライエントが次第に責任をもつようになります。たとえば，

最初のうちは，宿題を考えるのはセラピストであることが多いのですが，後半では，次のセッションまでの間に実施する課題を設定するのは，大部分がクライエントの役割となります。

　ある女性は，強迫観念に囚われており，規則が頭から離れず，ルールに抵触しないよう決められたことを守るので頭が一杯でした。彼女は，より一般的な思い込みをもっており，その思い込みとは，いつも正しいことをする必要があり，規則を守らなかった場合に人から拒絶される，というものでした。彼女は8回の介入セッションを受け，セッションの内容に以前より責任をもつようになっていましたが，それは次のような議論が起きた場面でのことでした。

セラピスト　自分のために何かをする，特に，楽しむために何かするのがあなたにとっては難しいんですね。こうした状況であなたがどんなふうに感じ，どんな思い込みが作用しているのかを見つけられるように，もう少し考えてみませんか。

クライエント　そうですね。友人が2回ジュエリー製作を学ぶサロンに一緒に行こうと誘ってくれたことがあります。私はすごく行きたかったんですけれど，2回とも，「やることがたくさんあるので」と伝えて断りました。でも，たとえやることがなくても，一緒に行くとは言えなかったと思います。もし友人と一緒に出かけることができれば，問題は何かということがわかるかもしれません。彼女と一緒に体験できたらよかったのに，と思います。

セラピスト　問題を知るためには，どのようなことをみていくのがよいと思いますか。

クライエント　そのとき自分がどんな感情を自分が抱き，どんな思い込みが関係していたのかをみていく必要があるように思います。

セラピスト　問題は何かを探るために，他に手がかりになりそうなことはありますか。

クライエント　後からどんな気分になるか，ということです。後から罪の意識が浮かんでくるので。

セラピスト　それを取り入れましょう。思いついた感情か考えを記録するのには，どのようにしたらよいでしょうか。

　クライエントがセッションの内容をどの程度決めるかは，クライエントの性格，考え方，姿勢によってある程度決まってきます。主体的なクライエントは，介入の初期から一定の役割を引き受けるでしょう。また，依存的なクライエントには，時間をかけて責任を担ってもらうようにするほうが効果的でしょう。

● **実施期間の区切られた短期療法であること**

　クライエントとイギリス国営医療サービス事業者の双方にとってCBTは魅力的なものです。ひとつには，他のセラピーと比べてCBTが短期のセラピーだからです。ここで「短期」

表 2.1　介入期間のガイドライン

問題の種類	セッション数
軽度	6 回まで
軽度から中等度	6 回から 12 回
中等度から重度もしくはパーソナリティ障害を併存する中等度の問題	12 回から 20 回
パーソナリティ障害を併存する重度の問題	20 回以上

というのは、6回から20回のセッションだということです。介入対象となる諸問題について、介入法の臨床試験が行われ、目安となるセッション数が導かれます。ただし、セッション数は、利用可能な援助だけでなく、クライエントの問題の特徴にも影響されます。利用可能な援助資源が乏しいのであれば、そのぶん効率よく援助することが重要です。構造化・焦点化されている CBT はその要請に適うものだといえるでしょう。表 2.1 で示されているのは、問題の重症度別にみた、想定される治療期間の長さのガイドラインです。

データによれば、長期間の介入が短期間の介入より良い結果につながっているとは限らないことがわかります（Baldwin et al., 2009）。また、長い間順番を待たされたクライエントへの介入が長い期間を要するとも限りません。他の心理療法に慣れているセラピストにとって、アセスメントとケース・フォーミュレーションのセッションを1〜2度行ってから6〜8回のセラピーへと速やかに移行するのは、急かされているようで気持ちの良いものではないかもしれません。ですが、CBT に慣れれば、それほど難しいことではなくなるでしょう。

介入期間の長さを明示し、どのように介入が進展することが多いのか説明できれば、クライエントの役に立つでしょう。セラピーが役に立たないと思われる場合、あるいは、これ以上の進展が望めないところまで到達した場合、事前に介入の進め方に関する説明がなされていれば、介入は終結しやすくなります。介入が進展しても、未だ問題が残されているならば、介入は継続する価値があります。ただ一方で、介入を止めて、残された困難な課題に一人で取り組むことがクライエント自身のためである、という見方も一考に値します。一番良い方法は、徐々にセッションの間隔を長く空けていく方法です。そうするとクライエントは、残された課題や失敗に対して、徐々に責任をもって対処するようになります。また一方では、セラピストとともに問題点を振り返る機会を続けて得ることもできます。

CBT では、他のセラピーの基準となる「50 分」という長さにはこだわりません。たとえば、広場恐怖のクライエントに対して実生活場面での実験を含むセッションを行うならば、そのセッションは 2, 3 時間続くでしょう。一方、介入の終結に向けた振り返りのセッションは、20 分程度かもしれません。適切で生産的に宿題が行われれば、介入の大部分は「セラピーの時間」以外で起きているのだと考えてください。

● 実証主義的アプローチであること

　CBTで重視されるのは，心理学で実証されている知識を用いることです。たとえば次のような事柄——早くに片親を亡くすと，成人してからうつ病になりやすくなる（Brown, Harris and Bifulco, 1986）。全般性不安障害の人は不確実さに対する耐性が低い（Ladouceur et al., 2000）。うつ病の人は特定の記憶，とりわけ肯定的な出来事の記憶を検索する能力が低下する，すなわち「記憶が概括化されている」（Williams et al., 2000）——は実証されており，こうした知見にもとづいてセラピーが行われます。さらにCBTは，個人を対象とした臨床事例でどの程度の介入効果が見込めるのか明らかにすることを，行動療法から取り入れています（第5・18章参照）。

　セラピストは，効果研究から得られたエビデンスについて情報を集め，その情報を利用して個々のケースに介入しなければなりません。効果研究の事例と臨床場面における事例とは種類が異なるので，効果研究におけるデータは当てにならないという批判が時々聞かれます。しかし，他の心理療法のほうが効果的であるというエビデンスがないのであれば，示されている実証的エビデンスを相応に重視するほうが，クライエントに対して公正だといえるでしょう。もちろん，何がクライエントの役に立つかに関するセラピストの直観を軽視しているわけではありません。そうした直観を利用してケース・フォーミュレーションを行う場合でも，エビデンスと矛盾しないようにするべきである，と提案しているのです。十分に記述され，実際的な価値をもつという明らかなデータがあるなら，そのデータは軽視すべきではありません。たしかに，エビデンスは決定的なものとは言えないかもしれません（Ghaderi, 2006）。しかし，セラピストは介入プロトコルから早い段階で逸脱する傾向があり，それは介入にとって有害だという指摘があることを忘れてはなりません（Schulte and Eifert, 2002）。

　個人へのセラピーでは，実証可能な方法でクライエントが自分の問題に取り組むように促します。たとえば，それは次のようになります。

- **考えや思い込みは吟味すべき仮説であると見なされる**　たとえば，「私は能無しだ」と考えてしまう女性には，そのような考えは数ある見方のうちのひとつにすぎないと理解するように促し，各々の見方が正しいことを支持する証拠に目を向けるよう励ます。
- **データは考えを検証するために集められる**　たとえば，自分に向かって走ってくるという理由で蜘蛛に恐怖を感じる男性には，お盆の上に乗せた蜘蛛がどのくらいの頻度で逃げずにセラピストに向かってくるか数を数えるように促す（このような行動実験についての議論は第9章を参照）。
- **事実に基づいて新しい考えを形成し，それを検証する**　重視されるのは，それまでしてこなかった行動・考え方・環境との相互作用を試して，「クライエントの問題がどのようになっているのか」を発見することである。議論や洞察によって感情や思い込みを変化させるものではない。新たに見つけたエビデンスのうち，クライエントにとって役に立つ

のはどれなのか，クライエント自身に答えを発見させることが大切である（こうした介入についての詳細については，再度，第9章を参照）。

　セラピストとの話し合いを経た後も，慢性的なうつ病を抱えているある女性は，「いつも持てる能力を最大限に試してみなくてはならない」という思い込みをもっていました。セラピーの一部として，その女性が採用した新しい信念は，「自分のために何かをして，なおかつ満足できて楽しい，ということがあってもよい。持てる能力を最大限に発揮する必要はない」というものでした。この信念を検証するために，その女性はオーディションを受けなくても入れるコーラスに加入することにしました。また，フランス語を習いはじめましたが，流暢に話すことではなく，「なんとか使えるようになる」ことを目指すようにしました。

● 問題志向アプローチであること

　クライエントが抱える問題には，不快な気分，対人関係の難しさ，不要な行動（たとえば，抜毛のような繰り返される癖），職業上の問題（たとえば，多くの場合は，失職すること）などがあるでしょう。CBTではクライエントの「問題」が何であるか適切に見極め，その問題を解決，低減することに焦点を当てます。問題は一般的な診断の水準ではなく，CBTに特有の観点から描写されます。たとえば，クライエントがうつ病で悩んでいるとしたら，あなたが知りたいのは，うつ病がどのように実際に影響を及ぼしているのか，そして，クライエントが援助を望んでいるのは問題のなかの特定のどの部分なのか，ということになるでしょう。たとえばあるクライエントにとって，それは自己批判的思考，気分の落ち込み，社会的ひきこもり，興味の減退かもしれません。一方，別のクライエントにとっては，集中力の障害，睡眠不足，涙もろさ，イライラすることなのかもしれません。

　どの問題に取り組むかについてクライエントと合意したら，問題ごとに目標を設定し，その目標から介入の焦点を定めていきます。目標設定の過程でクライエント自身に明確にしてもらうのは，介入終結の時点でどのようになりたいと願っているのか，そして，現在の自分とどのような点で変わっていたいと思うのか，ということです（第11章参照）。

　クライエントの抱える困難な問題に取り組むための方略を選ぶにあたっては，この本で述べられているCBTの方略だけでなく，その他の戦略を併用する可能性も十分にありえます。たとえば，スキルトレーニング（アサーティブネス，タイムマネジメントなど），グリーフワーク，カップル・セラピーなどの介入は役立つでしょう。どんな介入方法が利用されるにせよ，CBTの有効性を振り返るためにも，そうした他の介入方法についても評価がなされるべきです。

● **誘導による発見**

　セラピストの導きによる発見の過程において，セラピストは，「ソクラテス式問答法」と呼ばれている質問形式を利用して，クライエントが先入観や思い込みを明らかにするのを援助します（第7章参照）。この質問形式には，注意深く構成された質問項目が含まれています。この質問形式は，クライエントが状況を自分の実情に即して理解し，新たな物事の見方を練り上げ，その見方の有効性を検証するのに役立ちます。

● **行動的方法**

　行動的介入は，CBTの必須要素といえるでしょう。宿題の多くは，行動的課題と実験を含んでいます。行動的課題と実験が利用されるのは，介入セッションで生まれた新しい見方を検証し，新たな発見を増やし，介入セッションから日常生活——変化が本当に必要とされている場——への般化を促すためです。行動的介入には幅広い種類があり（行動的方略の概観については第9章を参照），いくつかの行動療法の原理がそのままCBTで取り入れられています。新たな課題をステップに分けて扱いやすい大きさに分解するアプローチがその一例です。

● **実生活場面での作業**

　CBTのセラピストは，面接室から出て現実世界のなかでセラピーを行うこともあります。その目的は，アセスメントに役立てること，あるいは，行動的実験を実施することです。このような「実生活場面」での作業はとても有益で，たとえば，長年にわたり強迫性障害（OCD）を患っているクライエントは，自分の強迫的な儀式を細かく意識しなくなっているかもしれません。そのような場合，セラピストが直接観察しなければ，その点を過小評価する可能性があります。また，介入場面での信念の変化が現実の生活場面でも機能しているかチェックすることも重要でしょう。こうしたことから，実生活場面での実験は役に立つので，場合によってはクライエントにセラピストが同行することもあります。

　　自分の健康に対して不安を抱えている男性がいました。この男性は，自分の息が浅くなったら気を失い死んでしまうと信じています。そのためその男性は，自分がいる場所の近くに病院があるかどうかをつねに確認しています。クリニックでのセラピーにおいて，彼は自分の思い込みに疑問を呈しました。その後，合意のうえで，どこに病院があるか二人ともわからないような地方の町へセラピストは彼を連れ出すことにしました。そして息を切らすために二人で道を駆け上がったり駆け下りたりしました（それは，彼がそ

れまで避けてきた活動です）。その結果，自分は気を失わないだろう，という新たな考え方を彼は検証することができたのです。

クライエントが新たな行動を試すとき，それが難度の高いものであるならば，セラピストが一緒にいて励まし支えることが良い結果につながります。場合によっては，取るべき行動をセラピストが模範として示すことが役に立ちます。できるだけ早くその場からセラピストは退くべきですが，模範を示すことで，クライエントは一人でも実験を続けることができるようになるでしょう。

ある広場恐怖の女性は，自分が滅茶苦茶になってしまうのではないかという懸念を抱えていました。その懸念に先立って生じるのは不安，とりわけ，もし失禁したら人々から嘲笑されるのではないか，という不安でした。クライエントはセラピストと一緒に地域のショッピングセンターへ行きました。そしてセラピストのスカートの後ろの部分についた目立つ茶色いシミに対し，周囲の人々が示す反応を離れて観察しました。周囲の人々の反応は，考えたうえで無関心を装う，という程度のものでした。

実生活場面での作業では，家族や友人からの支援を受けられることも多いでしょう。しかし，家族や友人からの支援はよく考え，細部までしっかりと計画されたものでなければなりません。そのためには，家族や友人といった支援者が，自分自身の非援助的な考えを見極めてそれを変えていくための援助が必要となるでしょう。たとえば，自分の妻あるいは夫をパニックに曝すのは良くない，と配偶者が信じている場合があります。配偶者のそうした信念は，パニックの後に何が起きるかを行動実験で検証しようとする場合に妨げとなるでしょう。

● 要約とフィードバック

CBTではセッション中に何度も，セラピストからクライエントへの要約と，クライエントからセラピストへのフィードバックを行います。要約とフィードバックは，アジェンダに焦点を当てつづけるための方法のひとつでもあります。10分おきに，話し合いのポイントを要約するため，話を止めることもあります。セラピーの初期よりも，それ以降のほうが要約の回数は多くなります。要約に含まれるのは，クライエントが表現した感情，そして出来事や状況がクライエントにとってもつ意味，といった内容です。要約はクライエントの発言の「解釈」であってはなりません。セラピストの言葉に置き換えるのではなく，クライエント自身の言葉をできるだけ使うほうがよいでしょう。セラピストの言葉に置き換えてしまうと，クライエントにとっての意味が変化してしまうためです。これはとりわけ，クライエントが比喩的あるいは独自の表現を用いている場合に当てはまります。

同様に役に立つのは，クライエントに話し合った内容をまとめるように求めることです。た

とえば，次のように言います。「これまでに私たちが話し合ってきたなかで，中心となるポイントをフィードバックしてもらえませんか？　私とあなたとが同じ考えの道筋をたどっているか確認したいのです」。

　要約をクライエントに伝えることで，重要な事柄について理解が共有されているかどうか確認しやすくなります。時には，クライエントあるいはセラピストがどのように誤解していたのかがわかって，はっとさせられることもあるでしょう。

　否定的自動思考（NATs）を書きとめることが役に立つ理由について，クライエントとセラピストは話し合いました。その後，「自分の考えに簡単に気づけるようになると，本当に役に立ちますよ」とセラピストは言いました。フィードバックを求められるとクライエントは，「否定的自動思考に気づいたのに気分が良くならないので，CBTを受けても助けになりそうにないことがわかった」と言いました。

　要約によって，それまで気づいていなかったことにクライエントが気づくこともあります。たとえば――

セラピスト　まるで，パートナーの魅力と感じられていた資質が，今では一番のイライラの種になっている。今の話はそんな風に聞こえます。この理解は正しいでしょうか？
クライエント　はい。でも，これまでそんな風に考えたことはありませんでした。

　特に役に立つのは，セッションの最後に重要な点を要約すること，そして，クライエントにとって，「家に持って帰る」その日の学びが何であるかを尋ねることです。すると，同じ誤解を減らすことができます。セッション中のクライエントからのフィードバックをまとめることも大切です。たとえば，その日のセッションで役に立ったこと，役に立たなかったこと，あるいは戸惑ったことなどがそれにあたります。

セラピスト　理解するのが難しかったり，私の考えがズレていたり，あなたを戸惑わせてしまったり，そのように感じることがあったら，教えていただけると助かります。好ましくないこと，誤解が生じているようなことに触れるのは難しいことですが。もし役に立たないことがあれば教えていただけるととても助かります。なぜなら，それを解決したり，どうしてこうなったのかを明確にできるからです。今日私は，あなたを惑わせたり動揺させるようなことを何か言いましたか？

セラピスト　同じような質問を毎回のセッションの最後に尋ねることになりますが，何か言いたいことがあったら，ためらわずにおっしゃってください。

セラピスト　今日のセッションのなかで，家に持って帰る重要な点はどこでしたか？

セラピストが介入の初期に時間を取ってフィードバックの大切さを説明し，フィードバックを率直に進めていれば，クライエントは隠すことなくフィードバックするようになるでしょう。

　各セッションの冒頭で，前回のセッションについてのフィードバックを求めることもできます。たとえば，何が役に立ったか，前回の話し合いで何か新しい考えをクライエントが思いついたかどうか，といったことです。セッションとセッションの間にセラピーについて考えることの利点について話し合っておき，クライエントのフィードバックを真剣に受け止めるならば，クライエントはセッションを振り返りフィードバックを行うようになるでしょう。

　あるクライエントが，自分はセラピストと一緒でないときにはセッションについて考えたくない，と言いました。問題を探索するうちに明らかになったのは，彼が，打ちのめされてしまうという否定的思考にもがき苦しんでいることでした。その後，この否定的思考をセラピストはセッションのなかで扱うことができました。

● CBTについての誤解

　この項では，よくあるCBTに対する誤解を見つけ，それについて考えてみましょう。

✻ CBTでは協働関係は重要ではない

　セラピスト個人の資質が重視されるのは，他のセラピーでもCBTでも同じことです。受容，共感，無条件の肯定的配慮。これらが心理療法を成功させるうえで重要である，というのはRogersの卓見ですが，CBTのセラピストもこのような姿勢を示すことが多く，クライエントからも評価される点です。対照的に，CBTには人間味がなく，セラピストは協働関係に関心を払わない，といった誤解があります。個人的に大切な話を打ち明ける，困難で恐怖をともなう新たな行動を取ってみる，安心感が得られる。こうしたことは，最も基本的なレベルでセラピストに対する信頼感がなくては実現されないことです。

　ですからCBTにおいては，セラピストとクライエントとの関係に焦点を当てて介入を進めるわけではありませんが，効果的なセラピーを実行するために協働関係は必須の基盤であると考えます。協働関係の形成が困難な場合には，そのことに注意を払わなければなりません。そして，どのような思い込みがクライエントの困難を生む引き金となっているのか理解しようと試みなければなりません（第3章参照）。

　CBTでは，クライエントがセラピストにどのような感情を抱いているか関心をもたない，と信じている人が時々います。ですが，セラピスト−クライエント間の関係性にまつわる要因——ただし，力動的な用語ではなく認知的な用語が意味するもの——の重要性に対する認識は，この20年間で広がってきています（Orlinsky, Grawe and Parks, 1994）。

✱ CBTは機械的である——Yという問題にはXというテクニックを応用すればよい

　CBTは感情・行動・認知・生理をつなぐ明確なモデルにもとづいています。このモデルが介入方略を支えており，効果が実証されてきました。臨床レベルにおいても多くの場合，クライエントが示す問題に対して，特定のモデルが対応しています。たとえば，パニック障害に介入するためのモデルでは，無害な身体的・精神的徴候に対する破滅的で誤った解釈の役割を重視します。あるいは，うつ病に対するモデルでは，クライエントの自己や他者，世界に対する否定的な見方に焦点が当てられます。つまり，クライエントが抱える問題を改善するためのモデルにもとづいて，詳細な介入プロトコルが作り上げられるのです。こうした場面では，モデルにもとづいて問題のフォーミュレーションがなされます。それは，そのクライエントの問題の特徴にあわせて形成されるものです。介入は，既存の技法ありきで決められる（例：私は彼には不安マネジメント訓練が必要ではないかと考える）わけではありません。どのような心理的プロセスが「彼／彼女の」問題を維持しており，「彼／彼女の」場合には感情・思考・行動・身体的徴候の間の関係のどこが重要なのか，という点を理解することが介入の基本です。この点については第4章でさらに検討していきます。

✱ CBTはポジティブ思考を求める

　CBTはクライエントの状況や対人関係に関心を払わずに，クライエントの物事に対する見方をポジティブにすることにしか関心がない。このように理解されることが多いのですが，これは誤った理解です。CBTの目標は，クライエントが「現実的に」自分の思考を評価できるよう援助することにあります。クライエントがつねに間違っている，あるいは，物事はいつもポジティブである，などと指摘することが目標ではありません。問題を抱えているとき，人の考えは過度に否定的なこともありますが，正確なときもあります。あなたのクライエントが「恋人は，もう自分に関心がない」と言ったとしましょう。調べてみたら，実際に恋人は，クライエントへの関心を失っているということもあるのです。対人関係の状況や社会経済的な事情も考慮してケース・フォーミュレーションは行われるべきであり，クライエントの思考が歪んでいることを前提にすべきではありません。

　ある女性は，ホテルの仕事を解雇され，気分が落ち込んでいました。彼女が失業したのは3回目で，最初の2回も解雇によるもので，今回の解雇は上司との人間関係が上手くいかなくなった末のことでした。彼女は落ち込んでいました。なぜなら，どんなに一生懸命に取り組もうとしても運は彼女に味方せず，事は悪いほうへと流れていくように思われたからです。物事を良い方向へ変えられるという希望を彼女は感じられなくなっていました。セラピストは，彼女の考え方が歪んでいるとは考えず，実際に何が起きていたのか見直すよう援助しました。すなわち，3回の失業につながった要因は何か，どんな責任が彼女にあったように思うのか，彼女がしっかりと考えられるようにしました。セラ

ピーでは，彼女の対人関係スキル，あるいは，職業基準（その仕事で達成することが期待される仕事量の基準。また，その仕事に必要とされる技術や知識のこと），また場合によっては他人の責任にしがちな傾向，などに焦点を当てる必要がありました。結果的に問題は，最初に彼女が考えていたこと——運は彼女に味方しない——と同じであるように思われました。それゆえ介入の焦点が当てられたのは，彼女の身に降りかかる出来事が本質的に不公平なものであることに，彼女自身が耐えられるよう援助することでした。

CBTでは，役に立たない考え方というのは，過去において正しかったかもしれないが，もはや今となっては正しいとは言えない考え方のことである，と考えます。たとえば，情緒的な関わりを剥奪された家庭のなかで育った子どもは，「自分のために居てくれる人はいない」と信じていたかもしれません，そしてそれは正しかったのかもしれません。ですが，大人になった後では，もはやそれが正しいとは言えません。介入の目的は，問題を理解し解決することであって，考え方を固定化することではありません。

✱ CBTは過去を扱わない

CBTセッションの大半では，「今ここ」に焦点が当てられます。なぜなら，ほとんどのセラピーの関心は現在の問題を解決することにあり，また，問題を維持している要因にあるからです。ですが，CBTは，過去の生活史を扱うことが必要な場合には，しっかりと過去をみていくようにします。たとえば，問題形成の原因を説明するためには，過去の体験を細かくみていきます（第4章参照）。「今ここ」に焦点を当てる主な理由は，問題形成の原因は，問題を維持している要因とは異なっている場合が多いからなのです。CBTは，問題維持要因により注目します。ですから，相対的に多くの注目が過去よりも現在に注がれることになります。

おしっこを漏らしてしまうのではないかという不安を抱えている16歳の女性がいました。女性は幼少時にある経験をしていました。学校の遠足のときに，友人たちの面前でおしっこを漏らして，恥ずかしい思いをしたのでした。「我慢するように」と先生に言われたときに我慢できず，友人たちにからかわれたのです。大きくなって，自分が何時間でも我慢できることはわかっているし，からかう友人たちはもういませんでした。不安という彼女の問題を主に維持していたのは，簡単にトイレに行くことができないような場所を避けてしまうこと，外出前に何も飲まないこと，アクシデントが起きても尿を吸収してくれるようズボンの下に厚手の長い靴下を履くこと，といった一連の「安全確保行動」でした。クライエントにとって，問題の原因は幼少期の一連の要因だったのですが，問題を維持しているのは別の要因でした。

＊ CBT は表面的な症状を扱い，根本的な問題を扱わないため，代わりの症状が起きやすい

　第 1 章でも触れたように，単に「症状を除去する」だけでは，潜在的な問題の徴候が他の形で現れる結果になってしまうのではないか，ということが懸念されていた時代がかつてありました。しかし，数多くの研究によって示されたのは，CBT のクライエントは，別の問題が引き起こされているというより，比較的，再発から守られているということでした（たとえば，Durham and Turvey, 1987 ; Williams, 1997 ; Hollon et al., 2005）。

　CBT で教えられる方略は，多くの場合，他の問題に一般化しやすいものです。さらに，CBT でクライエントの問題をフォーミュレーションする目的は，問題を維持している心理的「プロセス」を明らかにし，そのプロセスに影響を及ぼすように介入することです。フォーミュレーションで扱われるのは，問題を維持する最も基本的な行動パターンです。この点の詳細については第 4 章で扱われます。

　広場恐怖の女性がいました。その女性は他にもたくさんの問題を抱えており，身内が危害を受けるのではないかという強迫性の問題，うつ病，愛する人に拒否され見捨てられる不安，自己主張できないこと，などがありました。広場恐怖の問題が介入開始時から扱われ，治療は成功しました。妻や母親として適応的に機能するのを妨げているのは広場恐怖の症状であるということを理由に，クライエント自身が広場恐怖の問題を解決することを優先したのでした。彼女は一人で行動することができましたが，見捨てられ不安に関する課題は手つかずでした。次に介入のなかで扱われたのは強迫症状でした。さらにその後，自己価値に関するより一般的な不安に目が向けられました。

＊ CBT は敵対的である

　CBT セラピストはクライエントに対して，その思考の誤りがどこにあり，どう考えるべきなのかを教える，と指摘されることがあります。「CBT はクライエントとセラピストとの論争という形を取ります。ですから，胆の据わった人にしか向きません」と，ある精神保健情報センターの冊子に書かれていたように。確かに，"下手な" CBT は，論争のように見えるものです！　目標にすべきは次のようなことです。まず，クライエントがどのような状態にあるのかを感じ取れるように，心を開いてクライエントに近づくこと。次に，クライエントと同じように彼／彼女の問題を追体験し，クライエントが「自分で」自分の思い込みに疑問を投げかけられるように援助すること。最後に，クライエントが自分で新しい考え方を実践できるようにすること。クライエントが自分の考え方についてのエビデンスを振り返り，自ら結論を導き出すならば，より納得するでしょう（第 7 章参照）。

✳ **CBT は簡単な問題のための介入法であり，複雑な問題に対しては他の介入法が必要である**

　CBT は適用範囲の広い，柔軟なアプローチです。熟練した実践者であれば，多くの心理的問題に CBT を応用することができます。ただし，その場合，介入プロセスに最低限の関わりをもつことができるクライエントであることが，その条件となります（アメリカ精神医学会による診断と統計のためのマニュアル『DSM-IV』で定義されている）。I 軸障害の範囲であれば，重篤で慢性的な難しい問題を抱えるクライエントにも CBT が役に立ちます。そして現在，パーソナリティ障害のクライエントに対する効果を示すエビデンスが増えてきています。

✳ **CBT は思考に関心を払うが，感情には払わない**

　たしかに，CBT は，思考の修正を援助することに関心を向けています。しかし，それは目的のための手段であり，思考に関心を払うこと自体が目的ではありません。ほとんどのクライエントは，不適切な思考というよりは，気分・感情・行動について援助を必要としています。思考，つまり認知の変化は，その人の認知以外のシステムが変わるのを援助するための手段です。セラピーは，それが単なる抽象的な考えについての知的議論であるならば，ほとんど何も得るものはないでしょう。セラピーのプロセスにおいてクライエントに感情体験がともなわなければ，感情や行動に関する変化を達成できるとは到底思えません。

　社会的に孤立しているうつ病のクライエントがいて，自分の状況について次のように語りました。あるとき，彼女は友人たちに会っていました。しかし自分はグループの隅っこにいて，友人たちにとって自分は重要ではない，と考えていました。彼女はそのときの光景と否定的思考を，静かに慎重に話すのでした。他の友人から自分が大切にされているというエビデンス（友人たちは夕方の計画にも彼女を含めて考えていたし，週末の旅行にも彼女が参加するものと考えて話をしていた）を見つけることができました。それでも，自分は取るに足らない存在であるという見方が変わることはありませんでした。セラピストは彼女に，その光景についてもう一度話すように求めました。しかし今度は，否定的思考について彼女が説明している間に，その悩ましい状況で感じた気持ちを思い出し，感じてみるようセラピストは求めました。そのとき初めて，彼女の否定的思考は弱まりはじめたのです。

✳ **CBT は心理学志向のクライエントのためだけのものである**

　一般的に，CBT でクライエントは思考と感情に気づき，それを語り，両者を区別する必要があります。クライエントが心理学のモデル——たとえば，悪循環や予備的フォーミュレーションなど——を理解できるならば，さらに有利となります。しかし，心理学的に考えるのが苦手なクライエントでも，セラピストはクライエントの能力を高めるよう援助できます

（Butler and Surawy, 2004 を参照）。クライエントが CBT を受けられるかどうか見極めるためには，試しにセッションを 2，3 回提供してみるとよいでしょう。

✱ CBT はすぐに学べて簡単に実践できる

　CBT には"比較的"習得し適用しやすい強力な方略がいくつかあります。そして本書では，その基本的な技法を紹介しています。しかしながら，CBT を創造的かつ臨機応変に使いこなすのは他のセラピーと同様に難しいものです。それゆえ，定期的なスーパーヴィジョン（第19章参照）を受け，CBT に熟達するよう成長しつづける必要があることを強調しておきたいと思います。

✱ CBT は無意識に関心がない

　CBT はフロイト派のような意味で無意識の概念を使用することはありません。しかし，認知プロセスは意識的ではないこともある，と認識しているのは確かです。多くの場合，あなたとクライエントは，はじめの頃は意識されなかった経験の意味について，明確にしようと試みるでしょう。このような現象は，抑圧された素材と解釈されることは一般的にはなく，前意識レベルにあり，意識的に熟考すると利用可能になるものである，と考えられています。否定的自動思考や思い込みへの気づきを高めるため，クライエントの多くは訓練を必要とします。ソクラテス式問答法はクライエントがこうした認知を見つけ，その意味を検証できるようになるため補助的に利用されます。ですが，セラピストの解釈を与えることはありません。クライエントは全般的に，自身に関する専門家であると見なされます。この点については，第7章で議論されます。

　思考やイメージをクライエント自身が積極的に遮ってしまう場合があります。たとえば，子どもの頃に性的虐待を受けた人は，その苦しさのために対処しきれず，経験や記憶から解離してしまうことがあります。強迫性障害の人の多くは，儀式的行動につながる，苦しくなるような思考に向き合わずにいます。つまり，その思考を引き起こすような状況を避けてしまいます。第8章と第9章に記されている CBT のテクニックは，このような無意識的な思考や信念の働きを確認するために利用されます。

✱ CBT には高い知能が必要である

　CBT では，他のセラピーと同じ程度の知能しか求められません。実際，CBT は学習困難者に利用できるように工夫されてきました。同様に，CBT は子どもや若者（Graham, 1998），高齢者（Wilkinson, 2002）に利用できるように手が加えられています。

● 要約

　CBTはその基本的な特徴により，クライエントに働きかけるための魅力的で納得のいく方法となっています。というのも，CBTはクライエントが問題を解決するための戦略を練るのを援助し，新しくてより適応的な世界に対する見方を作り出すよう導けるからです。CBTの主要な特徴としては以下のようなことが挙げられます。

- 協働的であること　クライエントとセラピストは，互いの専門性を持ち寄り，問題に取り組む。
- 構造化されていて積極的であること　アジェンダを設定し治療のための目標を立てる。これによりセラピーを構造化できるようになる。セラピストとクライエントは能動的に介入過程に参加する。
- 実施期間が区切られていること　ほとんどのセラピーは6〜20回のセッションである。
- 実証主義にもとづくこと　心理学的エビデンスに依拠し，問題の測定や結果の実証的評価を重視する。
- 問題志向的であること　問題の詳細なフォーミュレーションを通じて介入が行われる。
- 誘導による発見　これを基本的な質問モデルとする。
- 行動を意識すること　多くの行動的な課題と宿題を利用する。
- 要約とフィードバック　頻繁に用いて，セラピストとクライエントとが方向性を共有していることを確認する。

● 練習問題

✲ 振り返り／考えてみよう

- もし現在あなたが心理療法に携わっているならば，本章で記述されていたアセスメントもしくは介入セッションは，あなたが以前に実施していた心理療法よりも構造化されていたでしょうか？　その場合，クライエントが理解してもらいことが，セラピストに伝わっていると感じられているかどうか，どのようなやり方で一緒に確認できるでしょうか？　介入の構造について，何か心配や不安はあるでしょうか？
- CBTに関して本章を読んで驚いたことがあったとしたら，それは何だったでしょうか？　CBTに関して誤解があったでしょうか？　もしそうなら，どれくらい強くあなたはその誤解を信じていたのでしょうか？
- あなた自身が戸惑ってしまうだろうと懸念するような特徴はあるでしょうか。それに段階的に取り組むにはどのようにしたら良いでしょうか？

✷ やってみよう

- あなたがここ最近会った5人のクライエントを振り返ったとき，行動課題を含む宿題についてクライエントと同意したセッションはいくつあったでしょうか？ もし行動課題を含んでいたならば役立っただろうと考えられるセッションはあったでしょうか？ その行動課題が行われていたとすれば，どのような内容だったでしょうか？
- もしあなたが誤解していたことがあったなら（例えば，CBT はセラピストとクライエントが敵対する，など），セッションのなかでそれが実際に起きていたかどうか，確認してみましょう。その後，どうすればセッションを典型的な CBT により近づけられるのか，考えて，そして試してみましょう。
- フィードバックがあると介入に役立つので歓迎します，ということをクライエントに説明する伝え方を考えましょう。そして2人のクライエントに実践してみましょう。あなたの要望が，クライエントを何らかの点で戸惑わせていないか，尋ねてみましょう。

● 学習を深めるために

Beck, A.T., Rush, A.J., Shaw, B.F. and Emery, G.（1979）Cognitive Therapy for Depression. New York : Guilford Press.（坂野雄二［監訳］（1992）うつ病の認知療法．岩崎学術出版社）
CBT アプローチの特徴を非常にわかりやすく記述した古典的テキスト。

Westbrook, D., Mueller, M., Kennerly, H. and McManus, F.（2010）Common problems in therapy. In : M. Mueller, H. Kennerly, F. McManus and D. Westbrook（2010）Oxford Guide to Surviving as a CBT Therapist. Oxford : Oxford University Press.
著者たちがセラピーの共通問題について論じている章は興味深く，CBT の特徴の多くを想起させる。

03
協働関係

本章ではCBTにおける協働関係の重要性について振り返ります。ここでは以下の点を考えます。

- 協働関係が介入にとってどの程度重要な基盤か
- CBTのなかでのセラピストの役割と，一般的なセラピストの要因に関する重要性
- 協働的なクライエント－セラピスト関係を構築する方法と，作業同盟が決裂した際の修復の方法
- 異なる文化的背景をもつクライエントとの協働
- 境界に関する問題

● 介入の重要な基盤である協働関係について

効果的なセラピスト－クライエント関係は介入上重要で，関係の質と介入の成果とが関連しているという十分な根拠があります(Orlinsky, Grawe and Parks, 1994)。けれどもCBTに限って言えば，協働関係は良い介入成果のための必要条件ではありますが十分条件ではありません。そして介入を行ってみると，協働関係の効果以外に，CBTによってもたらされた有益な効果がみられます（Roth and Fonagy, 2005）。

さらに，介入効果を予測する要因として，クライエントが介入に参加することが要である，ということを示す根拠もあります。たとえばクライエントが介入課題に取り組んだり，介入に関する提案をしたり，セラピストと心温まる交流をしたり，セラピストを信頼したりするなら，クライエントはもっと良くなるでしょう。そしていつも課題を仕上げてくるクライエントは，そうでないクライエントよりも良くなるでしょう（Kazantzis, Whittington and Dattilio, 2010）。

セラピストの特徴が介入の成果に関連している場合，成果を予測するのはクライエントが認識しているセラピストの特徴のほうであって，行動それ自体ではありません（Wright and Davis, 1994）。たとえば，セラピストの共感的スキルが，クライエントと客観的な観察者双方によって確認できる場合は，クライエントが共感に関して認識を深めることで，介入効果がさらに高まります。このことは，介入過程に対してクライエントが積極的に参加することがいかに重要であるかということを示しています。

協働関係は，問題解決に取り組むために役立つ実験的な場です。なぜなら，協働関係は，実生活で活かせる新しいスキルを得る機会を提供するからです。たとえば，クライエントは技

法を「実生活」で一般化する前に，まずはセラピストから助言を受けながらセッションのなかで「ホットな」思考を評価することを学習します。また，クライエントは面接室の中でセラピストと一緒に再現することで，役に立たない思い込みの見直しと修正を行うためにセッションを利用することもあります。Safran and Muran（1995）は，新しく構造化された対人関係の経験をクライエントに提供する，という形でセラピストはクライエントの役に立つことができると述べています。具体的にはセラピストとクライエントが共に2人の関係性を一歩離れて見てみたり，2人の間で今何が起こっているのかを分析したりします。

クライエントのフォーミュレーションのなかには，クライエントが困難な状況に直面したときに彼を助けてくれる他人など存在しないという信念がありました。クライエントの対人関係がうまくいっていないことが話題に上ったセッションで，セラピストは議論の手がかりとして，自分自身の感情を例として次のように述べました。「私は今かなり防衛的な気持ちがあり，それはなぜだろうかと考えています。このことを一緒に考えてみませんか？」この議論を通して，セラピストが自分を助けることができるのかという点にクライエントが確信をもっていないことが明らかになりました。さらに2人は，もし何らかの困難が生じた場合セラピストは，身を引いてしまうのか，それとも困難にくじけずに踏みとどまる方法を見つけようとするのか，という点も検討しました。クライエントの恐怖と強く関連していたこの議論をしたおかげで，協働関係がクライエントの恐怖を実地で試みるための実験室の役割を果たしました。

クライエントがセラピストに上記の反応を示したのは，セラピストの特徴や行動だけが原因というわけではなく，クライエントの人生の初期に生じた（場合によってはその後の経験によって修正された）思い込みの影響を受けているのでしょう。とはいっても，幼少期からの他者との関係性の表れである「転移」という精神分析の用語で協働関係を解釈するのではなく，それ自体をひとつの対人関係として理解します。

そしてその関係は，対人関係の可能性についての新しい根拠をクライエントに提供する可能性があります。たとえば，「あなたとケンカをするようなことがあったとしても，その人はあなたと一緒にいてくれるかもしれない」という新たな考え方が強まるかもしれません。介入上の対人関係の経験がどれくらい介入以外の関係に影響を及ぼすのかは，実際のクライエントの経験にもとづいて検討すべきです。もしこの問題がクライエントとの間で率直に議論されれば，日常生活へと実際に一般化された事柄があるかどうかは簡単に確かめることができます。

Bordin（1979）による作業同盟としての協働関係の分析は役に立ちます。彼は作業同盟がうまくいくのに必要な3つの要素を提示しています。

- 課題についての合意：介入のなかで必要なことは何で，変化の過程はどのようなもので（認知的側面か行動的側面か），どのような行動と技法が使われるのか。

- 介入目標への合意：目標のためにクライエントとセラピストそれぞれが個々の責任を果たす上で，短期的，長期的に目指すものは何か（たとえばレンジを確認するのは一度だけにして外出することや，会計士と一緒にチェックせずに所得税申告書を完成させるなど）。
- 互いの好み，尊敬や信頼，コミットメントによって特徴づけられるセラピストとクライエントのポジティブな結びつき。

良い作業同盟が，良い結果のために必要であることは明らかです（Krupnick et al., 1996）。そして最も基本的なこととして，セラピストであるあなたを冷たくて共感的でないとみなし，介入を中断したクライエントには，効果的な介入を提案することはできません。同盟は最初の3，4回のセッションのなかで形成される必要があります（Horvath, 1995）。これは，関係の質が固定的なものであると言っているわけではありません。関係の質は介入の進展にともなって変化し，介入がうまくいくためには，同盟の下で既存の関係を壊す必要があるかもしれないということです。ですから協働関係の質は，介入中ずっと注目しつづけるべきです。

効果的なCBTが特定の同盟のひとつの型として分類することができるかどうかはわかりませんが，介入の様式が何であれ，クライエントは作業同盟と似たような性質のものを重視していることが多くの研究から明らかになっています（たとえばRaue and Goldfried, 1994）。それは以下の4点です。

- クライエントの問題を理解することを援助してくれること
- クライエントを苦しめるどのような状況であっても直面化することを励ましてくれること
- 理解ある人と話すことができること
- セラピストのパーソナリティに問題がないこと

これらの特徴のいくつかはCBTの中心的な特徴として位置づけられています。たとえば，解説としてフォーミュレーションをクライエントに提示するのは，役に立たない思い込みが実生活で役立つかどうかを試すその後の行動実験を意図してのことです。こうした特徴のいくつかはセラピストの質に関連しています。これらはこの後，検討していきます。

● セラピストの役割

CBTの指針のひとつとして，クライエントが問題に取り組めるようにするために，セラピストが共感的で協力的に接することが挙げられます（Ackerman and Hilsenruth, 2003）。この指針は，ソクラテス式問答法という方法でさらに展開しています（第7章参照）。一般的なアプローチとしては，セラピストは指導者というよりガイド役やメンターの役割を果たします。クライエントが感情や行動に関する新しい選択肢を試す際，あなたはクライエントと「共に歩んでいる」のです。そしてあなたの役割は，クライエントを未知の領域に導き入れるため

に質問を投げかけたり情報を提供したりして，試行のための新たな機会を開拓することです。そのためには，あなたはクライエントの現在の言動について理解することが必要です。そして，偏見のない好奇心をもつこと，クライエントの信念や情動や行動に敬意を払うこと，クライエントの感じ方や考え方をわかっていると決めつけないことが求められます。

そのためには精力的な探究心をもつことが必要で，2人でのやりとりを柔軟にこなすことが重要です。つまり，非難してはいけませんし（「あなたがそんなことを考えたなんて信じられない！」），説得したり，熱弁をふるったりしてもいけません（「大多数の人がそんなやり方で対応するだろうかと考えてみたり，自分がその手がかりに気づいていない可能性はないだろうかと考えてみたりしましたか？」）。あなたはクライエントの今の視点や感情に関心をもつために，純粋な態度を示すべきです。これは絶妙なバランスで成り立っています。なぜなら，一方ではクライエントが今おかれている状況を把握する細やかな感覚をもち，他方ではイメージを著しく歪めるような認知的な誤りをクライエントが犯している可能性を考慮して，クライエントが言ったことに対してある程度懐疑的になることも必要だからです。

ガイド役としてのセラピストの役割は重要ですが，教育したり情報を提供したりする役割を時には採用したほうがいいこともあります。

ある若者が他人を傷つけるような侵入的な考えに困っていました。彼は，多くの人が不愉快な侵入的な思考を時々経験しており，何とかして追い払う方法を見つけているという情報を知って，とても安心しました。これは適切な判断にもとづいて提供された情報です（Rachman and de Silva, 1978）。

セラピストの他の重要な役割は，実践的な科学者であることです。これは，現在と将来両方の問題に活用できるモデルをクライエントに提供するという役割です。問題と経験に関する仮説が掲げられ，検証され，そしてもし仮説が妥当であれば，それが新たな結論となります。偏りのないアプローチを採用することは，介入期間中，実際的な意味をもちます。あなたが最初に立てた仮説を否定する根拠を探すことはとりわけ重要です。クライエントが当初もっていた思い込みに対する対応と同じことが，セラピストの最初のフォーミュレーションにも当てはまります。あなたの考えと矛盾する根拠を探すことは，新たな視点への王道となります！

協働関係における協働の本質とは，可能な限り対等にセラピストがクライエントと関係をもつことです。したがって，あなたはクライエントに適切性の観点からフィードバックをするために，オープンな姿勢でクライエントの問題に関する自分の考えを提示し，あなたのフォーミュレーション（見立て）をクライエントと共有します。たとえば，もしそれがクライエントの関心事であるならば，必要に応じてあなた自身の情報を開示することもあります。あるいは，セラピストが全能であると思われる必要はないわけですから，「わからないです」「考えるための時間をもらえますか」と言うこともあります。これは問題解決を共に行うために，セラピストとクライエント両方にとって必要なことです。ただ，このオープンな姿勢にも唯一の例外があります。それは，クライエントの関心事がオープンになっていないことが明らかな場合です。たとえば，摂食障害のクライエントに対して，介入の初期段階では，最終的な体重について開示することはあまりありません。

セラピストとクライエントと技法との間の複雑な交互作用の網のなかでは，Rogers がすべての介入に必要と述べた，クライエントに対する温かさ，共感性，純粋性，無条件の関心は，有能な認知療法家にも必要です（Beck et al., 1979）。この方法を用いることで，セラピストはより良い結果に至っていることが多くの研究によって証明されています（Lambert and Bergin, 1994 ; Orlinsky et al., 1994）。

　さらに，Wright and Davis（1994）は，クライエントが自分のセラピストに望むことを次のように示しています。

- 身の安全，自分専用であること，何でも打ち明けられる状況，イライラすることから解放されることなどを提供してもらうこと
- 丁寧であること
- クライエントの心配事を真剣に扱うこと
- クライエントの関心事に優先順位をつけること
- 有能であること
- 人生を良くしていく方法についての実際的な情報を共有すること
- 情報やセラピストの提案を利用したクライエントの個人的な選択を認めること
- クライエントを理論に当てはめたり，すぐにすべてを理解したと思いこんだりすることなく，クライエントのアセスメントについて柔軟性があること
- クライエントがセラピストの提案に従っている場合であっても，面接の進め方を見直してくれること
- クライエントのペースに合わせ，急がず，約束事を変えないでいること

　これらの特質はいずれも CBT に限ったものではありませんが，Wright and Davis（1994）は，フォローするのに便利な一般原則のチェックリストとして提示しています。チェックリストの中身の多くは，たとえば協働的なアプローチのように CBT の一般的なアプローチと一致しています。そして多くは，敬意をもち，共感的な方法で一人のクライエントに接するというセラピー一般の注意事項にも該当するものと思われます。

● 肯定的で協働的なクライエント──セラピスト関係の構築方法

　認知行動アプローチの一般原則は，良好なクライエント−セラピスト関係を構築する上での土台です。たとえば，以下の4点があります。

- クライエントがどのような人かをよく理解するための注意深い傾聴
- 課題を共有するための時間を取ること
- フィードバックが歓迎されることであるとわかりやすく説明すること

●介入におけるクライエントの目標を慎重に設定すること

　以上は効果的な作業同盟に貢献するものです。
　クライエントがセラピストのもとを訪れた経緯はさまざまで，これらの要因を検討することで，良好な関係が築きやすくなります。たとえばあるクライエントは，「変化することに対する覚悟」に関して初期の段階にいるかもしれず（Prochaska and DiClementem, 1986），セラピストはそのことに気づく必要があります。摂食障害のクライエントは，体重増加しないことを保障された場合に限って，自分の食べる食品の量が増えることを考えてもいいと思っているかもしれません。あるいは強迫性障害（OCD）のクライエントは，手洗いを制限されることを考えたくないかもしれません。これらのケースでは，積極的なCBTよりむしろ面接初期の動機づけの作業を通じて協働関係が築かれます（Miller and Rollnick, 2002）。
　経験の浅いセラピストは，クライエントと良好な協働関係を構築することができます。より経験豊富なセラピストはさらに，水面下で作業同盟が決裂していることにも気づくことができます。私たちは，この問題に関して，熟達したスーパーヴァイザーがかけがえのない存在であることを念頭に置きながら（第19章参照），決裂が起こった際の扱い方について考えることにしましょう。

● 作業同盟の決裂

　作業同盟に決裂が生じても，驚かないでください。クライエントの問題が独力で対処することができないほどに固定化していることはよくあります。これは変化しづらいということを意味します。そのため，クライエントが自分の問題をどうにかしようと四苦八苦して，絶望的な気持ちや思考に襲われるかもしれません。

＊ 作業同盟の決裂を示すサイン

　これらは，不快や怒り，不信といった感情状態と関連した非言語的な方法によってクライエントから示されるかもしれませんし，セラピストであるあなたが経験する感情を通じて示されるかもしれません。あるいは，宿題をやってこなかったり，介入法に対する疑念を示したり，高次なレベルの感情を表出したりするような，外から見てわかるサインがあるかもしれません。重要なのは，あなたとクライエントとの二者関係の質に配慮することです。それによって，問題が生じた際の介入の準備をすることができます。問題を看過せず，問題が解決することを願いましょう。

✳ 作業同盟の決裂への対処の仕方

Watson and Greenberg（1995）は，決裂が以下の事柄と関係している可能性を指摘しています。

- 介入の目標や課題（たとえば，クライエントが，介入目標や方略について理解していなかったり，同意していなかったりする）
- クライエント－セラピスト間の関係性（たとえば，クライエントが協働的でなかったり，セラピストを信頼したり尊敬したりしていない）

介入の論理的根拠を明確にしたり，場合によっては介入方法を変更するなど問題を直接的に扱うことで，前者の問題は解決します。たとえば，クライエントが回避行動を減らすことが重要で，安全確保行動（第4・13章参照）を減らすことは役に立たないと思っているなら，一時的に回避行動を減らすよう切り替えたほうがいいでしょう。

もし彼が回避行動を減らすことに疲れてきたら，安全確保行動の役割を検討するための行動実験に移行することができるかもしれません（たとえ残された問題があるとしても！）。

作業同盟の決裂が，クライエントとあなたの関係性と関連していそうなら，まずは，この問題はクライエントに特徴的な対人関係を反映していると捉えずに，現在のあなたとの協働関係のなかでこの問題を取り扱ってみましょう。

セラピストが予約を変更しなくてはならなくなったとき，クライエントの女性は非常に苛立ちました。セラピストはこのことについてコメントをし，怒りの感情のきっかけを明らかにしようとしました。するとクライエントは，「セラピストにとって自分の優先順位はとても低いに違いない」と考えたせいでがっかりしていたことが分かりました。セラピストから他の可能性を考えてみるよう言われ，クライエントは，なぜ最初の予約時間ではだめなのか説明してほしいとセラピストに頼みました。

そこでセラピストは家族の葬儀に行く予定があり，予約の変更の理由は，その出来事だけであると明かしました。そして2人は，クライエントがこの経験から得ることのできるものは何かということ，不愉快な気持ちに対する対処の仕方から学べることが他にないかどうかということについて議論をしました。クライエントは自分の最初の反応が正しい反応と言えるかどうかについて確かめるようにしたり，他の解釈がないかどうかということを確かめるように心がけつづけたいと言いました。

もし，そのような対処がうまくいかなかったり，たとえばクライエントは誰も信頼することができないということがフォーミュレーションによって明らかになった場合，クライエントに特徴的なパターンとして決裂があると理解したり，クライエントのことを正すことを目的として，協働関係を利用した感情体験を提供する必要があるかもしれません（Safran and Muran, 1995）。

Newman（1994）は，問題はつねにクライエントのなかにあると考えるのではなく，介入の手詰まり状態で役に立つことは何かを考えるべきであると述べています。

　　　　一見クライエントの問題をよく説明しているケース・フォーミュレーションが作成されており，宿題もしっかりとできているのに，健康不安を抱えるある女性のクライエントには一貫した進展が見られませんでした。セラピストはクライエントがたびたび両目を潤ませていることに気づいていましたが，それをセラピストが尋ねても，彼女は自分の動揺を否定していました。セラピストは，スーパーヴィジョンを通じて，クライエント自身が取り乱してしまいそうな事柄について，クライエントは触れようとしないことに気づきました。なぜなら，クライエントは堂々と芝居じみた振る舞いをすることがよくったからです。そして，セラピストが彼女の苦痛に浸食されてしまうという自動思考をもっていたこともわかってきました。これらの要因のために，セラピストはいつも中立的な声でクライエントの感情について尋ねるようになり，クライエントの悲しみに対してセラピスト自身がどう思っているのかを相手に伝えることはしませんでした。そのため，当然ながら，クライエントはセラピストと自分の感情を共有できているとは思えず，自分の動揺を否定していました。

　協働関係があなた自身の問題や盲点となっていることの影響を受けているのではないかと思ったら，そのことをスーパーヴァイザーと話し合ってみるのがよいでしょう。

　すぐにそれができないのなら，自分自身でいくつかの作業を行う機会をもってみるのがよいでしょう。たとえばあなたの介入セッションを録音したものを聞いてみたり，セッションでのあなたの否定的自動思考（NATs）に関する記録について考えてみたり，ホットな思考について下向き矢印を書いてみたりするといったことです。そうすることで興味深く啓発的なものが得られる可能性があります。セルフスーパーヴィジョンについては第19章でさらに詳しく論じています。

　手詰まり状態が動機づけの低さやためらいからきているのではなく，クライエントの問題に関連していると思えるなら，他の問題で取られている方法と同じように，問題をフォーミュレーションすることが役に立ちます。たとえば以下のように考えることができます。

- その行動にはどのような機能があるのか（たとえば，クライエントが敵対的な場合，それは恐れている拒絶されることから自らを守ろうとしているのかもしれない）。
- どのような思い込みが手詰まり状態を助長しているのか（たとえば，クライエントは優秀なセラピストは自分の心を読めるものだと思っているかもしれない）。
- クライエントは相手の要求に従うことに関してどのような恐怖があるのか（たとえば，クライエントが変わろうとしているにもかかわらず，自分で対処できないような難題に直面しているのかもしれない）。
- クライエントは何のスキルを欠いているのか（たとえば，感情体験を示すことができな

いのかもしれない）。
- どのような環境上の特徴が問題を助長しているのか（たとえば，クライエントは年老いた自分の母親を世話することに疲れているかもしれない）。

　CBTでも，クライエントの問題に対して，他の問題と同じように問題に対処することができます。それは，以下のような方法のことを指します。

- フォーミュレーションや論理的根拠を再度取り上げること
- 問題を明確化するために，ソクラテス式問答法を用いること
- 構造や制限，助言を提供しつつ，協働し，選択肢を提供すること
- 変化することと変化しないことに関する賛成意見と反対意見について点検してみること
- クライエント自身の言葉や比喩，イメージでコミュニケーションを取ること
- クライエントがわずかに回避的であった場合，「わからない」というクライエントの返事を受け入れず，穏やかに続けること
- 共感的な態度を保ち，クライエントの行動に対し，非難や否定的な解釈は避けること

　経験豊かなセラピストになりたいのなら，問題に取り組むうえで有益なスーパーヴィジョンを受けることが重要であることを，あらためて初学者のCBTセラピストに言っておきます（第19章参照）。もしスーパーヴァイズをすぐに受けることができないなら，上述の通り自分自身で問題にじっくりと向かい合ってみるといいでしょう。

● 異なる文化的背景をもつクライエントとの協働

　考慮すべき重要な問題として異文化の問題があります。民族的な背景がセラピストと異なるクライエントと協働する際の一般的な問題についてここで考えてみましょう。クライエントとセラピストの文化的経験が異なる場合，年齢や社会的階級の問題や身体的な能力や性の志向性といった違いのある他者と協働するときと同様に，多くの原則が適用されることがあります。

　イギリスの人口の約10％が少数民族であるのに，セラピストたちは圧倒的に白人文化圏の者がほとんどで，顕著な同質性がみられます。あなたの視点や信念はおそらくその文化が基盤となっていることを，あなたはセラピストとして念頭に置く必要があります。あなたは自分のクライエントにとって表には出てこないけれども重要な問題や疑問を見落とさないために，他の文化を背景にもつクライエントの別の考え方を知ろうとすることが重要です。CBTにおける白人イギリス人の視点の優位性はセラピストに限られたものではなく，社会一般に共通のものであるということを念頭に置くことは重要です。私たちは集団性よりも個々の自主性を重んじることを当たり前に感じがちです。また，自分自身の欲求に対して妥協をした

り従ったりするよりも，アサーティブであることを重んじることを当たり前に思いがちです。しかしあなたが別の文化的背景をもつ人たちと協働する場合には，地域の他の人たちによって支えられているという別の視点が有効かもしれないと気づく必要があります。盲点や先入観に関して気づくことは特に重要です。たとえば，クライエントが仕事でうまくいかないのは，あなたが介入しようとしたクライエントの歪んだ考えのせいではなく，クライエントが明らかな人種差別と説明している事柄のせいではないだろうか？　女性クライエントの家族に対する服従的な態度は，低い自尊心によるものではなく，文化的な規範の表れではないだろうか？

　異文化に関する情報を得るにはさまざまな方法があります。昨今，民族・文化的マイノリティ集団に関する多くの書籍が出版されていますが（Hays, 2006），関連する知識を得るには以下の通り，他の手段も存在します。

- その集団のニュースレターなどを読むこと
- 関連する集団の人からのスーパーヴィジョンを受けること
- 異なるコミュニティが開催している文化的式典やその他の行事に参加してみること（たとえばゲイプライドマーチや地方のカーニバルなど）
- 他の民族集団の登場や融合に関する歴史的な説明や，彼らに関する法的な判決を読むこと

　マジョリティ文化の視点は，他の文化に属する人々が経験したことを私たちが理解する際に影響を及ぼします。そして私たちはそれが彼らにとってどんな意味をもつのか，ということについて不案内でありつづけるにちがいありません。

　この問題に取り組むことは，はたして報われるのでしょうか。西洋の白人とは別の集団に対して行ったCBTの効果研究は，残念ながらほとんど存在しないのです。けれども，セラピストの文化横断的能力がどうやって心理療法を促進しアセスメントを進展させるかということについて，多くのエビデンスが出てきています（Hays, 2006）。まずアセスメントにとりかかる上での問題を考えてみたいと思います。そして異なる文化的背景をもつクライエント集団のためにCBTを修正する場合の一般的な考え方について触れたいと思います。

● クライエントの参加を促す

　アセスメントの間に，セラピストがクライエントの，CBTへの参加を促すことは重要です。良好な作業関係を構築するうえで重要な架け橋となるのは，クライエントの文化に対し，あなたが敬意をもっていることを示すことです。もしあなたが，マジョリティ文化というものは，世界中の他の見方を過小評価しがちだと理解しているなら，多文化の肯定的側面に対してしっかりと注意を向け，価値への純粋さをもつ必要があります。

　クライエント自身が気づいている環境要因に関して同意することは，クライエントのもつ

文化の肯定的側面に目を向けることにつながります。クライエントの問題は困難な環境要因のために生じたのかもしれませんが（たとえば，住宅供給が十分に受けられなかったり，その他の援助が受けにくかったりすること），環境要因のなかには，セラピストだからこそ気づく肯定的な側面があるかもしれません（たとえば，活動のさかんな教会やモスク，公共施設など）。個人間で行われる支援は非常に強力で，マジョリティ文化内で行われる支援とは異なります。また，クライエントには家族より広い範囲のおじやおばを含めた大切な親戚がいるかもしれません。そしてクライエントの問題は，親戚たちの視点や反応を考慮に入れると，マジョリティ文化で一般的に考えられている以上に，親戚関係の維持という点で重要なことかもしれません。

　さらにクライエントが肯定的な人種的・民族的アイデンティティをもっていた場合，しばしば肯定的な自尊心をもつことや孤独感をあまり味わうことのないようにすることや，不安や抑うつの問題や，自制心や悲観主義やコーピングを改善するといった問題を扱うことが多いでしょう。そしてそれがクライエントにとって重要な事柄であるなら，フォーミュレーションのなかにそれを含める価値があります。

　他方でマイノリティグループの人たちが援助を必要とする理由として，人種問題や差別に関する悩みがある場合が多いです（たとえば，Kelly, 2006）。また，低い自尊心のために援助を求めるケースも少なくありません。そのため，クライエントの体験の中身を理解することが大切です。またクライエントの苦悩が歪んだ認知や勘違いのせいで生じていると思い込まないことが重要です。過去の体験のせいで，クライエントは白人や男性のセラピストに会うことに対して気が進まなかったり，敵意を抱いたりするかもしれません。それを了解可能なものとして理解することは，作業同盟を形成するうえで必要なステップです。

　思い込みや信念が助長されたり維持されたりしているときは，クライエントの文化的背景がどの程度重要なものであるかを理解することが大切です。たとえば感情の開示に関する価値観は他者の影響を受けていなくても，個人のプライバシーの大切さに関する信念は，クライエントが属するコミュニティの大多数の人々の考え方の影響を受けているかもしれません。

　当たり前のことですが，個々の特異な経験や信念は，マイノリティグループという枠の外では同質のものであり，それらはマジョリティ文化の人々と同じように重要なものです。たとえば肌の色（多かれ少なかれ黒いというような）は部分的には人種差別などを決定づけますが，マイノリティグループのなかでは自尊心やステータスを決定づけることもあります。介入に直接の影響を及ぼす信念は，固有の人種差別的行動の経験が主な原因となっているかもしれません。たとえばクライエントは，セラピストが自分を待たせても何とも思わないだろうと考えていたせいで，クライエント自身が何度もセッションに遅刻することがあるかもしれません。

　考えるうえで重要な次元はクライエントの文化的への対応の程度です。つまり，クライエントはマジョリティ文化（自己や外の世界についての信念も含め）をどの程度受容しているのか，あるいは自分の文化をどの程度維持しつづけているのかといったことです。アセスメントの間中，いつも通り，クライエントが報告する事柄に関する特異な点を傾聴しましょう。

あなた自身の思いつきの考え方によって視野を狭めないことが大切です。

　人種や民族，マイノリティの問題について開かれた態度をもつことが役に立ちます。「協働するうえで私が知っておいたほうがいい，あなたの人種や文化に関する問題はありますか？」あるいは「あなたにとって大切な宗教についての考え方や精神的な信念に関して，私に話しておくことはありますか？」といった質問は，あなたのクライエントへの関心の高さと，クライエントへの敬意を示すことになります。

　問題の本質について，クライエントがセラピストとは別の理解をしていたり，協働関係について，クライエントがセラピストとは別の期待をもっていたりする場合に，あなたがどのような方法を採用して修正していくかということについて，次で考察しましょう。

● 異文化集団の人たちとともに利用するためのCBTの修正の仕方

✳ 協働関係を強める

　CBTの典型的な特徴の多くは，異文化のクライエントに容易に一般化でき，継続的で良好な作業同盟を形成することに役立ちます。たとえば判断を下さないというスタンスを目指している点や，その人専用の支援方法を考えることを強調している点や，問題に対するクライエント自身の視点や知識に敬意を払って介入を行う協働的なアプローチである点や，エンパワメントしたり，面接室の外でも活用できるスキルをクライエントに身につけてもらうことが目的である点などが挙げられます。

　しかし，異文化間の人たちと働く際は，セラピストはクライエントに対する信頼を行動で示すことが重要になります。これはクライエントとその文化に対する敬意を示すことによって部分的には達成されます。あるいは，クライエントが独自の能力を備えていると示すことも同じように役に立ちます。そうすることで良い結果がすぐに期待できそうな目標にクライエントが取り組むことの大切さを示すことができます。

　自らの経験の妥当性を確認できているセラピストは，クライエントが良好な協働関係でいられるように手助けすることができ，マイノリティグループとの協働で悩みの種である高いドロップアウト率を減らすことができるかもしれません（Hays and Iwamasa, 2006）。そのため，差別が民族性やセクシュアリティ，身体障害や他の集団との差異など，どの理由で引き起こされていても，差別に関する報告は，歪曲したり当然ととらえて軽視しないようにすることが大切です。また，集団間の差異に関する価値に対して純粋な好奇心をもてば，あなたは他の文化への敬意を示すことができ，関係性を強めることになります。

✳ 異なる信念体系を取り扱うこと

　CBTは他の文化集団に対して一般化が可能ですが，現状に満足しているわけではありませ

ん。アプローチには限界が存在します。クライエントに影響を与えている参照枠にセラピストが気づいている場合，CBT は中立的です。そこで，クライエントの根底にある信念に注意を払います。たとえば，CBT のアプローチは実証主義や合理主義に基礎を置いているため，マイノリティグループにとっては重要な価値がある精神性への価値を低く見積もることになりかねません。しかし自分自身や世界に対する固有の信念は，CBT がもつ主義や立場以上に重要です。文化の境界を越えて協働する際は，個人の信念を適度に尊重して進める必要があります。

クライエントとセラピストが問題の本質に関して異なる信念をもっている場合は，CBT アプローチの有用性を示しつつ，クライエントのモデルと並行して CBT のモデルを扱います。

高い教育を受け，25 年間イギリスに住んでいるあるアジア人のクライエントは意欲が落ち，楽しいことがなくなり，社会的ひきこもりとなり，ふさぎこみ，自分自身にも仕事に対しても無頓着となり，自己批判と絶望を抱いていました。彼は抑うつと診断されていましたが，服薬を嫌がりました。クライエントは，妻との 20 年間の生活が終わり，彼を支える女性がいなくなってしまったことが問題であると考え，人生に意味がなくなり，何の意欲ももてなくなってしまったのです。この問題に関する解釈は彼の叔父や友人とも共有しており，文化的に受容される解釈であると推測できました。

そこで，クライエントの新しいパートナーを探す機会を増やすために，社会的活動を増やすことや，日々の活動で喜びや楽しみを増やすことに取り組んだほうがいいというセラピストの意見に対して，クライエントは同意しました。セラピストは CBT の枠組みにおいて，このアプローチは彼の気分や意欲を改善させるだろうと説明しました。クライエントの社会的活動が改善するにつれ，その活動の水準が上がりました。また自分自身のために行動を起こせないということに関する否定的自動思考（NATs）の特定にも，セラピーの時間が割かれました。やがて彼は自分が前より気分が良くなっていることを報告しました。自発性に乏しいクライエントの考え方を大目に見たこと，そして十分に開発された CBT の方法を試したことが，重要な点でした。

同様に，身体の不調を示すクライエントにおいて，2 段階のアプローチを取ることが助けとなることがあります。それは最初の段階では身体症状の訴えに焦点を当てるというものです。そしてセラピストが問題の本質について明確に理解できたら，2 段階目に移行することができます。2 段階目とは，情動，認知，行動という CBT でおなじみの 3 つのシステムと身体の不調とを関連づける作業を指します。Naeem et al.（2010）は，このアプローチを頭痛をもつ女性に行っています。セラピストは最初の 2 回のセッションで，頭痛の特徴についてセラピストが理解していることを明らかにし，そして頭痛と関連しているであろう情動的，生理学的な変化と頭痛の特徴およびリラクセーションなどの対処の仕方と頭痛の特徴とを関連づけました。

問題の本質に関する信念についての食い違いについてさらに述べるなら，介入過程と協働関係に関する信念についても同じことが言えると指摘できます。たとえば，黒人か白人かといった人種を意識した考え方や完璧主義など，こうした認知の誤りは，クライエントにとっ

て不慣れで気づきにくいものです。セラピストの考えは筋が通っているのか，セラピストがしていることはクライエントの経験と一致しているのかといったことを，そのつどクライエントと確かめるとよいでしょう。

　クライエントのなかには，介入における協働の性質を知ると，驚き不快に思うかもしれません。あるいはセラピストにエキスパートとしての役目を期待するかもしれません。権威ある人としてのあなたに質問をしたり異議を申し立てたりすることは，特定の文化では受け入れられないことかもしれません。またあなたが，フォーミュレーションや宿題がクライエントにとって適切なものとなっているかを知ろうとしたり，フィードバックを得ようとしたりするとき，特別の配慮が必要な場合があります。その場合，「今日のことで役に立ったと思ったのはどこですか」「あなたがより焦点を当てたいと思うことはありますか」というように肯定的な質問をするといいでしょう。これらの質問はセラピストへの批判を含まない内容です。

　さらに一般的なポイントは，協働関係の決裂に注意を向けることと，問題の本質に関する信念についての食い違いの背景には，介入過程についての信念が関係しているかもしれないことを念頭に置いておくことです。

✷ 実践上の困難

　より具体的な段階では，心理療法の有効性を妨げるような多くの実践上の困難が存在します。これらには，言語や読み書き能力（リテラシー）や非言語的な社会行動に関連したものなどが含まれます。

　CBT は経験の意味を紐解くことに重きを置いているため，クライエントとセラピストの言語や経験の違いのせいで誤解を生まないようにすることがとても大切になります。

　互いに関係し合っている概念が言語によって異なっている場合，概念に関するわかりやすい翻訳はできないかもしれません。たとえばギリシャ語には愛に関して3つの異なる言葉がありますが（性愛，兄弟愛，無条件の愛），それらは英語では細かく分化していません（Iwamasa, Hsia and Hays, 2006）。そのため，話された内容についてあなたが理解したと思っていることをクライエントに確認することが特に大切です。クライエントが言ったことを要約する際にクライエント自身が用いた用語を引用することが好まれるのは，異文化の人との協働において特に適切なことです。

　最も極端な形態では，セッション中に通訳者が必要になるかもしれません。ただし，そのメリットについては注意深く検討すべきであり，以下の事柄を実施する必要があります（Ardenne and Farmer, 2009）。

- 通訳者は心理学に造詣が深いこと。
- 通訳者は，クライエントが言ったことを詳しく通訳できることが大切であり，要約では十分でないことを明確に理解するために，CBT に関する最低限のトレーニングの機会をもつこと。

- 二次的トラウマや絶望から通訳者を守ること。
- クライエントのことを通訳者が受け入れていること。これはクライエントの言語を話す人がその地域でほとんどいない場合に問題となりかねない。特に通訳者が家族やクライエントのコミュニティの知人の場合，通訳者がクライエントのことを受け入れることができるのか配慮すべきである。
- 通訳者は守秘義務の重要性を理解していること。

　リテラシーはある集団ではあまり十分に浸透していないかもしれず，それゆえ想像力を働かせる必要があります。読解に関しては，翻訳された素材や，否定的自動思考（NATs）やセッションを記録するために用いられるテープやCD，MP3や携帯電話やICレコーダーを可能な限り用いるといいでしょう。数珠や計数器は特定の文化では数を数えるために一般的に用いられており，編み物やゴルフのカウンターよりも親しみ深いものであるかもしれません。クライエントがあなたよりも新しい技術に慣れているのであれば，迷わず最先端の方略を提案するといいでしょう。しかしアセスメントのためのツールに手を加える場合や宿題の補助具を工夫する場合にはクライエントに助言を求めましょう。

　非言語的で社会的な行動はその集団によって差異があります。あなたが特定の文化圏の集団と頻繁に仕事上の付き合いがあるのであれば，典型的な行動については親しんでおくことが重要です。たとえば，笑顔は集団によってかなりその意味が異なります。

　本章の最後のほうで，読解に関するより詳しい素材について提案します。その提案には異なるマイノリティグループについての特定の情報も含まれます。とはいえ，最も重要な情報源は，おそらくあなたの住む地域にあるでしょう。

　次に，CBTにおける境界の問題について考えることにします。

● 境界の問題

> 意図的なすべての不正や誘惑から距離を取り，特に男女の愛の快楽から堅く身を守ります
> ——ヒポクラテスの誓い

　セラピストとクライエントの関係は，他の社会的関係とは異質なものです。境界の問題は，他の介入法と同様にCBTにおいても，注意深く扱う必要があります。介入の境界とは，セラピストとクライエントの適切な役割の枠組みを示すもので，支援体制の構成要素（いつどこで行うか，どのくらい費用がかかるのか，など）や，介入のなかでセラピストとクライエントの間で起こる事柄などのことをさします。主な原則は，支援上での出会いすべてにあてはまります。

- クライエントのニーズが最優先に取り扱われなければならないこと。

- （専門家としての満足以外の）セラピストのニーズの充足は，介入の指針の選択肢から排除されること。
- 介入上の境界は，以下のようにクライエントが感じられるために設定すること。
  ― 安心感をもつこと
  ― クライエントの利益のために行動するセラピストを信頼すること
  ― 個人的に深い意味をもつ事柄を開示するのに，気兼ねしないこと
  ― クライエントはセラピストを理解していると自信をもつこと

さらに，セラピストも安心感をもっていなければなりません。たとえばリファーされた人を受け入れる際の方針を立てたり，アセスメントの項目にリスクに対する検討を含めたり，面接室での物理的な位置やセッションの回数などに配属することで安全性を考慮します。
　CBTでの適切な境界のためには，次の指針が役に立つでしょう。

- 利己主義や個人的な満足を控えること。
- クライエントや他者の安全に重大なリスクが生じない限り，守秘義務を保持すること。
- 境界を犯した際のクライエントへの影響について考えてみること。「絶対に物をもらってはならない」というような絶対的なルールを機械的に導入するよりも，そのような行動をした際のクライエントへの影響や協働関係への影響について考えてみること。

あるクライエントから手作りのチャツネの瓶をもらうことは，セラピストを家族ぐるみの友達とみなそうとしていることを意味しているかもしれません。あるいは，クライエントはやっと自分自身を一人の独立した大人であり，セラピストと対等であると感じられるようになったということを意味しているかもしれません。

- クライエントに被害を与えるリスクを最小限に抑えられるような境界を選択する。クライエントへの利益が明確となるのは，いつもの臨床実践を離れてみたときである。
- 社会不安をもつ男性に対する行動実験が，コーヒーショップで行われた。実験のひとつとしてコーヒーが冷めすぎていると不満を述べる課題があった。まずはセラピストがその課題に取り組み，その一環として，セラピストは自分が感じた緊張と不安についてクライエントに説明した。それは感情の開示という点でいつもの境界を越えていたが，もちろんクライエントの利益になった。
- 介入のフォーミュレーションや目標と関係しない限り，クライエントの日常生活に対して，意見をしたり邪魔をしたりしてはならない。もし，クライエントがパニック発作について助けを求めてきたのならば，自分の子どもが学校を頻繁に欠席することに関する学校の対応方法についてクライエントが話しはじめても，パニック発作と関係がない限りは，助言や意見をせず，似たような経験を共有することもしないよう，念頭に置いておく。
- クライエントの独立性や自律性を高めることを追及すること。それによって，探索する

自由やクライエントが利用できる選択肢が増加する。

● クライエントとセラピストの境界を維持する

　クライエントとセラピストの関係は，多くの場合相互的ではなく，セラピストのほうが強い役割として存在します。CBTのように比較的協働的な形態においてさえ，それがあてはまります。この非相互的な関係は，以下のことを意味します。

- クライエントは広範囲にわたって自己開示するにもかかわらず，セラピスト側は重要な話題に関する自己開示はほとんどしない。
- セラピストは自らのどんな情緒的な欲求も排除するのに対し，クライエントの情緒的欲求は感情的に枯渇している。
- 苦痛を減らし，健康を回復するために，多くの社会でセラピストには権力が与えられている。

　適切な境界を維持することは明らかにセラピストの責任です。クライエントが境界を侵したと非難されるのは妥当なことではありません。境界を維持することは，クライエントがどのような行動を取ろうとも，まさにあなたの責任なのです。したがって，境界に関して心配があるなら，あなたは十分なスーパーヴィジョンや支援を受ける責任があります。まれなことだが（クライエントが反社会病質的であるなど），どんなに指導したり促したりしても合理的な境界を維持できないならば，セラピーを終了する必要があるかもしれません。

　セラピストとクライエントとの間の力関係の格差は一般に認められていますが，クライエントに利用されていると感じるセラピストもいます。たとえば，Smith and Fitzpatrick（1995）は，重症または境界性パーソナリティ障害のクライエントはセラピストとの間に「特別な」関係を築く，つまり，介入以外の場での接触を成立させることがあるという報告をしています。セラピストのなかにはクライエントが言語道断な境界違反に「導く」ことに対して非難する者もいます。あなたは，自分がクライエントに過剰に巻き込まれていると感じたり，操られていると感じたりすることがあるかもしれません。しかし，あなたはこれを警戒しなければならないし，クライエントや他の専門家とこの状況について話し合う心構えができていなくてはなりません。

　転移関係とは，クライエントが解決できていない葛藤によって引き起こされたニーズを満たそうとしていることの表れです。境界はセラピストによって厳密に取り締まられ，阻止されなければならないとされています。精神分析における転移は，CBTの理論にはありません。そのため，境界は（このセクションや以下のセクションで述べられるように）重要ではありますが，柔軟性のない考え方で境界に強く執着することは，介入のあらゆる場面において不要です。たとえば，クライエントが何かの理由でセッションを延期しなければならないのな

ら，そのことは通常セラピストに受け入れられるし，もし説明なしにそれが繰り返されるのであれば，単に抵抗ととらえればよいでしょう。

効果的なCBTのなかには，一日のなかの考えられない時間帯に，クライエントの家を訪れる必要がある，という場合があるかもしれません。たとえば，一日をスタートさせるのを妨げるような強迫的な儀式をもつクライエントには，まずは朝の訪問が必要かもしれません。ただ，これを軽く引き受けないでほしいのです。クライエントがあなたの行動を誤解する可能性を減らすための安全予防手段がきちんと取れるかどうかについて考えてみてください。安全予防手段とは，たとえば，アシスタントが家庭訪問についていくことができたり，セッションの開始にクライエントの身内も立ち会ったりするといったことです。

あなたはまた，行動実験を行うために，日常生活の場面までクライエントに付き添う必要があるかもしれません。そして継続中の課題上，必要ならば，個人的な感情を開示することもあるでしょう。

社会不安の男性が，明るいライトのともるカフェやバーで大量の汗かくことに特に恐れを抱いていました。セラピストは明るいカフェで介入セッションを2回実施するよう手配しました。
セラピストは，激しく発汗して見えるように自分の顔や背中や腕を水で濡らし，クライエントを近くに座らせ，セラピストに対するウエイトレスや他の人の反応を観察させました。そしてクライエントは，どのような考えが頭を横切り，この状況でどのようなことを感じるのかをセラピストに尋ねました。

実地でどんな予測を試してみるのか，実験をどのように実行するか，といったこと（第9章参照）の合意に時間をかけることは，このタイプのセッションの目標を明らかにするのに役立ちます。そうすることで，技法のセンスを高め，またセッションの境界を設定することにつながります。さらに，これは特別な目的をもった介入セッションであり，ただの遊びではない，ということをはっきりさせてくれます。このことは，愛情に飢えたクライエントにとっては理解が難しいでしょう。特に，セラピストとの接触が毎週の唯一の社交的な行事である場合にはなおさらです。

強迫の問題をもっている女性は，歩道を歩く人を車道まで押しのけてしまうのではないかという恐怖に対して，曝露と反応防止の効果があるかどうかを試すことに困難を感じていました。そのため，セラピストとクライエントは，2つの長いセッションを車が多く混雑した通りで行いました。セラピストは，2人が歩く際に，特別な「課題」をクライエントに課そうと計画した。そして舗道の縁の近くで人々が通り過ぎたときの，苦痛レベルの変化について議論しました。けれども，その後2人は長いこと実際の問題に対処しませんでした。そこでセラピストは，感情や私事に触れないような一般的な話題について話をしました。しかし，セラピストは開示がどのようなものでも，クライエントに与え

る影響について注意しつづけました。

　最後に，セラピストが強制入院病棟に勤めている場合は，オープンで協働的なCBTの姿勢を曲げることがありえます。もしあなたが方針を変える前後いずれかの機会で，CBTの姿勢を曲げることがクライエントにとってどんな意味をもっているのか，またそれに関連した歪んだ理解をクライエントがもっているかどうかという点について，クライエントとオープンに議論するのであれば，その影響は最低限に抑えられるでしょう。

● 境界を越えることの問題

　クライエントとセラピストの境界を越えることには様々な形態があります。しかし，どのような形態であっても，本章の初めに概要を述べた原則のもとでなされるべきです。境界を越える行為のなかには，具体的にその問題の所在を知っておくべきものがいくつか存在します。
　二重関係というのは，セラピストとクライエントが支援の関係に加えて2つ目の関係，たとえば教育関係などをもつことを意味します。セラピストはそのような二重関係をもたないほうがよいとされていますが，時には二重関係が避け難いこともあります。もしセラピストが小さなコミュニティ（たとえば，郊外や大学組織）に属している場合，すでに関係がある人と支援関係を結ばないようにすると，そこに住んでいる人たちは支援を受けられなくなってしまう可能性もあります。同様に，もしあなたが自分自身の政治的・宗教的・民族的・性的アイデンティティに関わる集団に属している場合，そこに所属している人たちはセラピストを自分と似た価値観をもつ人だとみなしがちで，二重関係は避けられなくなる可能性があります。また，セラピスト用の倫理規程で二重関係が禁止されていても，セラピストがクライエントの特別なイベントなどの招待を受け入れることはよくあります。
　二重関係でも，クライエントやセラピーに有害な関係と無害な関係は，おそらく区別可能です。Gottleib（1993）は，セラピストは，3つの領域――権力，継続期間，その関係が計画的に終わらせられるかどうか――に沿って，他の（支援的でない）関係を検討するとよいと述べています。つまり，3つの領域のどれかに重きを置くのにあわせて高まるリスクについて考慮すべきだとしています。二重関係に入る前に，そのような要因を意識しておくといいでしょう。
　クライエントが聖歌隊に入っていることを承知のうえで，セラピストは自分が住む地域で唯一の聖歌隊に入ることにしました。そうすることで練習が計画されている10週間，クライエントはセラピストを自分の友達だと思ったり，クライエントの夫がセラピストを車で送迎したり，気軽な交流の機会が設けられる可能性がありました。他に入ることのできる聖歌隊がない状況で，セラピストがミュージカルファンであることを考慮に入れると，これは容認できると思われました。たとえばクライエントが指揮者であるといった役割の逆転が問題となるような場合であれば，これは容認できなかったかもしれません。

自己開示は，心理力動的なセラピーやカウンセリングにおいては，ほとんどの場合不適切であるとされますが，CBTにおいてはそこまで厳しく扱われるわけではありません。クライエントの関心に沿って行われれば，自己開示はとても効果的なのです。たとえば，クライエントが，セラピストが提案した方法に希望や自信をもてるようにするために，セラピスト自身がその方法で過去に乗り越えた問題について話すことがあります。Beck et al.（1979）は，クライエントが課題により真剣に取り組むようになるかもしれないため，深刻な抑うつ状態にあるクライエントにこそ自己開示が適切だと提案しています。しかし，心理的な問題であれ財政上の問題であれ，社会的な問題であれ性的な問題であれ，クライエントに対し，セラピストの現在の問題について話すことは決して役に立ちません。クライエントはセラピストの問題に焦点を当てるべきなのだと勘違いしてしまうかもしれないからです。
　その状況が介入に影響を及ぼす可能性がある場合は，時には個人的な問題――たとえばセラピスト自身や家族がかかっている病気や妊娠していることなど――についてクライエントに自己開示を行うことも大切かもしれません。
　しかしこのような場合は，思ったよりも明確に判断を下せない可能性もあります。そのため，もしこのような自己開示に懸念があるならスーパーヴィジョンを利用するとよいでしょう。

　20代の若い女性のクライエントが，心理的虐待をしていた母親を許すかどうかについて話し合っていました。彼女のセラピストは，最近自分の母親との温かい関係を失って悲しんでいるところでした。セッションのなかでクライエントはセラピストに「あなたは，私に母との関係を変えさせたがっているように見えます」と述べ，セラピストは自分がクライエントの達成課題に対して必要以上に感情的になっていると気づきました。スーパーヴィジョンでは，セラピスト自身の問題が解決していないとき，自己開示はクライエントのためにはならないだろうということが確かめられました。

　性的でない身体接触を良いものだと思っているセラピストは，苦しんでいるクライエントやおびえているクライエントを安心させるために軽く身体に触れることがあります。そのようなセラピストであっても，身体に触れるのは自分と同性（同じジェンダー）のクライエントに限っているはずです。しかし，クライエントはそのような身体接触の意味を誤解する可能性があることを決して忘れてはなりません。通常の行動から軽々しく逸脱するべきではなく，つねに自覚とクライエントのフォーミュレーションへの配慮が必要です。たとえば，虐待されたことのある人は腕に触れられると恐怖を感じるかもしれません。そういう人は他人との距離の取り方に自分なりの決まりをもっているものです。その一方で，他の人，特にとても温かく共感してくれる誰かと肉体関係をもちたいと切望しているクライエントは，足を軽くたたかれただけで性的な意味があると誤解しかねません。こういった問題に対処する便利な方法は，クライエントが落ち着いているときに，クライエントがとても苦しんでいるときセラピストにどのように対処してほしいか尋ねておくことです。たとえば，こんなふうに言ってみることができます。

私たちが話しているとき，あなたが目に見えて苦しんでいたことがありました。そのようなとき，どうするのが一番あなたの助けになるのか考えています。ただ感情を表に出して自分で対処したいという人もいるでしょうし，腕を軽くさわってほしいという人もいるでしょう。あなたは私にこうしてほしい，という決まった方法がありますか？

　当然ながら，このようなディスカッションは，あなた自身の介入上の境界において正しいと思う範囲内で行われなくてはなりません。

　Pope, Tabachnick and Keith-Spiegel（1987）は，セラピストとクライエント間の身体接触を3種類に分けて概観し，かなりの数のセラピストが何らかの接触を経験していることを明らかにしました。

　セラピストを対象とした調査によると，最も抵抗が少ないのはクライエントと握手をすることであり，76％のセラピストは日常的に行っていて，倫理的にも問題はないと考えていました。抱擁は，44％のセラピストが状況によっては問題ないと考えていますが，日常的に行っている人は12％にとどまりました。キスは85％のセラピストが適切でない，あるいはほとんど容認できないと考えていて，たまにすることがある人が24％，一度も経験したことがない人が71％という結果となりました。

　性的な身体接触と性的でない身体接触は連続的なものであり，「全か無か」という類のものではありません。この問題は文化に関係してきます。ヨーロッパと南アメリカの多くの文化では両頬にキスすることは習慣的な挨拶であり，セラピー場面であっても性的な意味に誤解されることはほとんどありません。キスをためらうと，クライエントによっては冷たくてよそよそしいと感じるかもしれません。つまり，セラピストは柔軟かつ敏感に境界を決めることが必要であり，禁止事項だからと単純にルールを決めたりすることはできません。

　セラピスト－クライエント間の性的関係は境界を越える行為のなかでも最も有害なもので，弱者に大きな衝撃を与えかねず，協働関係にも大きなダメージを及ぼすものです。そういった行為の頻度を示すデータを集めることは難しく，1人以上のクライエントと肉体関係をもったことがあるセラピストの数は1％から12％に上ると推定されています。しかしセラピストがそのような事実を隠すのは止むを得ないことであり，実数は低く見積もられている可能性もあります。このような境界を越える行為がクライエントに及ぼす有害な影響に関しては多くの論文が書かれおり（Pope and Bouhoutsos, 1986），クライエントはそのような関係においてはインフォームド・コンセントを受けることができないため，セラピストはレイプの罪を負うべきだとする者もいます。

　クライエントと性的な関係をもつセラピストは，突然不適切な行動を取るというより徐々に境界を曖昧にしていきます。そして他の境界を越える行為に比べて不適切な自己開示に始まり，次第に性的な境界を侵犯するようになります（Simon, 1991）。専門的に孤立しており，最近，結婚の問題などの個人的な問題を経験している中年の男性セラピストは，クライエントと性的関係をもちやすいようです。彼らは，自分の問題を若い女性のクライエントと話し合うことから境界を境界を越えていくというのが典型です（Gabbard, 1991）。

したがって，特定のクライエントとの境界が徐々に変化しているとしたらそれを自覚しておくこと，そしてそのような変化に気づいたらスーパーヴァイザーとその話題と取り上げることが，セラピストとしてのあなたの義務です。クライエントは典型的な臨床関係とは異なる出会いを欲しているように見えるかもしれませんが，そのような場合でもスーパーヴァイザーと率直に話し合うことが必要であり，それがあなたのモチベーションを誤解している可能性のあるクライエントからの非難から自分を守ることにもつながります。また，性的虐待の可能性からクライエントを守ることにもつながります。別の賢明な経験則としては，曖昧さのある状況では，クライエントとセラピストの互いの利益のために，慎重になりすぎるぐらい慎重になることです。

● 要約

あなたとクライエントの間の良好な作業同盟は，CBTの本質的な構成要素と言えます。良好な作業同盟が築けているとCBTの洗練されたモデルを生かすことができ，成功を収めることができます。そのためには次の原則が役に立ちます。

- 介入の早い段階で良好な関係を構築し，介入を通して関係の質に気づき，あなたとクライエントの間の問題の進展に注意を向けること。
- 協働関係は，問題に取り組んでいる実験室で起こっていることとしてとらえることができる。
- 協働や積極的な関与や気づきを促すためにクライエントを導くことなど，CBTの多くの主要な特徴は，良い協働関係への進展に役立つ。
- CBTにおけるセラピストの役割は，クライエントに開かれている可能性を広げることを目的として，クライエントの視点に純粋な好奇心と敬意をもって導くことである。
- CBT以外のアプローチのなかで良い介入の代表例とされているロジャース派の特徴は，CBTでも同様に重要である。
- 協働関係の決裂が起こった場合，それを認知行動的な専門用語で解釈をし，目の前ですぐに取り扱うこと。これがうまくいかなかった場合に限り，決裂をクライエントの継続的な特徴とみなして対処すること。
- クライエントとの関係の断絶に関して自分自身に原因はないか考えてみること。

異なる文化的背景をもったクライエントと協働する際には――

- 物事に対するあなたの視点はマジョリティ文化に根差したもので，その視点は他の文化圏の人たちとは異なるものかもしれないということを覚えておくこと。
- あなたと協働するクライエントが属している集団について知っておくこと。

- あなたの信念が関与している範囲の盲点に気づくこと。
- 良好な作業同盟を築き，進展させることに焦点を当てること。その際には以下のことに重点を置くこと。
  - クライエントの文化に敬意を示すこと
  - クライエントが人種差別を通して直面している困難を認識すること
  - 人種やマイノリティというステータスを得ることについて偏見をもたないこと

異なる文化的背景をもったクライエントと認知行動的に協働するためには――

- CBTは異なる信念体系に対しても通用することを覚えておくこと。
- 早い段階でクライエントがあなたに抱いている信頼の程度を明らかにしておくこと。
- クライエントの問題の本質についての考えに違いがあったとしても，それを認めること。
- 協働関係や認知過程に関する考えの違いがあるかもしれないことを肝に銘じておくこと。

創造的に問題に取り組む際に必要となる言語やリテラシーといった点で実践上の困難があるかもしれません。

境界の問題はCBTでは注意深い判断が必要です。クライエントと接触するのが日常的でない場所や時間で介入が実施されるときはなおさらです。原則的には，クライエントのニーズが最優先事項です。

ここでは3つの境界の問題について検討を行いました。それは以下の3つです。

- 二重関係
- 自己開示
- 身体接触

境界の問題に関する心配事があるなら，スーパーヴィジョンを利用しましょう。

● 練習問題

＊ 振り返り／考えてみよう

- CBTにおける協働関係について読んでみて，あなたの感想はどのようなものでしょうか？　どのような点で驚いたり，再確認したりしたでしょうか？
- もしあなたが他の療法の立場ならば，あなたの立場と比べてCBTの介入はどの点が異なり，どの点が似ているでしょうか？　そしてあなたの介入を変えるのに役立つ点はどこでしょうか？

- もしあなたがクライエントとの関係の決裂に気づいたら、どんな生理学的、認知的な手がかりを通して、そのことに注意を向けますか？

✱ やってみよう

- 頻繁に「わかりません」と反応するなど、あまりセッションに熱心に参加していないクライエントを見つけましょう。暗にクライエントにもっと積極的になるよう勧めるのではなく、このことについて直接コメントすることの短所と長所を考えてみましょう。
- あなたの指摘した長所と短所が関係しているかどうかを確かめるために、積極的に課題に取り組まない問題について明確に追及してみましょう。
- 境界に関する問題があると感じるクライエントを見つけましょう。何が彼らをそのような状態にさせていて、何が通常の境界の状態を保つのを難しくさせているのでしょうか。
- 本章があなたに何らかの問題提起をしたとしたら、そのことをあなたのスーパーヴァイザーと話してみましょう。

● 学習を深めるために

Beck, A.T., Rush, A.J., Shaw, B.F. and Emery, G.（1979）Cognitive Therapy of Depression. New York : Guilford Press.（坂野雄二［監訳］（1992）うつ病の認知療法．岩崎学術出版社）
効果的な介入を促進するための介入的関係に関するスタイルについて明快に書かれた古典的テキストである。

Gilbert, P. and Leahy, R.（Eds.）（2007）The Therapeutic Relationship in the Cognitive Behavioural Psychotherapies. Hove :Routledge.
協働関係に関するCBTの最も包括的な本である。

Hays, P.A. and Iwamasa, G.Y.（2006）Culturally Responsive Cognitive Behavioral Therapy : Assessment, Practice and Supervision. Washington D.C. : American Psychological Books
この本は異なる文化の集団と仕事をする際の詳細な助言が書かれている。例はすべてアメリカ人だが、異なる場合でも問題なく対処できるようになっている。

Safran, J.D. and Segal, Z.V.（1990）Interpersonal Process in Cognitive Therapy. New York : Basic Books.
協働関係における困難に対処する際の興味深いアイディアについて書かれた興味深い本である。

Padesky, C.A. and Greenberger, D.（1995）Clinician's Guide to Mind over Mood. New York : Guilford Press.（大野裕［監訳］（2002）うつと不安の認知療法練習帳ガイドブック．創元社）
この本は異なる文化のマイノリティ集団と仕事をする際の特定のアイディアが記されている。

04 アセスメントとフォーミュレーション

　CBTを用いて成功するために最も重要なのは，精確な**フォーミュレーション**（「ケース・フォーミュレーション」とも表される）を行うことです。フォーミュレーションを行ったものは，いわばそのクライエントの見取図であり，問題を説明し理解するうえで役立つものです。本章ではフォーミュレーションの役割，フォーミュレーションを精確に行うために用いられるアセスメントのプロセス，フォーミュレーションの方法，フォーミュレーションの際によく見られる失敗，について解説します。

● CBTにおけるフォーミュレーション

　フォーミュレーションの定義とアプローチは多様であり，ひとつの「正しい」やり方があるわけではありません（Persons, 1989 ; Bruch and Bond, 1998 ; Butler, 1998 ; Kuyken, Padesky and Dudley, 2009 などを参照）。しかし，ほとんどのアプローチに共通する，中核的な特徴があります。私たちが現在用いているフォーミュレーションの定義は以下の通りです。すなわち，CBTにおけるフォーミュレーションとは，CBTモデルを利用して——

- 現在の問題を記述すること
- なぜ，どのようにそれらの問題が生成されてきたのかを説明すること
- 問題が解決しない原因として考えられる問題維持の中心プロセスを分析すること

このようなフォーミュレーションを行う利点としては，次のようなことが挙げられます。

- クライエントとセラピストの双方にとって，フォーミュレーションは問題を理解するうえで役立つものである。フォーミュレーションによって，偶然生じた出来事のように思える症状の集まりを，混沌としたものから「意味ある」ものへと変えていく。クライエント（時には，複雑で難しい問題に直面しているセラピスト）は，初期の段階では意気消沈してしまうことが多いが，フォーミュレーションのプロセスによって，乗り越えていくことができる。
- フォーミュレーションは，問題の発展や維持に関するCBTの理論と，クライエントの個人的経験をつなぐ橋渡しとして機能する。フォーミュレーションは理論と実践を結びつける要である。CBTの理論は必然的に，一般的なレベルで表現される。パニック障害

やうつ病といった病気を抱える典型的なクライエントが理論では記述されている。また、それぞれの障害に関連するプロセスは、一般的な言葉で、科学的理論として適切であるように、いくらか抽象化されたレベルで表現されている。しかし、臨床場面でこれらの理論を個人に適用するために、私たちは一般化された理論から離れ、目の前の「この」クライエントの具体的な体験へと寄り添う必要がある。フォーミュレーションの重要な役割のひとつは、この理論と具体的体験との橋渡しなのである

- フォーミュレーションにより、その後のセラピーの指針と論理的根拠が共有される。もし私たちが、クライエントの問題の原因と維持に関するプロセスについて筋の通った理解ができれば、問題克服のために有効な介入方法が見つけやすくなる。うまくフォーミュレーションがなされるならば、大雑把に言って、少なくともセラピーで何が必要なのか確認しやすくなる。そして、特定の方略がなぜ有効なのかクライエントに理解してもらうのに役立つ。

- フォーミュレーションは、クライエントに自分の症状についての異なった見方を提供する。それにより、新しい考え方を拓くプロセスが始まる。ここがCBTの要である。最初のアセスメントの段階では、クライエントの多くは自分の問題を脅威もしくは危機として、あるいはその両方としてとらえている。たとえば強迫性障害（OCD）のクライエントの場合、自分が不快な考えをもっているという事実に対して、悪いのは自分で不道徳に違いないのだと意味づけている。健康に不安を抱えたクライエントの場合には、身体症状を自分が重い病気に罹っているサインだと考える。フォーミュレーションを行うプロセスは、症状について別の見方があることを考えさせる最初の一歩である。そして症状を克服するための別の方法を見つけることによって、クライエントは解放される。

- 最後に、フォーミュレーションは、セラピストがセラピーや協働関係で生じる困難を理解するのに役立つ。前もって困難が生じることを予測できることさえある。たとえば、フォーミュレーションのなかで自己評価の低さや自責傾向が重要な要素であるならば、クライエントが宿題を行うのは難しいことが予想される。なぜなら、クライエントが宿題の出来を気にしたり、自分の考えにセラピストが賛成しないのではと心配したりするからである。このような予測をフォーミュレーションから立てることによって、私たちは困難を避けることができるし、避けられずとも緩和できるのである。

● フォーミュレーションはアートか科学か？

　ここまで述べてきたような利点は明白であるように感じられるかもしれません。ところが実際には、CBTにおけるフォーミュレーションを科学という観点から見るならば、明確なものとはとても言えません。たとえば、フォーミュレーションに信頼性がある（たとえば、同じクライエントに対して異なるセラピストのフォーミュレーションが一致すること）という研究のエビデンスは相対的に不足しています（Bieling and Kuyken, 2003）。また、フォーミュレー

ションにもとづいた介入が完全にプロトコルに沿ったセラピー（たとえば，ある特定の問題を抱えるクライエントは皆同じ介入を受ける，というような標準化された方法で行われるセラピー）よりも効果があるということを示すエビデンスはほとんどありません。事実，個々のフォーミュレーションにもとづいた行動療法が，完全に構造化された介入方法よりも悪い結果を招いたという興味深い報告もあるくらいです（Schulte et al., 1992）。ただし，より最近の研究結果によると，神経性過食症への介入では個人に合わせてフォーミュレーションするほうが結果は良かったことがわかっています（Ghaderi, 2006）。こうした知見の矛盾について詳しく論じることはできませんが，この点について私たちの立場を示しておくべきでしょう。

　第1に，すでに述べたように，フォーミュレーションの役割はCBTの理論とクライエント個人の体験を結びつけることです。この役割を果たすためには，フォーミュレーションのプロセスが科学とアート（少なくとも，職人芸）の間に位置するのは避けられないものと思われます。クライエントを援助するために，私たちは科学的な原理から導かれ，経験的に妥当なエビデンスにもとづいたCBTモデルを利用しようとします。しかし一方で私たちはその理論を，自分が関わっている目の前の一人のクライエントに適用しようとします。そのため私たちは，独特の思考と感情をもって取り組む必要があります。このプロセスは，客観的かつ一般化された用語で完全に表現することはできません。理想的なフォーミュレーションとは，「真実」であると同時に，クライエントの主観的意味のレベルで「理解できる」ものです。そのため，科学的であると同時に職人芸であることが必要とされます。

　第2に，最も厳密な介入プロトコルでさえ，何らかの形でその人に合わせる必要があります。介入マニュアルはセラピストの言葉のすべてを規定できないし，すべきでもありません。そのため，一般的なガイドラインを，**今このクライエント**にとって適切なものに置き換えていく必要があります。そしてそれは，フォーミュレーションの役割のひとつです。

　最後に，臨床実践においては，介入のガイドラインに乗らないクライエント，プロトコルに沿った介入が功を奏さないクライエント，あるいは，単に明確に推奨できるプロトコルがない（CBTやその他どの心理療法からも）クライエントと出会うことは避けられません。このような場合には，あきらめずに個人のフォーミュレーションを行い，それにもとづいてセラピーのプロセスを進めていくしか道はないでしょう。

　以上のことから，CBTを実践する人は，構造化され効果が実証されている介入プロトコルがあるかどうか探すことから着手すべきである，というのが私たちの考え方です。介入プロトコルがもしあるなら，フォーミュレーションを伝えるため，そして介入の基礎として利用できます。ですがプロトコルはつねに，フォーミュレーションの枠組みの範囲のなかで適用する必要があります。また，いつ介入プロトコルから離れ，そして，クライエントに沿った治療プランを練り上げるべきなのか理解しておく必要もあります。問題のフォーミュレーションは，この2つの目的を達成するための最良の手段と言えるでしょう。

● 維持プロセスに焦点を当てる

　CBTにおいてフォーミュレーションを行い，介入計画を立てるときに焦点を当てるのは，多くの場合，現在の維持プロセスです。現在の維持プロセスに焦点を当てるのは，次のような考え方からです。

- 問題を起こしたプロセスが，その問題を維持させているプロセスと同じであるとは限らない。いったん問題が生じると，たとえ最初の原因が消えたとしても，維持プロセスが形成されうる。
- 何年も前に生じた最初の原因よりも，現在のプロセスのほうが明確なエビデンスが得やすい。
- 過去のものである発達上のプロセスを変えるのは困難だが，今ここで生じている維持プロセスは変化させるのが容易である。どのようなケースでも，もし過去の出来事が今でも重大な影響力をもつなら，それは現在の心理的なプロセスを通じて影響を及ぼしているに違いない。

　このように，CBTではほとんどの時間，「今ここ」に焦点が当てられる傾向があります。そして，アセスメントとフォーミュレーションでは同じところに焦点化する傾向もあります。あるクライエントは筆者の一人に対して，最初の原因と対比しながら維持プロセスの役割の重要性について説明しています。

　崩れやすい不安定な崖の上を歩いていると想像してください。崖の端を歩いているとカモメが降りてきて足元に止まりました。カモメが重かったので，崖の端が崩れてしまいました。あなたは崖から落ちてしまったけれど，20フィート下の枝に何とか捕まりました。もしあなたが今そこにぶら下がっているなら，この状況を切り抜けて崖の上に戻りたいと思うでしょう。カモメを探しても仕方ないのです。

　同じことを簡略化して喩えるなら，もしあなたが火を消したいのであれば，火のついたマッチを探すのではなく，火を燃やしつづけているもの――熱，燃料，酸素など――に対処すべきだ，ということになります。

　人生史や発達など重要ではないのだ，などと言うつもりはありません。私が言いたいのは，維持プロセスが，**多くの場合に主として**CBTの焦点となるということであり，**つねに唯一の**焦点であるということではないのです。発達史が重要となる理由もいくつかあります。

- 「今の私は，どのような成り立ちを経てきたのだろうか」という問いに答えようとするならば，過去に関する情報は欠かせない。そしてそのような問いは，多くの場合，クライ

エント自身にとって切実なものである。クライエントは自分の問題を引き起こしたのが何かをある程度は理解したいと思うものであり，それが叶うように援助するのは重要なことである（実際には，いつもできるとは限らず，精一杯努力しても問題を引き起こした発達上の要因がわからないままの場合もある）。

- 将来における問題の再発を予防するためには，問題の元々の原因を突き止めておくと役に立つだろう。喩えるなら，火事がいったん消火されたら，マッチがどこにあったのか調べておくといいだろう。そうすれば，同じ理由で火事が起きるのを避けることができる。
- 問題の核心が過去の出来事と密接不可分な場合には，困難をともなう。PTSD，幼少期のトラウマによって生じた問題は，セラピーで過去の出来事に焦点を当てる必要があることが明らかな一例である。また別の例として，パーソナリティ障害やその他の複雑な問題を抱えている人に対する「スキーマ焦点化セラピー」を挙げることができる。しかしこのような場合であっても，多くの場合，セラピーにおいて焦点を当てるのは，過去の体験がどのように現在の問題に作用しているか，という部分である。

このように，CBTのアセスメントおよびセラピーでは，過去の出来事とその意味を探索することを排除できないし，すべきでもありません。しかし典型的には，CBTは過去よりも現在により焦点を当てていきます。そして，一般的な傾向よりも，特定の場面での出来事を吟味することに重きを置きます。

● アセスメントのプロセス

　CBTのアセスメントの狙いは，まず第1に，セラピストとクライエントの双方が，十分に納得し同意できるフォーミュレーションにたどりつくことです。そのことが，先に概観した諸々の目的を達成するうえで役に立ちます（注：もちろん，援助が行われる状況は多様であり，そうしたなかではアセスメントはより一般的な意味をもちます。たとえば，リスクアセスメント，緊急時の対応，特定の介入のためのスクリーニング，などです。しかし本書では，こうしたアセスメントについては，これ以上は触れないものとします）。CBTの枠組みにおけるアセスメントとは，症状のチェックリストに印をつけたり，標準的な生活史を完成させるといった単純なことではありません。むしろ，そのプロセスにおいて何度も仮説を立てては検証することを繰り返す，アクティブで柔軟なプロセスです。図4.1ではこのサイクルが示されています。

　セラピストはクライエントからの情報を理解しようと試み，フォーミュレーションにおいてどのプロセスが重要なのか，仮説を生成します。そして，その仮説を検証するためにさらにアセスメントを行います。もし，さらにエビデンスが仮説を支持するように見えるならば，その仮説はフォーミュレーションの一部となる。エビデンスが仮説を支持しないようであれば，仮説は修正される必要があり，新たなエビデンスが探されることになります。このプロセ

```
                    ┌──────────┐      アセスメント段階
                    │  情報収集  │←──────────────┐
                    └─────┬────┘                │
                          ↓                     │
                  ┌──────────────┐              │
                  │ CBT 理論を利用し │         ┌──────────────────┐
                  │   情報を分析    │          │ 次にどのような情報があると │
                  └─────┬────────┘          │ 仮説の検証に役立つのか決める │
                        ↓                     └──────────────────┘
                ┌──────────────────┐                    ↑
                │ 重要なプロセスについての │                │
                │  仮説を練る／修正する  │────────────────┘
                └─────┬────────────┘
                      ↓
              ┌──────────────────────┐
              │ フォーミュレーションに      │
              │ ついての最初の仮のアイディア │
              └─────┬────────────────┘
                    ↓
            ┌──────────────────┐
            │ クライエントと話し合い │←────┐
            │   必要に応じて修正    │      │
            └─────┬────────────┘      │
                  ↓                    ┌──────────────────┐
          ┌──────────────────┐         │ フォーミュレーションを修正 │
          │ 使えるフォーミュレーションで │    │ しようという必要がありそう │
          │    あると合意する      │    └──────────────────┘
          └─────┬────────────┘                  ↑
                ↓                     ┌──────────────────┐
          ┌──────────┐              │ 介入中に得られた      │
          │  介入計画  │←─────────────│ 新たな情報に着目する   │
          └──────────┘               └──────────────────┘
                                      介入段階
```

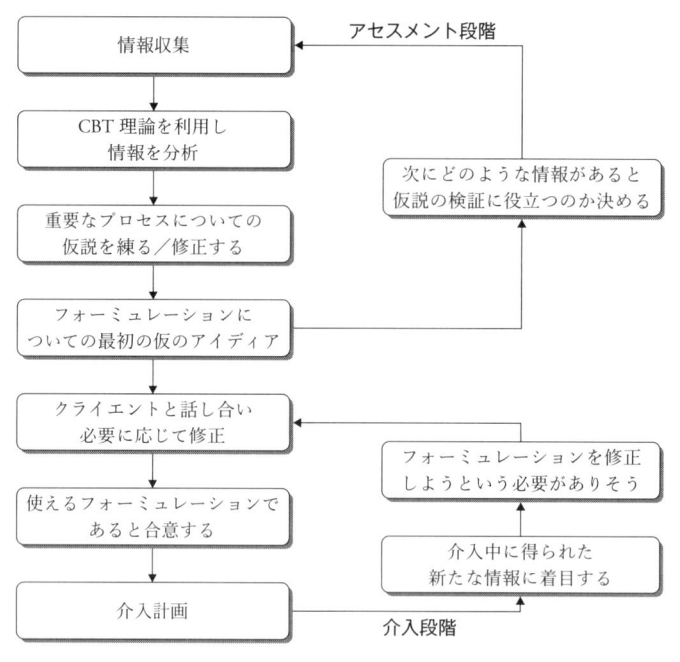

図4.1　アセスメントのプロセス

スは，クライエントとのセラピーを進められるだけのフォーミュレーションができたとセラピストに感じられるまで続きます。そのうちに，叩き台となるフォーミュレーションについて互いに意見が一致してきます。その後も，新たな情報が介入中に出てきて，フォーミュレーションを修正したり追加したりする必要があるかもしれません。ですが，修正は微々たるものであることがほとんどです。もっとも，時には，問題の重大な再フォーミュレーションが求められるような，新たな情報が出てくることもあります。

● 現在の問題をアセスメントする

　CBTでは維持プロセスを中心的に扱うというスタンスを取ります。言い換えれば，他のセラピーのアプローチに比べて比較的多くの時間を，現在の経験を詳らかにし解明することに費やす傾向があります。初心者のセラピストにとってこのようなCBTの側面は，慣れない構造化された質問をしなくてはならず，落ち着かなく感じられるかもしれません。生活史や問題の経緯に関する情報は，クライエントに普通に話してもらうなかから得られるでしょう。しかし，CBTのフォーミュレーションに必要とされる現在の問題に関する詳しい情報は，たいていの場合，注意深く——時に厳密に繰り返しながら——面接で質問することなしには手に入りません（次の章で述べられるように，他の情報源から補うこともあります）。もちろん，信頼関係を築き，建設的な協働関係の構築に注意を払うことは欠かせません（下記参照）。

＊ 問題を記述する

　最初のステップは，問題リストのフォームへの記入を進めていくことです。狙いは，特定の行動や思考のパターンといったレベルで，問題の本質の明確な像を得ることです。ここでの問題とは，診断名という意味ではありません。「うつ」や「社会不安」といった用語は問題を一言で示すには役に立ちますが，アセスメントの目的には不十分です。問題をより特定する必要があり，示された問題や診断名を，以下の4つの「システム」に分けて把握しなければなりません。

- **認知**：問題が起きているときにクライエントが経験する言葉，イメージ。聞き出すのに適した質問は，「～のときにどんなことが思い浮かびますか？」（たとえば，「あなたが不安を感じたとき……」あるいは「あなたが少し落ち込んだとき……」）。セッションのなかで強い感情が生じたときに，「ちょうど今，どんなことが頭に浮かびましたか」と尋ねることも役立つだろう。このような「ホットな思考」（強い感情が生じている間に接近できる思考）は，穏やかに過ごしているときや数週間経ってから報告される思考に比べて，しばしば多くの情報をもたらしてくれる。宿題のひとつとして，思考記録表も有用である。認知のすべてが言葉で表されるものではないことを忘れてはならない。クライエントの気持ちを動揺させるような心的イメージをもっているのかどうかチェックすることも重要である。
- **感情あるいは情動**：クライエントの感情体験。クライエントが思考と感情の区別をするのに苦労するのは珍しいことではない。英語で"I feel that..."と言うときに，本当は"I think that..."を意味することがしばしばある，という事実は両者を区別することが困難であることを示している。大雑把に言うなら，感情は一般的にひとつの単語で表現される。たとえば「抑うつ」「不安」「怒り」などである。もしクライエントの言わんとすることがひとつ以上の単語を必要とするならば――たとえば，「心臓発作が起きそうな気がしている」――，この場合は感情ではなく，おそらくは思考である。
- **行動**：クライエントがしている，外から客観的に見える活動。「問題が原因で，以前はしなかったのに，今はしてしまうのはどんなことですか？」（例：安全確保行動についての質問――後を参照）「問題が起きた結果，あなたがしなくなったのはどんなことですか？」（例：恐怖を喚起する状況を回避する行動についての質問）
- **生理学的変化あるいは身体症状**：心拍数が増加する，汗をかく，疼痛，吐き気など，不安時に喚起される自律神経症状。あるいは，うつ病における性欲の消失や食欲の減退。

　問題症状を経験した最近の場面を思い出してもらい，それについて尋ねるのが良い介入戦略のひとつでしょう。いつ起きたのかを確認して，それから刻一刻と何が起きたのかを聴いていきます。最初に気づいた変化（気分の低下，生理的症状に対する心配，脅威となる思考，など）から始めるといいでしょう。4つのシステムそれぞれについて，何が起きていたのか

情報を引き出します。「それが起きたとき，どんなことが頭に浮かびましたか？」「どんな感じを受けましたか？」「体の感覚に起きた変化に気がつきましたか？」「あなたは何をしましたか？」「そしてその後に何が起きましたか？」等々。

✲ きっかけと緩和・悪化要因

問題についての質問と並び，もうひとつの質問すべき領域は，問題に今現在影響を与えている要因についてです。これは，さらに2つの領域に分けることができます。

- きっかけ：多かれ少なかれ，問題を引き起こしている要因
- 促進・悪化要因：問題が生じるとき，その問題の重大さに違いを生じさせる状況要因

単純な例を挙げましょう。定義上，クモ恐怖とはクモを見ることで引き起こされる。しかし，クモ恐怖はクモの写真を見ること，ぼんやりとクモに見えるような何かを見ること，「クモ」という言葉を耳にすること（単語そのものに苦痛を感じるために異なる呼び名をつけるクライエントもいる）によっても引き起こされるかもしれません。このような状況で恐怖症が引き起こされると，恐怖の深刻さはその他の要因で緩和または悪化するでしょう。たとえば，クモの大きさ，動く速さ，クモからの距離，簡単に逃げられると本人が考えているか，などです。

多くの要因が，きっかけ，緩和・悪化要因として作用する可能性があります。それには以下のような要因が考えられます。

- 状況変数：特定の状況，対象，場所のうち，きっかけとなるもの，問題を緩和または悪化させるものはあるだろうか？
- 社会・対人変数：きっかけとなる特定の人物，あるいは問題を緩和または悪化させる特定の人物はいるか？　何人いるか？　どのような人たちか？
- 認知変数：問題の引き金となる特定の思考，トピックはないだろうか？
- 行動変数：クライエントやその他の人が特定の活動をしたときに問題が生じていないか？
- 生理的変数：問題は薬物やアルコールの影響を受けているか？　緊張，疲労，空腹によって問題は起きやすくなっていないか？　女性の生理周期は問題に影響を与えていないか？
- 感情変数：抑うつ的だったり，退屈していたり，慌てていたりするときに問題は悪化していないだろうか？　どれくらい強い感情に対しても，たとえそれが肯定的な感情であったとしても，悪性の反応を示してしまうクライエントがいる。それは，強い感情がその人のなかに，コントロール不全感を生み出してしまうからである。

一連の質問に対して，**つねに**不安で憂うつなので違いなど感じない，というクライエントもいるでしょう。ですがほとんどの場合，これは正しくありません。こうした反応が生じるのは多くの場合，クライエントが苦悩に満ち，問題に圧倒され，問題を「脇に置いて」客観的に考える能力を失っているためです。注意深く落ち着いて質問することによって，違いを生んでいる要因を見出すことができるでしょう。手がかりを得るために，「どの状況が最悪なのか」を聴いてみるといいでしょう。最悪の状況を説明するのにどの次元の事柄に触れるのかに着目すれば，どのタイプの変数が重要なのか手がかりを得ることができます。その他の有効なアプローチとしては，面接のなかでクライエントが思い出せないことに焦点を当てた宿題の利用が挙げられます。

　きっかけと緩和・悪化要因についての情報は，2つの点で有用である。第1に，発見された変数の背後にあるテーマを考えることで，クライエントに当てはまりそうな信念や維持プロセスに関する手がかりをセラピストは得ることができます。自分の行動が他者に観察される状況で特に強く不安を感じる人の場合，おそらく，否定的な評価を受けることへの恐怖に関する要素があります。そして，他者が自分を拒否していると知覚しているときに，とりわけ抑うつ的になってしまうのであれば，その人が抱いている信念はおそらく，自分が好かれていない，もしくは，自分に価値がない，といったことに関するものでしょう。こうした手がかりは，当初の推測が正しいのか修正すべきなのか考えるのに役立つ質問の生成を促します。本書の後半の章では，各々の障害でどのような信念が頻繁に見られるのかについて考えを示していきます。

　この情報がもたらす第2の利点は，介入において役に立つということです。介入のターゲットを定めるのに役立ち（たとえば，クライエントがスーパーやレストランで恐怖を感じる場合，これがクライエントの取り組みたい問題でしょう），介入のプランを練るのに役立ちます（たとえば，クライエントがパニックになるときに何が起きるのかを調べる行動実験を計画するとしましょう。その際，彼が混雑した店のなかではパニックになりやすく，信頼できる人と一緒ならパニックになりにくい，ということがわかっていれば，その情報は有用です）。

✸ 結果

　現在の問題に関する最後の領域として着目するのは，問題の結果として何が起きるのかということです。ここでは4つの側面を調べます。

- 問題はクライエントの生活にどのような影響を与えたか？　問題により生活はどのように変化したか？
- 問題に対して重要な他者（友人，家族，医師，同僚など）はどのように反応しているか？
- クライエントはどのように対処しようとしてきたのか？　どの程度それは功を奏してきたのか？
- 対処するために，クライエントは処方薬やその他の物質を使っているか？

最初の質問は，問題が存在することでクライエントが何を失ったのか（時には，何を得たのか），その全体像を知るうえで重要です。次の質問は，維持プロセスを知るうえでの重要な手がかりをセラピストにもたらしてくるかもしれません。維持プロセスの多くを生み出しているのは，問題に対処しようとクライエントや周りの人が行う，完全に筋の通った「常識的」な試みです。そうした反応が，不運なことに，問題を維持させるように機能します。たとえば，脅威を及ぼすと認識された状況を避け，回避することは人間の普遍的な性質です。事実，多くの状況でそれはまったく機能的な反応です（たとえば，身体的な攻撃の脅威にさらされている場合）。ですが，逃避や回避が不要な恐怖を維持させてしまうようなことも起きるものです。同じように，あなたの妻（夫）が何かを心配していて，何度も大丈夫だという保証を求めてくる場合に，それに応じてあげるのは自然な反応です。ですが，ここでも不幸な事実として，こうした対応は良くても効果なし，悪ければ問題を大きくしてしまう可能性があります。問題に対する自然な反応が，長い目で見れば役に立っていない，ということを示す例は枚挙にいとまがありません。気をつけていただきたいのですが，私はここで，クライエントや周囲の人たちが問題を維持しようと動機づけられている（あらゆる意味で，無意識的なものさえ含めて）ということを言いたいのではありません。

　対処の仕方を調べるその他の理由としては，クライエント自身が時にきわめて優れた対処方法を編み出していることがあるからです。もう少し洗練させてあげれば――より一貫性をもたせたり，より範囲を広げてみたりして――クライエント自身の考えた対処の仕方が効果的な介入戦略となりうるのです。クライエント自身が助けになっていると考えているものを尋ねることは，つねに価値のあることです。しばしばクライエントは，良いアイディアをもっているのですから！

● 維持プロセス

　アセスメントとフォーミュレーションに焦点を強く当てることは，問題を維持するパターンを見つけ出そうという試みに通じるところがあります。問題を維持するパターンは，悪循環や循環的なフィードバックという形を取ります。すなわち，思考，感情，行動，生理の反応が端緒となって作用が生じ，それが最終的にもともとの症状へと還元され，症状を維持したり悪化させてしまったりします。後半の各章では，さまざまな障害を理解するうえで重要な（CBT理論でそのように考えられている）プロセスを具体的に見ていくことになります。この項では，多くの障害に関連して繰り返し遭遇する，よく見られる悪循環についてまとめています。これはアセスメントを行う際のガイドとして利用できるでしょう。

＊ 安全確保行動

　Salkovskis（1991）によって概略が示されて以来，安全確保行動は不安障害に関する現代の理

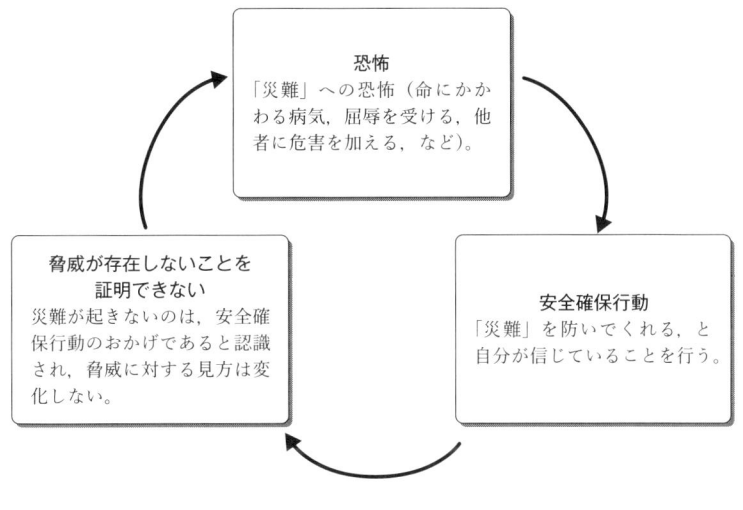

```
         ┌─────────────────┐
         │      恐怖        │
         │ 「災難」への恐怖（命にかか │
    ┌──→ │ わる病気，屈辱を受ける，他 │ ──┐
    │    │ 者に危害を加える，など）。  │   │
    │    └─────────────────┘   │
    │                              ↓
┌─────────────┐            ┌─────────────┐
│ 脅威が存在しないことを │            │  安全確保行動    │
│   証明できない    │            │「災難」を防いでくれる，と │
│ 災難が起きないのは，安全確 │ ←────── │ 自分が信じていることを行う。│
│ 保行動のおかげであると認識 │            │           │
│ され，脅威に対する見方は変 │            │           │
│ 化しない。      │            │           │
└─────────────┘            └─────────────┘
```

図 4.2 　安全確保行動

論の多くで中心に据えられてきました。不安を抱えるクライエントは多くの場合，恐れている脅威が何であれ，自分を守ってくれると信じている手段を取ります。たとえば，スーパーで膝から崩れ落ちてしまうことを恐れる人は，転ばないようにショッピングカートにしがみつくでしょう。また，退屈で嫌な奴だと見られることを恐れる人は，自分のことを明かさないようにするでしょう。人間の創意に限りはなく，どれほど多くのクライエントに出会ったとしても，セラピストが経験したことのないような安全確保行動をクライエントは思いつくものです。この種の行動は理解するのは簡単ですが，無自覚に意図しないうちに生じてしまうという副作用が生じることもあります。安全確保行動は，脅威に関する思い込みを和らげる妨げとなります。なぜなら，何も起きなかったときに，「幸運にも逃げられた」のは安全確保行動のおかげであると原因帰属されてしまい，脅威に対する（誤った）知覚を低減することにつながらないからです（図4.2参照）。

　安全確保行動をクライエントに説明する際に用いられる有名な話があります。そのひとつが，腕を上下に振りながら道に立っている友人に出くわした男性の話です。「龍を追い払っているんだ」と友人が言うので，「だけどここに龍なんていないよ」と男性が答えると，友人は「ほら，だからうまくいったのさ！」と答えた，というものです。

　龍を怖がる友人が実際には龍などいないことにどうすれば気づくのか考えるようにクライエントに促すことで，この話は自然な形で介入戦略へとつながっていきます。ほとんどのクライエントは，龍がいないことに気づくためには，腕を振るのをやめる必要があるという答えを容易に思いつきます。それからクライエントは，この話のなかに自分自身の問題に関する何らかの教訓がないか考えるように指示されます。このようにして，フォーミュレーションが行われます（不安障害については第13・14章を参照）。

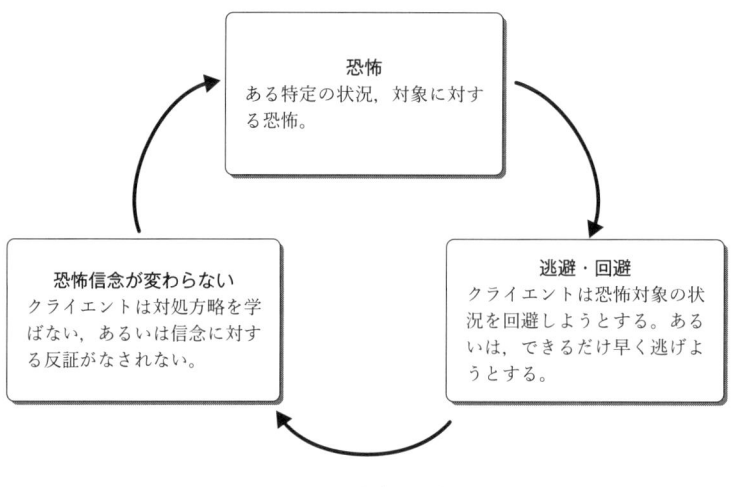

```
        ┌─────────────┐
        │    恐怖      │
        │ ある特定の状況，│
        │ 対象に対する  │
        │ 恐怖。       │
        └─────────────┘
       ↗              ↘
┌─────────────┐    ┌─────────────┐
│恐怖信念が変わらない│    │  逃避・回避   │
│クライエントは対処方│    │クライエントは恐怖│
│略を学ばない，あるい│←   │対象の状況を回避し│
│は信念に対する反証が│    │ようとする。あるい│
│なされない。      │    │は，できるだけ早く│
│             │    │逃げようとする。  │
└─────────────┘    └─────────────┘
```

図 4.3　逃避・回避

✳ 逃避／回避

　回避（または逃避）は，安全確保行動のとりわけ一般的な形のひとつであると考えられています。しかし回避を他と区別して見極めることは重要です。その理由は，回避が不安の問題ほぼ全体に見られるからです。また，他の安全確保行動と違って回避が役に立たないことは，クライエントにもすぐにわかるからです。クライエントにもすぐにわかるのは，「もし落馬したら，一番良いのはすぐに背中に乗ることだ〔何かに失敗したら，すぐにもう一度挑戦するべきだ。そうしないと，ずっと恐れたまま過ごすことになる〕」という格言に示されている「素朴心理学〔その人にとっての常識〕」だからなのかもしれません（図 4.3 参照）。

　注意しなければならないのは，回避は，不安を喚起する状況に出くわして逃げ出してしまうというように，必ずしも見た目に明らかであるとは限らないということです。たとえば，社会的な状況で不安を感じる人のなかには，そうした状況を避けてはいないとしっかり報告する人がいます。しかし丹念に見ていくと，他の人に話しかけてはいるけれど決して目を見ていないことが明らかになるかもしれません。あるいは，決して自分のことは話さないのかもしれません。言い換えれば，明らかな回避はなくても，より微小な回避があるものです。

✳ 活動の減少

　図 4.4 に示される維持プロセスは，不安における回避とうつ病において共通してみられます。不快な気分が活動の減少を引き起こし，その結果，幸福感，達成感，社会的受容感といった肯定的感情をもたらすものが失われます。報酬がないと，今度は不快な気分が維持されてしまいます。

図 4.4　活動の減少

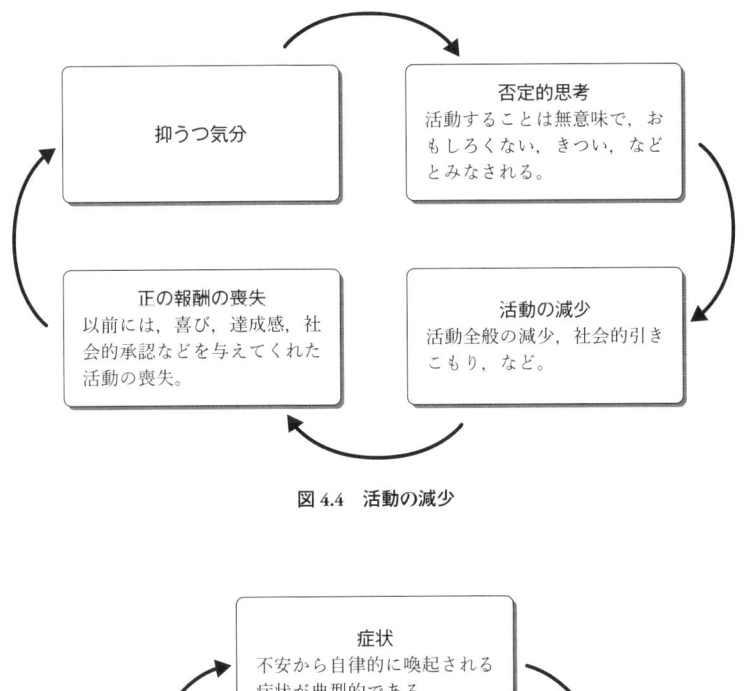

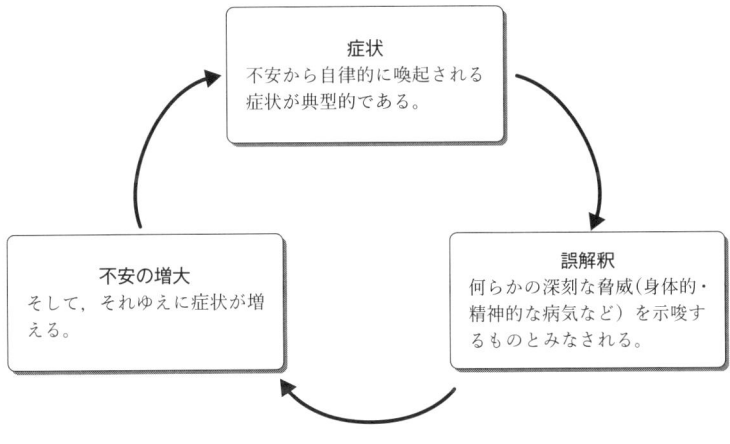

```
抑うつ気分 → 否定的思考
活動することは無意味で、おもしろくない、きつい、などとみなされる。
↓
活動の減少
活動全般の減少、社会的引きこもり、など。
↓
正の報酬の喪失
以前には、喜び、達成感、社会的承認などを与えてくれた活動の喪失。
↑
→ 抑うつ気分
```

図 4.5　破局的誤解釈

```
症状
不安から自律的に喚起される症状が典型的である。
↓
誤解釈
何らかの深刻な脅威(身体的・精神的な病気など)を示唆するものとみなされる。
↓
不安の増大
そして、それゆえに症状が増える。
↑
→ 症状
```

* **破滅的な誤解**

　このサイクル（図 4.5）はもともと、Clark（1986）がパニック障害の中心的な認知プロセスとして考案したものです。現在は、健康不安や強迫性障害（OCD）の問題を抱えるクライエントにとっても重要なものであると考えられています。中心となる考えは、身体的、認知的変化——不安によってよく引き起こされる症状、たとえば、脈拍の増加、呼吸困難、また自律神経系の覚醒の兆候など——は、差し迫った重大な脅威（心臓発作、脳卒中が起きそうである、あるいは、気が狂いそうである）を示すものと誤って解釈されている、というものです。自然と、そうした考えは不安をより増幅し、さらに症状を悪化させます。結果、脅威が差し迫っていることをさらに強固に信じてしまい……というように循環し繰り返されます。

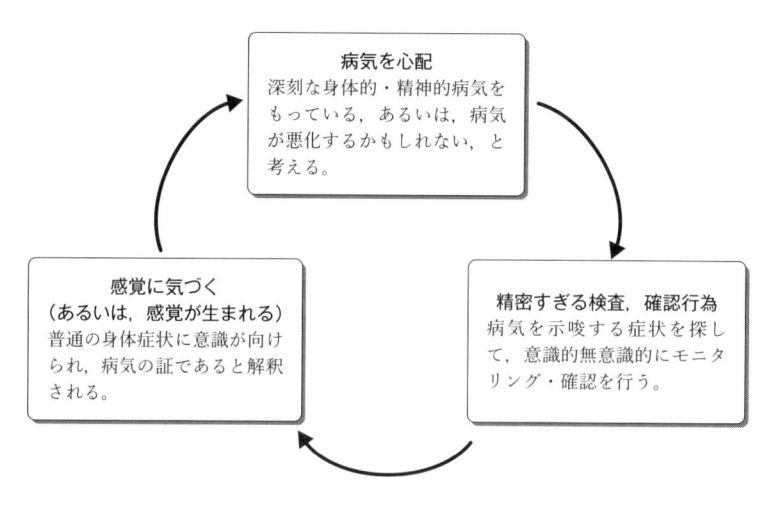

```
       病気を心配
    深刻な身体的・精神的病気を
    もっている、あるいは、病気
    が悪化するかもしれない、と
    考える。

感覚に気づく                        精密すぎる検査，確認行為
（あるいは，感覚が生まれる）         病気を示唆する症状を探し
普通の身体症状に意識が向け           て、意識的無意識的にモニタ
られ、病気の証であると解釈           リング・確認を行う。
される。
```

図 4.6　精密すぎる検査あるいは過剰警戒

✴ 精密すぎる検査あるいは過剰警戒

　このプロセスは健康不安でよく生じるものですが，PTSD のような他の障害にも見られることがあります。図 4.6 では，深刻な病気なのではという心配が，病気の指標であると信じ込んでいる症状を精密に検査しようとしすぎ，チェックする行動にどのようにつながるのかが示されています。精密すぎる検査をすると，健康を重要視するがゆえに症状が顕在化し，実際には完全に正常な身体症状にまで目をつけるようになってしまいます。そして，こうした症状があるから恐怖を感じてしまうのだ，と誤って解釈されます。確認行為が厄介な症状を**生み出して**しまうことさえあります。たとえば，喉が詰まって窒息死するのではないかという恐れを抱き，頻繁に強く咳払いするクライエントがいました。結果的にそのクライエントの喉には不快感が生じるようになり，本当に何かがおかしくなっていることの証拠として認識されてしまいました。

　この種のプロセスを例示するのに役立つ喩えとして，特定のモデルの車を購入することについて考えたときのことを思い出してもらうことがあります。そんなときには，道路がそのモデルの車で溢れかえっているように思える，ということに気づくでしょう。この喩え話は何を示唆しているのでしょうか？　特定の車を所有している人たちが自分を付け回そうと決めたのではないことくらいは，クライエントにもすぐに理解できるでしょう。実際にはその車はいつもそこにあったのであり，重要なものになるまで気が付かなかっただけです。いったん，それが重要になるや否や，その車をそこらじゅうで見かけるようになったのです。

✴ 自己成就予言

　自己成就予言とは，他者の自分に対する態度について否定的な信念を抱いている人が，その信念を強化してしまうように見える反応を引き出すプロセスに関係しています。図 4.7 では

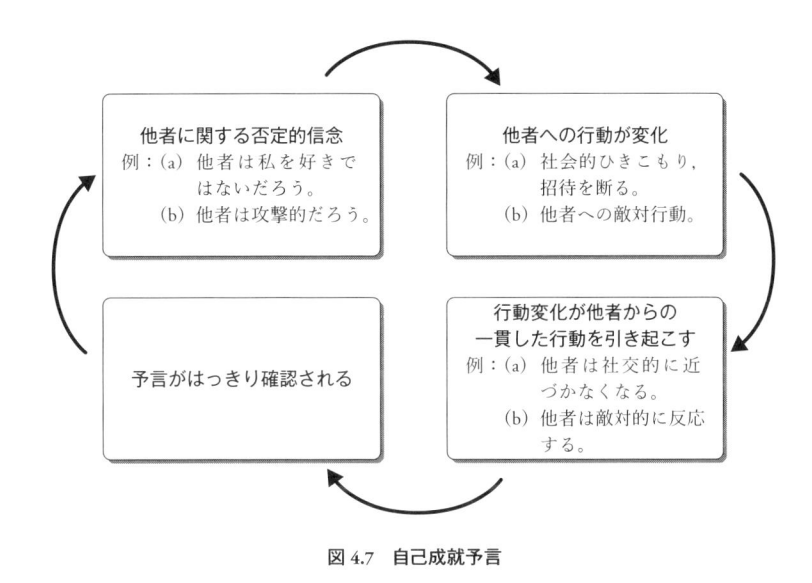

```
        他者に関する否定的信念              他者への行動が変化
      例：(a) 他者は私を好きで         例：(a) 社会的ひきこもり，
            はないだろう。                    招待を断る。
          (b) 他者は攻撃的だろう。          (b) 他者への敵対行動。


                                    行動変化が他者からの
                                    一貫した行動を引き起こす
          予言がはっきり確認される       例：(a) 他者は社交的に近
                                          づかなくなる。
                                        (b) 他者は敵対的に反応
                                            する。
```

図 4.7 自己成就予言

このプロセスを，社会不安と敵対的行動という 2 つを例に出して示しています。社会不安の場合，他者から仲間はずれにされるのではという予期が，社会的な相互作用からのひきこもりを引き起こします。たとえば，イベントへの招待を断る，会話に参加しなくなる，などである。時間が経つと，こうした行動が他者からの社会的アプローチを止めてしまいます。そしてそれが，他者は自分が好きではないのだ，という確信につながってしまうのです。ここには敵対的あるいは攻撃的行動の形成には単純なパターンがみられます。他者からの敵対心を予期することによって，攻撃的な行動（たとえば，怯えていないことを示すための行動）が生じるのです。攻撃性は他者からの敵対的な行動を引き出し，このようにして他者の敵対心に対する予期は強固なものとなります。

＊ 遂行不安

　図 4.8 に示されるパターンは，社会不安，男性の勃起機能不全でよくみられます。また，公衆トイレでの排尿困難（パルレシス，あるいは，トイレ恐怖症と呼ばれる）のようなあまり一般的ではない問題でもみられます。「十分に」遂行（筋の通った話をする，勃起を維持する，排尿する）できないのではないかという心配が不安を喚起し，遂行を妨げ，おどおどした話し方，勃起困難，排尿の抑制などを引き起こします。もちろん，これが遂行に関する否定的な信念を強化してしまいます。

＊ 恐れに対する恐れ

　一見単純ですが，恐れに対する恐れは治療が難しいものです。図 4.9 に示されるこのプロセスが生じるのは，不安の経験自体が非常に嫌だと感じて，その人が再び不安になることへの

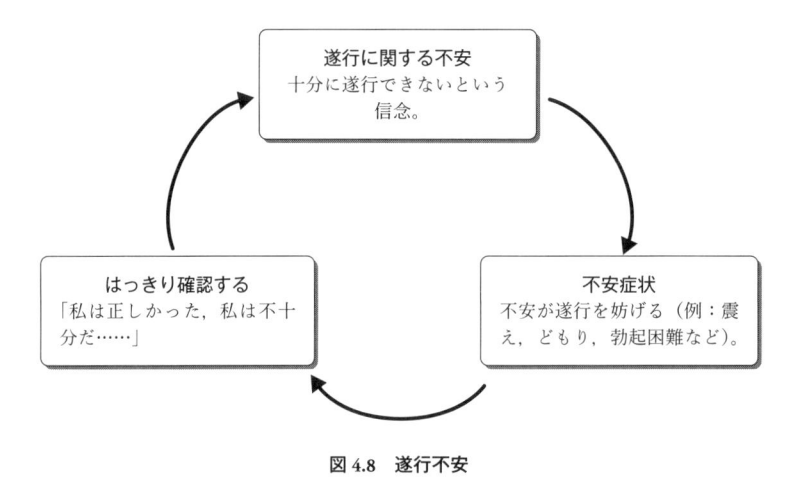

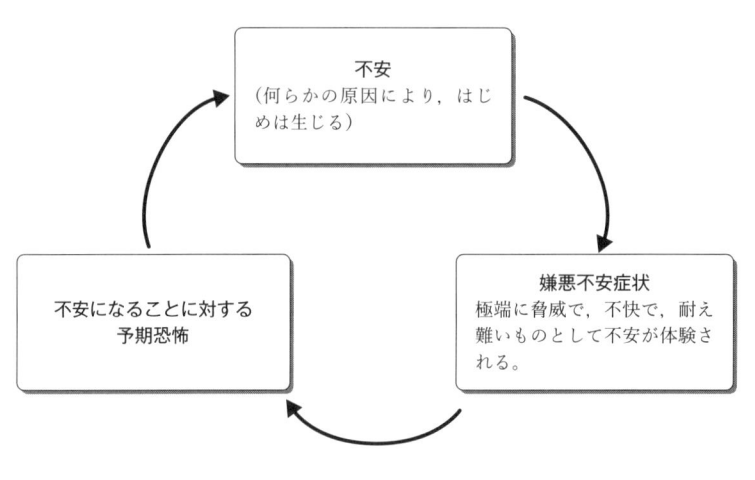

```
    ┌─────────────────┐
    │ 遂行に関する不安 │
    │ 十分に遂行できないという │
    │     信念。      │
    └─────────────────┘
       ↑           ↓
┌──────────────┐  ┌──────────────┐
│ はっきり確認する │  │   不安症状    │
│「私は正しかった，│  │ 不安が遂行を妨げる（例：震 │
│ 私は不十    │←│ え，どもり，勃起困難など）。│
│ 分だ……」    │  │              │
└──────────────┘  └──────────────┘
```

図 4.8　遂行不安

```
    ┌─────────────────┐
    │       不安       │
    │ （何らかの原因により，はじ │
    │   めは生じる）    │
    └─────────────────┘
       ↑           ↓
┌──────────────┐  ┌──────────────┐
│ 不安になることに対する │  │  嫌悪不安症状  │
│    予期恐怖     │  │ 極端に脅威で，不快で，耐え │
│              │←│ 難いものとして不安が体験さ │
│              │  │ れる。         │
└──────────────┘  └──────────────┘
```

図 4.9　恐怖に対する恐怖

予期恐怖を作り上げてしまう場合です。治療が困難なのは，この循環が外部からの影響を受けないため，焦点化する具体的な事柄がないからです。たとえば，不安に耐えられない，ということ以上に何も言うことのないクライエントもいます。しかし，時にはクライエントが恐れている結果――おそらく，不安によって気が狂うのではないか，あるいは，身体的な問題が生じるのではないか，ということ――を，外部に見つけることができるかもしれません。クライエントが恐れるこうした外的な結果があるならば，それが本当に起きるかどうか行動実験してみるなどの方法も見つけることができます。

✳ 完璧主義

　自分の能力や価値について否定的な信念をもっているクライエントによく見られるパターンが，図 4.10 に示されている，完璧主義を含んだ循環です。この種のクライエントは，自分

図4.10 完璧主義

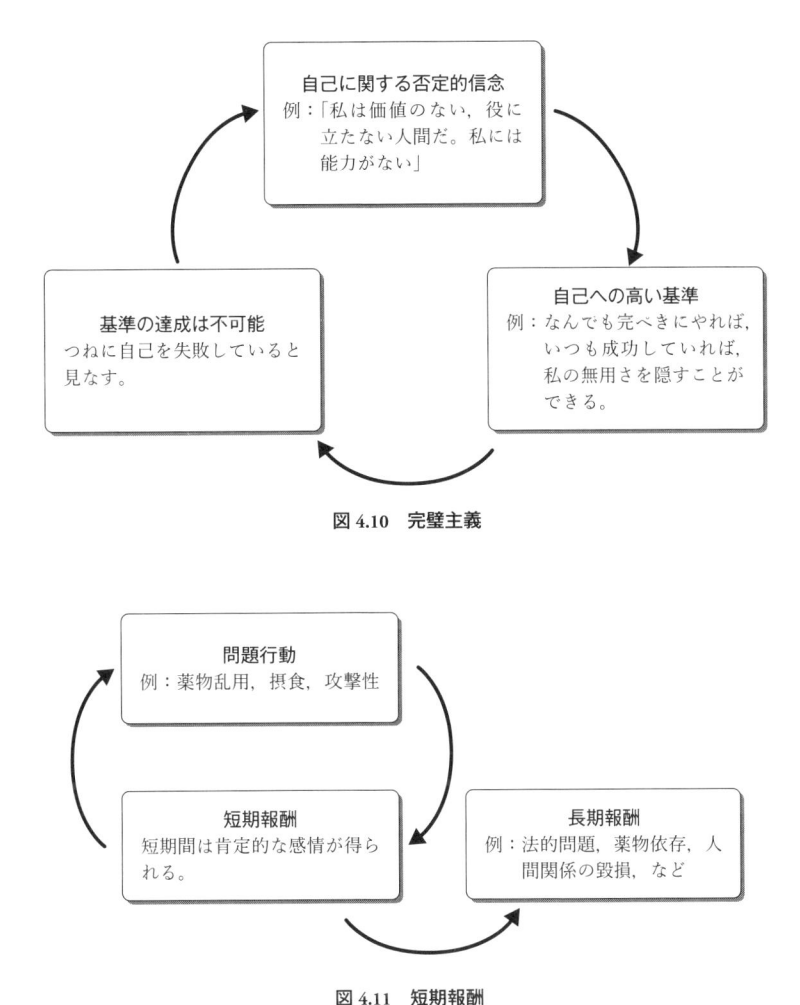

```
自己に関する否定的信念
例：「私は価値のない，役に
立たない人間だ。私には
能力がない」
    ↓
自己への高い基準
例：なんでも完ぺきにやれば，
いつも成功していれば，
私の無用さを隠すことが
できる。
    ↓
基準の達成は不可能
つねに自己を失敗していると
見なす。
    ↑（循環）
```

図4.11 短期報酬

```
問題行動
例：薬物乱用，摂食，攻撃性
    ↓
短期報酬
短期間は肯定的な感情が得ら
れる。
    →
長期報酬
例：法的問題，薬物依存，人
間関係の毀損，など
```

の無価値観や無能さを払拭したいと思うあまり基準を高くしてしまい，結局，その基準を満たすことができなくなってしまいます。そのため，無価値感は減らず，むしろ維持されてしまうのです。

＊ 短期報酬

さまざまなタイプの維持プロセスについて触れてきましたが，最後は，最も基本的な維持プロセスのひとつで締め括りたいと思います。ここで，学習理論やオペラント条件づけの時代に戻ることにしましょう。図4.11では，長い目で見れば否定的な結果をもたらすにもかかわらず，目先の結果から報酬を得られるために維持されてしまう行動のプロセスが示されています。このプロセスが生じるのは，人間が――本当は，すべての動物が――長期間で考えた場合の結果よりも，目先の結果によって行動が強く形成されてしまうように進化してきたからです。

物質乱用や摂食障害，攻撃行動，回避・逃避行動などのさまざまな問題において，このプロセスが重要であることは明らかです。

注意してほしいのですが，これまでに述べてきた循環はすべて，起こりうるプロセスの一般的な概略を示すためのものであって，普遍的な法則を示すものではないということです。クライエントについて考えはじめるときに，ひとつの方法として利用してください。そして，個々のクライエントに対して，必要であれば適用してみてください。

● 過去の人生史と問題の経緯についてアセスメントを行う

ここまでは，クライエントの現在の一般的な維持パターンについて見てきましたが，今度はクライエントの生活史や問題の経緯など，過去の事柄に注目してみましょう。この部分のアセスメントの目的は，脆弱性，誘発要因，緩和・悪化要因を明らかにすることです。

✻ 脆弱性

この項で私たちは，それ自体が原因で心理的問題が生じるわけではないものの，問題の発生に対して人を脆弱にしてしまうような要因を，人の人生史のなかに探っていきます。たとえば Brown and Harris（1978）の古典的な研究で示されているように，子どもの頃に両親を失った人はうつ病に対して脆弱ですが，そのような人が皆うつ病になるわけではありません。うつ病に罹るには，何らかの出来事が起きる必要があるのです（Brown and Harris のモデルでは「耐え難いライフイベント」とされています。それを私たちは以下で「誘発要因」と呼んでいます）。

CBT に関連することで言えば，脆弱性を高めると考えられている主な要因として，ある特定の信念（先入観，あるいは，中核的思い込みのいずれかとして）を抱くことが考えられます（第 11 章参照）。こうした信念の多くは適切なものであり，特定のクライエントに特異的な形を取っています。とはいえ，よくある例を挙げるならば，「私がやることはすべて成功しなければならない」「あなたが他の人に親切にするなら，彼らも親切にすべきである」「夫（妻）の助けがないと，生きていけない」「私には価値がない」などがあります。いろいろな意味で自分に価値がないという感覚が有用とは言えないのは明らかであるけれども，その他多くの信念は，人を長い間よく機能させてくれることもあります。問題が生じるのは，信念と状況がぶつかり合い，良くない形で結びついてしまうときです。先の例に沿って例を挙げるならば，成功しないとき，払われてしかるべきと感じる敬意を払ってもらえないとき，あるいは，夫（妻）がいないとき，です。後半の章では，特定の問題に関連していると考えられる信念のいくつかについて述べられています。

✳ 誘発要因

　実際に，問題の始まりを誘発するような出来事，状況は，誘発要因として知られています。これは，標準的な認知療法モデルで「決定的な出来事」として知られているものです。誘発要因は，問題の実際の始まり，あるいは，長く続いている問題の悪化と密接に関連しているとされている要因のことです。問題を誘発する単一の重大な出来事の場合もありますが（最もわかりやすいのは PTSD の場合），単一の出来事ではない場合も多くあります。小さなストレスが積み重なり，一つひとつは対処可能なものでも，比較的短期間に集中して生じると打ちのめされてしまうのです。PTSD を引き起こすトラウマは別にして，単一の出来事がある場合，その出来事が起きる以前から存在する信念が，ある意味，出来事と「噛み合ってしまう」ことが多くあります。たとえば，人とのつながりをかけがえのないものと感じていた人が大切な人間関係を失ってしまう，つねに物事に対処しコントロールできていなければならないと信じている人がコントロール不能の事態に直面する，などです。

　誘発要因（問題の始まりを誘発する）ときっかけ（問題の引き金となる）とを混乱してしまう人が時々います。双方とも問題を誘発する要因であるが，以下のような違いがあります。

- 定義上，誘発要因は，過去に起きたものである。一方，きっかけは現在でも作用しつづけている。
- 誘発要因は，通常，一度だけ起きる，あるいは，少なくとも限られた回数にとどまる。一方，きっかけは，一日に何回でも起きることがある。

　たとえば，車の運転に恐怖のある人を思い浮かべてください。この場合，恐怖に対する「誘発要因」は，5 年前の交通事故や接触かもしれません。誘発要因は過去に一度に生じています。半面，「きっかけ」は車のなかでいつでも恐怖を引き起こします。おそらく，「危険な」運転に関するテレビを見ているときでさえ引き起こすでしょう。きっかけは今起きる，そして，比較的頻繁に生じるものです。

✳ 緩和・悪化要因

　現在の問題について緩和・悪化要因を探すように，過去に遡って緩和・悪化要因を見渡してみることも役に立つでしょう。クライエントは多くの場合，問題が徐々に悪化したと言うけれども，注意深く探ってみると，問題が良くなっていた時期や，急速に悪くなっていた時期があったことが明らかになることがあります。一般的な緩和・悪化要因には役割の変化が含まれます。すなわち，家を出て独立する，結婚する，子どもが家から出るといった典型的な役割移行です。また，子どもができる，仕事で昇進する，といった責任の変化が含まれることもあるでしょう。

● アセスメントの構成順序

では，どのような順序でクライエントの問題のさまざまな側面を調べていったらよいでしょうか。そのための「正しい」ひとつの方法があるわけではありません。そう考える理由のひとつは，クライエントもセラピストも変化するからです。心理アセスメントやその進め方に特に希望がなく，セラピストが設定した構造に従うのがいいと思うクライエントもいます。また，生まれてから今日までを年代順に話したいと思うクライエントもいます。まずは苦しい気持ちを話せる時間を必要としているクライエントもいます。セラピストはこうした違いに敏感である必要があります。

他の諸条件が同じであれば，私たちは，現在の問題を探ることからアセスメントを始めることを勧めたいと思います。現在の問題から始めることは，ほとんどのクライエントにとって比較的簡単で，アセスメントの次の段階へとセラピストを方向づけてくれるからです。問題についてある程度理解できたならば，続いて仮説を立てます。それは，問題の経緯や生活史をみていくときに，どの領域を探索するのが重要か，についての仮説です。まずは，ある時期のある領域に限定して注目し，構造化されたアセスメントのアプローチを進めるといいでしょう。あなたがセラピストとして経験を積み，構造化されたアプローチが身に付くにつれて，少し「緩めて」会話を差し挟むことができるようになるでしょう。しかし同時にもう一方で，面接の構造や，どのように問題の諸側面が統合されるのかを意識に留めておくことができるようになるでしょう。

●「不特定」の要因と協働関係

CBT に関するよくある誤解のひとつとして，「CBT では協働関係に関心を払わない」というものがあると第 3 章で述べましたが，これが誤解であることを理解していただけたなら何よりです。CBT では一般的に，協働関係が治療的な役割の中心を担うとは考えませんが，協働関係は変化のために不可欠な要素であると見ています。このことは，信頼関係が構築されるアセスメントの時期に特に大切です。アセスメントの技術的側面について解説してきましたが，同じように――本当は，おそらくそれ以上に――，クライエントとセラピストとの人間関係に対して注意を払うことの重要性を明確にしていきたいと思います。もしある質問を尋ね忘れたならば，後からその質問に戻ることができます。しかし，クライエントに対して温かさや人間性をもって対応しなかった場合には，後からそこに戻ることはできないのです！ それゆえ，クライエントの話に心から耳を傾けるのを止めたり，苦痛に気づかなかったり，反応しなかったりするほど情報の追及に夢中になってはいけません。これはとても重要なことです。

CBT の初心者が時に心配するのは，CBT のアセスメントで要求される数多くの質問を行

うことで，クライエントが嫌な気持ちになったり，尋問されているように感じるのではないかという点です。私たちの経験では，通常，そのようなことはありません。温かく共感的に，理解したいという純粋な好奇心と願いを気持ちに込めて質問がなされるならば，ほとんどのクライエントはアセスメントを，自分が世界をどう見ているかに関心を抱き理解しようとしてくる人と共有する，肯定的な経験として受け止めるものです。

　セラピーを通じて，しかし特にアセスメントの際に使えるテクニックがあります。それは，何度も話を止めてクライエントが話したことをどう理解したか要約して伝えること，そして，そのたびに，その理解が正しいかどうかをクライエントにフィードバックしてもらうことです。これにはいろいろと利点があります。セラピストに熟考する時間，そして次に何をすべきか考える時間が生まれます。セラピストの要約とクライエントの伝えたかったことの違いを修正する機会を与えることによって，コミュニケーションに齟齬を来たすリスクを減らすことができます。そして，フィードバックをしてほしいと頼むことは，クライエントは積極的にセラピーに参加するパートナーであり，セラピストは必ずしも全知全能ではない，というメッセージを伝えることになるでしょう。

● フォーミュレーションを実施する

✱ 急ぎすぎず，遅すぎず

　アセスメントとフォーミュレーションのプロセスには，時間をかけるだけの価値があります。というのも，良いフォーミュレーションをつくっておけば，その分，より効果的で焦点化されたセラピーが実施できるからです。しかし，どのくらいの時間をかければよいのでしょうか。板挟みになったように感じられることもあるでしょう。ある時には，できるだけ速く取りかかり，治療に入るように駆り立てられます。またある時には，自分のクライエントの過去について完全に知るまでは，つまり，生まれてから現在に至るまでを知るまでは，十分なフォーミュレーションを行うことはできないと感じられます。最良の答えはおそらく，両者の中間にあります。

　一般的に，少なくとも CBT の方法に精通するまでは，2回のセッションをアセスメントに費やすことを私たちは推奨しています。最初のセッションでは，必要な情報をできる限り得ることを目指します。次の面接までの間に，情報の意味を理解しフォーミュレーションを行う時間があります。フォーミュレーションを試みれば，すぐに，アセスメントで抜け落ちていた重要な点が明らかになるでしょう。そうなると，2回目の面接では何を知る必要があるのかを明確にして臨むことができます。また多くの場合，2回目の終わりまでにクライエントと議論してフォーミュレーションを行うことができます。このルールは厳格なものではありません。とても複雑な問題のあるケース，関係を築くのが難しいと感じられるケースでは，アセスメントには長い時間がかかるでしょう。一方で，あなたが CBT の経験を積むにつれ

て，簡単な問題を抱えたクライエントについては，1回目の面接で少なくとも大まかなフォーミュレーションを行うことができるようになるでしょう。しかし初心者にとっては，ほとんどの場合，2回の面接を行うとうまくいくでしょう。

✳ 図解する

　フォーミュレーションを伝えるための最善の方法は，言葉よりむしろ図を用いる方法です。フォーミュレーションを図示するためのアプローチとして，よく見かける2つの方法があります。多くのCBTセラピストはオフィスにホワイトボードを持っており，フォーミュレーションを図示するのに利用しています。紙に書くセラピストもいますが，ホワイトボードは大きいので見やすいという利点があり，変更があれば簡単に消すことができます。他方，紙に書くと，クライエントが持ち帰るためにコピーを取りやすいでしょう。

　いずれにせよ，できる限り，2人で協働してフォーミュレーションを書くプロセスをたどると役に立ちます。帽子のなかからウサギを取り出すような美しいフォーミュレーションをしてはいけません。どこをどうするのか尋ねながら，クライエントにフォーミュレーションのプロセスに関わってもらいます。たとえば，「これまで話し合ってきたことを踏まえると，何が問題の始まりにつながっているのだと思いますか？」「それをするとどのような効果があると思いますか？」などの尋ね方があるでしょう。Kuyken, Padesky and Dudley（2009）は，彼らの言う「協働的ケース概念化」についてのアイデアが詰まった本当に役立つ資料です。

　図4.12に，フォーミュレーションのテンプレートとして考えられるものを示しましたが，これがお手本というわけではありません。フォーミュレーションを示す方法は多種多様であり，自分のやり方を伸ばすといいでしょう。ひとつのアプローチとして考えうるものにすぎませんが，少なくとも，最も大切な要素を明確な全体像にまとめあげてくれるものです。

　時に役立つテンプレートとしては他に，「悪い花」モデルとして知られていものがあります。このモデルでは，問題の中核とさまざまな維持プロセスが，花のように図示されます（それが名前の由来です）。このモデルがとりわけ有用なのは，中核となる事柄があって，それがいくつもの維持プロセスの悪循環に作用している場合です。このモデルを用いると，複雑な問題のさまざまな側面を一緒に描くことができます。この方法を使うと，より一般化された中核となる問題と，顕在化した問題の具体例との間を，行ったり来たりすることが容易になります（図4.13参照）。Moorey（2010）は最近，うつ病の中心プロセスの概念化を目的とした，有用な悪い花モデルを提示しています。

● フォーミュレーションの事例

　図4.14は，運転中に排便を我慢できなくなることへの恐怖を示すクライエントに対するフォーミュレーションの一例です。この問題により，クライエントは家から1，2マイルの距

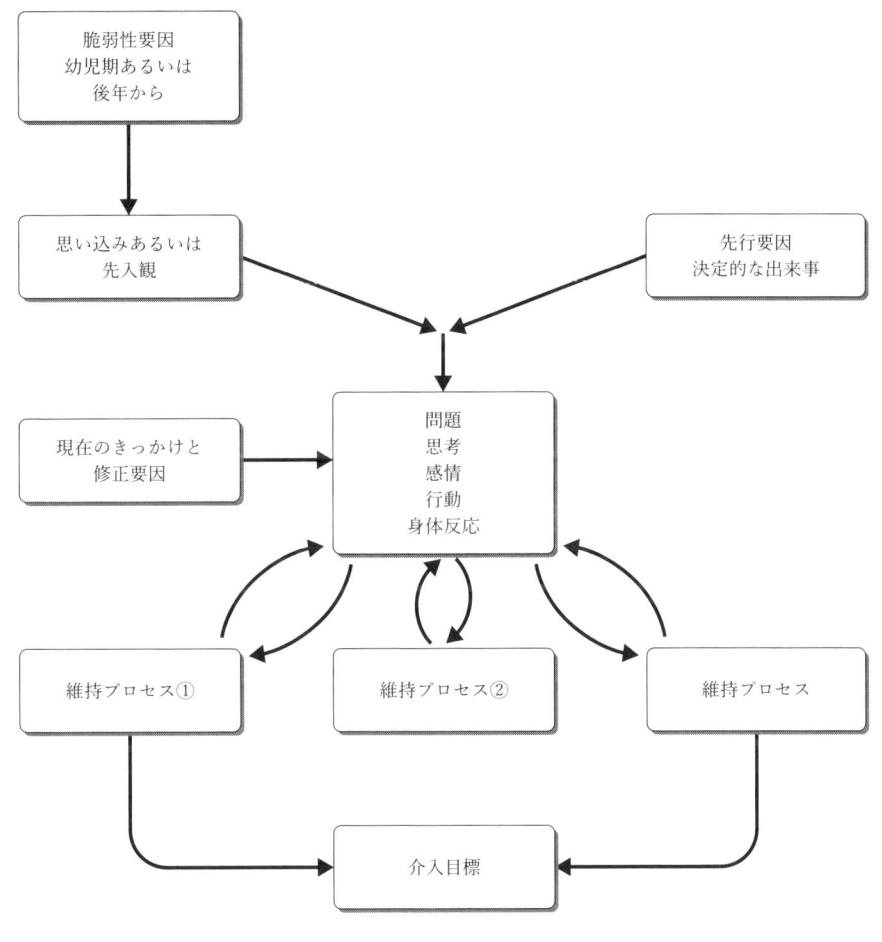

図 4.12　フォーミュレーションの定型

離以上を運転することができなくなっていました。十分に仕事は続けられていたけれども，すぐに公衆トイレに立ち寄れるような複雑なルートを進まなければなりませんでした。フォーミュレーションのなかで集約された関連情報は，以下の通りです。

* **脆弱性**

　2つの要因が重要なものでした。第1に，彼は，腸の機能について人よりも気にする家庭で育っていました。彼の言葉を借りるならば，「腸についての強迫観念のある」家族でした。子どもの頃，毎日のように排便があったかどうか聞かれ，ない場合には便秘薬が渡されたことを覚えていました。

　第2に，おそらくこちらのほうがより重要な要因ですが，12, 13歳時の出来事をやや辛そうに思い出しました。当時彼は吐き気を伴う風邪に罹っていて，帰宅途中のスクールバスで実際に我慢できなくなってしまいました。驚くには当たりませんが，彼はとても恥ずかしく

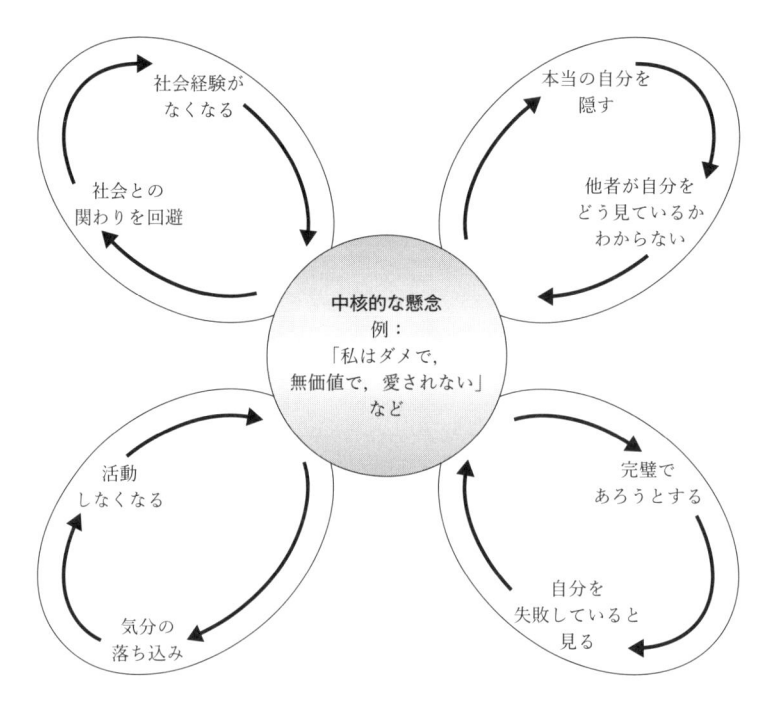

図4.13 「悪い花（悪循環の花）」フォーミュレーションの例

（中核的な懸念 例：「私はダメで，無価値で，愛されない」など）

- 社会経験がなくなる／社会との関わりを回避
- 本当の自分を隠す／他者が自分をどう見ているかわからない
- 完璧であろうとする／自分を失敗していると見る
- 活動しなくなる／気分の落ち込み

屈辱的な経験として覚えていたのです。

✳ 思い込み

　こうした幼い頃の経験によってある思い込みが形成されてきた，という仮説が立てられました。その思い込みとは，自分の腸は調子を崩しやすく，もし我慢できなくなってしまったら，結果は破滅的なものである，というものでした。おそらくこの思い込みに関連し，腸と不安との間につながりがあるといつも薄々感じていたのだと彼は語りました。つまり不安を感じると，トイレに行きたくなりがちだったのです。また排便したくなると幾ばくかの不安を感じていました。

✳ 促進要因

　彼の人生史には，もとからあった思い込みと促進要因とが結びついた過去の地点が示されていて，興味深く思われます。現在の問題を引き起こした出来事の数年前，彼はかなりの「外傷的」体験であったと思われることに苦しんでいました。車で人をはねてしまい相手が亡くなったのです。彼の過失ではありませんでした――道路に飛び出してきたので避けようがありませんでした――が，明らかに動揺してしまっていました。しかし，一時的にとても苦しんだものの，問題が長く続くことはありませんでした。

```
┌─────────────────┐
│  脆弱性要因     │
│ おばと暮らした幼年期│
│  スクールバスでの │
│ 「トラウマ的な」出来事│
└────────┬────────┘
         │
         ▼
┌─────────────────┐      ┌─────────────────┐
│  思い込み／態度  │      │   先行要因      │
│ 私の腸は「適切に」│      │  仕事のストレス │
│   機能しない     │      │ 運転中に催す便意│
│ 腸と不安の連合   │      └────────┬────────┘
└────────┬────────┘               │
         │        注意：以前のトラウマだが，持続
         │             している問題ではない。
```


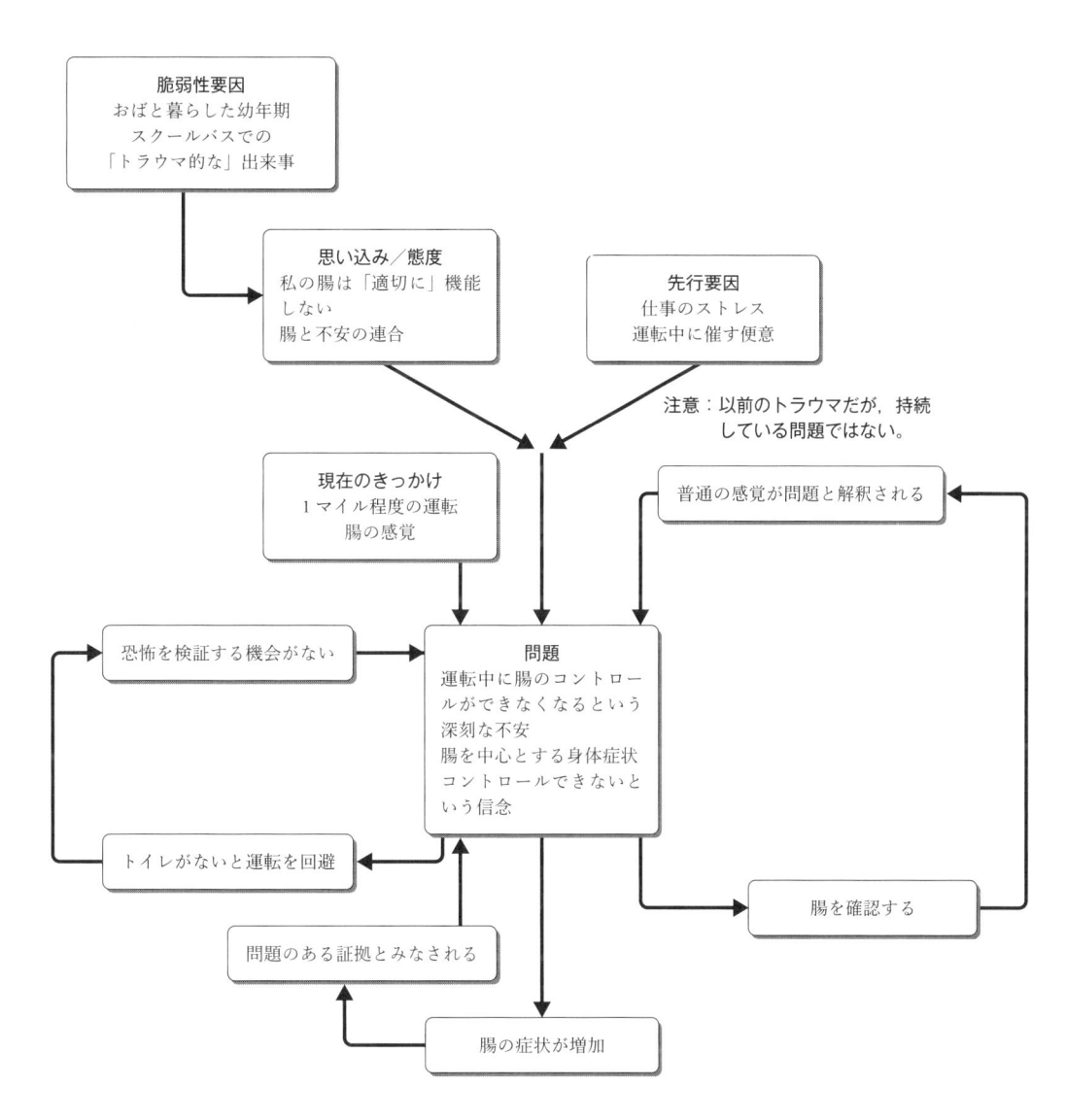

```
┌─────────────────┐                              ┌──────────────────────┐
│ 現在のきっかけ   │                          ┌──│普通の感覚が問題と解釈される│◄─┐
│ 1マイル程度の運転│                          │  └──────────────────────┘  │
│    腸の感覚     │                          │                             │
└────────┬────────┘                          ▼                             │
         │              ┌──────────────────────────┐                       │
┌──────────────┐       │         問題              │                       │
│恐怖を検証する │──────►│ 運転中に腸のコントロー    │                       │
│  機会がない   │       │ ルができなくなるという    │                       │
└──────▲───────┘       │ 深刻な不安                │                       │
       │               │ 腸を中心とする身体症状    │                       │
       │               │ コントロールできないと    │                       │
┌──────┴───────┐       │ いう信念                  │                       │
│トイレがないと │◄──────│                           │──────────►┌──────────┐│
│運転を回避    │       └──────────────────────────┘            │腸を確認する├┘
└──────────────┘              ▲          │                    └──────────┘
                               │          ▼
                     ┌──────────────────┐ ┌──────────────┐
                     │問題のある証拠と  │◄│ 腸の症状が増加│
                     │  みなされる      │ └──────────────┘
                     └──────────────────┘
```

図4.14　フォーミュレーションの例

　現在の問題につながるのは，もっと些細な出来事でした。しかし彼の思い込みと結びついたために，促進要因としてより強力でした。会社内で揉め事があり，強いストレスを感じていたときにそれは起こりました。仕事に向かうため運転をしていたのですが，気分が優れずにいました。すると突然，便意を催し，漏らしてしまうのではと不安になったのです。実際には何も問題は起きませんでした。車を道路脇に止めて生け垣の陰で用を済ませ，運転を続け仕事に向かいました。しかし，このことはすぐに大きな不安となり，その後2, 3カ月にわたり不安は大きくなりました。

04｜アセスメントとフォーミュレーション　　099

* 問題

　家の近くから離れて運転することを考えると彼は不安を覚えました（感情）。典型的な不安症状，脈拍の増加，筋緊張，熱っぽさ，などが生じましたが，とりわけ胃がムカムカしていました（身体）。排便を催してから2, 3分以内にトイレに着かないと，我慢できなくなるのだと信じていました（認知）。仕事以外に運転をしなくなり，仕事のときだけは公衆トイレのある範囲に留まるという安全策によって対処していました。彼は自分の腸に意識を集中しました。運転の前や運転中にはトイレに行く必要があるか確認しました。そして，出かける前にはトイレに行き排便しようとしました（行動）。

* 維持

　維持プロセスは中心的なものが3つ確認されました。第1に，「安全な」エリアの外での運転を回避するのは安全確保行動であり，そのために，腸のコントロールができないという信念が正しいかどうかの検証が妨げられていました。第2に，彼の不安が腸の症状を引き起こし，その症状はコントロール欠如の証拠であると自分で解釈していました。最後に，彼が何度も腸の確認をすることが，「精密すぎる検査」になっており，実際にはまったく問題のない腸の感覚に彼が目を向けることにつながっていました。

CBTは誰に適しているのか

　初心者のセラピストからよく出る質問として「「CBTの対象として適している」のはどのような人か？」というものがあります。実のところ，クライエントを適したセラピストに組み合わせる方法については，CBTにせよ他のセラピーにせよ，明確なエビデンスがあるわけではありません。Safranらの基準は広く議論されていますが，彼らの2つの研究では，短期CBTで良い結果（平均以上の介入効果）が出るクライエントは以下のような人たちです。

- 面接で否定的自動思考に気づくことができる。
- 感情の違いを意識しており，区別できる。
- 認知モデルによくなじむ。
- 変化に対する責任を受け入れている。
- 良好で協働的な作業同盟が築ける（以前の協働関係のデータを利用する）。
- 抱えている問題は比較的短期に顕在化した最近のものである。
- 役に立たない「安全を守る作業」を行わない。たとえば，セラピーが難しいくらいに不安の高さをコントロールしようとするなど。
- 比較的焦点化した方法で課題に取り組む能力がある。

● セラピーに関して合理的に楽観している。

　しかし以上の要因は十分に確立されたものではなく，介入結果との関連も強いものではありません。それゆえ，厳密な基準というよりは，指針として用いるとよいでしょう。さらに，これらは短期CBTの適性を評価するためにつくられたものなので，適性の小さい人でも長期の介入では効果を挙げられるかもしれません。

　適性についてのエビデンスが不足している状況のなかで，セラピストの多くはクライエントに対して試行期間を提供しています。5，6セッション程度ですが，この期間でお互いにCBTが適しているかどうかを評価します。5，6セッションは問題を解決するには十分な長さとは言えませんが，CBTが役に立ちそうかどうか判断をするにはたいていは十分です。役に立つと考えれば介入を継続できるし，役に立たないと考えれば別の介入計画を考えることができます。もちろん，介入の中止を決定する際には，クライエントを動揺させないように，できるだけ考えて話し合う必要があります。

● アセスメントで起こりうる問題

　先に述べたように，CBTの初心者が抱える共通の難しさは，問題に関する十分で詳細な情報を得ることです。セラピストに問題がある場合もあれば，クライエントに問題がある場合もあります。

※ セラピスト側の問題

　セラピストにとってアセスメントが難しい理由のひとつは，どの情報が重要なのかまだわからないことです。幅広い心理的問題に触れる経験をしながら，ある問題に関して，どの領域が重要でありそうかに気づく感覚が育まれていくことでしょう。また，CBTモデルについての本を読むことをお勧めします。そうすれば，CBTの理論家が何を重要だと考えているのか知ることができるでしょう（本書のここから先が役に立てばいいのですが！）。経験豊富なセラピストが示す技能は，いつも正しい質問をすることなのではありません。それは，誤った質問をしたことにすぐに気づいて，別の角度から問題を把握しようとすることなのです。

　簡単にあきらめたりせず，いつまでも固執したりもせず，その狭間で進むべき道を感じ取ろうとすることが大切です。もしクライエントが質問に多くを語ろうとしないならば，しばらく続けて，それから別のアプローチを試してみる，というのが良い方法でしょう。クライエントにとってはある質問に答えるほうが，もうひとつの質問に答えるより簡単だというのはよくあることで，最初はまったく得るものがないように思われていた一連の質問が，突然，生産的な方向を切り開いてくれることがあります。しかしながら，いつまでも続くようだと，アセスメントというより尋問（！）のようにクライエントに感じられてしまうので止めたほ

うがよいでしょう。一般的に私たちの経験では次のように言えるでしょう。初心者は，自分がわずかに疲れを感じるくらいまではアセスメントを長く続けてもいいでしょう。通常，それくらいなら，クライエントも受け入れることができるでしょう。

✻ クライエント側の問題

クライエントには，答えるのが難しいセラピストの質問があるかもしれません。どんな個別のケースであれ，なぜ難しいのかを理解することが重要です。よくあるのは，クライエントが純粋に質問に対する答えを知らない場合，そして，知っているけれども答えるのがためらわれる場合，です。

クライエントが答えを知らない場合には，以下のような理由が考えられます。

- 問題に慣れてしまっている（あるいは混乱している）ので，アセスメントしようとしている要因にクライエントは気づくことができない。丁寧に質問することで多様な答えを引き出し，多くの情報を明らかにすることができるだろう。もうひとつの使える技法はセルフモニタリングである（第5章参照）。思考への気づきを高めるために情緒的に揺れている時期に行う。あるいは，さまざまな気分が生じていることに目を向けるため1時間ごとに実施する。
- 回避などの安全確保行動が広範囲にわたっているため，あるいは，非常に影響力を発揮しているため，否定的思考にクライエントが気づかないので報告できない。このことを理解するための喩えは，赤信号を見た経験のあるドライバーの反応である。ドライバーは意識的に「止まったほうがいい。そうしないと車が脇から出てきて衝突するかもしれない。そうなったら大変で嫌なことだ」とは考えない。ドライバーはただ信号を見て自動的にブレーキを踏むだけだろう。だが一方で，もしブレーキを踏んでも何も起こらないならば，彼が否定的思考や感情に気づくのは容易だろう。それゆえ役に立つのは，アセスメント方略として用いられる小さな**行動実験**（第9章参照）を試すことである。回避などの安全確保行動を取らないと何が起きるのか，クライエントが進んで知りたいと思うならば，思考や感情はよりはっきりするだろう。
- 思考や感情に気づいたり報告したりすることを，単に，とても難しいことであるとクライエントが思っている。練習すればできるようになる人もいるので，宿題を課すなどして，質問をしばらく続けてみてもいいだろう。思考や感情に目を向けるのが不快な人もいる。その場合，より伝統的な行動的アプローチが役に立つかもしれない。

答えを知っているのに答えるのをためらう，という例には以下のようなものがあります。

- セラピストの反応を恐れている。たとえば，セラピストが自分の思考を認めないだろうとか，症状を「ばかげた」ものであると考えるだろうとか，笑われてしまうだろうなどと。クライエントのためらいに対処しようとする前に，つねに，ためらっている理由を見つけるようにするほうがよい。ほとんどのクライエントは，徐々に思考を妨げているものについては話せるようになるけれども，もともとの思考内容について話せる感じはしないだろう。他のクライエントが口にしていた心配事をほのめかして，前にも同じようなことを聴いたことがあるとクライエントに気づかせると，うまくいくかもしれない（でも，クライエントが言ってもいないことを言ったことにしないように！）。
- 症状を率直に伝えた結果を恐れるクライエントもいる。「狂っている」と診断され閉じ込められるのでは，と恐れているのかもしれない。あるいは，セラピストが警察や公的機関に連絡して拘束させたり，クライエントの子どもを引き離したりするのではないかと考えるかもしれない。きわめてその問題に特異的な恐怖というのも存在する。強迫性障害（OCD）の人のなかには，もし自分がすべてを詳らかにすると，自分の防御的儀式，特に「魔術的思考」を含む儀式の効力がなくなり，自分や周りの人が深刻な危険に晒されてしまうと言う人もいる。再度言うが，症状を伝えることを恐れる人の例を挙げて伝えると役に立つことがある。また，さまざまな種類の精神的問題の違いについて明確にしてあげるとよい場合がある（たとえば，強迫性障害と統合失調症の違いについて）。

● フォーミュレーションを実施する際に起こりうる問題

✳ 結果と目的を取り違えない

　クライエントやその家族の行動によってもたらされる結果は意図されたものである，という思い込みを止めることが重要です。広場恐怖のクライエントの行動の結果，夫がつねに付き添わなければならなくなったからといって，夫といつも一緒にいる**ために**そのようにふるまっているとは言えません。言うまでもなく，そのような動機（**二次的疾病利得**と呼ばれる）が存在しないと言っているわけではありませんが，どこにでも見られるわけでもありません。どんな場合でも，そうした（二次的疾病利得的な）動機が重要であることを示したいなら，単に結果こうなっているのだからと言うだけではなく，独立した根拠が必要です。Freud は，その象徴とも言えるものについて，「タバコは時にタバコにすぎないのです」と語ったと言われています。私たちはこれを，「タバコは**ほとんどの場合**タバコにすぎないのです」として適用したいと思います。ほとんどのクライエントと家族は問題の解消を望んでいます。彼らは，目標達成の役に立たない行動と思考のパターンの罠にただ囚われているだけなのです。

✱ フォーミュレーションの一部をクライエントの目に触れないようにする

　クライエントと共有すべきでないフォーミュレーションの要素があるだろうかと，セラピストは時に尋ねます。一般的な原則に従えばこの答えは「ない」ということになるでしょう。CBT の協働的アプローチの一部として，フォーミュレーションは開かれているべきです。稀な例外として，フォーミュレーションした全体のなかに協働関係を脅かしかねない要素が含まれている場合があります。普通，フォーミュレーションに関する話し合いは協働関係を結んだ初期に行われますが，この時期にはまだ葛藤を抱えられるだけの十分な信頼が育まれていないかもしれません。わかりやすい例としては，フォーミュレーションの一部として，二次的疾病利得を仮定する十分な根拠が得られたとセラピストが考える場合があるでしょう。二次的疾病利得のようなプロセスに関する強固な論拠があったとしても，セラピーの初期にそうしたことをほのめかすとクライエントは気分を害するかもしれません。協働関係がしっかりして，そうした課題について率直に話し合えるようになるまで，フォーミュレーションに含めないほうが賢明でしょう。

✱ 複雑すぎるフォーミュレーションは逆効果

　フォーミュレーションの際には，クライエントについてもっている**すべての情報を組み込まなければならないわけではありません。あまりに多くの情報をフォーミュレーションに含めると，明確になるよりむしろ入り組んだものになって混乱してしまいます。フォーミュレーションの目的は，クライエントから集めた情報を意味あるまとまりにして，含まれている重要なプロセスを説明することです。そのことを忘れてはならないでしょう。ある程度の情報の選別と単純化が必要です。そして望むならば，クライエントとセラピストが理解しやすいフォーミュレーションをするべきです。アインシュタインの言葉「何事もできるだけ単純なほうがいいでしょう。ただし単純にしすぎてはならない」を心がけるといいでしょう。

✱ 視野狭窄

　セラピストが仮説を確定させるのが早すぎて固執してしまい，仮説を支持する情報しか目に入らず，支持しない情報は探そうとしないときもあります（Kuyken, 2006）。仮説を十分検証するためには，仮説を支持するエビデンスだけでなく，反駁するエビデンスも探さなければなりません。

　また，フォーミュレーションをクライエントに合わせるというより，クライエントをフォーミュレーションに無理に当てはめようとするときもあります。クライエントが話すことに応えること，そして，フォーミュレーションの結果がそのクライエントだけのものであることが重要です。

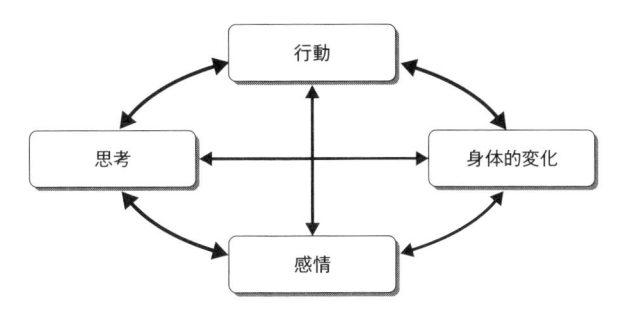

図4.15　フォーミュレーションの例

＊ フォーミュレーションは意味あるものでなければならない

　よく見られる問題として，テキストボックスとそれを結ぶ矢印を使ってフォーミュレーションを行ってみたものの，見栄えは良いが細かく吟味すると論理的に意味をなしていない，というものがあります（Padesky & Mooney, 1990：図4.15参照）。4つのシステムを示した単純な図（ホットクロスバンと呼ばれることがあります）をあまり注意せずに使うと，このようなことが起きます。

　このモデルはよく使用されるもので，4つのシステムが互いに関連し合っていることを心に留めておくためには役立つものです。ただ，役立つフォーミュレーションの基礎をつくるというのであれば，より具体的でなければなりません。よく考えて使わないと，多種多様な思考をひとつのテキストボックスで一緒くたに扱ってしまいます。そして同じように，行動，感情，身体的変化についても，異なる要素をひとつのボックスに入れます。さらにテキストボックスを矢印で結ぶと，問題が説明できたと満足してしまうのです。しかし何も説明されてはいません。なぜなら，矢印が表しているプロセスは，何の理解にもならないからです。どの行動がどの思考，どの感情と結びついているのか具体的に示される代わりに，そこにあるのは，すべての行動，すべての思考，すべての感情を結びつける大きな矢印だけです。個別に扱われるなら，要素を結びつけることは意味をもつけれど，すべて一緒に扱ってしまうと何の意味もなくなってしまいます。結果的にセラピストは，クライエントそっちのけで，思考，行動，感情，身体的変化がどのように作用しているのかを説明しようと躍起になることでしょう。

　つねに自分のフォーミュレーションを批判的に見て，矢印とテキストボックスが示している心理的プロセスはどのようなものなのか，自問自答してみてください。あるボックスに入っているひとつの思考が，別のボックスに入っている行動にどうつながっているのか，あるいは，その行動がどう特定の信念に影響を及ぼしているのか，説明できるようにしてください。要するに，フォーミュレーションが意味をもつようにしてください。

✽ フォーミュレーションは利用されなければならない

　利用しなければフォーミュレーションは役に立ちません。これは当たり前のように思えるかもしれませんが，忘れられることがよくあります。フォーミュレーションを行うと，セラピストが終わった仕事のようにそれをファイルに収めて，それっきり忘れてしまうときもあります。フォーミュレーションで重要なのは，介入を通じてセラピストとクライエントの指針となることであり，それを忘れてはいけません。頻繁にフォーミュレーションに戻り参照するような習慣をつけるようにするといいでしょう。たとえば，「この経験はどのようにフォーミュレーションに当てはめることができますか？」「私たちがつくったフォーミュレーションには，これからの良い方法が示唆されているでしょうか？」「重要な維持プロセスを理解するうえで，このフォーミュレーションは（セッション中，あるいは宿題で）役に立つでしょうか？」というように。

✽ 中核的な信念とスキーマ

　最後に，フォーミュレーションから介入計画へと移行する際の留意点について触れておきましょう。フォーミュレーションに中核的思い込みあるいはスキーマが含まれているならば，(a) 否定的自動思考や行動よりも「基本的」で「深い」ものなのだから，それが介入の最初の標的でなければならない，そして (b) それゆえ，そこを修正するところから始めるべきである。このように信じているセラピストが時々いますが，これは正しいとは言えません。中核的思い込みとスキーマは，たしかに典型的な否定的自動思考に比べると適用できる範囲が広いものです。だからといって，中核的思い込みとスキーマがより重要で基本的ということではありません。そして，否定的自動思考や行動を扱うことは決して「表面的」ではありません。逆に，CBTの効果を示す現在有効なエビデンスは，ほぼすべてが，否定的自動思考や関連する行動のレベルでの協働作業にもとづいています。否定的自動思考や関連する行動のレベルでの協働作業が，結果としてより広範な思い込みの変化に実際につながっているというエビデンスもあります（たとえば，Jacobsonらの1996年の，素晴らしい「解体」研究はその一例です）。私たちのアプローチでは，物事を単純なままにしておこうとします。具体的な思考や行動について治療のなかで徹底的に扱い，それから必要とされるとき初めて，一般的な信念や思い込みに関する作業を行うのです。

● 要約

- CBTにおけるフォーミュレーションの目的は，問題の中心的な特徴，すなわち，問題がどのように始まり何が問題を持続させているのか，を簡潔に記述することである。
- CBTアセスメントはCBTフォーミュレーションのための情報を収集し，中心的な仮説

を吟味するために利用される。その結果，エビデンスにもとづき，セラピストとクライエント双方にとって意味のあるモデルをつくる。
- フォーミュレーションは，それが可能なときはいつでも，効果に関するエビデンスの確立された治療モデルにもとづくべきである。確立されたモデルにクライエントが容易に当てはまらない場合には，基本的な CBT 理論を個々のクライエントに適用してフォーミュレーションを進めなければならない。
- CBT のフォーミュレーションは，主に（それ以外を排除しはしないが）現在の維持プロセスに焦点を当てるものである。フォーミュレーションは，クライエントとセラピストが重要なプロセスを理解できるように役立つだけでなく，介入計画（通常，発見された維持プロセスの解体を目指す）の基盤を提供してくれるものである。
- フォーミュレーションはさまざまな形を取りうるが，多くの場合，図示される。そうすることで，維持プロセスの「悪循環」を明らかにすることができる。

● 練習問題

＊ 振り返り／考えてみよう

- 完全に標準化されたセラピーよりもフォーミュレーションをベースとするセラピーのほうが優れている，ということを示す研究エビデンスが相対的に不足していることについて，あなたはどう思うでしょうか？　それは，私たちがフォーミュレーションをあきらめるべきであることを意味しているのでしょうか，それとも，現在までの研究が極めて限られたものであることを意味しているのでしょうか？　フォーミュレーションの科学的地位について，より多くの事柄を発見するにはどうしたらいいでしょうか？
- ある特定の事例で，「二次的疾病利得」が機能していると結論づけるためには，どのようなエビデンスが必要でしょうか？　もしエビデンスがあったとしたら，その点についてのクライエントとの話し合いをどう始めたらよいでしょうか？

＊ やってみよう

- 2, 3人のクライエントにフォーミュレーションを書き示すことを試み，どの程度できたかを考えてみましょう。どのような問題点があるでしょうか？　その問題点はどう克服できるでしょうか？
- こうしたフォーミュレーションをスーパーヴィジョンにもっていき，どのくらいうまく機能しているか，そして正しいかどうか検証するには何をしたらよいか，スーパーヴァイザーと話し合いましょう。
- クライエントと協働してフォーミュレーションを書き示し，クライエントの反応を引き

出すように実践しましょう。あなたのクライエントのなかに，フォーミュレーションは役に立たないと思う人がいるでしょうか？　もしそうだとしたら，どういう点で役に立たなかったのでしょうか？

● **学習を深めるために**

Grant, A., Townend, M. and Mill, J.（2009）Assessment and Case Formulation in Cognitive Behavioural Therapy. London : Sage.
ケース・フォーミュレーションをめぐる重要な理論的・経験的な議論を含んでおり，個々のクライエントとそのフォーミュレーションについて幅広く魅力的な説明がなされている。

Kuyken, W., Padesky, C. and Dudley, R.（2009）Collaborative Case Conceptualisation. New York : Guilford Press.
さまざまなケース概念化（本書ではフォーミュレーションに相当する）と，セラピーのすべての段階を通じてクライエントと協働的にケース概念化を使用する方法についての，創造的で刺激的な一冊。

05
CBTにおける効果測定

● はじめに

　CBTでは，個人療法・集団療法のいずれであっても，介入効果を確認する実証的なアプローチを重視しているということをすでに議論してきました。このことは第18章でさらに詳しく検討します。本章では，個人ケースに対して，この実証的アプローチをどのように実践していくのかについて解説します。アセスメント段階，またその後の介入段階において，問題の理解を深めるためにどのように測定を行うかについて見ていくことになります。そして，なぜその方法で効果を測定することに価値があるのか，そしてどのように測定を工夫するのかということについて考え，役に立つ測定の例を示していきます。

● CBTの実証的性質

　最初の段階から，私たちはクライエントにこの介入は実験であると考えてもらうことにしています。この考えにもとづき，思考・感情・行動と，この三者間の関係が，アセスメントと介入の両方で検討されます。

＊ アセスメントとフォーミュレーション

　アセスメント面接においてクライエントが語ったことを補足・微調整するために，アセスメント段階では，問題の性質に関するデータを集めるようにクライエントに頼むとよいでしょう。そのデータは，以下の2つの主要な目的のために役立ちます。

1. フォーミュレーションの検証に役立つ：特定の思考・感情・行動のきっかけと，その三者間の関係を知るために有用だろう。これによってフォーミュレーションに関する仮説が吟味される。
2. 問題を将来の状態と比較するためのベースラインを提供する：たとえば，問題の頻度や深刻度の測定。

日付	トリガー
5月2日	—
5月3日	—
5月4日	ダンがサッカーシューズを忘れたのは私のせいだと言ったので，私たちは家に取りに帰らなければならなかった。
5月5日	—
5月6日	エマはあまりに長い間髪を整えていたので，バスに乗り遅れた。
5月7日	—
5月8日	—

図 5.1 どのくらいの頻度でクライエントが子どもに対して「キレた」か，きっかけは何だったかについての評価尺度
（「キレた」とは，1分間以上叫びつづけていたことを意味する）

あるうつ病のクライエントは，彼女の子どもたちに対して不適切にまくし立てたり叫んだりしつづけ，感情を爆発させ，キレてしまったことで，子どもたちの生活をダメにしていると信じていました。クライエントは，それがどのくらいの頻度で起きるか，いつ起きるかを知るために日記を付けることが役立つということに同意してくれました（図5.1 参照）。この段階で，実際には彼女がその行動を取ったのは少なく，1週間に2回だけであったということを，彼女は理解しました。彼女は自分のことをつねに怒っていて口やかましいと考えていたので，これはとても役に立つ情報でした。おそらく彼女は，自分についての思い込みに合致する状況だけに注目して記憶していたのでしょう。

● 介入の中盤と終盤

いったんクライエントが問題，そのきっかけ，維持要因についてよく把握できたら，クライエントは行動・思考・対人関係のあり方について新しい方法を試しはじめることができ，そうすることが問題に対して与える影響をアセスメントできます。定期的な効果測定はクライエントとセラピスト双方が介入の影響を評価することを可能にします。介入の終盤においてデータを集めることは特に重要で，これによって，介入全体での改善がアセスメントできる。

ある強迫性障害（OCD）のクライエントは，外出しようと思ったとき家を出るのにどのくらい時間がかかったか，また，1日の終わりに職場から出てくるのにどのくらい時間がかかったかを記録しました。クライエントは多くの課題に対し反応妨害法を導入することで（第14章参照），家や職場から出てくるのにかかる時間の長さに対する介入の効果をはっきりと知ることができました（図5.2 参照）。

介入による変化の評価の別の例——

日にち	場所	かかった時間（分）
反応妨害法導入前		
1月5日	家	23分
1月5日	職場	37分
1月7日	家	25分
1月7日	家	18分
反応妨害法実施後		
2月6日	家	8分
2月7日	家	7分
2月7日	職場	11分
2月9日	家	9分

図5.2　OCDの儀式を止めたとき，場所を離れるのにかかった時間

出来事	どのくらい早いor遅い	他者からのコメント	予期不安（0－10）
ロンドンの電車	45分早く	なし	7
会議	時間ぴったり	なし	2
ギルフォードの電車	10分早く	なし	3

0＝不安がまったくない，10＝これ以上ないくらいに不安

図5.3　時間ぴったりに（あるいは遅れて）到着したことと他人への影響と不安レベルについての表

　外出することをとても不安に思っていたある男性は，旅行するときには電車の時間よりも早く着くことが安全な行動であると考えていました。その行動は，「自分が安全でいるためには100%のコントロールを保持していなければならない。そうでなければ拒絶される」というクライエントの信念を強く維持していました。クライエントは，悲劇的な結果が起こるかどうか調べるために，時間ぴったりに，あるいは遅れて到着するという実験をしてみました。すると，誰も何も言わなかったし，誰も気づいていないようでした。驚いたことに，時間に遅れないようにすることを止めた日は，より不安が増すと予想していましたが，少し不安が減っていることに気づきました（図5.3参照）。

　それぞれのケースで使われた測定尺度は非常にシンプルでしたが，問題の性質と，単純な介入に対する反応についての役立つデータが得られました。

● なぜ効果測定が大事なのか？

　あなたは問題をアセスメントし，いろいろな介入の効果を評価する効果的なモニタリングを工夫するために，創造性や独創性を必要とするかもしれません。しかし，これはそもそもなぜ効果測定をすべきなのかという疑問を投げかけるでしょう。面接から得られる情報を補

うためにデータを集めることが役立つ理由はたくさんあります。

- 定期的な測定は，問題の重要な側面についてのベースラインを得ることを可能にし，将来の介入の効果をアセスメントするために使うことができる。
- 行動・思考・感情を，出来事が起きたその時点で観察することは，回想による推測より信用できる（Barlow, Hayes and Nelson, 1984）。
- 現実の生活のなかでのクライエント自身による観察は，それ自体で改善効果をもちうる。たとえば，問題や改善の程度についての正確な情報を提供するということがある。

あるクライエントは，根気強く思考記録を毎週付け，そしてセッションで扱うために，一番つらい例を注意深く選びました。このことは先週はどうだったかという彼女によるアセスメントに，明確に影響しました。クライエントの注意は，困難だった状況に集中していました。これを和らげるために，クライエントは1日3回，気分を評価するようにしました（最後には，クライエントの気分がより安定した時点で，1日1回に減らしました）。そして，クライエントは，たいていの日では気分が，以前報告していたものよりもずいぶん軽かったということに気づいて驚きました。クライエントは自分に認知療法ができるかどうか自信がなかったので，このことにクライエントはとても勇気づけられました。

- 一度良くなりはじめると，多くのクライエントは初めの頃に問題がどんなに大変であったかを忘れていく。問題のベースラインの測定は，クライエントが自分の改善をより正確にアセスメントするのに役立つ。

クライエントの広場恐怖の症状が改善していくにつれ，クライエントは，これまで地元の街へ行くことが本当に問題だったことはなかったんだと言いながら，近くの市街地をドライブすることの難しさに焦点を当てました。クライエントは自分がほとんど改善していないように思い，とてもがっかりしました。しかし，初期の日記を見返してみると，たしかに自分はものすごく改善しているし，現在では何でもないと思っている課題も，当初は大きな問題であったということが十分に確認できたのです。

- 介入してみて，もしフォーミュレーションで予測していた効果が得られなければ，その理由を知るためにも効果測定は役立つ。たとえば，それは介入が適切に実施されていないということかもしれない。

クライエントは毎日の家事について，手に負えない，圧倒されていると感じていました。最初のステップとして，クライエントは週に3日，20分間をキッチンに散らばっている新聞を整理するのに使うこと，そして自分がどのように圧倒されていると感じたか評価することを決めました。この介入はほとんど効果がないようでした。しかし，介

入ノートの日記からは，クライエントが週に1回しか整理を実行できていないこと，クライエントはこれを自分が圧倒されているさらなる証拠としてとらえていたことがわかりました。このデータによって，セラピストとクライエントは問題を特定し，クライエントが課題をやりとげる確率を上げるために工夫することを可能にしました。このケースでは，クライエントが最も生産的でいられる時間，朝に一人でいるときに課題を行うことになりました。

したがって，普段の臨床実践の一部として効果測定を行うことには，もっともな理由があります。私たちは，本当に介入に有用な情報を，セラピストとクライエントに提供できる測定方法を考えなければならないでしょう。そのために，まず心理測定的な質についての解説から始めることにします。

● モニタリングの心理測定的側面

✴ 測定の反応性

モニタリングのプロセスは，何であれ測定されているものに対して，ポジティブにもネガティブにも影響を与えます。喫煙などの習慣において，クライエントがきっかけに気づき，潜在的なサイクルの初期において反応妨害を行えば，有益な喫煙の減少が起きるかもしれません。一方，変化は反対方向にも起こりえます。たとえば，否定的自動思考（NATs）の最初のモニタリングに対して，クライエントは頭がいっぱいになったり，ネガティブな思考を増加させ，短期的には不安や抑うつを増悪させるかもしれません。クライエントに問題の一時的な悪化が起こりうるかもしれないということを話し，長期的な利点を得るために，十分な期間モニタリングを続けるようクライエントを励ますことは役に立つでしょう。

✴ 妥当性と信頼性

質問紙のような標準化された測定手段が開発されたとき，心理測定の質，特に妥当性と信頼性に非常に大きな注意が払われます。

妥当性のある測定尺度とは，関係のない特徴ではなく，測りたいものを測っている尺度です。つまりたとえば，社会不安の質問紙は，あまりに複雑な言葉で表現されるべきではないでしょう。回答が，その人の言語能力や，その人が属する社会的グループのさまざまな基準に左右されてしまうからです。

信頼性のある測定尺度とは，同じ条件で別の時点に，あるいは別の測定者によって繰り返し測定されたときに同じような結果・得点が得られるもののことです。信頼性の低い測定は，非本質的な要因の影響を受け，一貫性のない結果を生み出してしまいます。

適切に開発された気分の質問紙のような標準化された測定尺度は，たいてい妥当性と信頼性が確認されています。しかし多くの場合，あなたはより特別な測定尺度をつくりだすために創意工夫を凝らす必要があります。そして，与えられた状況のなかでできる限りの信頼性と妥当性を確保しようとすることが重要です。以下に，これをどのように達成するかについて提案することにしましょう。

● 有用で正確な測定を行う

ここで説明される原則の多くは，簡単に実行できるもので，これにより測定尺度の価値を大きく向上させることができます。

✳ シンプルさ

クライエントにとって過度の負担になってはいけません。あまり多くを聞きすぎない限定的な課題から始めるとよいでしょう。クライエントがモニタリングを通して得た情報が役立つことに納得し，うまくできるようになってきたら，クライエントへの要求を増やしてもいいかもしれません。しかし，観察し記録することの難しさを心に留めておかなければなりません。

あるうつ病の男性が，毎日少し散歩に出かけるという介入を開始しました。彼は，どのくらいの時間歩いたか（分），どのくらい楽しめたか（10件法）を記録しました。治療が進み，否定的自動思考の記録，妻がどのくらい批判的だったか（10件法）の評定，その日のうちで良かった3つのことの記録を始めました。さらに，特定の目的のための特別な活動や課題についてのモニターもできるようになりました。彼にとってこれはかなりの重荷でしたが，彼はこれが重要であると感じていました。

測定が有用である間だけ測定を続けることが重要です。しかし一方で，たとえば気分の評定尺度や質問紙のように，介入の最初から終わりまで継続して測定することが役立つ尺度もあります。介入の経過を通じた変動を見ることができるからです。

✳ 2つ以上のシステムについての測定法を考える

クライエントに要求する負担を多くしないことも重要ですが，一方で，問題はさまざまな側面でさまざまに変化すること，そしてその詳細は記録されていく必要があることを念頭に置いておかなければいけません。

行動面：安全確認を求めたとき，または，夫や母とあなたの症状について話したときは，毎回チェックをしてください。

日付	チェック	合計
14 日	///////////	11
15 日	/////	5
16 日	//	2
17 日	///	3
18 日	///////	7
19 日	//	2

認知面：次の文章をどのくらい強く信じていたか，0〜100で毎日評価してください。「私の目は正常であり，他の人たちと同じように見えている」。

日付	評定
14 日	55
15 日	45
16 日	43
17 日	50
18 日	43
19 日	45

感情面：最高に不安だったときと，平均した不安とを，1〜10で毎日評価してください。0はまったく不安でない，10はこれ以上ないくらい不安であることを示しています。

日付	不安の最高点	不安の平均
14 日	8	4
15 日	7	5
16 日	8	4
17 日	9	6
18 日	7	5
19 日	8	5

図 5.4　健康不安の異なる側面の記録

　健康に関して不安をもつある女性が，夫や母親に対して心配を話したり，安全確認を求めたりする（つまり行動的な側面の）時間を減らすことに焦点を当てることになりました。彼女はその問題の行動的・認知的・感情的側面についての情報を取り入れた記録表（図5.4）を付けつづけました。最初の2週間で，行動面を変化させることに成功しましたが，不安や健康に何か重大な問題があるという信念の強さは変化しませんでした。しかし，その後，これらも改善しはじめることになりました。

❋　関連性

　利用する予定があり，かつ介入に違いを生み出すであろう情報だけを尋ねるべきでしょう。クライエントがその関連性について理解していなければ，モニタリングは困難になるでしょう。もし単なる興味から情報を求めた場合，治療関係を危険にさらす可能性があります。

❋　特定的に明確に定義されたターゲット

　測定の信頼性を改善するために，同じ課題に取り組んでいる2人の観察者から，観察内容の一致を得ることを試みるのがよいでしょう。この作業は，あなたが記録したいものを詳細に描き出すことになります。

　たとえば，もしあなたが誰かに「かんしゃくを起こす」頻度について記録するように依頼する場合，次のように言うことができます。「私たちの話をはっきりさせましょう。この課題の目的を考えると，"かんしゃく"とはどんなことでしょうか？　何をしているとき，あなたはかんしゃくを起こしたと言いますか？」大声で叫ぶこと，意地悪で不適切なことを言うこと，ドアをバタンと閉めることを含みますが，ある人を挟んで向こうの人と話すことや，怒りを感じているけれど叫びはしないことは含まないでしょう。

　このように操作的定義をしておけば，万一どんな出来事が起きても，起きたことが定義に当てはまるかどうかの判断を，クライエントがその場でしなくてすむという利点があります。

　内的な状態が測定の焦点になる場合は稀ではありません。その場合2人の観察者が同意した基準を使用することは不可能です。しかしそれでも，何を記録するのかについて曖昧なところをできるだけ最小にすることに留意しなければなりません。

　あるクライエントは多くの場面で解離を起こし，それがどこで起こったかを記録していました。周りの状況がわからなくなった場面を記録すること，しかし，たとえ不快なぼんやりした感じや朦朧とした感じがしても，自分がどこにいるのかわかる場合は含めないということで，事前に合意していました。

❋　明確で簡潔な教示を与える

　課題の意味についてクライエントが覚えていると期待しないほうがいいでしょう。なぜならば，クライエントはそれをすっかり忘れるかもしれないし，記憶がその課題を歪めてしまうかもしれないからです。つまり，課題ははっきりと書き記すべきです（または，実際にクライエントにやってもらうとさらによいでしょう）。

* **感度の良い有意味な尺度を使用する**

　変化に最も敏感に反応し，進歩を記録するのに有用な尺度であっても，クライエントにとって最も重要な問題の特徴をとらえていないケースもあります。感度が良い尺度が重要であり，有意味な尺度が重要ですが，理由は別のものです。1つは，介入の効果を比較的早く確認することを可能にするからです。もう1つは，問題のなかでも，中心的で意味のある側面であるとクライエントが信じていることに焦点を当てるためです。

　あるうつ病の女性が，介入の結果として自身の気分が改善しているのかどうかに最も興味を示しました。介入の一部として，彼女は自分が満足して楽しいと思っている活動の数を増やそうとしました。それで，何時間なんとか仕事をすることができたか，何回対人交流をもったか毎日記録を付け，週ごとに合計点を出していました。また，彼女は毎日気分も記録していました。これらの測定は，フォーミュレーションの一側面（活動の低下）に直接関係していました。しかし，それよりも，普段どの程度うまくやっているのかをとらえる最善の尺度として，2週間毎日付けつづけたベック抑うつ質問票（Beck Depression Inventory : BDI）の点数に，彼女はより興味を示しました。

* **記録するための手助けを提供する**

　少なくとも介入の初期段階においては，モニタリングの実践的な課題に対して可能な限りの手助けを行い，クライエントの負担を最小化するのがよいでしょう。クライエントのために，記録表や日記帳を作成し，必要な分量のコピーもされていなければなりません。記録票は可能な限り簡潔で明確でなければなりません。また，多くのクライエントが個人的な情報の記録を見られた際に恥ずかしく思うことにも留意しなければなりません。たとえば，毎日記録を付けるために小さなカードを持ち歩いてもらったり，手帳のなかで色分けがされた専用のページを使用したり，携帯電話やノートパソコンのメモパッドを使用することもできます。

* **尺度を使用するようにクライエントを訓練する**

　たとえ課題がうまくいっているように見える場合でも，つねに最近の具体例を尋ね，共にそのプロセスの記録を実行すべきでしょう。これにより，課題がクライエントにとって明確になり，生じた困難について話し合うことも可能になります。たとえば，「パニックを感じ，記録を付けた最近の出来事について一緒に考えることができますか？　この"状況"の欄にはどのように記録しましょうか？」と言うことができます。

　また，クライエントにとって不慣れな可能性がある記録の手順について明確にするために，ある程度時間を割かなければなりません。

たとえば,「おもしろいですね。人はたいてい,いくつかの感情を経験しています。だからこの欄は"感情"と名づけられています。その感情の強さを記録するのはとても役に立つのでやってみましょう。0 はあなたがまったく不安を感じなかったことを意味します。そして,10 は"あなたがイメージできる限りの嫌な感じ"を意味します。そのようにあなたが感じたときを思い浮かべることができますか？……そして,5 ですが,今の 2 つの中間に位置するような,適度に不安な感じがしたときを思い浮かべることができますか？……7 についてはどうでしょう？ 10 のときよりも極端ではないものの,"中くらい"よりも多少強い感じがしたときを思い浮かべることができますか？」と言うことができます。

クライエントはセルフモニタリングの技術を学習し,将来,問題にうまく対応するためにそれを利用することができると予想しているのはあなたである,ということを覚えておきましょう。

✲ 出来事の後できるだけ早急にデータを集める

もし出来事の後しばらく記録ができなかった場合,記憶の鮮明度は下がり,記録を付けた時点でのクライエントの気分によって歪められてしまうかもしれません。特に誰かと一緒にいる場合など,出来事が生じた際にすぐにその経験を記録することは不可能かもしれませんが,心のなかで彼が記録すべきことを復唱し,できるだけ早急に課題をこなすよう促すほうがよいでしょう。代わりにその場面では簡単にメモを書き,時間のあるときに完全なモニタリングを完成させることもできます。

✲ モニタリングに注意を払う

セラピストは収集された情報に注意を向けつづけなければなりません。もしその情報が本当に価値がある場合,次のセッションはある程度その情報に依拠することになります。しかし,いかなる場合も,この先クライエントがモニタリングを喜んで続けるようになるために,まずクライエントの努力を純粋な関心をもって賞賛することが重要です。宿題に対するフィードバックは,2 人のセッション・アジェンダの一部に組み込んでおきます。

● 収集される情報の種類

有効な情報を記録するためのさまざまな方法があります。以下に,この多様なもののうちほんの一例を示します。以降の章で他の例も取り上げており,また,多くの学術雑誌や書籍も,特定の問題を測定する臨床的用途に使える尺度を紹介しています。

✱ 頻度の記録

　第一の有効なルールは，回数が重要な場合にはそれを数えることです。一見とても単調に思えるかもしれませんが，回数の記録は最も信頼しうる測定方法です。数えることが可能な特徴の種類はほぼ無限に存在し，この方法で測定できる問題の側面を考えてみることには価値があります。たとえば下記のようなことです。

- 自己批判的な考えの数
- 確認の回数（たとえば，家の鍵の確認やクモの巣がないかの確認など）
- 抜かれたまつ毛の数（抜毛症において）
- 1週間に使用されたトイレットペーパーの数（強迫性障害（OCD）や膀胱・腸に関する心配のアセスメント）
- 受けた電話の回数
- 悪態をついた回数
- 衣服を着替えた回数
- 過食に駆り立てられた回数

　何をどんなふうに数えるかということは，もうただセラピストとクライエントの創造力次第で無限に考えられます。

　モニタリングの前に頻度とは何か理解しておくことは重要です。1日の合計が数百単位になるような侵入思考の回数を記録することを求めるのは，決して援助的ではありません！　頻度が非常に多い場合には，1日のなかで重要な時間帯のサンプルを記録するように求めます（たとえば，最も問題が大きいときの30分の思考を記録します）。特定の時間帯に焦点を当てる理由がない場合，任意の時間帯を設けるとよいでしょう（たとえば，5時から6時まで）。

✱ 出来事や経験の持続時間

　出来事や経験の持続時間も重要であり，信頼性のある尺度になりえます。それはたとえば下記のようなことです。

- 強迫的なクライエントが洗浄に費やす時間
- 健康に対する不安がある人が身体の確認に費やす時間
- 広場恐怖のあるクライエントが一人で移動する時間
- うつ病のクライエントが読書に集中できる時間

　もう一度言いますが，想像力を働かせることを忘れずに。

家の外にいるときは，いつも評定してください。
- トイレに行く前はどのくらい不安ですか？
  0＝まったく不安でない，10＝これ以上ないくらいに不安
- トイレに行きたい衝動はどのくらい強いですか？
  0＝まったくない，10＝非常に強い衝動
- どのくらいの量の排尿をしましたか？
  0＝まったくない，1＝少しだけ，2＝中くらいの量，3＝たくさん，4＝かなり大量に

日付・時間	不安　0-10	衝動　0-10	量　0-4
7月23日 9:15	6	5	2
7月23日 11:00	7	4	1
7月23日 12:15	6	6	1
7月23日 15:20	5	5	2

図 5.5　頻尿の不安がある男性の日記

＊ 自己評定

　これは，感情や認知などの内的な現象の質をとらえることができるために，最もよく使用される尺度です。頻度や持続時間よりも信頼性は劣りますが，先述した簡潔なガイドラインに従うことによって，信頼性が改善される可能性があります。これは経験の簡単な記述よりも信頼できますが，"基準点（アンカーポイント）"によって変動するという問題を残しています。"中くらい"もしくは10件法での5点の意味は，段々とストレスフルな出来事が減少するにともない，介入の初期と終盤では異なってきます。

　はっきり区別できる問題をモニタリングする場合，それが生じるたびに評定するように求めることができます。たとえば，頻尿の不安をもつある男性は，トイレに行く前にどの程度不安を感じたのかを評定し，また，どの程度の量の排尿をしたか記録を付けました（図5.5）。

　しかし，測定している現象が持続する場合（不安がしばしばそうです）や，非常に頻回に生じる場合，評定する時間帯を選択することが必要になります（"頻度の記録"において述べたのと同様です）。もしくは，ある時間帯の平均を評定する必要があるでしょう。たとえば，朝，昼，夕方におけるそれぞれの不安の平均を記録します。また，たとえば，きっかけが生じたときの不安レベルを使うことで，より詳細な情報を得ることもできます（図5.6）。

＊ 日記

　日記は上述の測定方法を組み合わせたようなもので，問題と特定のきっかけとの関係，安全確保行動とそれを調節する変数との関係といった，問題のさまざまな側面のつながりを見せてくれます。日記は非常に多面的な記録であるため，記録を導入し，クライエントに使い方を訓練する際には注意深く行うことがとても重要です。十分に注意が払われなかった場合，

朝，昼，夕方でのそれぞれの平均的なあなたの不安がどのくらいあるかを評定してください。もし，6以上の評定をしたときは，そのとき何をしていたか記入してください。

	不安　0-10	不安が6以上であれば，その状況
月曜　午前	4	
午後	7	上司たちとミーティング
夕方	2	
火曜　午前	6	プレゼンの準備
午後	7	プレゼン
夕方	2	
水曜　午前	4	
午後	4	

図 5.6　仕事に関する不安の日記

日付	状況	しなかった安全確保行動	不安 0-10	達成感 0-10
6月23日	病気の友達にお茶を入れて，一緒に飲んだ。	カップを消毒せず，カップを手に持ち，そのカップから飲んだ。友達が飲んだ側から飲んだ。表面は拭かなかった。犬の散歩に行ったので，そのことについて座って考え抜くことはしなかった。	8	10
6月26日	病人のいる通路を歩いた。	一番向こう側には行かなかった。同じように戻ってきた。息を止めなかった。夕方にもそのときと同じ服を着ていた。	9	10
6月27日	賞味期限切れのヨーグルトを食べた。	夕方は忙しくして座らず，自分が病気かどうか熟考しないようにした。ベッドのなかで病気だと感じたときには，夜遅くまで起きていないようにした。	6	9

図 5.7　しなくてすんだ安全確認行動についての記録日記

クライエントは一貫性のない，分析が難しい情報を集めてきてしまうでしょう。どのようなことが関連しているか，記録用紙は目的にふさわしいものか，使うのを難しくしている曖昧なところはないかといった情報を，クライエントからフィードバックしてもらうとよいでしょう。

図 5.7 は，社会または家のなかでの幅広い活動を妨げる嘔吐恐怖を抱えた女性の日記です。この日記には，彼女が重要だと思った事柄，特に短期的に不安を埋め合わせているような彼女の達成感が記されています。

この他に，よく利用される2つの日記が，別の箇所に掲載されています。それは非機能的思考記録（Dysfunctional Thought Record：DTR：第8章）と行動予定表（第12章）です。

✳ 質問紙

　臨床に利用できる質問紙は非常にたくさんありますが，それらの多くはもともとは研究・臨床試験のために作成されたものです(第18章に臨床実践においてよく利用される質問紙を掲載しました)。多くの質問紙の利点は，たとえば正常な集団やうつ病の外来患者など，基準となるグループの得点がわかることです。そのためセラピストは，自分のクライエントの得点を他のグループと比較することができます。しかし質問紙は，そのクライエント独自の問題に焦点化した単純な記録と比較すると，それほど精度が高いわけではありません。別の言い方をすれば，質問紙は，評定尺度や頻度を数えることとは違うもので，必ずしもより良いとは限りません。つまり，あなたが，どのような情報を必要としているか次第ということです。いずれにしても，よく標準化され妥当性の確認された質問紙を使うことが重要です。そうでなければ，質問紙の結果を信用することはできないでしょう。

● 他の情報源

　セラピーで使われる情報の大半はクライエントから得られるものですが，他の情報源も利用することができます。それは，他の情報提供者，行動の観察，生理学的データです。

✳ 他の情報提供者

　第三者に面接をすることは，次のような理由で有益です。

- 第三者はクライエントが知らない情報をもっている。たとえば，クライエントが，自分は対人場面で奇異にふるまってしまうと信じているときには，第三者の視点から見た情報は有益である。また，配偶者はとてもおとなしく，家でも外でもほとんど自分から会話を始めないということを親類が報告するかもしれないが，これにクライエントは気づいていないかもしれない。
- クライエントの問題は，第三者にも影響を与えているかもしれない。たとえば，強迫の問題をもつクライエントが，親類や他の身近な人々を儀式に巻き込んでいる。彼女が徹底的にキッチンを掃除した後には，その日のうちには誰もキッチンに入ることを許さない，など。
- クライエントの問題に対する第三者の反応が，その問題の維持に関連しているかもしれない。たとえば，妻が交通事故にあった後に，自信を回復しようとして，少しの散歩に出かけようとすることも，高齢の夫は非常に嫌がった。彼は，妻が不安定になったり，道に迷ったりすることを恐れていた。
- クライエントの問題を，第三者がどう考えているかが重要なこともある。たとえば，薬

物療法のみが効果的な解決方法だという考え方。

　第三者に対しても，クライエントと同じように関わり，問題に関わることが必要であることを理解してもらい，希望をもってもらい，可能であればCBTについて教育します。クライエントに対してソクラテス的問答法を用いるのと同じ理由で，他の人たちに対してもこれを用います（第7章参照）。
　第三者から情報を得る最も一般的な方法は面接ですが，クライエントと同様に，より直接的な観察の情報を提供してもらうこともできます。頻度の計測，評定，日記，質問紙が有効なこともあります。
　クライエントと第三者についての守秘は，話し合うべき問題でしょう。これは，どちらかが知られたくないと思っている事柄があるかどうかをはっきりさせるためです。知られたくないと思っている理由が妥当なものか，誤った思い込みにもとづいていないかどうかをチェックしておくのは重要です。たとえば，ある親類は，実際は自殺の危険がないときでも，死にたいと思っているのではないかとの心配を口にすると，そのような考えが，クライエントの頭のなかに芽生えてしまうのではないかと恐れているかもしれません。

✳ ロールプレイとその場での観察

　問題が起きるときのクライエントを観察することにより，クライエントが忘れていたり気づいていなかったりする重要な情報を得ることができます。たとえば，複雑な手洗いの儀式を行うクライエントは，儀式の各段階の終了後に石鹸を洗って洗面台に戻すことを当然のことだと思っていました。また，社会恐怖のクライエントは，日常的な交流場面でどの程度視線をそらしているか気づいていませんでした。
　時には，自然な状況での行動を観察することもできます。たとえば，あるセラピストは社会不安のあるクライエントとお店に行き，クライエントが商品について尋ねたり，商品を購入するために差し出すときのやりとりを観察しました。また，セラピストは状況を設定することもできます。たとえば，あるセラピストは，強迫性障害のクライエントに対し，素手でドアノブに触り自分自身を「汚染」するよう頼み（それはクライエントが普段避けていることです），その後，普段の安全確保のための儀式をしてもらいました。
　もちろん，セラピストはクライエントを観察しながら，頻度の測定や評定尺度などさまざまな測定方法を利用することもできます。

✳ 生理学的測定

　特に不安に関連するものはそうですが，生理学的な状態の測定が多くの研究報告で行われています。たとえばパニック障害では，生理学的な症状こそが最もクライエントを動転させるでしょう。心拍数や電気皮膚反応などを測るシンプルで持ち運び可能な器具もありますが，

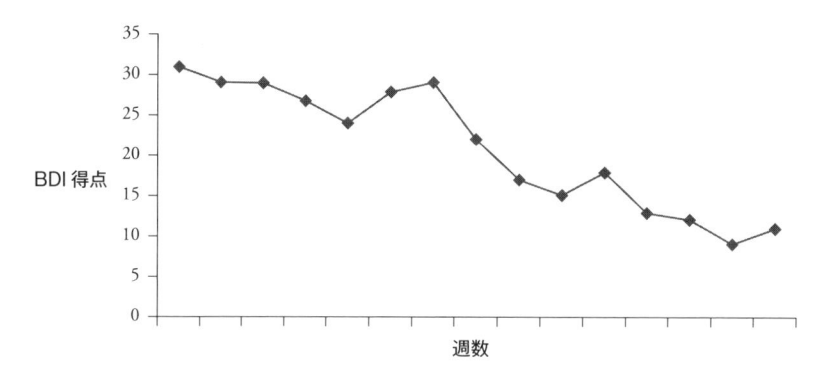

図 5.8 治療中の BDI 得点のグラフ

日常的な臨床活動ではほとんど用いられることはありません。身体的な変化に対するクライエントの認知や，その意味をどうとらえるかは，しばしば変化の重要な指標となります。

> クライエントは不安を感じたときに気を失うことを恐れていました。クライエントに血圧の状態に関する情報を与えるため，心拍数に注意を集中するよう依頼しました。その後，セラピストは血圧と心拍数の関係についてクライエントに質問し，そして血圧の低下の結果として失神することを説明しました。

したがって，生理学的変数を直接的に記録することは必要ではなく，間接的に測定することに焦点が当てられました。

● データを最大限に活用する

情報収集には時間と労力がかかるので，しっかりとそれらを活用するべきです。第一に，検証しようとした仮説に対して，データが何を示しているのかを注意深く調べます。データを何らかの方法で並べるのもよいでしょう。たとえば，もしクライエントが数週間にわたって質問紙を記入したなら，結果をグラフにし変動を見るとよいでしょう。図 5.8 ではうつ病治療中のクライエントの BDI（ベック抑うつ質問票）の得点が示されています。

しかし，日記については情報をまとめるのが難しいかもしれません。クライエントが困難な課題に取り組み，不安得点が下がっていないような場合は特にそうでしょう。図 5.9 には閉所恐怖症のクライエントのデータが示されています。セッションのなかで，クライエントに，困難度で課題をグループ分けしてもらうことはとても有効な援助になるでしょう。そしてクライエントはそれぞれの困難度の課題に取り組むなかで，不安の改善を感じることができます。

治療が進むにしたがって，データを並べ，解釈することをクライエントに委ねることがで

日付	状況	不安 0-10*	難しさ 1-5**
11月12日	ドアの開いている小さな部屋	5	1
11月14日	エレベーターで階を1つ上がる	7	2
11月15日	ホールの中の最後列の席	4	2
11月16日	ドアの閉まっている小さな部屋	7	3
11月17日	煙たく，ドアの閉まっている小さな部屋	8	4
11月19日	ドアの開いている小さな部屋	3	1
11月21日	ホールの後ろ側の，中間列の席	4	3
11月23日	ドアの閉まっている小さな部屋	5	3

＊ 0＝不安は全くない，10＝これ以上ないくらいに不安
＊＊ 1＝できると思う，5＝絶対にできないと思う

図 5.9　課題をだんだん難しくしていったときの不安得点の日記

きるかもしれません。クライエントに対し，自分の日記を見返し，テーマや重要な出来事を特定するように依頼することもできます。これは，効果的な問題解決のために必要なことを見つけ，優先順位を付ける能力をクライエントが身に付ける助けになります。

● 効果測定をするときの問題

＊ クライエントが測定の価値を認めない

クライエントがもつ疑問について話し合うことは大切です。必要であれば，実験として試しに測定をやってみるということの同意を得ることも重要です。

＊ クライエントが読み書きできない

クライエントが関連データを記録するための他のやり方を工夫する必要があるでしょう。たとえば，携帯電話，MP3 プレイヤーなどの使用が考えられます。クライエントは，将来似たような状況に出くわす可能性があるので，このような問題を避ける方法について助言するのもよいかもしれません。

＊ 質問紙の信頼性・妥当性が低い

質問紙に，信頼性と妥当性に関するデータがあること，また，比較のための標準データがあることをいつも確認しなければなりません。

● 要約

- クライエントが提示する問題の質を測定し，治療の進捗としての変化をアセスメントすることは，CBT の重要な側面である。創意工夫をして測定をデザインすることは，セラピーをおもしろく，創造的で，協働的なものにする。アセスメント，中盤，終盤の各時期にわたって，面接によって多くの有益な情報を拾うことができるが，補完的な情報を得るのも役に立つ。これには例えば次のような多くの理由がある。
  —介入の効果をアセスメントすることができる。
  —その時その場でのより信頼できる問題の観察を，十分に活かすことができる。
  —測定の治療的な効果を得ることができる。
  —改善を正確に把握するために，ベースラインとその後の測定を比べることができる。
  —介入というのは実証的な活動であるという考えを強化することができる。
- 反応性，信頼性，妥当性といった，尺度の心理測定的特性を気にかけておくことは重要である。特に後の2つは，文中で説明された簡単な方法で向上させることができる。
- その後のセッションでどうしても必要なものを測定すべきである。そして，クライエントが提示したデータに対して，いつでも心からの関心を示すことが重要である。
- 単に頻度を数えることから，自己評定，日記，質問紙まで，複雑さの程度に関してさまざまな測定がある。どのような情報がほしいのかを注意深く考え，うまい測定法をクライエントと一緒につくりだすこと。
- クライエントから得られる情報以外にも，親類，友人，その他の人，心理生理学的なものなど，さまざまな情報源があることを気にかけておくこと。
- クライエントが提示したあらゆるデータを，可能な限り活用すること。役に立ちそうであればグラフ化し，いろいろな側面を相互に関連づけ，また定式化によって引き出されるあらゆる仮説に対して関連づける。

● 練習問題

＊ 振り返り／考えてみよう

- 本章のなかでは，あなたがつくりだしたさまざまな測定の妥当性と信頼性を最大化するための方法について，いくつか提案がなされていました。次の提案について考えてみましょう。そのなかには，あなたがやってみて問題が発生しそうなものがあるでしょうか？ もしそうなら，どのようにその困難を解決できるでしょうか？
- 提示される問題のなかの重要な部分には測定できないものがあると言われることがあります。クライエントの問題を3つ思い浮かべ，測定が難しいのはどのような側面か考え

てみましょう。もしそれを測定しようとしたならば，どの点を放棄したり無視したりすることになるでしょうか？　もし，測定法をつくりだしたり，データを集めたりしたならば，あなたは何を得られるでしょうか？

✱　やってみよう

- 自分をモニタリングするのが，どんなに参考になり，またどんなに面倒なことであるか，自分でやってみると勉強になります。たとえば，思考記録表（第8章参照）を丸一日付けてみることもできます。また，人に厳しく当たったり，頭をかいたりなど，あなたの気になる行動の頻度，どのような状況・きっかけで起きたかを記録することもできます。このようなモニタリングの難しさに気づき，クライエントのために，どのように難しさを最小化できるかを考えてみましょう。
- クライエントのメモを見て，データの収集・評価の際に落とされたところを特定しましょう。対策として何ができるかを考えてください。どのようにさらなる関連情報を集めるか，どのようにそうする理由を共有できるか，計画を立ててみましょう。

● 学習を深めるために

Hayes, S.C., Barlow, D.H. & Nelson-Gray, R.O.（1999）The Practitioner : Research and Accountability in the Age of Managed Care. Boston : Allyn & Bacon.
この著者らは一貫して，クライエントの利益のために，セラピストが科学者‐実践家の役割を取る必要性を議論してきている。本書は，このアプローチがよくまとめられている。

06 クライエントが自分自身の
セラピストとなるために

● はじめに

> 心理療法の学習モデルの最も強力な構成要素のひとつは，クライエントがセラピストの介入技法の多くを取り入れはじめることである。　　　　　　　　　　(Beck et al., 1979, p.4)

　CBTでは，セラピストは，再発を管理する技法を使ってクライエントが自分自身のセラピストになることを教えます。基本的に，認知療法のセラピストは自分たちが不要になることを目的とします。つまり，CBTのモデルと方法をクライエントにしっかり教育するということが目標となるのです。その方法は認知的なモデルや方略をクライエントと共有する取り組みだけではありません。介入技法をより身近で記憶しやすくできる方法や，クライエントが一人で長期間症状に対処する方法を準備できる方法があります。第3章では，クライエントが探索し，学習することを助けるためには協働関係が重要であるということや，クライエントがCBTの技術を学習するためには協働がその基礎となることについて説明しました。本章では，クライエントの学習をさらに強化し，再発管理を確立する方法に焦点を当てます。

● クライエントの学習と記憶を援助する

　クライエントは自分自身でCBTのモデルや方法を想起することができない限り，自分自身でセラピストの役割を果たすことはできません。学習を説明するためのモデルは数多いですが，おそらくセラピストにとって最も関係の深いもののひとつはLewin (1946) とKolb (1984) による成人の学習理論です。

※ 成人の学習理論

　このモデルは経験的な学習と内省の価値の重要性を強調しており，効果的な学習に必要な4つの段階で構成されています。

```
           経験
      ↗         ↘
   立案           観察
      ↖         ↙
           内省
```

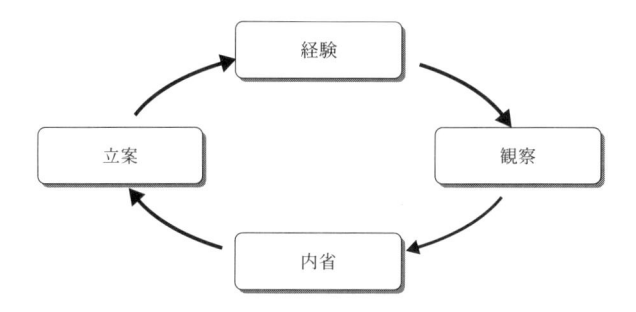

図 6.1　成人の学習サイクル（参照：Lewin, 1946 ; Kolb, 1984）

- 経験
- 観察
- 内省
- 立案

　これらは図 6.1 に描いたようなサイクルで示されます。効果的に学習するためには，そのサイクルの段階すべてを動かす必要があります。
　この効果的な学習要素を理解すると，さまざまな点でセラピストに役立ちます。たとえば，何らかの情報提供を行うかどうかを決めるとき，ソクラテス式問答法を使用するかどうかを決めるとき，また，学習内容をより覚えやすくするための課題づくりなどの際に役立ちます。
　次章ではソクラテス式問答法に焦点を当てます。ソクラテス式問答法が学習サイクルの要素に含まれることに留意しておくことは重要です。セラピストはまずクライエントが経験を想起するきっかけを与えた上で（観察），クライエントが問題に対する新しい理解を進展させるためにソクラテス式問答法を使います（内省）。そして新しい可能性と方法を統合させます（新しい経験の立案）。同様に，第 8・9 章では，認知的，行動的な技法にそれぞれ焦点を当てます。そこでは CBT の重要な要素がいかに学習サイクルによって関連づけられているかを再確認することになるでしょう。認知的な技法は，クライエントが「現場」で試した（経験），新しい洞察や可能性を進展させる手助けをします（観察－内省－立案）。
　学習サイクルの例を使うことで，認知療法モデルが提示しやすくなり，4 つすべての要素をクライエントに説明することを通して感情や思考，行動の交互作用を示すことができます。

- **経験－観察**
　セラピスト　どんな気分でした？
　クライエント　ひどく不安でした。怖かったです。
　セラピスト　あなたの心に何が浮かんだのですか？
　クライエント　私はバカみたいにオロオロするだろうと考えました。
　セラピスト　それであなたはどうしましたか？
　クライエント　私は上司に，「私は年次休暇中だからプレゼンテーションをすることはでき

ない」と言いました。私はその後，年次休暇の届けを出しました。

セラピスト　それであなたはプレゼンテーションを免れたわけですね。そのあと感情はどのような状態になりました？　そして何か心に浮かびましたか？

クライエント　ほっと一息ついた後，気分はさらに悪くなりました。私は未だにみんなの前で話すことに対する不安に向き合っていないし，上司に嘘をついたと悟られるのではないかと怖れています。

セラピスト　あなたは恐怖感をもっていて，バツの悪い思いをすると考えているようです。だからあなたは自分を脅かしたものから回避はしたけれども，それをすぐに後悔したのですね。

クライエント　はい，そうです。

● 内省

セラピスト　それであなたはこのことから何を学びましたか？

クライエント　もし私が恐怖を感じているなら，その恐怖に向き合うべきであるということは実に明白です。回避は自分自身に対する感情をより悪化させるだけですし，そのせいで私はさらに不安になると思います。

● 立案

セラピスト　あなたの恐怖と向き合う……。その方法について何かアイディアはありますか？

　学習サイクルの例を使うと，あとで振り返って検討する機会となる行動的実験を計画することにつながります。経験と認知を組み合わせることで，純粋な言語的介入以上に認知的変容，感情的変容，行動的変容をより促進させることや（Bennet-Levy, 2003），クライエントの多くが経験する「頭ではわかっているが実感できない」といった「思考と信念のギャップ」の橋渡しに役立つことがわかっています（Rachman and Hodgson, 1974）。

　私たちは，情報を活用し，その情報をもとに学習をすることに関して志向性があります。Honey and Munford（1992）は，学習サイクルに関する志向性をまとめ，4つのタイプに分類しました。それは，行動派（activist），思案派（reflector），理論派（theorist），実用派（pragmatist）の4つです。お気づきの通り，彼らは，LewinとKolbとは異なるラベルを用いており，紛らわしいところがあります。学習サイクルに関する各段階の説明を読んでみて，自分自身の志向性を考えてみるといいでしょう。

経験（行動派）

　行動や，関与といった「行動」に費やす時間。これは**行動派**が好むものに含まれます。このタイプの人は，具体的なことに取り組むことを楽しみます。介入ではロールプレイや行動に関する課題がこれに該当します。

観察(思案派)

　サイクルのなかでも，何が起こったのかを考える部分があります。これが**思案派**の好む部分で，このタイプの人は出来事を要約したり熟考したりすることに時間を費やします。セッションでは，これらの要素はクライエントの思考記録を見直したり，面接の終わりのフィードバックをまとめたりする過程が該当します。

内省(理論派)

　起こった出来事と以前の経験や知識とを関連づけることで理解するという分析的側面は，**理論派**が好みます。このタイプの人は見解を探し求めることを楽しみます。介入では，問題に関するフォーミュレーションを振り返ったり，経験から一般化したり，物事の基本的性質を概念化する過程がこれにあたります。

立案(実用派)

　新たな理解に関する実用的な意味について考える段階は，**実用派**が好みます。これは計画を練る際に際立つもので，将来の経験の基礎をつくりだします。介入では，新たな理解にもとづいて次の段階に向けた準備をしたり，目標を設定したり，課題を準備したりする時間が該当します。

　個人がもつ志向性のために，学習サイクルの要素のなかで軽視するもの，強調するものが出てくることがあります。たとえば——

- 行動派は，課題上の「行動」の部分を不釣り合いなほど長々と考えるかもしれない。たとえば，行動上の課題に取り組んでも，それを十分に振り返ることはできないかもしれない。つまり経験の意味するところを十分に理解したり，経験が意味することをさらに深めることが難しい。一番良くないのは，経験が無駄になってしまうことである。
- 思案派は，課題を振り返りはしても，以前の経験と結びつけることや，今ある原則を進展させて一般化することはできないかもしれない。そうなると理論的な基礎がないために計画を立てることができず，振り返った内容をクライエントの問題に関するフォーミュレーションと関連づけることができないこともある。
- 理論派は，関連づけることはできるが，観察が不十分な場合，話し合うための題材がないだろう。立案の段階も不十分だと，学習する有意義な機会をもつことができないかもしれない。
- 最後に，実用派は，具体的な計画を立てることには力を注ぐが，行動や観察，理論化にしっかり取り組まない限り，こうした立案はほとんど効果がない。すべての4つの段階に取り組まない限り，どんなに良い計画を立てても，新しいスキルは得られないだろう。

　あなた自身の志向性はクライエントの志向性との組み合わせによって非援助的に作用する

かもしれません。たとえば，思案派と理論派の二人の組み合わせは，心地が良く長い時間をかけて話し合う刺激的な時間となるかもしれませんが，介入においては不活発な状態となり，そのせいで経験を通して学ぶことができないかもしれません。問題は相反する組み合わせから生じることもあります。たとえば，行動派や理論派のセラピストが，思案派や実用派のクライエントの，イライラさせられるほどの遅さや強迫性のせいでフラストレーションがたまることがあるかもしれません。そのため，場合によっては志向性の違いが作業同盟に関する問題の原因となるかもしれません（第3章参照）。

　逆に，志向性やスタイルの違いが補完し合うこともあります。行動派のクライエントに対して，異なる志向性をもつセラピストが内省したり予定を立てたりすることを後押ししてもらうかもしれません。また行動派や実用派のセラピストは，実践経験のないクライエントの理屈にもとづいて話を進めたり，クライエントが行動実験にさらに良い状態で取り組めるように手伝えるかもしれません。

　このように，認知療法によるクライエントの訓練をするうえでも，作業同盟を深めるうえでも，明らかに学習スタイルが関連しています。ですから学習スタイルについてじっくり考える価値があるのです。

✱ 記憶

　学習は単なる知識の**獲得**だけにとどまりません。情報が**保持**されたり，**検索**されたりしなくてはなりません。クライエントは介入の主要なポイントを記憶できることが必要です。ですから，記憶について理解をして，クライエントを援助する方法を理解することが，介入上の貴重な助けとなることがあります。

　記憶や情報処理過程に関して理解するうえで役立つ資料はたくさんありますが，最も情報が多くて読みやすいテキストのひとつは，Alan Baddeley（2004）の『あなたの記憶──ユーザーガイド』です。この章はこのテキストの恩恵を大いに受けています。記憶に関する主なシステムは以下の通りです。

- **短期記憶**（Short-Term Memory：STM）：情報を「一時的にとどめておく場」である（20〜30秒）：あまり意味がない情報や，長期記憶に移行させるほど十分にリハーサルされないような情報であれば，それは忘れ去られる。
- **長期記憶**（Long-Term Memory：LTM）：情報が無限に保持される「貯蔵庫」である。意外なことに，記憶は，私たちが何かを思い出すために再生する録音のような形で保持されているわけではない。記憶は，ジグソーパズルのようなものである。各ピースは，記憶されるときに脳のさまざまな場所に保管され，再構成されるのを待つ。これは重要なポイントである。なぜなら，そのせいで記憶が歪められやすくなるからである。

　上記の知識は臨床実践において重要でしょうか？　答えはYesです。次の例を見ると，ク

ライエントが技法を最大限に活用するための援助をするうえで，セラピストの学習や記憶に関する理解が大いに関係していることがはっきりとわかります。

リラクセーション技法を収得している間，一人の男性がセラピストのオフィスで椅子に座っています。彼の感覚記憶は，セラピストの声のトーンのような口頭での教示や，身体の一部がリラックスしたり，呼吸がゆっくりになったりといった身体的な感覚を処理します。クライエントが教示を実行したりリラクセーションの効果を内省している間は，短期記憶によって処理が行われています。もしエクササイズが意味のあるものだとみなされたら，それらは長期記憶に貯蔵されやすくなります。

エクササイズは意味がないものだと考えたり，エクササイズにあまり取り組むことがなければ，それらは忘れ去られてしまうでしょう。

リラクセーションエクササイズを取り入れる論理的根拠が，最初は説得力をもっており，クライエントは教示に参加し，家でも練習し，その経験についてフィードバックするためのセッションにもやってきたと仮定してみましょう。しかし，クライエントの取り組みはセラピストが期待していたものとは異なる形でした。いくつかの要素は習得できていましたが，一部は忘れられ，また一部は他のエクササイズの教示と混ざってしまっていました。そのために最終的には，エクササイズは役に立ちませんでした。そこでどうしてこうなってしまったのかということを話し合い，次のことがわかりました。

1. クライエントはエクササイズを取り入れる論理的根拠を覚えておらず，そのせいで自分の問題との関連性を十分に把握することができていなかった。
2. セッション中，エクササイズの練習が1回しかなかった。そして，事後説明もなく，メモも取っていなかった。そのためクライエントのエクササイズに関する記憶は正確ではなかった。
3. リラクセーションエクササイズを思い出す途中で，クライエントは何年か前に学んだヨガの記憶を無意識に引き出してしまい，そのせいで想起の段階で混乱が生じた。
4. セラピストとクライエント双方が，学習サイクルの「行動派」の行動傾向となりやすく，立案の部分が不足していた。

さて，どのようにクライエントの再生率は改善されていったのでしょうか？

- **関連性**：重要であると認識されたり，意味のあるものと見なされた素材は記憶されやすい。論理的根拠を共有し，クライエントがその論理的根拠を理解し，賛同するかどうかを確認することが重要なのは，そのためである。
- **焦点**：気が散ると記憶することを妨げてしまうため，クライエントは集中することで効果を得ることができる。セラピストは気を散らすものを最小限に抑えた上で，クライエントを課題に向かわせることに配慮すべきである。

- 反復：情報や経験を繰り返すことでより記憶しやすくなる。先のケースでは，セラピストはリラクセーションのエクササイズを複数反復するのがいいだろう。
- 積極的な関与：クライエントからフィードバックを得ることもまた役に立つ。これは情報のリハーサルや，個人的な関連性を形作ることを促す。主観的に関連づいている素材は個人的な関係性のない情報よりもずっと記憶として残りやすい。
- 記憶の補助：私たちはみな物事を忘れるので，メモ，リストなどを活かす。このクライエントの場合，論理的根拠やリラクセーションの技法をおさらいした資料を渡したり，エクササイズを録音したりすることが役立つだろう。
- 慣れ親しむこと：私たちは，以前の経験や信念を踏まえて私たちの記憶を「再編成」する傾向がある（Bartlett, 1932）。したがって，セラピストが特定の技法に関するクライエントの反応や個人的な関連性を確認することは役に立つ。しばしば，過去の経験が具体化に役立つことがある。たとえば，親しんでいるヨガの技法のおかげでエクササイズを構造化させることができ，より記憶しやすくさせることができる。
- 学習サイクルを通して作業する：クライエントにとってエクササイズを振り返ることや，何を学び，それをどう今後に活かすかを考えることはプラスになる。学習サイクルの概念化と段階の立案は，トラブル解決のための作業の機会や実行するための具体的な計画立案の機会となる。

　効果的な学習の原則は，簡単な日記を付けることから複雑な行動実験に至るまで，セラピストがクライエントに紹介する認知・行動面それぞれの技法に当てはまります。この原則を利用することによって，クライエントが症状を管理するスキルを学ぶ手助けができます。しかしセラピストは，クライエントが自らの問題を長期的に管理できるようになってほしいとも思っており，そのためクライエントは再発管理に精通しなくてはいけません。次は，この話題に移りましょう。

● 再発管理

　上述したように，クライエントはやがてセラピストから自立しなければなりません。それは，彼らがCBTの技法を覚え，そしてそれらを困難な状況で使用することができ，失敗した後はその失敗を生かせるようになる必要があるということを意味します。クライエントは，失敗しても前向きに対応できるということが長期的に成功するうえで重要です。あなたは，なぜこのセクションが再発の**予防**ではなく再発の**管理**というのか不思議に思ったかもしれません。

　いくらかの介入アプローチは完全に再発しなくなることを目的としていますが，一部の疾患やクライエントに関しては，多少の再発を防止するのは不可能に近い場合があります。完全に再発を防止できると期待しているクライエントは落胆しやすいものです。しかし，そのような出来事を**管理する**方法や，以前の改善した状態を取り戻す方法を学習することは可能

です。

　再発の管理は，セラピーの初期に紹介するのがお勧めです。そうすることで，介入の経過に関係なく伸ばすことのできるスキルとして深めていくことができるでしょう。最も基本的な再発の管理の形は，失敗の直後にクライエントが自分自身に問いかける3つの質問から構成されます。

- どのようにこれを理解すればよいのか？
- ここから私は何を学んだのか？
- 振り返ってみると，私は何か違う方法で取り組むことができたのだろうか？

　このようにして，あなたのクライエントはつまずきを分析し，利益を得る習慣を身に付けていきます。以下に例を挙げます。

　キャロルは摂食障害に苦しんでおり，過食の時期もありました。ある晩，彼女は大量の好物を購入し，一人で家に帰り，それらを食べ尽くし，おなかがいっぱいになると，それらを吐き出しました。食べることはやめられませんでした。この間，彼女は自分自身を抑えることができませんでした。こうなった日の夕方はいつも著しく落ち込んでいくという特徴がありました。次の日彼女は，体の具合が悪く心地悪い状態で目覚めました。そして，自分をどうしようもない人間であると結論づけ，気分が抑うつ的になりました。彼女は，自分は「どうしようもない人間」なので，落ち着くために食べるという衝動を我慢する力がないと感じました。しかし，このとき彼女は自分にこう問いかけました。

- **どのようにこれを理解すればよいのか？**　彼女はここ数日仕事上の人間関係でストレスを感じており，しかしそのこじれた関係について考えないように自分に無理強いをさせていたことに気づいた。さらに，彼女は体重を落とそうとして，一日中食べないという過去の癖を再開させていた。一度自分の状況を振り返ったことで，彼女は「再び手を出してしまうのも不思議ではない。ストレスが限界に達していただけでなく，一日中食べなかったことで自分を過食に引き戻してしまった」と言えるまでになった。
- **ここから私は何を学んだのか？**　「私にとって体重管理のために食べないことは危険であり，逆効果になる。また自分のストレスレベルも確認し続ける必要がある。それが非常に高くなったとき，落ち着くために食べてしまう危険性がある」
- **振り返ってみると，私は何か違う方法で取り組むことができたのだろうか？**　「難しいことではあるが，「分別よく」食べて，空腹は避けるように努力する。振り返ってみると，私は人間関係の問題などないふりをしていたし，気を紛らわせようと仕事に没頭していた。もし今後同じ状況になったら私は自分の問題を認識するか，その問題を無視せず誰かに話すだろう」

コントロールに関する二分法的な見方

[完全なコントロール] or [完全な失敗]

コントロールに関する連続体的な見方

コーピング　コントロール　症状　再発　知覚された
　　　　　したいと望む　　　　　　　　　失敗

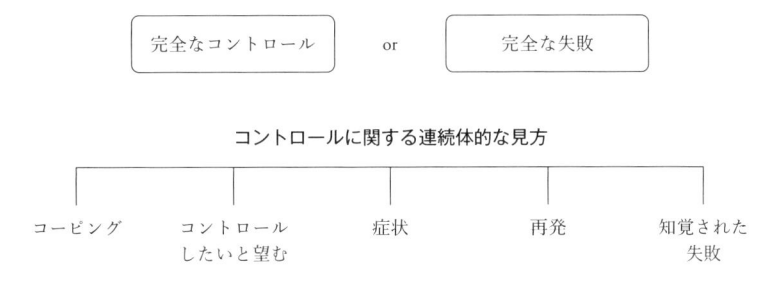

図6.2　コントロールに関する二分法的な見方と連続体的な見方

　この作業を通じてキャロルはこの先採用するコーピングに対する見通しをもつことができましたが，それだけではなく，彼女は自分自身特有のニーズや脆弱性について学びました。それぞれのつまずきから，彼女は自分の問題の理解を「微調整」しつづけ，状況に応じたコーピングのレパートリーを広げていくことができるでしょう。

　CBTにおける再発対応の先駆者は，嗜癖行動の介入モデルと方略を初めて発展させたMarlatt and Gordon（1985）です。彼らの再発のリスクと管理に関する理解は，精神疾患の種類に関係なくあてはまると証明されています（Witkiewitz and Marlatt, 2007）。彼らはクライエントを再発しやすい状態にするいくつかの要因を特定しました。特に有力なもののひとつは，二分法，もしくは「全か無か」というつまずきに関する解釈です。彼らは，自分のことをコントロール下にある，またはコントロールに失敗した，とみなしている人は，問題の最初の兆候が見られた時点で再発しやすい傾向にあるということを見出しました。つまりコントロールしているという感情から，コントロールすることに完全に失敗したという感情へとひっくりかえってしまうのです。「失敗」の思考のモードに一度入ってしまうと，クライエントは，たとえば落ち着くために飲酒しつづけるというように，助けにならない行動に追い立てられ，絶望の感覚に支配されてしまいがちになります。それよりむしろ，クライエントは，コントロール下にあることと，コントロールから抜け出すこととという連続した発想をできるようにセラピストに働きかけてもらうことで，自動的に失敗とみなすことがなくなり，小さなつまずきにも，重大なつまずきにも対応することができるでしょう（図6.2参照）。

　コントロールとその失敗との間にある経験の**連続体**のモデルをもちつづけると，ちょっとした間違いやつまずきは修正できる一時的な脱線にすぎないととらえる可能性が強まります。さらに回復力を付けるため，クライエントは連続体に沿って，別の状況に関して考えるために，以下のことを自らに問いかけてみるよう促されます。

- 自分は，どのようなときに，こういう一時的な異常に陥るだろうか？
- どのようなサインがあるか？
- コントロール不能に陥らないためには，何ができたか？

- コントロール不能に陥ったときに，何ができたか？

　このように自らに問いかけることで，クライエントは，よく練られたバックアッププランをもちつつ，「早期の警告サイン」に気づき，再発予防に備えることができます。そのように対応することで，再発は解決法がすでに用意されている予測可能な事態として解釈することができます。

　人を再発しやすくさせる要因には，どのようなものがあるのでしょうか。Marlatt and Gordon は，再発の可能性が構造的に高まっていく過程を明らかにしました。それを以下に示します。

- ハイリスクな状況に置かれる：たとえば，抑うつ的な人が社会的に孤立する場合や，摂食障害をもつ人が，過度に長い間食べ物がない状態に置かれるといった場合である。
- 貧弱な対処方略しかもっていない，もしくは対処方略をまったくもっていない状態で対処する。たとえば，有効でない気分調整スキル，空腹感をうまくコントロールするうえでまったく役立たない考え方といったものである。
- 自尊心がなくなる感覚をもつ：たとえば，「もう絶望的だ。抑うつ的になっているのは自分のせいだ」「もうどうしようもない。何もできない」と考えるのが，これに当たる。こうした考えは，逃げたり，降参したりするための「隙」を与えてしまう。このステップは物質依存によく見られる。
- 役に立たない行動を取りはじめる：たとえば，さらにひきこもるといった行動や，むちゃ食いをするといった行動である。

　Marlatt and Gordon の見解では，一番良くないことは何もしないことです。問題となっている行動を取らないように懸命に努力するクライエントは，一度そうした行動を取らないよう努めることをやめてしまうと，役に立たない思考と行動のサイクルに絡めとられてしまうことが多いのです。彼らは，これを「自制違反効果（Abstinent Violation Effect：AVE）」と呼び，否定的な思考から逃れられないせいで，問題となっている行動をやめることができない状態，すなわち再発を生じさせるものとみなしています（図6.3参照）。

　AVE に至る段階を特定することの利点は，段階を特定することで，再発を防ぐための介入のポイントが明らかになるところです。

　ストレス状況下では，しばしば記憶や遂行能力が落ちるので，クライエントに再発を最小限に食い止めるために自分なりの計画を書き留めることを勧めたり，その計画をすぐに見られる状態にしておくことを確かめたりするとよいでしょう。以下に，いくつかの方略を，段階ごとに提示します。

- **ハイリスクな状況に置かれる**　この段階では，（モニタリングを通して）ハイリスクな状況を特定し，予測し，可能なら避けることが鍵となる。たとえば，抑うつ傾向のある男性が，自分は社会的に孤立したときに抑うつになる危険が高まると気づいたのなら，彼

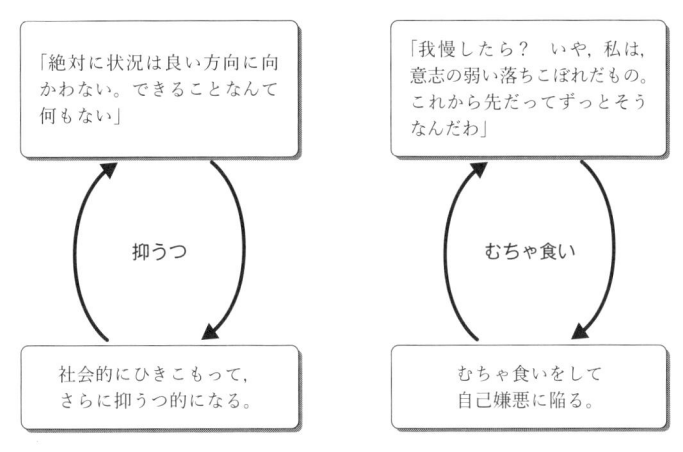

```
┌─────────────┐              ┌─────────────┐
│「絶対に状況は良│              │「我慢したら？ │
│ い方向に向か │              │ いや、私は、 │
│ わない。でき │              │ 意志の弱い落 │
│ ることなんて │              │ ちこぼれだもの。│
│ 何もない」  │              │ これから先だ │
│             │              │ ってずっとそ │
│             │              │ うなんだわ」 │
└─────────────┘              └─────────────┘
      ↑                            ↑
   抑うつ                        むちゃ食い
      ↓                            ↓
┌─────────────┐              ┌─────────────┐
│ 社会的にひき │              │ むちゃ食いを │
│ こもって，  │              │ して自己嫌悪 │
│ さらに抑うつ │              │ に陥る。    │
│ 的になる。  │              │             │
└─────────────┘              └─────────────┘
```

図 6.3　再発サイクル

は社会的なコンタクトを取りつづけるように努力する必要があるだろう。また，摂食障害をもつ女性が，ストレス状況下や空腹時にむちゃ食いをしてしまうのであれば，そうした状況に陥らないようにする必要があるだろう。しかし，困難な状況というのは，しばしば避けられないものなので，脆弱性をもつクライエントが，自分がハイリスクな状況に置かれていると思ったとしても無理はない。しかし，だからといって，再発は避けられないわけではない。ただし，クライエントが有効でない対処方略しかもっていなかったり，変化に対してアンビバレントな気持ちを強めていたりすると，再発の危険性は高まってしまう（このような場合は，動機づけ面接法（Motivational Interview Approach : Miller and Rollnick（2002）や Rollnick, Miller and Butler（2008））を用いて，クライエントの動機づけを再び高めることが有効である）。

- **有効でない対処方略しかもっていない，もしくは対処方略をまったくもっていない状態で対処する**　この段階では，適切な認知的／行動的対処方略を育成し，それを実行する計画を立てるようクライエントに働きかける。これは CBT のなかではルーティーン的な部分に当たる。何が自分にとって役に立つのか，クライエントがつねに頭のなかに留めておくために有効である。そうすると，クライエントは，感情状態のせいで記憶が確かでなくなっているときでもアクセス可能となる。抑うつ傾向の男性の場合であれば，自分が精神的に弱ったときにアクセスできそうな社会的な活動や友達をリストアップするだろうし，摂食障害をもつ女性なら，むちゃ食いしたい欲求を抑制してくれる活動をつねに頭のなかに留めるようにするだろう。

- **自尊心がなくなる感覚をもつ**　この段階は，再発に至る過程のなかでも，とりわけ認知的な色合いが強い段階である。そこで，CBT も，クライエントが現実的で，希望があり，なおかつエンパワーされた自分に関する陳述ができるように組まれている。自分に関する陳述の例は次の通りである。「これが自分を落ち込ませる自分の考え方だ。でも，実際は，自分はもう一度ここから抜け出すように自分を"コーチ"することができる。さらに私をサポートしたいと思っているたくさんの友達もいる」あるいは「私は我慢するこ

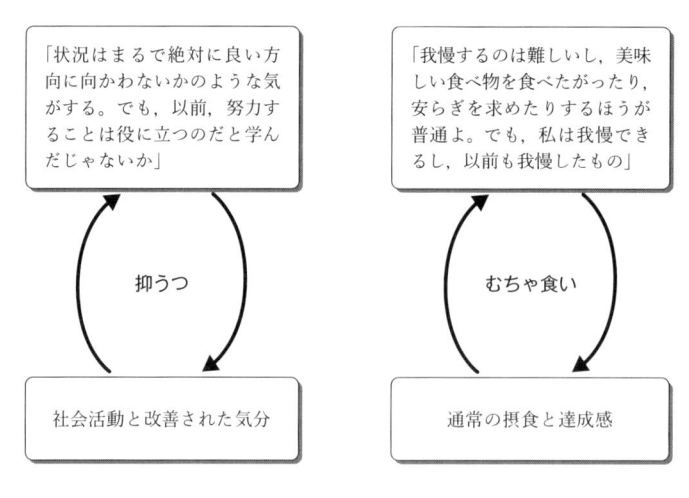

```
┌─────────────────┐                    ┌─────────────────┐
│「状況はまるで絶対に良い方  │                    │「我慢するのは難しいし，美味 │
│ 向に向かわないかのような気 │                    │ しい食べ物を食べたがったり， │
│ がする。でも，以前，努力す │                    │ 安らぎを求めたりするほうが │
│ ることは役に立つのだと学ん │                    │ 普通よ。でも，私は我慢でき │
│ だじゃないか」      │                    │ るし，以前も我慢したもの」 │
└────────▲────────┘                    └────────▲────────┘
         │                                      │
       抑うつ                                  むちゃ食い
         │                                      │
         ▼                                      ▼
┌─────────────────┐                    ┌─────────────────┐
│  社会活動と改善された気分  │                    │   通常の摂食と達成感   │
└─────────────────┘                    └─────────────────┘
```

図 6.4 再発サイクルを崩す

とができる。だって前だって我慢したじゃないか。簡単だって言っているわけじゃない。でも，私にはできる」。クライエントは，こうした自己陳述を使えそうなときに利用する必要がある。また，ロールプレイやイメージを使ってリハーサルをすることも有効である。

- **役に立たない行動を取りはじめる**　たとえば社会的活動からのひきこもり，むちゃ食いなどである。図 6.3 を見てわかるように，クライエントは，非常に強くて役に立たない認知的／行動的サイクルに絡めとられてしまう。セラピストは，認知的再構成の技法（第 8 章参照）を用いて，そのパターンを崩して，行動的変容を支えること（第 9 章参照）ができるだろう。そして，さらに認知的再評価を支えることにつながる。これを図 6.4 に例示した。疑いないことだが，クライエントの状態がアンビバレントであればあるほど，こうした役に立つ陳述を生み出すのは難しくなる。

　特筆すべきは，変化に対してアンビバレントであることは（より詳しくは第 11 章の介入の流れの個所で論じる），人を発症や再発に対する脆弱性をさらに高める可能性があり，またセラピストは，クライエントの動機づけの変化の経過を追う必要があるということです。

● セルフヘルプ・リーディング（読書療法）

　クライエントの成長や健康管理は，関連のある読み物を読むことにより，さらに質を向上させることができます。第 16 章では，読書療法（bibliotherapy）のような，さまざまな CBT の出前の方法がまとめられています。このような読み物によって CBT の補足をしようとする場合には，クライエントに勧める前に，必ずその冊子や本を，自分自身で読み，そのテキストの質や需要を評価しなければなりません。

● 起こりうる問題

　セラピストが専門家役割を維持してしまう。つまりクライエントがクライエントとしての役割を維持しようと努力してしまうことがあります。

　このような場合，まず，どのようなな思い込みがこの問題に関わっていそうかを発見します。この問題にはどのような意味があるのでしょうか？　たとえば，セラピストは「有能なセラピストでいるためには，クライエントが知っている以上に，クライエントのことを知っていなければならない」と考えているのかもしれません。また，クライエントも「自分で自分を助けるなんて絶対にできるわけがない。だから，どうしようもない」と考えているかもしれません。

　次のステップは，こうした役に立たない思い込みを評価し，その正当性を疑うことです。こうした行き詰まりを明らかにし，修正するために，スーパーヴィジョン（自分自身，仲間，あるいは専門家）を活用すべきです。

＊ セラピーの進行が学習のサイクルに対応していない

　セラピストとクライエントの，学習スタイルや志向性を見直したうえで，スーパーヴィジョンのなかで，それらがセラピーへどのような影響を及ぼす可能性があるのかについて考えたり，問題を解決する方法について検討します。

＊ クライエントが，セラピストに対して，解決してもらうことや親役割を担ってもらうことを望んでいる

　クライエントのなかには，協働やセルフヘルプの考え方に慣れていないクライエントもいます。時には，数回のセッションでクライエントを CBT の方式に適合させるだけで，クライエントがもつ受動性やセラピストによる長期的なケアへの期待を転換させることができます。しかし，セルフヘルプという目標に対して，いつまで経っても魅力を感じず，場合によっては恐れすら感じるクライエントも存在します。こうした態度を生み出す思い込み　これは，クライエントが CBT に参加する前に，取り組まなければならない思い込みです　を明らかにするよう努める必要があります。この作業は時間がかかる可能性があり，セラピストは，自分にその時間と能力があるのか，自問自答する必要があります（複雑なクライエントとの作業についてのより詳しい議論は，第 17 章参照）。どんなケースでも，基本的に定期的に見直しをすることが大切です。役に立たないパターンを明らかにし，もし CBT では援助できないならば，この段階でもっと適切なアプローチを実施しているところへリファーすることを考慮に入れるべきです。たとえば，あるクライエントたちには支持的なカウンセリングのほうが向いていたり，認知分析療法（cognitive analytic therapy：CAT）のようなより対人関係に焦点を当てた介入が向いていることがあります。

＊ 再発予防のための働きかけが介入の終結まで行われないままになってしまう

　　自分の脆弱性への気づきとその管理は，介入開始当初から関係する事項です。以下のように尋ねて，初期のセッションに組み込むように努めるとよいでしょう。「あなたは，どのようなときに自分の症状にめげずに対応できると思いますか？」「あなたは，どのようなときに，ぶり返しの危険性が高まっていると思いますか？」もしクライエントが発症してしまったら，脆弱性への気づきとその管理を一通り見直せるこの絶好の機会を利用して（このための十分な時間を取っておき），セラピーのなかの早い段階で，一緒にこのつまずきから教訓を得られるように働きかけるとよいでしょう。

＊ セラピストがプレッシャーを感じて再発管理の手を抜く

　　再発管理には時間がかかります。しかし，再発に関する苦痛からクライエントを守ることができ，さらに介入を実施するコストがかかるのを防ぐ点で価値のある投資です。もしクライエントが発症した際に，その症状が出ることに困っていないように見えたり，その問題に対処できないように見える場合，そのクライエントは，再発の影響を受けやすいでしょう。たとえ，そのクライエントが，その他の点では認知的にも行動的にも優れた技法をもっていたとしても。

● 要約

　　認知療法のセラピストの最終的な目標は，確実にクライエントが自分自身のセラピストになることです。セラピストは，進歩した点は維持したままで，再発は最小に抑えるために，知識やスキルに関する話し合いを行い，クライエントにとってセラピストが不要になることを目指します。セラピストは成人の学習理論の原則と記憶の原則に注意を払ったうえで，再発管理に取り組むと，最も効果的な介入を行うことができます。

- 成人の学習理論は，新しい情報に出会った際にセラピストとクライエント双方が示す態度の志向性に注意を払う必要性に気づかせてくれる。また学習理論は，学習サイクルの各段階に時間を割いて丁寧にクライエントを導く必要性にも気づかせてくれる。
　―観察
　―内省し，以前の知識と進展していく新しい考えと関連づけさせること
　―物事を前進させる方法である問題解決志向
　―生きた経験をつくりだすこと
- 記憶のモデルは，焦点を当てつづけることや，新しい素材に関してリハーサルするよう働きかけることや，関連していることを強調すること，記憶の助けとなるものを用いる

こと，以前の経験と知識となじみの深い事柄を活用することの重要性を教えてくれる。
- 再発管理は，改善しつづけるうえでの鍵である。また，クライエントが失敗から学ぶ方法を理解して習得するための力を伸ばすための良い機会ともなる。したがって，介入の初期に説明する必要がある。

● 練習問題

＊ 振り返り／考えてみよう

- 本章で特に興味をもったこと，あるいは重要であると思ったところをメモしてみること。どうしてあなたはそのことが記憶に残ったのでしょう？
- 学習理論か記憶のプロセスはCBTに関するあなたの理解と一致したでしょうか？　あなたの仕事のなかでこれらの事柄を活かすとしたら，それは納得のいくものでしょうか？　また，これらの理論は，あるセッションから次のセッションまでの出来事を再生する際のクライエントの問題や，手続きや会話を思い出すためにあなたがしていることは一致するでしょうか？
- 再発管理は，自分自身の失敗やクライエントの失敗を扱った際の経験と一致しますか？　過去にとった対処はそれは妥当なアプローチでしたか？

＊ やってみよう

- あなたの学習スタイルについてさらに学習してみること。学習スタイル質問紙に回答するか（Honey and Munford（1992）を参照のこと），あなたのセッションを録音し，自分に似ていない患者とどのようにあなたが接しているかを観察するといいでしょう。
- このトピックについてさらに本を読むか（たとえばBaddeley, 2004）関連するワークショップや研修に参加するなど記憶に関するさらなる学習が可能です。
- （あなたとクライエント両方の！）記憶を高め，あなたの学習スタイルを最大限に生かすための，セッションの計画を立ててみましょう。
- もし再発管理があなた必要な話題であるなら，さらに文献を読みましょう（下記参照のこと）。そうすることでセッションでそのことを紹介することができ，そのことがクライエントの変化に対してどのような影響を与えるのかアセスメントすることができるでしょう。そして，クライエントが自分自身のセラピストになることを援助するということを，いつも心に留めておくために，スーパーヴァイザーと確認するとよいでしょう。

● 学習を深めるために

Baddeley, A.（2004）Your Memory : A User's Guide（2nd ed）. London : Carlton Books.
専門家だけでなく一般人とコミュニケーションする方法を知っている第一人者によって書かれた記憶に関するすばらしい紹介である。実によく研究され，読むのにまったく難しくないよう情報が示されている。またセラピストの仕事のうち，クライエントのコーチやトレーナーとしての役割を果たすうえで非常に関連があるという点でもすぐれている。

Honey, P. & Mumford, A.（1992）The Manual of Learning Styles. Maiden Head : Peter Honey and Associates.
あなたの学習スタイルを評価する方法や説明が書かれたマニュアルである。この 20 年ほど使われており，役に立つやり方に関してあなたにアイディアを提供してくれることだろう。学習スタイルについて詳細な分析をしたいと思う人にとっては良い効果があるだろう。

Witkiewitz, K. & Marlatt, G.A.（2007）Therapist's Guide to Evidence - Based Relapse Prevention. Burlington, MA : Elsevier.
物質依存だけでなく，幅広い心理学上の問題をカバーしている数少ない再発予防の本である。摂食障害，気分障害，PTSD などが紹介されている。Marlatt は 25 年以上も前から再発予防のモデルと方法の問題に取り組んでおり，このテキスト上に膨大な知識と経験を提供してくれている。

07
ソクラテス式問答法

● **はじめに**

　CBTのセラピストが用いる質問の仕方は多種多様なものです（James, Morse & Howarth (2009) のレビューを参照）。たとえば，直接的で情報を収集するための質問は，単に「住所はどちらですか？」というものから，「自殺するつもりなのですか？」というセラピストの力量が試されるような質問まで幅が広いものです。またあるときには，クライエントにくつろいでもらおうと社交的な質問（「週末のウェールズへの旅行はいかがでしたか？」「息子さんの試験はうまくいきましたか？」など）をします。そうかと思えば，曖昧な点を明確にするために，「一体，彼女はあなたに何と言ったのですか？」と質問することもある。しかしながら，CBTと最も強く関係している種類の質問は，ソクラテス的問答であります。厳密な定義については異論が残るものの（Carey and Mullan, 2004），ソクラテス的問答は「認知療法の基礎」と呼ばれてきました（Pedesky, 1993）。本章では，なぜこの技法が有効なものと考えられているのか，また，この手法を用いるとどのようにあなたの技術を高められるのかについて論じることにします。

　ソクラテス式問答法は，紀元前400年頃のアテネの哲学者ソクラテスに由来します。彼は広場に赴き，アテネの若い市民たちに対して，大衆の意見が正しいと言えるのか考えるよう迫りました。ソクラテスの方法は独特で，弟子たちに答えを直接教えるのではなく，自分で結論にたどりつけるよう導くものでした。この方法でソクラテスは，無学な奴隷の少年から幾何学の基本原理を引き出したと言われています。

　ソクラテス的問答は，たとえ弟子たちが自分自身気づいていなくても，問いを解く力を備えていることを示すものでした。ソクラテスは弟子たちに，自分の知識を使って，自分の意見を考え，新たな可能性を見つけ，行動に結びつけるよう促しました。

　CBTにおいても，ソクラテス的問答は，セラピストとクライエントに同じような機会をもたらします。つまり，クライエント自身はすでにわかっているはずなのに，深く考えてこなかったり，忘れてしまったりしていたことを，もう一度明らかにするのです。ツボを押さえた質問を投げかけられることによって，クライエントは，セラピストに教えてもらうのではなく，知識を使って新たな見方や解決策を自分で見つけるよう促されることになります。

　ソクラテス式**問答法**は，質問して情報を引き出すという以上のことを含んでいます。セラピストの第一の目的は，それまで注意が向けられてこなかった可能性に，クライエントの目を向けさせることです。これを成し遂げるためには，質問すること以外にも方法があります。

たとえば，私たちは，クライエントが新たな見通しを得られるように，抱えているジレンマを投げかえすことができます。

> **セラピスト**　もしXを行うと自分が許せなくなってしまうし，Yを行うと大変な苦労をすることになってしまう，そんな風におっしゃっているように聞こえます。
> **クライエント**　それどころか，八方ふさがりです。そんな風に考えたことなかったな，道理で気分が良くないわけです。

さらに，私たちは情報を提供することができます。

> **セラピスト**　昨日もクリニックを開いていました。5人のクライエントは全員，子どもの頃に虐待を受けていました。それを聞いてどんな気持ちですか。
> **クライエント**　私だけではないんだ，と思います。私はそれほど変ではないんですね。

新しい見通しがもてるよう促すという目的を達するための方法は他にもありますが，最もCBTでよく用いられる方法は，ソクラテス的問答です。

では，良いソクラテス的問答とはどのようなものなのでしょうか。次のような条件であれば，「良い」ソクラテス的問答を行ったことになるでしょう。

1. クライエントが答えを見つけることができた場合。
2. そして，その答えにより，新たな見通しが明確になった場合。

話し合われている問題に関係してはいますが，しかし，クライエントが意識していなかったような情報を引き出すのが「良い」ソクラテス的問答になります。「良い」質問とは，そのような情報にクライエントの目を向けさせるものです。「良い」質問は，問題の意味を明確化するのに役立ちます。また，これまでの結論を再評価し，新たな介入計画を構築するために，意識してこなかった情報をクライエントが活用する手助けになります。

しかし，あるクライエントには良いソクラテス的問答だったものが，他のクライエントや他のタイミングでは必ずしも良いものであるとは限りません。「良いソクラテス的問答とは何か？」という問いを考えてみましょう。この答えを知らない人にこの質問をぶつけたところで，何も意味をもたないことは明らかです。しかし，その答えを考え出そうとする仲間に投げかけたならばどうでしょう。良い質問となりうるでしょうか。

二つ返事で答えるけれども，「それがどうしたの？」と言うだけの仲間に尋ねたところで，良い質問とは言えないでしょう。なぜなら，その人はすでに答えがわかっており，この問答から学ぶことがないからです。しかし，仲間がCBTを教える能力がないのだと自信を失い，大事なことは何も知らないし私たちの訓練プログラムにもほとんど貢献できないのだと語っているとしましょう。こうした状況では，問いに答えることで，専門的な知識が自分にはあ

り，訓練に貢献できていたのだと気づく可能性があります。この場合，問題の解明につながるひとつの答えを，質問が引き出したということになります。

● なぜソクラテス的問答を選ぶのか？

　認知療法のセラピストは，なぜ有効なソクラテス的問答のレパートリーを増やそうとするのでしょうか。その理由は，ソクラテス的問答の効果にあります。ソクラテス的問答は，ある状況と，その状況に関連した行動，感情，態度の動きを見つめ直すよう促すものです。

　David Burns（1980）は，セルフヘルプに関する自身の著作のなかで，「洗練された質問のプロセスを通じて，あなたは自分を打ちのめしている思い込みを発見する。「そのネガティブな考えが正しいとすれば，どのような意味があるのだろうか。なぜ私を動揺させるのだろうか？」と次から次へと質問を繰り返し，自分の問題の原型を明らかにする。**一部のセラピストがもっているような主観的バイアス，個人的信念，理論的傾向といったことをもちこまなければ，客観的かつ系統的に問題の原型へと近づけるだろう**」（p.239（強調は原文））と述べています。

　CBTでは教師のように教えることも大切です。ですがソクラテス的問答では，クライエントに事実に関する情報を見直し，自分で結論——より記憶に残り，納得できるもの——を導くように促します。

　ソクラテス的問答は心理療法の多くの場面で役に立つものです。次にその点について述べていきます。

● 1 ── アセスメントとフォーミュレーション

　クライエントの問題に関連する認知，感情，行動，身体感覚を特定する場合，ソクラテス式対話によって，「クライエントの脳裏をかすめた」けれども，十分にそれまで認識されにくかった事実が詳らかになります。「どのように感じますか？」「頭をよぎるのはどんなことですか？」といった単純な質問により，クライエントは自分の感情や思考を明確化するようになります。アセスメントの役に立つその他の質問の実例としては以下のようなものがあります。

　　それが起きたとき，あなたは何をしましたか？
　　それを考えた／したとき，それにどんな意味があるとあなたは思いましたか？
　　この考えが初めて浮かんできたのはいつでしたか？
　　その他にも何か感じていたことはありますか？

　予備フォーミュレーションから生成した仮説を吟味するための質問を投げかけることで，

フォーミュレーションに情報を付け加えることもできます。たとえば，以下のような質問が挙げられます。

　　そして，それが起きると，どんな感じがしますか？
　　そのように感じるときに頭をよぎるのは，どんなことですか？
　　そうした場合に，どんなことをしがちですか？

こうした質問はさらなる説明を促し，フォーミュレーションが生成，修正されます。

● 2──教育

　CBTでは，技術をクライエントに教えることが不可欠です。教育的かつ経験的に行われるとうまくいく場合があります。実例を挙げれば，アサーションの技術や呼吸法を教える場合などです。しかし，思考と感情がどうつながり，どう動機づけや行動に影響を及ぼしているのか，ということを探るならば，協働的にソクラテス式アプローチを用いたほうがよいでしょう。思考，感情，動機づけ，行動の関連を調べる標準的な方法は，クライエントに仮想の課題に取り組んでもらい，違う考え方をするとどのような結果になるのかイメージさせることです。

　　セラピスト　イメージしてください。あなたは犬がとても危険な動物であると思い込んでいます。犬を見かけました。何を思い浮かべますか？
　　クライエント　あの犬は私に嚙みつくかもしれない！
　　セラピスト　どんな気持ちになるでしょうか。
　　クライエント　神経質になって不安になります。
　　セラピスト　どうしますか。
　　クライエント　犬を避けます。走って逃げるでしょうか。
　　セラピスト　今度は，あなたは犬がとても可愛らしく安全な動物であると思い込んでいるとイメージしてください。何を思い浮かべますか。
　　クライエント　可愛いなあ，と思うかもしれません。
　　セラピスト　どんな気持ちになるでしょうか。
　　クライエント　いい気持ちになります。特に，犬が人懐っこいと，リラックスして，喜びを感じます。
　　セラピスト　では，どうしますか。
　　クライエント　近づいて，撫でてあげるでしょうね。
　　セラピスト　今の話は，思考と感情，思考と行動との関係について，何を示しているのでしょうか。

クライエント　えーっと，私の思考が私の感情に違いをもたらす，ということを示しているのではないでしょうか。何かに対する私の態度が，抱く感情に影響を与えるのです。また，ある状況について抱く感情が，どう私が反応するかに違いをもたらす，ということも言えますね。私におっしゃりたいのは，そういうことですか。

セラピスト　私が言いたいこと，というよりも，あなたが導いた結論ですよ。あなたが先ほど言われたことは，本気で思われたことですか。もっともらしく思えるものでしたか。

クライエント　ええ，そうです。正しいと思います。でも，ちょっと単純なような気もします。

　この独特の技法は，必要に応じて，工夫の余地があります。「あなたがその犬を避けていたら／近づいていたら，何が起きたでしょうか？……犬について何を学ぶでしょうか？……あなた自身について何を学ぶでしょうか？」など，思考，感情，行動などの関連について探索をさらに促すことができ，シナリオの発展を促すような質問を追加してもよいでしょう。

● 3 ── 役に立たない認知に疑問を投げかける

　ソクラテス式問答法は，クライエントの視点にない可能性について考えるよう促し，状況や出来事に対する新たな視点を構築させる，理想的なツールです。この目的を達成するために，いくつかのタイプの質問が用いられます。

- 「～のエビデンスは」質問
- 「～に反するエビデンスは」質問
- 「これまでとは違う見方」質問
- 「～の結果は」質問

　問題のある認知を支持するエビデンスを引き出す質問は，バランスの取れた見方を構築するうえで重要です。この質問によって，「私がこんな考えをもつのも当然だ」とクライエントは思えるようになります。それによって，「こんな風に考えるなんて自分は愚かだ」という自己批判を小さくすることもできます。この質問には次のようなものが含まれます。

　あなたの経験のなかで，この思い込みに当てはまるのはどんなことですか。その思い込みをもっともらしくしているのは何ですか。
　そのような考え方をしてしまうのは，どうしてでしょうか。

　問題のある認知と矛盾するエビデンスを探す際には，すでにある思い込みを問い，従来とは

違う考え方の可能性を提供する出来事・経験のほうに，クライエントの注意を向けます。そして，役に立たない認知の妥当性に疑問を投げかけます。次のように尋ねることができるでしょう。

　　これが当てはまらなかった経験を何か聞かせてください。
　　その考え方にそぐわないと思われることはありませんでしたか。
　　誰かがその状況を見るとしたら，どんな風に見えるでしょうか。
　　つねにそうでしたか，あるいは，違う場合もありましたか。

　どうして自分がこの信念をもっているのか，とクライエントが振り返りはじめれば，そして，その信念が精査に耐えうるものではないと考えるならば，次のような質問によって新たな可能性が生まれる方向へと導かれるようになります。

　　より広い視野で考えてきましたが，さて，もともとご自身がもっていた心配事が今はどのように見えてきますか。
　　あなたがお話しされた通りだと仮定すると，最悪の事態はどのくらい起こりえたと思いますか。

　このように，クライエントを促して，状況を振り返り，見直してもらいます。そして，より大きな視野で問題を考えてもらいます。これは，クライエントを自分自身のセラピストに育て上げるには必須の事柄でしょう。
　現在の見方（そして新たな見方）を維持した結果生じることについて質問すると，現在の信念の良い点・悪い点が引き出され，変化を起こすための合理的な理由が見つかります。合理的な理由は，ものの見方，そして行動までも変えるリスクを引き受けることに対するクライエントのモチベーションを高めます。

　　この特定の信念をもちつづけるこは，どんな風に役立つのですか。役立たないのですか。
　　この思い込みをもちつづけることによる良いことがあるとすれば，どんなことですか。
　　このように物事を考えることの否定的側面は何でしょうか。
　　このように世界を考えるならば，どのように感じられますか。どのように他の人は反応するでしょうか。

● **4 ── 問題解決と解決策の実行**

　ソクラテス式アプローチを利用して，何が問題なのかをまず正確に把握し，その後，創造的に解決に取り組むよう促すことで，クライエントを正しい問題解決へ導くことができます。

起こってしまったらどうしよう，とあなたが怖れるのはどんなことですか？
　あなたの友人なら，そのようなジレンマにどう対処しようとするでしょうか？
　回避行動が自信をもつ妨げになっていると確認できたなら，その妨げに対処するために友人にどのようにアドバイスするでしょうか？

　こうした質問をすることで，できる限り多くの対処法を考えられるようになります。また，ソクラテス式アプローチには，クライエントに何がうまくいきそうか，何がうまくいきそうにないかを尋ね，解決策の良い点・悪い点を整理するという利用の仕方もあります。そうすることで，うまくいかなかったときの備えや代替案を工夫するようクライエントに促すのです。

　この解決策がうまくいかなかったとして，最悪のシナリオはどのようなものでしょうか？
　その最悪のシナリオにどのように備えますか？　それが起きたらどう身を守りますか？　何ができるでしょうか？

　このように，問題を定義し，できるだけ多くの解決策を出し，解決策を行動に移す計画を立て，もしもの時の対応策を練っておきます。このプロセスを通じて，クライエントを導くことになります。

● 5 ── 行動実験を工夫する

　新たな視点をいったん獲得したら，クライエントは一歩進んでその妥当性を検証しなくてはなりません。ソクラテス的問答がもたらす洞察は，多くの場合，行動実験によって検証する必要があります（第9章参照）。たとえば，恐怖症の人の場合，私たちが一般的に立てる仮説は，クライエントを恐怖に向き合わせることが効果的である，というものです。次のように，ソクラテス式問答法を用いて，行動実験を行う合理的な理由を引き出すことができます。

　あなたの考え方を守り抜いて（恐怖対象から）逃げずにいたら，どんなことが起きると思いますか？
　どんなことが頭のなかに浮かんでくるでしょうか？
　もしその状況に留まることができたら，どんなことが頭のなかに浮かんでくるでしょうか？
　どんな気持ちですか？　それはあなたにとってどんな意味があるのでしょう？

　これに，行動実験を形にする質問が続きます。

　それが起きる状況を設定するにはどうしたらいいでしょうか？

どうすればあなたは挑戦しやすくなるでしょうか？
うまくいったかどうかは，どう評価しますか？

　このように，行動実験は協働的に発展させることができます。同様に，トラブルへの対応もまた，協働的な探索になりえます。たとえば——

何がうまくいかないでしょうか？
最悪のシナリオはどんなものでしょうか？
もしそのようなことが起きるなら，どのように準備／対処しますか？
もしそのようなことが起きるなら，あなたの友人はどのように準備／対処しますか？
そこから，何を私たちは学べるでしょうか？

　できるだけ実験設定を治療セッションの内容に則したものにし，洞察の深まりに密接に関連したものにすることが重要です。クライエントが新たな結論に達して「以前のように私がその状況で逃げずに留まれたら，自信を取り戻せるでしょう」などともし言ったら，「どのような方法でそのことをチェックできるでしょうか？」と尋ねることができます。同様に，セッションでの発見は，「私たちが今日話し合ってきたことをもとに，どう前に進むことができるでしょうか？」と尋ねることによって行動変化に結びつけることができます。
　行動実験後は，ソクラテス式問答法で起きた事柄についての分析を進め，課題と疑問点を明らかにし，新たなケース・フォーミュレーションと行動実験の再構築へと移ります。

● 6──スーパーヴィジョンのなかで

　ソクラテス式問答法について最後に触れておきたいのは，セラピーと同様にスーパーヴィジョンでも有効だということです。この点については，Overholser（1991）も強く推奨しています。ソクラテス的問答を治療ツールとして用いる際に検討した点は，すべて，スーパーヴィジョンにおけるツールとして利用する際にも有効です。ソクラテス的問答は学習を促進し，協働関係を育み，仮説を検証するものです（スーパーヴィジョンとCBTに関しては第19章を参照）。

● いつソクラテス的問答を用いるのか？

　ソクラテス的問答は，CBTにおいてのみ「良い」質問なのではありません。協働的な関係を築き，情報を集め，フォーミュレーションを行い，スキル訓練を行うなど，セラピストの仕事は多彩です。質問の仕方が異なれば，得られる結果は違ってきます。ソクラテス的問答

は，さまざまな目標を達成しなければならないセラピーのさまざまな場面で役立ちます。たとえば，情報収集は，直接的な質問（たとえば，「あなたは現在働いていますか？」）をすることによって，最もうまくいく場合があります。一方，温かく共感的な関係を築くには，誘導する質問が適しているでしょう（たとえば，「困り悩んでいるように見えるのですが……あなたはそのことであまりに狼狽えてしまっているのですか？」）。

どのようなタイプの質問を選ぶにせよ，「質問は，患者が自分の考えについて思慮深く認識を改め，熟慮し，客観的に考えを見つめ直すことができるように，注意深くタイミングを計り表現を工夫したものでなければならない」と Beck et al. (1979, p.71 参照) は述べています。そして，「クライエントを自己矛盾に陥らせる「罠」のように質問を用いるならば，クライエントは厳しく査定されている，あるいは，攻撃されているように感じるかもしれない」と述べています。

この言葉は私たちに，良いソクラテス的問答は，良い協働関係という文脈のなかで投げかけられるものであることを再認識させてくれます。セラピストが目指すのは，温かく，共感的で，正誤の評価を下すのとは逆の態度でコミュニケーションを取ることです。また一方で，クライエントの不安や絶望感を最小限に留めるように接することでもあります。そして結果的に，クライエントが問題解決に取り組み，水平思考（既成概念に囚われない思考）を行い，創造性が発揮できるよう後押しすることなのです。クライエントは，自分のものの見方を，「誤っている」というよりは興味深いものとして感じるでしょう。そして，新たな可能性を探ることを否定的にとらえるのではなく，価値あるものとして感じることができるでしょう。クライエントが質問に答えるには，知識と「自信」が必要です。

● どのように行われるべきか？

有能な CBT セラピストは，答えがわかるまで質問せず，2, 3 の的確な質問で「真実」を明らかにしてしまう巧みな法廷弁護士のように振る舞うのだ，と誤解されがちです。それゆえ Beck が，自身のロールモデルとして，刑事コロンボに言及しているのは興味深いことです。このテレビヒーローの優しく詮索好きなスタイル——決して押しが強いわけではなく，すべてを知っているかのようでもない——が敬意に満ちた優れた質問法であることを示しています。この態度は「良き」ソクラテス的問答において決定的に重要です。

CBT におけるソクラテス的問答のスタイルと目的については，Pedesky (1993) が最も丹念なレビューを行っています。彼女が強調しているのは，**思考を変える**ためにソクラテス的問答を用いることと，**発見を誘導する**ために用いることとの違いです。要約すると，「思考を変える」セラピストがクライエントの考えの非論理性を指摘するのに対し，「発見を誘導する」セラピストは新たな可能性に光を当てるのだと Pedesky は論じています。後者を成し遂げるための鍵は，Pedesky によれば，真の意味での好奇心です。Teasdale (1996) は Padesky の知見に言及し，心理学的な水準においては，「思考を変える」ことは特定の考えや意味づけの否定

であるのに対し，「発見を誘導する」ことは新たな心の枠組みの創造なのだ，と論じています。クライエントにとって，「あなたは間違っている」と言われるのと，「他の可能性を考えてみましょう」と言われるのとでは，どれほどインパクトが異なるか考えてみるといいでしょう。

　CBTセラピストは，好奇心だけではなく謙虚さに根ざして発見を導くよう努めるべきです。私たちに謙虚な気持ちがあれば，答えはわかっている（はずである）と先回りせず，クライエントから学ぶこともあるだろう，という態度で臨むことができます。

　比喩（metaphor）と類推（analogy）は，ソクラテス的問答で活用できるものです。比喩と類推を用いることでパラレルな状況をイメージするようクライエントを促し，結果的に，焦点が一時的にクライエント自身の考えから離れます。すると，クライエント個人の状況に対する強い感情が引き起こされ，クライエントはより生産的に考えることができるようになります。問題と解決策について多くを発見できるように，クライエントに自分の問題を比喩的に考えるよう促すこともあります。たとえば──

セラピスト　心のなかに整理棚があって，過去に傷つき裏切られた経験がすべてそこに収納されているかのように感じられるのですね。良い人間関係についての記憶を収集する整理棚がもしあるとしたら，どうなるでしょうか。

クライエント　調子が良いときの良好な人間関係について思い出すことができるのではないかと思います。

セラピスト　肯定的な内容を記憶するための整理棚を作るにはどうしたらいいでしょうか？

クライエント　わかりません！

セラピスト　では，考えてみてください。調子が良いときの良好な人間関係の記憶を保持しようとする友人を助けてあげようとするなら，どうしますか？

クライエント　ノートを持ち歩いてみたら，あるいは，携帯電話に記録してみたら，と言います。

セラピスト　そのアイディアはあなた自身にも使えるものですか？　もしそうだとしたら，どのようにできそうですか？

クライエント　そうですね，もし私が何か思い出したら，あるいは，もし私の友人が何か肯定的な経験を思い出したら，書き留めて簡単に忘れないようにできるでしょう。その後，記録しておきます。

セラピスト　整理棚を作りましたね。では，あなたが定期的に整理棚を確実にチェックするために，私たちはどうしたらいいでしょうか？

クライエント　ノートに定期的に目を通す必要があります。夜寝る前にノートを見直すようにしてみることができるでしょう。生活習慣のなかに取り入れるようにしてみます。

　似たような状況について吟味することで，クライエントは自分の状況を離れパラレルな状況について考えるよう促されます。たとえば，「もし同じようなジレンマに息子さんが直面し

たら，どのようにアドバイスしてあげますか？」と質問することで，クライエントはより希望のある実際的な考え方（マインドセット）に移行することができます。そして対処するための新たなアイディアを案出しはじめます。同じように，「あなたの友人ならこの状況をどうみるでしょうか？」「探偵ならエビデンスを集めるためにどのように歩き回るでしょうか？」といった質問をすることで，クライエントは別の「考え方」へと進み，物事を違う視点で，より生産的に見ることができるようになります。

　ソクラテス的問答の技術は，生活のなかでより自然に見られるものです。さまざまな社会的交流の場で，あなたは仮説を立て，質問をしています。その質問は，柔軟さと本音を許容し，促しはするが誘導はしないものです。日常生活で私たちは，自覚することさえなしにソクラテス的問答を使っているというわけです。Drew Westen は，心理学の入門書（1996）のなかで，あるパーティー——ソクラテス的問答に満ちている状況のひとつ——で人に会う状況を例として示しています。ある男性がパーティーに訪れ，魅力的で温かい雰囲気の気さくな女性から挨拶をされたと想像しましょう。「僕に気があるのかな」と彼は仮説を立てます。その女性に言い寄り告白する，ということはほとんどないでしょう。たいていの場合，自分の仮説が正しいかどうか確かめるための情報を集めようと彼は質問を重ねるでしょう。そして彼女がどういうつもりで自分に挨拶したのか，第三者の意見を聞く機会をつくるでしょう。彼は気さくにこう切り出すかもしれません。

　　こんにちは。ビリーです。主催者の友達です。あなたは？

　反応次第で，女性が恋心を寄せているのか判断し，彼女の関心と意図をはっきりさせるために次の質問を行います。

　　このバンドはすばらしい。ここが地元ですしね。聴きに行くことはありますか？

　彼女がずっと友好的な態度で，そのバンドのライブによく行き，いつも演奏を楽しんでいるのだ，と返事が返ってくるようなら，彼は自分の仮説を維持し，優しく質問を続けるでしょう。しかしながら，どこかの時点で，彼女の返事や行動が仮説に反するかもしれません。すると彼は，後から困った事態を引き起こしかねない結論へと早とちりして突き進むのではなく，仮説を訂正するでしょう。

　　彼女は主催者家族の一員で，パーティをスムーズに進めようとしている。礼儀正しく社
　　交的だが，僕とのデートには関心はないだろう。（Westen, 1996 から引用）

✱ 下向き矢印法

　下向き矢印法とは，クライエントが自分の経験や否定的自動思考を丹念に調べる，あるいは，「包みから取り出して」望ましくない反応の根底にあるより基本的な意味づけを同定するのを助けるための，一種の体系的な質問のことです。「垂直矢印再構成法」と記している教科書もあります。

　ベアの話によれば，彼女はドアに鍵をしたか確かめるために何度も家に戻らなければなりませんでした。なぜ彼女がそうせざるをえないのか，すぐには明らかになりませんでした。しかし，優しく体系的な質問をセラピストがすると，徐々に，自分には能力がないと彼女が感じており，ドアをきちんと閉めたか自分を信用できないのだということが明らかになりました。泥棒に入られ，家族から非難されることを恐れていました。ドアに鍵がかかったか彼女が何度も何度も帰ろうとすることの意味が，この結論から明らかになったのです。

　もしあなたが下向き矢印法を用いるなら，質問はゆっくりと，言葉を選んで行うべきです。そうすればクライエントは決して取り調べを受けているようには感じず，むしろ，あなたが心からの関心を寄せているのだと感じるでしょう。たとえば，一連のやりとりは次のような質問から始まります。

　　そのとき，まさにどのように感じられたのでしょうか？
　　……そして何が思い浮かびましたか？
　　何か特定の考えや視覚的イメージはありますか？

　こうした質問により，クライエントのなかでその瞬間の情動が再活性化し，関連する認知に焦点が当てられやすくなります。先の例では，ベアは次のように語っていました。

　　私は，不安を感じていました。本当に神経質になって，緊張しました。その気持ちを何とかする唯一の方法は帰って鍵を確かめることだと確信していました。考えていたんです，「確かめなくっちゃ，確かめなくっちゃ」って。

　最初のやりとりに続いて，次のような質問を続けることができるでしょう。これらは，思考やイメージが個人のなかでどう関連し合っているのか，優しく引き出す，あるいは「包みから取り出す」ために，クライエントの役に立つものです。

　　それについて，何がそんなに不快に感じられるのですか？
　　あなたの見方では，それは何を意味するのですか？

あなたについて，そこから何がわかるのですか？
あなたの生活／未来について，それは何を意味するのですか？
他の人はあなたをどのように思っているのでしょう？
それをどのように名づけていますか？
起こりうる最悪の事態を述べることはできますか？
そしてもしそれが現実のものとなったら，どうしますか？

このような質問を通して，あなたとクライエントは，特定の問題に関連している信念体系について，より多くの発見が得られます。

泥棒に入られることについて何がそんなに不快なのか，彼女にとって何を意味するのか，と最初に聞かれたとき，ベアはそれについて考えるのを躊躇し，しばらく押し黙っていました。セラピストは，この質問に答えるのが彼女にとって困難であることを認めて，少し時間を取ることを提案しました。そしてついに彼女は明らかにしました。
「私の失敗になってしまうから怖いんです……どれほど私が役立たずか証明してしまって，誰も私を信用しなくなるでしょう。家族のなかで，私は敬意を払われなくなります。自分を恥じ，価値のない存在だと感じるようになるでしょう」

多くのクライエントと同じように，ベアにとって下向き矢印法は，感情的に追い詰められてしまう課題でした。それゆえ，私たちは丁寧にゆっくり進めるよう備え，沈黙を受け入れ，取り組みやすいように課題設定する方法を探さなければなりません。そして，もしクライエントをあまりにも苦しめてしまうようならば，止める準備をしておかなければならないでしょう。
　関連する思い込みがいったん同定されたら，その思い込みは認知的検証と行動実験を用いて吟味され検証されなければなりません。より肯定的な思い込みが見つかることもある，ということも覚えておいて損はありません。たとえば，「全体的に見て，人は私のことが好きなようだ」「努力すれば成し遂げることができる」などです。時に，より肯定的な思い込みは，質問の過程で簡単に明らかになります。しかし私たちは，次のような質問によって，肯定的な思い込みを見出す確率を上げことができます。「それについて，何がそんなに心地良いのでしょうか？　それはどのようにあなたの役に立つのでしょう？　それは，どのような肯定的な事柄を示唆しているのでしょうか？」。肯定的な思い込みは前へ進む力を与えてくれます。たとえば，自分のことが好きで能力があると信じている人は，あなたとのセラピーにもしっかり取り組むでしょう。そして，とても難しい社会状況内課題（social assignment）をこなし，宿題に取り組むよう動機づけられるでしょう。それゆえ，肯定的な思い込みを見つけることは有益です。
　下向き矢印法を通じて，クライエントの基本的な信念体系が明らかになることは多いです（ベアの事例のように）。この基本的な信念体系は，「根底的な結論」（Fennell, 1999）として言及されることがありますが，「根底的な三角形」とでも呼ぶほうがふさわしい場合も少なくありません。というのも，基本的な信念体系にはBeck et al.（1979）が指摘した認知的三つ

組——自己についての思い込み，他者と世界についての思い込み，そして未来——が含まれているからです。この3つの要素は互いに関連し合っており，あなたがこの三角形の周りを巡っていると感じるならば，それは，根本的な結論に近づいていることを示しています。

セラピスト　……あなたについて，そこから何がわかりますか？
クライエント　私はダメな人間だ，ということです。（自己）
セラピスト　……では，そのことはあなたにとって何を意味するのですか？
クライエント　私のことを知りたい人などいない，ということです。（他者）
セラピスト　もしそうだとすると，どんな意味があるのでしょう？
クライエント　私はいつも一人ぼっちで，惨めだということです。（未来）

　根底的な結論に達したかどうかを確定しようとする際は「クライエントと同様にこの考え方を信じるなら，どんな人でも彼（彼女）と同じように感じるだろうか？」と自問するといいでしょう。もし答えが「イエス」なら，おそらく中核的思い込みを発見したということです。
　中核的思い込みが明らかになるまでには，数回のセッションが必要です。中核的思い込みには到達できないことも時にはあります。実際，効果的なCBTを実行するために，必ずしも根底的な結論（あるいは三角形）にたどりつく必要はありません。否定的自動思考，あるいは，中核的信念に関連したルールや思い込みのレベルでも，生産的なセラピーを行うことはできます。しかしながら，中核的思い込みを明らかにする利点もあります。第1に，中核的思い込みが理解できると，クライエントがいつまでも続く自分の脆さを理解しやすくなります。「自分のことをダメで惨めだと感じているならば，社会的に自信をもてず抑うつ的になるのも当然ですね」。第2に，中核的思い込みを同定することは，**必要である**ならば，スキーマ焦点型のセラピーへの道を拓きます。というのも，中核的思い込みは，数多くのスキーマの鍵となる構成要素だからです。
　もしセラピストがある仮説を強く信じており，その仮説を（「思考を変化させよう」と）確かめるためだけに下向き矢印法を用いるならば，それはつねに危険です。どんなに情報を集めても，私たちは間違えることがあることを決して忘れてはなりません。ソクラテス式対話の最大の強みは，好奇心と謙虚さをもちつづければ，予測できなかった結論へと私たちを導いてくれることにあります。この技法を使う際には，あなたの仮説に**反する**ような質問を工夫すると有用です。自分の仮説が確認されたと思ったときには，自分の理論に反証するようにつくられた別の質問を試します。このようにすると，あなたは間違った仮説を反証することもでき，狭い視野に囚われずにすみます。

＊　ソクラテス的問答の諸段階

　Pedesky（1996a）はソクラテス的問答を4つの段階に分けて定義しています。その4段階とは次のようなものです。

1. 具体的な質問

構造化された，情報収集のための質問。その情報をもとに，クライエントの問題に関する仮説を立てます。たとえば——

- どのくらいの期間，気分の落ち込みを感じていますか？
- どのくらいの頻度で，飲酒して騒いでしまうのですか？

2. 共感的な傾聴

クライエントが話す内容と話し方，双方に注意して，丁寧に批判せずに聴きます。クライエントの声音や表情から，多くの情報が伝わってくる場合があります。そうした情報はセラピストの仮説やその後の質問の選択に大きな影響を与えます。

3. 要約

クライエントの話の概要をフィードバックします。このフィードバックの目的は仮説をチェックすること，もしくは，情報を明確化すること，要点を繰り返すことです。

- この3カ月の間，抑うつ的に感じているということですが，ここ数年の間も少し気分が落ち込み加減だったんですね。
- おそらく毎晩のように飲酒し騒いでいる，というお話ですが，でも，実際に飲酒し騒いでいたのかどうかよくわからないときもあるのですね。

4. 統合もしくは分析のための質問

この質問によって，クライエントの問題に関する考えや主題を発展させ広げていきます（統合）。あるいは，重要な情報の中身を精査します（分析）。

- この2，3年を振り返ってみると，気分の落ち込みは，ポールと別れたとき，カレンが生まれた後，結婚がうまくいっていないと感じられるときに起きているようですね。こうした出来事を結びつけているものは何でしょうか？（統合）
- 飲酒して騒ぐ際の状況はさまざまなようですが，そうしたことが一番起きやすいのは，どのような夜なのでしょうか？（分析）

ソクラテス的問答を用いることで，クライエントは関連するエビデンスを，できる限り広い視野で見直すことができます。好奇心を保ち，仮説に縛られすぎず，「他に何かありますか？」という問いを発しつづければ，セラピストは「より大きな全体像」を手に入れることができるでしょう。もし頑なに自分の予測にこだわるならば，十分に広い範囲のデータを明らかにする前に質問を終えてしまうことになるでしょう。そうした過ちに陥らず難を逃れたジョンへのアプローチについて述べるので，考えてみてください。ジョンは14歳，不安の強

い，不幸な少年で，いくつかの教科の成績が悪いという理由で学校の心理士のもとに紹介されてきました。

●アプローチ１：心理士はジョンの学校での取り組みについて尋ね，問題の本質は勉強に関係していると結論づけました。ジョンは特定の教科で問題を抱えているのだと心理士は仮説を立て，その仮説に焦点を当てた質問を行いました。

　　あなたの苦手な教科についてもっと教えてくれないかな……
　　数学と物理，いつもこの２教科で苦しんできたの？
　　数学と物理がいつもあなたには難しかった，そして今はさらについていくのが困難になっています。（要約）
　　もし友達がこの教科で苦労していたら，助けてあげるためにどんな提案をしてあげる？

このように，セラピストは，より効果的な学習方略の伸長という目標へ向けて効果的に前進しました。

●アプローチ２：今回もセラピストは，ジョンが特定の学問で困難を抱えているという仮説を発展させ，同様の質問を行いました。しかし，焦点化した質問の後で，探索的な質問を投げかけました。

　　学習方法についてたぶんお手伝いできると思います。だから，後で勉強のやり方について話をしましょう。でも最初に聞きたいんだけど，あなたがクラスで困っていることについて，何か他に思い浮かぶことはある？

この質問によって，ジョンが数学と物理を受け持つスミス先生から非難されているように感じていることが明らかになりました。心理士は，質問の焦点を，先生との関係についてより明らかにするほうへ向けました。すると，特定の先生といるときに不安と自意識の高まりを特に感じ，そのためにクラスで苦しんでいるのだということがわかりました。心理士は新しい仮説を立てました。すなわち，ジョンはスミス先生との人間関係に困難を抱えている，という仮説です。再び，より探索的な質問をして，彼と先生との人間関係の性質について確かめました。

　　スミス先生があなたをどんな目で見ているとイメージしているのかな？　どんなことが心に浮かぶ？

因習を重んじ信心深いスミス先生が，自分の両親の離婚が差し迫っていることを非難していると信じていることをジョンは打ち明けました。両親の結婚生活の問題についてジョンは自分を責め，罪悪感を抱き，罪深いとすら感じていたのです。

ここでフォーミュレーションは，当初の仮説からかなり異なるものとなりました。ジョンは両親が離婚へと向かっていることに不安を感じ悩んでいました。両親の問題にジョンは責任を感じるようになりましたが，孤独感に襲われ，両親とこの件で話し合うことができませんでした。恥ずかしいという気持ちから，友人にも相談できませんでした。それでも彼は頑張っていました。しかし，スミス先生の授業では，非難されているように感じ，罪悪感に苛まれました。これがクラスでの勉強の足を引っ張っていたのです。

　狭く焦点化しすぎると，セラピーで失敗するとは限りません。なぜなら，介入の限界が明らかになり，再フォーミュレーションができるからです。しかし，できるだけ早くからより大きな全体像を描くと有利です。というのも，全体像を得ることで，共感を伝えることができ——セラピストが真に「理解する」——，希望が喚起されるからです。また，十分な情報をもとにフォーミュレーションがなされることになり，より関連した介入につながる，もしくは，丁寧に問題の優先順位を付けることになります。

✴ 用心深く慈悲深いソクラテス的問答

　熟練のセラピストは，認知を明らかにし，鍵となる基本的信念を同定することに精通できるようになります。しかし，私たちの同僚の一人が「土足で心に踏み込む」と呼ぶ，セラピストが共感的に歩調を合わせずに問題の根底に過剰に焦点化する実践を行えば，それは逆効果なことです。クライエントはあなたのことを鈍感な人だと感じ，認知の役割と扱い方を教える機会は失われるでしょう。「根底的な結論」へと至る途中には，セラピーで扱われるべき活用可能な題材があります。そうした題材は，もし探索が丁寧にゆっくりと，要約を挟みながら行われるならば，有益なものになるでしょう。

　マリアは30歳で離婚経験のあるうつ病の女性です。目を引くような学歴であるにもかかわらず，何週間も職が決まらずにいました。マリアには，大きな希望を胸に熱心に仕事を始めるものの決してそれが続かない，という傾向がありました。感情を表に出さず，情緒的反応を最小限に留めようとする傾向があり，偉そうで横柄に見えることも多くありました。しかし，下向き矢印法が注意深くゆっくり丁寧に行われないとき，マリアは苦しくなりました。彼女の脆さのために，セラピストは根底的な結論へと一直線には進みませんでしたが，数回のセッションを経て到達しました。こうした事例では，次のように尋ねるといいでしょう。

　　このような質問を続けても大丈夫ですか？
　　少し休憩しますか？　もし必要なら教えてください。

　マリアのようなクライエントは，中核的思い込みが喚起する苦痛から逃れようと長い間過ごしてきたのでしょう。中核的思い込みを明らかにすることが引き起こす苦痛と苦悩をセラピストは過小評価してはいけません。マリアとセラピストとのやりとりは要約すると次のようになります。

セラピスト　なぜそのプロジェクトを断念したのですか？
クライエント　私では不十分だったからです。
セラピスト　というと？
クライエント　私はダメな人間なんです。完璧でないといけないんです。そうでないと，何もできない。
セラピスト　完璧であることの重要性について，もう少し教えてください。
クライエント　優れていないのなら，時間の浪費です。
セラピスト　時間を無駄にすることの何が，そんなにダメなのですか。
クライエント　時間の浪費は失敗です。
セラピスト　時間を浪費してしまい失敗したと感じているとイメージしましょう。それはあなたにとって何を意味するのですか。
クライエント　失敗であるということは，哀れだということです。
セラピスト　それをあなたに当てはめるとどんなことが言えるのか，私に教えていただけるでしょうか？

　この時点でマリアの中核的信念が明らかになりました。しかしそれまでにも，探索を進め機が熟すたびに，数多くの思い込みが明らかになっていました。マリアが打ち明けた数々の思い込みは，次のような作業を行う機会をもたらしました。すなわち，思考の偏りを扱うこと，特定の思い込みの良い点と悪い点を見直すこと，思い込みがどう維持されているか示す悪循環をフォーミュレーションすること，思い込みを支持または反論するエビデンスを見直すこと，思い込みの正しさを問い直すこと，行動実験を始めること，連続作業（continuum work）のような技法を導入すること，などです（認知的技法についての記述は第8章を参照）。「私はダメな人間なんです。完璧でないといけないんです。そうでないと，何もできない」というマリアの言葉は，二分法的思考と極端な基準の高さに光を当て，その思考が行動的，情動的，職業的にどのような結果をもたらすのかを探索する契機となりました。

　痛ましい中核的思い込みを打ち明けたとき，マリアは泣いていました。明らかに，彼女にとっては勇気のいる難しいことだったのでしょう。マリアが一番恐れていたのは，自分が「見かけ倒し」であることが明かされてしまうことでした。彼女は，自分が「見かけ倒し」だと信じていたのです。それほどまでに狼狽してしまう理由が不明確だったので，セラピストはマリアに「見かけ倒し」の人について説明するよう頼みました。その表現が，マリアが育った家庭では最も卑しむべき人格を示す言葉として用いられていたのだと語ってくれました。その人格とは，傷つきやすく，脆く，繊細な人格のことでした。探索を深めてゆき，「見かけ倒し」の人は軽蔑され，拒否され，寂しくその一生を終えるのだと言ったとき，マリアは三角形を完成させたのです。このことを語ってから，マリアは狼狽することが少なくなりました。「傷つきやすい，脆い，繊細である，軽蔑される，拒否される，寂しい」といった言葉は，「見かけ倒し」という表現が引き金となり生じる情動を喚起しなくなりました。このことは，クライエントにとって，言葉の特別な意味を明らかにすることが重要であることを再認識さ

せてくれます。

　自明のことのように思われるかもしれませんが，ソクラテス的問答をするときのセラピストの声音から，クライエントにメッセージが伝わってきます。よく用いられる下向き矢印法の文句である「それについて，何がそんなに不快に感じられるのでしょう？」について考えてみましょう。無愛想な言い方をしてしまうと，大したことでもないのにぶつぶつ言っているとあなたが咎めかしているのだとクライエントは推測し，協働関係に支障が出るでしょう。優しく，好奇心をもって質問をし，時には「馬鹿げた質問のようにお思いかもしれませんが……」と前置きするようならば，クライエントは批判や非難をされるのではないかと恐れずに答えることができるでしょう。Gilbert（2005）は，認知療法における「慈悲深い声」の役割について研究し，内なる慈悲深い声を育むことのクライエントにとっての利点について議論しています。あなたはこの声を促進する良いロールモデルとなることができます。支持し，非難しないことを伝える言葉や声音を用いることによって，セラピストは手本を示すのです。

✱ ソクラテス的問答とセルフヘルプ

　ソクラテスとその弟子，最終的にはその両方にクライエントはなる必要があります。立ち止まり，振り返り，新たな見方を発展させる必要があります。それを身に付けるための非常に貴重な手助けとなるのが，日常思考記録（DTR）です（第 8 章参照）。鍵となる出来事を記録することで，クライエントは鍵となる情動と認知を同定する段階へと進み，認知の妥当性を探索し，新たな見方を統合できるようになります。繰り返すことで，この手続きはしっかりと身に付いていきます。

　質問があらかじめ書き込まれている DTR を作成した研究者もいます。そうすることで，記録を書き入れる各段階で代表的なソクラテス的問答を用いるよう，記録者に促すのです（Greenberger and Padesky, 1995 ; Gilbert, 2005）。たとえば――

　　何が思い浮かびますか？　どのくらいそれを信じていますか？
　　これを支持するのはどんなことですか？
　　私の結論と矛盾するのはどんなことでしょうか？
　　他の人ならこの状況をどう考えるでしょうか？
　　他の人にアドバイスするとしたらどんなことを伝えるでしょうか？
　　他の見方を支持するエビデンスはあるでしょうか？
　　どんな思考の偏りを私は見つけられるでしょうか？
　　目標を達成するのを後押ししたり妨害する考え方はどのようなものでしょうか？
　　他の見方を信じたとしたら，どんな結果になるでしょうか？
　　起こりうる最悪の事態はどんなことでしょうか？
　　どのように対処できるでしょうか？
　　問題状況が変わる可能性はあるでしょうか？

何を違うやり方で行うことができるでしょうか？
　　どのような方法でそれをチェックできるでしょうか？

　クライエントが参考にできるような鍵となる質問のリストを作成した者もいます（Fennell, 1989）。クライエントは，自分にとって特に役に立った質問を記録しておくよう勧められます。たとえば――

　　過去に私の役に立った質問はどのようなものでしょうか？
　　このポイントについてセラピストが質問をしている場面をイメージするとしたら，どのようなものになるでしょうか？

● ソクラテス的問答を用いる際の問題点

　ここではソクラテス的問答を用いる際のよくある問題点と，その問題への取り組み方について述べていきます。

＊ 治療セッションでクライエントが鍵となる思考やイメージにたどりつけない

　問題が起きたとき，あるいはその前後に，関連する認知を記録するようクライエントを促しましょう。鍵となる認知に関連した感情を喚起するために，必要に応じてイメージ技法やロールプレイを用いながら，最近の体験について議論するのも役に立つかもしれません。というのも，強い感情は，関連する認知にたどりつく可能性を高めてくれるからです。第8章でも述べたように，明確な感情変化は関連する「ホットな認知」を反映しているので，セッション中の明確な感情変化を探すのも効果的です。感情と身体感覚は，認知的な経験に接近し探索しやすい出発点となりうるので，感情（「感情的にどのような感じましたか？」）と身体感覚（「身体ではどのように感じますか？」）を探すよう促しましょう。

＊ クライエントが自分を苦しめる認知を過小評価してしまう

　鍵となる認知が現れると，「……でも，それが馬鹿げていることはわかってます」「……ただ，自分は良くなるだろうって確信してますけれども」「……でも，それで本当にうろたえてしまうことはありません」と言ってそれを過小評価してしまうクライエントもいます。時には，鍵となる認知を避けてしまうクライエントもいます（次項参照）。しかしこの過小評価は，出来事に続いて生じる「ホットな認知（hot cognition）」の影響力に気づけないでいることを反映しています。このような場合には，鍵となる思考やイメージが心に浮かんだ瞬間が大切であることを強調し，その時に思考やイメージが身をもって感じられるのかどうか尋ねてみ

るとよいでしょう。

✱ クライエントが自分を苦しめる認知を回避する

　クライエントとの協働関係の構築に取り組むところから始めるのがよいでしょう。「安心」するために，そして恐れているものを同定するために，クライエントが必要としていることを見つけましょう。ゆっくりと進み，クライエントを狼狽させる可能性のある認知に光を当てる合理的な理由を明確にしましょう。「……でも，それが馬鹿げていることはわかってます」「……ただ，自分は良くなるだろうって確信してますけれど」「……でも，それで本当にうろたえてしまうことはありません」などと，「ホットな認知」を体験するのを避けるためにそれが現れると過小評価してしまうクライエントがいることに留意しましょう。このパターンを認め，情緒的な負荷の大きい思考やイメージを伴う話をすることの怖さについて取り上げましょう。こうした怖れは，セラピーへと進む前に取り上げられる必要があるでしょう。行動実験（第9章参照）は，クライエントが回避の根底にある否定的予期を検証するのに役立つことを覚えておいてください。

✱ 鍵となる認知は捉えどころのない性質である

　重要な認知を同定するのは難しい，なぜなら，そこにはたどりつくことができない，あるいは，「つかみどころ」がなくすぐに忘れられてしまうから，と感じるクライエントがいます（認知の性質についての記述全体は第8章を参照）。鍵となる認知を生じたときにつかまえられるように，DTRや思考記録を持ち歩くようクライエントに勧めるとよいでしょう。ここでも，セッション中の気分の変化に着目したいところです。気分の変化を通じて，問題に関連のある思考やイメージについて洞察が得られるからです。そして，セッションで関連する認知にたどりつけるように，クライエントに最近の体験を思い起こすよう促しましょう。

✱ 決定的に重要な意味内容は非言語的な形でも見つけられる

　クライエントが鍵となる意味内容を言語的に表現できないようなら，身体感覚を探ってみましょう。「それはあなたの身体のどこにありますか？　形，感触，色，温度などはどうでしょうか？」「心の目で見てそれを絵に描くことができますか？」このような問いかけにより，「それは赤くて硬いボールのようで，胃の辺りにあります」「それは柔らかく，紫色をしていて，徐々に身体のなかで広がっていきます」といった表現が喚起されることがあるかもしれません。非言語的に意味される事柄は，字義に沿うよりは，比喩的になることをと理解しましょう。たとえば，「私の身体のなかは，真っ赤に沸騰したゼリーで満たされ，金属製の破片が皮膚を切り裂いています（痛み）」「悪寒がします。引いては押し寄せる黒い波が私をどこかへ押しやってしまいます（嫌悪感）」などです。こうした情報をフォーミュレーションに組

み入れ，セラピーのなかで他の意味内容へと発展させていくこともできます。

✱ クライエントが新しい見方を過小評価する

　セラピストに導かれ発見した新しい見方を取り入れようとして，結局，「たしかに。でも……」と新たな結論を捨て去ってしまうクライエントもいます。このことは，セラピストが，新たな結論の是非を吟味するセルフモニタリングのためのソクラテス的問答を行わず，ついアドバイスをしてしまっていることの表れでしょう。言い方の角度を変えると，行動の変化に取り組むことで，クライエントは新しい見方を血肉化していく必要があるのかもしれません。信念の変化を「腑に落ちたように」達成するうえで，行動実験は効果的です。「たしかに。でも……」という表現は，頑なな信念体系が機能していることを示しているのかもしれませんが，その信念体系はさらなるソクラテス的問答で明らかにできるでしょう。このような信念体系の存在は，問題のスキーマを反映しており，スキーマ変化のための介入が適切な場合があります（第17章参照）。

✱ セラピストの質問が方向性を欠いたり，非生産的なほうへ向けられている

　好奇心の大切さはこれまでに強調してきましたが，ソクラテス的問答は仮説とフォーミュレーションによって導かれつづけなければなりません。そうでなければ，情報を集めても構造化することができず，もがいて目の前の問題に焦点を当てつづけてしまったり，袋小路に入ってしまったりするでしょう。そしてどこにたどりつくこともできずにあちこち飛び回ってしまうでしょう。こうした状況では，現在のフォーミュレーションに立ち戻ると，新しい情報の意味を理解し逸れないために必要な構造が見えてきます。すでに述べたように，問題について概念化がなされているならば，袋小路に見えても，そこから有益な情報が得られることがあります。

✱ セラピストが講義してしまう

　どこにクライエントを導くか，あるいは，クライエントが何を知るべきか，ということについての考えが明確な場合に，講義するという過ちは特に起きやすいものです。協働，好奇心，そして謙虚さの必要性についてはすでに検討してきました。セッションを録音録画しておけば，これらを失ってしまったときにすぐに気づくことができます。協働関係が危機に陥る前に，事前に講義スタイルになっていることに気づくことが大切です。場合によっては，作業同盟に緊張が生じたために，「良い」ソクラテス式スタイルを維持するのが難しく感じられるかもしれません。協働関係についてつねに留意し，問題にはすばやく着手することが重要です。

＊ セラピストは探索するけれども，結論を引き出し統合できない

　　好奇心の大切さについて強調してきましたが，ソクラテス的問答は仮説に導かれるものであり続けるべきものです。そして，フォーミュレーションに新たな情報をもたらすべきものでもあります。セラピーでは定期的に立ち止まって，情報を集約しケース・フォーミュレーションに関連づけるための要約を行うべきです。定期的に要約することを忘れないように工夫する必要があるかもしれません。あるいは，クライエントに10分おきに新しい結論を統合するよう頼むべきなのかもしれません。現在のフォーミュレーションをコピーして，いつでも参照できるようにしておくと役に立ちます。さらに良いのは，セッションの間に実際に見えるところに置いておくことです。そうすれば，あなたとクライエントの双方の助けとなるような構造がつねに保たれるでしょう。

＊ 仮説の正しさを確かめるためだけの質問をセラピストが行う

　　これはバイアスをかけて情報を明らかにすることにつながります。そして最終的に，誤った結論へと導いてしまいます。クライエントにパニック発作があるという仮説を探索するならば，あなたの臨床的直観が誤っている可能性も考慮に入った質問をしなければなりません。つまり，白鳥はみんな白いという仮説を検証したいなら，黒い白鳥を探す必要があるというわけです。しかし，この作業は我々の直観に反するものであるため，実行には特別の努力が必要になることが多くあります。ちょっとした好奇心が武器になることが多いでしょう。「もう少し言えることはありますか？　他に何かありますか？　他に何か考え／感情／衝動がありますか？」こうした質問は探索の地平を拓き，セラピストの質問が視野狭窄に陥らないようにしてくれるものです。

＊ ソクラテス的問答を誘導による発見に限定する

　　誘導による発見は非常に価値のあるツールですが，他の形態のソクラテス式問答法，たとえば行動実験の報告やDTRの振り返りなどによって補われる必要があります。加えて，ソクラテス的問答はより広い実践的文脈，つまり，課題の設定や行動実験の計画などにも利用することができます。ソクラテス式問答法の使い方を限定しないようにして，CBTアプローチの範囲でより活用しうる方法について考えるとよいでしょう。

● 要約

- ソクラテス式問答法はCBTの基本となる技法である。ソクラテス式問答法は次のような目的で用いられる。

―クライエントがさまざまな事柄を自分自身で発見するよう後押しする。
　　―クライエントの問題についてよりよく理解する。
　　―クライエントが困難に立ち向かうための新たな方法を工夫するのを助ける
- ソクラテス式問答法は用途の広い技能であり，セラピーとスーパーヴィジョンのあらゆる局面で利用することができる。ただそれでも，あなたはソクラテス式問答法だけを排他的に用いるべきではない。他の形で質問するのが適切なときもある。たとえば，リスクアセスメントを実施する，あるいは，単に人口統計に関する情報を集める場合には，直接的な質問ができるだろう。
- ソクラテス的問答よりも情報提供のほうがより効果的な場合がある。たとえば，断食の身体的危険性や心理的トラウマを経験した後の記憶の過程について，情報提供するようなときである。ソクラテス的問答は，質問に答えられる知識を相手がもっているときのみ可能となる。
- セラピー状況で最も効果を発揮するために覚えておくべきことは以下の通りである。
　　―好奇心と謙虚さ。あなたがすべての答えを知っている必要はない。クライエントから学ぶ心の準備が必要である。
　　―注意深さ。下向き矢印法はとりわけ，威力のある技法となりうる。
　　―慈悲深さ。セラピストにとって大切なだけでなく，あなたの示す態度をクライエントが取り入れるという点でも大切である。
　　―自信。あなたは直観に優れた科学者である。だからあなたは，自分の直観を見直し，仮説を立て，検証するための方法がわかっている。
- ソクラテス式問答法は文脈のなかで用いられることを忘れないようにしよう。協働的な関係を築き，クライエントのニーズに敬意を払うことによって，ソクラテス式問答法から最大限の成果を手に入れるよう努める。このことをもう一度自分のなかで再確認しておこう。

● 練習問題

＊ 振り返り／考えてみよう

- ソクラテス式問答法について読んだことから，あなたが学んだことについて考えてみましょう。あなたが新たに学んだことは何でしょうか？　あなたにとって何が明確になりましたか？　ソクラテス式問答法に関して，未だにあなたを困惑させている点はありますか？
- ソクラテス式問答法があなたの実践とどのように一致するか考えましょう。ソクラテス式アプローチを利用しますか？　技術を向上させるのにスタートラインから始めなくてはならないでしょうか？　理論は知っているがソクラテス式問答法を用いようとしても

うまく噛み合わないのでしょうか？　そのような場合，どのようなパターンがあると分かっているのでしょうか？　あなたのセラピーのやり方，もしくは，CBT へのアプローチと，特に一致しているのは本章のどの部分なのか考えてみましょう。その部分を取り入れるのは簡単だとわかるでしょう。慣れない，あるいは，あなたのやり方と噛み合わないように感じられるのは，本章のどの部分なのか考えてみましょう。その部分を覚えて使ってみるにはより努力を要するでしょう。前進するにはさらに努力する必要があるでしょう。

✱　やってみよう

- あなたが実施したいこと，必要なこと，あるいは，身につけたいことが決まったら，一番うまく達成できる方法を考えてみましょう。現実的に計画し，利用できる資源を考慮に入れましょう。訓練を受けるのにどのくらいのお金を使えますか？　ソクラテス式問答法についてスーパーヴァイザーはどのくらいの経験を積んでいますか？
- あなたのソクラテス式問答法の技術を伸ばしてくれるワークショップや文献を探すようにしましょう。
- ソクラテス式問答の技術を伸ばすためには，セッションの記録は欠かせません。記録しておけば，自分で記録を見直すことができます。そして，スーパーヴァイザーや同僚から，あなたのソクラテス式質問の実力を批判的に評価してもらうことができるのです。
- 自分の進歩を評価する方法を考える必要があります。そのためには，定期的にセッションの録音を再検討し，何らかの形での評価を継続して行う必要があるでしょう。

● 学習を深めるために

Kennerly, H.（2007）Socratic method. OCTC essential guides. Available from www.octc.co.uk
CBT でソクラテス式問答法をどのように使うべきかを論じた短いテキスト。簡潔で読みやすく，アセスメント，思い込みの検証，問題解決でのソクラテス式問答法の使い方をカバーしている。

Padesky, C.（1993）Socratic Questioning : Changing Minds or Guiding Discovery?
ロンドンにある欧州行動療法・認知療法協会で行われた重要な基調講演。このなかでパデスキーは CBT におけるソクラテス式問答法に関して，従来の考え方を批判的に再検討している。ソクラテス式問答法を最大限に活用することの意味は，1993 年当時も今も変わらない。この基調講演の内容は www.padesky.com から閲覧できる。

08 認知技法

● **はじめに**

　本章では，さまざまな認知技法について紹介します。認知技法は，クライエントの問題に関連する思考やイメージを再検討するために使われるものです。CBTで使われている他の介入法と同様に，認知技法は一貫した介入計画の一部として用いられなくてはなりません。また，クライエントとのケース・フォーミュレーションの共有を通して生まれた真の論理的根拠なくして導入されるべきでもありません。たとえエビデンスにもとづく介入プロトコルに従っていても，セラピストとして「この介入は，今この時，このクライエントに，適切な介入だろうか？　この介入法を導入することについて，クライエントの問題に関するフォーミュレーションから十分な根拠を示すことができるだろうか？」と問いつづけることはきわめて重要です。

　苦悩を生むような考えがすべて不適切であるわけではないということを心に留めておきましょう。たとえば，あるクライエントは，数日中に試験を受けなければならないけれども十分に準備ができていないため，ひどく混乱した心持ちのままセッションに参加するかもしれません。この人は，試験に失敗する可能性が高いと思っているかもしれませんし，そのせいで大学院生としての身分を失ってしまうと思い込んでいるかもしれません。これらの考えは実は現実的なもの**かもしれず**，もしそうならば，セラピストの仕事は非現実的かつ楽観的な考えをもちだすことではありません。その代わり，クライエントが失敗する可能性を最小限にするために種々の問題解決スキルを用いたり，身分を失うということの意味やその**事態**への対処法について考えたりできるようにするかもしれません。

　タイミングもまた重要です。たとえば，Beck et al. (1979) は「多くのうつ病患者は，頭のなかが否定的な考えでいっぱいになっているため，内省を繰り返すことでかえって反芻思考が強まってしまうことがある」と警告しています（p.142）。ベックとその共同研究者は，抑うつと結びついている認知に直接焦点を当てる前に，自己の能力に関する否定的な評価を変化させる目的志向的な行動に焦点を当てるべきだと述べています。ここでも，認知的介入はより広範囲にわたる認知行動的介入計画の一部である，ということを思い起こすことになります。

- **認知的作業のための論理的根拠を提示する**

　クライエントは，自身が取り組む認知的作業の論理的根拠について理解している必要があります。というのも，セラピストはクライエントに対して最も恐ろしいことや憂うつな気分になること，あるいは生活のなかで最も恥ずかしいことや，何年も無視したり避けたりしてきた認知について焦点を当てるように促してゆくことが多いからです。基本的に，そうした論理的根拠は，そのクライエントに固有のフォーミュレーションに依拠しています。ケース・フォーミュレーションとは，クライエント特有の思考や感情，行動の間のつながりを説明するものです。またクライエントは，セラピストから想定される最悪の事柄について打ち明けたり考えたりするようにすぐに要求されることはない，とわかっている必要があります。クライエントは最終的には受け入れ難い思考やイメージと直面する必要があるでしょう。それは互いに敬意をもてる協働的な関係のなか，適切なペースのもとに行われるのです。

　自明のことのように聞こえるかもしれませんが，クライエントが「認知」という用語が何を意味するのかについて理解していることもまた重要です。Beck et al.（1979）は，認知とは，「それに対して注意を向けなければ，あまり意識されない考えあるいは視覚的イメージ」であると説明しています（p.147）。この説明から，認知は束の間に消え去ってしまう可能性があり，認知をつきとめるためにクライエントは大変な努力をしなければならないかもしれないということがよくわかります。また，イメージは，思考と同じくらい認知と関連の深いものであるということにも気づきます。

　クライエントが役に立たない認知を「間違っている」とか「非合理的である」と認識しないように，セラピストは用心しなければなりません。クライエントがそのように認識してしまうことで，「私は愚かだ」あるいは「私はいつも間違ったことをしてしまう」というような否定的な思い込みを助長しかねません。たとえ，ある思い込みが現在では役に立たないものであっても，それがいつもそのようにありつづけてきたとは限らないのです。たとえば，被虐待経験があり「人を信用することは危険なことである」という思い込みを堅固に維持している人がいたとします。この人が大人になり被虐待環境からも離れた現在では，この思い込みは役に立たないかもしれません。しかし，虐待を受けた幼い頃のこの人にとっては，役に立ち適応的なものであったかもしれないのです。

- **認知を同定する**

　認知療法のセラピストの重要な仕事は，頭をよぎる思考やイメージについて，クライエントが自己観察し，記録することができるように援助することです。クライエントがこの作業に苦労することは稀ではありません。時として，そもそも認知，あるいは混乱した思考や感情などはないと報告することもあります。よく練られたソクラテス的問答をもってすれば，こ

表 8.1　よく思考と結びつく感情

感情	思考
抑うつ	私には希望がない。未来は暗く，私にはそれを変えることなどできない。
不安	私は危険にさらされている。何か悪いことが起きるだろう。私には対処できない。
怒り	私は軽蔑されてきた。人々は私に対して意地悪で，私にはそれが耐えられない。

の作業が飛躍的に進み，クライエントの問題における認知の根本要素を見出すことができると考えてはなりません。セラピストとしての最初のステップでは，クライエントが関連する反応を「つかまえる」こと，感情と思考とを区別すること，そして感情が自身の認知を探索する際の手がかりになるように両者を結びつけることを手助けします。表 8.1 に，いくつかの例を挙げてあります。

　表に示されているように，思考と感情を区別するために一般法則として良いのは，認知を表現するには長く詳細な記述が必要になるのに対し，感情は，大雑把に言えば，1 つの単語で表現できることが多いということです。つまり，クライエントは思考やイメージよりも，まず感情に気づくほうが簡単なことに気づくようになります。これが，思考にアプローチするための有益な足がかりとなるでしょう。感情に焦点を当て，それを探し出して詳しく説明することから始めましょうとセラピストが促していけば，クライエントはいつの間にか認知を同定できるようになっていることでしょう。

　クライエント　何が頭のなかに浮かんでいたのか，わかりません。
　セラピスト　そこに戻ってご自分を見ることができますか？　あなたの心の瞳に何か情景が浮かびますか？
　クライエント　はい。
　セラピスト　では今，その時どのように感じたかを思い出せますか？
　クライエント　はい。体調が悪く，緊張していました。
　セラピスト　そのイメージや感情に留まりながら，その夜あなたが体験したことについて，もっと話すことができそうか観察してみてください。
　クライエント　ええと，本当に緊張していて，不安でした。心臓がどきどきして，怖くて，あの人が帰ってきて殴られるのが本当に怖かった。きっと殴りに来るだろうと思っていました。

　この例では，クライエントはまず自分の身体状態から入り込み，それから気分を同定し，最後には自分の認知を明らかにしました。認知を言語化することが難しいクライエントや，あるいは何も浮かばないと主張するクライエントには，身体感覚に焦点を当てることが役立つことが多いでしょう。

✳ 「ホット」な認知

　Beck et al.（1979）は，**ホットな認知**をつかまえることの重要性を強調しました。"ホット"な認知とは，クライエントの最も重要な感情と，最も直接的につながっているように思われる認知のことをいいます。認知的介入は，"ホット"な思考をターゲットとした場合に，最大の効果を発揮します。こうしたキー（鍵）となる認知を明らかにしようとする際には，「クライエントと同じように考えたり思い込んだりしたなら，誰もが同じくらい気分が悪くなるだろうか？」というように自問してみることが役立ちます。もしも答えが「いいえ」ならば，他を探していく必要があるかもしれません。

✳ 日記を付ける

　思考記録は，その思考が起こったその時点や，そこから近い時点で記録されれば，正確なものとなる可能性が最も高くなります。記録には，ゴルフのカウンターを使いながら単純に思考を数えるものから，非常に複雑な思考やイメージを記録するものまで，さまざまな付け方があります（第5章参照）。

　セラピストが記録を付けるようクライエントに求めるとき，単にセッションの進行に役立つ思考の例を集めてくるように求めるわけではありません。つまり，基本的なスキルトレーニングの練習をクライエントに体験してもらっているのです。セラピストは，クライエントに関連する思考に敏感になり，思考から距離を取り，最終的にはそれらの思考を評価できるように励ましているのです。これは，骨の折れる課題です。まるで，外国語の語彙を繰り返し書き出すことで覚えたり，ピアノ演奏の技術を難しい音階を何度も何度も弾くことで身に付けたりするのと同じように，この認知療法の基本的なスキルは，練習を通して身に付けていくものなのです。

　思考記録は，でたらめに書き込まれるものではありません。セラピストは，クライエントの問題が浮き彫りになるときに，記録するように求めるべきです。たとえば，下記のようなときには思考記録を付けるよう促すことがあるでしょう。

- 自傷への衝動
- 気分の評価点が10件法で4点未満
- 確認への衝動
- 過食エピソード
- 自己意識得点が10件法で6点以上
- 満足度の点数が10件法で6点以上
- 1日のなかで特定の時間
- 特殊な環境

典型的な促し方としては，下記のようなものが挙げられます。

- 10件法で5点以上の強さで，あなたが自分自身に切りつけたり焼きつけたりしたい衝動に襲われたときには，毎回，その日時と場所，そしてそのとき何が頭のなかをよぎったかを書き留めてください。
- あなたの気分が10点中4点を下回ったときには，そのとき何をしていたか，そしてどのような考えやイメージが頭をよぎったかについて書き留めてください。
- 過食の後，できるかぎり，あなたが食べたもの，場所と時間，また過食する前，過食している間，そして過食した後に，どのようなことがあなたの頭をよぎったかについて記録してください。
- あなたがバスに乗るとき／スーパーマーケットにいるとき／夜，家に一人でいるときはいつも，どのようなことを感じているかに注意してみてください。もしあなたが不安を感じているのであれば，不安がどれくらい高いかを評価し，どのようなことが頭をよぎっているかを書き留めてください。

こうした思考記録は，その個人に合わせて作成される必要があることを心に留めておきましょう。いくつかの優れた思考記録表のテンプレートが世に出ていますし（Beck et al.,1979 ; Greenberger and Padesky, 1995），ここでも思考記録表の例が挙げられていますが（図8.1），セラピストとしてあなたが用いる思考記録表は，（a）情報を収集するためのクライエントの能力，（b）あなたとクライエントが問題をより良く理解するために必要な情報のタイプ，を反映していることがきわめて重要です。また，クライエントがどのように記録表に書き込めばいいかをしっかりと理解していることも不可欠です。クライエントが最近の例について回想し，あなたと一緒に記録表を埋めることができるようなセッションで，予行演習を行うことが賢明です。

以下に，パニックの感情に苦しんでいるジュディを紹介します。これは，彼女のセラピストが日記を書くホームワークを導入する場面です。

　私たちの目前には2つの課題があるように思われます。まず私たちは，あなたが非常に不快だと感じるときに，あなたにまさに何が起きているのかについて，もっとよく理解する必要があります。そのために，そのときの出来事についてこの記録表を付けることが役立つでしょう。次に，あなたは青いものを見たときに生じるパニックの感情について説明されました。一体何がパニックを引き起こすのかについて，あなたがもっと意識でき，パニックに圧倒される気持ちを軽減できるようになる方法が必要だという見解に私たちは達しました。その目的を達成するために，この記録表を使いながら感情をたどってゆくことが助けになってくれるでしょう。ただし忘れてはならないのは，この課題が初めての試みだということです。進み具合を見て，課題を修正しなければいけないかどうかを見極めましょう。今日のセッションの最初にあなたが説明された例を使いながら，今試し

日時	感情	思考
	あなたはどのような感情を抱きましたか？ また、感情の強さを0（まったくない）から100（最も強い）で評定してください。	あなたの心にどのようなことが浮かびましたか？ また、その思考が浮かんだとき、あなたはどれくらいその思考を信じていましたか？ 0％（まったく信じていない）から100％（絶対に間違いなく真実だと思う）の割合で評定してください。

図 8.1 日常思考記録表（daily thoughts record:; DTR）の例

（1）状況	（2）感情	（3）思考
火曜日のお昼休み：レジで支払いを待っていた。そこはたくさんの買い物客がうろうろしている大きなお店だった。	体が熱く，微かに震えていた。眩暈がして，心臓がどきどきしているように感じた。 **不快感**：8/10	パニック発作が起きそうだ。みんなが自分に注目している。みんな私のことを狂っていると考えるだろう。 **これらの思考の確信度**：パニック発作 7/10 みんな私を見ている 9/10 みんな私のことを狂っていると思う 9/10
土曜日の朝：車に給油していたとき。	緊張，眩暈を感じる，熱い，震えている。 **不快感**：9/10	ガソリンスタンドの駐車場にいる人は，私のことを気違いだと気づいている。自分は気違いだ。パニック発作が起きそうだ。 **これらの思考の確信度**：人々が見ている 9/10 パニック発作 9/10

図 8.2　ジュディの初めての思考記録

に行ってみて，どのくらいうまくいくか見てみませんか？

　図8.2は，次のセッションまでの間のホームワークとして初めてジュディが完成させた思考記録の例です。セッションのなかでジュディと一緒にこの思考記録を精密なものにしました。このセッションでは，ジュディが身体感覚に留まることができれば，自身の思考について容易にはっきりと述べることができるということがわかりました。身体感覚を振り返ることが苦痛を感じていたときのことをはっきりと思い出させるきっかけとなり，ジュディはそのときの自身の思考を思い出すことができるようになりました。また，自分の体験を評価し，感情と思考の強さについて点数で表すことができるようにもなりました。もしジュディが（気分や思考の）評定尺度を用いることについて大きな不安を感じていたなら，この思考記録では点数の記入を省いておいて，もっと自信がついてから，後で組み込むことにしたでしょう。また，もしジュディが自身の思考を思い返すことができなかったなら，この思考記録はまず（1）と（2）の欄で構成されるようにして，（3）の欄については，自動思考をとらえることができるようになるにつれて，次第に導入していったことでしょう。さらにもしジュディが記録を付けるという考え自体が大変だと感じていたなら，彼女は毎日パニックを感じたときの点数を単に記録することから始めることができたかもしれません。クライエントがセラピーの過程で自信をつけるには，セラピストと一緒に話し合ったホームワークを自分でもこなすことができるとクライエントが感じることが大切なのです。

　身体的，感情的，あるいは認知的な反応の度合いに点数を付けることの利点は，ジュディがキーとなる反応を見極める力を付けるうえで役立ったことと，時系列的な変化を量で表す方法を与えたことです。

　セラピストがクライエントの記録をよくよく吟味しなければならないことは言うまでもありません。日々記録を付けることに魅力を感じるクライエントもいますが，そうではない人にとってはうんざりするような苦痛に満ちたことにもなりかねません。クライエントがやりがいや前進を感じられなければ，記録を付けることをすぐに止めてしまいかねません。この

ため，セラピストがクライエントの記録に注意を払うことは，とりわけ重要なことなのです。記録を付けることに「失敗はない」ということは，セラピストによって掲げられるべき，もうひとつの介入上の課題です。もし記録が完成されていれば，セラピストはセッションを進めてゆくうえで有用な情報を手に入れることになりますし，逆に，もし記録が十分に完成されていなくても，クライエントが記録を完成させるうえで妨げになったものは何かということについて探り，そこから取り扱っていくこともできます。

✱ 疑問文を声明文に変える

　クライエントの思考が疑問形式を取ることは稀ではありません。「どうして私はこんなにも愚かなのだろう？」といった修辞疑問（形式は疑問文であるが，内容的には平叙文に等しい強意の表現）の形を取ったり，あるいは「失敗したらどうしよう」とか「それが悪い知らせだったらどうしよう」といった「〜ならどうしよう」という疑問文として表現されたりすることもあるかもしれません。疑問文は，再評価したり検証したりする余地を与えないため，それは明確な声明文に変換されるべきです。ですからセラピストは，「どうして私はこんなに愚かなのだろう？」という思考に対して，「その質問にあなたはどのように答えますか？」と尋ねることになるかもしれません。その返答は「なぜ自分はこんなに愚かなのだろうかですって？　愚かなのはもともとの性質で，それが自分なのです。私はとても愚かです」というものかもしれません。ここで，明確な声明が同定されました。この声明をもとに，考えの確信度を評定し，最終的には検証されることが可能になります。

　同様に，セラピストは「〜ならどうしよう」という疑問に対して，「もしそれが起きてしまったとしたらどうしよう？──どのような結果になるのでしょうか？」とか「その問いに対する最悪な答えはどのようなものでしょうか？」といったように質問することで，そうした疑問を深く探ることができます。典型的な返答としては，「もしも失敗したとしたら，二度とちゃんとした仕事につくことはできないだろうし，生計を立てていくこともできなくなってしまうでしょう」とか「それが悪い知らせだったとしたら，自分には対処できません──私は駄目になってしまいます」というものかもしれません。そしてセラピストは，クライエントの怖れを理解するために，これらの声明についてもっと詳しく検討することができるのです。

　クライエントのなかには，自身の疑問に対して答えを出したがらない人もいます。というのも，疑問は，その下に隠れている声明よりも，クライエントにとって苦痛が少ないからです。これは，認知的・感情的回避のひとつであり，当然のことながら，こうした苦痛を取り出すということは慎重に行われなければなりません。

✱ イメージやロールプレイを通して想起を促す

　すべての人がジュディのように，自分自身の自動思考をとらえることができるわけではあ

りません。一部の人にとっては，イメージやロールプレイといった介入法を用いることが役に立つことがあります。こうした想起法を用いることで，思考を思い起こすことができるほど十分かつ鮮明にキーとなる状況を再現することが可能になります。最も広く用いられている技法は，問題に関する最近の経験について詳細に話すようにクライエントに求めることでしょう（あるいは，特定の経験に焦点が置かれるのであれば，その出来事を思い出すように求めることです）。セラピストが，「心の瞳で，これを見てみてください。周りで何が起きているのか，あなたが何を感じ，どのように反応したかを説明してくれませんか？」と尋ねることで，クライエントの回想がより鮮明になるでしょう。

　ジュディは，初めてセラピーに訪れたとき，自身の体験を言葉で表現することがうまくできませんでした。なぜ彼女がそんなにも強烈な反応を体験したのかについて正しく理解するうえで，イメージすることは助けになりました。

セラピスト　最後にパニックを感じたときのことを思い出せますか？
ジュディ　ここの待合室で，ほんの少し前のことです。
セラピスト　そのことについてもっとよく検討してみることができるかもしれませんね。少しだけ前に戻って，そのときのあなた自身のことを思い浮かべることはできますか？　そのときのご自身の様子を心の瞳で見ることができますか？
ジュディ　はい。
セラピスト　もしできるなら，そのイメージに留まって，あなたがどのように感じたかをありのまま，できるだけ多く，教えてください。その場にいる感じにただ集中し，反応をできるだけたくさん観察してみてください。今ある緊張を感じながら，物事について説明できそうかどうか，見てみてください。
ジュディ　いつも通りですが，その後，もう一人の人が私に話しかけてきます。自分の顔が赤くなっていくのを感じ，緊張と，眩暈も少し感じます。この人は，私がこの場所に変な座り方をしていると考えている，と思っています。どんどん火照ってきます。その人が私を見つめていることがわかり，自分が恥晒しになっているとわかります。それから，その人は立ち上がって部屋を出ていきます。そんな変な人間と同じ部屋にいることには耐えられないから。

　ジュディのパニックに意味を与えている"ホット"な思考をとらえられるようにするため，セラピストは，現在の事柄について説明するようジュディに求めました。セッションの早期では，"ホット"な思考をターゲットにすることは難しいことでした。というのは，ジュディは，「その人が私のことを見ていると考えていましたが，何か他のことを考えていたのかもしれません」といった言い回しで，こうした"ホット"な思考について合理的に説明していたからです。これは，否定的な自動思考に取り組みには役立つ見方ではありますが，ジュディの極端な反応について説明するうえでは役立ってはいません。

　イメージの作業は，トラウマを体験した成人にとって，とりわけ重要な介入法となりえま

す。トラウマが成人してから体験したものであるにしても，子ども時代に体験したものであるにしても，そのフラッシュバックやその他の望まない侵入思考に苦しんでいるのであれば，重要です（たとえば，Arntz and Weertman, 1999 ; Ehlers and Clark, 2000 ; Holmes, Grey and Young, 2005）。

　イメージは，視覚的なものに限定される必要はありません。内臓感覚とか感覚として感じるといった反応もまた関連があります。たとえば，神経性無食欲症（制限型）の女性は，なぜ自分が客観的に見てほんの少量の食物でさえ食べることができないのか，言葉で表現することができないかもしれません。しかし，食事を摂ることを想像させるような質問をしてみると，少し食べたくらいで体重が増えることはないだろうと頭ではわかっていても，食べることを嫌悪させるような，腹部が膨らんで太っていくという急激な感覚を経験していたことが明らかになるかもしれません。

　イメージの使用は，非常に強力な技法となりえますが，人によっては思い出させすぎてしまうこともあります。たとえば，ひどいトラウマ経験に曝されてきた人は，イメージを用いれば必ずといっていいほどトラウマ記憶に圧倒されてしまうことでしょう。そのようなケースでは，徐々にイメージを導入するように進めてゆくことが賢明だと言えます。最初のステップは，セッションでの作業でイメージを取り入れる理由について話し合い，それからクライエントのレジリエンスを高めるというものになるでしょう。回想にあたり，一人称現在形〔例「私は今〜と感じています」〕を用いる代わりに，三人称過去形〔例「彼女はそのとき〜と感じていました」〕で話をすることから始め，クライエントが（トラウマ記憶を思い出しても）しっかりとしていられるようになるにつれて，より個人的な「今ここ」をとらえるような話に移ってゆきます（Resick and Schnicke, 1993）。

　ロールプレイもまた，キーとなる感情や認知を呼び起こすために用いられます。ジュディは最近，ガソリンの支払いをしようとしたときにパニックを感じましたが，何がこのような感情を引き起こしたのか正確に説明することはできませんでした。セラピストがレジ係になり，ジュディがその場面を再演したとき，彼女は「自分は愚かと思われるような何かをしでかしてしまうだろう，あの人は私のことを馬鹿だと思うだろう，みんな私のことを愚か者だと思うだろう」という考えを認識することができたのです。

✱　セッション中の気分の変化を活用する

　介入セッションは，"ホット"な認知をとらえるうえで有用な情報源となりえます。ですから，否定的な思考をしているかもしれないクライエントの姿勢や表情，声の調子の変化については，よくモニターするようにしましょう。

　たとえば，ジュディは，陽気でユーモアに富んだ性格のようにふるまっていましたが，セッションのなかで表情が深刻になり，姿勢が堅くなる瞬間が幾度かありました。「たった今，何が起きましたか？　あなたの頭を何かよぎりましたか？」と尋ねることで，ジュディが恐ろしい"ホット"な認知を認識できたことがたびたびありました。ジュディのケースでは，そ

ういった思考をすぐさまとらえることはきわめて重要なことでした。そうしなければ、そうした思考を軽視して忘れてしまう傾向がジュディにはあったからです。

もう一人のクライエントであるジョンは、時折ごく短時間、集中力を失くしてしまい、セッションから気が逸れてしまうときがありました。このとき何が起きたのかを尋ねることで、彼が子ども時代に遭ったトラウマのフラッシュバックを体験していたことがわかりました。

セッションの間に"ホット"な認知をとらえられる可能性は、イメージやロールプレイ、セッション内での行動実験を用いたときに最も高くなります。

✱ 発言の全容を明らかにする

否定的な考えはあまり具体的でないことがよくあります。具体的でない考えは評価することが難しいものです。そうした場合には、クライエントが用いる特定の言葉や表現は何を意味しているのかについて具体的に話してもらうことが役立つでしょう。たとえば、「私はだめな人間だ」と言う学生を例に取ってみましょう。具体化するには、下記のような質問が挙げられます。

- どのように「だめ」なのでしょうか？
- 達成できなかったというのは、どのような事柄について感じるのですか？
- どのような事柄については成し遂げられるのでしょうか？
- あなたはご自分の成功というとき、どのようにそれを評価しているのでしょうか？

このような質問をよく考えてみると、自分が全般的に「だめ」というよりはむしろ、学業の多くの分野で目標を達成しているが、語学では自分の幾分高い基準を満たせていないということにこの学生は気づいたのでした。

「何事もうまくいかない」と思い込んでいる人に対応する際、セラピストは、以下のような問いかけができるでしょう。

- そのような考えを助長した出来事について、もっと教えていただけませんか？
- そのとき、あなたの心に他に何か浮かんだことはありましたか？
- 似たような状況で、物事が円滑に進んだということはありましたか？
- 先週を振り返って、うまくいった物事について思い出すことはできますか？
- 今までの人生で、幸せだと感じた経験はどのようなものでしょうか？

この人は非常に悲観的に考えていましたが、こうした質問を投げかけることで、大抵の場合、物事はかなりうまくいっていたということが明らかになるかもしれません。この人は成就が難しいと思われる恋愛関係のなかで問題が起こるたびに、うまくいかなかった過去の恋愛経験に悩まされ、ひどく否定的に感じていたのです。

● 気を逸らす

　気を逸らすという基本的な認知的方略は，人間は一度に1つのことにしか集中することができず，何か中性的なものや心地良いものに集中すれば否定的な思考や衝動にとらわれずに済む，という発想にもとづいています。気を逸らすことは，以下の2つの目的に役立ちます。

1. 先入観を助長して否定的な感情を生じさせるような不適切な思考のサイクルを絶つこと。
2. 否定的な認知に対する構えを変えること。注意を逸らすことで，クライエントが否定的な認知にとらわれるのでなく，そこから距離を取り，そうした認知は自分自身や世界に関する事実というより「ただの思考である」とみなせるようになること。

　気を逸らすことは，望ましくない認知を減少させるうえで，思考抑制よりも有効です（Wenzlaff and Bates, 2000）。これは，特にクライエントが自分の望ましくない認知と関連のない肯定的な方向へと注意を逸らしたときに効果が高まることが，研究により示唆されています。（Wenzlaff, Wegner and Klein, 1991）。ですから，否定的なことを考えないようにするよりも，何か肯定的なことを考えるほうが，注意を逸らすことができます。何かについて考えないようにするよりも，何かについて考えるほうが，よりうまく気を逸らせるのです。このことは，クライエントに限らず多くの人に共通してあてはまります。読者の皆さんも，このことを簡単に試してみることができるでしょう――たとえば，ピンク色の風船について考え**ない**ようにしてみてください。そうすれば，おそらくあなたの頭のなかは，ピンク色の風船でいっぱいになり，それについて考えないでいることはできないことがおわかりになるでしょう。一方，もし，あなたの目的がピンク色の風船について考えることで，そうするように努めるならば，ピンク色の風船についてうまく考えることができると気がつくでしょう。さらにおそらく，あなたは想像のなかで，ピンク色の風船をうまく操ることもできるでしょう――たとえば，その風船を思いのままに持ち上げたり，落としたり，破裂させたりとかいったことができるでしょう。このことから，私たちは，イメージをコントロールできる可能性をもっていることがわかります。

　クライエントが実践できる気逸らし法には，以下のようなものがあります。

- **身体を動かすこと（運動）**：これは，頭のなかがあまりに否定的な考えでいっぱいで，うまく気を逸らす方法が思いつかない場合や，頭で考えて悩むより身体化しやすい子どもや青年に対して，特に有効です。運動は，よく知られるもの（例：ランニング）だったり，控えめなもの（例：骨盤底運動）だったり，きついもの（例：難しいヨガ）だったり，ありふれたもの（例：家事）だったりします。大切なのは，クライエントが注意を集中できる活動であることです。

- **注意の焦点を変える**：この用語は普通，内的な世界ではなく外的な環境やそこにある物や人に注意を払うということを意味します。クライエントは，周囲の環境の形や色，匂い，音，手触りなどといったものについて説明するように促されます。その説明が詳細であるほど，より気が逸れるでしょう。
- **精神を働かせること**：精神的活動には，1,000から7ずつ引きながら逆に数えていくものや，詩の朗読，お気に入りの音楽や映画のワンシーンを細かく再現することなどがあります。もうひとつ効果的に注意を逸らす方法として，クライエントが行ってみたい場所について頭のなかでイメージをつくりあげるというものがあります。海岸だったり美しい庭園だったりスキー場のゲレンデだったり，クライエントにとって魅力的な場所であればどこでも構いません。この方法が効果的であるためには，イメージは魅力的で，細部にわたって感覚に働きかけるものであると同時に，詳細に語られたものでなくてはなりません。
- **思考を数えること**：単純に思考の数を数えることで，クライエントはそうした思考から距離を取ることができます——思考の数以外に注意を向けることなく，とにかく数を数えます。近所にハトが何羽いるか数えるときにするのと同じような感じで，「あそこに1つ（1羽）…もう1つ（1羽）…あ，あそこにもう1つ（1羽）！」といった具合にです。

注意を逸らすエクササイズについてクライエントと一緒に考えるときには，以下のことを覚えておきましょう。

- エクササイズは，クライエントに合ったものでなくてはなりません。たとえば，頭のなかで計算したり海岸をイメージしたりすることは，数学が嫌いで砂アレルギーのある人には効果がないでしょう。エクササイズがとっつきやすく魅力的なものであるときのみ，クライエントは注意を逸らすことに専念できます。ですから，気を逸らす方法は，クライエントの興味や強みにもとづいて考えていかなければなりません。
- クライエントは，状況に応じて実践できる方法が複数あるとよいと思うかもしれません。たとえば，公共の場ではひっそりとささやかに技法を行う必要があるかもしれません。逆にプライバシーが保たれる場所では，もっと直接的な技法を用いることもできるでしょう。身体を動かすことは頭のなかが否定的な思考でいっぱいになってしまっているときには最も取り組みやすいものですし，精神を働かせることはさほど頭のなかがいっぱいになってしまっていないときに，より使い勝手が良い技法と言えるでしょう。
- 注意を逸らすことは，行動実験のなかで，「Xのことを考えるのをやめることができない」とか「頭から心配が消えない」といった予測を検証するときに用いることもできます。
- 気を逸らすことが長期的な回避や安全行動として用いられたときには，かえって逆効果になります。クライエントがとにかく自分は注意を逸らすことで問題に対処しているのだという考えを身に付けてしまうとすれば，それは限られた利益しか与えません。実際には，自身の問題を掌握できるという自信を付けるより，自信を下げてしまうことになりかねません。

- 頻繁に注意を逸らすことで役立たない認知が根本から変わることはありませんから，長期的に見ると必ずしも良い方略ではありません。このため，本章の後半では他の方略の必要性について述べます。

● 認知の偏りをつきとめる

　クライエントは関連のあるイメージや思考をつきとめることが上手になるにつれて，認知の偏りを見つけ出すことができるようになってきます（表8.2参照）。認知の偏りとは，感情的に高ぶっているときには誰しもが時々経験する思考の誤りが誇張されて現れたものです。認知の偏りは，人の情報処理スタイルによく見られる不安定さを反映したもので，偏りが慢性化したりあまりに極端なものであったりするときに初めて問題となります。たとえば，下のリストのはじめに挙げた歪みは「二分法的思考」です――これは，物事に灰色の部分を認めない「全か無か」の考え方です。ストレスの程度が高まるとともに，このタイプの情報処理スタイルを行うことが多くなります（Kischka et al., 1996）。実際に脅威にさらされたときには，これは適切な情報処理スタイルであるかもしれません。もし他の車が自分の車に向かって突っ込んできたなら，「生きるか死ぬかだ！」と考えて咄嗟にかわすことが適切です――このような事態では，些細な選択肢をいくつも貴重な時間を無駄にするのは賢明ではありません。しかし，もしさほど強くないストレス状況に対しても，このように二分法的に考えるのが習慣だったとしたら，おそらくすぐに不安関連の問題を発症してしまうことでしょう。

　表8.2には4種類の認知の偏りが挙げられています。それは，極端な思考，選択的注意，直観への依存，そして自己叱責です。これら4つのグループのうちの種々のカテゴリーが互いに排他的でないことに注意してください。

　ジュディは表8.2の認知の歪みに関するまとめを見ると，笑顔でこう言いました，「これから問題に取り組んでいけます。このすべてに当てはまるんです！」。多くのクライエントと同様，ジュディは自分自身にこういった認知の偏り，あるいは「歪曲した思考（crooked thinking）」（Butler and Hope, 2007）をする傾向があることを認識するようになりました。ジュディにとって，こうした傾向に気づくことは楽しいことでした。認知の偏りを認識することは，そこから距離を取り，「脱中心化する（decentre）」（次節を参照）うえで助けとなったのです。ジュディは楽しいと感じているときは物事を悪く考えることはなかったため，次第にもっと肯定的に物事を考えることができるようになりました。表8.3は，彼女の日記の抜粋です。ジュディによくある認知の歪みを同定したものです。

　ここまでで，クライエントを援助するのに必要なことを大まかに述べました。

- 認知を理解し，つきとめる。ソクラテス式問答法を用い，必要であればイメージやロールプレイも織り交ぜる。
- 認知を記録する。

表 8.2　よくある認知の偏り

1	極端な思考（Extreme thinking）
二分法的思考 (Dichotomous thinking)	物事を「全か無か」で見てしまい，両端の間の中間の可能性について認めないこと。物事は「良いか悪いか」「成功か失敗か」であり，ネガティブな選択肢が支持されるのが典型です。 例：私は何をしてもうまくいかない。誰も信用できない。私は完全な落伍者だ。
非現実的な期待・高い基準 (Unrealistic expectations/high standards)	自分自身や他者について，大げさな評価基準を用いること。「～して当然だ」「～しなければならない」「～すべきだ」を用います。 例：一番でなければ意味がない。 　　満点を取らないといけない。 　　間違いは許されない。 　　みんなを喜ばせないといけない。
破局的思考 (Catastrophisation)	最悪の結果を想像してしまうこと。幸先の良いスタートであっても，時にそうなります。破局的思考は一瞬のうちに起きるので，クライエントは瞬く間に最もひどい結論へと飛躍してしまっているように見えます。 例：失敗を犯した／上司は激怒するだろう／雇用契約は更新されないだろう／職を失うだろう／家も失うだろう／妻は私を置いて出ていくだろう／私は貧しく孤独になるだろう。
2	選択的注意（Selective attention）
過度の一般化 (Over-generalisation)	1つの否定的な出来事を受けて，すべてが否定的なものになると受け取ってしまうこと。 例：面接で失敗した――絶対に職につけないだろう。 　　恋愛がうまくいっていない――パートナーは決して見つからないだろう。 　　あの人には失望した――誰も信用できない。
心のフィルター (Mental filter)	他のもっと良い出来事に目を向けず，1つの否定的な事柄を持ち出して，そのことに囚われること。その他のことはうまくいった日でも，たった1つのうまくいかなかったことに注目してしまうこと。達成したことや褒められたことについては忘れ，たった1つの批判にこだわること。 例：試験科目のうちのひとつ，点数が低かった／ひどいことだ／何ひとつ上手にやれない。
マイナス化思考 (Disqualifying the positive)	肯定的な出来事を，取るに足りないことだとして拒絶したり，軽視したり，忘れたりすること。 例：あの人はいい人ぶってあんなことを言うんだ。たぶん私のことを何か利用しようとしているんだろう。これは大した成果ではない――みんなもっとよくやっている。
過大視と縮小視 (Magnification and minimisation)	否定的な出来事の重要性を過大評価し，肯定的な出来事の重要性を過小評価すること。 例：あの取引ではなんてへまをしてしまったんだろう。上司が望んでいた条件を提示されたのに，うまく対応できなかった。
3	直観への依存（Relying on intuition）
結論への飛躍 (Jumping to conclusions)	裏付けとなる事実がないにもかかわらず解釈すること。結論への飛躍の例は2つのカテゴリーに分かれます。 ⅰ　読心術（Mind-reading）：あの人たちは友達面をしながら，裏で私のことを笑っている。私にはわかる。 ⅱ　先読み（Fortune-telling）：あの人に会えば，あの人はきっと私を嫌いになる。
感情的な推論 (Emotional reasoning)	感情は事実を反映するものと考えてしまうこと。 例：どうも手に負えなさそうな感じだから，先に酒をちょっと飲んでおこう。 　　怒ると気分が最悪になるから，怒るというのは悪いことに違いない。 　　自分に魅力がないと感じているから，事実そうに違いない。

表 8.2 よくある認知の偏り（つづき）

4	自己叱責（Self-reproach）
物事を個人的に受け取る (Taking things personally)	何か悪い出来事が起きた（と感じられた）ときに責任を感じること。 例：夕食会はうまくいかなかった：私のせいだ，私が緊張していて，そのことでみんなに不快感を与えてしまったんだ。 　　私の講義が終わる前に二人の学生が抜けていった：講義がつまらなかったに違いない。
自責または自己批判 (Self-blame or self-criticism)	自分が悪い出来事の原因なのだと考えたり，原因もないのに自分を批判したりすること。 例：気分が良くない：自業自得に違いない。 　　仕事についていけない：私が愚かで怠け者だからに違いない。
自己罵倒 (Name-calling)	過酷できつい名前を自分自身に付けること。 例：まぬけ！ 　　私は本当に愚かだ。 　　私はなんて愚か者なんだ。

- 状況と認知，感情をつなげる。それによって，「どうりで〜なんだ」とクライエントとセラピストの双方が納得することができるようにする。
- 短期的な対処法として，気を逸らす方略を用いる。
- 認知の偏りに気づけるようになる。

ここまで述べてきたことができれば，クライエントは，問題を生じさせている自動思考やイメージを評価する準備ができています。

● 自動思考やイメージを評価する

＊ 一歩引いてみる，または「脱中心化」する

　Beck et al.（1979）は，脱中心化または認知は現実を表したものではなく，心のなかの出来事であるととらえることができる力というのは，認知療法における中核的要素であると述べています。感情的に彩られた認知の内容を信じるというより，そこから一歩引いて観察し，認知はひとつの見解であり必ずしも事実ではないことを認識するのです。脱中心化は，「メタ認知的気づき」とも呼ばれます。メタ認知とは，認知の評価やモニタリング，コントロールに関わる，あらゆる認識や過程と定義されます（Flavell, 1979）。思考の内容に囚われるのではなく，その過程をラベル付けすることができれば，クライエントはメタ認知的気づきを行うことができるかもしれません。セラピストは，クライエントが「また自分の全か無かの思考が出ている」とか，「私ここで破局的に考えている」とか，「私の見捨てられ不安が入り込んできている」といったような発言を耳にすることがあるかもしれません。こういった反応は，クライエントがメタ認知的気づきに達したことを示唆するものです。この 10 年間で，CBT の実践に

表 8.3　ジュディの極端な思考

思考	認知の偏り
パニック発作を起こしてしまうだろう…	破局的思考
…そして，皆の視線が私に集まってしまう	結論への飛躍
皆は，私が狂っていると思うだろう	読心術
（ガソリンスタンドの）給油場にいる人たちは，私がダメ人間だと気づいている	読心術
私はダメ人間だ	自己罵倒
パニック発作を起こしてしまう	破局的思考

　マインドフルネス瞑想（mindfulness meditation）が導入されて以来（その発展については第17章を参照），脱中心化がCBTにおいて重要な役割を果たしていることが示されています。

✳ 認知の始源を理解する

　客観的に認知を見るようになってくると，クライエントは自分自身に「愚か」だとか「馬鹿」だとかいったラベル付けを簡単にしてしまうことがあります。セラピストは，なぜそうした不適切な思考をしてしまうことがクライエントにとって合理的なのか，あるいはなぜこれまでの人生のある時には役立っていたのかということについて，クライエントが自己理解するのを手助けする必要があります。この方法のひとつとして，ホットな思考を支持する証拠や体験について考えてもらうように伝える，というものがあります。問題となる認知が，出しぬけに生じるというようなことはまずありません。そういった認知が生じるのも納得できるような，人生早期の経験がたいていあるものです。クライエントがなぜある結論を下してしまうのか，それには理由があるかもしれない，と認識できるように援助することを目指しましょう。そして，クライエントが自身の自動思考について検討するとき，「道理で～なんだ」とか「どうして～なのか理解できる」というような結論に到達していけるようにしましょう。

　先の例で挙げた，「自分は役立たずだ」と思い込んでいた学生は，児童が全教科において優れた成績を取ることが奨励されるような厳しい学校に通っていました。その当時は，高い達成基準を保つことは，この学生が校風になじむうえで役立っていました。また，この人が学力的に優秀だったこともあり，良い成績を修めることは人から誉められるうえで役立っていたのです。しかし，その後の人生では，このような高い達成基準は，達成不可能であることが多く，ストレスを生じさせることになりました。そして，「自分は役立たずだ」という思い込みを助長することになったのです。

　「自分は何をやっても，いつもうまくいかない」と感じていた若い男性は，実際に恋愛関係で幾度となく失敗しました。ですから，彼が悲観的になるのも無理のないことでした。この人は，あらかじめ恋愛関係の破綻を予想しておけば心が深く傷つくのを防ぐことができると思い込んでおり，恋愛関係について悲観的な考え方をもちつづけてきたことは理解できる

（3）思考	（4）なぜその結論に至ったか
パニック発作が起きそう。みんなが私に注目している。みんな私のことを狂っていると考えるだろう。 **これらの思考の確信度** パニック発作 7/10 人が見ている 9/10 狂っていると思われる 9/10	なぜ自分がパニック発作を起こすと予期してしまうのか、私にはわかる——過去になったことがあるんだもの。みんなが私のことを見ていると考えてしまうのは無理もないこと。だって、パニックを起こしたときの人々の反応はそんなふうなものなのだから。 もし、誰かがパニック発作に襲われているのを見て、何が起きているかわからなかったとしたら、私だってそういう人を変だと思うかもしれない。特に、母が昔から私にそう教え込んできたように。
（ガソリンスタンドの）給油場にいる人たちは、私が気違いだとわかっている。実際、自分は気違いだわ。パニック発作が起きそう。 **これらの思考の確信度** 人が見ている 9/10 パニック発作 9/10	みんなが私のほうを見てると思うのも不思議じゃないわ。だってパニックを起こしたときの人々の反応っていうのは、そんなふうなものなのだから。私が自分のことを気違いだと思うのも不思議じゃないわ、とてもつらいのだから。なぜ自分がパニック発作を起こすと予期してしまうのか、私にはわかる——過去になったことがあるんだもの。

図8.3　ジュディの自動思考

ことでした。しかし、このような考え方によって、人間関係における楽しみや関わり合いが減ってしまっていることに今になって気づいたのです。

　図8.3に挙げたのは、ジュディの自動思考に対する彼女自身の説明です。「あの人たちは私のことを狂っていると思うだろう」という思考を評価するにあたり、セラピストは次のように尋ねました。

- このように感じなかったときというのを思い出せますか？　パニックになってしまいそうでも、自分は周りから気違いだと思われているとは考えなかったときです。
- このような考えをしはじめたときのことを思い出すことはできますか？
- もっと具体的に話してもらえませんか？

　ジュディの感じ方は、彼女の母親に大きく影響を受けていたことが明らかになりました。母親は、人前では感情を表に出さないように、そうしないと周りから弱いとか変だと思われてしまうから、とジュディに教えていたのです（図8.3を参照）。

✳ メリット・デメリットを考える

　認知療法では、なぜ、役立たないように思われる反応や応答がクライエントには意味があるのか、という理由について探索します。ここに、最終的にはさほどためにならない認知をもちつづけることのメリットについて、クライエントによく考えてみてもらうようにセラピストが伝えるひとつの理由があります。クライエントに、メリット（またデメリット）について短期的かつ長期的な観点から検討してもらうように促すことが役立つのです。ある認知

はごく限られたメリットしかもたないし，またある認知は短期的には安心感を与えても長期的に見るとデメリットをもつかもしれない，さらに他のある認知は短期的に見ると不快感を与えこそするが，長期的にはメリットをもたらすだろう，といった具合です。たとえば，「自分は役立たずだ，だから諦めたほうがいい」といったような自分に言い訳するような思考は，短期的に見れば回避行動を助長することで安心感を与えますが，長期的に見れば問題になりかねません。また摂食障害において，「空腹の苦しみには屈しない」という思考は，短期的には不快感を生じさせますが，長期的にはコントロール感を与えてくれることもあります。否定的な思考のメリットには，それにより自分の身が守られているという感覚を与えてくれるという点が挙げられます。たとえば，「もし私がパニック発作を予期しておけば，いざ起きても驚きはしないだろう」とか，「人に対して最悪のことを想定していれば，失望することもないだろう」といったようにです。認知のメリットとデメリットについて詳しく考えてみると，否定的な思考が執拗にに立ち戻ってくる理由をより理解することができるようになります。クライエントのなかには，否定的な思い込みをもちつづけることのメリットは，それが真実を映すものだからだと説明する人もいるかもしれません。しかし，たとえある否定的な認知に一片の真実が含まれていたとしても，そうした真実というのは誇張されていることが多いものです。

　メリットとデメリットのバランスを取ることは，時に「費用対効果分析」と呼ばれることもありますが，これはクライエントの視野拡大を促すアプローチです。特に，ある事柄が真実なのか否かについてははっきりしないけれども，バランスとして最も有用なものは何かを見つけるときに役立ちます。

　その他の関連する方略として，「リフレーミング」があります。これは，コインのもう片側の面について熟考するよう促すことで，より広い視野に立てるように促すことです。たとえば，出世意欲が強く夜の時間をほとんど仕事に費やしており，子どもたちと過ごす時間を犠牲にしてしまっている父親について考えてみてください。この人にとって仕事量を減らすことは先行きを考えると不快なものですが，子どもたちと過ごす時間が増えるとリフレーミングできるかもしれません。あるいは，体重と体形をコントロールすることに躍起になっていて，極端な食事制限にこだわるあまり社会生活や仕事上でうまく機能していない女性について考えてみてください。一見利益があるように見える極端なダイエットですが，仕事や社会生活を脅かすものとしてリフレーミングすることもできるかもしれません。

　メリットとデメリットを検討するときは，当然のことですが，セラピストは対決的な姿勢を取るのではなく，共感的で協働的であるべきです。こうした練習は，クライエントに力を与え，かつ啓発するものであって，クライエントがいかに間違っているかを示すためのものではありません。正しく用いられれば，このアプローチは，変化することに対して両価的な感情をもっているクライエントを励ましたり動機づけたりするうえで，大きな助けになります（Miller and Rollnick, 2002）。

✱ 最悪のことは何であり，それに対してどのように対処するか

　クライエントによっては難しい質問ですが，「起こりうる最悪のことは何でしょうか？」という問いはきわめて重要なものとなることがあります。この問いによって，クライエントは（問われなければ向き合うことができないような）恐れを言葉で表現しようとします。そして，問いに答えることで解決される必要のある究極的な問題について明らかになります。ここでセラピストによる直接的な帰結を求める質問，「……それで，あなたはどのように対処するのでしょうか？」という問いによって，クライエントによる問題解決へのプロセスの幕が開かれるのです。最悪のシナリオに対する解決策を考えることで，破局的な予想に対する不安が取り除かれることが多いのです。

　ジュディが最も恐れていたのは，人前でパニック発作が起きるのではないかということでした。どのように対処するのかと質問することは，それ自体が一種のエクスポージャーでした。ジュディはこれまで対処法について深く考えたことはありませんでしたし，パニック発作に終わりがあると考えたこともありませんでした――彼女の感じていた不安はあまりに漠然としたものでした。そして今，セラピストの助けを借りて，ジュディは状況に対処するためのアイディアを考え出すことができるようになりました。それは（パニックを起こしたとき）人目に付かない場所を見つけて，自分自身に大丈夫だと言い聞かせるように努め，近づいてきた人には自分が苦しい状態にあることについて説明する言葉を繰り返すようにする，というものです。こうした練習を通して，ジュディは最悪の結果に対しても対処できるという自信をもてるようになり，パニック発作に対する恐れは少なくなりました。

✱ 認知に見られる共通したテーマを見つける

　思考記録を通して，思考の過程や内容に共通するテーマを発見することは，よくあることです。思考過程のテーマには，情報処理の顕著な形としての二分法的思考や，対人葛藤を知覚したときの反応としてのひきこもり（withdrawal）が含まれるかもしれません。認知の内容に関するテーマとしては，拒絶や脅威，恥，怒りなどが含まれるかもしれません。テーマのなかには，特定の精神障害においてより多く見られるものもあります。たとえば，コントロールや完璧主義への希求は摂食障害と関連することが多いですし，喪失感や恥は抑うつに，脅威は不安障害に関連することがよくあります。こうしたテーマを見つけだすことの意義は2つあります。

　第1に，繰り返し現れるテーマは，そのテーマ自体について取り組むことができます。つまり，蔓延する恥の感覚や，何度も現れる喪失感に取り組むために，繰り返し用いることができる方法をつくりあげるのです。これは，問題となっている個々の認知について新しい対策を考え出さなければならない場合よりもずっと効率的です。第2に，テーマから，蔓延す

る中核的思い込みに至る気づきが得られることです。ジュディの日誌を分析すると，2つの有力なテーマが明らかになりました。1つは，自己に関するもの（私はおかしい）であり，もう1つは他者に焦点を当てたもの（他人は私のことをすぐに見定めようとする）でした。後者の中核的思い込みを取り扱った例について，本章の後半で述べることにします。

要約すると，クライエントが下記のようなことを学ぶうえで，セラピストはどのように援助できるかということについて，ここまで述べてきました。

- 役立たない認知をつかまえる。
- 認知の歪みをつきとめる。
- 認知の歪みから一歩引き，役立たない考え方だけれども，そう考えてしまうのは無理もないと理解すること。
- 思考の実用性や妥当性に疑問を投げかけること。
- 最悪の結末を考え，それに対する解決策を講じること。

こうしたことを通して，クライエントは自身の否定的な思考や信念について，より客観的で広い視野をもつことができるようになります。

● 新しい考え方を引き出す

土台作りが終わり，いよいよ問題となる認知について検討し，再評価していきます。ここでは，クライエントの見方に代わりさほど不快ではない見方も可能である，という思考が検討されます。新たな考えを引き出すのに用いられる技法のいくつかを紹介します。

＊ 支持する／支持しない根拠を見直す──バランスの取れた見方を身に付ける

状況について広い視野をもつことができれば，クライエントは，自身の当初の結論をどのようなことが支持し，どのようなことは支持しないのかについて，検討することができます。このことは，表8.4のジュディの日記の例にも表れています。この日記では，自分が否定的な結論を出してしまうことがなぜ無理もないのかについて検討し，自身の結論とそれを支持しない証拠との間で，ジュディがバランスを取っている様子が示されています。

よりバランスの取れた見方に気づかせてくれるような証拠を収集するうえで役立つ方略は，精緻に脱中心化を行うことです。精緻な脱中心化を行うにあたり，クライエントが多くの様々な見方を思いつけるように，思考やイメージから十分な距離を取ることをセラピストは，求めます。これは，次のような質問によって促すことができます。

- その他の可能性について考え出せそうですか？　他の説明については？

- あなたの当初の結論に合致しない点は、どのようなことでしょうか？
- もしもあなたの大切な人がこのように考えたとしたら、あなたはその人に何と言ってあげたいですか？
- もしもあなたのことを大切に思っている人が、あなたがこのように考えているのを知ったとしたら、その人はあなたに何と言うでしょうか？
- もし、あなたの知っている人がこのように考えていて、あるいはこの状況と苦闘していたとしたら、その人は自分自身に対してどのように言うでしょうか？　その人はどのように対処するでしょうか？
- 苦痛を感じるときでも、受け流せているような事柄はありますか？
- 似たような状況で、このように感じたり考えたりしなかったことはありますか？
- このように感じて、何らかの対処をしたことはありますか？
- この状況に陥っていないときなら、どのようなことを思いますか？
- もしも今から5年後に早送りされたら、あなたはこの状況をどのように見るでしょうか？

　選りすぐりの根拠というのは、事実に即したものですし、客観的でもあります。このため、「友人は何にも心配することないって言うと思います」という答えが他者の視点への移行を促すこともあるかもしれません。ただ、「今までにこういう状況に陥ったことは少なくとも15回くらいあったけど、一度もパニック発作になったことはありません」とか、「毎日ふらふらするけど、一度だって気を失ったことはないです」とか、「今まで学校に通ったなかで、一度も試験に落第したことはありません」といったような、客観的な経験がより重要性を帯びるでしょう。

　広範囲にわたる可能性を検討するように促すことによって、コーピングの仕方に関する考えや、それを行動に移すための計画をクライエントから引き出せることもあります。

　セラピーのなかで、こうした質問を受けたとき、難なく自分を落ち着けられる方法や自分に大丈夫だと言い聞かせるうえで有効な言葉をジュディは考え出しました（図8.4の日記参照）。ジュディはいつか友人がストレスに打ち克つのにピラティスのポーズを取ることが役立つと言っていたことを思い出しました。ジュディはピラティス教室に通いはじめましたが、練習を続けられませんでした――それで、学んだピラティスを自分なりに工夫して使うことにし、それが役立つことがわかったのです。

　このことから、クライエントにとって妥当性をもった馴染みのある使いやすい方略が、一番取り入れられやすく、また続きやすいということがわかります。

✳ 認知の歪みに取り組む

　二分法的思考は、両極の間に可能性の幅があるという考えを取り入れることで緩和できま

（3）思考	（4）なぜこの結論に至ったか	（5）私の結論に対立するもの
パニック発作が起きそう。みんなが自分に注目するだろう。みんな私のことを狂っていると考えるだろう。 **これらの思考の確信度** パニック発作 7/10 みんなが見ている 9/10 狂っていると思われる 9/10	なぜ自分がパニック発作を起こすと予期してしまうのか自分にはわかる——過去になったことがあるんだもの。 みんなが私のことを見ていると考えてしまうのは無理もない。だって，パニックを起こしたときの人々の反応はそんなふうなものなのだから。 母が何年もそのように吹き込んできた。	パニックになりそうに感じることは，パニックになることを意味しているわけではない——こんなふうに感じても，パニック発作にならなかったこともある。自分を落ち着かせることが役立つ。たとえパニックになったとしても，いつまでも続くわけではないし，対処する方法だってある。 この思考の確信度 9/10 他人が見ているという感じは，事実になるわけじゃない。 この思考の確信度 10/10 たとえパニック発作になったとしても，みんなが私のことを狂っていると考えることはなさそう。たとえそう思われたとしても，だから何なの？　あの人たちは私の知り合いでもない。 この思考の確信度 10/10
（ガソリンスタンドの）給油場にいる人たちは，私のことを気違いだとわかっている：実際，自分は気違いだ。パニック発作が起きそう。 **これらの思考の確信度** みんなが見ている 9/10 パニック発作 9/10	みんなが私のほうを見てると思うのも不思議じゃないわ。だってパニックを起こしたときの人々の反応っていうのはそんなふうなものなのだから。私が自分のことを気違いだと思うのも不思議じゃないわ，とてもつらいのだから。 なぜ自分がパニック発作を起こすと予期してしまうのか，自分にはわかる——過去になったことがあるんだもの。	他人が見ているとか，自分が気違いだという感じは，事実になるわけじゃない。 この思考の確信度 10/10 パニックになりそうに感じることは，パニックになることを意味しているわけではない——こんなふうに感じても，パニック発作にならなかったこともある。1～2分しかここにいないのだから，大丈夫よ。 この思考の確信度 9/10

図 8.4　ジュディの日記

す。この技法は，スキーマに焦点を当てた作業について扱う第16章においても説明されています。問題が複雑でないクライエント，また問題がより複雑なクライエントに対しても，実に有用な技法です。

クライエントが二分法的思考に打ち克つのを援助するためには，まず関連する極端な可能性を見つけ出すのを援助することです。

たとえば，ジュディは，自分が落ち着いているのかパニックになっているかのどちらかだと思いがちでした（つまり，もし自分が落ち着きを感じなかったら，パニック発作が今にも起こるのではないかと予期していたのです）。

次に，クライエントに，両極の間にいくつか段階があるかもしれないという見解について考えてもらい，スペクトラム上の異なる地点を示す例を挙げてもらうように促します。

以下は、ジュディの感情体験に関する新しい見方を示したものです。これにより、ジュディはパニックになっていくうえで異なる段階を認識することができました。

1	2	3	4	5	6	7	8	9	10
落ち着いている		やや緊張している／動揺しているのかもしれない				パニックになりそうでも，実際にパニックになってはいない			パニック発作

　この練習はいくつかの点で役立ちます。まず，可能性の幅が図示され，ジュディが最も破局的な結論へと飛躍する傾向が抑制されました。次に，パニック発作には至らずに動揺することもあるという保証が得られました。それから，緊張の度合いについて話し合うなかで，ジュディは動揺をパニックが起きる警告のサインだと間違って解釈している可能性に気づきました。

　別のクライエント，アランは，自分自身について「成功」（例：彼は自身に非常に高い要求水準を課して一仕事を終えました）か，「失敗」（例：自身の仕事について自分にこなしうる最高のものだったとは考えませんでした）か，ということを考える傾向にありました。この傾向によって，アランの気分はひどく不安定になりました。自身の厳しい基準を満たしたときには，自分に満足を感じましたが，自身の基準を満たせなかったときには，自分のことをとてもダメなように感じました。そしてまた，自分についてダメだと感じるときには，ひきこもり酒におぼれ，結果抑うつ感を強めるといったように，行動に対しても影響が及びました。
　セラピーにおいて，アランは自身の仕事の出来を評価するにあたり，より柔軟になるうえで役立つ活動の連続線上評定尺度を作成することができました。

1	2	3	4	5	6	7	8	9	10
受け入れられない		わずかだが満足がいく		満足がいく		完璧ではないが良い			素晴らしい出来

　それからアランは，他の人はどのようなことであればその人自身を受け入れているのかについて考えました。そして，自分の周りの人たちは「完璧ではないが良い」というレベルまでできていれば満足し，「素晴らしい出来」というレベルはおまけのようなものだと考えていることにアランは気づきました。また，同僚から頼まれた出来の良くない臨時仕事についても，これが常習化しない限りは，受け入れられるということにも気づきました。この連続線上評定尺度の作成を終えたとき，彼は，自分自身に対する考え方がより寛大になっていることに気づきました。

サラは，ジュディやアランとは異なる問題をもっていました。他人を信頼するということについて二分法的だったのです。サラは，人に裏切られるまでは（あるいは，彼女が裏切られたと感じるまでは），他人を絶対的に信頼する傾向にありました。それを超えると，信頼していた人でも100%信頼に値しない人にとなったのです。読者の皆さんもご想像される通り，サラは人間関係を維持することが難しく，そのことが大きな苦痛の源となっていたのです。セラピーで，サラは2つの有用な連続線上評定尺度を考え出しました。すなわち，1つ目は，彼女が所属する社会的・職業的な団体にいる人々について信頼できる程度を表したものです。2つ目は，信頼できる度合いがそれぞれ異なる人々と，共有するのに適切な情報を表したものです。

1. 誰を信頼することができるか（その人を知っている程度や，これまでの彼らの行動のなかで知っていることにもとづいて）

0%	10%	20%	30%	40%	50%	60%	70%	80%	90%	100%
トム (ほとんど知らない) ジャニス (多くのことで失望させられた)			スー (知り合いになったばかり) ジム (様子を見ているところ)				ロビン (たぶん大丈夫) ジョイス (大丈夫，ただし秘密は言わない)			セリア (いつも公平) ジェーンおばさん

2. その人がどの程度信頼に足るかによって自分のことをどこまで共有するか

0%	10%	20%	30%	40%	50%	60%	70%	80%	90%	100%
名前 ただし個人的な事柄はなし			どこで働いているか ただし家での生活や気持ちについてはなし				個人的な連絡先の詳細 私の好きなものや嫌いなもの			私の気持ちや抱える問題 これまでの人生

最初の連続線上評定尺度は，相手をどの程度信頼するかについて考える前に，サラが相手をどの程度よく知っているか，また相手の何について知っているかについて振り返るようになるうえで役立ちました。2つ目の連続線上評定尺度は，サラが相手に対してオープンになりすぎたり，隠し立てしすぎたりというどちらかにならないよう，冷静に判断するうえで役立ちました。これは，サラが信頼した友人と自身のことについて共有するというよりはむしろ，バランスのとれた人間関係を築くうえで助けとなったのです。

選択的注意は，最悪の可能性に注目してしまうものです。これはクライエントが次のような質問を自問して別の可能性を探るようにすると，取り組めるでしょう。

- このことについて別の見方はないだろうか？
- 自分は，自分が気づこうとしていない強み，利点，リソースをもっているのではないだろうか？

- 友人だったら，他にどのような可能性を見つけるだろうか？
- 私は何かを見落としていないだろうか？

　こうした質問は「脱中心化」を促進します。つまり，物事から離れ，より大きな像を見ることにつながります。

　こうすることによって，すべての不快な感覚がパニック発作の前触れとなるのではなく，すべての人が自分に注目しているわけでもないことに，ジュディは気づきました。そして同時に，平静さや回復力といったものを自分も以前はもてていたということをきちんと認識できたのです。アランは，自分が落ち込んでしまうようなただひとつのできないことにいつも注目するよりは，自身の以前の言動（それは概してとてもよくできたものだったのですが）についても考えることができるようになりました。一方，サラは，相手が信頼できるかどうかについて性急な結論を下す前に，状況について振り返る時間を少し取ることができるようになりました。

　直観への依存は，感情や根拠のない思考は必ずしも現実を反映しているわけではないということをクライエントが受け入れたなら，抑制することが可能です。クライエントがこの考えを受け入れるうえで役立つ説明例はいくつもあります。たとえば，子どもたちがサンタクロースは存在すると強く信じているということは，サンタクロースが実在することを意味しません。また，私たちの祖先が，世界が平面だと信じていたからといって，世界が球体でなくなったわけではありません。感情的剥奪を受けた子どもが自分は悪い子だと感じていても，そのことによって，この子が事実悪い子どもだということにはならないのです。「なんだか今日は10フィート（約3m）背が高いような気がする」ということが，あなたがドアを通り抜けるときに頭をちょっと引っ込める必要があるということにはならないのです！　心を読むのであれ，将来を予言するのであれ，気持ちは事実を表すのだと想定するのであれ，そうした直観の真実味について疑問をもち，「……このことは何らかの証拠に裏づけられるだろうか？」，あるいは「……私は，これが真実だと示すような体験をしているだろうか？」，あるいは単に「……どうしてそうわかるのだろう？」などと自問しはじめることができます。ジュディに効果があった簡単な方略のひとつは，友人に対し，その人たちならどう感じるか，その考えに対してどう対処するかを尋ねることでした。他人がどのように感じ，どう考えるだろうかとあれこれ考え込むのではなく，尋ねるのです。アランは日課的に信頼できる同僚に彼の仕事についての評価を尋ねるようになりましたし，サラは連続線上評定尺度のコピーを持ち歩き，いつでも人間関係の現実について立ち戻ることができるように，こまめに見るようにしていました。

　自己叱責は，他人に痛烈に批判されているかのように，自分自身をひどく傷つけるものです。しかし，これはクライエントに次のように自問するよう促すことで，緩和できます。

- それは，本当にそんなに悪いことだろうか？
- 私は不当に自分を責めていないだろうか？　他に誰か責任のある人はいないのだろうか？

- これは誰の声だろうか？……その声の持ち主は専門家なのだろうか？

　ジュディは，自分の「あの人たちは私のことを狂っていると考えるだろう」という認知についてよく考えてみると，それは母の声（母の記憶）だったことに気が付きました。母は，家庭内で子どもたちが感情を表現することを抑えこんでおり，もし感情をコントロールできなければ，他人から弱くて馬鹿だと思われるでしょうと警告していたのです。ジュディはすぐに，母親が社会心理学の専門家でないこと，そして母の思考はまったく役立たないものであると気が付きました。結果として，ジュディはそうした考えを捨て去ることができたのです。

　アランは，自身の内にいる批判者は，自分に欠陥があり弱い人間だと思われることへの怖れから出てきたものであり，学校でいじめを受けたときに生まれた自己不信に対処するための手段として現れたものであることを認識しました。アランは，何年もいじめについて自分自身を責めてきました。いじめは，アランが「変わっていてぞっとする，弱いやつ」であるために自らが招いたことだと考えてきたのです。セラピーのなかで，アランは他の誰が（あるいは何が）そのいじめの一因となったのだろうかと考えました。そして，次のようなものを思いつきました。それは，アランをいじめた特定の少女や少年たち，助けを求めようとしたことに気づいたのに助けようとしなかった教師たち，子どもたちの間に残忍な風土を蔓延させた学校そのもの，アランが泣きつけるような肩を決して貸してくれなかった両親。このリストをまとめたときには，いじめにおいてアランが感じていた自身の負い目は少なくなり，自分に対してより思いやりをもてるようになりました。

✳ イメージとロールプレイを使う

　イメージやロールプレイといったより経験にもとづく方略は，役立たない認知から注意を逸らし，それを変化させるうえで大変有用なものとなることがあります。イメージの使用法に関する優れたレビューには，Hackmann and Holmes（2004）がまとめたものがあります。

　新たな可能性についてのリハーサルは，想像のなかで行われます。これは，いくつかの点で役に立ちます。以下のようなクライエントに用いることができるでしょう。

- 現実生活で困難に直面する準備がまだできていないクライエントが，少しずつ自信をつけていくとき。たとえば，ヘビに対する恐怖をもつ少年が，徐々にヘビに挑戦的なイメージを抱くことからはじめ，次第に地元の動物園を訪れてヘビを実際に掴むという行動に移行してゆくとき。
- 現実生活では練習ができないもの。たとえば，飛行機恐怖の女性が，飛行機で旅行するのを繰り返しイメージする。経済的・実際的な事情で，こうした経験を現実生活で繰り返すことが不可能であった場合に用いる。

●ホームワークを引き受ける準備をするとき。たとえば，ジュディは自分が公共の場所に行き，落ち着きを感じているところをイメージした。この練習は，現実に対人場面に入るホームワークを引き受けたとき，より落ち着きや自信を感じるのに役立った。

問題イメージの変容もまた有効です。繰り返す悪夢の恐怖は，なんとか我慢のできる（あるいは楽しくさえある）新しい結末を何度もイメージすることで軽減できます（Krakow et al., 2001）。トラウマ記憶は，現在の脅威になっているものの意味が取り除かれるように書き換えることができますし（Layden et al., 1993 ; Ehlers and Clark, 2000），敵対的な自己イメージは，思いやりのあるものに変えることができます（Gilbert, 2005）。単に不快な心的イメージは，許容できるものに変えることができますし，自分を落ち着けるうえで役立つような，なだめ安心させてくれるイメージをもつようにクライエントに促すこともできます。

そうした新たな語りや心的イメージを構築するのと同様に，セラピストは，イメージを操作する技法を使って，クライエントが問題のイメージを克服できるように援助することもできるでしょう。たとえば，不快なイメージをテレビのスクリーンに映して，その音量を変えたり，画面を消していったりするなどして，イメージを操作します。あるいは，イメージのなかに出てくるものをより許容可能なものに変形することもあるでしょう。

ジュディは，他人が自分のことを評価的に見ているという役立たないイメージをもっていましたが，想像のなかで，自分のことをじっと見てくる人々を減らすことで，そのインパクトを弱めることができました。アランも同じようなイメージをもっていましたが，自分のことを見つめてくる人々の表情を，受容的で温かいものに変えることができました。

Padesky（2005）によって提唱されたアプローチは，クライエントに事態がどうなってほしいかというヴィジョンをつくりだすように求めるものです。クライエントは，この心的イメージをできるだけ鮮明につくり，それを実現するために指針とすべき構えを明らかにするように励まされます。続く行動実験によって，この新しいイメージに対する確信をさらに深めることができます。

たとえば，ジュディのイメージは公共の場所に行き，落ち着きを感じるというものです。これを促進するような考えというのは，「知り合いは，私のことを基本的には大丈夫だと受け入れてくれる。それに，見知らぬ人は私に興味をもたないわ」というようなものかもしれません。

イメージを，ロールプレイに組み入れることもできます。Beck et al.（1979）は，クライエントとセラピストが，クライエント自身に対して批判的，また支持的な，内なる声を演じながら，支持的な声のほうを強化するような対話をつくっていく様子を記しています。Padesky

(6) 新たな結論
あたかもパニックになりそうに感じるからといって，パニック発作を起こすということにはならない──以前，このように感じたことがあったけれども，パニック発作を起こさなかったことだってある。 この結論の確信度 8/10 他の人が見ているという感じがするからといって，それが事実になるわけではない。 この結論の確信度 10/10（頭ではそう**わかる**のだけれど，外に出た時に，自信をもっていられるかはわからない）。 パニック発作を起こしたとしても，みんなが私のことを気が狂っていると思うとは考えにくい。 たとえみんながそう思ったとしても，それが何だっていうの？ みんな私のことを知らないじゃない。 この結論の確信度 10/10

図 8.5 ジュディの結論

(1994) は，「個人史ロールプレイ」や「心理劇」を，人生早期に体験した，役立たない対人相互作用パターンを再構築するために使用することを論じています。Gilbert (2005) は，思いやりのある自己を築き，内なる批判の声を減じるための原理として，ゲシュタルト療法のエンプティ・チェア技法を提唱しています。

ジュディは，母親による影響がいかに役立たないものであったかに気づいたとき，それほど不安を感じなくなりました。しかし，怒りを感じ，こうした感情を不快だと感じるようになりました。セッションのなかで，まずエンプティ・チェアに座る母親をイメージし，それから母親の態度が招いた結果と，ジュディが今感じている怒りについて，母に「話し」ました。そうして，これらの感情を解決したのです。このエクササイズで，ジュディはまた，自分の意見に応える母親の役割を演じることにも同意しました。この役において，「ジュディによる母親」は，かつて自分が受けたような被害からジュディを守ろうとしていたのだと説明しました。これは，ジュディが母親の立場に立って考えた初めての経験であり，それは怒りを消すのに役立ったのです。

✳ 新たな結論を書く

この時点までに，あなたのクライエントは，もともとの否定的な思考をいくつかの視点から見つめ，より広い視野を確立し，新たな可能性を考慮に入れられるようになりました。今や，この気づきを，力強く，記憶に残る，信じられる新たな結論へと収束させるときです。ジュディの新たな結論は，それぞれの考えの確信度とともに，図 8.5 に記されています。

ジュディは認知を分析するという主に知的なワークによって，感情が事実であるわけではなく，他人が彼女のことを狂っていると考えそうもないという信念を 100% にまで発展させました。しかしそれでも，パニックになりそうだという感覚がパニック発作を引き起こすものではないという信念についてはさほど確固としたものにはならなかったこと（80%）は，興味深いことです。また，ジュディが「他人が見ているという感じがするからといって，それが事実になるわけではない」と認め，その新しい信念を発展させたにもかかわらず，困難な状況

にあっては，実際にそこまで納得していられるかどうか，あまり確信がもてなかったのです。

このことから，セラピーは，認知を変えるという知的な達成作業で終わるわけではないということがわかります。そうした認知の真実味を確立し，現実的な新しい姿勢を確固たるものにするためには，行動実験を行う余地が残されています。

要約すると，認知を再評価し，新たな視点を養うなかで，セラピストは以下のことができるようにクライエントを励まします。

- 情動を引き起こすような認知から距離を取り，脱中心化すること
- 極端な思考，選択的注意，直観への依存，自己叱責に取り組むことを通して，認知の歪みを処理すること
- このプロセスを促進するために，イメージやロールプレイを用いること
- 現実に検証しうる新しい結論を引き出すこと

● 自動思考とイメージを検証する

新しい可能性や視点を検証することの大切さは，第10章で詳しく述べられています。次の章では，認知療法における行動実験の役割について記されています。新しい認知の妥当性は，もしそれが「実技試験」に耐えたなら，たいてい促進されます。加えて，新しい可能性は，それがクライエントの実際の体験を通した概念化や可能性から引き出されたならば，より記憶に残るものとなるでしょう。

　　ジュディは，自分の新しい結論について，それを裏づける，あるいは裏づけない情報を集めることで，「調査する」ことを決意しました。パニックになりそうだと感じることは必ずしもパニック発作を予兆するものではないという新たな予測について，わざと自分でパニックを引き起こし，何が起きるかを記録してみるという計画を立てました。ジュディは，パニックは「全か無か」ではないことを理解しはじめており，パニックの感覚の度合いを測るための尺度を考え出しました。また，ジュディの調査に友人にも加わってもらいました。たとえば，友人に他人の反応を観察してもらい，ジュディが実際に注目の的になっているかどうかについて特に注意してもらうように頼んだのです（図8.6参照）。

● 中核的思い込み（コア・ビリーフ）を修正する

文献によっては，「中核的思い込み」と「スキーマ」について混同が見られます。これらの用語は互換可能なものではありません。それは，スキーマというのは一般的に中核的思い込みよりも複雑なものだと考えられている一方，中核的思い込みはスキーマの「要約的なラ

(6) 新たな結論	(7) 結論に関する調査
あたかもパニックになりそうに感じるからといって，パニック発作を起こすということにはならない──以前，このように感じたことがあったけれども，パニック発作を起こさなかったことだってある。	たとえあの人たちがそう思ったとしても，それが何だっていうの？　みんなは私のことを知らないじゃない。苦手な状況にもあえて入ってみよう。そのとき，動揺してパニック発作が起きると予想することに集中してしまうのでなくて，パニック発作にならずに，私のつくった「パニック」連続線上評定尺度を移行する様子を注意深く見てみよう。
他の人が見ているという感じがするからといって，それが事実になるわけではない。	友人に，私が動揺しているときに様子をチェックしてもらうように頼んでみよう。それで，自分の考えに正当性があるかどうかわかるだろう。
私がパニック発作を起こしたとしても，みんなが私のことを気が狂っていると思うとは考えにくい。	友人に，パニックに陥っている人のことをおかしな人だと思うかどうか尋ねてみよう。でも，この考えがどこから出てきたものなのかに今ではわかるから，これ以上そのことで悩むことはないだろう。

図 8.6　ジュディによる新たな結論の調査

ベル」を反映したものだからです。たとえば，「私は愚かだ」という中核的思い込みは，その人が本当に愚かだと信じることに結びついた思考，感情，身体感覚を要約するのに有用な，認知のラベルであるということです。この節では，中核的思い込みに焦点を当てていきます。スキーマについては，第 17 章で扱います。

　中核的思い込みは，いつも同定しづらいものだととらえられるべきではありません。なぜなら，中核的思い込みが自動思考として現れることもあるかもしれないからです。先に述べた例では，その学生はキーとなる思考として「自分は役に立たない」というものを簡単に同定しており，これは当然，中核的思い込みと言えます。もし中核的思い込みが自動思考として現れなければ，誘導による発見や下向き矢印法によって，明らかにできる場合も多くあります。

　また，中核的思い込みは必ず変化に抵抗するものであるという前提をもたないことも大切です。ジュディは，長く抱いていた中核的思い込み（「私は狂っている」）を，母親が人格分析の専門家ではないと気づいてから，すぐに変えることができました。自動思考をターゲットとしたセラピーの結果，中核的思い込みが変化することは稀ではありません（Beck et al., 1979）。しかし，いくつかの信念体系はより堅固としたもので，そうした信念体系を標的とした強化技法も発展しています（第 16 章参照）。

　Greenberger and Padesky（1995）は，セルフ・ヘルプに関する自著のなかで，中核的思い込みの修正を目指した方略を集めて記述しています（Box 8.1 参照）。著者らは，中核的思い込みは頑固なため，こうした方略がしっかりとした効果を表すまで，何カ月かにわたって続けてゆく必要があるだろうと強調しています。ですから，これらの方略は，クライエントが失望したりやる気をなくしたりすることのないよう，慎重に，相互の話し合いのうえで用いられる必要があります。方略には，下記のようなものが含まれます。

Box.8.1 日常思考記録の例

- 中核的思い込みによる予想を検証する行動実験を行うこと
- 中核的思い込みが100%真実ではないという証拠を記録すること
- その他の（より役立つ）中核的思い込みを見つけ出すこと
- 代わりとなる中核的思い込みによる予想を検証する行動実験を行うこと
- 代わりとなる中核的思い込みを支持する証拠を記録すること
- 新しい中核的思い込みについて，個人史を振り返りながら，検証を行うこと
- 新しい中核的思い込みについての確信度を評定すること

出来事	予想	何が起きたか
ハリーが部署のパーティーで随分と酔っ払って，うるさいほどしゃべり，踊りまくった。	人は彼が弱くて愚かな人間だと考えるだろう，部署での彼の権威は失墜してしまうだろう。	スーは，ちょっとほろ酔いの彼を見てかわいらしいと思った。ロンは，ハリーは仕事のときはあまりに真面目すぎるから，パーティーではくつろげていたようで，うれしかったと言った。
中年の女性が通りで転んで，たいして怪我したようには見えなかったのにヒステリー的になっていた。	スー（私と一緒にいた）は，彼女が愚かで，人からの注意を集めたかったのだと思うだろう。	スーは，この女性を心配して，彼女が内心では傷ついたのではないかと思うと言った。

図 8.7　ジュディのデータ集め

ジュディは，他人が自分について評価を下しがちである，という中核的思い込みに取り組む必要があると感じていました。ジュディが考案した行動実験は，データ収集の課題でした。何週間にもわたり，ジュディは友人に対し，失敗をしたり，彼女の目に「愚か」に見えたりする人たちについて，どのように思うかを尋ねました。ジュディの予想は，友人は他人について悪い評価を下すだろうというものでした。図 8.7 は，ジュディが付けた記録のうち，2 つを示したものです。

ジュディは，こうした発見に，次のような見出しを付けて記録しました――「私の考えが100%真実ではないという証拠」。時には，ジュディの予想が支持されることもありましたが，このことを，つねに100%真実であるわけではないと示すデータのなかのひとつとして位置づけることができました。

もちろん，クライエントの予想が繰り返し裏づけられるのを見出すこともあるかもしれません。もしそうならば，これは調べてみるに値します。すなわち，あなたのクライエントは，自分と似たような性格の人たちとだけ親しくしてはいないでしょうか？　クライエントは，自身の予想を支持しないような証拠を，記録にたどりつく前に見落としてはいないでしょうか？　否定的な中核的思い込みが特に戻りやすいと思われるとき，より有効な技法として，スキーマに焦点を当てたものの導入が考慮されるかもしれません（第16章参照）。

しかし，ジュディは，彼女が集めた反応を振り返り，以下のように結論しました。

他人に対して評価を下しがちな人がいるのは事実だけれど，私の友人のほとんどは，実際には人に対して寛大な考えをもっている。さらに，一番大事な友達のなかには評価を下すような人はいないのだし，ひどい評価をしても気にしなくなったのです。

そしてジュディは，新たな中核的思い込みを見つけ出しました。それは「なかには厳しく評価を下しがちな人もいるけれど，多くの人は寛大である」というものです。最初に，ジュディはこの考え方を50％程度，信じていました。このより快適な新しい考え方を強化するために，ジュディはこの考え方を支持する証拠を記録しはじめました。勤勉にこの記録を付けつづけ，数週間後には，この新しい考え方の確信度は98％になりました。

過去の役に立たない思い込みと対極にある新しい考えを強化するために，Greenberger and Padesky（1995）は，新たな考え方を個人史のなかで検証することを提唱しています。つまりそれは，クライエントが自身の人生を振り返り，新しい考えと合致する証拠を探すというものです。

ジュディは，新しい根本的な考え方を打ち立てることには成功していたのですが，この進歩をもっと確かなものにしたいと思いました。それで，この回顧的な分析を実行することを選びました。ジュディは今では新しい考え方を支持する証拠をより「見る」ことができるようになり，過去の多くの経験が新たな考え方を強化してくれたということがわかりました。

● 問題

★ クライエントが認知を探索することを避けているように思われる場合

時にクライエントが，単に自身の感情について話したがることもあります。そうしたケースでは，支持的なカウンセリングがより適切かもしれません。たとえば，クライエントが最初に喪失とかトラウマといった言葉にたどりついて，（扱うべき）問題の範囲について気づいたなら，とにかく，それらの体験についてしっかりと語る時間がクライエントには必要です。一方で，セラピーについてアンビバレント（両価的な）感情を抱くクライエントには「動機づけ面接」が必要でしょう（Miller and Rollnick, 2002）。

またあるクライエントは，感情を探索することに焦点を置きます。というのも，こうした人たちは，そうすることが一番良いセラピーの活用法だと考えているからです。ですから，そうしたクライエントにはCBTの行い方や長所，またこのアプローチが他の心理療法の方法とどのように異なるかについて伝える必要があるかもしれません。

また，クライエントによる認知探求の回避は，自身の思考内容を恐れているときに起こります。こうしたクライエントは，認知について（たとえ思い出しても）適切なかたちで振り返ることはありません。そして怖れを抱き，つらい感情——たとえば，性的虐待の被害者の羞恥心のようなものがありますが——を引き起こすような認知を思い出すことに抵抗を示します。こうした例では，クライエントが徐々に苦痛な考えに直面していけるような安心感をもてるように，セッションに時間をかける必要があります。

✻ 認知が一瞬しか現れず，クライエントがそれをつかまえるのが困難な場合

　これはよく見られることです。とらえにくいというのが否定的自動思考の性質なのだとクライエントが気づくことは有益です。また，否定的な思考を検証するというよりはむしろ，それを引き起こすために行われる行動実験は，つかまえにくい認知を明らかにするのに有用であることがあります（第9章参照）。

　思考のなかにはすぐに言葉にならないようなものがあり，それらは内臓から出てくるような「フェルトセンス」（Kennerley, 1996）のほうが，よりうまく表せることがあります。たとえば，身体醜形障害のクライエントは，外見が醜くなったという「感じ」を報告するかもしれませんし，強迫性障害（OCD）の患者は，汚れているという「感じ」について話すかもしれません。嫌悪感の強いPTSDの人は，これを身体に「感じる」かもしれません。こうしたフェルトセンスを扱うことはできますが，励ましと時間をかけながら，ほとんどの認知は言葉によって明瞭に表現されることが可能です。

✻ 介入にほとんど／まったく効果が見られない場合

　こうしたケースでは，セラピストはまず次のように自問しなければなりません。すなわち，「セラピーの焦点は正しいだろうか？」と。これにはケース・フォーミュレーションを見直し，必要であれば修正することが求められるでしょう。

　また，クライエントに古い考えを信じつづけさせているものは何なのか，あるいは新しい代わりの考えを信じることを妨げているものは何であるのかについて，クライエントとともに確認することが大切です。十分には扱われてこなかったいくつかの根拠，安全行動，あるいは他の妨害物があるかもしれません。あるいはまた，セラピストが"ホット"な思考に焦点を当てていないのかもしれません。行動実験は，新しく学習したことを単に頭で理解するだけではなく，心底納得できるようにするために，大変重要になる場合がよくあります。

　最後の可能性は，問題が，とりわけ堅固で柔軟さに欠ける信念体系から生じている場合です。その場合は，よりスキーマに焦点を当てたアプローチが必要とされます。

● 要約

- 本章は，たいへん長いものとなった。それは，CBT における認知技法は，それだけ重要で，かつ多様であるためである。具体的には，下記のような技法が挙げられる。
  —キーとなる認知を観察すること
  —問題となっている認知から気を逸らすこと
  —認知を分析すること
  —そして新しい可能性を統合すること
  —そうした可能性が行動実験を通して評価されることができるようにすること
- セラピストの第一ステップは，キーとなる認知をつきとめることである——その多くは，ソクラテス式問答や日常思考記録表を通して行われます。時間とともに，日常思考記録表は，まず情報を観察することから，次第に分析すること，それから統合することへと用いられていく。しかし，その使い方は，クライエントの要望や能力に合うように，ペースを図りながら導入されなくてはならない。
- クライエントが問題となる認知をつきとめ，後にそれに取り組めるよう援助するためにセラピストが用いる認知的な方略は，ケース・フォーミュレーションによって決まる。どの介入も，正当であると確認されている必要があるし，その理論的な根拠がクライエントと共有されている必要がある。技法を無作為に選択しないことが重要である。
- 認知的な方略の主な焦点は現在にあるが，そのうちのいくつかは過去を振り返ったり，あるいはそれに直面したりさえするものであることを見てきた。そしてまた，認知技法の主な焦点は否定的な自動思考やその土台となる思い込みにあるが，中核的思い込みに取り組むために用いられることもある。
- 介入は，言語的，視覚的，そして実験的であり，認知の内容やその過程に焦点を当てることができる。セラピストが，認知的な方略に工夫を凝らすこともある。ただし，セラピストはいつでも自身の決定が正当なものであると理由づけできるようにしておくのがよい。

● 練習問題

※ 振り返り／考えてみよう

- 認知技法は，もちろん，CBT の中心となるものです。本章を読みながら，いずれかの節，あるいはどこかしらの記述に，驚いたものはありましたか？——もしそうなら，（本章に）書いてあるとは思わなかったのはどんなことだったでしょうか？　もし，本章のなかの何かにあなたが驚いたとすれば，それは快く受け入れられるものだったでしょうか，それとも悩ましいものだったでしょうか？

- 問題となる認知をつきとめて取り組むという方略について読んでみて，あなたの全体的な感想はどのようなものでしょうか？　それらの技法は，あなたが好む方法となじむように思われますか？　本章によって，前章からあなたが学んできた知識が，どのように拡がったかわかりますか？　あなたにとって間違っていると感じられるような，問題となる認知の同定・それへの取り組みに関する部分はありましたか？――もしそうなら，何があなたにとって不快だったのでしょうか？　あなたの疑念や不確かな感じを探り出してみてください。
- あなたは，これらの技法を使うだけの力が自分にあるのかと疑問をもちましたか？――もしそうならば，あなたの心配はどのようなものでしょうか？　本章で扱った，主に認知的な作業のなかで，あなたがさらに訓練を必要とする部分はありますか？

✻ やってみよう

- 認知技法を使用するという経験を得るのに大変良い方法は，それを自分自身に使ってみることです。ですから――
    - ―あなた自身にとっての問題を同定してみましょう。おそらく，よくある仕事上の問題としては，ある話題を避けたり，あるいはクライエントからのある反応を恐れたりするというものがあります。あるいはまた，認知技法を用いることについて，あなたが抱えている心配について取り組むこともできるでしょう。
    - ―あなたが抱える困難に関連した認知（思考やイメージ）の記録を付けてみましょう。
    - ―認知の歪みから，距離を取って同定できるように努めてみましょう。そして，あなたの認知の内容を振り返ってみましょう。
    - ―それから，あなたの抱える厄介な認知について再評価してみましょう。
- あなた自身，認知技法の実践をどのように進めたかについて，よく考えてみましょう――あなたにとって大変だったことだけではなく，こうした課題を引き受けるということについて感じたことは何でしょうか？　あなたのクライエントが，同じような何かをするようにあなたから求められたとき，どのように感じるだろうかと考えてみましょう。どうしたら，クライエントにとって最も受けいれやすく，また達成しやすい課題にすることができるでしょうか？
- もし，あなたが本章で述べられた方略の有用性について，確信がもてないでいるのなら，あるいは，もしあなたが自分にはもっと訓練が必要だと感じているならば，どのような訓練コース，ワークショップ，スーパーヴィジョンを利用することができるかを見つけ出し，それらを利用する具体的な計画を立ててみましょう。

● 学習を深めるために

Greenberger, D. and Padesky, C.（1995）Mind over Mood. New York : Guilford Press.（大野裕［監訳］（2002）うつと不安の認知療法練習帳．創元社）
このセルフヘルプの本は 15 年ほど経つが，問題となる認知を同定し検証するアプローチについて，非常にわかりやすく体系的にまとめられている。クライエントにとっても臨床家にとっても有用で，とくに初学の臨床家はこの本を自分自身に試してみるといいだろう。

Burns, D.（1980）Feeling Good : The New Mood Therapy. New York : Morrow.（野村総一郎ほか［訳］（2004）いやな気分よ，さようなら』星和書店）
このうつに対するセルフ・ヘルプ本は，上述の本よりももっと古いものだが，時の試練に耐え，今なお実践家とクライエントの双方にとっての素晴らしい参照文献としてあり続けている。また，この本は CBT の諸段階を経ながら読者を導いていくが，著者バーンズが抑うつ（あるいは他の問題）の火種となりうる，よく見られる思い込みについて取り組んでいる点で，とくに有用である。たとえば，完璧主義や，行動パフォーマンスは存在価値に等しいという思い込みについて詳細に探究されており，読者にそうした役立たない思い込みを克服するための多くのアイディアを与えてくれる。

09 行動実験

　2004年のヨーロッパ認知行動療法会議において，「認知行動療法の"行動"の立ち位置はどこか？」と題するシンポジウムが開催されました。本章は，この問いに対する答え，すなわち現在のCBTにおける行動技法の所在について概観するものです。ここでは，行動の変化が決定的である特定の領域，行動実験（Behavioral Experiments : BEs）に焦点を当てます。行動実験は，すべてではないにしても，ほとんどの問題に用いることができ，高い効果が得られるCBTの方略のひとつです。CBTにおいてよく知られる，もうひとつの行動技法は，活動記録（activity scheduling）です。この活動記録は，抑うつの領域において最も広く用いられているため，これについては抑うつに関する章（第12章）で述べます。

● 行動実験とは何か

　以下に示す行動実験に関する議論は，最近の書籍からの引用で，CBTにおける行動実験の使用法について記したものです。この書籍には，本書の筆者ら3人全員が寄稿しています（Bennett-Levy et al., 2004）。ここでは，Bennett-Levyらによる行動実験の操作的定義を採用することにします。

　行動実験とは，実験と観察にもとづいて，認知療法のセッションで，またはセッションの合間に，患者によって行われる，計画された経験主義的な活動です。行動実験の計画は，問題に関する認知的フォーミュレーションから直接引き出されたものであり，その主な目的は新たな情報を得ることであり，これによって以下のことに役立つ可能性があります。

- 自己，他者，世界について患者が抱いている思い込みの妥当性を検証すること
- 新しい，より適応的な信念を構築すること，あるいはまた，それを検証すること
- 認知的フォーミュレーションの構築や検証に役立てること

　これは，行動実験が科学的実験のように，最も支持される仮説は何かを見定めるうえで役立つ根拠を生み出すために計画される，ということを意味しています。しかし行動実験は，科学理論を検証するものではありません。そうではなく，患者のもつ役立たない認知から生じてくる予測を検証するうえで有用な証拠を集めたり，ケース・フォーミュレーションの要素

を検証したりするために計画されるものなのです。第7章と第8章ではすでに，認知を検討してクライエントの考える根拠の幅を広げるために，言葉を用いる手法（認知技法）について述べました。行動実験は，ただ言葉による話し合いを通してというよりはむしろ，行動と観察を通して信念を検討することや，クライエントが新しい根拠を生み出すのを手助けすることにより，認知技法をさらにもう一歩進めるための方法です。このため行動実験は，言葉による話し合いの後に行われることがよくあります。セッションにおいて特定の否定的な認知を探索して他に考えられる見方を生み出した後で，これらの結論を検証し，確固たるものにするうえで，行動実験は有用な手法となる可能性があります。行動実験は，もともとの否定的な認知と新しい代わりの認知のどちらが状況に関する最善の（最も正確あるいは最も役立つ）見方なのかについて，より説得力のある証拠をクライエントが集めるうえで役立ちます。

対人不安のあるクライエントは，自分が「奇妙に」見える（そして，そのために他人は自分を気に入らないだろう）という思い込みをもっていました。この思い込みの根拠のひとつは，職場の食堂に入ると，他の人々が自分のほうを「じろじろ見る」ということに気づいたことでした。これに対するクライエントの反応といえば，人々の視線を避けるためにうつむき，一人で座って食事をし，自分の皿にじっと集中するようにしていたというものでした。CBTのセッションの間に，この状況に関する別の説明が考え出されました。その説明とはつまり，人々はクライエントに対してだけ「奇妙である」ために視線を向けるというよりは，おそらく，ただ興味があって，食堂に入ってきたすべての人を見る傾向がある，というものでした。そしてさらに，食堂に入った後にクライエントが他の人々を見るのを避けたことで，自身の思い込みが本当であるかどうかを観察する機会を失ってしまったかもしれないというものでした。この話し合いを通して，どの説明が最も説得力があるかについて証拠を集めるために行動実験の実行計画が立てられました。クライエントはいつも通り食堂に入り，しかし今回は顔を上げつづけ，何人が自分を見ているか大まかに数えてみることについて同意しました。それから，食堂の席に座った後，周りを見渡しつづけ，食堂に入る他の誰かをどれくらいの人たちが見るか数える努力をすることになったのです。クライエントはこれを行うことができ，自分でもやや驚いたことに，新しい代わりの信念が十分に支持されるとわかったのでした。食堂にいた一部の人々は，食堂に入ってきたどの人に対しても顔を上げて見たようで，クライエントが他の人よりも人々の好奇の目を引き付けてしまうというような証拠はまったくありませんでした。クライエントは，自分が「奇妙である」という思い込みについて疑問を抱きはじめるうえで，これが役立つことを発見したのでした。

対人不安のある別のクライエントは，人前で赤面することで起こる結果について心配していました。この人は，もし赤面すれば，他人は自分について否定的な評価を下すに違いない，たとえば愚かだとか，異常だとかいったような評価をするに違いない，と思い込んでいました。クライエントはときどき赤面についてからかわれたことがありました

が，実際にはそのことでこの人のことを否定的に評価した人は一人もいませんでした。しかしクライエントは，この事実を，人は単に自分に優しくしてくれているだけだとして，度外視する傾向がありました。このクライエントには，調査実験を行うことが有益であることがわかりました。（調査に用いる）赤面する人々に対する反応に関する質問文は，クライエントとセラピストの双方がそれに先入観が含まれていないと合意できるよう，慎重に構成されました。つまり，質問は，明らかに否定的または肯定的反応を期待するようなものではありませんでした。たとえば，「（赤面する）そのような人のことを悪く思いますか？」というものから始めるのではなく，より中立的な「赤面することが，あなたの，その人に対する意見に何らかの影響を及ぼしますか？」という質問から始めました。そしてセラピストは，その質問シートを多数の職場の同僚や友人に割り当て，人々の反応を集められるようにしました。このクライエントに関しては，調査の対象となった人々がこの人を知らず，そのため人々がこの人に対して「優しく」ならなそうであるということが重要でした。調査結果から，ほとんどの人々が赤面する人はとても愛嬌があると思っており，一番悪い回答の人でも，赤面している人は不安なのかもしれないので同情を感じることが多い，というものであることがわかりました。

✳ 行動実験と行動療法との比較

　行動実験は，CBT の行動論的遺産に由来しており，一部の行動実験は，不安を喚起する状況への実生活内エクスポージャー（曝露）といった，伝統的な行動論的手法と似ているように見えるかもしれません。しかし，行動実験の目的，そして行動実験を取り巻く概念的枠組みは，伝統的な行動療法ときわめて異なるということを心に留めておくことが重要です。後者では，最も一般的な概念モデルは，馴化につながるエクスポージャーによるものです。非常に大雑把な言葉で言うなら（ここで実際にははるかに複雑な考えをおもちの学習理論研究者の方々にお詫びいたします），行動療法の考えは，不安を喚起する刺激に対してエクスポージャーをさせることにより，その人が状況に慣れるにつれて不安反応が徐々に弱まるに至るというものです。時々用いられる比喩として，次のようなものがあります。もし，私が突然大きな音を立てれば，あなたはおそらくびっくりするでしょう。しかし，私がそれから10分間，10秒ごとに繰り返し大きな音を立てたなら，あなたはおそらく徐々に驚かなくなり，さほど反応しなくなるでしょう。

　このモデルとは対照的に，CBT における行動実験は本質的には認知的な方略であり，不安反応に対する馴化を促進することではなく，情報を生み出し，あるいはまた思い込みを検証することを目的としてはっきりと掲げたものです。もし，広場恐怖とパニックの傾向をもち，スーパーマーケットに恐怖を抱く人の治療を考える場合，伝統的な行動療法もCBTもともに，クライエントがスーパーマーケットへ行くことが問題解決の役に立つだろうと提案するかもしれません。しかし，その方略の背後にある目的や考えというのは（また続いて行われる厳密な手続きも）まったく異なるものです。

- 行動論的なエクスポージャーは，その人が，スーパーマーケットに対して新しい反応を学習することを目指します。それは，不安反応が次第に弱まるまでの長い時間その状況に留まること（そして十分な回数のエクスポージャーを繰り返すこと）を必要とします。思考や信念に，特に注意が払われるということはありません。クライエントにとって必要だと考えられることは，とにかく馴化が起こるまでの長い時間，回避に打ち克つということだけなのです。これを促進するために，エクスポージャーはたいてい段階的に行われます。つまり，不安のレベルが増加していく階層表をつくりあげ，いずれの時点においても，クライエントがあまりに不安になりすぎないよう確かめるのです（クライエントが初めから恐怖を最も喚起する状況にエクスポージャーされる**フラッディング**もあります）。
- もし CBT で行動実験を用いる場合，クライエントがスーパーマーケットに行ったら何が起こるかについて，その人の否定的な予測について認知的に理解したうえで，行動実験を行うことになります。スーパーマーケットを訪れる主な目的は，恐れていることが実際に起こるかどうか確かめることによって，否定的な思い込みについてクライエント自身が検証できるように援助することなのです。彼は実際，倒れたり死んでしまったり意識を失ってしまったりするでしょうか，あるいはそれ以外の何であれ，実際にはどうなるでしょうか。クライエントの不安のレベルは，もちろん重要な臨床的関心事ではありますが，行動実験を行っている間の重要な焦点ではありません。あるいは少なくとも，不安になることがクライエントの否定的な思い込みに一役買っているのでない限り，それは重要な焦点とはなりません（たとえば，「もしとても不安になったら，私はコントロールを失って気が狂ってしまうだろう」という思い込みなど）。後者の場合，適切な行動実験を行うにあたって実際に重要なのは，この思い込みを検証するために，彼が事実，非常に不安になったことだと言えるでしょう。ですから，状況に対して段階的に取り組むことは臨床的に必要なことかもしれませんが，行動実験にとっては，こうした段階的な取り組みや反復的エクスポージャーは，本質的なものではありません。最も重要なことは，とにかく思考や思い込みをできるだけ徹底的に，かつ納得がいくまで検証することであり，これは時には一回だけの実験で済む場合もあります。

CBT における行動実験の魅力のひとつは，主に言語を介した手法に頼る介入によく見られる問題を克服しうる方法を示してくれるということです。その問題とはすなわち，「頭では，これはより論理的な見方だとわかるのですが，それでも自分の否定的な思考が真実であるような感じがするのです」といった反応です。ただ言葉を通してというよりはむしろ，行動のなかで思考や思い込みを検証することで，行動実験はより「直感的な」類の学習を引き出すのに役立ちます。また行動実験は，不安の問題に焦点を当てるエクスポージャーとは対照的に，ほぼすべての種類の心理的問題において有用です。

```
                     行為者としてのクライエント
                        （情報を生成する）

明                 │                  │                           開
確  例：予測される結果が起こるかどうか確かめ │ 例：制限を設けずに何が起こるか確かめるた  か
な    るため，クライエントが何かする    │   め，クライエントが何かする          れ
仮                 │                  │                           た
説  ─────────────────┼──────────────────  発
の                 │                  │                           見
検  例：他者の反応に関する調査         │ 例：何が起こるかクライエントが確かめられ
証                 │                  │   るよう，セラピストがスーパーマーケッ
                   │                  │   トで倒れる

                     観察者としてのクライエント
                        （情報を受け取る）
```

図 9.1　行動実験の類型

● 行動実験の効果

　現時点において，行動実験がエクスポージャーよりも効果があるか，あるいは効果がないか，ということに関するエビデンスはほとんどありません。最近，McMillan and Lee（2010）が，このトピックについては初となる系統的レビューを発表しています。この論文では，パニックや対人不安，強迫性障害（OCD），特定の恐怖症について扱った 14 報の関連研究についてまとめられています。対象とした研究にさまざまな方法論的問題があるため，結論を下すのには慎重な姿勢でしたが，著者らは，「エクスポージャーのみよりも，行動実験を行うことがより効果的であることを示すエビデンスがいくつかある」とまとめています（McMillan and Lee, 2010（抄録の最終行））。結論を導くにはより多くの，より良質のエビデンスが必要ですが，この論文が現時点で存在する一番のエビデンスです。

● 行動実験の類型

　行動実験は，便宜的に 2 つの次元に区別することができます。それは，仮説検証型－発見型の次元と，そして活動型－観察型の次元です（Bennett-Levy et al., 2004）。それらを組み合わせると，行動実験の図が得られます（図 9.1）。

＊ 仮説検証型 vs 発見型

　仮説検証型の行動実験は，おそらく古典的な科学実験に最も近いものでしょう。そうした実験では，1 つの仮説から，あるいはよく理論 A と理論 B として知られるような 2 つの比較的

はっきりとした仮説から始められます。理論Aは，クライエントが初めにもっている思い込みあるいは説明で，たとえば「私が変に見えるから，みんな自分のことを見るのだ」というものです。理論Bは，それに代わる新しい考え方で，これはCBTのフォーミュレーションにもとづいたものであることが多いです。あるいはセラピストとクライエントの間で，CBTセッションの間につくりあげられたものかもしれません。たとえば，「みんな好奇心から部屋に入ってきた人すべてを見る。自分に特別なところがあるわけではない」というものです。これらの仮説のうち少なくとも1つについてかなり明確に言明できるのであれば，その仮説を支持する明らかな証拠を見つけることを目的とした行動実験を行う必要条件が整っています。理論Aまたは理論Bだけを検証することもありますし（その場合，検証される疑問は，「この仮説はこの状況で何が起こるかを正しく予測するか？」というものになります），前述の食堂での実験のように，観察された結果を予測するのに最適なのはどちらかを確認するために，2つの理論を比べることもあります。その目的は，クライエントが自身の予測が現実になったかどうかを区別できるように，原則的には観察可能な仮説によって予想された結果を発見することです。

仮説検証型行動実験は，最も一般的で，非常に有効なことが多いのですが，クライエントが検証すべき明確な仮説をもっていない場合があります。それは，おそらくクライエントが自身の否定的な認知についてまだはっきりと言明していないためか，あるいは代わりの見方について，まだ思いつくことができていないためでしょう。そのような場合は，「私が……したら，一体何が起こるだろうか？」といったように，先入観を交えずに探索することを目指す発見型行動実験が有用かもしれません。たとえば，「もし他人にもう少しだけ自分のことを話してみたら，何が起こるだろう？　自分はどんなふうに感じるだろう？　相手はどんなふうに反応するだろう？　たぶん何か見つけ出せるかもしれない……」といった具合にです。

✳ 活動型 vs 観察型

2つ目の次元は，以下のようなことで区別されます。

- クライエントは，情報を生み出すために外に出て積極的に何かをする（それは，その人の普段のふるまいとは異なることが多いのですが）という意味において，積極的な参加者になるタイプの行動実験。
- クライエントは，積極的に違うことをするというよりはむしろ，出来事を観察したり，すでにある証拠を収集したりするタイプの行動実験。

先ほどの食堂での実験は，活動型行動実験の例です。一方，前出の赤面に関する調査は，観察型行動実験の例に当たります。

観察型行動実験では，セラピストが見本を示します。クライエントは，セラピストが何かをするのを観察し，過度な「危険」を冒すことなく何が起こるのか観察することができるようにします。

たとえば，スーパーマーケットで倒れることを恐れているクライエントは，何が起こるか観察することが有用だと気づくかもしれません。クライエントの否定的な予測がどのようなものかを同定した後，セラピストとクライエントは一緒にスーパーマーケットに行き，セラピストが倒れるふりをし，クライエントは実際に起こることを観察するということもあります。

　他にも，さまざまな情報収集が可能です。

　対人不安のクライエントは，大切なことや気のきいたことが言えないことに悩んでいました。この人は，他の人がどのように会話のやりとりをしているか観察することが有益だと気づきました。観察することで，日常会話のほとんどはかなりつまらないもので，必ずしも重要なトピックや深い考えを含むものではない，ということに気づくに至ったのです。

　書籍やインターネットから情報を集めることも，クライエントにとって役立つかもしれません。

　閉所恐怖症のクライエントは，インターネットで，ある情報を見つけました。そこには，人が密室でどれだけ生き延びられるかについての計算を含む，閉所で窒息するリスクについて詳細に記されていたのです！

　古典的な行動実験の多くは，先ほどの図9.1の左上の象限に分類されますが（理論A），他の象限にも同様に有用な例があります。これらは，Bennett-Levy et al.（2004）による報告に包括的にまとめられているので，参考にしてみるとよいでしょう。これらのアプローチのうち，1つあるいはそれ以上の行動実験を用いながら，セッション中あるいはセッション間に，クライエントにできることをしてもらうようにします。こうすることで，クライエントが自分の否定的な認知に関連する多くの証拠を生み出したり集めたりできるようになるでしょう。

● 行動実験を計画・実行する

＊ 計画する

　行動実験を成功させるためには，準備段階で入念に計画することが肝要です。以下に示すように，計画を立てるうえで，いくつか不可欠な要素があります。

- 確実に，あなたとクライエントの双方が実験の目的と理論的根拠をはっきりと理解し，つ

ねに協働して実験を計画するようにしましょう。行動実験は，セッションの終わりの数分間でセラピストから一方的に割り当てられるものでもありませんし，単に介入プロトコルにそれを行うように書かれているからクライエントに行ってもらうというものでもありません！　行動実験は，物事を前に進めるための論理的な方法として，セッションから生じてくるものです。クライエントに行動実験やホームワークについて考えることに参加してもらう必要があることを覚えておきましょう。「今日のセッションで話し合ったことを踏まえ，このことを今日から次回のセッションまでの間にさらに一歩進めてゆくためには，どのようなことが役立つと思いますか？」といったように，です。

- 特に仮説検証型の行動実験については，どのような認知が検証されるべきなのか，また結果に関するクライエントの否定的な予測について，明確にすることに時間をかけましょう。このステップは非常に重要です。というのは，定義が不十分な認知を標的にした行動実験が有効であることは滅多にないからです。たとえば，あなたのクライエントが特定の状況に安全行動なしに近づくことを恐れているなら，当然，この人の最初の予測は，「恐ろしいことになるだろう」というような曖昧なものでしょう。この予測はきちんと定義されておらず，セラピストはこの予測を検証することはできないでしょう。あなたやクライエントは，それが「恐ろしい」かどうかについて，どのようにして見分けられるのでしょう？　正確には，何が「恐ろしい」を構成しているのでしょう？　さらに言えば，この種の行動実験は，少なくともクライエントが不安を感じるという意味では，実際に「恐ろしい」ものだということが明らかになるかもしれません。たいてい「私は倒れてしまうだろう」とか「みんなが私を笑うだろう」というような，はっきりした予測をするほうがずっとよいのです。つまり，その明確な予測とは，(a) 検証されるべき思い込みと，それに代わりうる信念を区別するもの，また (b) 予測されたことが起きたかどうかを，クライエントとセラピストの双方が明快に判断できるような，かなりはっきりとした基準に展開することができるもの，である必要があります。

- 明確な認知を同定したら，クライエントに，どのくらい強くその認知について信じているか，0〜100％（0％はまったく信じていない，100％は間違いなく真実と言える）の尺度で評価してもらいます。これは，基準値を与えるためのものであり，この値によって，何らかの変化を測定することができます。

- その認知を検証するのに最適な実験のタイプを選びます。たとえば，活動型実験か観察型実験かといったように，です。これは，クライエントが自分の考えを変化させるうえで，どの段階にまで達しているのか，実験を行うことがクライエントにとってどれくらい脅威と感じられるかによって，ある程度決まるものです。観察型行動実験は，さほど脅威でないことが多いので，活動型行動実験に移る前の，有効な第一段階と言えるかもしれません。

身　体醜形障害の男性の調査実験では，彼の知り合いではない多数の人に彼の写真を見てもらい，他の何人かの人たちには彼の鼻があまりに醜いため目を引くかどうかに

ついて見てもらうことになりました（クライエントは目を引くのではないかと恐れていました）。こうした実験ではよくあることなのですが，回答者に対する質問の言い回しについては慎重に考慮する必要がありました。そうすることで，回答者を特定の反応に誘導することなく，質問が有意義なものとなるようにしたのです。このケースでは，回答者が特に自分に注目したり，最初から自分の鼻に注目したりするようなことはあってほしくない，ということにクライエントも同意しました。ですので，最初のほうの質問は「（写真のなかの）この人たちの顔のどこかについて，どこかおかしいと思われますか？　もしそうならば，どんなふうにですか？」というようにしました。この後に初めて，回答者に鼻について特に評価するように求めたのです。

- 行動実験を計画するにあたり，セラピストは，その安全性と危険性について，かなり注意を払う必要があります。CBTが現実的な思考に関するもので，多くは肯定的あるいは否定的な思考に関するものではないということを念頭に置きながら，行動実験は，バランスよく行われるべきです。そして，特定の行動実験を行うことの危険性は，それを行わないことの危険性と，秤にかけられる必要があります（期待される介入効果の減少と，不安に関連した問題を持続させる危険性の増加という観点からです）。過度の注意をして単にクライエントの不安を増長しないだけではなく，重要な危険性を無視しない，ということもまた大切です。ですから，たとえば，もしクライエントが不安と関連する身体的問題を示すと予想されるときや（たとえば，肺や心臓の問題であれば，家庭医や他の医者に身体検査を依頼するなど），あるいは，通りで襲われるのではないかという恐怖を検証するために通りを歩くという実験をするのであれば，セラピストは明らかにその通りが実際に安全であるということについて，強い自信をもっている必要があります。
- できる限り「失敗がない」ように行動実験を計画します。つまり何が起きようとも，クライエントが何かしら得るものがあるようにするということです。もし実験が，否定的な予測が支持されなかったという意味において「うまくいった」ならば，それは有益です。しかし同様に，もし否定的な予測の一部が裏づけられたとしても，そこから何かを学んで，何がそれを引き起こしたのかについて考える必要を感じられるならば，そのことはやはり有益だと言えるでしょう。そして，今度はそこからより生産的な探索と新しい行動実験が導かれるのです。
- 行動実験の結果について，心から先入観のない姿勢でいられるように努めましょう。セラピストは実験の結果について承知しているとクライエントに思わせるような姿勢で，行動実験に取り組んではなりません。実験がセラピストの予測した結果にならなかったなら，クライエントはセラピストに対する信頼を失い，また自分が実験に失敗したに違いないとも感じるかもしれません。「ここでどんなことが起こるか，私にははっきりとわかりません。しかしおそらく，あなたが恐れているほど，ひどくはないでしょう。どのようなものか見つけ出してみませんか？」というように，純粋に好奇心をもっているほうがずっとよいのです。

- 同様に，どのようなことが困難となり，うまくいかないかもしれないかについて，クライエントと一緒になって予想し，そうした躓きに対処するための方略を予行練習してみましょう。他者の反応に関わる行動実験をしている場合，クライエントが本当に他人から否定的な反応を得てしまったら，どうするでしょうか？ 広場恐怖のクライエントに一人でスーパーマーケットに行ってもらう行動実験の場合，本当にパニック発作を起こしてしまったら，どのように対処するでしょうか？ セラピストがあらかじめそうした問題についてよく考えておけば，行動実験はより有益なものとなるでしょう。
- 上記のことにかかわらず，セッション中に起きたことに触発されて，クライエントが自発的な行動実験を行う可能性を無視してはなりません。たとえば，心臓の問題を恐れている人と，激しい運動を避けるような安全行動の効果について話しているとき，ちょうどそこで，ある行動実験——たとえば，数回，階段の昇降を繰り返して，何が起こるか確かめるような——を行うことを提案することもできるかもしれません。時には，行動実験の実行について悩む時間が1週間あるときよりも，その場のはずみで何かしてみるほうが，クライエントが乗り気になることもあるかもしれません。しかし，これは明らかに慎重に行われる必要があり，クライエントは自分が望むなら拒否することもできるということをはっきり知っていなければなりません。ただし，行動実験をクライエントが自発的に行うことが大変生産的なものとなる場合もあります。

✳ 行動実験そのもの

　実験は，クライエント一人で行われることもあるかもしれません——たとえばホームワークの一部として。あるいは，セッション内や現実の屋外で，クライエントはあなたと一緒に実験を行うこともあるかもしれません。後者の現実生活での実験は，セラピストがクライエントを支援し励ますことができること，またセラピスト自身がクライエントの問題についてより理解するための貴重な機会を得られること，という2点において大変有用なものになることがあります。実生活での行動実験によって，それまで明らかでなかった考えや信念，安全行動などが明らかになることがよくあります。もしセラピストがクライエントについている場合，実験が成功する可能性を高められるように，気を付けておくとよい点がいくつかあります。もしクライエントが一人で行動実験を行おうとする場合には，こうした点について，気を付けてもらうのがよいでしょう。

- 単に「その（実験の）行動を切り抜ける」というよりむしろ，その状況に対してしっかり取り組むように，クライエントを励まします。行動実験を行ってもまったく不安にならない場合には（たとえば，クライエントが気を逸らしているとか，自身の限界まで本気で挑んでいないなど），行動実験は役立たないことが多いということを，クライエントが理解している必要があります。
- セラピスト，またクライエントが，肯定的なものであれ否定的なものであれ，あらゆる

変化に気が付き，行動実験が正しい方向に進んでいると確信をもっていられるようにするために，つねにクライエントの思考や感情を観察（モニタリング）しておく必要があります。たとえば，クライエントが，行動実験の間にまったく不快な気持ちになることなく行動実験を終えるということは，まずありません。クライエントがまったく動じないでいた場合には，クライエントが微妙に回避行動を行っていたり，安全行動を行っていたりしているかどうか調べることが賢明です。一方，行動実験の最中にクライエントの思考や感情の状態に一切肯定的な変化が見られなかった場合には，クライエントの認知があまり動かされていないことを示している可能性があり，今よりももう一歩進めた取り組みを行うか，あるいは別のことを行うかを検討することが有益かもしれません。

● 以上のように，行動実験はその性質上ある程度予測不可能であり，予想していなかったことが起こる場合がありますし，実際に起こります。セラピストやクライエントは，予想されなかった出来事に対して，あらかじめ柔軟に対応できるようにしておく必要があります。

✱ 実験の後に

行動実験を最大限に活かすために，行動実験の遂行結果について「報告を受ける（debrief）」ための時間を取り，行動実験により何が起こったかについて，クライエントによく考えてもらうように促すことが重要です。

● まず，セラピストはクライエントと一緒に，実際に何が起こったかについて検討する必要があります。クライエントはどのような考えだったのでしょうか？　どのようなことを感じたのでしょうか？　物事はクライエントの予想の通りに進んだでしょうか，あるいは予想とは重要な違いがあったでしょうか？　もしそうであれば，それはどのようなことだったでしょう？　ひどいことが起こるのを防ごうと，クライエントは相変わらず何か安全行動をしていなかったでしょうか？（その場合には，安全行動が少ない，あるいは完全に取り除かれた形で，もう一度行動実験を試してみることが重要かもしれません）

● 次に，行動実験の意味について，クライエントがじっくり考えられるように援助することが大切です。クライエントがそれまでにはわからなかったことで，行動実験によって（自分自身や他人，世界一般について）学んだのはどのようなことでしょうか？　クライエントは起こったことをどのように理解すればよいでしょうか？　今後，クライエントが似たような状況に対してどのように取り組むかということについて，何らかの示唆は得られたでしょうか？　クライエントの結論を広げたり一般化したりするために役立つような，フォローアップとして行える行動実験は何かあるでしょうか？　最後に，セラピストとクライエントの双方が何らかの変化があったかどうか判断することができるように，検証された認知をどのくらい信じるかクライエントに再評価してもらいましょう。

このように実験後にしっかりと振り返りを行うことで，クライエントは実験から得られる最大限の価値を手に入れることができます。また，以前の習慣が再び戻ってくるにつれ，クライエントが実験の結果を過小評価するという危険性を減らすこともできます。

　図9.2は，セラピストとクライエントにとって，行動実験の計画および実行を記録するうえで役立つと思われる記録表です。

● 行動実験によく見られる問題

　行動実験は，認知や感情を変化させるうえで大変強力な方法ですが，前述のように，その複雑性や予測不可能性から，物事が予期していない方向に進んでしまう恐れを大いに含んでいるとも言えます。危険性の多くは，慎重な計画と準備によって避けることが可能ですが，この節では，よくある問題に対する対処方法のいくつかを，詳しく述べることにします。

＊ セラピストの心配

　クライエントと同様，セラピストもまた行動実験について懸念することがあると認識しておくことは重要です。こうした心配があまりにも強い場合には，セラピストはクライエントに自身の疑念について伝えるかもしれませんが，この結果，かえってクライエントの恐怖感を強めてしまうことがあります。時には，セラピストが自身の限界に挑戦するということは許されるものですし，もしかすると必要なことでさえあります。たとえば，セラピスト自身の社会不安を喚起するようなことを，公共の場で行うといったことです。とはいえ，セラピストが行動実験に対して肯定的かつ希望をもって取り組むということも大切です。たとえば，「これを行うのは少し怖いかもしれません。でも，ひどいことにはなりません」といったようにです。

＊ 潔く手を引けるようにする

　最高の計画をもってしても，時に物事はうまくいかないものです。セラピストやクライエントが想定した以上に実験が大変であることがわかったり，他の人がまさに「誤った」形で反応したり，クライエントが緊張のあまり失敗したりする，といったことです。臨床的なスキルや独創性が最も必要とされるのは，クライエントが完全に「失敗した」と感じることのないよう潔く手を引く方法を見出す，そのときなのです。一般原則として良いのは，どんなに小さなものでも，つねに成功で終わるようにすることです。もともとの目標が明らかに大きすぎる場合には，クライエントがその行動実験の行為を終えてしまう前に達成できるような，より小さな目標を見つけられるようにしましょう。

日付	ターゲットとなる認知	実験	予想	結果	学んだこと
	どのような思考、思い込み、あるいは信念を検証しますか？ 代わりの見方はありますか？ その認知を信じている度合いを評価しましょう (0-100%)	認知を検証する実験を計画しましょう（例：いつもなら避けている状況に直面する、いつもの予防策を行わない、新しいやり方で行動する）	何が起こると予想しますか？	実際に何が起こりましたか？ 何を観察しましたか？ 結果はあなたの予想とどのくらい一致しましたか？	あなたのもともとの思い込みや信念にとって、この実験は何を意味するでしょうか？ 今はそれをどのくらい信じていますか？ (0-100%) 修正の必要はありますか？ あるとすればどのように？

図 9.2 行動実験記録用紙

©OCTC 2006

09｜行動実験　221

※ 実験が失敗した場合

　もし否定的な予想が実現してしまった場合でも，何が起こったかについて注意深く検討することで，何か有益なことを得ることができます。それは単に偶然不運な結果であったのでしょうか，それとも，そうした結果をもたらすような何かをクライエントがしたのでしょうか？　それまでセラピストやクライエントが考慮していなかったような，認知や行動に対して影響力をもつ何か他の側面があるのでしょうか？　実験による衝撃を軽減させるような，微妙な回避や他の安全行動があるのでしょうか？　こうした「失敗」を建設的に活用することが重要で，たとえ否定的な情報であっても，そのなかに介入を根本からより効果的にするのに利用できるものを見出すことができるのです。

※ セラピスト-クライエント関係

　オフィスで行われる典型的なセラピーとCBTの行動実験とでは，協働関係に求められるものに違いがあります。たとえば行動実験では，セラピストはクライエントと一緒にスーパーマーケットに行き，クライエントが他者の反応を観察できるように，あえて転倒することもあるでしょう。このときに生じる専門的な問題とは，どのようなものでしょうか？　オフィスから出て，「（行動実験の）課題実行中」ではないときには，どのような会話が許されるでしょうか？　必要な専門的・倫理的な境界を遵守しながら，セラピストとクライエント双方にとって適度に快適な関係に行き着くことができるよう，臨床のスーパーヴィジョンで，こうした問題についてじっくりと考え，話し合うことが重要です。

● 要約

- 行動実験とは，クライエントの――あるいはセラピスト自身の――認知や信念を検証するうえで役立つ証拠を，積極的に集めたり，あるいは生み出したりするものである。
- このため行動実験は，認知を現実世界において検証することにより，純粋に言葉だけで認知を検討する以上の方法となる。そのため行動実験では，より「感覚的に腑に落ちる」学びにつながるだろう。
- 行動実験にはさまざまなタイプがある――仮説検証型行動実験 vs 探索型行動実験，また活動型行動実験 vs 観察型行動実験がある。
- 一般的に，クライエントが行動実験を最大限に活用できるようにするうえで一番良い方法は，行動実験が慎重に計画され実行に移されるということである。ただし，セッションで起こった出来事に対して咄嗟に反応するという形で行われる，即興的な行動実験が有用であることもある。
- 行動実験では，セラピストがオフィスの外に出てクライエントとともに行動を行うとい

う意味で，時にセラピストの積極的な役割が必要とされる。これは，クライエントと同様，セラピストの恐れに取り組むということでもある。

● 練習問題

✴ 振り返り／考えてみよう

- あなたに行動実験を行った経験がない場合には，それに関連する考えや感情について，少し考えてみましょう。先にも述べたように，行動実験を行うことについてあなたに心配があるかどうか，特に考えてみるべきかもしれません。もし心配があるのであれば，そのことについて何ができるでしょうか？　何か代わりの見方を思いつきますか？　あなたの心配を裏づけるような，またはそれに矛盾するような証拠は何かあるでしょうか？　行動実験は，私たち自身の，否定的な考えや思い込みからの影響の受けやすさがよくわかる領域のひとつです。その影響の受けやすさが，効果的な手続きを試してみるうえでの妨げとなるかもしれないということを，忘れないようにしましょう。
- オフィスの外に出てクライエントと一緒に行動実験を行っているとき，クライエントとの関わり方について，あなたはどのような考えをおもちですか？　こうした質問についてよく考えてみて，できればあなたのスーパーヴァイザーと話し合ってみましょう。

✴ やってみよう

- 行動実験を行った経験がない，あるいは行動実験について疑念を抱いている場合には，上述のように，行動実験に関する行動実験をしてみることもできるでしょう。スーパーヴァイザーと一緒にこれまでの担当ケースを振り返り，それらのクライエントのもっていた思い込みのうち，どれが行動実験を通して検証することができそうかについて考えてみましょう。そして，適切な行動実験を考えて，その結果をスーパーヴァイザーと一緒に振り返ってみましょう。
- 行動実験を試そうとするときには，その行動実験は，上記に示したようなクライエントにとって何らかの利益を与えると思われるでしょうか？　何かうまくいかないことは起こるでしょうか？　すべてを考慮してみて，行動実験を用いることが有益だと思われますか，あるいはそうでないと思われますか？

● 学習を深めるために

Bennett-Levy, J., Butler, G., Fennell, M., Hackmann, A., Muller, M., and Westbrook, D.（Eds）（2004）The Oxford Guide to Behavioral Experiments in Cognitive Therapy. Oxford : Oxford University Press.
行動実験に関する大変重要なガイドブック。この本には，行動実験の概念化に関するアイディアや，さまざまな精神障害に行動実験を用いるためのガイド，また実際にクライエントに用いられた行動実験の実践例が多数示されている。

10 身体技法

　本章では，認知技法および行動技法のレパートリーを補う身体的なアプローチをいくつか概観します。特に，リラクセーション，呼吸法，運動，（弛緩目的の）応用筋緊張について見ていきます。また，睡眠の問題に関するマネジメントについても扱います。

　生理的反応は，CBTモデルの中核を成す4つの相互作用システムのうちのひとつです。このため，生理的反応がクライエントのフォーミュレーションにおいて問題を維持する循環の一部となっている場合，CBTでは生理的症状に焦点を当てた介入を行うことがあります。もちろん，認知，行動，あるいは身体技法のどれを用いても，生理的な問題に対して等しく効果的に取り組むことができます（たとえば，耳鳴りは破局的な思考を変化させることで軽減できることがあります）。これと同じ理由で，認知的，行動的，あるいは情動的な問題に対して，身体技法を用いて取り組むことができます。重要な点は，介入というのは，それがどのような形式のものであっても，ケース・フォーミュレーションから引き出されたものであるべきである，ということです。ここでは，リラクセーションから始め，CBTにおいて用いることのできるいくつかの身体的介入法について見ていきます。

● リラクセーション

　身体の緊張は，不安障害や抑うつ，睡眠の問題，その他の多くの問題を維持させるような循環の一部であることがあります。そうした緊張は，興奮（覚醒）の度合いが全体的に増加してしまった結果のひとつかもしれません。興奮の度合いが全体的に高まると，心拍の増加，めまい，足の倦怠感や震えといった他の身体的な症状が見られます。興奮が高ぶってしまったときには，特定のリラクセーション・エクササイズを行ったり，心地良くリラックス状態を促す活動（たとえば，気持ちを和らげてくれる入浴やマッサージ）を日課に取り入れたりすることで，緊張を軽減させることができます。

　リラクセーションの効用は，軽視されるべきではありません。しかし，リラックス状態を促す活動が，クライエントのフォーミュレーションにどれくらい合致しているかということについて，セラピストとクライエントの双方が明確に理解しているべきです。この点については，強調しておきます。というのも，いくつかの介入アプローチでは，リラクセーション・トレーニングは，不安マネジメント・プログラムの一部として，思考や行動，身体の緊張との相互作用にはほとんど注意が払われずに，最初に行われるものだったからです。しかしながらリラクセーションは，CBTにおいては重要で，症状を直接的に軽減するばかりではなく

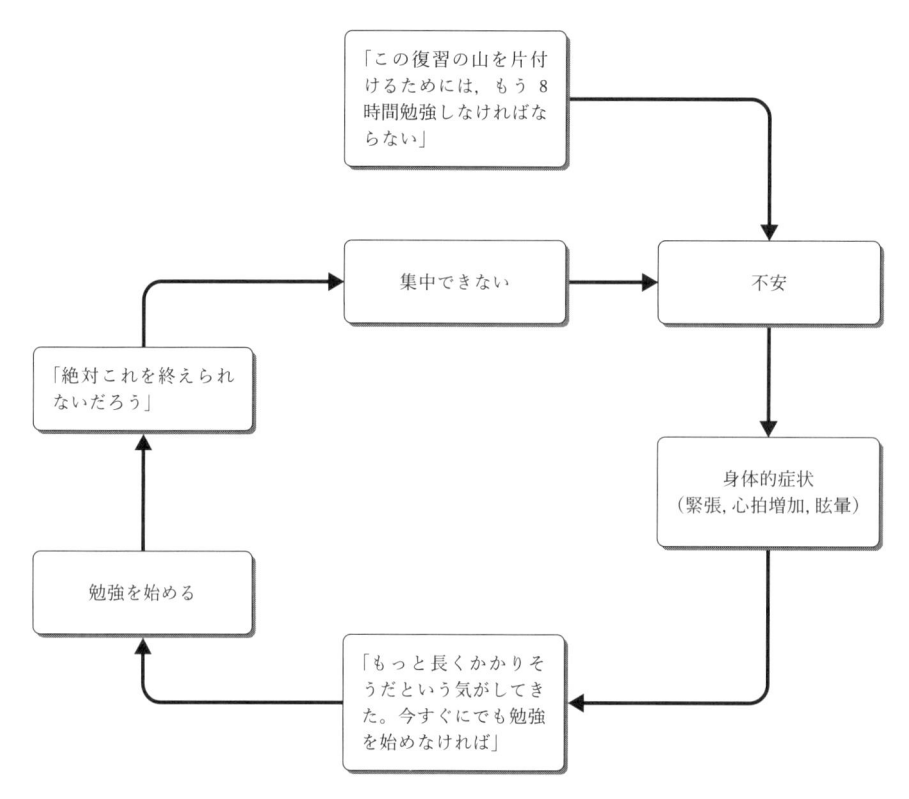

```
┌─────────────┐
│「この復習の山を片付│
│けるためには，もう8│
│時間勉強しなければな│
│らない」     │
└──────┬──────┘
       │
       ▼
```

```
      集中できない  ───────▶   不安
         ▲                      │
         │                      ▼
  「絶対これを終えられ        身体的症状
    ないだろう」            (緊張,心拍増加,眩暈)
         ▲                      │
         │                      ▼
      勉強を始める  ◀────  「もっと長くかかりそ
                            うだという気がしてき
                            た。今すぐにでも勉強
                            を始めなければ」
```

図 10.1　試験に関する不安の維持循環

思い込みを検証するうえでも強力なツールとなることがあります。

　　あ る若い男性は，さまざまな状況で不安症状を体験しており，差し迫っている試験が非常にストレスフルなものであるということに気づいていました。図 10.1 は，彼の問題に関する最初のケース・フォーミュレーションです。この図では，自分の出来栄えについての思い込みが，彼の情動や身体症状，不安を生むような考え，行動に結びついている様子が示されています。身体症状を軽減させることで，この循環を打破できたなら，彼は集中力を高め，より生産的に勉強に打ち込むことができるかもしれません。そしてそうなることで，あまり不安を感じなくなるだろう，ということは明らかです。

　リラクセーションをクライエントに教えるうえでは，多くのアプローチがあります。その多くは，Jacobson（1970）による漸進的筋弛緩法，リラクセーション・イメージの使用，あるいは瞑想のいずれかにもとづいています（あるいは3つすべてということもあります）。個々人の症状のパターンに適合するようなリラクセーション法は介入の成果を改善する（たとえば，主に生理的な症状をもつクライエントに対する応用リラクセーション），というエビデンスがいくつかあります。しかし，そのエビデンスは決して決定的なものではありません（Michelson, 1986）。おそらく，実際に試してみて，クライエントにはどのアプローチが合うの

かを見つけ出すのがよいでしょう。多くのリラクセーション教育用DVDやCDが手に入りますので、セラピストが個々のクライエントに合うと思えるものを見つけるのがよいでしょう。ここでは、特定の手法について述べるよりも、リラクセーション・スキルを習得するための一般的なガイドラインを示します。

- リラックスできるようになるというのは、他のさまざまなスキルを習得するのと同じことであり、規則的な練習が必要であることを、クライエントに説明しましょう。
- 落ち着いているとき、もしくは単に若干の不安や緊張を感じているときに、練習を始めることが大切です。どんな新しいスキルも、緊張しているときに学ぶことは非常に難しく、このことはリラクセーションに特に当てはまることです。
- 比較的、日常生活に近い状況において練習を始めるのがよいでしょう。たとえば、横になるよりは、心地良い椅子に座って行うのがよいでしょう。
- とはいえ、あまり気が逸れないように目を閉じて練習を始めるほうが簡単です。
- 練習するには、電話やその他の邪魔が入らないような静かな場所を選ぶとよいでしょう。
- 緊張を生じる空腹時、あるいは眠気が促される食後には、練習を避けたほうがよいでしょう。
- いくつかのスキルを習得したら、不安や緊張における軽度あるいは中程度の兆候についてモニターすることが有用です。こうすることで、症状が再び重くぶり返してしまう前に、症状に立ち向かうためにリラクセーションを用いることができます。

DVDやCDは、リラックス状態の促し方を学ぶうえで有用な補助ツールであるということに触れましたが、セラピストがクライエントにDVDやCDから自分で学ぶように求めるよりも、クライエントと一緒にリラクセーション・エクササイズを体験するほうがよい、ということがエビデンスによって示されています（Borkovec and Sides, 1979）。その理由のひとつとしては、そうすることでセラピストが、クライエントが（リラクセーションを）練習を開始したときの様子を観察し、開始当初からクライエントの間違いを取り上げることができるからです。たとえば、クライエントが足を固く組んでいたり、他の部位に集中していたりすると、腕や肩に力が入ってしまったりするかどうか、ということです。また、クライエントが質問したり、不安を伝えたりできることもまた有益です。たとえば、多くのクライエントは、ある部分の筋肉に対して注意を集中しつづけることができず、気持ちが逸れてしまっていることがよくある、と訴えます。セラピストは、心にどのようなことが浮かんでも単にそれを認め、そっと気持ちをリラクゼーションのほうへ戻すよう励まします。

おそらく1回のセッションにつき10〜15分ほど、リラクセーション・トレーニングに焦点を当てる時間を割くのが最も有益でしょう。応用リラクセーション（Öst, 1987）のようなアプローチが治療の主な内容として用いられているのなら、5〜6回にわたるセッションを費やすこともあるでしょう。これらのセッションの残りの時間は、その他のアジェンダ項目〔セッションでの話し合いのテーマ〕のために用いることができます。この他の場合には、リラクセーションはより副次的な役割を果たすかもしれません。セラピストは2, 3度リラクセー

日	リラクセーションを行う前に どれくらいリラックスしているか 0-10	何分間，練習を行ったか	リラクセーションを行った後 どれくらいリラックスしているか 0-10
5月6日	2	20	4
5月7日	3	16	7
5月9日	3	22	5

0＝まったくリラックスしていない；10＝とてもリラックスしている

図10.2　リラクセーションの練習とその効果に関する記録

ションの手続きを繰り返して練習するくらいで済むかもしれません。クライエントに，いつもの練習の後にどれくらいリラックスしたと感じるか，またどのような状況でもリラクセーションを行い，どれくらいリラックスしたと感じるかを観察してもらうことで，リラクセーションの効果を確認することができるでしょう。図10.2には，毎日のリラクセーションの練習記録とその効果について記録するための日記表が示されています。

✳ CBTにおけるリラクセーションの適用

クライエントが行動実験を実行できないほど怯えてしまっている場合

　行動実験を行うには，多くの場合，大変な勇気が必要です。もし検証される予想に，「これこれをすれば，おそらく不安を感じるだろう。でも，私は卒倒／窒息／飛び降り（もしくはクライエントが恐れる他の大惨事であれば何でも）はしないだろう……」というような内容のものが含まれているのであれば，特に勇気を要します。リラクセーションは，恐れている状況に直面したときの救済措置として用いることができます（Rachman, Radomsky and Shafran, 2008）。しかし，それは一時的な解決法です。というのも，リラクセーションは，それが安全行動として定着していくリスクを伴うからです。

高　所恐怖症のクライエントは，もし崖路に降り立てば，崖から飛び降りそうになるだろうという予想を検証することを計画していました。この人は，あまりに不安で，その実験を強い決意で行うことはできないだろうと考えたため，崖路に降り立つ方法として，まずリラクセーションを用いる計画を立てました。

症状が器質的な基盤をもったものか，あるいは不安に関連したものか，についての思い込みを検証する

　クライエントの思い込みが症状の原因に重きを置いている場合は，リラクセーションを用いることによって，競合する仮説の検証を試みることができるかもしれません。

ある女性は，自分のひどい頭痛が脳腫瘍の症状ではないかと恐れていました。彼女は毎日リラクセーションの練習をし，漸進的リラクセーションにより習熟してきたことを実感しました。そして，徐々によりストレスフルな状況でリラクセーションを用いるようにしていきました。すると，頭痛の重さや頻度は減少していったのです。彼女は，自分の頭痛を腫瘍によるものと説明するよりも，不安と関連したものと説明するほうが，よりしっくりくることに気づいたのでした。

あまりに緊張してパフォーマンス（遂行）を妨げられてしまうという悪循環を阻止する

　身体的な不安症状が，課題や機能のパフォーマンス（遂行）に直接影響を及ぼすことはよくあります（第4章の図4.8を参照）。このため，リラクセーション技法の適用が有益なことがあります。たとえば，公衆の面前で話すときの不安や勃起不全は，双方とも，このような身体的不安の影響を受けていることがあります。同様に，もし不安が嚥下反応を妨げれば，食べることが困難になることもあります。これらの領域のそれぞれにおいてリラクセーションは，覚醒の度合いを低下させ，干渉されることなく課題を遂行するのを促すうえでの一助となる場合があります。

緊張や興奮を鎮める

　リラクセーションを用いることがはっきりとしているのは，神経の高ぶりがそれ自体不快な症状として経験されている場合です。これは，慢性的な不安があり，その身体症状自体を不快だと気づいている人たちに当てはまるでしょう。こうした事例では，クライエントにとって症状が特有の意味をもっているかどうかについて確認することが大切です。たとえば，クライエントは，慢性的に緊張していることで自身の免疫系を痛めていると思い込んでいるでしょうか。あるいは，そうした緊張によって，自分には体質的に欠陥があり子どもをもつことができないとか，変わるという希望を決してもてないといったことを考えているでしょうか。もし，症状の意味が歪められていると思われるときには，第9章に述べられているように対処すべきです。そうはいっても，クライエントにとって症状の不快感それ自体が問題を悪化させるものでしょうから，こうした症状を減らすための方法をもてれば，自己コントロール感が上がり，それによって自尊心も上がり，肯定的な循環へと入っていけるでしょう。これまでにも述べているように，セラピストとクライエントの双方が，身体症状がクライエントの問題のどの部分を担っているのかについて理解できているか，明確にしておくようにしましょう。フォーミュレーションの図（紙面）だけでなく，それをホワイトボードに描き，身体症状がどのようにそこに入り込んでいるのかを明らかにし，それゆえにリラクセーションのもつ役割はどのようなものになるだろうか，ということを明らかにしておくようにしましょう。

ストレスフルな治療セッションを終わらせる

　たとえば，外傷イメージを再構成するというように，クライエントが大変なストレスフルなセッションを受けているときには，クライエントが解離してしまう前に，リラクセーションを行うことが再び現実に戻るうえで役立つかもしれません。そして，このことでクライエントは，強い情動を経験しても，それを受け容れ，マネジメントできるという自信を高めることができるでしょう。

心地良い機会を提供する

　クライエントには，心地良くて自分のためになる活動をするという機会があまりないかもしれません。多くの人は，筋肉もしくはその他のリラクセーションをあますところなく味わいます。ですから，クライエントが忙しいスケジュールのなかでもリラクセーションを取り入れ，自分自身のために何かを行うことは，気分の改善や活力増加につながるでしょう。

睡眠を改善する

　リラクセーションは，睡眠衛生を改善するプログラムの一部として有効であることがあります。特に，クライエントに就寝時刻の直前まで活発に動いてしまう習慣がある場合には有益でしょう（下記の睡眠に関する節を参照）。

✳ CBTでリラクセーションを用いることに関する一般的な問題

安全行動

　最もよく見られる問題として，「対処技法」と言われるその他多くの方略と同様に，リラクセーションが安全行動として定着してしまうということが挙げられます。これは，たとえば，クライエントが「もしリラックスできなかったら，パニックになり，コントロールを失い，意識を失い，発狂してしまっただろう……」などという思い込みに囚われてしまっているときに問題になります。本質的に，クライエントは，もしリラクセーションによって苦境を通り抜けることができなかったら，自分の問題に圧倒されてしまっていたのではないかという恐怖を抱いています。このことは，最終的にはクライエントは，自身の問題に対してリラクセーションを用いることなく直面しなければならない，ということを示しています。それを実行している間，クライエントの気分は悪いでしょうが，そういう状況にあってさえも，破滅的な結果にはならないということを実証するためには必要なことなのです。安全行動が賢明に用いられれば，介入の間，恐怖の対象となる事物や状況に対するエクスポージャーが促進され，必ずしも悪い結果にはならないことを示唆するエビデンスがいくつかあることを念頭に

置いておくとよいでしょう（Rachman, Radomsky and Shafran, 2008）。

非常に興奮が強くリラックスできない場合

　覚醒の度合いがある程度の水準にまで高まってしまっている場合，リラクセーションによって高い水準を打ち消そうとするのは大変困難なことです。もしクライエントがパニックになりやすく，あるいはその他の理由，たとえば PTSD など高い覚醒状態にあるときは，このことが問題となることがあります。そうした事例では，異なる方略，たとえば，症状には関心が注がれないマインドフルネス・アプローチ（第 17 章参照）のようなものを用いるほうが有益です。

コントロールを喪失するものとして体験されるリラクセーション

　クライエントによっては，リラクセーションが，不安を減少させるというよりもむしろ不安を喚起させるものとして体験されることがあります。それは，クライエントがコントロールを失ったかのように感じることが多いためです。このような場合には，コントロールを失うということの意味を探索する価値があるかもしれません。もしそのままの状態にしておけば，どのようなことが起きるだろうかというクライエントの予想を検証するために，リラクセーションを用いてみましょう。

　デビーは，コントロールできているということは価値あることだと強く思い込んでいました。この思い込みは，彼女が，すぐにはコントロールできない日々の経済的な問題に関して，多くの侵入思考を経験していたこととも関連していました。デビーは，いつも確実にルールに従おうとしていて，それが行きすぎている場合にも，「遊び」の時間を自分自身に許すことを嫌いました。自分自身をコントロールしておかなければ，コントロールを失い，無責任になってしまうのではないかと，ラビーは恐れていました。リラクセーションを練習する時間を取るという実験を行って，まず，どの程度コントロールを維持できるかどうか調べることに同意しました。

小さな身体的変化への過敏性

　リラクセーションの練習を始めると，多くのクライエントは，以前は意識していなかったような小さな身体上の変化に気が付きます。これによって，稀に身体の変化に対過度に注目したり警戒心が強くなったりすることがあるかもしれません。そうなると，その身体の変化が，ある種の健康に対するリスクとして解釈されてしまう場合があります。このようなことが生じた場合，それは，その他の偏った思考と同様に，探索され検証されるべきです。こうすることで，否定的な考えを評価するという練習を行ううえで有益な機会となるかもしれません。

チャールズは，リラクセーションを練習しているときに，自分の指がちくちく痛むのに気づくようになり，それは腫瘍の兆候を示すものではないかと恐れるようになりました。彼は，セラピストとともに，調査をしてみることにしました。まず気を逸らしやすい計算，7ずつ引き算して逆の方向に数えてゆく，ということをしながら，指の痛みに対してどのような影響が出るかを調べてみます。それから，椅子に寄りかかりながら自分の肘に入った力に注意を向け，どんな感覚を体験しているかについて意識を向けてみることにしました（指の痛みではなく，注意を向けて初めて気づいた感覚についてです）。その後，セラピストと，健康に害を及ぼすことはない生理的「症状」に対して注意を向けることがどのような影響をもたらすかについて話し合い，そのことが彼の指の痛みについてはどれくらい当てはまるかについて話し合いました。

以上に挙げたような不利点があるにもかかわらず，クライエントに苦悩をもたらす維持循環を阻むために，CBTで用いることができる創造的な方法がリラクセーションには多くあります。

● 呼吸法

健康に害を来たさない良性の身体症状に関する誤った破局的解釈は，パニックのモデルにおいて中心的な過程を成すものです（Clark, 1986）。良性の身体症状のひとつとしてよく挙げられるものは，高頻度に大量の呼吸をするという過呼吸です。これは，パニック発作と類似した症状（たとえば，呼吸の不足，立ちくらみ，身体が熱く感じる，ふらつき）をもたらすことがありますし，それは，差し迫った死の危険や卒倒，狂気などの兆候として壊滅的に解釈されがちです。Salkovskis, Jones and Clark（1986）は，クライエントが自分の症状をより良性の原因に起因すると考えることにより（たとえば，それは不安の症状であるといったように），パニック発作を維持させている誤解釈の悪循環を断ち切ることができるような呼吸法の方略を発展させました。この方略は，共有されたフォーミュレーションをさらに洗練させるために用いることができますし，パニック発作を扱うための段階的アプローチのひとつとしても用いることができます。

✱ CBTにおける呼吸法の適用

呼吸法を用いて共有フォーミュレーションを洗練させる

以下のステップは，パニック発作における過剰呼吸の役割について，クライエントとともにフォーミュレーションをさらに洗練させるために用いることができます。

- 理由は説明せずに，クライエントに過剰に呼吸してもらうようにしましょう——「立ち上がって，3分間，このように（実際に示しながら），できるだけ速く深く呼吸していただきたいのです。とにかく，できるだけ深く速く呼吸するようにしてください」
- 3分間を終えたら（あるいはクライエントが途中で止めたり，最後まで続けるのをためらったりする場合にも），クライエントに自身の身体的状態についてじっくりと振り返り，パニック発作の経験との類似点と相違点について話してもらうようにしましょう——「身体がどのような感じがするか話してくれませんか？　どんな変化に気が付きましたか？　あなたがパニック発作を感じるのと，どのような点では同じで，どのような点では異なるか教えてくれませんか？」
- 何がクライエントにそう感じさせているのか，尋ねてみましょう。つまり，その身体の感じはどのようなことから生じているのでしょうか？　一人でいるときに，その感じがしたら，どのように反応するでしょうか？
- パニックの感じは，過呼吸と関連するかどうかについて，話し合ってみましょう。

呼吸法を通じてパニック症状をマネジメントする

　呼吸の役割を含むフォーミュレーションが得られたら，クライエントに症状のマネジメントの仕方を教えることができます。まずセラピストは，中程度の呼吸数の教示用DVDやCDから始め，次にゆっくりとした速度の呼吸数の教示用DVDやCDに移り，クライエントに呼吸法を教えていきます。

　それからセラピストは——

- クライエントに最も快適な速度を選んでもらうようにします。
- クライエントに過剰な呼吸をしてもらい，それから呼吸法を通じて症状を減らしてもらいます。
- パニック症状における呼吸の役割について振り返りましょう。
- クライエントにこの呼吸法を自分でどのように用いることができるか尋ねましょう。
- クライエントに家で1日2回，呼吸法を練習してもらうようにしましょう。
- それから，呼吸法を用いて過呼吸による影響を打ち消せるよう練習してもらうようにしましょう。

　このアプローチは，Clark（1989）により詳述されています。

クライエントが行動実験をあまりに恐れていて続けることができないときに呼吸法を用いる

　リラクセーションと同様に，呼吸法は，クライエントが行動実験をあまりに恐れて実行す

ることができないときに，短期的な対処方略として用いることができます。クライエントが呼吸法を用いながら行動実験ができるようになったら，次に呼吸法を用いないで行動実験を行うという方向へ徐々に進んでいくことができるでしょう。

✳ CBTにおいて呼吸法を用いることに関する問題

安全行動

　リラクセーションと同様に，クライエントが呼吸法を安全行動として用いず，短期的な方略としてのみ使用するということは非常に重要なことです。もしクライエントがパニックになりそうなときにいつも呼吸法を用いているのなら，クライエントは「もし呼吸法をしなかったら，倒れてしまうか，気が狂ってしまっただろう……」などと信じつづけるかもしれません。最終的には，クライエントは呼吸法なしでパニックの症状に直面しなければなりません。そうすることで，不快に感じていても，その感じは受け容れられるものであるし，破滅的な結果にはならないということを学ぶことができるのです。

パニックになりそうに感じるときに呼吸法を用いる

　パニックの感情が非常に強いときには，呼吸法を用いることができないクライエントがいます。しかし，パニックになりそうな感じのないときに呼吸法を繰り返し練習することで，パニックの感情が強いときにも呼吸法を使えるようになるでしょう。

身体疾患の存在

　わざと過呼吸するという方略は，医師からの監督が得られる場合でない限り，いくつかの身体状態においては，推奨されません。この身体状態には，心房細動，喘息や慢性の閉塞性換気肺疾患，てんかん，および妊娠が含まれます。

小さな身体的変化に対する過敏性

　クライエントは，呼吸上の小さな変化について敏感になってしまう可能性もあります。ですから，こうした変化が健康に害のないものとしてとらえられるように促します。パニックの前兆や機能障害の兆候として誤って解釈されたりしないように，細心の注意を払わなければなりません。

緊張しすぎて均一に呼吸できない

　最初は息を吐き出すことに集中するよう提案すれば，呼吸法のサイクルがより簡単にできるようになります。これは，肺が比較的空っぽの状態であると，身体は息を吸い込むよう後押しをするためです。

● 運動

　過去20年間にわたる研究により，抑うつ治療における運動の有効性が確立されています（Craft and Landers, 1998）。またNICEによる抑うつ治療ガイドラインでは，軽度の抑うつを抱える患者には，構造化された運動プログラムが有益であるとアドバイスすることが推奨されています（NICE, 2004a）。抑うつに対する運動の効果は，エンドルフィンの上昇を介すると考えられています。しかし，運動量が増えることで生じる影響は他にもあり，運動の効果はこうした影響とも結びついているでしょう。運動によって生じる影響の多くは，不安の問題を抱えるクライエントに対しても重要である可能性があります（Taylor, 2000）。たとえば，対戦型のスポーツに没頭しているときがそうであるように，運動は気分転換になりますし，自尊心を高めてくれることもあります。問題は，運動による介入がクライエントの問題を維持している循環を阻むことができるかどうか，ということです。運動で対処することができる症状があるか探ってみる価値はあります。特に，クライエントが運動の基本的なスキルを身に付けていて，運動を自己コントロールの方法とすることができる場合には有益です。

✴ CBTにおける運動の適用

気分の落ち込み

　運動の効果が一番確立されている適用対象は抑うつです。運動は，エンドルフィンの上昇による直接的な効果だけではなく，喜びや満足をもたらす活動の機会となり，気分の改善をも促します。運動は，徐々に始めることが有益な場合が多くあります。それは，抑うつ的なクライエントが，運動する時間の大部分で疲れを感じてしまい，果たして自分に運動するだけの活力があるのだろうかと疑念を抱いてしまうことがあるためです。そして，そのために運動をやめてしまうということもあります。こうしたことは，実験において検証することができます。それが介入の初期に行われるのであれば，CBTの実証的性質の例を示してくれるでしょう。

自尊心の低さ

運動することで得られる有能感は，自尊心の低い人に効果があるでしょう（Fox, 2000）。

慢性疲労症候群（Chronic Fatigue Syndrome : CFS）

慢性疲労症候群（CFS）とは，運動とは関連しない持続的な疲労によって定義される状態で，休息によって回復せず，頭痛，筋肉や関節の痛みなどといった他の症状を伴います。クライエントが疲労について自分の予想を検証する段階的なプログラムでは，運動はその中心的な要素となるでしょう。

緊張の解放

慢性的な不安を抱える，または慢性的にストレス状況下に曝されているクライエントにとって，緊張の度合いに及ぼす運動の効用について検証することが有益な場合があります。これは，リラクセーションを好まない年齢的に若いクライエントに対して，特に役立つでしょう。

睡眠障害

睡眠に対する運動の有効性は，信頼できるエビデンスによって示されています。この有効性は，運動が定期的に行われ，就寝時間に近い時間帯には行われないときに認められています（行われると，覚醒状態になる傾向があるためです）。

健康に関する不安やパニック障害

健康に関する不安やパニック障害を抱えるクライエントの多くは，運動が健康に危険を招くという思い込みを抱いています。たとえば，ある男性は，もし運動すれば心拍が増加して心臓発作を起こすリスクを高めてしまうだろう，と思い込んでいました。運動に焦点を当てた実験を通して，こうした思い込みを弱めることが大変重要です。

怒りのマネジメント

怒りにまつわる問題を抱えるクライエントにとって，運動が緊張に対して有効かどうか検証することが役立つでしょう。特に運動後，リラックス状態を促す入浴のような気持ちを落ち着かせる活動が行われると，より有益です。

✳ CBTで運動を用いることに関する問題

運動が過大評価されること

　　摂食障害や身体醜形障害といったいくつかの障害においては，運動が過大評価されてしまうことがあります。これは，運動には体型の維持や体重のコントロールに効果があると感じられてしまうためです。これらのケースでは，緊張や自尊心の低さといった関連する問題に対処するために運動を用いる，ということについてセラピストは慎重であるべきです。

身体障害の存在

　　運動は，いくつかの身体状態においては，推奨されません。たとえば，心臓血管系の問題です。セラピストは，クライエントが運動するうえで禁忌状態をきちんと認識しているかどうかを尋ね，必要であれば医師による助言を求めるべきです。

● 応用筋緊張

　　不安を抱えるクライエントの多くは今にも意識を失ってしまうかのように感じます。実際に，不安に反応して意識を失ってしまう人たちもいます。特に，そういった人たちは，血液や傷に対する恐怖症的な不安を抱いています（Öst, Sterner and Fellenius, 1989）。それは，はじめに血圧が上昇した後（不安に典型的に見られることです），急激に下降することで，失神に至ります（Öst, Sterner and Lindhal, 1984）。応用筋緊張では，クライエントが腕，脚，胴体の筋肉を数秒間引き締めて血圧を増加させ，その後で筋肉を通常の状態に戻すという練習を行います。それから，クライエントが血圧下降の兆候を自分と察知できるようになれるよう練習します（たとえば，血や怪我の写真をクライエントに見せて，あえて血圧下降を喚起させます）。そこで，応用筋緊張を適用し，（作りだした血圧増加により）血圧下降を打ち消すようにします。

✳ CBTにおける応用筋緊張の使用に関する問題

安全行動

　　先にも述べた通り，応用筋緊張を用いるときの主なリスクは，それが安全行動として機能することがあるということです。道路を渡る前に左右を確認するのが役立つのと同じように，クライエントが，血圧の下降時に行える有用なものとして応用筋緊張をとらえるよう援助していくことが大切です。つまり，応用筋緊張を行わないという結果について（不合理なもの

ではなく）合理的な用心にもとづいているということが大切です。

身体障害の存在

　応用筋緊張を用いる前に，セラピストは，クライエントが妊娠していたり，あるいは特に高血圧や心血管の病気といった身体障害を有することが明らかであったりするときには，医師による助言を求めるべきです。

● CBTと睡眠

　ここからは，一般的な人たちにも見られ，多くのメンタルヘルス問題に関与している睡眠の問題について見ていきましょう。

　不眠症は，成人の10%が経験し，65歳以上の人々では20%が経験する問題です（Espie, 2010）。不眠症には，入眠までに時間がかかったり（入眠困難），途中で何度も目が覚めて睡眠状態が持続しなかったり（中途覚醒），朝あまりにも早くに目が覚めてしまったりするもの（早朝覚醒）が含まれます。不眠症は，身体的なものから精神的なものにまで及ぶ状態に副次的に生じる問題ですが，たいていの心理学的な介入に関する評価では，一次的な状態としての不眠症に焦点が当てられています。

　初期のCBTの多くは，リラクセーションを身体の覚醒水準を減じる方法として重点的に扱っていました。たとえ，クライエントによる不眠症の訴え――たとえば，クライエントが「ベッドに静かに横になるのですが，思考が錯綜しているのです」とか，「日中のあらゆる心配事が頭のなかに浮かんでくるんです」と訴えて，不眠が精神的な興奮であることがはっきりとわかるようなものであっても，やはり身体の覚醒水準に主眼が置かれていたのです。このため，睡眠問題に対して，他の生理的・行動的な側面に注意を払うだけではなく，認知的なアプローチの重要性を強調する声が高まってきています。ここでは現在浅眠に関与すると考えられている（認知や行動を含む）過程について，カーラの例を挙げながら見ていきます。カーラは，仕事で大きな成功を収め，また自分の10代の子どもたちにも献身的でしたが，慢性的な入眠困難を抱えていました。彼女は夜中に何度も目が覚めてしまい，結果ほとんど眠れなかったのです。

＊ 浅眠に関与する過程

昼夜に生じる不適切な自動思考や思い込み

　カーラは，6時間寝なければ，生産的に物事を考えたり，家族や同僚とうまく付き合ったりできないだろう，と思い込んでいました。そして，自分の生活のなかで他のこ

とをコントロールしているように，睡眠についてもコントロールできるようになるべきであり，日中体感した疲労はすべて不眠症によるものだ（計画的に休憩を取れないほど忙しいためとかリラックスする時間がないためだと考えるよりも）と信じていました。

安全行動（内的要因や外的要因をモニターする）

ベッドにいるとき，カーラは何度も時計を確認していました。また耳栓を着け，彼女が入眠をよりコントロールできると思い込んでいた特別なクッションを使用していました。そして，身体が覚醒していることを示す兆候がないかとモニターしていました。前日の夜にあまり眠れなかった翌日には，日中には複雑な仕事をしないようにしていました。カーラは，身体に疲労や集中力低下の兆候が見られないかどうかとモニターしていたのです。

睡眠行動に関する刺激や時間のコントロールの乏しさ

ベッドに入るときに，カーラは眠れない場合に備えて，本やiPodを手に取りました。そして，長時間起きたまま，本を読んだり音楽を聞いたりして過ごしたのです（刺激コントロールの乏しさ）。

気持ちが動揺している夜には横になり，可能であれば，眠くなくても次の夜には早くベッドに入りました（時間コントロールの乏しさ）。

精神的興奮と身体的興奮の可能性

ベッドに横になると，カーラの頭には多くの心配事が思い浮かんできて，それらに対する解決法を考えようとしていました（精神的な興奮）。

睡眠衛生の乏しさ

疲れきることができるように，カーラは夕食を済ませた後にジムに通っていました。ウィスキーを一杯飲んで気持ちを落ち着かせようとするのですが，ベッドへ行く前に，忙しく家事をこなしてしまうのです。

睡眠に対する歪んだ知覚

カーラは，自分が寝ている時間を明らかに少なく見積もっていました。そして，目覚めたとき，それは非常に多くの人たちが身体の重さや疲れを感じる睡眠慣性のときですが，そのときにどの程度よく自分が眠れたかについて判断していたのでした。

✲ 睡眠の問題に対する介入

他の問題と同じように，個々のクライエントにとって最も関係が深い問題の維持循環はどのようなものなのかについて考慮しながら，介入は，詳細なアセスメントとフォーミュレーションにもとづいて計画されます。最も一般的な介入には，下記のようなものがあります。

役立たない，あるいは偏った思考や思い込みの再評価

役立たない認知には，言葉による挑戦と行動による体験を通して取り組みます。

　カーラは，睡眠をコントロールしなくてはならないという自分の考えを，大変苦痛なものとして，同定しました。そして言葉を通して，睡眠をコントロールするということに関する別の見方を検討し，これらの考えに対して取り組みました（寝るときにコントロールできるということは他の人たちにもよくあることだろうか？　自分自身の睡眠をコントロールできるようになるべきだという友人に対して，どのように言うだろうか？　そのように考えることの利点・不利点は何だろうか？）。

カーラはまた，行動実験を行うことで，6時間の睡眠が必要であるという考えの正しさについて検証しました。何日にもわたり，自分が何時間眠ったか記録をし，どの程度仕事で疲れを感じたか，そして毎日午前中や午後にどの程度生産的であったかを評定しました。カーラは，自分の睡眠の量を（あまり多くはないと）承知していましたが，それでも大部分の日は仕事をかなり生産的にこなしていることに気づきました。何日かは疲労を感じましたが，生産性に最も影響力の強かった要因は，彼女が昼食後にデスクワークをしたかどうか（そのときには集中しにくい），また快適な夜を過ごしたかどうかということでした。対照的に，うまく眠れたかどうかにかかわらず，人に関わる仕事については大変うまくこなしていました。

安全行動を減らすこと

睡眠に関する不適切な思い込みの誤りを実証するうえで安全行動が妨げになることが多い場合（例：「睡眠が取れない。耳栓なしに眠ることなど絶対にできない」），眠りを重要だとする思い込みを和らげるためには，安全行動は取り除かれる必要があります。

　カーラは，時間を確認することができないように，時計を見えないところに移すことから始めました。そして，耳栓を着けるのをやめました。最初は何時かわからず大変な感じがしましたが，そのことで眠りにつくというプレッシャーが減ったことに気が付きました。同様に，耳栓を着けていなくても煩わされることがなくなったことにも気づき，自分が不眠症なのだという感覚が減ってきたと感じるようになりました。

刺激や時間コントロールの改善

　Bootzin（1972）による論文が公開されて以降，この介入は，広く評価されてきました。このアプローチは，クライエントが環境や行動上に現れる眠りの合図と不眠の合図とを明確に区別し，身体に終始一貫した合図を送ることが，一定の睡眠のリズムを獲得するうえで不可欠であるという考えにもとづいています。この仮説が正しいかどうかについては議論があるものの，このアプローチは入眠潜時を迅速に短縮するうえで効果的であることが示されています。アプローチの初期段階で，疲労感が増すことがあるため，クライエントにとって実践するのが大変なことがあります。クライエントがこの実践を継続するには，多くの励ましが必要となるでしょう。手続きに関するわかりやすい記述は，Espie（1991）の報告に見ることができます。その要点には，以下のようなことが含まれます。

1. 眠くなったときにだけ横になって眠りましょう。
2. 眠るとき以外にベッドルームを使用してはなりません。唯一の例外は，セックスのときです。
3. もし早く（約20分で）寝入ることができなければ，起きて，違う部屋へ行きましょう。眠くなるまで何かリラックスするようなことを行い，眠くなったらベッドに戻りましょう。
4. すぐに寝つけなければ，上述のステップ3を繰り返します。最初は，夜の間これを繰り返し行う必要があるかもしれません。
5. 毎朝同じ時刻にアラームをセットし，睡眠時間にかかわらず，その時間に起きましょう。
6. 日中や夕方，ちょっとでも居眠りしてはいけません。

精神的興奮を減らすこと

　不眠症は，ベッドに入る前に「残りの仕事を終わらせる」のに失敗することによって，維持されることがあります。日中の未解決の問題が，頭のなかに駆け込んでくるのです。クライエントに，夜寝る前に（就寝直前ではなく），感情的にインパクトのあったものを含めて日中にあったさまざまな問題を書きとめ，考えるという実験を行う時間を取ってもらうようにすることが，役立つかもしれません。これだけでは十分でない場合，（問題が）再び浮上してきて，もっと厄介なテーマがあるような場合には，クライエントが前もって対応できるように，これらの思考についての認知的再評価を繰り返し練習をしてもらうことが有益でしょう（第9章参照）。

身体的覚醒を減らすこと

　不眠症において，身体の覚醒度が高まっているというエビデンスは明らかではありません。

しかし，漸進的弛緩法は，入眠潜時や合計睡眠時間，そして何よりクライエントが自覚する睡眠の質に何らかの効果をもつことが多くの研究によって示されています。さらに言えば，多くのクライエントが筋弛緩を楽しんでいるのです。どのリラクセーションの手法が用いられても，効果に違いはないようです。

睡眠衛生の乏しさ

多くのクライエントには，以下のような一般的な情報やアドバイスを提供します。

- 睡眠のパターンや段階，多様性に関する情報。睡眠の機能と効果に関するものや，不眠症の事実や統計的数値を表すもの（Espie（2010）を参照）。
- 運動に関するアドバイス（つまり，健康の増進を目指した規則的なプログラムの一部として有益であること。ただし就寝時間に近い時間帯では行わないこと）。食事に関するアドバイス（カフェインを避けること。アルコールの常用や多量摂取は不利益となること。牛乳を入れた温かい飲み物を摂ることの効用）。
- なるべく気が散らないように，静かで心地良いベッドや住環境で就寝することについてのアドバイス。

これらの要素はどれも，慢性的な不眠症を維持させるほど大きな影響力はないのですが，いずれも睡眠問題を悪化させる可能性があります。

✳ 睡眠のマネジメントにおける問題

安全行動

睡眠衛生に第一に役立つ方略は，安全行動に発展する場合があります。クライエントには，これらの方略を柔軟に用いる実験をするように促したり，その方略がウェルビーイングに欠かせないという思い込みに取り組むように励ましたりしましょう。

非合法の薬物の使用

クライエントが覚醒を促すような薬物を使用している場合には，心理学的な介入に反応しないでしょう。

他の問題から副次的に生じた睡眠の問題の場合，または不眠症ではない場合

他の精神医学的または身体的な状態によって睡眠の問題が生じている場合，心理学的な介

入には反応しない可能性があります。そうしたケースでは，主要な障害が取り扱われるべきです。たとえば，抑うつの場合，適切であれば認知行動的なアプローチを用いて，取り扱います。不眠症として分類されない睡眠障害による場合も（例：睡眠時無呼吸症候群，睡眠時ミオクローヌス症候群やレストレスレッグ症候群など），心理学的な介入による効果は得られないでしょう。

● 要約

- 身体的な介入が種々の問題において果たす役割について注意を払うことは，たとえ認知的な要因が明らかに関与しているような問題であるとしても，有益なことだと言える。フォーミュレーションを念頭に計画され，かつクライエントにとって納得のいく方法でで問題の維持循環が阻止されるのであれば，身体技法はさまざまな障害において役立つだろう。
- リラクセーションは有益である場合が多く，どの手法が用いられても，さほど違いはないように思われる──リラックス状態を促すような楽しい活動をするということも含めてである。リラクセーション・エクササイズを用いるのであれば，お手本にできる，スキル獲得に関する実用的なガイドラインがいくつか世に出ている。リラクセーションはたとえば，下記のようなことに用いることができる。
 ─全般的な覚醒の度合いを低下させること
 ─喜びを与えること
 ─不安を喚起する状況に対するエクスポージャーを促進すること
- しかし，介入におけるリラクセーションの使用に問題がないわけではない。よく見られる問題には，下記のようなものが含まれる。
 ─リラクセーションが安全行動として機能してしまうこと
 ─リラクセーションがコントロール感の喪失として体験されてしまうこと
 ─小さな身体の変化に対して過敏になってしまうこと
- 呼吸法は，主にパニック障害の介入に主要な役割を果たしている。起こりうる問題としては，それが安全行動として機能してしまうことがあるということである。
- 身体的な運動は，創造的に用いられれば，問題の維持循環を阻害する直接的な方法となることがよくある。
- 応用筋緊張は，血や怪我に関連した（そして，あまり一般的ではない他の）恐怖症の介入に用いることができる。
- 最後に，睡眠問題のマネジメントにおけるCBTの役割について議論し，より認知的な他の方略と比較しながら，いくつかの身体技法について検討している。

● 練習問題

✳ 振り返り／考えてみよう

- 本章を読み終わって，あなたはどのような感想をもったでしょうか？　特に際立って有用であるものが何かあったでしょうか？　不安を抱かせるようなものとして何か印象深かったことはありましたか？　あなたの反応について，よく振り返ってみましょう。
- CBT は心理学的なセラピーであり認知や行動的な側面を重視するものですが，生理的な要因や身体的介入を考慮に含める理由について，あなたはどのように理解しているでしょうか？
- あなたの以前の臨床実践では，全般的な覚醒度のような生理的な要因について，そのときは考慮していなかったことがあるかもしれません。もし考慮していなかったのなら，この領域の入門書を読むことが役に立つかどうか考えてみましょう。

✳ やってみよう

- あなたの現在の担当ケースから，リラクセーションが否定的な循環を断ち切るうえで有用であると思われる，ケース・フォーミュレーションの図を描いてみてください。
- もしあなたがリラクセーション・エクササイズになじみがなければ，1週間，規則的に練習してみましょう。そして，そのエクササイズを少しまたは中程度にストレスフルな状況で試してみましょう。この経験から，あなたはクライエントに対する実践において，どのようなことが役立つと学びましたか？　もしあなたが1日中リラクセーションを適度なレベルまで確実に維持しているようにしたいとしたら，どのようにしたら実践するのを忘れずにいられるでしょうか？　日々接する事物や出来事を手がかりとして用いることができるでしょうか？　もし2日間，そうしたことを実践してみた場合，あなたはその経験からどのようなことを学ぶでしょうか？
- もし呼吸法の手続きになじみがないのであれば，自分自身で練習し，あなたが気づくようになった何らかの感覚に注意を向けてみましょう。あなたはどのようにパニックの症状が再現される可能性のある呼吸法を行うようにクライエントを励ますでしょうか？（つまり，あまりに防衛的になりすぎずに，かつ過度になりすぎないように，です）
- どのようにすれば呼吸法を安全行動として用いないようにクライエントに説明できそうか，仲間や同僚とロールプレイしてみましょう（つまり，クライエントが呼吸法をいつ，どれくらいの頻度で使うのがよいかなどです）。
- 身体的な運動を2つ3つ，あなたが現在受け持つクライエントの治療プランに取り入れてみましょう。ケース・フォーミュレーションの観点から，それは理に適ったものでしょうか？　クライエントはそれに取り組めたでしょうか？　もしそうでないのなら，なぜ

取り組めなかったのでしょうか？
- もし応用筋緊張についてなじみがなければ，その手続きを仲間や同僚とともに練習してみましょう。そしてその使用方法について理解できたかどうかフィードバックをもらいましょう。あなた自身でも練習してみて，この技法のどのような点が難しいか考えてみましょう。クライエントとこの問題点を克服するにはどうしたらいいかについて，ブレーンストーミングをするか，スーパーヴァイザーに相談してみましょう。
- 認知的睡眠質問票（Morin, 1993 ; Espie, 2010）のうちひとつに回答してみましょう。そして，あなたが睡眠に関する偏った思い込みをもっているかどうかを考えてみましょう。もしそうした思い込みを抱いているのなら，言葉にして思考を調整し，その結果としてあなたの思い込みがどの程度変化するかを見てみましょう。偏った思い込みを検証するために行動実験でうまく取り組むことができるかどうか，またその結果としてあなたの思い込みがどの程度変化するか見てみましょう。その体験から，あなたはどのようなことを学ぶでしょうか？

● 学習を深めるために

Benson, H.（2000）The Relaxation Response. New York : Avon Books.
この本は，1970年代に出版された，体系的なリラクゼーションおよび瞑想に関する古典的なガイドブックの改訂版。この本では，さまざまなリラクセーション・エクササイズを展開するうえでのアイディアが得られる。

Espie, C.A.（2010）Overcoming Insomnia and Sleep Problems : A Self-help Guide Using Cognitive Behavioral Techniques. London : Constable Robinson.
CBTの実践的応用にもとづいた，読みやすいセルフヘルプ本である。

11
介入の過程

　本章では，介入過程の全体像と，それぞれの段階で起こりやすい課題と問題について論じます。

● **セッション全体のパターン**

　本書で述べられているような込みいっていない問題の場合は，たいてい1時間のセッションを6～15回必要とします。けれども，各セッションの長さについてもセッションの回数についても，厳格な規則があるわけではありません。たとえば，クライエントが多くの責任を担うようになってくる介入の終結期には，セッション時間が短くなるかもしれません。反対に，時間のかかる行動実験が必要な場合は，そのセッションは60分以上かかるでしょう。同様に，もし問題が複雑ならセッションの回数が増えるでしょうし，問題に対して介入が非常に功を奏した場合は，セッションの回数が減らされるでしょう。セッションは通常，週に一度から始まり，介入が進むにつれて徐々に間隔を空けるようになり，介入が終わった後には数回のフォローアップ・セッションがあります。

　最初の2～3回のセッションでは普通，クライエントと共有するフォーミュレーションをつくることを目的として，クライエントの問題のアセスメントに焦点を当てます。

　それと並行して，CBTでは介入中，クライエントは有能で積極的な協働者としての役割を期待されている点に関する心理教育をクライエントに対して行うでしょう。ターゲットとする問題についての積極的な作業のほとんどは，セッションの2～12回目に行われ，最後の数回のセッションでは，終結の後にクライエントが前進するための青写真を描くことに取り組むことになるでしょう。

　介入全体を通して見られるいくつかの特徴があります。それは以下のようなものです。

- アジェンダの設定
- セルフモニタリング
- 失敗への対処

＊ **アジェンダの設定**

　各セッションのはじめにクライエントとセラピストが互いに同意するアジェンダを設定す

るのは，CBTの重要な特徴です。CBTは比較的短期間の介入なので，確実に時間を有効利用することが重要です。アジェンダの設定は以下のように行うことで時間の有効利用を目指します。

- どのセッションでも，取り組むべき課題を優先することが認められていること
- CBTの特徴である構造の発展を促進すること
- 2人が共に重要な問題に焦点を当てつづけるよう関わること
- クライエントが積極的な参加者として介入プロセスに関わることを援助すること

協働的な関係になるように働きかけるためには，初回か2回目のセッションで，以下のようにアジェンダの設定の話題を取り上げることが役に立ちます。

介入セッションがあなたにとって意味があって役に立つと思えることが大切です。そして各セッションは時間に限りがあります。そこで，何を目標とするかということをセッションの最初に決めることが，役に立つ場合が多いです。私はそのセッションで扱いたいことについていくつかアイディアをもっている場合が多いですが，あなたもその週に起こった出来事や頭に浮かんだ考えなどをそのセッションで話したくなるかもしれません。ですからそれらの問題のために時間を取ることが大切です。そのセッションで何を扱いたいかを考えるために，毎回セッションを始める前に何分か時間を取るのも良い方法です。そうすれば私たちは1つの一致したアジェンダを共有することができます。この結果は納得できますか？　やってみようという気持ちになりますか？

各セッションのはじめにクライエントがアジェンダに含めたいと思っている事柄を尋ねてみて，そのあとで，あなたが含めたいと思っている項目を提案するといいでしょう（もしあなたのほうから先に始めてしまったら，クライエントは自分の考えを思いつきにくくなるでしょう）。このプロセスは各セッションのはじまりの5分くらいです。これは有意義な時間ですが，他の項目に使える時間がどれくらいあるかについても注意していなければいけません。
　アジェンダによく含まれる項目は，以下のようなものです。

- **ここ1週間に起きた出来事の簡潔な振り返り**　これは詳しくする必要はなく，ただ簡潔に，アジェンダの主要な項目となる問題を同定すればよい。クライエントはこうした簡潔な振り返りというものに慣れておらず，詳細に話しすぎることがあるかもしれない。そのような場合には，優しく遮って要点をまとめることによって，何が役に立つ情報であるかについて示すのがよい。たとえば以下のように話すことができる。

そうすると，あなたがおっしゃりたいのは，この1週間ほとんどの間，不安のレベルはこれまでよりもむしろ高くて，その主な要因はお父さまの結婚の計画のことのよ

うだ，ということですね。それでもあなたは，毎日きちんと仕事に行っていて，それについては肯定的に感じていらっしゃる。今はこの点に関する大まかな話を聞かせてくだされ ばいいのですが，私は全体を正しく理解していましたか？　結婚の話を，アジェンダに入れることが役に立ちそうですか？

- **前回のセッションの振り返り**　これは，前回話し合われた問題や，そこから派生したことなど，どのようなことが含まれていてもよい。セラピストの多くは，ホームワークの一部としてセッションの録音テープを渡すことがあるが，その録音から新たな視点が得られるかもしれない。クライエントがノートに記録をつけることに取り組んでいるなら，クライエントはセッション後の1週間のその記録を振り返ることもできる。アジェンダに含める課題はこうした振り返りから出てくるかもしれない。たとえば，クライエントが率直なフィードバックをしているか，それとも，あなたが聞きたがっているだろうとクライエントが思ったことを話しているのか，ということに注目してみる。もし後者であれば，この時点でこの問題に注意を向けることが，協働関係を強めるのか弱めるのかについて判断する必要がある。もしあなたのクライエントが前回のセッションで起こったことを覚えていられないとしたら，それも問題として取り組まなければならず，克服する方法を見つける必要がある。
- **現在の気分のアセスメント**　BDI（Beck et al., 1961）やBAI（Beck et al., 1988）といった標準化された尺度を使って正式にアセスメントしてもよいし，質問によってもう少し砕けた形でアセスメントしてもよい。前回のセッションからクライエントの気分は変化しただろうか？　アジェンダの項目として含めたい事柄はあるだろうか？　毎週同じ尺度を使って気分の評価をクライエントに問うことは役に立つのだろうか？　たとえば，「あなたの気分は先週，0から10までのうち，どれくらいでしたか？　0は最低，10は絶好調で何も問題がない状態です」のように。

    あるいは不安のある人には，0を問題がまったくない状態とし，10を想像する限りで最も悪く，高い心配がずっと続いている状態とする（尺度の工夫の仕方についての議論は第5章を参照のこと）。何の尺度をあなたが使っているのかということについて自分のノートに記録しているかどうか，確認してみること！
- **ホームワークの振り返り**　これはその日の主要なトピックと大きく重なるだろう（ホームワークと呼ばれていることが多いが，クライエントのなかには，学校での経験などから，この言葉から嫌なものを連想する人もいる。代わりとなる言葉としては，課題，行動実験，来週までにやる仕事，プロジェクト，「調査」のような特定の仕事を表す言葉がある）。
- **そのセッションで話し合われる中心的な諸トピック**　これらは，症状（落ち込んだ気分，不安，不眠といったもの）や現在の外的な問題（仕事の問題や対人関係の問題など）を含む。あなたは否定的自動思考の同定の仕方や，問題の維持における安全確保行動の役割を学習するといったような，CBTの特定の技法に取り組む予定でいたのかもしれな

い。同じセッションの中でクライエントの症状や問題を扱いつつ，あなたがもともと取り組む予定でいた事柄も扱うことは可能であろう。

- **ホームワークを出すこと**　これは話し合われた主要なトピックから浮かんでくるべきもので，すでに話し合いのなかで協議されているかもしれない。しかしホームワークの設定に10分かかるだろうということを心に留めておくのがよいだろう。
- **クライエントがそのセッションをどのように経験したかについてのフィードバック**　あなたはこのために確実に時間を残しておく必要がある。たとえば，以下のように言うといい。「今日のセッションがどんなだったかについてフィードバックをくださると助かります。がっかりしてしまったことや，私の言ったことで頭に来たことがあった場合でも，それを私に言うのは最初は大変かもしれません。でも，あなたの問題に一緒に取り組んでいくうえで，あなたが，自分にとって何が役に立つことで何か役に立たないことであるのかということを私に忌憚なく話せると感じられていることが非常に重要です。今日のセッションから持ち帰ることができるメッセージは何だと思われますか？　その他にも，何か役に立ちそうなことはありますか？……私の言ったことで，あなたの心を弄ぶようなことや助けにならないようなことはありましたか？……今日のセッションについて，他に何かコメントはありますか？」

　アジェンダの設定，ホームワークの話し合いやフィードバックなどの時間を考えると，その日の主要なトピックのためには35〜40分程度しか時間が取れないことは明らかです。つまり5分程度の時間がかかることを想定したうえで，1つ程度の追加事項を予測して計画しておかないと，通常は2つ以上のトピックをアジェンダに含めることはできません。

　アジェンダの設定においてどの問題を優先するかを決める際には，以下の要因を考慮しましょう。

- クライエントや，子どもなどクライエント以外の人にとっての危険の問題
- 緊急の問題，たとえば，失業の可能性や差し迫った試験
- 苦痛のレベル
- フォーミュレーションを中心に据えること
- 変化の潜在的可能性
- 身に付けるべきスキルとの関連性
- 介入の場以外の誰か他の人とともにその問題に取り組むことができるのかどうか

　クライエントは，普通，初期の段階では苦痛の強い複雑な問題に効果的に取り組むスキルをまだもっていないので，そのような問題を扱うことは効果的ではありません。同様に，強固に保たれた中核的思い込みに直接関連する問題も避けるべきです。しかし，クライエントが重要と思う問題を取り扱うこととの間でバランスを取る必要があります。

　アジェンダがいったん設定されたら，それに沿うことを目指し，アジェンダからの脱線は

必ずはっきり指摘するべきです。たとえば，もしクライエントが別のトピックに移り，そのトピックのことでイライラしはじめているからといって，クライエントは新たなトピックを優先することを選択したのだろうなどと決めつけてはいけません。そうではなく，たとえば以下のように言うことによって，そのジレンマについて話し合うとよいでしょう。

> これは，あなたにとってとても頭に来ることのようですね。そのことから，これは重要な問題なのだろうと私は思います。この問題について考えるために少し時間を取りますか？　それともセッションのはじめに一緒に決めた通り，他の問題に焦点を当てますか？

こうすることによって，クライエントは選択をすることができ，それは時に驚くべき結果をもたらします。同様に，もし危険に関係するトピックが出てきたなら，そのときはおそらく，そのトピックをアジェンダにある他の項目よりも優先する必要があります。しかし，繰り返しますが，アジェンダから離れるかどうかについてクライエントと話し合うことが重要です。

アジェンダの取り扱いは，クライエントの立場への尊重と理解をもって，慎重に行われなければなりません。クライエントは時に，おそらく問題の解決を期待するのではなく，困難な状況についての気持ちを単に吐き出したいと望むことがあります。クライエントがこうして各セッションのかなりの時間を割きたいと思っているとしたら，考え直す必要がありますが，このことを1回か2回のセッションの狙いとすることは合理的だと言えます。

アジェンダから離れないために，トピックや問題に関連する主要なポイントを頻繁に要約したり，それをクライエントに頼んで要約してもらったりすることが役に立ちます。その要約は，重要な否定的自動思考などを含むもので，クライエント自身の言葉を用いて，話し合いの主要なポイントを1つか2つの文で網羅していなければなりません。これによって，セラピストとクライエントは同じ波長でいられるうえに，要約をすることでアジェンダのトピックとトピックの間の有用な小休止にもなります。最初の5回か6回のセッションでは，約10分ごとに要約を行い，クライエントが正確に理解したかどうか尋ねることが役に立ちます。たとえば以下のように言うとよいでしょう。

> あなたは……ということや，……ということをおっしゃっているようですね。その通りですか？　何か違っていることはありませんか？

または——

> これまでに話し合ったポイントを，あなた自身の言葉で言ってみてもらえますか？

✳ アジェンダの設定でよく起こる困難

セッションでアジェンダを設定する際にしばしば直面する問題は以下の通りです。

- 曖昧なアジェンダを設定する。トピックが，細かい点まで運用できるようになっておらず，ただ大まかなアウトラインを描いただけになっている。たとえば，クライエントが家族との関係について話したいと言ったら，関係のどのような側面について話し合いたいのかを確認するために質問する必要がある。あるいはクライエントが自分の体重について話したいであれば，あなたは体重のどの側面に彼女が関心をもっていて，「体重」が鍵となる問題なのか，それともむちゃ食いといった問題に関係することが問題なのかということを明らかにする必要がある。
- アジェンダにたくさんの項目を詰め込みすぎる。一般には主要なトピックを2つ以上は取り扱わないだろう。そしてもし，そのトピックを持ち越さなくてはならなくなったら，あなたとクライエントは，次回のセッションまでフラストレーションを感じつづけることになるだろう。よく考えて優先順位を付けるのであれば，焦点を当てたい1つか2つの項目について，簡単に決めることができるだろう。
- どの項目について考えるか優先順位を決めていない。上述の通り，あなたが決めた優先順位を説明して，まずは主要なものから取り組むといい。
- アジェンダの設定を完了しようとせずに，問題が話された途端にその問題について扱いはじめてしまう。多くのクライエントが，アジェンダを設定する練習をする必要がある。クライエントは，最初に話した項目についてすぐに詳しい話し合いを始めようとするかもしれない。そのときは優しく遮って，どの問題に取り組むかについて，はっきりと合意しておくことが重要であることを思い出してもらおう。たとえば次のように──「これは今日の主要な話題であるように思えます。全部をセッション内で扱うのに十分な時間があるかどうかを確かめるうえで，今日のセッションで扱いたいと思う事柄を決めていきましょうか」。
- クライエントからの率直な意見が得られない。そのせいで，クライエントが話し合いたいと思っている問題を，セッションの後半でアジェンダから外したり，まったく取り扱わないといった危険を伴うことになる。
- クライエントにとっての問題の意味を誤解する。問題の意味を明確化し，正しく理解していることを確かめるために，絶えず質問をし，要約をし，クライエントにフィードバックを求めるといい。
- 最初の話し合いなしで，アジェンダにない問題に取り組んでしまう。アジェンダには柔軟性をもたせるべきだが，変更ははっきりと一緒に行う必要がある。
- どのトピックについても終結することなく，セッションごとにトピックからトピックへと飛び回ること。セッションを通して進歩を遂げられるような広範な方略を立てるように心がけるといい。

上記のような問題点を見つけ出し，対処するうえで，アジェンダの設定を定期的に見直すことが役に立ちます。あまり構造化されていないアプローチに慣れていると，最初はセラピストとして不安に感じるかもしれませんが，恐れているようなことが本当に起こるかどうか，実際に試してみる価値はあります。

　次に，介入の流れの各段階について見ていくことにしましょう。まずは初期段階の色々な特徴から見ていくことにしましょう。

● 初期段階

✳ 目標設定

　CBT が，限られた時間の中で効率的に心理援助を行える理由のひとつに，双方が合意した目標に向けて努力することに同意することが挙げられます。これは，面接の構造化と焦点を保つのに役立ちます。目標は，2 人が協力することで設定されます。つまり目標設定は，CBT の協働的性質を強調する過程とも言えます。介入の目標は，クライエントに関連のある事柄，かつセラピストの考えも含められているものなのです。

　目標設定をするということは，変化の可能性があるということを意味します。克服できないと思えるような問題に直面した場合に，希望を生み，クライエントの無力感を軽減するのに役立ちます。また目標設定は，介入の終わりの可能性を示すものであり，終結が近づいているような場合に，開かれた明確な方法でクライエントと話し合うのに役立ちます。

✳ いかに目標を設定するか？

　目標は"SMART"でなければなりません。つまり──

- 具体的（Specific）
- 測定可能（Measurable）
- 達成可能（Achievable）
- 現実的（Realistic）
- 終了日という時間枠（Time frame）

　具体的で詳しく書かれた形で目標を設定することは，クライエントがコントロール感を感じる手助けとなります。なぜかというと，全体的な問題が各構成要素に縮小されると，問題が扱いやすくなったと思えるかもしれないからです。セラピストは次のような一般的な質問によって目標設定の作業を始めることができます。

介入の終わりで，物事がどのようになってほしいと思いますか？
どうすれば，介入がうまくいったことがわかりますか？
介入の終わりで，何が変わっていたらいいと思いますか？

たとえば，健康に関する心配が生活の大部分を占めていると感じている女性との最初の会話は，次のように進められました。

セラピスト　どうすれば介入がうまくいったことがわかりますか？　何が変わりますか？
クライエント　しこりがあるかチェックするのを止めるようになっていることです。いつもガンについて考え，それで家族を退屈させてしまうことがなくなることです。
セラピスト　変わりそうなことはそれで全部ですか？
クライエント　一番の変化はガンについて触れられたときにいつもパニックになっていましたが，それがなくなることです。

　このクライエントの返答はよくある問題を表している。それは，どう**なりたい**かではなく，どう**なりたくない**かについて述べたということです。これは「死者の解決」（dead man's solution）と呼ばれるものです。つまり目標は，死者でも達成可能だということです。それは，これ以上パニックのような感情にならない，これ以上しこりを確認しない，家族とこれ以上ガンについて話さない……というように。クライエントには，どこから逃れたいかではなく，どのようになりたいか，あるいは，何をしたいか述べるよう尋ねるようにします。

　いわゆる「ミラクル・クエスチョン」は，何をしたいか，どうなりたいかという回答に到達するための良い方法です。今夜あなたが寝ている間に奇跡が起こり，あなたの問題すべてがあっという間になくなったとしましょう。けれどもあなたは，寝ているため，それが起こったことを知りません。次の朝起き，1日を過ごしてみると，あなたはどのようにして奇跡が起こっていたことに気づきますか？　あなたや他の人の何が違うことに気づきますか？　奇跡が起こったことを他の人が話すとしたら，彼らは何を見たのでしょう？

　上の女性の例において最終的に合意に至った目標は，次のようなものです。月ごとに胸をチェックすること，95％以上の時間夫と症状以外の話題をすること，親戚が入院した際には病院に見舞いに行くこと，そして，症状が出てきても落ち着いて反応すること，です。目標に向けた彼女の進捗状況を測定するため，彼女は次のような質問を受けました。それは，「これを小さなステップに区切ることはできますか？」あるいは「進歩している場合の最初のサインは何になるでしょうか？」というものです。
　あなたの役割のひとつは，目標が現実的であるかどうかを確かめることです。クライエントは，非現実的で極端な目標をもっているかもしれません。たとえば，社会不安を抱いている人

が，介入の終わりまでに人生のパートナーを見つけたいと思っていたり，強迫性障害（OCD）をもつクライエントが手洗いを1日に4時間にまで減らしたいなどです。場合によってはクライエントとセラピストが目標に同意することは難しいかもしれません。たとえば，摂食障害のクライエントは，体重を減らすための助けを求めるかもしれません。あるいは強迫性障害（OCD）のクライエントは，儀式がもっと完璧なものになるよう支援してほしがるかもしれません。こうした場合は注意深い交渉が必要となります。そのプロセスとは，クライエントが介入を通して何が達成することを望み，何を望まないかを明らかにするものです。

たとえば，形式的な手順に強迫的関心のある女性が，納税申告書にどれだけ正確に記入できるかを知ることを，ひとつの目標と考えていました。セッションは次のように続けられました。

セラピスト　それは興味深いです。あなたは納税の書類をミスなく書ける方法を知りたいのですね。そうすることで，あなたの不安は消えるということですね。それは私からすると，強迫の問題がある人固有の視点であるように思えます。あなたがもし強迫性障害（OCD）でない誰かの視点に立ったら，どのように考えるでしょうね？

クライエント　私はそれを確認するために会計士に依頼することができるのではないでしょうか。

セラピスト　そしてもし書類に書き込むことに関する心配がなくなったら，確認したいというあなたの欲求にどのような影響がありますか？

クライエント　完全な確認をすることが目的ではなくなって，書類を書き込むことだけが目的になると思います。

セラピスト　私にはそれが妥当な目標のように思えるのですが？　確認なしで書類を完成させるということです。

クライエント　私は誰でも一回は確認をするものだと思います。

セラピスト　ええ，私もそれは正しいと思います。そうするとあなたの思う妥当なゴールとは何でしょう？

クライエント　書類を埋めたらそれでOKであるということを目的にすることです。そして，確認は一度にして，そのことについて何度も考えないことです。

このやりとりから，一度も確認することなく書類を提出することが彼女に必要であると思われましたが，成功しそうな介入の目標として，少し厳密さを落として，より現実的なものが据えられました。

目標は達成可能で，クライエントがコントロールできる範囲を変えるような取り組みを含むものであることも大切です。特に，クライエントは，他者を変えるのではなく，自身のことを変えるよう焦点を向けるべきです。たとえば，求職はもっともな目標になるかもしれません。けれども，特定の職を得ることは，究極的にはクライエントによって決まるものでは

ありません。したがってそれは，達成可能な目標とは言えないのです。また，クライエントが，目標を達成するために，資金・スキル・持続性・時間という資源をもっているかどうかを考えることも価値のあることです。

時間の枠という観点から考えると，目標の問題は，1回のセッションで優先する話題を検討するのと似ているととらえて，取り組むことができます。クライエントの希望を多く抱けるようになるために，すぐに変化が現れる目標に最初に取り組むことが役に立ちます。それ以外の要素としては，リスク，緊急性，クライエントのなかでの重要性，苦痛の度合い，そして，他の目標に取り組むために事前に特定の目標にアプローチする必要が論理的にあるかどうか，といったことが挙げられます（たとえば，求人に応募する前に，採用面接に行くことができる必要があり，そのためには面接に対する不安と取り組む前に，出かけることに関する不安に取り組む必要があります）。セラピストが他に考慮することは，フォーミュレーションにおいて何を目標の中心に据えるかということと，目標が倫理的に容認されるかどうかということです（たとえば，妻を叩くという侵入的なイメージについてクライエントが感じる苦痛を減らしてほしいといった場合，クライエントはその代わりに怒りのマネジメントについて考えることが推奨されます）。

✷　ホームワーク

ホームワークの作業を終えるクライエントのほうが，終えないクライエントに比べ，より大きな前進が見られるという明確な根拠があります（Kazantzis, Deane and Ronan, 2002 ; Schmidt and Woolaway-Bickel, 2000）。それはきっと，面接で学んだことを日常生活に一般化する機会をより多くもつからでしょう。ほとんどの問題は，面接室の中よりむしろ，外で起こったことにもとづいています。そしてクライエントは，情報を集め，新しいパターンの考えと行動を試し，直接的な体験から学ぶためにホームワークを使うことができます。否定的自動思考を同定すること，安全確保行動の減らし方に取り組むこと，ある状況でのアサーティブな態度の増やし方といった取り組みが含まれているかどうかといった事柄に限らず，スキルをクライエントへ伝授することがCBTの一般的なスタイルのひとつです。クライエントが本当の生活のなかでスキルを練習できる機会をもつことが重要です。

CBTでは次の面接までの間のホームワークが中心的役割を果たすので，それを設定するための時間を割り当てる必要があります。それは，面接の最後の5～10分を必要とします。しかしホームワークは，アジェンダにおける主要なトピックのすぐ後に続くこともたびたびで，その議論の一部としてセッションのより早い段階で考えることもあります。たとえば，もしアジェンダが不安な気持ちのきっかけである否定的思考の役割について考えることであれば，ホームワークは，次のようなものかもしれません。それは，次の1週間，不安のきっかけや不安に関連する考えをモニタリングしてみるというものです。

取り組むことのできるホームワークは限りなくありますから，適した課題を設定するのは，あなたとクライエントの工夫にかかっています。ホームワークとして，関連したものを読む，

面接のテープを聴く，感情・思考・行動を自己モニタリングする，行動実験を行う，思考記録やアサーティブな応答を用いるなどの新しいスキルを練習する，過去の経験について振り返ってレビューを行う，あるいは，活動スケジュールを付ける，などを行ってもいいでしょう。クライエントにとって意味があるということ，今後の介入面接あるいは特定の目標の達成のために役立つことが重要です。たとえば，安全確保行動を取り除くことは，次の面接に直接的につながるかもしれません。次の面接では，その結果をもとにフォーミュレーションの内容を詰めたり，次の方略を立てたりするかもしれません。またクライエントは，低い自尊心に対する長期的な課題として，肯定的な事柄を書き留める課題を続けているかもしれません。このことがアジェンダの重要なトピックだとみなされていない場合，複数の面接の間中，記録しつづけた肯定的な事柄についての話し合いは，最低限にとどめたものとなるかもしれません。

　クライエントはホームワークをしないことも多いですが，それにはいくつかの理由が考えられます。以下の原則は，クライエントがホームワークに取り組み，ホームワークが確実に役に立つことを助けるものです。

- ホームワークは，面接中起こったことから論理的に導かれたものでなければならない。もしホームワークが適切なものであれば，セラピストは，課題を話し合うためにセッションの最後まで待つ必要はない。セッションの間に出てくることもありうる。
- ホームワークは納得のいく内容であり，クライエントにとってもそう思えるものでなければならない。それは，「これは納得できるものですか？」「これがどのように役に立つと思うか，私に説明してもらえますか？」などの質問によって確認するとよい。次の面接までにやってくるホームワークの設定に際して，クライエントがより大きな役割を担うようになっている介入の後半の段階では，このことは，あまり問題とはならない。だが，セラピストが適切なホームワークを提案することの多い初期の段階では，このことは問題となることがある。
- また，クライエントには面接の場の外の生活があるということも，念頭に置く価値がある。クライエントが介入を優先することは重要だが，クライエントに期待できることには限度がある。重荷に感じれば，ホームワークを完了させる可能性が低くなる。この点について，クライエントと確認しよう。
- ホームワークは，何がいつ・どこで・誰となされるのか，詳細に説明されている形で，細かく計画されなければならない。ホームワークに取り組まないことを予防する要因について注意深く尋ねることで，落とし穴や困難な点について確認し，議論しよう。

　ある女性は，次のことについてひどく考え込んでいました。それは，彼女が「ドアマット」と表現する，彼女の母と姉との関係のことでした。しかし，次に母や姉と会うときのために備えてアサーションの課題が設定された面接でロールプレイをした後，彼女は，この数カ月以内に，母や姉とは会わないだろうと述べました。そのため，代わりによ

り直近の出来事を目標にしたアサーションの課題が計画されました。こうしてホームワークを出すことをとりやめる事態には至らずに済みました。

　ホームワークに関してよく起こる問題は，職場でセルフモニタリング用紙を使うことが決まり悪いといったことや，面接室の外で行動実験を実施する費用がないといったものまでさまざまです。ホームワークを終えるのを邪魔する隠された思い込みに注意するとよいでしょう。
　たとえば，完璧主義のクライエントは，活動のどれもが取り入れるには不十分と考えるために，活動スケジュールを完了するのが難しいと感じるかもしれません。また，自尊心が低いクライエントは，結果がセラピストの「希望」を満たしていないと感じた場合，どの課題をするのも難しいと思うでしょう。介入の初期段階で何らかの問題が予想された場合は，問題の背景にある思い込みを修正しようとせずに，今ここで起こったことを話題にするとよいでしょう，

- ホームワークは，「失敗」できてしまうようなものではなく，むしろ，結果がどうであれ，有効な情報源とみなされるものにするといい。たとえば，クライエントが特定の状況に対する回避を減らすことを試みているなら，たとえ彼が回避を減少させることができなくても，不安な思考や感情についての有効な情報を収集できるようなホームワークを設定すること。
- 少なくとも介入の初期においては，日記を付ける用紙（diary form）や読み物など，適切な資源を提供すること。
- クライエントによって同意された課題は，あなたとクライエントの2人ともが書きとめるといい。あなたがクライエントのために書くほうが手っ取り早いかもしれないが，クライエントが介入上の役割を確立することは有効であり，このような記録は，その方向に早く向かうためのステップとなりうる。
- その後の面接のアジェンダのなかに，ホームワークの検討は常に含まれなければならない。なぜなら，部分的な理由としては，ホームワークは面接に関連するものとして設計されているべきものだからである。より一般的なレベルの理由としては，クライエントは，フォローアップされないホームワークには高い確率で取り組まないためである。

　もしホームワークが終わっていた，あるいはほぼ終わっていたならば，それは細かく検討されなければなりません。たとえば，もしクライエントがある本の1つの章を読んだならば，次のことを検討する必要があります。何が役に立ったか？　何が心に響いたか？　理解するのに難しいセクションがあったか？　もし活動スケジュールにあることを終えたなら，喜びや達成のパターンはどのようなものであったか？　何を学んだか？　ホームワークを終えたことがどのように前進につながるか？
　一方で，もしホームワークが終わらなければ，終わらなかったことについて調べ，理由を特定することが重要です。現実的な理由があったのかもしれないし（職場で誰かが病気にな

り，仕事量が予想以上に増えた），クライエントが忘れてしまったのかもしれないし，充分に細かく話し合いがされなかったのかもしれません。あるいは，ホームワークのことが書きとめられていなかったのかもしれないし，課題がある面で難しすぎたのかもしれません。これらすべての場合において，ホームワークを次の課題に向けて修正することができるし，おそらくセラピストや他の誰かの助けを得て，実行することができます。

もし隠れた思い込みがホームワークを終える邪魔をしたなら，そのときは，すでに述べたように，少なくとも介入の初期の段階では，思い込みを修正しようとせずに，実践的に対応しなければなりません。たとえば，コントロール感についての思い込みをもつクライエントが，ホームワークのせいでその思い込みが活性化されてしまったようなら，ホームワークはクライエントがよりコントロール感をもてるようなものに修正することもできます。フォーミュレーション上でその信念に関して詳しく話し合われていたり，そのような思い込みが現在の焦点となるほど介入が進展している場合でもない限り，この思い込みについて必ずしも詳細に説明する必要はないでしょう。

たとえば，ある男性が2週立て続けにホームワークをやってきませんでした。このことを詳しく取り上げたところ，クライエントはホームワークに同意したときには触れなかった，課題に関する懸念について話し出しました。セラピストはコントロール感に関する話題を今取り上げるべきではないかと考えましたが，このことは介入の最初の段階ではこの話題が問題として出てくることはなく，しかも今回クライエントが表明した懸念とも関係がないように思われました。結局，クライエントはホームワークの課題を計画する際に今までより大きな役を果たすことに同意しました。これは，ホームワークがセラピストが提案したものよりももっと重くなることを意味しました。そしてクライエントは，おおむねホームワークを完成させるようになりました。

一般的に言えることは，ホームワークが介入に不可欠のものであり，ホームワークが提供する情報やフィードバックなしに介入を進めるのは難しいということを，はじめから掲げるのが重要ということです。このことは，利用できる資源が制限されていて，可能な介入の量が限られている場合に特に当てはまります。制限の多い介入の場合，ほとんどの作業を面接の外で行うことで，クライエントを大きく変化させることが可能であるということを，よく練られたホームワークを通じて知ることができます。

✻ 初期段階における問題

変化に対するモチベーションの低さ

介入のはじめ，クライエントは問題に取り組むようには見えないかもしれません。けれど

も，「低いモチベーション」というような特性的な説明を用いるよりも，むしろ，問題に取り組むことに対してクライエントが明らかに気乗りしていないことについて理解するほうが有益です。つまりマネジメントに関するアイディアを出すために，思考・感情・行動の点から問題を分析するよう試みるべきです。そして次の可能性を考えてみましょう。

- **変化に対するアンビバレンス**　Prochaska and DiClemente（1986）は，個人の変化に対する準備度はスペクトラム状の段階があることを明確にした。それは，熟慮前（変化に対する意図がなく，おそらく問題にも気づいていない），熟慮（問題に気づき，変化について考えている），準備（変化を起こしはじめる），行動（認知と行動の変化に成功する），そして，維持（再発を防ぐよう努める）である。これらの段階のどれがクライエントを最もよく説明するのかを考えることは価値がある。そして，クライエントが今どの段階にいるかということは，検討されつづけなければならない。なぜならモチベーションは，介入の進展とともに変化しうるからである。たとえば，クライエントが成功体験を重ねることでモチベーションが上がることもあるし，結果を残すためにはより一生懸命取り組まなくてはならないことを知ったせいでモチベーションが下がることもある。あるいは不安が思ったほど減らなかったというように，介入上の困難にぶつかった場合にモチベーションが下がることがある。自尊心の欠如もまた，クライエントが自分は目標を達成できると信じることに影響を与えるという点で重要である。自尊心の取り扱い方については第6章で議論している。
- **介入アプローチの性質に対して期待を十分にもっていない**　これは，異なる心理療法による介入の経験があり，今の介入アプローチを信用していないクライエントの場合，特に問題となりうる。
- **フォーミュレーションに対する理解がない，あるいは受け入れない**　もし面接が4回目になっていてもフォーミュレーションについて，あるいは認知行動的なアプローチについての合意が得られていないならば，介入が効果的である可能性は低くなる。したがって，フォーミュレーションを明確にしたり，フィードバックを求めたり，クライエントが考えていることを効果的に聞いたり，それらについてよく考えたりすることに時間を費やすことに価値がある。もしクライエントとセラピストが，フォーミュレーションを通して共通した理解に至らなければ，介入を続ける価値はないだろう。
- **絶望**　うつ状態のクライエントによくある絶望とは別に，絶望は，心理介入がうまくいかなかったクライエントでも起こることがある。これは，否定的自動思考の同定および評価，そして絶望に焦点を当てた行動実験を含む，標準的なCBTの技法を用いることでアプローチできる。

「私には何の考えもありません」

　クライエントが自分の思考に気づいていなければ，認知に焦点を置くフォーミュレーショ

ンを理解するのは難しいでしょう。たとえ彼らが自動思考を同定することが簡単にできなくとも，思考やイメージを探す練習をしたり，状況がクライエントにとってどんな意味があるのかということを試行して同定することは，クライエントにとって役に立つ可能性があります。第8章では，この問題に対応する方法が議論されています。しかし，このアプローチでは認知は中心的な問題なので，認知に関する話題を扱わないで済む方法を探すのではなく，この問題に取り組むことが重要と言えます。

健康についての思い込みの役割

　クライエントは，問題について，認知行動的視点とは異なる視点からの説明をすることがあります。その場合は，別の説明を非難することなく，試しにその問題に取り組む方法を見つけてみることが効果的です。たとえば，身体的症状をもつクライエントは，それらを身体的な病だと解釈することがよくあります。そのようなクライエントとは，次のような提案（いわゆる「理論A／理論Bアプローチ」）をすることが役立つかもしれません。その提案とは，身体疾患を仮定したフォーミュレーションよりもCBTのフォーミュレーションのほうが効果があるかどうかを検討するための実験として，一定期間CBTのフォーミュレーションにもとづくアプローチを試してもらうというものです。また一部の強迫的な心配をもつクライエントは，強迫的な思考のことを，宗教的な枠組みによって説明するかもしれません。このような場合にも同様のアプローチが有効となるでしょう。一方，一部のクライエントは，（たとえば「私を治すのはあなたの仕事だ」というように）セラピストとクライエントの役割と責任についてセラピストは異なる考えをもっているかもしれません。このことに気づけたなら，たとえば，クライエントが変化のプロセスのなかで果たすことのできる役割について考えてみるといった課題を，セラピストが思いつくことができるかもしれません。このケースで役に立つメタファーは，道路地図です。セラピストに知識があれば，地図の正しいページにセラピストを置くことができます。けれども，セラピストが詳しい情報をもっていない場合は，クライエントが地図上の正しい道にセラピストを連れていく必要があります。このようにセラピストはこのアプローチが役に立つことを示すための実験を提案する必要があります。

代償と利益のバランス

　介入は，クライエントにとって代償と利益があることを覚えておく必要があります。それは，情動面での負担，時間と金銭の投資，そして，クライエントの生活における他の変化への影響，といった代償です。場合によってはクライエントにコストと利益のバランスについて考えるのを助ける必要があります。たとえば，ある特定のホームワークの課題に対して乗り気でないことは，変化したがらない証拠だと安易にとらえてはいけません。むしろ，課題を行うことがまだできないことの現われと見るべきです。私たちは，しばしばクライエントに多大な勇気を必要とする変化を要求しますが，クライエントは，今後得られそうな利益が

表 11.1　安全確保行動を諦めることに関するクライエントの代償と利益

短期の代償	短期の利益
● その時に恐怖感をもつ。 ● 一日中不安感が続く。 ● 吐き気がする。 ● 病気になるかもしれない。 ● 混乱に対して不安になる。	● 自分自身がその問題に取り組んでいる感覚をもてる。 ● 弱々しさや統制のきかなさが減少する感覚をもてる。
長期の代償	長期の利益
● 段々厳しいことをしなければならないと感じる。 ● 自分が訪れたくない場所を避けることが許されなくなる！	● 問題を対処する自分の能力に対して自信がもてる。 ● 自分の嘔吐恐怖症を乗り越える高い可能性が得られ，次のことができる。 　自由に出かけられる／より広範囲にわたって旅行できる／より多くのものを食べられる／絶えず不安になることがなくなる／公式なイベントでも当惑しなくなる／休日には外国に行くことができる／レストランで食事ができる／より大人に感じる／家のなかの清潔さを大目に見られる

今後発生しそうな代償に勝るときにだけ，ホームワークを実行します。

　深刻な嘔吐恐怖症をもつクライエントは，安全確保行動（カバンにハッカ入りキャンデーを入れる，車の窓を開けながら運転をする，カバンに湿った小型タオルを入れる，必要となった場合，トイレへの道のりがわかるように，明かりをつけたまま寝るなど）をやめることを難しいと感じていました。それらの行動についての理論的根拠を理解しても行動を止めることができませんでした。彼女の安全確保行動を止めることについての損得勘定には，表 11.1 に並べられているように，短期的な結果と長期的な結果がありました。

　このような形にすることで短期的恐怖を介入の文脈に置くことができ，安全確保行動をやめていくことが可能になりました。

　しばしばこうすることがクライエントを前進させますが，次のことも覚えておかなければなりません。それは，クライエントは時折，結局は現時点での介入の代償が利益よりも勝ってしまい，そのため介入を継続しないことにするかもしれないということです。

✱ 再発のマネジメント

　あなたはこのセクションがなぜ**予防**ではなく**再発のマネジメント**となっているのか，またなぜ介入の流れの最初にもってくるのかと思っているかもしれません。失敗せずにスムーズに介入が進むクライエントというのは多くありません。ですから，運転やタイピングといった他のスキルを獲得する際のメタファーなどを用いつつ，早い段階で，介入がうまくいかな

いことについてクライエントに準備しておいてもらうことは重要です。再発のマネジメントについては第6章で詳細が議論されています。

✳ 見直しが必要な点

　CBT は時間が限られ，問題に焦点が当てられ，構造化されているため，介入の間中，定期的に見直しを行う必要があります。これは，介入の焦点を維持したり，介入を続けるに値するほどの改善が見込めそうか，また，アプローチを変える必要があるかどうかについて確かめたりするのに役立ちます。こうした見直しは介入初期に合意された目標に沿って行われる必要があります。再検討した内容は，最終段階の目標と同じくらい中間目標を決めるのに役立ちます。質問紙や他のセルフモニタリングなど，使用されているいろいろな尺度も再検討の際に役立ちます。

　CBT が役立っているかどうかアセスメントするために 4, 5 回のセッションの後に介入の進展具合を検討するつもりだと最初に伝え，同意を得ておくことが役に立ちます。CBT を継続しないと決まった場合，その効果に高い期待をもっていたクライエントを落胆させてしまうかもしれません。けれども，ほとんど変化が見られないまま 20 回のセッションを経た後より，早い段階のほうが落胆に対処しやすいでしょう。この初期の再検討の後は，5 回から 10 回のセッションを経て，再び検討を行うとよいでしょう。

　1, 2 回目のセッションで形成されるフォーミュレーションはあくまでも仮のものです。ですから，介入の前後に役立つあらゆる新しい情報を考慮に入れるために，定期的にフォーミュレーションを見直すことが重要です。見直す内容は，ホームワークや行動実験などを手がかりにします。フォーミュレーションの基本的なアウトラインは変えないかもしれませんが，この取り組みは役立つに違いないという考えによって維持されている悪循環の詳細が具体化されていくことでしょう。

　広場恐怖症の男性は，破局的思考を誘発すると思われる状況を長い間避けてきたので，その思考の内容について曖昧にしか把握していませんでした。もし，彼には他者に助けてもらえないという思考があると確認できたのなら，破局的思考を検証するためのフォーミュレーションや実験のなかに，この思考の内容を組み込むことができます。

　もし，ほとんど変化がなかったり行き詰まっていたりしたら，介入の進捗状況を検討することが特に重要です。このような場合，フォーミュレーションが役に立っていなかったり，重大な見落としがあったりしたのかもしれません。また，クライエントの問題にフォーミュレーションを当てはめることを妨げている要因としてどのような問題があるのかを調べるために，クライエントとの関係性を検討することにも意味があります。そのような問題には，あなた自身では見えない部分が含まれるかもしれないので，スーパーヴァイザーと話し合うのがよいでしょう。もし解決策が見つからなければ，介入はその時点で中断すべきだという結論になるかもしれません。

✻ 後期の段階

　面接が進むにつれて，アセスメントよりもむしろ介入に焦点が当てられるようになります。けれども，どのような介入の結果も，初期のフォーミュレーションに修正が必要かどうかを検討するために，つねに初期のフォーミュレーションに沿って考えるのがよいでしょう。クライエントは，どのような項目をアジェンダに入れるか，各項目にどのくらいの時間をかけるか，どのようなホームワークを持ち帰るかについて決めていくうちに，次第に自主的になっていきます。さらに，CBTのスキルを学習するにつれて，クライエントは，たとえば，否定的な思考の評価や新たな視点を試すための行動実験の工夫を率先して行うようになります。

　おそらく介入のセッションの多くの時間は，現状の思考，感情および行動の詳細に費やすことになるでしょう。けれども，介入の最終段階になるにつれて，ある思い込みが修正されず，クライエントに再発する危険性があるかもしれないことが明らかになった場合には，その役に立たない気がかりな思い込みを同定し，評価することに時間を要するかもしれません。けれどもいつでも根底にある信念を直接修正する必要があるわけではありません。セッションのなかでも実生活のなかでも，クライエントが否定的自動思考を再検討することができるようになった場合は，その再検討のおかげで，より一般的な信念，とりわけ機能不全を起こしている思い込みなどの情報も提案してくれることがあります。

　たとえば，あるクライエントは怒りを表出できないという強い信念をもっていました。さまざまな状況下で，クライエントはよりアサーティブであろうとする実験に取り組みました。その状況のなかには，他者が不適切に振る舞っているような場面も含まれていました。クライエントの信念を直接扱うことはしませんでしたが，彼女の怒りの表出に関する信念は修正されました。

　CBTのスキルを日常場面で使えるようにすることを強調するのは，クライエントが面接で何が起きているのかよく考えることが重要だからです。そのため，「そこで私たちは何をしていましたか？」「あなたがそこで見せた歪んだ思考を確認できますか？」「それは他の状況でどのように使えそうですか？」というような質問をするのが役立ちます。介入が進んだことをクライエントの努力に帰することが重要です。クライエントが依存的で，介入における変化はクライエント自身の努力よりもセラピストの配慮やスキルによって達成されるものだと考える傾向がある場合には特に重要です。このことは第6章で詳しく述べられています。

　介入が進むにつれてセッションの頻度は低くなります。おそらく2, 3回のセッションでは2週間の間隔を空けるようになり，終結前には3, 4週間の間隔を空けるようになります。

✻ 介入の終結

　介入の目標がよく定められていて，目標に向かってスムーズに面接が進んできたのなら，

終結を促すのは比較的簡単です。同様に，介入期間が短いことのメリットを強調することによって，介入とは，目標と改善している程度を定期的に見直すことを経て終結に向かうものであるという考えを心に留めつづけることができます。クライエントは徐々に，面接で学習したスキルを用いることを通して，自分の悩み事をCBTのアプローチによって対処することに自信をもつようになるはずです。

介入の終結では，クライエントとともに行ってきた再発の管理に関する取り組みを通して，将来起こるかもしれないあらゆる問題に対処するための青写真を，クライエントとつくることが役立ちます（第6章参照）。これには，以下のことが含まれます。

- 介入のなかで何を学習したかということ
- どのような方略が最も役立ったかということ
- 将来どのような状況が困難であるか，また，将来どのような状況が問題の再発を導く可能性があるかということ
- 介入のなかで学習したことを考慮に入れて対処する方法について
- 場合によってはセラピストと電話で再検討することを含め，重大な問題に対処する方法について

たとえ，クライエントがセラピストの助けを求めるのが妥当と思えるような状況であっても，これから起こりうる様々な問題に対処するためにはクライエント自身がまずは備えをする，という考えが強調されるべきです。

面接を突然終結させるよりはむしろ，翌年に1，2回の補助的なセッションを計画するほうが有意義かもしれません。そうすることでセラピストは，介入の成果を再検討すること，クライエントが問題に対処して成功したことを強化すること，以前のセッションで予想した問題にクライエントがどのように対処したのか調べること，思考や行動の役立たないパターン（たとえば，安全確保行動）が再び現れていないかを調べること，そしてもし必要ならばトラブルを解決することができます。

段階を踏んで面接を終結させ，スキルの獲得を強調しているのに，終結後に自分一人では問題に対処できないだろうと心配しつづけるクライエントもいます。これは，心配するという思考を同定し，クライエントがそれらに対処するのを援助するという標準的なCBTの方法で対応できます。

このような場合，代わりとなる視点を試す行動実験の実施もするとよいでしょう。もし，クライエントが総じて一人で対処することができないという思い込みをもっているなら，正式な介入の後の翌年の補助セッションでは，おそらく一人で対処できたという肯定的な記録をもとにして，その思い込みを確かめる目的で行われることでしょう。

　すぐに転職するせいでますます悩みが増えるという経験を重ねた結果，抑うつになった59歳のクライエントは，介入にしっかりと対応をし，数カ月にわたり改善の方

向で進んでいきました。それにもかかわらず，彼は「もし私が実際の問題に直面したらそれに対応できないだろう。そして，すべてがダメになってしまうだろう」と考えていました。ホームワークで，彼は，自分と類似した状況下の友人にどんなことを話すかということを考えました。その作業を通して彼は，新たな職に就くこと，予想外の妻の病気に対応すること，処方される薬が減るにつれて悪夢を膨らませてしまうことといった，難しい状況にうまく対処できていなかった数カ月前の状況をたくさん思い出しました。そしてクライエントは，苦しんでいるときに過剰に焦点を当ててしまうリスクについてセラピストと話し合いました。そして，そのリスクを和らげるために，数カ月の間，問題にうまく対処できた事柄をすべて日誌に付けることに同意しました。

クライエントによっては介入から利益を得られない場合があります。特に，クライエントが認知療法以外の介入アプローチによってほとんど効果を得られず，認知療法を受けにきた場合，そのクライエントが介入の効果を得ることは難しいかもしれません。もし，初期の再検討の段階でうまく介入が進んでいないことが確認されたなら，うまくいかない原因はクライエントのせいではなく，むしろ認知療法の不備のせいかもしれません。その時点でそのことを伝えることで，クライエントは介入の終結にそれほど落胆しないかもしれません。たとえば，セラピストは以下のように話すことができます。

　私たちは，あなたの抑うつをうまく改善できていないようです。認知療法は多くの人に役立つことがわかっていますが，クライエントがこのやり方でどんなに熱心に頑張っても，その気持ちを軽減できないような場合もあります。より多くの人々が利益を得られるように，思い込みや行動を変える新しい方法をどう見つけるかに関して研究される必要が依然としてあります。残念ながら現時点で私は，認知療法があなたに役立ちそうもないと言わなくてはならないようです。あなたの気分がより良くなるのを助けるいくつかの方法を日常生活に取り入れるためには何が役立つのか，調べる必要があるでしょう。たとえば，あなたは，問題を異なる要素に分けるのがうまく，そのため，困難な状況により楽に取り組めることがわかっています。それは，あなたが面接のなかから日常に取り入れることができるもので，将来に利用できるものではないでしょうか？

ほとんど効果がないまま面接を終結するのは難しいかもしれないが，利益が得られそうもないクライエントに望みを抱かせておくのはフェアではなく，介入を継続させることによってさらにクライエントを落胆させるかもしれません。もし，異なるアプローチがより役立つようならば，クライエントとそのことを話し合うべきです。たとえば，もし重大な夫婦間の問題があるならば，そのときはカップル・セラピーや，システミック・セラピーを提案できるかもしれません。また，もし薬物療法が試しつくされていないのであれば，これを考える価値があるかもしれません。しかし幸いにも，第Ⅰ軸の障害の大部分においてCBTが有効であり，詳細な介入計画は，ほとんどのクライエントにとって，面接の終結に関する肯定的な

記録を意味するものと言えるでしょう。

● 要約

　CBT は構造化され焦点化されているため，可能性のある典型的な介入過程を示すことは，比較的簡単です。

- 6～15 回のセッションとなることが多い。もし DSM の第 II 軸の問題であればもう少し長くなる。
- セッションの長さはさまざまだが，平均して 60 分程度である。
- 最初の 2, 3 セッションは，アセスメントと最初のフォーミュレーションを引き出すのに焦点を当てる。同時に，作業同盟を進展させ，クライエントが活動的で協力的な参加者となるように働きかける。
- 次のセッションでは，クライエントの問題に着手することに焦点を当てる。
- 最後のセッションでは，もし問題が大きくなった場合に何をすべきかということに関する計画を立てることに焦点を当てる。

　介入を通して，各セッションで含むことは以下の通りです。

- アジェンダの設定
- セルフモニタリング
- 失敗に対処すること
- フォーミュレーションの更新
- クライエントとセラピストのための要約

　アジェンダの設定はセッションの構造化を促進する点で重要です。アジェンダには次のものが含まれることが多くあります。

- 前のセッションから今に至るまでに起こった出来事に関する振り返り
- 前のセッションの振り返り
- 気分のアセスメント
- ホームワークの振り返り
- 現在の中心的話題に関する作業（約 35 分間）
- ホームワーク
- セッションに関するフィードバック

アジェンダの設定に伴う困難は次のようなものです。

- 漠然としている
- 優先順位が決まっていない
- 詰め込みすぎである
- アジェンダの設定に際してクライエントからの情報提供がない
- アジェンダから逸れている
- クライエントを誤解している
- アジェンダを設定している間にセッションが始まってしまう
- あるトピックからあるトピックへと話題が飛ぶ

目標の設定は重要です。そして目標は次のようにあるべきです。

- 明確である
- 測定可能である
- 達成可能である
- 合理的なものである
- 時間の枠組みがある

ホームワークに取り組むことは介入の成功に関わることであるため、ホームワークには高い価値があります。クライエントは以下のような場合、よりいっそうホームワークに取り組みやすくなります。

- セッションのなかから出てきた場合
- 関連性がある場合
- 負担になりすぎない場合
- 議論済みの困難な事柄も含め，詳細に計画されている場合
- 失敗しないで済みそうである場合
- 書き留められている場合
- 詳細を振り返っている場合

「低いモチベーション」は認知療法モデルによって分析されます。それは次のようなことが原因かもしれません。

- 「変化に向けての準備状況」の次元から見るとまだ早すぎた
- 介入に対する不十分な期待
- フォーミュレーションへの理解がない，あるいはフォーミュレーションを受け入れてい

ない
- 絶望
- 健康に関する思い込みがセラピストと一致しない
- 変化によるマイナス面がプラス面を上回っている

　介入の中期は，感情，認知，行動，生理の4側面に沿って，現状の詳細について議論することに時間を割きます。

　介入の後期には，将来の問題に対する対処についての計画を考えることに時間を割きます。この段階でのセラピストの希望は，クライエントがセラピストと同じようにCBTに関して有能になっていることです。

● 練習問題

✳ 振り返り／考えてみよう

　もしあなたが異なる種類の心理療法を経験していて，CBTはあなたが以前経験している心理療法より構造的だとしたら——

- セッションのなかで構造を強いることについて違和感を覚えましたか？
- アジェンダに載っていないことが話題になるのが明らかな場合などのように，あなたがCBTとそれ以外の心理療法を橋渡しできないと感じたことはありますか？
- もし本章に関連する他の章を読んでいたとしたら，違和感は少なくなりましたか？ この療法に挑戦するのに十分といえるほど違和感がなくなった状況でしょうか？

✳ やってみよう

- 復習のなかで違和感のある箇所を取り上げ，3，4人のクライエントに対して，提案されている書式を導入してみるといいでしょう。どんなときでもCBTの方法が，あなたの仕事で用いるものとして違和感があるのだとしたら，あなたの否定的自動思考に関する思考の記録を付けておきましょう。あなたは心に浮かんだことを思い出すためにキーワードやフレーズを書き留めるだけかもしれませんが，否定的自動思考に注意を向けることができ，そのためにセッションの最後ではよりたくさん書き留めることができているでしょう。セッションが終わったら，自分やスーパーヴァイザーや同僚と一緒に否定的自動思考に関する評定に時間を割くといいでしょう。
- 自分自身の人生で変えたいと思う事柄を思い出し，もしあなたがそのために目標を設定する練習ができるかどうかを考え，SMARTに沿った目標を引き出してみましょう。練習

を実行するプロセスからあなたが学んだことを何でも書き留めておくといいでしょう。
- 異なるクライエント 5 名のセッションで，ホームワークの選択と立案の際にクライエントの意見をどの程度含めたか，その割合を測定してみましょう（これは自分自身で設計した変化量の尺度です。第 5 章参照）。それは容認できるレベルであったでしょうか。あるいは，そのケースに限って容認できるレベルであった場合は，どうしたらそれを改善できるのでしょうか？　クライエントは実際何回ホームワークをやってきたかをみて，どうやって改善できるかどうかについて考えてみましょう。

● 学習を深めるために

Beck, A.T., Rush, A.J., Shaw, B.F. and Emery, G.（1979）Cognitive Therapy for Depression. New York : Guilford Press.（坂野雄二［監訳］（1993）うつ病の認知療法．岩崎学術出版社）
初期と中期のセッションにおける構造と過程について記された古典的名テキストであり，また介入を続けるための良い「感触」について記されている。

Padesky, C.A. and Greenberger, D.（1995）Clinician's Guide to Mind over Mood. New York : Guilford Press.（大野裕［監訳］（2002）うつと不安の認知療法練習帳ガイドブック．創元社）
介入過程に関する明快な説明が書かれた本。特にクライエントのための添付マニュアルは明快である。

12 うつ病

　認知療法の初期の成功は，うつ病に関する A.T. Beck らの著書（1979）から生まれているところが大きいと言えます。その著書には，この新しいアプローチの有用性を示す研究が載っていました。本章では，うつ病に対する古典的な CBT 方略について述べます。なおうつ病については，第 17 章にマインドフルネス認知療法や行動活性化といった革新的取り組みの要点を説明しているので，そちらも参考にしてください。

● うつ病の特徴

　うつ病では，抑うつ気分の他にも多くの症状が現れます。アメリカ精神医学会の DSM（APA, 2000）によると，これらの症状には，活動に対する興味・関心の喪失，体重・食欲の変化，睡眠パターンの変化，焦燥または制止，易疲労性，無価値感または罪責感，集中困難，自殺念慮などがあります。
　A.T. Beck による古典的なうつ病のモデルでは，「うつ病の認知的三要素」として，うつ病に特徴的な 3 つの否定的思考パターンが挙げられています。

- 自分自身についての思考が罪悪感を伴い，自責的，批判的になる。「私は役立たずで，不十分で，怠惰な人間だ……」
- 世の中あるいは過去から現在までの経験についての思考が，否定的なことや不快なことばかりに集中する。「全部無駄だ，すべてがうまくいっていない，誰も私のことを気にかけてくれない……」
- 将来についての思考が，悲観的，絶望的になる。「いつもこんなふうにしかならない，私は絶対良くならない，私にできることは何もない……」

　出来事の認知や解釈や想起に際しては，すべて否定的な方向への偏りが生じます。したがって，うつ病の人は否定的な見方と一致する情報に気づきやすく，どんな情報も否定的な方向へ解釈しやすく，さらに否定的な出来事を思い出しやすくなります。
　否定的な出来事は，安定的かつ全般的かつ内的な原因に帰せられ，このような否定的な結果と自分自身の状態が永遠に続くものとみなされます（Abramson et al., 2002）。たとえば，「これは私の失敗だ」「私はこのようにいつも失敗する」「私がどんなに使えない人間かがよくわかる」といった具合です。一方で，肯定的な出来事は，一時的かつ限定的かつ外的な原因に

帰せられ，このような肯定的な結果は続かないものとみなされます。たとえば，「あれはただラッキーだっただけ」「これは通常とは異なる例外だ」「妻が助けてくれたからうまくいっただけ」といった具合です。

うつ病の最初の症状は，続いて生じるその症状についての否定的あるいは自滅的な思考によって悪化し，結果として悪循環が生じます。たとえば——

- 活力や関心がなくなることによって「今する必要はない，具合が良くなるまで待とう」という思考が生じる。
- 記憶力低下や集中困難などによって「私はまぬけだ」「私はもうろくしたに違いない」という思考が生じる。
- 性的関心の喪失や焦燥感によって「私の結婚生活に重大な問題が生じてしまった」という思考が生じる。

共通の維持プロセス

図12.1は，うつ病の人に共通した維持サイクルの例を示しています（これらのサイクルはいくつかのパターンとして考えられているものであって，クライエントがこれらのサイクルに従わなければならないというものではありません！）。まず，抑うつ気分を否定的な認知の偏りや症状の解釈に結びつける悪循環があります。それは，自分自身に対する否定的な見方を生じさせ，結果的に抑うつ気分を維持させてしまいます。次に，これら否定的な認知の偏りやうつ病の症状は活動性の低下を招きます（「疲れた，〜しても意味がない」）。そして，こうした以前は楽しみや達成感をもたらしていた活動の喪失によって，気分の低下が維持されてしまいます。さらに，うつ病の人の認知の偏りや症状は，問題に対処しようとする試みを減少させます。それによって，絶望感は増し，抑うつ気分は強くなってしまいます。

上記の説明から，うつ病に対するCBTの目的は，通常，以下の通りとなります。

- クライエントが，否定的な認知の偏りから脱却し，自分自身と世の中と将来に対するバランスの取れた見方をもてるようになるよう支援する。
- 特に楽しみや達成感をもたらす活動について，活動レベルを回復させる。
- 能動的な対処や問題解決への取り組みを増加させる。

通常，セラピストとしてのあなたの課題は，あなたとクライエントが納得できるフォーミュレーションを行うことと，維持サイクルを絶つような認知行動的方略をつくりだすことです。うつ病に対する認知方略と行動実験の主なアプローチは，第8章と第9章において概説した標準的なアプローチと似ています。そのため，本章では介入への一般的なアプローチを概説した後，特にうつ病の介入の特徴である，活動や問題解決を目標とするものに焦点を当てます。

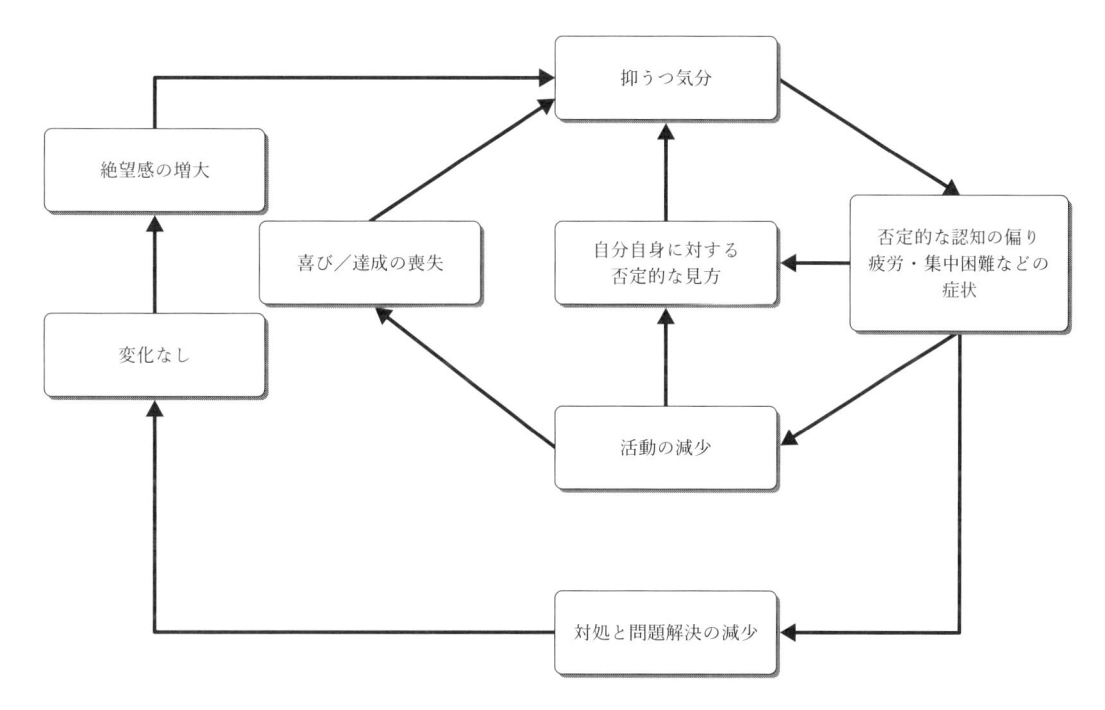

図12.1　うつ病における共通の維持プロセス

● 介入単位

うつ病に対するCBTは通常，以下の介入単位から構成されます。もちろんこのリストは個々のクライエントに合うように調整する必要があります。たとえば重いうつ病のクライエントには，特に介入の初期においては，より多くの行動方略が必要になるかもしれません。

1. ターゲットとなる問題の最初のリストを作成する。「うつ病」といった大まかな表現ではなく，特定の問題のリストをつくる。たとえば，「睡眠の不足」「夫婦関係の問題」「楽しめる活動の欠如」などの項目でリストを構成する。
2. フォーミュレーションを行いながら，認知モデルとそれが個々のクライエントにどのように適用されるかについて説明する（第4章参照）。
3. 行動方略や簡単な認知方略を用いて，症状を軽減させるための取り組みを始める。
4. 思考記録表やディスカッションや行動実験にもとづき，否定的自動思考を同定し対処する，という介入の中核部分に集中的に取り組む。
5. 介入の終結に向けて，再発リスクを低減させるために，不適切な先入観，さらには（あるいは）中核的思い込みを同定し修正する。

● うつ病に対する CBT の構成要素

うつ病に対する CBT は通常，以下の要素から構成されます。

- 行動方略，たとえば，活動スケジュールや段階的な課題設定
- 初期における認知方略，たとえば，気晴らしや思考回数の記録
- 主要な認知行動的ワーク，すなわち，否定的自動思考のモニタリングや検証
- 再発予防，たとえば，不適切な先入観，さらには（あるいは）中核的思い込みへの取り組み，初期における方略の見直し（中核的思い込みにどのように取り組むかについては，第 17 章のスキーマ焦点化ワークを参照）。

Beck et al.（1979）は，連続する 15 ～ 20 セッションで，最初の数回のセッションは週に 2 回の頻度で行うよう述べています。通常の臨床場面では，しばしば，これを標準的な週 1 回の頻度に修正し，全体のセッション数も減らしています。このような修正を行っても手続的には問題のないことが，臨床経験から明らかになっています。しかし，セッションの頻度を上げることが，事例によっては望ましくかつ適しているのではないかと検討することは意味のあることです。

● 活動スケジュール

活動スケジュールは，うつ病の CBT における中核的な介入技法のひとつです（Beck et al., 1979）。それは図 12.1 における「活動の減少による悪循環」の考え方にもとづくものです。すなわち，気分の低下を維持する要因のひとつは，気分の低下に伴いがちな活動の減少そのものであり，活動の減少が楽しみや達成感の喪失を生じ，結果として気分の低下が維持されてしまうというものです。活動スケジュールは，活動の強化を行う必要性を論じた行動主義の基本理論から生まれたものですが，それは洗練された認知方略へと発展を遂げてきています。現在では，活動スケジュールは行動実験の特別な形として理解されることもあります（第 9 章と Fennell, Bennett-Levy and Westbrook（2004）を参照のこと）。

✳ 週間活動スケジュール（The Weekly Activity Schedule : WAS）

図 12.2 に示した WAS は，活動を計画するために欠かせないツールです。基本的には単純な格子状のタイムテーブルであり，縦列は 1 日が 1 時間ごとの時間帯で区切られ，横列は 1 週間の曜日で区切られているため，1 つの枠はある曜日のある時間帯を示すことになります。ここで示すバージョンは，ほとんどのクライエントに利用可能な時間枠の設定になっていま

	1週間の曜日						
時間帯	水曜	木曜	金曜	土曜	日曜	月曜	火曜
午前6〜7時							
7〜8時							
8〜9時							
9〜10時							
10〜11時							
11〜12時							
午後12〜1時							
1〜2時							
2〜3時							
3〜4時							
4〜5時							
5〜6時							
6〜7時							
7〜8時							
8〜9時							
9〜10時							
10〜11時							
11〜12時							
午前12〜1時							

図12.2　週間活動スケジュール（WAS）

す。ですが，たとえば深刻な早朝覚醒が認められるクライエントの場合には，最初の時間枠を午前6時からではなく4時からに修正する必要があるでしょう。また，あなたがWASのテンプレートを作成する際には，次のことに気を付けるとよいでしょう，

（a）クライエントの記入欄を広く取るために，図12.2よりも大きなものをつくります（A4かレターサイズで1枚の大きさがあれば通常十分です）。(b)曜日欄はどの曜日から始めてもいいように空欄にしておきます。そうしておけば，たとえば水曜日に会っているクライエントは，曜日欄に都合のよい曜日を手書きで記入することによって，WASを水曜日か木曜日に始めることができます。

✱ WASを記録として用いる

　活動スケジュールの最初の段階は，WASをセルフモニタリングのツール，すなわち，クライエントの活動についての情報を収集するためのツールとして用いるものです。この情報は，第9章で説明した行動実験の2つのアプローチの場合と同じように，二通りに用いられます。

　●WASは発見のために用いられる。発見とは，何が起こっているのか，クライエントがど

のように時間を使っているのか，どのような活動が楽しみや達成感をもたらしているのかを見つけることである（下記参照）。
- WAS は仮説検証のためにも用いられる。たとえば，否定的思考によって自ら対処しようとすることを「役に立たない」「どうせ駄目だ」と放棄してしまっているクライエントの場合，その「役に立たない」という思いが適切であるかどうかを検証するために，WAS を用いてクライエントが実際に行っていることの正確な記録を取る。

いずれの場合でも，WAS を使用するクライエントに対する標準的指導は次の通りです。

- 1時間ごとに記録を記入すること，もしくは可能な限りそれに近づけること（後で記録を付ける場合に起こりがちな，否定的な方向に記憶が偏ることを避けるため）。
- 1時間単位の各枠には次の2つを記入すること。
    (a) その1時間をどのように過ごしたかについての簡潔な記述
    (b) P（Pleasure：楽しみ）と A（Achievement：達成感）で表示される2つの評定値
- P はその時間帯にしたことをどのくらい楽しめたかを，A はクライエントにとって困難なことをどのくらいできたと感じたかを示している。これらの評定値は 0（まったくできなかった）から 10（最もよくできた）までのいずれかで記入される。よって，P1 はほんのわずかしか楽しめなかったことを意味し，P8 はかなり楽しめたことを意味する。楽しみと達成感を評定する際には，評定時点での活動レベルを基準として用いることが大事である。たとえば，起きて着替えることは，調子が良い時期を基準として用いると，大した達成感にはならないが（A0 か A1 としか評定されないだろう），うつ病の時期を基準として用いれば，かなりの達成感になるかもしれない（日によっては，A8 や A9 と評定されるかもしれない）。
- 「P」と「A」は必ずしも連動していなくてもよい。楽しいが達成感はあまり感じない活動もあれば（例：チョコレートバーを食べる），達成感はあるが必ずしも楽しくない活動もあり（例：家事をこなす），両方を感じられる活動もある（例：社交の場に出かけた際，はじめは行きたくなかったが結局は楽しめたとき）。

✴ WAS の記録を用いる

あなたとクライエントが記入済の WAS を振り返るときに，見るべき主な点は3つあります。

1. クライエントが実際にどれくらい活動的であるかを把握することができる。クライエントは最初に言っていたよりも多く（オーバーワークとも言えるほどに），実際には活動していることがわかる場合もある。一方で，記録から，クライエントが本当にほとんど活動していないことがわかる場合もある（この場合は，活動量を増やすことが後

時間帯	月曜	火曜	…
午前7〜8時	起床・着替え P0 A5		
8〜9時	子どもに朝食・登校させる P1 A6		
9〜10時	犬の散歩 P3 A4		

図 12.3　WAS の一例

で役立つ)。
2. 記録をもとに，どの活動がクライエントに何がしかの達成感や楽しみをもたらしているかを理解することができる。変化について考えはじめる際には，それらが増やす価値のある活動になりうる。
3. 変化を起こす計画を立てるために，記録を用いることができる。記録は何を変化させる必要があると示しているのだろうか？　クライエントは，気分がすぐれないと感じる以外にはほとんど何もしないまま長い時間を過ごしているのだろうか？　クライエントがほんの少しでも楽しめるような活動，わずかでも気分を改善させるような活動，もう少しできそうな活動はないのだろうか？

　このような活動の観察結果に加えて，WAS は素晴らしい実験室を提供してくれます。この実験室のなかで，あなたとクライエントは否定的自動思考の観察を開始し，思考と行動がどのように影響し合っているかを理解することができます。そして，あなたはクライエントに否定的自動思考（たとえば，活動を妨げている否定的自動思考）が生じていることに気づくよう働きかけることができます。さらに，あなたはこのような否定的自動思考に注目し，ディスカッションや行動実験によって，それらをどう扱うかについて取り組むことができます。たとえば，「私はそれを楽しめない」や「私はそれを台無しにするだけだ」といったクライエントの否定的自動思考によって，ある課題を行おうとする試みが妨げられている場合，その思考がどのくらい正しいかを確かめるための行動実験を設定することができます。

　マリアの WAS によって，現在の彼女の生活が非常に忙しい活動内容で占められていることがすぐに明らかになりました。その活動のほとんどは，必要ではあるものの報われない雑事に近いもので，それらを終えた後の彼女は「ものすごくぐったりした状態」になり，座ってあらぬほうを見つめることが習慣になっていました（しばしば，「私はなんて役立たずなんだろう」と繰り返し考えながら）。このモニタリングによって，彼女とセラピストは，(a) 彼女が喜びや楽しさを感じられるような活動を見つける必要性と，(b) 絶え間なく雑事をこなしているにもかかわらず，彼女はそれらの活動に価値を見出さず，自

分を役立たずと感じつづけている，という事実に気づくことができました。

✱ WAS を計画用ツールとして用いる

次のステップでは，あなたとクライエントが，これまでに学んだことを今後の活動を計画するために活用します。活動を通して気分を改善するための一般的な方法は3つあります。

1. 活動のレベルが総じて低い場合は，活動の全体的レベルを上げる。
2. クライエントが楽しみや達成感を感じられることを多く行うようにする。そのときに楽しみを感じられるものが何もない場合は，以前に楽しみを感じていたことをいくつか思い出してもらい，それらの再開を計画してもよい。
3. 活動スケジュールは活動に対する否定的認知を調べるための行動実験として利用できる。たとえば，楽しみや達成感のモニタリングや評定に WAS を使用することによって，クライエントは，達成感の程度を完全な成功か完全な失敗のどちらかとしがちな「全か無か思考」を食い止めることができる。

この段階では，クライエントは WAS を，自分が行っていることを単にモニタリングするためだけでなく，活動（特に楽しみや達成感を感じると思われる活動）を増やす計画を立てるためのタイムテーブルとして用います。どの程度の詳細さが必要か，どのくらいの量の活動が目標とされるべきか，それはクライエントによって異なります。一般的に，クライエントのうつ病が重いほど，計画にはより詳細さが求められ，最初の活動目標としてはより低いものが求められます。はじめはセラピストが計画を立てる際にかなり関わる必要がありますが，次第にクライエントが自分自身で計画を立てることができるようになります。

マリアはセラピストと一緒に，必要な雑事の時間を確保する一方で，以前楽しんでいた DVD での映画鑑賞などの時間も設ける活動計画をつくることに同意しました。彼女にとって重要な活動は（難しい活動でもありますが），社会的関係を再構築することでした。彼女はもともとは他人との交流を楽しむ社交的な人間でしたが，長年のうつ病の結果，ほぼ完全に社会からひきこもった状態になっていました。

✱ 段階的課題を設定する

活動計画を立てるときの一般的な原則は，「課題を段階的に設定すること」です。言い換えれば，まったく活動していないというところから一日中忙しいというところまで，一足飛びにジャンプしようとするよりは，むしろステップバイステップで活動をつくりあげていくことを目指します。うつ病のクライエントは失敗の可能性にかなり敏感になっているため，クライエントの現状から見て，かなり先を行くような課題を設定することは，通常逆効果にな

時間帯	月曜	火曜
…	…	
午後7～8時	食事を用意し食べる	
8～9時	姉に電話しコーヒーの準備を頼む	
9～11時	映画鑑賞	
…	…	

図 12.4　マリアの活動計画からの抜粋

ります。課題を完遂することができなかった場合，その結果は失敗のひとつとして数えられ，希望を失うさらなる理由としてとらえられてしまいがちです。通常は，より簡単で扱いやすい課題を設定したほうがよいと言えます。たとえば，クライエントが集中困難のため，あきらめていた読書を再び始めたがっているとしても，翌週までに小説全部を読み終える可能性は低いと言えます。したがって，たとえ翌週までに1ページを読んでくるだけというものであっても，クライエントが達成できると考えられる目標で折り合いを付けるほうがよいと言えます（しかし目標が，クライエントが取るに足らないものと感じてしまうほど小さいものになっていないことを確認してください）。

　マリアは社会的関係を取り戻したかったのですが，どのようにするかについて，さらには，連絡を取ろうとしたときに他人がどう反応するかについて，大変な心配をしていました。そのため，段階的なプログラムを設定することになりました。それは，彼女がいくらか連絡を取っている妹に，短めの電話連絡をすることに始まり，徐々に段階を上げて，最終的には，連絡が途絶えている友人たちに連絡を取って実際に会う段取りを整えることを目指すというものでした。マリアからの連絡に対して肯定的な反応をしなかった旧友が一人だけいました。しかし，彼女はたくさんの肯定的反応を経験するにつれて，セッションにおけるディスカッションのなかでも，そのことを受け止められるようになりました。

✴ 運動

　適度な負荷の身体的運動が，うつ病に有効であるというエビデンスがあります。たとえば，いくつかの研究では，抗うつ薬に匹敵する効果が見出されています（Greist and Klein, 1985；Martinsen, Medhus and Sandvik, 1985）。現在の NICE の指針（2009c）では，持続性の閾値下のうつ症状，または軽度から中程度のうつ病の患者に対しては，実行可能な低負荷の介入として，構造化された身体的運動を勧めています。そこでは，次のことが必要であると付記されています。

- 専門家の指導する集団において実行されること
- 全体の構成としては，適度な時間（45～60分）のセッションを1週間に3回，12週間以上続ける，というものを標準とすること

したがって，クライエントに対して，運動のセッションを活動計画の一部に組み込むよう勧める価値はあります（第10章参照）。私たちの経験上，クライエントのなかには，知的な努力を必要とするようなCBTの介入プログラムよりも，身体的運動のほうが最初はとっつきやすいという人がいます。たとえば，若者のなかには，身体的運動のプログラムにすんなり適応した後に，CBTのプログラムに取り組むようになる人がいます。

● 活動スケジュールにおける共通の問題

＊ 楽しみの喪失

うつ病に取り組む初期の段階では，クライエントは何においても，うつ病になる前に楽しめていたのと同じくらい楽しむことはできない，ということを理解することが重要です。また最初のうちは，そんなに楽しくなくても何かをするよう自らに課す必要があると，クライエントに覚悟してもらうことが重要です。言われたことを守ることによって，クライエントは少なくともいくらかの達成感を得ることができ，最後には，楽しさも戻ってくるはずです。さらに，全か無かではなく，連続的なものとして楽しみを考えるよう伝えることも大切です。私たちは，楽しみがいくらか増すことを期待しているのであって，十分な楽しみがすぐに戻ってくることを期待してはいません。

＊ 度を越して高い基準

達成感とは，栄誉あるノーベル賞を獲るといったレベルのものである必要はないということを，クライエントが理解していることも重要です。ぐちゃぐちゃのキッチンの引き出しを10分かけて片づければ，クライエントにその日は役に立つことをしたと感じさせることができ，それ自体が素晴らしい成果になります。クライエントが課題や活動を評価する際に，現実的な基準を適用できるようにしてあげることが大切です。元気なときには容易なことが，うつ病のときには難しくなります（したがって，達成感の評定値は自然と高いものになります）。

＊ 曖昧な計画

活動を計画する際には具体的なほうがよいでしょう。言い換えれば，クライエントが「私はもっと何かしなければならない」といった曖昧な目標から，「水曜の朝にバースデーカード

を買いに行く」のような具体的な時刻を定めた具体的な活動に移行できるようにします。目標やターゲットが曖昧な場合（たとえば，「私はもっと何かしなければならない」），うつ病の人には，成果を格下げすること，すなわち「ゴールポストを動かしてしまうこと」が容易になります。たとえば，「私は実際は何もしていない，私は街で少し物を買っただけだ。だから何だというのか。そんなことは誰だってできる」のように格下げしてしまうかもしれません。もしもバースデーカードを買うことが具体的な課題として設定されていれば，間違いなくその目標は達成されたことになり，それを否定することは難しくなります。

● Jacobsonの分解研究と行動活性化アプローチ

　うつ病の介入における活動スケジュールと行動的方法の価値を疑う人は，Jacobson et al.（1996）の魅力的な研究を知るべきです。この研究においてN.S. Jacobsonらは，古典的なBeck流の心理療法を「分解する」ことにもとづき，うつ病に対する3種類のCBTの結果を比較しました。1つは通常のBeck流の心理療法で，これは残り2つの「分解された」バージョンの心理療法と比較されました。そのうちの1つは，セラピストがCBTのうち行動的な内容のみを用いるといったもので（活動スケジュールを含む），もう1つは，セラピストがCBTの行動的方法と認知的方法の双方を用いますが，扱う対象は自動思考に限定し，先入観や中核的思い込みは直接目標としないというものでした。結果として，3つの介入すべてにおいて似たような成果が認められ，**否定的認知の程度においても似たような改善が見られました**。ひとつの考えられる結論は，これらの異なる3つの方法においては，それぞれ異なった経路で認知的・感情的変化の同一の結果が達成されたというものです。この研究に続いて，N.S. Jacobsonの共同研究者は，自分たちの行動的介入を精緻化し，「行動活性化」として知られる新しいうつ病の介入法をつくりだしました（第17章参照）。

● うつ病における認知的方略

　うつ病に対する古典的なCBTでは，認知的取り組みの2つの段階があります。最初の段階の目的は，気分における否定的自動思考の影響力を減らすという単純な方略を用いることによって，クライエントの症状を和らげることにあります（クライエントにとって役立つ二次的目的としては，思考が気分にどのように影響を与えているか，その証拠を示すということがあります）。2つ目の段階では，クライエントを否定的自動思考にいっそう直面化させます。そうすることにより，クライエントにそれらについてより注意深く考えてもらい，適切なタイミングであると判断された場合には，本書の前半部分で議論された方法を用いて代替思考を見つけてもらいます。その方法とは，具体的には，別の可能性を見つけること，証拠を探すこと，行動実験を立案することなどです。

- **初期の認知的方略**

　ここでの目的は，否定的自動思考からクライエント自身の注意を逸らしてもらうこと，さらには（あるいは），否定的自動思考に対するクライエント自身の態度を変容させることです。課題は，否定的自動思考に対する態度の変容を促進するような設定になっています。クライエントが，否定的自動思考に飲み込まれてしまう代わりに，否定的自動思考を自分自身や世の中についての明確な真実ではなく「単なる思考」であるととらえることができるように，否定的自動思考から距離を取ることが目的です。思考の数を数えることは有用です。これは，思考に対して注意を向けるのではなく，家の周りに鳩が何羽いるかを数えるときのように，ただ数えるだけです。すなわち，「そこに1つ……それからもう1つ……ああ，あそこにもう1つ！」といった具合です。この方法を表現するひとつの比喩は，思考の流れを，下水やごみが流れ込んで汚染された川のようにイメージすることです。最初，あなたのクライエントは川に落ち，ごみに囲まれながら流されているようなものです。新しい態度というのは，川から這い上がって土手に立ち，川が流れていくのを眺めるようなものです。ごみは依然としてそこにあるけれども，クライエントが受ける影響は少なくなります。これは，第17章で概説されているマインドフルネス・アプローチと似ています。

- **主要な認知的方略**

　うつ病に対するCBTの大部分は，第8・9章で説明された方法を用いて否定的自動思考について取り組むことに費やされます。したがって，セッションは次の内容を含みます。ただし，セラピーの段階やセラピーに対するクライエントの反応によって，それぞれの割合は変化します。

- セルフモニタリング，思考記録表，セッションにおける気分の変化などを用いながら，否定的自動思考を同定する。
- 否定的自動思考がどのくらい正確で役立つかということを検証するために話し合う。
- 現実的な代替思考を同定する。
- 行動実験を通して，クライエントに否定的自動思考と新しい代替思考を検証するための証拠収集をしてもらう。

- **薬物療法**

　言うまでもなく，CBTはうつ病に対して唯一有効な介入法である，というわけではありま

せん。特に抗うつ薬による治療は，多くのうつ病のクライエントに対して有効です。今のところ，抗うつ薬には抗不安薬ほどの依存性や離脱症状はなく，また薬物療法と心理療法の間にも対立はありません。実際，重篤なうつ病の人々にとっては，薬物療法と心理療法をそれぞれ単独に行うよりも，組み合わせて行ったほうがよいというエビデンスもいくつかあります（Thase et al., 1997 ; NICE, 2009c）。

● 自殺念慮への対処

　うつ病のクライエントにおける自殺の危険性は過大に推定されるべきではありません──うつ病のクライエントの大半は自殺していません。しかし自殺の危険性は慎重に扱われるべきことはたしかで，時にはそうすることが守秘義務に反することを意味するとしても，自殺念慮には対処する必要があります。こうした理由から，クライエントに自傷他害の危険があるときには法律によって守秘義務に反する行動を取る必要があることを，介入の開始時にはつねに明確にしておくべきです。クライエントにこのことを告げるのを躊躇してはいけません。なぜなら，セラピー開始時に倫理的義務について開示しておけば，協働関係が崩壊する可能性は少ないからです。

　自殺の危険因子のなかで専門家による合意が得られているものは次の通りです（Peruzzi and Bongar, 1999）。

- 急性の自殺念慮
- 自殺企図歴や家族の自殺歴
- 以前の自殺企図時に負った医学的重症度
- 深刻な絶望感
- 死へのあこがれ
- 最近経験した喪失や別れ
- アルコールの乱用

＊ 自殺念慮のあるクライエントへの対処

　あなたは，安全に認知療法を続けるために，適切で基本的な対処プランをもつ必要があります。対処プランの要素としては，以下のものが含まれます。

- クライエントが必要を感じたときはいつでも指示をもらう，もしくは緊急なサポートを受ける，このいずれかが可能になっていることを確認する。
- 簡単に入手できる自殺の手段（たとえば，毒の成分を含む薬物，毒物，ロープ，銃，車のキーなど）をクライエントもしくは他者に取り除いてもらうようにする。

- 自殺の危機が訪れた場合に対処する方法を確立する。たとえば，クライエントが，友人や家族や危機介入チームと連絡を取れるよう準備する。プランが具体的で明確であることを確認し，クライエントにプランをコピーしたものを携帯してもらう。
- クライエントに，信頼に値し理解力があり希望を与えてくれる人物として認めてもらえるように，協働関係の構築に取り組む。
- クライエントが，少なくとも自殺することを延期し，しばらくの間（たとえば，次回のセラピーまで）はそれを実行しないことに同意するかどうかを忘れずに確認する。
- 危機が去るまでは，セラピーを「時間をかせぐ」ことに使う。たとえば，セラピーに来るよう励まし，セラピーが向かっている方向について関心をもたせる。すなわち，セッションの終わりから次回のセッションへの「橋渡し」をする（「それはとても興味深いですね——次回，そのことについて検討しませんか？」）。

✳ 自殺理由の探索と取り組み

　自殺念慮について話し合い，自殺の話題を淡々と語り合う時間をクライエントがもてるようにすることは重要です。そうすることで，自殺の話題が禁止されていないというメッセージを明確にクライエントに伝えることができます。自殺念慮について尋ねることによって，クライエントが自殺を実行しやすくなるということはありません。また，自殺を話題にすることによって，自殺を防ぐ機会を得ることができるかもしれません。この議論において重要なのは，次の点です。

- クライエントが自殺しようとする理由を探索する——一般的には，大きく2つの理由に分類される。
  (a) 耐えられない生活やうつ病などから逃避するため（「これが唯一の逃げ道だ」）——これはおそらく最も一般的な自殺の理由であり，最も危険なものである。
  (b) 対外的問題を解決するため（たとえば，誰かとの関係にしがみつくため，復讐するため，世話を引き出すため）。
- 生きる理由と死ぬ理由をクライエントとともに考える。今後，再び人生において有効になるかもしれない「これまで生きてきた理由」を含めて考える。
- 絶望感につながっている信念を探索するとともに，発見を導く技法を用いて，それらの信念と一致しないような情報をクライエントに見つけてもらう。
- クライエントの絶望感を低減させるために，かなり迅速に解決される可能性が高い領域の問題から取り組む。
- 絶望感につながっている「実生活」における問題に対して，問題解決の技法を用いる（下記を参照）。

● 構造化された問題解決

　うつ病の人は社会的問題の解決が苦手であるということと，構造化された問題解決を教えることは，彼らにとって有効なセラピーになるということには，どちらもエビデンスが存在します（たとえば, Nezu, Nezu and Perri, 1989 ; Mynors-Wallis et al., 1997 ; Mynors-Wallis, Gath and Baker, 2000）。この問題解決は特に，図12.1で説明した対処方略の貧弱さや絶望感が維持されるサイクルのフォーミュレーションが成り立つクライエントに有用です。また上記で説明した通り，自殺念慮に対処する際にも有用です。

　問題解決においてクライエントが進むべき段階は次の通りです。

- クライエントが取り組みたい問題を同定する　問題の本質を明確にすることは重要である。たとえば，「私の結婚生活における問題」ではなく，「妻と私は，お互いに充分に話し合わない」や「私たちは一緒に出かけることがない」としたほうが，問題の本質はより的確なものとなる。
- 問題解決の方法をできるだけたくさん考える　この段階は一般に難しく，長期にわたって存在している問題の場合は特に難しくなる。クライエントは思いついた解決方法について，すぐに「それはうまくいかない」「それはもう試した」というような否定的な反応をするかもしれない。この点を克服するために，「ブレインストーミング」から始めるのは有効である。言い換えれば，この段階におけるクライエントは，有効であるかないか，分別があるかないか，可能かどうかといった判定はせずに，できるだけたくさんのアイデアを思いつくことを心がける。目的は，どんなに突飛で実用性のないものでもいいので，たくさんの方法を生み出すことである。その方法は，馬鹿馬鹿しいと思えるものも含めて，解決法として思いついたありとあらゆることを書き出すことである。こうする理由は，たとえ突飛な解決法であったとしても，それは他の役に立つ考え方を生み出す可能性があるためである。重篤なうつ病のクライエントが困り果てているような場合は，セラピストが何かしらの提案を行うところから始めるのも有用かもしれない。
- 問題解決のリストをつくった後は，最善と思われる解決方法，あるいは解決方法の組み合わせを考える　繰り返しになるが，クライエントが解決方法について安易に却下せずに注意深く考えられるようになるためには，この過程を設けることが最も望ましい。ここでは，明らかに受け入れがたい解決方法のみを直ちに却下する。
- 解決方法を比較検討する際の優れた方法は，それぞれの解決方法の良い点と悪い点について，必ず長期的視点と短期的視点の双方をもちながら系統的に考えることである。まず最初の解決方法を取り上げ，その解決法の良い点と悪い点を書き記したリストをつくる。これを他の解決方法についても次々と繰り返す。この良い点と悪い点を書いたリストを用いて，最善の解決方法をいくつか選び出し順位づけを行う。
- 最も好ましいバランスを与える解決方法を選ぶ　ここでは2つの問題が生じる。第1に，

すべてにポジティブな解決方法が現れないことは時にあるということである。つまり，解決方法のすべてが，ポジティブな面よりもネガティブな面を多く備えている場合である。そのような場合，考えられる解決方法を本当にすべて調べつくしたのならば，クライエントは，最もネガティブな面が少ない解決方法を選択しなければならないことを受け入れる必要がある。ここで選択する解決方法は好ましいものではないかもしれないが，他の解決方法よりはましなものである。

第2に，リストをすべて調べたとき，解決方法はどれも似たようなものであり，明確にどれが優れているとは考えられないとクライエントが感じる場合がある。このような場合，考えられる解決方法を本当にすべて調べつくしたのならば，解決方法のなかからひとつをランダムに選び，それを試してみるのがよい。こうすることによって，時にはクライエントに，あるひとつの解決方法に実は好感を抱いているという気づきがもたらされる。なぜなら，クライエントはあの解決方法が選ばれればよかったのに，と思っている自分自身に気づくためである。

- **解決方法が同定されたら，「スモールステップ」の原理を用いる**　つねに，スモールステップは一足飛びよりも有用である。というのも，それは成功につながりやすく，またそのことによって希望が生まれるからである。クライエントが選んだ解決方法を実際に始める際，何を最初の段階とするかについてクライエントに考えてもらう。たとえば，クライエントが問題解決方法を新しい仕事を見つけることと決めたならば，最初の段階は，地方紙を購入し，現在どのような仕事の募集があるかを見ることになるかもしれない。新しい仕事に就くまでの全体のプロセスをイメージするのに比べると，最初の段階を行うことは，おそらくずっと簡単である。一度に一段階ずつ進むことが肝要である。

- **問題解決への最初の段階がどのようなものであっても，まず行動し，それから，どうなったかを振り返る**　この解決方法は適切な方向を向いているか？　向いていなければ，なぜそうなのか？　結果から考えると，最初のプランを修正する必要があるか？——といった具合である。解決方法には，机上では優れているように見えても，実行してみると，うまくいかないことが判明するものもある。このようなことが起きても，心配する必要はない。解決方法を試すことによって，クライエントは，より良い解決方法を考え出すことに役立つ何かを学ぶだろう。もしクライエントが解決方法を実行する際に大きな問題が起こったら，そのことを新たな問題として同定する必要がある。この場合，この新しい問題に対する解決方法をまず見つけられるよう，全過程をもう一度最初から始める。

- **問題が解決するまで，あるいは解決法はないということが明確になるまでこの過程を継続する**　あなたは問題解決が進展するまで，その解決を目指して，問題を同定し，解決方法を同定し，段階を同定するという循環を継続することができる。もちろん，いくつかの問題については，実行可能な解決方法がないかもしれない。しかし，機が熟さない段階でそのような結論に至ることのないよう留意する必要がある。もしも本当に解決方法がないのであれば，クライエントに同じ状況に対するこれまでとは異なる反応の仕方を見つけてもらえるよう，認知的方略に立ち戻る必要があるだろう。

● うつ病のクライエントの介入における潜在的問題

＊ うつ病の本質

　うつ病のクライエントは，しばしば思考が否定的な方向に偏っており，意欲や活力が欠如しており，変化の可能性がないと絶望しています。このことは，周知のことであり，当然のこととして見逃してしまいがちです。しかし，このことは，うつ病に取り組む際にはつねに意識しておくことが大切です。うつ病はまた，結果として「気の滅入るような環境」を生み出すこともあります。たとえば，うつ病が原因でクライエントは職を失ったり，結婚生活に問題が生じたりします。こうした環境は，クライエントの気分を低いまま維持しがちです。したがって，あなたがクライエントを何とかしようと一生懸命になりすぎている自分自身に気が付いたとしても驚くことではありません。クライエントは，いかなる行動を起こすことも難しいと感じ，あらゆる提案に対して「それはうまくいかない」と反応し，実際上または想像上の「失敗」にぶちあたってあきらめてしまいます。

　セラピストもまた，うつ病に取り組むことに困難を感じるかもしれません。あなたはあなた自身がクライエントの悲観主義に感染し，クライエントは正しく，クライエントが考えるように物事は本当に良くないのだ，と黙って考えていることに気づくかもしれません。もちろん，それらは正しい見方なのかもしれませんが，証拠もなしに容易にそういった意見を聞き入れてしまうことのないよう注意する必要があります。クライエントが純粋に困難に直面していて，彼の否定的思考のうちの一部は正確であるという場合もあるでしょうが，そこにはたいてい，別の可能性について質問したり探索したりする余地が存在します。たしかに悪いことではあっても，通常，人々はクライエントが考えるほどには悪くは考えません。したがって，必ずクライエントとは別の考え方が存在するはずです。一方で，懐疑的かつポジティブであろうとするあまり，クライエントに対して非共感的になったり，もどかしさを感じるようになったりすることを防ぐのもまた重要です。クライエントが目指す方向を向けるように支援を開始する以前の段階で，クライエントに，あなたがクライエントのことをよく理解している，ということを知ってもらう必要があります。Kennerley, Mueller and Fennell（2010）は，あなた自身にふりかかるこのような困難にどのように対処するかについて説明しています。ただし，ここで述べた問題は，慢性的で重篤なうつ病に取り組む際にはとりわけ困難なものとなります（そのような取り組みへの有効な指針としては，Moore and Garland（2003）を参照のこと）。

＊ 絶望感と「そうですね，しかし……」

　私たちが示してきた通り，大半のうつ病のクライエントは必ず，生活全体に行きわたっている否定的思考をセラピーに持ち込みます。彼らは変化の可能性はないと絶望しており，セ

ラピーに対しても否定的に考えがちになり，クライエントの考え方を広げようとする試みに対しては「そうですね，しかし……」という共通の反応をします。セラピストは，このような考え方に過剰に影響されることなく，（現実的には）楽観的に構えたまま，クライエントのセラピーに対する反応はうつ症状の一部であることを理解することが重要です。本章の最初で議論した段階的課題の設定は，クライエントが自信を付けることに役立つ，小さな成功を得るための優れた方法です。行動実験もまた，家庭での話し合いの機会をつくるための優れた方法であり，これによって，新しい考え方は曖昧な理論の段階を超えて，実際の行動において試されることになります。時には「そうですね，しかし……」という反応がきわめて強固な根底にある思い込みを反映していることがあります。このような場合は，第17章のスキーマに焦点を当てた方略を考慮に入れることが有効かもしれません。

✲ スローペース

　うつ病のクライエントは，思考や行動が遅くなっているかもしれません。たとえそうなっていなくても，セッションのペースや介入における初期変化の速度は遅くなりがちです。このことに備えるとともに順応し，このことが生じても落胆しないようにしておくのは有効です。BDI（第4章参照）などの尺度を用いて進捗状況を観察することもまた，小さいけれど着実に生じている変化を把握することに役立つかもしれません。

✲ セッションにおけるフィードバック

　第11章に記した通り，クライエントに対してセッションについてのフィードバックを求めることは，CBTの標準的な手続きです。そして，うつ病のクライエントに対して率直にフィードバックをするよう働きかけるのはとりわけ重要かもしれません。なぜなら，クライエントの否定的な方向に偏った認知によって，あなたの言葉やふるまいがクライエントを批判あるいは拒絶するものとして誤解されている可能性がかなりあるためです。同じ理由により，セッションのなかでクライエントの気分が明らかに落ちているときに，それについての記録を取り質問を行うことは価値のあることです。そうすることは，「気分の落ち込みが生じたときに，クライエントの頭のなかでは何が経験されているのだろうか？」という疑問の解明につながるためです。

✲ 再発

　再発はうつ病における特別な問題です。うつ病のクライエントの50％が，介入の「成功」から2年以内にうつ病を再発すると推定されています。したがって，再発した場合のプランを立てること（第6章参照）や，獲得したものを維持強化することを目的とした「続編」セラピーの実施を検討することはとりわけ重要です（Vittengl, Clark and Jarret, 2010）。

- **要約**
  - うつ病における認知において重要なのは，自分自身，世の中，将来それぞれについての否定的思考で構成される「認知の三要素」である。
    ―そこでは，出来事を知覚すること，解釈すること，想起することすべてが否定的な方向に偏ったものになりがちである。
  - うつ病のCBTの主な構成要素は次の通りである。
    ―活動スケジュールのような行動的方略
    ―気晴らしのような初期の否定的思考への対処
    ―話し合いや行動実験を通して否定的思考を検証する主要な認知的方略
    ―不適切な先入観や中核的思い込みに対する可能な限りの取り組みを含んだ再発防止
  - 週間活動スケジュール（WAS）は，否定的思考に関する有益な情報を提供するのはもちろんのこと，うつ病でよく見られる活動の欠如についてのモニタリングや防止にも役立つツールである。
  - 自殺念慮はうつ病において特に困難な問題であり，隠し立てのない状態で注意深く取り組む必要がある。
  - 構造化された問題解決は本当にネガティブな状況に取り組む際に有用である。

- **練習問題**

  - **振り返り／考えてみよう**
    - セラピストは時に，重篤なうつ病への取り組みが困難であることを思い知ります。あなた自身のうつ病のクライエントに対する取り組みはどのようなものですか？　どんな思考や信念が，この人たちに対するあなたの取り組みに影響を与えていますか？
    - 通常の低調な気分と臨床的なうつ病との間には大きな違いがあることはもちろんですが，私たちのほとんどが低調な気分を経験しており，おそらく，うつ病の高い疾病率を考慮すれば，この本の読者のなかには将来うつ病を経験する人もいるでしょう。あなた自身の低調な気分あるいはうつ病の経験をふまえた場合，あなたにとっては，どのような思考や行動上の変化が最も顕著なものでしたか？　それらは，本章で説明されているものと重なりますか？　本章で説明されているものとは違いがありましたか？　あったとすれば，どんな違いでしたか？
    - セラピストのなかには，うつ病の介入において，「認知的でない」「安易すぎる」という理由から，活動スケジュールをあまり使わない人もいます。あなたの活動スケジュールへの評価はどのようなものですか？　うつ病のクライエントに対してそれを使う際に考

えられるメリットとは何ですか？
- セラピストであるあなた自身がクライエントのうつ病に「感染している」と感じたことがありますか？　感染の例としては，クライエントが考えるのと同じように物事はうまくいかないと確信するようになることが挙げられます。また，感染したことがセラピーにどのような影響を与えましたか？

✱ やってみよう

- あなたがこれまで活動スケジュールや問題解決の技法をあまり用いてこなかったならば，今度それらが適用可能なクライエントが現れた場合，どんなプランを立ててそれらを試すことができそうでしょうか？
- 今後「うつ病への感染」を防ぐために，あなた自身でできることは何でしょうか？　あるいは，どのようにあなた自身が考える必要があるのでしょうか？
- すべてのクライエントに対してすべてのセッションの終わりにフィードバックを必ず求め，何が生じているかを確認するようにしましょう。どのようなフィードバックをうつ病のクライエントから受け取るでしょうか？　よくある一般的なテーマでしょうか？　フィードバックから，あなたは今後に向けたどのような教訓を得るでしょうか？

● 学習を深めるために

Beck. A.T., Rush, A.J., Shaw, B.F. and Emery, G（1979）Cognitive Therapy of Depression. New York : Guilford Press.（坂野雄二［監訳］（1993）うつ病の認知療法．岩崎学術出版社）
第1章で記した通り，認知療法の古典。

Martell, C., Addis, M. and Jacobson, N.（2001）Depression in Context : Strategies for Guided Action. New York : Norton.（熊野宏昭・鈴木伸一［監訳］うつ病の行動活性化療法．日本評論社）
本章で論じた Jacobson の分解研究から生まれた，「行動活性化」で知られるうつ病への取り組みについて書かれた有望な著書（第17章参照）。

Moore, R. and Garland, A.（2003）Cognitive Therapy for Chronic and Persistent Depression. Chichester : Wiley.
標準的な Beck 流の CBT を，慢性的あるいは介入への抵抗性を示すうつ病に特有の問題に適用する際に有用なガイド。役に立つ臨床事例も載っている。

13
不安障害

● **はじめに**

　不安障害に対する認知療法のための最初の介入マニュアルは，1985年にA.T. Beckと共同研究者によって出版されました。そのマニュアルはCBTの世界における刺激的な発展と言えるものでした。それは，従来よりもずっと広い範囲の問題にCBTを応用していく変革の始まりを告げるものだったのです。

　不安障害へのCBTの応用は，不安障害の広がり（不安障害を患っている人は米国の人口の13.3％に及びます── NIMH（National Institute of Mental Health：米国国立精神保健研究所）(2001)）を考慮に入れると，必然とも言えるものでした。そして，不安障害に介入する際のCBTの有効性を示すエビデンスが，人々の関心をひきつけてきました。

＊ **不安反応**

　不安反応は脅威に対する正常な反応で，生きるためには必要な反応であることを認識するのは重要なことです。私たちが危険を知覚するとき，身体は急速にアドレナリンを生産し，危険な状況に反応する準備をさせます。典型的な反応は「闘争」（恐怖に直接挑んでいく）もしくは「逃走」（目の前の恐怖から逃げたり，あらかじめ回避したりする）です。もっとも，「すくみ」（身体的または精神的に動けなくなる）という3つ目の反応を示すこともあります。知覚された脅威と向き合うと，私たちは恐怖を感じ，心や身体がそれに対処する準備を整えます。心は最悪の場合のシナリオを考え，身体はそれに備えた対応をします。呼吸量はより多くの酸素を供給するために増大します。心臓は酸素の豊富な血液を重要な筋肉に送るためにより速く鼓動します。汗腺は活動中の身体を冷やすために活性化します。皮膚血流は少なくなり，その結果不快な感覚を覚えたり青ざめたりします。

　この反応は，第4章で述べた4つのシステムを反映しています。すなわち，感情的，認知的，生理的，行動的システムです。このきわめて複雑な反応は毎日，迅速かつ効率的に生じています。以下に例を示します。

　　道路の端に，小さな息子を連れた母親が立っています。バスが彼女のほうへ向かってきます。息子がバスの前の道路に飛び出すイメージが母親の頭を一瞬よぎります。そして彼女は恐怖を感じます。彼女のアドレナリンは増し，彼女は緊張し，集中し，行動す

る準備をします。すばやく，彼女は息子の手を取り，息子が抵抗しても，バスが無事に通り過ぎるまで息子を自分のそばでじっとさせます。

このように不安反応は，私たちのなかで一定の間隔で生じている，正常かつ，ほぼ無意識的な過程なのです。不安が問題となるのは，反応が正常の範囲を超えてしまう場合か，実際の脅威がないにもかかわらず反応が生じてしまう場合です。

サリーはしばしば，自分の子どもたちが通りで傷つけられることを直感的に想像したり考えたりしていました。日に幾度となく，彼女はこのことについてとても神経質になりました。彼女は子どもたちを決して一人では外には行かせず，どこにでも自分の車で連れていこうとしました。

ジェフはパニック発作を患ったことがあり，現在はまた発作が起こることを恐れながら生活していました。可能性を最小限にするために，彼は過呼吸にならないように呼吸を一定にし，めまいがしないようにゆっくり動き，緊張を引き起こすだろうと予期した状況を回避しました。結果として，彼の生活は非常に制限されたものとなったのです。

これらの例では，不安を過剰に感じたり，危険を過大に評価したりした結果，本人は自分の不安を軽減するためにきわめて大げさな行動を取らざるをえなくなっています。彼らはそれぞれ，不安障害になってしまったのです。クライエントが，自らの不安反応について，本来は正常な反応でも，過剰な反応に変化してしまった以上は，もはや自分のためにはなっていないと認識するのは重要なことです。

人間の反応は，出来事をどう解釈するかによって決定します。よって，本章を通して「知覚された危険」もしくは「知覚された脅威」という用語を使用することにします。これらが意味するのは，2人の人間が同じ状況にいても，異なる結果を予想するかもしれず，それゆえ，異なった反応をするかもしれないということです。2人の音楽家が，コンサートが始まるのを待っているところを想像してください。

1人目の音楽家は，恐怖で心がいっぱいになっています。彼女は自分がミスをするのではないか，聴衆が冷淡なのではないかと恐れています。彼女は緊張を感じ，鼓動は速くなり，これらは悪い兆候であると考えます。これによって彼女は自信をさらになくしてしまいます。もう1人の音楽家は，おもしろい経験を期待して，演奏するのを楽しみにしています。緊張を感じ，鼓動は速くなり，彼はこれは演奏するのに必要なエネルギーを与えてくれるものだと考えています。このように，同じ状況で，1人目の音楽家は心配し，自分の反応を悪いものだと解釈しています。もう1人の音楽家はわくわくし，自分の身体的反応を役に立つものだと思っているというわけです。

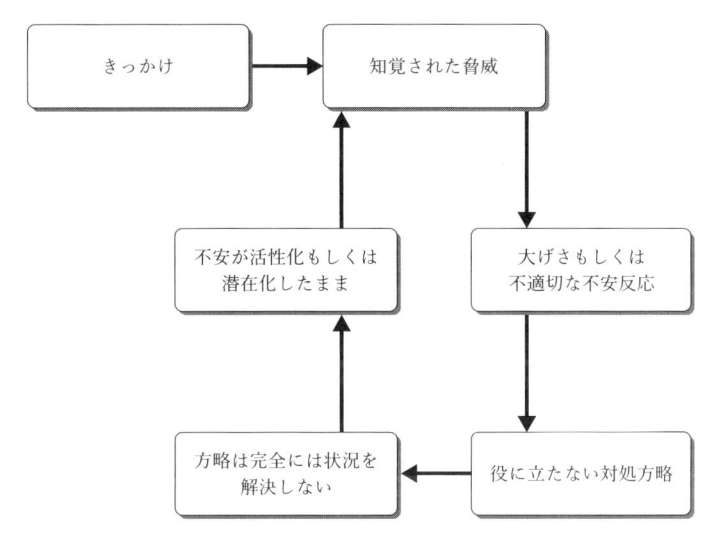

図 13.1　問題となる不安のサイクル

● 不安と不安障害の特徴

　標準的な不安への対処は，結果として得られる解決に至るまでの直線的な過程です。たとえば，次の通りです。

　　トリガー ⇨ 知覚された脅威 ⇨ 不安反応 ⇨ 成功する対処行動 ⇨ 不安の解決

　たとえば——

- 運転手が車の前に子どもが飛び出してくるのを見る ⇨ アドレナリンの分泌 ⇨ これによって，思考がすばやく集中したものになり，運転手は間に合うようにブレーキをかけハンドルを切ることができる ⇨ 不安の解決
- 生徒が試験の差し迫っていることを知る ⇨ アドレナリンの分泌 ⇨ 結果として生ずる思考の集中と活力レベルの上昇によって，生徒は勉強を効率的に行うことができる ⇨ 不安の解決

　しかし不安障害は，認知的・行動的反応が不安を維持もしくは悪化させることに寄与するという循環的な過程によって表現されます（図 13.1）。たとえば，次の通りです。

- 不安の高い運転手が，車の前に今にも走り出してきそうに感じられる子供を目にする ⇨ 彼は非常に不安になり，身体的には緊張し，理路整然と考えることができなくなる ⇨ 彼は実際には路上にいない子どもをよけるためにハンドルを切り，別の運転手から危険な

運転を叱責される ⇨ これによって，運転は危険なものであるという認知が強まり，彼が非常に不安の高い運転手であることが維持される
- 不安の高い生徒が，口頭試験が差し迫っていることを知る ⇨ 彼女はこれを脅威だと思い，高いレベルの不安を経験する ⇨ 彼女の思考は過剰に試験に集中し，緊張しすぎて効率的な勉強ができない ⇨ 試験での出来が良くない ⇨ これによって，自分は能力がないという彼女の認知が強まり，彼女が非常に不安の高い生徒であることが維持される

この「究極の」不安の循環はおそらく「不安への不安」です。そこでは不安の経験自体が忌み嫌うべきものとなるために，不安のもともとのきっかけが遠ざかってからも長い間，その経験自体は回避されつづけます。

ロジャーは，自分が心臓発作を起こしたと思っていましたが，病院では，彼が経験したのはパニック発作であると言われて安心しました。しかしロジャーは安心しきったわけではありませんでした。というのは，パニック発作がとても不快なものであるとわかったからです。それ以来，彼はそれが再発するのではないかとおびえて暮らすようになりました。このことによって彼の不安は高まり，彼はよりパニック状態に陥りやすくなり，よりパニック発作を起こしやすくなりました。

ここまで見てきたように，不安は心身に危険に対処する準備をさせます。心は起こるかもしれない悪いことに集中し，身体は活動への準備をします。このように，不安は心理的症状と身体的症状から成り立っており，それらの症状は，不安障害においては過剰で役に立たないものに変化します。これは図13.2のようにまとめられます。

また，不安障害は特定の経験における危険性についての認知が歪んでいることが特徴です。不安障害は特定の状況（たとえば，高層ビルにいる状況，あるいは大勢の人の前で話す状況）もしくは体内の刺激（たとえば胸の痛みまたは危険を知らせる思考）がきっかけとなっています。

不安障害には多くの種類があり，それらを区別することは容易とは言えません。Box13.1のリストは，臨床実践で出会うかもしれない，不安に関する問題のリストです。このリストは，DSMの不安障害の分類を反映したものです（DSM-IV-TR：APA, 2000）。この分類は，通常，異なる症状を区別するために用いられています（もちろん，それ以外のために用いられることもあります）。

Box13.1　DSM-IVの不安障害の診断
- **特定の恐怖症**：ある対象または状況に対する持続的な恐怖，そしてしばしば，ある対象または状況に対する個人の反応に対する恐怖のことを指す。その恐怖はしばしば過剰に

認識されているが，その障害に苦しんでいる人は恐怖刺激を（明白にあるいはこっそりと）回避する傾向があり，彼らは適切に行動することができなくなっている。

- パニック障害：頻発するパニック発作のことを指す（パニック発作は，動悸，息切れ，めまいといった症状をともない，不安が突然増大することを指す）。そのような症状はしばしば脅威に感じられ，概して，心臓麻痺や脳卒中といった病気が迫っているもしくはそれらの病気にかかっていることの兆候として誤解される（Clark, 1986）。パニック障害は広場恐怖をともなうこともともなわないこともある。
- 心気症：現在深刻な病気になっている，もしくはこれからなるのではないかと恐れ，またそのことで頭がいっぱいになっていることが特徴である。
- 社交恐怖：他人の注視を浴びているように感じ，恥をかかされたり恥ずかしい思いをさせられるのではないかと不安になる場面，すなわち，社交の場面や人前で何らかの行為を行う場面への，顕著で持続的な不安によって特徴づけられる。その不安は社会的場面に限定され，この障害の患者は，身体的症状や行為の出来をたいへん気にする。
- 全般性不安障害（Generalised Anxiety Disorder：GAD）：苦痛，および（または）行為の障害をもたらす持続的で過剰な心配，不安，否定的思考が現れる。
- 強迫性障害（Obsessive-Compulsive Disorder：OCD）：頻発する強迫観念（持続的で侵入的な思考，イメージまたは衝動，および（または），強迫行為（強迫観念を修正したり中和したりするために行う，やむにやまれない反復的な行為，儀式，精神活動）によって特徴づけられる。この障害の患者は，不安が不合理であることを理解しているが，他の観念や行為を用いて，その強迫観念を無視し，抑制し，中和することを続けざるをえなくなっている。
- 急性ストレス障害（Acute Stress Disorder：ASD）：心的外傷を与える出来事にさらされた人が不安症状を発し，その出来事を再体験するような感覚を覚えたり，その心的外傷を思い出すようなきっかけとなる刺激を著しく避けたりする場合に診断される。心的外傷を与える出来事が起きてから4週間以内に発症する。
- 心的外傷後ストレス障害（Post-traumatic Stress Disorder：PTSD）：強い恐怖，無力感，戦慄を感じさせるほどに，自分自身（もしくは他者）にひどい脅威を与える出来事が生じた後に生じる。症状は心的外傷を与える出来事についての侵入的な記憶（悪夢，フラッシュバック），回避，無感覚，過覚醒が含まれる。

分類は上記の通りですが，不安障害はどのように経験されるものなのでしょうか？

- **特定の恐怖症**　恐怖症の人もまた「危険」の兆候を探し続ける傾向があります。クモ恐怖の人は部屋の隅々をつねに点検しており，高所恐怖の人は橋を示す道路標識を見つけることに余念がありません。恐怖症の対象はいくつかのものに集中します。それらは，動

不安から	不安障害へ
脅威の感覚	脅威の過大評価および結果の過大評価。また，対処能力または利用可能な資源に対する過小評価。
脅威への集中	繰り返し考えてしまうこと，過剰な心配，柔軟に考えられないこと，持続的で脅威を感じさせる思考やイメージ。
心配	コントロールできなくなること，「狂って」しまうこと，健康問題に苦しむこと，それぞれへの不安。絶え間ないチェック。
一時的に過剰な考え	繰り返す破局的思考のような習慣化した過剰な思考，極度に選択的な注意，常態化した「全か無か」思考。
身体的症状の連続的変化	
不安から	不安障害へ
心拍数の増加	動悸
筋肉の緊張	疲労，震え，筋肉痛（例：胸痛，頭痛）
呼吸数の増加	めまい，ふらつき，現実感喪失または離人感
消化器系における変化	吐き気，トイレに行きたくなる衝動
血液循環における変化	赤面または蒼白，不快な皮膚感覚
発汗の増加	過度の発汗
さらに，慢性不安は睡眠障害やうつ病と関連していることがある。	

図 13.2 不安症状

物，自然環境，特定の状況などです。特定の恐怖は血圧の上昇のきっかけにもなります。ただし，血液恐怖は血圧を下げるもとになります。そのため，血液恐怖は他の恐怖症と異なり，本人が失神することがあります。

ルーカスは蛙を怖がっていました。彼の兄が彼のシャツのなかに蛙を入れて彼を怖がらせて以来，彼にとって蛙は耐え難いものとなっていたのです――ネバネバとした皮膚も怖いのですが，すばやく予測不可能な動きがどうにも怖かったのです。彼は仕事のためしばしば田舎に出かけましたが，彼の恐怖によって問題が生じました。彼は，湿地に行くことが難しくなっていました。また，蛙を探すことにあまりにも忙しいため，集中力に支障が生じ，身体の緊張感はなかなかとれず，それによって，仕事にも専念できなくなっていました。

- **広場恐怖** この恐怖症は，安全な場所あるいは逃げることが容易な場所から離れることを恐れるというものです。DSM-IVでは，広場恐怖は診断そのものとはみなされておらず，パニック障害に関連づけられています（下記参照）。そこでは，広場恐怖は通常，安全基地から離れているときに起こるかもしれないパニック発作あるいはパニックのような症状への恐怖と関連づけられています。しかし，広場恐怖のような症状は社交恐怖やPTSD（下記参照）のような恐怖症にも関連づけることができます。たとえば，大勢の前で恥をかかされる可能性のあることを回避したり，フラッシュバックのきっかけとなるものを回避したりするなどの安全行動が該当します。

- **パニック障害** 安全な経験であっても，破局を示唆するものであると誤解する傾向が持続するため，反復的なパニック発作が生じます。患者は，パニック発作のきっかけになっていると信じている状況を回避したいため，結果的に広場恐怖の症状を呈する人もよくいます。

モニカは，自分自身を繊細で緊張が高い女性と表現しましたが，最近まで彼女はキャリアに自信をもち，ものごとにもうまく対処していたということでした。数カ月前，仕事のストレスが悪影響を与えたのか，彼女は動悸，めまい，吐気のため，医師のところへ行きました。モニカは自分が心臓麻痺に違いないと思っていました。彼女の担当医はパニック発作と診断しました。最初，彼女は，自分の経験したこと，とりわけ症状が時間をかけて悪くなり，胸の痛みがひどくなっていることが，心臓発作を予測するものではないということを受け入れることができませんでした。発作はひどくなっているように感じられ，彼女の恐怖は大きくなっていきました。徐々に彼女はパニックを経験していたということを理解するようになりましたが，このことは彼女にほとんど安らぎを与えませんでした。その後はパニック発作が起こるかもしれないという恐ろしい感覚に脅かされるようになったためです。彼女は胸のなかのほんのささいな不快感にも鋭敏になり，胸の痛みを感じるとつねにパニック発作が生じるようになりました。彼女は胸の痛みの感覚に注意を払わないようにし，また，発作が起こることを避けるために，ケースのなかでもセラピストとはパニックについて語らないようになりました。

- **心気症または健康不安** これらはいずれも健康に関連した不安を示すときに使われます。患者は，過度に用心深く，問題のない身体症状を病気の兆候と誤解する傾向があります。しかし，慢性的とも言える健康への心配や偏見が特徴となっているため，パニック発作がかなり唐突に生じるのが特徴的なパニック障害とは異なっています。健康不安の患者も安心を強く求めますが，たいがいは，得られた安心は持続的な効果がなく，健康上の心配が復活します。

マヤは癌にならないかと心配していました。彼女はつねに身体をチェックし癌の兆候を探しつづけ，癌を示唆するあらゆる感覚に気づきました。とりわけ，彼女は，頭部の腫瘍を示唆する頭痛，腹部の不快感（卵巣癌），腸運動の変化（大腸癌）には注意を払いました。彼女は（新たな心配事が生じることを防ぐため）健康に関する記事を読むことを避ける一方で，癌の症状をインターネットで読むことに時間を費やしはじめました。彼女は定期的に開業医を訪れて彼女の「症状」について話しました。彼女は健康であることを再確認すると最初は安心していましたが，その効果は徐々に消えていき，再び疑いや心配が始まるのでした。彼女は再確認のために友人を頼ろうとはしませんでした。なぜなら，そうすることが友人をいらだたせることを知っていたからです。

- **社交恐怖または社交不安** DSM-IVの社交恐怖は限定されたものですが（既述箇所を参照），DSMの診断基準を満たさない人たちにおいても，極端な恥ずかしがり屋であることは問題になることがあります。このような場合は，「社交不安」という用語が使われる傾向があります（Butler and Hackman, 2004）。回避は，社交恐怖と社交不安の双方においてよく行われる対処方略です（社交場面を乗り切るためにアルコールを使ったり，視線を合わせないようにしたりといった小さな回避を含みます）。そして，これによって問題が維持されてしまいます。時には，不安症状のために社交的行為に支障が生じてしまい——たとえば，しっかりと考えることができなかったり，震えてしまったりといったように——その結果，自己意識や社交に対する不安がさらに強くなって，問題が維持されることもあります。

リアは，周囲の人間と話す必要がなく，有望顧客にプレゼンテーションを行う必要のない間は，仕事において自信と有能さに満ちあふれていました。彼女は，同僚たちに相談しなければいけない場面があることを知ると，同僚たちが彼女の無能さに気づくのではないかと心配しはじめ，緊張のしすぎから，集中力がなくなったり，眠れなくなったりしました。最初に彼女はその仕事を誰かに任せようとしました。そしてそうすることができない場合は，「現実を見ないようにして」，挑戦することを避けがちでした。その結果，プレゼンテーションはしばしば準備不足なものとなり，彼女が望んだ通りにはなりませんでした。このことによって，彼女は，自分自身の無能さを確信し，さらに，その無能さが皆に知れわたったと確信したのです。彼女は新しい顧客と会う必要が生じたときは，同じような恐怖を経験するようになりました。

- **全般性不安障害（GAD）** GADの患者は，「もしも〜したら，どうしよう」という心配を，生活のなかの多くの領域に抱えています。たとえば，「もしも乗り遅れたらどうしよう？」「もしも質問に答えられなかったらどうしよう？」「もしも子供が被害にあったらどうしよう？」といったものです。心配が中心的な認知ですが，心配のしすぎでこのまま狂ってしまうのではないかといったように，心配について心配することも珍しくありません。一方で，クライエントのなかには，心配は自分自身の良い面を生み出していると考える人がいます。たとえば，「心配するからこそ，私は準備を怠らない」といった具合です。しかし，心配によって問題解決力は低下するため，GADのクライエントは困難に対してうまく対処できない傾向があります。彼らは，不確かさに対して我慢できない傾向もあります。これによって再確認を求める行動が促進されます。

コリンは，時折，パニック状態，身体的緊張，息切れなどの，高いレベルの心配と不安を経験しています。彼は起きているときはつねに「心配しており」「ひとつの心配が隣の心配と結合するかのように，あらゆることを心配している」と述べています。彼は，娘の健康と学業の進捗度合について，家計状況と自分が余剰人員になり住宅ローンの支払

いが滞る可能性について，彼自身の健康について，それぞれ心配しています。彼は仕事で決定を行うことが難しいと感じており，上司に対してたびたび再確認を求めます。彼は自分自身の心配によって「神経衰弱」に陥りはしないかと恐れています。彼は，自分自身が心配にとりつかれてしまうことを防ぐために，ニュースを見たり新聞を読んだりするのを避けており，とりわけ健康関連と家計関連のものは避けています。

- **強迫性障害（OCD）** OCDの患者は自分自身あるいは他人の安全の責任は自分自身にあると信じています。彼らの恐怖は，汚染（たとえば，手を十分に洗わないことによる病原菌の見過ごし），適切に何か（たとえば，スイッチを消すこと）をするのを怠ったことによる大惨事，不適切な思考によって不適切な行動が導かれてしまうこと（たとえば，「教会で他者をののしる」ということを考えたことによって，自分が実際に教会で他者をののしるようなことが起こってしまうこと）に集中します。強迫行為のなかには，汚染を回避するための過剰な洗浄のような，本来役に立つ行動が度を越してしまったものもあれば，儀式的な数かぞえのように，もっと迷信めいた行動もあります。

ジョアキンは儀式的な方法で物に触らなくてはいけないと感じなかった時期を思い出すことができませんでした。彼は，何か悪いことが自分自身や愛する人に起こるのではないか，という悪い予感を抱いていました。その予感は，彼がひじで机の表面をトントンと叩くとき，あるいは，彼が出入口を通り抜ける際に3回ほど揺れ動くときに（彼の心のなかでは，この行為は床を足で叩くものであった）弱まりました。彼はその行為が不合理であることを知っていたので恥ずかしさを感じていたし，その行為のために学校でからかわれていました。けれども，そうしなければ何か悪いことが起こるという感覚はとても強く，かつ不快なものだったので，精神的かつ感情的な安心を得るために，彼はその行為をしたいという衝動につねに屈していました。

- **急性ストレス障害（ASD）** 持続期間は最大でも4週間です。この期間を過ぎると，この症状はPTSDと診断されます（下記参照）。

アリソンはレイプされました。2週間経っても，彼女は，レイプされた次の日にレイプの記憶を一掃しようと模様替えした部屋で眠ることができませんでした。彼女は学校を休んでいました。なぜなら，彼女は，集中できないことや，涙が出てきてしまうことや，誰にでもきつくあたってしまうことがわかっていたからです。しかし，家にいると，状況はさらに悪化しました。彼女は動揺しており，食事も睡眠もとれていませんでした。そして，まぶたを閉じると男の顔が脳裏に浮かび，夜になるとあらゆる音を恐ろしく感じ，時には，男がすぐそばにいて男の匂いを嗅ぎとることができるようにも感じました。

- **心的外傷後ストレス障害（PTSD）** この障害では，恥，嫌悪，怒りなどの感覚も報告さ

れてはいますが，危険な状況が持続しているという感覚に，意識が集中します。一般的に，PTSDのクライエントは外傷的出来事の断片を詳細に思い出すことができますが，その全体像は混乱しているか不完全です（Foa and Riggs, 1993）。よくある恐怖を伴う外傷的記憶は，外傷的出来事を再体験したように感じる鮮明な「フラッシュバック」です。しかし，PTSDの患者は悪夢を見たり，やや鮮明さに欠ける記憶を思い出したりもします。対処方略としてよく用いられるのは，これらの記憶を思い出すきっかけとなるものを回避することです。

アントンは射殺場面を目撃しました。6カ月後も，彼は依然としてその出来事の悪夢を見ており，起きているときでさえも，人が死ぬ場面の「フラッシュバック」を短時間経験していました。彼はつねに身体が緊張しているように感じており，ちょっとした刺激で飛び上がるほど敏感になっていました。発砲音に似た音はどんな音でもパニック反応とフラッシュバックのきっかけとなりました。彼は射殺が起きたショッピングアーケードを通り抜けることができませんでした。最近の彼は，そのショッピングエリアすべてを回避しはじめるようになっていました。なぜなら，その場所は多くの記憶を呼び起こしたからです。

公式の診断分類のなかに入らない不安障害もあります。DSM-IVでは「特定不能の不安障害（Anxiety Disorder Not Otherwise Specified : Anxiety Disorder NOS）」という分類が用いられています（DSM-IV-TR：APA, 2000）。このことから，私たちは，クライエントはきちんとカテゴリーのなかに分類されるものだと思い込まないようにすることと同時に，分類が困難なクライエントを十把一絡げにして考えないようにすることが求められていると言えます。

● 維持プロセス

なぜ，不安障害は持続するのか？　この疑問（そして問題にうまく対処すること）への鍵は，その持続を説明する「維持サイクル」を同定することにあります。

不安が維持されるプロセスには，共通のパターンがあります。ある内的または外的な誘因に反応して不安になったクライエントは，脅威や危険を想定し，破局的結論（何か悪いことが起きた，このことは恐ろしい未来を暗示している）を描いたり，破局的予期（何か悪いことが起きるだろう）を行ったりします。もっともなことですが，そのクライエントは，その知覚された脅威から自分を守ろうとします。たとえば，広場恐怖の人は「安全な」基地にひきこもり，健康不安のあるクライエントは安心させてくれるものを探し求めます。そのような反応によって一時的な安らぎは得られますが，自らの認知の妥当性を疑うことはありません。このようにして，広場恐怖の人は人前にいても悪いことが起きるとは限らないことを学べなくなり，健康不安のあるクライエントは自分自身が健康であるということを確信できな

くなります。要するに、もともとの不安がそのまま存続し、その後再び呼び起こされやすい状態となるのです。

基本的には、不安障害は我々がどのように感じるか、何を考えるか、何をするかによって持続します。Clark（1999）は、その世界は安全な場所であるという証拠があるにもかかわらず、6つの過程が、特定の状況の（非合理的な）危険性についての歪んだ認知を維持すると主張しました。それらは以下のように要約されるもので、あなたのクライエントの問題の本質についていくらかの仮説を与えてくれるかもしれません。

- **安全探索行動**（Salkovskis, 1988） これらは何か悪いことが起こる可能性を最小限にする、もしくは悪いことが起こることを防ぐために実行される行動や精神活動です（第4章参照）。もちろん、安全に行動することは非機能的なことではありません。たとえば、道路を渡る前に左右を見ることは非常に機能的な安全探索行動です。しかし、道路の縁に立って車がいないか繰り返しチェックし、道路を渡る危険を冒せないでいることは、過剰で役に立たない安全探索行動です。P.M. Salkovskisが述べているのは、後者の機能的でない安全探索行動のことです。図13.3では、2の枠に該当するものです。これらの反応によって、自分が危険を過大評価していることを学ぶことが妨げられます。なぜなら、「安全な」経験はすべて安全行動（Safety Behavior : SB）の成果として帰属されてしまうからです。たとえば、嘔吐恐怖をもつ若い女性は吐き気や体調の悪さを感じず1日を過ごすかもしれません。このことは、嘔吐する危険性がないという安心を彼女にもたらすはずです。しかし、もし彼女が安全方略としてハッカをなめていたとしたら、彼女は吐き気を感じなかったのは甘いもののおかげだと考えてしまうでしょう。あるいは、心臓発作が起こることを恐れているパニック障害の男性は、安全でいるために非常にゆっくりとした動きを続けているかもしれません。彼は、自分の心臓は健康であるという解釈には至らず、自分が健康であるのはゆっくりした動きのおかげであると考えてしまうでしょう。前述の事例のなかで、コリンとマヤは再確認を求めて役に立たない安全探索行動をしていました。また、ジョアキンの儀式化したものの触り方は、彼にとっての安全探索行動なのです。

    「役立つ対処行動」と「役立たない安全行動」の違いは、行動の背後にある意図を反映しています。たとえば、ある男性が、緊張を感じたことに反応して肩の力を抜き呼吸を遅くした結果、少し落ち着いたと感じたとします。もし彼がこのことを「リラクセーションの手順をしたから気分が良くなっただけで、もしそれをしていなかったら何かひどいことが起こっていただろう」と解釈するとしたら、彼は、緊張は制御できるものであるから恐れる必要はない、という自信をもつことはできないでしょう。この場合、「リラクセーションの手順」は安全行動になっているのです。しかし、もし彼が「緊張を感じたときはリラックスする」と考えるならば、リラックスすることは機能的対処行動となり、彼は、緊張は対処できるものであるという自信を育てることができるでしょう。Rachman et al.（2008）は、安全行動であればすべて介入の妨げになるものとして拒絶するという

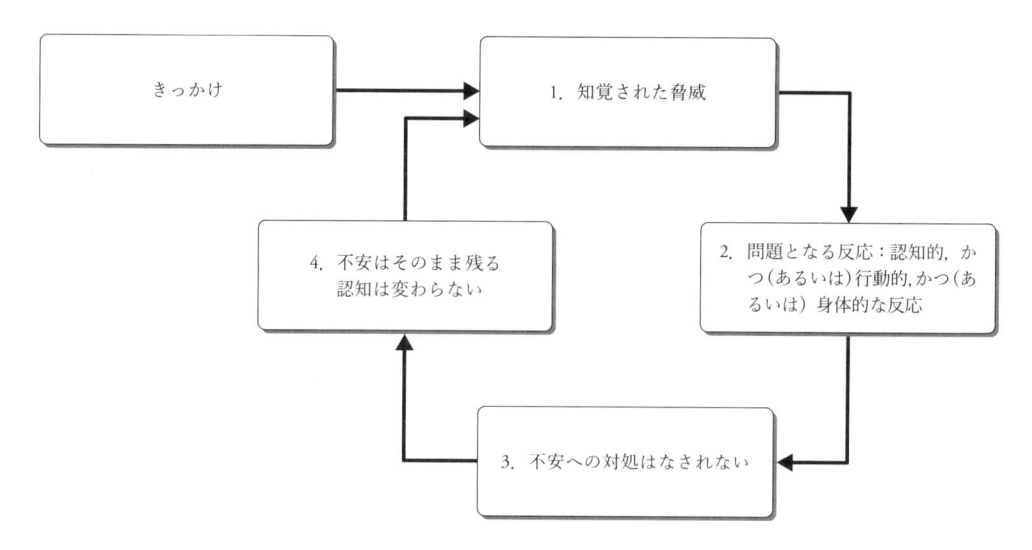

```
┌─────────┐         ┌──────────────┐
│ きっかけ │────────→│1. 知覚された脅威│
└─────────┘     ┌──→└──────────────┘
                │           │
                │           ↓
┌──────────────┐│    ┌──────────────────┐
│4. 不安はそのまま残る│    │2. 問題となる反応：認知的，か│
│   認知は変わらない │    │   つ(あるいは)行動的,かつ(あ│
└──────────────┘    │   るいは)身体的な反応     │
        ↑           └──────────────────┘
        │                    │
        │           ┌──────────────┐
        └───────────│3. 不安への対処はなされない│
                    └──────────────┘
```

図 13.3　不安の維持サイクル

ことはしないよう注意を呼びかけています。なぜなら，とりわけセラピーの初期段階においては，安全行動を上手に扱うことが，クライエントに介入の最初のステップに取り組む際の自信を与え，変化を促進する可能性をもつからです。クライエントは，適応的な対処のレパートリーが増えてくると，徐々に役に立たない行動を系統的に減らしていくことができるようになります。

- **注意の集中**　これは2つに分類されます。(1) 脅威の手がかりに**向けられた**注意と，(2) そこから**逸らされた**注意です。前者の例に含まれるのは，カエル恐怖のために，カエルが潜んでいるかもしれない森林の下生えや湿地にその痕跡があるかないかを調べるルーカスや，社交不安のために，仕事における自身のふるまいについて考えつづけ，満足のできない点ばかりに目が向けられてしまっているリリアです。このように注意の集中が高まることによって，不安は強くなります。というのは，不安はつねに心のなかにあり，脅威について調べる人は，えてして最悪の事態を想定してしまうからです。したがって，コケのかたまりがカエルに見え，水面のあぶくがカエルの卵に見えるのです。このようにして，不適切に増大した不安が経験されるのです。

　脅威の手がかりから逸らされた注意の例には，「現実を見ない」方略を使って対処しようとしているリリアや，視線が合うのを避ける社交不安の人や，事故現場の近くに来ると目をそむける交通事故の被害者が含まれます。この注意においては，根底にある不安に直面することはありませんし，場合によってはその不安が認知すらされていないため，知覚された脅威に対する認知の問題に取り組むことができなくなります。

- **自然に生じるイメージ**　いくつかの研究は，心的イメージが脅威の感覚を高めることを示唆しています（Ottavani and Beck, 1987 ; Clark and Wells, 1995）。たとえば，社交恐怖の

人は自分自身が無能に見える明確な心的イメージをもっていたり，パニック障害のクライエントはコントロールを失っている自分自身の破局的なイメージをもっていたりするかもしれません。そのようなイメージは不安を高めるようです。イメージは特に PTSD の維持に関連します。そこでは鮮明な心的外傷イメージの侵入によって，本人には**現在も脅威に曝されているような感覚**が維持されるため，不安が軽減されにくくなると考えられています。

- **感情的理由づけ** これは，「もし私がそう感じるならば，そうに違いない」（第8章参照）と信じてしまうことです。Arntz, Rauner and van den Hout（1995）は，たとえ安全を保障する情報が与えられたとしても，不安の高い患者が統制群よりも状況を危険とみなすことを示しました。不安の高いクライエントは自分が不安に感じることを理由にして脅威があるに違いないと結論づけます。したがって，ある非常に神経質な女性の場合，危険を確認できなくとも，自分の感情にもとづいて，それが存在すると思い込むかもしれません。また，ある男性は，自分自身の思考に対して不安を感じた結果，自分自身の思考が危険であると思い込むかもしれません。しばしば，そのような思い込みによって，不安がさらに高まるのです。

- **記憶のプロセス** Clark（1999）は，脅威や不安を引き起こす状況を選択的に想起してしまう記憶の歪みがあるため，問題となる不安が持続すると主張しています。選択的想起とは，不安の高い人がそうでない人よりも，自分自身の経験について否定的で外傷的な想起をたくさん行う傾向のあることを意味しています（Mansell and Clark, 1999）。このことによって，世の中は脅威を与えるものであるという本人の見方も維持されることになります。また選択的想起によって，より広くバランスの取れたイメージを観察することができなくなります。これを観察することができないと，不安を大局的に見ることができません。この過程の最も顕著な例は PTSD です。PTSD に苦しむ人は，現在も脅威があるという感覚を維持させている強烈な想起やフラッシュバックを経験しています。その一方で，出来事全体の想起は不正確になっています。出来事全体を正確に想起することができれば，強烈に想起されることを全体の文脈のなかに当てはめることによって，危険が現在も存在しているという認知を克服するのに役立つはずです。

- **脅威的な出来事に対する反応の解釈** 人が不安を経験しているときに得る結論によって，問題は悪化します。たとえば，もし脅威に対して最初は完璧に正常な反応をしていた人が「私は狂っていく！」または「私は死ぬんだ！」という破局的な結論に至ったならば，これによって，不安は高まり，予期不安が生じ，その結果，不安に直面することを引き延ばす回避的方略を使うようになる可能性があります。

不安が長引いたり過剰になったりすることに関係するもうひとつの行為は，心配です

(Borkovec, 1994)。私たちの注意を潜在的脅威へと向けてくれるという点で，束の間の心配は役に立ちますが（Davey and Tallis, 1994），長引いた心配は非生産的で，本人の活力を低下させることさえあります。たとえば，休日のある日，私はパスポートをなくすことを心配しているとします。こうしたときは，自分の思考に焦点が向けられています。私は自分がパスポートを持っていることを確認し，安全のためにそれをどこにしまおうかと考えます。不安傾向の強い人は，同じようにパスポートをなくすことを心配しますが，たとえパスポートを持っていることを確認したとしても，この心配のサイクルのなかを回りつづけます。彼は，「でも，もし……だったらどうだろう」と考えつづけ，この（通常は答えの出ない）質問を繰り返すにつれて，不安のレベルを増大させるでしょう。このことが，さらに問題を悪化させます。というのは，繰り返される心配にはまって苦しんでいる人は，しばしば，より中心的な心配に取り組むことを避け，問題解決を妨げてしまうからです。

　トムは，アフリカの自分の村に戻って性器ヘルペスに感染したのではないかという心配のもと，助けを求めてセラピーに来ました。彼の不安に対する探索と取り組みが行われましたが，いつも「でも，もし私が性器ヘルペスにかかっていて，それが後になって現れたらどうしよう？」という心配で終わりました。数回のセッションを経て，彼は自分がヘルペスにかかっていた場合に経験するはずの恥について話しはじめ，さらに，憲兵隊の車を見たときに村から逃げ出したという自らの恥について語りました。それによれば，彼は後日，自分の家族のうちの何人かがその日憲兵隊に撃たれたのを知った，ということでした。彼が抱えるヘルペスに対する心配は，この経験から生じる苦痛を避けることに役立っていました。しかしそれはまた，彼がこの経験を心の底から悲しむことによって苦痛を克服していくのを妨げていたのです。

　第8章で述べられた思考の偏りの数々（選択的注意，極端な思考，直感への依存，自責）もまた，明らかに，問題となる不安を維持する役割を果たしています。したがって，クライエントの問題を理解する際には，このことにも留意しておく必要があります。
　まとめると，問題となる不安を引き起こしている維持サイクルを理解することは，問題となる不安に対処するうえで必要不可欠です。それでは，このことはセラピーではどんな示唆を与えてくれるのでしょうか。維持サイクルを同定することの長所は，この役に立たないパターンを壊すための介入を計画することができるという点です。次のセクションではこれについて注目します。

✳ 介入アプローチ

　本章の初めで示したように，クライエントの問題を分類しようとする前に徹底的なアセスメントを行うことが重要です。第4章やMcManus（2007）やButler, Fennell and Hackmann（2008）のアセスメントに関する詳細な説明が，不安のアセスメントについても簡潔かつ有益な指針

を与えてくれます。問題がDSMのカテゴリにぴったり分類できることが明らかなケースでは、その障害に対する既成の認知モデルと介入プロトコルを使うことが求められます。それらについては次章で詳しく述べます。私たちは本章の前半で一般的な不安サイクルを概説しました。きっかけが不安を引き起こし、クライエントが自己を防衛する方法（通常は回避の形態）で反応し、不安は対処されないまま将来再び引き起こされやすい状態になります。

　ジョンは、閉鎖された空間を恐れているため飛行機や公共交通機関で旅行ができず、エレベーターにも他人の車にも乗れずにいました。彼に恐怖を抱かせる予測とは、閉鎖空間では十分な空気が確保できず、窒息するというものでした。彼はできる限りのことをして自分自身を守っています。たとえば、旅行に行かなければいけないときは自分の車を使い、必要と感じたときにいつでも停まれるルートを選び、十分空気が確保できるよう窓を開けておきます。安全確保行動を用いることによって彼が恐れている空気が欠乏するという事態が避けられているため、何か恐ろしいことが起こるだろうという彼の認知は、手つかずのまま維持されてしまっています。

　パメラは、自分と愛する人々が汚染されることを恐れており、もしも汚染された場合は誰かが死ぬかもしれないという破局的な予測をもっています。ジョンのように、彼女も不安に対処することに全力を尽くし、手の込んだ清掃の儀式に従事し、家具に埃をはじくプラスチックのカバーを付けています。彼女は、家族にも靴を家の外で脱ぎ、玄関からすぐに洗面所に入り、主要な生活エリアに入る前に徹底的に洗浄してほしいと求めます。それぞれの方略によってパメラは不安に直面しないことを確保され、その結果、彼女は清潔さの基準を緩めてもいいという確信を得ることができません。彼女の問題は彼女の回避行動と暗黙のうちに結託してしまった家族メンバーによってますます強化されています。

基本的には、ジョンやパメラが問題を克服しようとするなら、不安に対処することによってサイクルを分断することが必要です（図13.4）。

　ジョンはセラピストの支援を受けて、安全確保行動のいくつかをやめてみることに同意しました（初めからすべてをやめることは脅威になりすぎるので）。そして彼は窓を閉めたまま運転を始めました。彼は十分な空気があること、さらに呼吸不足を感じるときはチャレンジによって不安が高まっているときで、車内の空気が不足していることとは関係がないことに気がつきました。これにより彼の不安に関連した認知が弱まりはじめ、彼は役に立たない行動の多くをあえて放棄しました。彼とセラピストは行動実験のプログラム（BEs）を実施し、彼は自由に休息を取れる場所にたどりつくまで数マイルを走りつづける必要があるかもしれないような高速道路を運転しはじめました。彼は徐々に難易度の増していく課題に取り組みつづけ、どんな長さの高速道路でも快適にドライブできるようになりました。こうして彼の破局的予測は著しく弱まり、不安の維持サイクルは分断さ

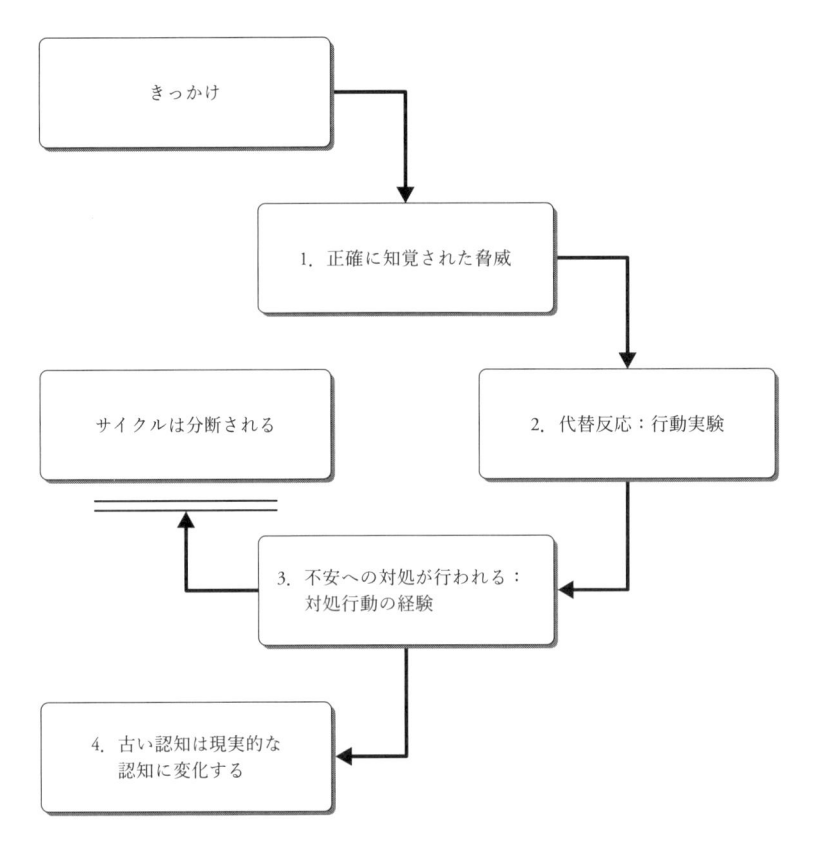

```
┌─────────────┐
│   きっかけ   │
└──────┬──────┘
       │
       ▼
┌──────────────────┐
│ 1. 正確に知覚された脅威 │
└──────┬───────────┘
       │
       ▼
┌─────────────┐       ┌──────────────────┐
│ サイクルは分断される │       │ 2. 代替反応：行動実験 │
└─────▲───────┘       └──────┬───────────┘
      │                      │
      │                      ▼
      │              ┌──────────────────┐
      └──────────────│ 3. 不安への対処が行われる： │
                     │    対処行動の経験    │
                     └──────┬───────────┘
                            │
                            ▼
                    ┌──────────────────┐
                    │ 4. 古い認知は現実的な │
                    │    認知に変化する   │
                    └──────────────────┘
```

図 13.4　維持サイクルの分断

れました。その結果彼は比較的気楽に公共交通を利用できるようになりました。ジョンのケースでは，行動上の変化の結果，認知の変化がもたらされました。つまりセラピストからの情報提供はほとんどなくても，彼が行動を達成することによって，当初の認知への対処が行われたと言えます。

　パメラの過度な清掃と家族への要求は，ついに耐え難いものとなり，夫と子どもたちはセラピーを受けるように彼女を説得しました。当初，パメラはセラピーに懐疑的で，変化を起こすことをとても恐れていました。リスクを犯す価値があるという確かな保障のない限り，彼女が行動を変化させることはないように思われました。そのため，彼女のセラピーは認知の強調（第8章参照）と行動実験の観察法による情報収集（第9章参照）から始まりました。彼女は，友人たちにチェックしてもらうためのチェックリストをつくり，友人たちに自宅で汚染を避けるためにどのような予防措置を取っているのかを尋ねました。彼女は，家具をプラスチックで覆うことや家族に外で履物を脱ぐように求めることなどを選択肢としてチェックリストに挙げました。彼女はまた友人たちに，友人たち自身や家族がどのくらいの頻度で病気になるかを尋ねました。この方法を用いて，彼女は友人たちが念入りな予防措置は取っていないということだけではなく，友人たちや友人たちが

愛する人たちは滅多に病気にならず，しかも致命的な病気になった人はいないということが初めてわかりました。こうして自分自身の行動を変化させることへの恐れは低下し，彼女は体系的に安全確保行動を減らしていくための行動実験に取り組めるようになりました。

非生産的なサイクルを断とうとするとき，どの介入法を用いるべきかという問いにつねに直面します。認知療法家として，我々は認知的，行動的，身体的な方略をそれぞれ自由に使えます（第8・9・10章参照）。鍵は維持サイクルの関連要素を同定し，それに応じて技法を「適合させること」にあります。

リラクセーションのような身体的な方略は，不安を感じた際の身体反応が行為の遂行レベルを低下させるようなとき（たとえば，震え）や，身体の不快感を理由として身体的活動が敬遠さらには回避されるようなときに特に有効です。行動技法は回避に正面から向かい合うときにはとても有効で，活動スケジュールについていえば，セルフモニタリングやプランニングにも役立ちます。認知技法は，クライエントを問題から一歩引かせ，維持サイクルの中身を同定させる場合，情報を整理することの有効性を認識させる場合，役に立たないという見方を再考させる場合，このそれぞれにおいて適切です。

他に使える技法としては，「理論A対理論B」方略があります。この協働的な介入法は，Salkovskis and Bass（1997）によって開発されましたが，2つの相反する理論を検証するための行動実験としてセラピーを促進します。基本的には，一方が「危険が存在する」という理論で，もう一方が「私は危険について心配しすぎている」という理論です。セラピストとして，あなたは2つの理論について考えるという珍しい実証的アプローチを採用する必要があります。クライエントがある思い込みを抱いていることを間違っていると指摘するのではなく，クライエントは**おそらく正しいのですが**，おそらく他の可能性もあるだろうと提案を行います。これら2つの選択肢がセラピーのなかで検証されます。理論Aはクライエントの予期的な思い込みを反映しており（たとえば「私は深刻な病気だ」），理論Bはその代わりとなる説明を述べたものです（たとえば「これらの症状は不安のせいだ」）。あなたとクライエントは後方視的に（過去の思い込み，行動，結果を振り返ることで）理論を検証してもよいし，前方視的に（行動実験を準備することで）検証することもできます。いずれの方法によっても，クライエントのためになるほうの理論をクライエントに気づかせ，また場合によっては，クライエントのためになるほうの理論を支持するデータを収集することができます。

要約すると，不安障害は，強まった身体的反応と偏った思考と（または）問題行動によって過剰になったストレスや脅威に対する正常な反応です。これは，役に立たないサイクルをつくりだしていますが，このサイクルは問題となる感覚，認知，行動を打ち消す技法を導入することによって分断することができます。表13.1は，いくつかのCBTの技法とそれらが適切と考えられる問題のタイプを示しています。

表 13.1 問題と技法

技法の例	問題の例
身体技法	
リラクセーション	筋緊張によって睡眠や人前での話に支障が生じる。
運動	健康への影響を恐れて肉体的に骨の折れる仕事を回避する。
行動技法	
段階的実践	知覚された脅威を回避する。
活動スケジュール	関連するパターンや不安の変動に気づいていない。心が休まり，リラックスできる活動の量が少ない。
行動実験（理論 A 対理論 B）	最悪の予測に注意が集中する。行動的な取り組みを回避している。
認知技法	
脱中心化	不安の維持プロセスへの洞察が乏しい。思考を思考として認識することができない。
気晴らし	慢性的で非生産的な心配のサイクル。
認知的検証	不安を維持させている歪んだ信念やイメージ。
問題解決	問題をはっきりさせることや決定することや計画を立てることができない。

● 不安障害のクライエントへの取り組みにおける問題

＊ 自己成就予言──認知

　高まった不安の影響で認知に支障が生じることは珍しいことではありません。頭が「空っぽになる」と表現するクライエントや，たくさんの関心事が頭をよぎってすんなり考えられないとこぼすクライエントに出会ったことがあるでしょう。（建設的なひとり言（constructive self-talk）のような）ストレスレベルを低減する方略を組み合わせた，難しい状況に段階的に向き合うアプローチによって，クライエントは，不安のレベルを制御できるようになり，体系的に不安に向き合うことができるようになります。

＊ 自己成就予言──身体・行動

　同様に，不安による身体への影響により行動に支障が生じると報告するクライエントにもしばしば出会います。たとえば，人前で話すときに言葉が出てこなくて悪戦苦闘してしまうことや，人前で書くときに震えが生じてしまうことです。そのようなクライエントには，不安による身体への影響を最小限にするための自己沈静方略（self-calming strategies）を学んでもらい，さらに，段階的で体系的な一連の行動実験を行ってもらうことによって，クライエントの自信を高めるのに役立つたくさんのポジティブなデータが積み上がっていきます。

✳ 回避の力

　回避は最も魅力的な安全確保行動です。しばしば最も楽な方法にあたり，非常に即時的な報酬を提供します。回避は単に不安に立ち向かわない（たとえば，家から出ない，公共交通機関を使わない，社交的行事に参加しないなど）クライエントの場合のように，受身的なものにもなる一方で，不安と直面することを避けるのにクライエントが多大な努力を払う場合（たとえば，汚染恐怖や加害恐怖に直面することを避けるため，精巧な儀式または時間を消費する儀式を行っている強迫性障害（OCD）の人）のように，能動的なものにもなります。回避はまた巧妙になることもあります。たとえば，恐ろしい課題に取り組む際にまず1, 2杯の酒を飲む人や，本来行うべき会話に参加するのを避けるために「もてなす側の仕事」の手伝いに徹する社交不安の人や，外出できるようになったとアピールする一方で，安全基地とつねにつながっているための手段として携帯電話を手放さない広場恐怖の人です。回避の複雑さを明らかにするためには，徹底したアセスメントが必要です。忘れずに，次のような質問をしてください。「それで，そういうときを切り抜けるために役に立ったり，あなたが使ったりするものは他に何かありますか？」「もしこの問題がなかったらしなかっただろうということを，何かしていますか？」「この問題があるために，しないようにしていることは何ですか？」

クライエントに回避が本当に有効であるかどうかを検討してもらうためにできること
- セルフモニタリングを勧める――回避を長期間続けた場合の結果をモニタリングすることを含めて。
- フォーミュレーションを共有する――この対処法を選んだ場合のデメリットをはっきり説明する。
- 特にしぶるクライエントには，回避の利用を段階的に減らしていくことを交渉する（一連の行動実験を用いて）。成功することによって生じるポジティブ・フィードバックの効果で，回避はさらに減少するだろう。

✳ 「私はいつも不安なんです」

　このよくある台詞は，しばしばセルフモニタリングがうまくいかない原因になります。クライエントは，「私はいつも頭痛がするんです」とか「いつもそのイメージが私に付きまとうんです」という表現で自分自身をふりかえるかもしれませんが，毎日の思考記録（第8章参照）と活動表（第9章参照）のいずれによっても，身体的緊張や視覚的侵入のレベルの変化を明らかにすることができます。いったん変化が明らかになると，パターンや関連が見出され，サイクルについて理解できるようになり，最終的にうまく対処できるようになります。

* 「セラピストとの間で同意したことはすべてしています。でも私の不安は下がらないんです」

　この場合は，巧妙な形の回避や安全確保行動を探してみましょう。たとえば「運命に逆らわない」ような言動に徹するといった迷信的な行動が見つかることがあります。一方，クライエントが気晴らしを誤った形で使用していることがあります。このようなクライエントは，「気晴らしをして落ち着けた」と結論づけるべきところを，「気晴らしをして，しのいだだけだ」と結論づけてしまいます。さらに言えば，クライエントが恐れている状況に直面するペースを考えるとよいかもしれません。段階的な実践は有効ですが，あまりに寛大で慎重すぎると，クライエントはほとんど達成感を得られません。また，第三者によって問題が維持されていないかどうかチェックしましょう。たとえば，患者に再保証を与えている医師，批判的で相手を傷つけている同居人，クライエントの様子を見にくる「世話好きな」隣人などです。

* 不安に直面する度胸がない

　これはあなたにもあなたのクライエントにも当てはまることがあります。クライエントが骨の折れる課題に取り組むことにしぶりがちなときは，問いかける必要があります。「これは現在のクライエントにとって適切な課題だろうか？」クライエントに骨の折れる課題に取り組むことを促すのは重要ですが，意気消沈や脱落にもつながることがあるので，無理をさせるべきではありません。しかし，課題が適切であっても，クライエントがその課題に取り組むことに踏みきれないということもあります。それは，クライエントが「不安を感じることはよくないこと，危険なことであり，避けなければならない」という，不安を感じることを禁じるような信念をもっているからかもしれません。不安を感じることは欠点と同義ではないことと，不安に直面するような行動課題を行うときは不安が予期されることを，クライエントが正しく理解していることを確認しましょう。課題の不快さに耐えることの利点をはっきりさせる理論的根拠を，あなたとクライエントが共有していることも確認しましょう。同様に，あなたは，行動課題に関する役立たない思い込み（「この課題は私のためにならない――私の不安は他人のものとは違うから」「大事なことは――私が課題の背後にある理論を知っているということであり，それだけで十分である」といったもの）に取り組む必要や，そのような思い込みを検証するための行動実験に取り組む必要があるかもしれません。

* 不安対処のために薬物療法に頼るクライエント

　これはクライエントが薬物療法を信頼しきっているため，CBTによる介入への信頼がほとんどなく，それを行うための動機づけも低いという場合に問題となります。さらに，不安を和らげる薬の存在が不安障害のCBTの妨げになるというエビデンスもあります（Westra and Stewart, 1998）。クライエントが薬物療法に過剰な信頼を抱いていると感じられる場合は，クライエントが行動実験に取り組み，心理学的アプローチによってさらに自信を付けることが

可能かどうかを確かめるため,クライエントの薬物と CBT に関する思い込みについて検討しましょう。CBT に対する動機づけの高いクライエントであっても,セラピー開始時は不安を和らげる薬を服用していることがよくあります。しかし彼らは,しばしばすぐに認知行動的技法を身に付け,系統的に薬を減らしていきます――ただし,これはつねに医学的指導のもとで行われるべきです。

● 要約

- 不安障害は,強まった身体的反応と歪んだ思考と(または)問題となる行動によって過剰になったストレスや脅威に対する正常な反応である。
- 問題となる不安は,認知の偏りに通常は回避行動が加わって引き起こされる,役に立たないサイクルによって維持されている。
- 不安障害の症状の現れ方はさまざまである。注意深くアセスメントを行うことによって,分類された障害のうちのどれがクライエントの状態を最も正確に述べているか知ることができる。しかし,不安障害の症状の現れ方のなかには,診断上のグループにきちんと当てはまらないものもあり,クライエントのなかには,1つのみならず複数の不安障害の症状を示す者もいる。したがって,このことに対して準備をしておく必要がある。
- 認知療法のセラピストとしてのあなたには,クライエントに不安関連の問題に対処してもらうために使用する一連の介入法がある。これらは,身体的,行動的,認知的方略で構成される。どれが適切な介入法であるかを決めるには,十分なアセスメントにもとづいた適切なフォーミュレーションを行うことが必要となる。
- 時にはクライエントが格闘している不安によってセラピーが妨害されることもある。しかしこの問題は,役立たない思考や行動について綿密に検討することによって克服されることが多い。

● 練習問題

＊ 振り返り／考えてみよう

- あなたのクライエントを不安障害の診断基準の記述をもとに理解していますか？ あなたのクライエントはどの点が記述と似ており,どの点が異なっていますか？
- 不安障害は「正常な」不安が発展し役に立たない形で維持されているという考え方は,あなたの経験に合うものですか？ あなたは,クライエントをより上手に支援するために,この考え方をどのように使うことができますか？
- あなたのクライエントには,本章で述べた認知的偏りが見られますか？ あなたは自分

自身の臨床経験から，そのような偏りが見られる事例を思い出すことができますか？
- 不安関連の問題に対処するための方略の要約を全部見たときに，それらはあなたがよく知っているものでしたか？ それとも，知っているものと知らなかったものとの間に差がありましたか？

✳ やってみよう

- 本章で読んだことを参照して，あなたの担当する不安の高いクライエントについて，その問題のフォーミュレーションを再度行いましょう。
- 問題となる不安がどのように生じているかについての解釈を，クライエントとどのように共有するかを考えましょう。
- あなたが作成した維持サイクルが，あなたとクライエントにとって意味のあるものになっているかどうかをチェックしましょう。あなたが，悪循環を引き起こしている可能性のある認知的，行動的，身体的，さらには全体的要因を検討したかどうかを確かめましょう。
- 不安に対処するための方略についてさらに文献を読みましょう──それらを正確に理解していることを確かめるためにそれらの方略を記した原著に立ち返りましょう。
- あなたが作成したフォーミュレーションを最新のものに改訂しつづけましょう。セラピーが機能していないとかクライエントが協力的でないと考えるのではなく，きわめて高い不安に取り組む際にはどこかに難しい問題があることをあらかじめ想定し，いつもあなたのフォーミュレーションを改訂して，何が難しい問題であるのかを把握できるようにしておきましょう。

● 学習を深めるために

Butler, G., Fennell, M. and Hackmann, A.（2008）Cognitive-behavioural Therapy for Anxiety Disorders : Mastering Clinical Challenges. New York : Guilford Press.
不安障害に介入するための思慮に富んでいて良質なフォーミュレーションにもとづくアプローチが記されている。しかも，エビデンスにもとづいて介入法が紹介されている。たいへん読みやすいにもかかわらず，不安障害の問題への取り組みが，簡略化されずに詳しく述べられている。

Clarke, D.A. and Beck, A.T.（2009）Cognitive Therapy of Anxiety Disorders. New York : Guilford Press.
理論上の知見と臨床上の知見を結びつける包括的で統合的なテキスト。不安モデルの概観と実証的文献の読みやすい要約が掲載されている。入手しやすく，最新で実用的なテキストである。

14 不安障害
特定モデルと介入プロトコル

● はじめに

　クライエントが経験する不安症状の多くは診断カテゴリーに分類されます。そして，各診断カテゴリーには，臨床実験にもとづいて開発された認知モデルや介入プロトコルがあります。表14.1には，主要なモデルやプロトコルの参考文献をまとめています。これらの参考文献の出版年を見れば，モデルの多くは長い年月をかけて確立されてきたことがわかるでしょう。

　本章では，介入ガイドラインに沿って，各障害に関する認知モデルを紹介します。皆さんはおそらく各モデルが似ていることに気づくでしょう。しかし重要なのは，各モデル間の微妙な違いに気づくことです。経験から言えば，この微妙な違いこそが重要になります。そのことは，本章で，各モデルに基づく介入プロトコルを概観する際に理解できるでしょう。

● 特定の恐怖症

　今のところ，特定の恐怖症の「認知モデル」という評価を受けているものはありませんが，その準備段階的なモデルは Kirk and Rouf（2004）によって提案されています。彼らが述べていることを簡潔にまとめると，特定の恐怖症（たとえば，特定の動物や状況，あるいは血液を対象とするもの）のクライエントは，脅威となる手がかりに対して過剰に用心深くなっている，というものです。このため，認知モデルのサイクルは次のことから始まります。

- 恐怖のきっかけへの選択的注意によって，知覚された脅威に対して意識が集中する。このことによって以下のことが生じやすくなる。
- 対象が恐怖を感じている実際の事物（たとえば，クモや血液）であるか，誤認によるもの（たとえば，カーペットの上の綿ぼこりやトマトケチャップ）であるかにかかわらず脅威を感じ，心理的，生理的両面における恐怖反応のきっかけとなる。このことによって以下のことが起こりやすくなる。
- 危険性の過大評価と対処能力の過小評価を行う（Beck, Emery and Greenberg, 1985），このことによって過剰な用心深さを生み出している恐怖が維持される。

　一次的な認知（物体や状況に対する恐怖）によって，以下のものが生じやすくなります。

表14.1　不安障害の主要なモデルとプロトコル

不安障害	参考文献
特定の恐怖症	Kirk and Rouf（2004）
パニック障害と広場恐怖	Clark（1986, 1999）Wells（1997）
健康不安	Salkovskis and Warwick（1986）Warwick and Salkovskis（1989）
社交不安	Clark（2002）Clark and Wells（1995）Wells（1997）
全般性不安障害（GAD）	Borkovec and Newman（1999）Borkovec et al.（2002）Wells（1997, 2000）
強迫性障害（OCD）	Salkovskis（1985, 1999）Wells（1997）
心的外傷後ストレス障害（PTSD）	Ehlers and Clark（2000）

- 生理的な症状：これが生じると、クライエントは症状そのものも脅威として解釈する可能性がある。
- 安全行動：これは特定の場所（たとえば、店や動物園）や状況（たとえば、人前で文字を書くこと）を明らかに避けることであったり、恐怖を喚起させられる状況をこっそりと避けることであったりする（たとえば、クモを寄せ付けないために過剰な量の虫よけを体に付けること）。このような行動によって、不安が予期された段階で対処がなされてしまうため、不安そのものへの取り組みはなされないままとなり、クライエントの過剰な用心深さは持続することになる。

恐怖症のもつ意味について考えること（これは二次的な認知ですが）によって、「私は馬鹿だ」「私は気が狂いつつある」といったような認知が生じ、不安を高めることもあります（図14.1 参照）。

　カレンはつねにスズメバチの恐怖におびえていました。そのことを考えると彼女は震え、それを見かけるとパニックに陥ったのです。実際にスズメバチが視界に入ったときは、冷静に考えることができなくなり、走って逃げていました。最近も、安全な場所を求めて走り回っているうちに、自分の一番下の子どもを店の外に置きざりにしてしまったことがありました。彼女は、スズメバチを避けるためのあらゆる努力をして対処していました。たとえば、夏の時期は庭に出るのをやめたり、スズメバチが寄ってくるのを防ぐために子どもたちに外でお菓子を食べるのを禁じたり、家のドアと窓を閉めきったままにしたりしていました。彼女は何が自分をそんなに怖がらせるのかうまく言葉にできませんでしたが、頭の辺りで暴れているスズメバチから逃げられなくなっている自分自身のイメージをもっていました。

クライエントに特定の恐怖症を克服してもらうために行うことは、次の通りです。

- **エクスポージャー（曝露法）**　人は恐怖に直面することによって恐怖を克服することがで

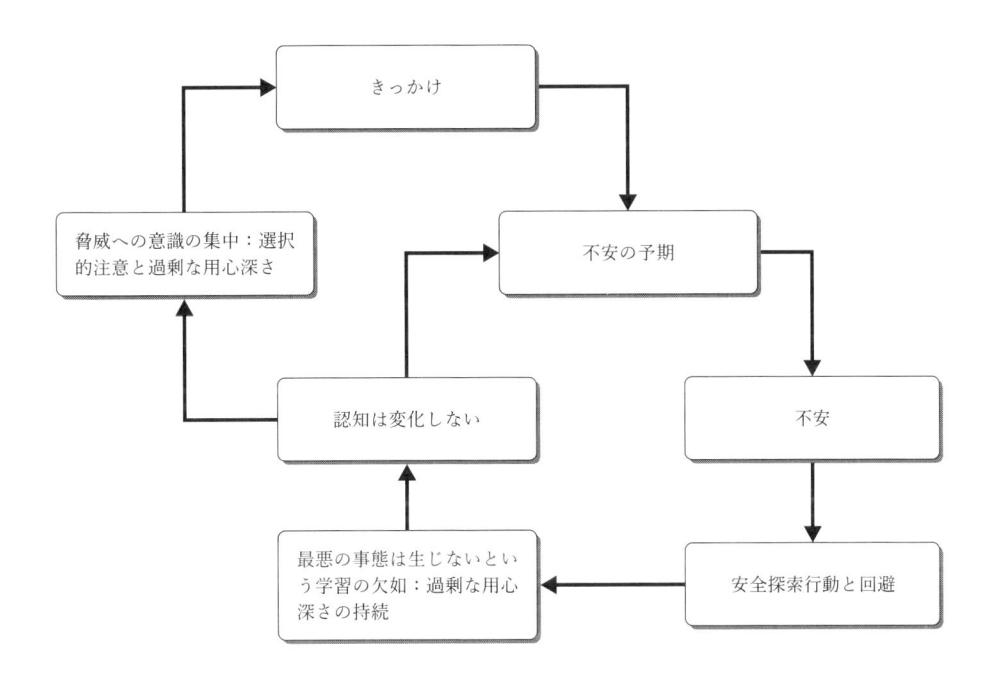

```
        ┌─────────────┐
    ┌──→│   きっかけ    │───┐
    │   └─────────────┘   │
    │                      ↓
┌─────────────┐      ┌─────────────┐
│脅威への意識の集中：選択│      │  不安の予期   │←─┐
│的注意と過剰な用心深さ │      └─────────────┘  │
└─────────────┘              │          │
    ↑                         ↓          │
┌─────────────┐      ┌─────────────┐   │
│ 認知は変化しない │      │     不安     │   │
└─────────────┘      └─────────────┘   │
    ↑                         │          │
┌─────────────┐              ↓          │
│最悪の事態は生じないとい│←──│安全探索行動と回避│   │
│う学習の欠如：過剰な用心│    └─────────────┘   │
│深さの持続           │                       │
└─────────────┘                              
```

図 14.1　恐怖症の認知モデル

きる。この方法は現実において行うことはもちろんイメージにおいても行うことができる。ただし，現実における曝露のほうが効果は高い。クライエントが与えられた課題に対して屈してしまうのではなく挑んでいけるようにするため，恐怖への直面化は一般的には段階を踏んで行われる。また CBT では，曝露によって得られる認知と感情の変化する機会をクライエントとセラピストが最大限に活用することができるよう，曝露の後にディブリーフィングを行う。

- **知覚された脅威への意識の集中の低減**　これは気晴らしを行うことや行動実験（第9章参照）を行うことによって達成される。この場合の行動実験とは，最悪の事態を検証したり予想したりすることに費やされる時間を減らしたときの結果について評定させるものである。クライエントの多くは「もしもクモに対して警戒することをやめたら，私はクモに不意打ちを食らうだろう」といった認知をもっている。そしてそのような認知はほとんどいつも破局的方向を向いたままになっている。したがって，クライエントにとっては，行動実験を行うことによって「私に対処できるはずがない」といった予測を検証することが有効となる。この方法によって，過剰な用心深さを維持する必要はない，という確信が得られることが多い。
- **安全行動の低減**　これもまた，予測される危険を検証するという行動実験（段階的なものであることが多い）によって達成される。
- **誤った解釈の問題に取り組むこと**（脱中心化や状況の認知的再評価をクライエントに教えることによる）　これは，一次的な認知と二次的な認知の双方に有効である。

カレンは自分の恐怖症に正面から取り組みたかったし，スズメバチに直面することの準備もできていました。彼女とセラピストは，段階的な行動実験を計画し，徐々に難易度が増していく各課題において彼女に生じる反応を予測しました。この実験は，スズメバチの写真を見ることから始まり，壺に入ったスズメバチを庭に向かって解き放つという段階まで進展しました。スズメバチを解き放つ段階にまで至ったとき，彼女は，スズメバチが自分に向かってくるというよりも自分から逃げていくということに気づきました。そして，自分の頭の辺りにスズメバチがまとわりつくというイメージは消え去っていきました。この成功によって，彼女は安全行動を減らしていく課題に取り組む勇気を得ました。どの安全行動も行動実験で扱うにはうってつけのものでした。そしてそれらを通して，彼女は過剰な用心深さによって不安が高まることを発見しました。また，たとえ窓を開けっ放しにしたり子どもたちに外でお菓子を食べさせたりしても，遭遇するスズメバチの数は思っていたよりもずっと少ないということ，さらに，思っていた以上に自分はうまく対処できるということがわかりました。

　血液や注射に対する恐怖症は，独特の生理的維持パターンが認められるため，他の恐怖症とは区別されます。これらの恐怖症では血圧が下がるため，クライエントは身体的にも精神的にも不快感を経験し，本当に失神しそうになります。これらの恐怖症は第10章で扱われています。

● パニック障害

　パニック障害の著名な認知モデルはClark（1986）のものです。そこでは，次のような維持要因が挙げられています。

- 身体感覚（特に不安に関連するもの）を，精神的危機あるいは脳卒中や心臓発作といった肉体的危機が差し迫っていることを示すものである，と考える破局的な誤解。
- 破局の可能性を減らすために行われる安全行動。これには，特定の場所やイベントに行かないといった明らかな回避や，倒れるのを避けるために誰かにしがみついたり，嘔吐するのを避けるために生姜を飲んだりするといったささやかな回避も含まれる。
- 選択的注意。「危険」な感覚や状況に過度に敏感になっており，それらに対する注意は偏ったものになっている。

　ウェンディはパニック発作に襲われると，胸が締めつけられ，息をするのが困難になり，震えも生じました。胸や腕に痛みを感じ，視野狭窄も体験しました。彼女は心臓発作が起こっていて，死んでしまうのではないかと思いました。そして彼女は，心臓発作が起こる恐れのある行動が必要とされるような状況を避けるようになりました。たとえ

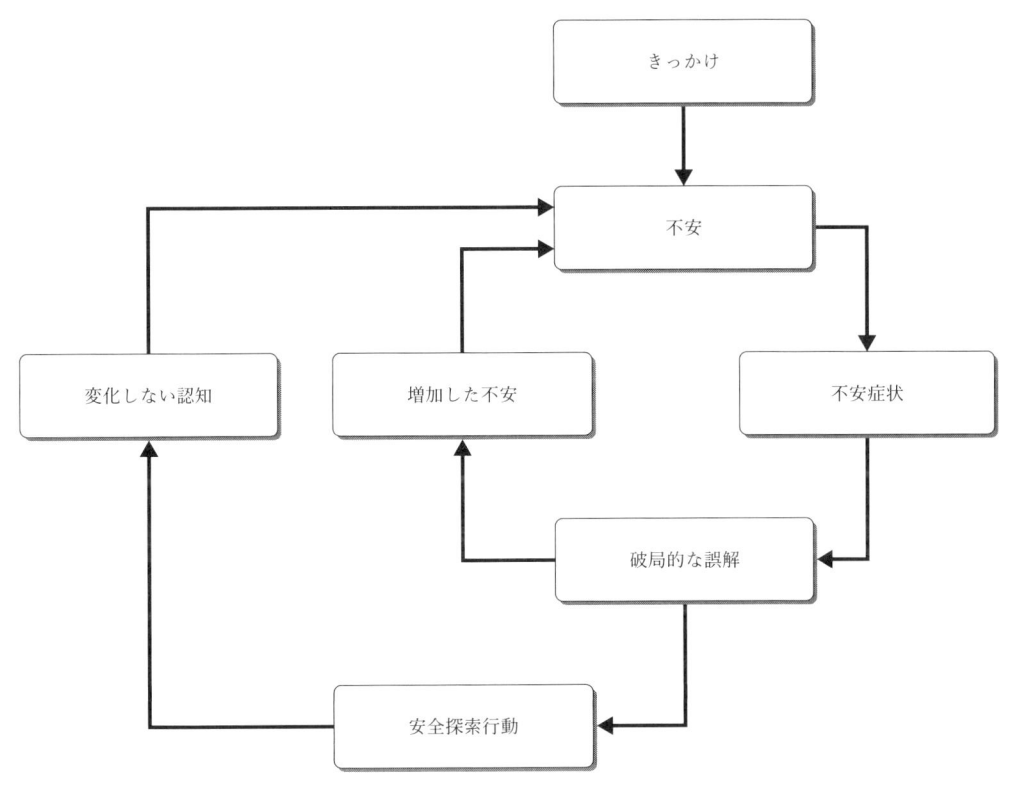

図 14.2　パニック障害の認知モデル

ば，平日のスーパーマーケットの買い物に行かなくなったし，子どもを公園に連れて行くこともなくなりました。彼女は自分に身体的不調が生じていると思っていました。このことが彼女の不安をいっそう高めました。

標準的なパニック障害への介入方法は以下の通りです。

- クライエントが思っているほどには，恐れている症状の原因が破局的なものではないことを説明し，結果についても破局的なものとはならないという見通しを与える。たとえば，胸の痛みや心臓のドキドキは不安が原因であり，不安そのものは危険なものではない，と伝える。
- 行動実験の設定：(1) 不快な感覚の原因は危険なものではないことを発見してもらう。たとえば，クライエントに筋肉痛や心臓のドキドキといった恐ろしい感覚をがんばって引き起こしてもらう。そして，(2) 認知的な取り組みによって生成された新たな認知，たとえば「この感覚は不安の症状であって，そのうち消える」という認知の妥当性を検証してもらう。
- 安全行動を減らす：これは認知的な取り組みと行動的な取り組みによって達成される。認知的な取り組みは，「どうやって問題に対処していけばよいか」についての新たな認知

（すなわち，本人に安全行動をさせる根拠となっている認知とは別の認知）を考え出す際に有効である。そして，その新たな認知は，次に行われる行動実験によって強化される。たとえば，あるクライエントは，最初の認知的な取り組みを通して，安全確保のために手放せなかったショッピングカートがなくてもスーパーマーケットの周辺を歩けるかもしれないという認知を抱きはじめた。そして実際に，ショッピングカートなしで買い物をするという行動を実践することによって，その認知は強化された。

　ウェンディのセラピストは，彼女の筋肉の痛みや呼吸の困難さは，彼女の高まった不安と結びついた筋肉の緊張から生じているという認知に納得できるかどうかを彼女に尋ねました。彼女は最終的にはこの認知に納得し，セッションにおいて実験を行うことに合意しました。もっともその合意の前には，彼女は実験を行うことに不安を抱き，その不安によって問題の症状が引き起こされるほどでした。しかし彼女が，セッションにおける実験を行い，少し息苦しいが大丈夫だということを発見すると，彼女の認知は「私には心臓発作の症状があるわけではなく，すごく不安なだけで，そのうち症状は消えていく」というものに変化しました。一度この新しい認知が身に付くと，彼女は段階的に身体的な負荷が増していく課題にも取り組むようになりました。彼女は，セッションの最中，さらにはセッションとセッションの間においても実験を行い，心臓のドキドキや筋肉の緊張は危険なものではないという確信をもつようになりました。そしてついには，彼女は定期的にジムに通えるようになり，自分に負荷がかかりすぎるのではないかと不安になる状況を回避しないようになりました。

● 健康不安／心気症

　健康不安を認知的に理解するための軸となるのは，将来の健康問題に関してつねに破局的予測をしてしまうことと，身体症状のことがつねに気になってしまうこと（すなわち，知覚された脅威に対する意識の集中）です。本来，病気になるのではないかという不安があると，身体症状に対する警戒が高まり，身体症状に対する選択的注意も高まります。こうして，高いレベルの不安が生じます。健康不安の患者は，安心を求める行動，もしくは，不安を高めると予想される状況を回避する行動（安全行動）のいずれかを行う傾向があります。

　安心を求める行動は健康不安の改善には効果がありません。なぜなら，安心を求める行動は外部からのサポートへの依存を意味しているからです。患者は自分で自分を安心させることができるようにならないため，健康への心配はそのまま残ります。つまり，「もしかすると私は医師に対して自分の症状を十分に説明していなかったかもしれない……」「もしかすると私は医師の言ったことを十分に理解していなかったのかもしれない。もしかすると彼は私にガンの疑いがあると言ったのかもしれない！」といった具合に，つねに疑いの余地を見つけてしまいます。しかも，重い病気になっていることを暗示する身体症状があると繰り返し訴

える人には，本当に病気になっている証拠を得ようとして，さまざまな検査を受けつづけることがよくあります。

維持サイクルはいくつかの形態を取ります。

- 健康不安のきっかけとなる状況の回避：過剰な心配は必要ないということがわからず，そのような状況には耐えられないと考えてしまう。
- 安心を与えてくれるものを求めて，医療の専門家や家族といった他者を頼る（安全探索）。
- 詳細な調査：心拍数，しびれ，苦痛などの身体感覚に過剰な注意を払いながら，知覚された脅威に対して意識を集中する。
- チェック：これは身体（あざやしこりなどを探すこと）や外部の情報（たとえば，医学の文献を読むこと）をチェックすることである。いずれの方法でも，簡単に自らの警戒心をあおるようなものを見つけてしまう。

ティナは毎朝，自分が乳がんを患っているかもしれないと考えながら起きます。彼女は，メディアが発する癌についての情報を見聞きしないように努めていますが，うまくいかず，結局，癌についてのあらゆる情報に気が付いてしまいます。彼女は，毎日，自分の胸やわきの下やのどに，しこりや腺の肥大化の兆候がないかをチェックせずにはいられません。彼女は，腫瘍を見逃した場合にはそれが悪性のものになりうると考え，チェックをしないと危険であると信じています。彼女はいつも心配の種を見つけては，自分でチェックするだけでなく，パートナーに頼んで「ダブル・チェック」をしてもらっていました。彼女は，安堵感が得られるたびに，束の間ではあるが明るい気分になりました。

全般性不安障害（GAD）の場合と同じように，頭から離れない心配事についてクライエントがどのように考えているのかを調べる必要があります。たとえば，クライエントのなかには，頭から離れない心配事に対して，「病気の兆候を見つけられるよう用心深くしていれば，私は大丈夫である」と考える人もいれば，「病気について考えすぎると，本当にその病気になってしまう」と考える人もいます。

図14.3は健康不安がいかに維持されるかについて説明しています。

1. 回避
2. 安心を求める行動
3. 精査

健康不安への介入アプローチは，この維持モデルにもとづいており，以下の構成となっています。

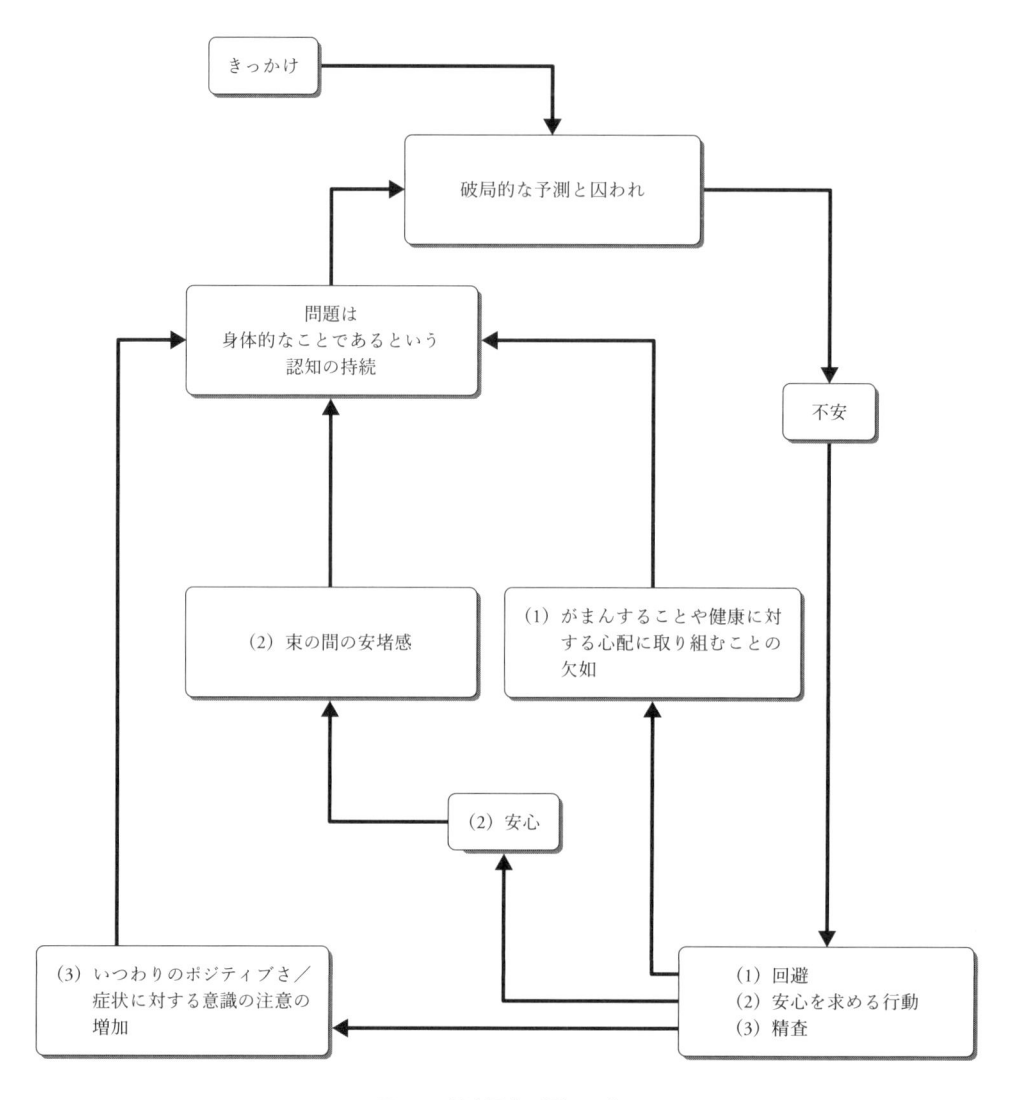

図14.3 健康不安の認知モデル

- **破局的な予測の内容を明確化し対策に取り組むこと** セラピストは，クライエントが予測する最悪の結果を探り出す必要がある。たとえば，自暴自棄になってしまうことや，身体的および精神的苦痛がいつまでも続くこと，などが挙げられる。クライエントのなかには，最悪のシナリオが，病気になってしまうことや死んでしまうことだけではなく，どのような病気になりどのような死に方をするかということも含んだ内容になっている者もいる。したがって，病気や死がクライエントにとって何を意味するかを理解することは重要である。たとえば，クライントは心臓麻痺で死ぬこと（それは突然訪れる堂々とした死に方として認識されている）を心配しているのではなく，神経の障害によって，貧困にあえぎなから自ら排泄もできない状態でゆっくりと死んでいく恐怖で頭がいっぱいなのかもしれない。あるいは，クライエントは，心臓麻痺で死ぬことよりも，心臓麻

痺を乗り越えた後に障害が残ることのほうを心配しているのかもしれない。
- **迷信的な思考（メタ認知）を探すこと**もまた賢明な方法である。迷信的な思考とは、たとえば、「私が病気について考えなければ／考えれば、その病気になることを防ぐことができる」といったものである。
- **役に立っていない健康に関する認知を検証すること**　たとえば、「胸の痛みは心臓が弱いということを意味する」「気になる症状はすべて医者にチェックしてもらうべきだ」といった認知を指す。この検証は、認知的介入と行動実験によって行うことができる。
- **安全行動（安心を求める行動，精査，回避）を減らすこと**　時には、このような行動がどのような役割をしているかを説明することによって、クライエントの実際の安全行動が減ることもある。他には、行動実験を通して安全行動についての認知の問題に取り組むことが必要である。これは、役に立たない行動の共謀者になってしまっているクライエントの周りの人にとっても取り組む価値のあるものである。
- **理論A対理論B**は、クライエントが新たな見方を得るために有用なアプローチである（第9・13章参照）。

　ティナにとって最も恐ろしいことは、死ぬまでに時間のかかる死因によって、彼女や彼女の愛する人たちを悩ませながら死んでいくことでした。サポートを得ることによって、彼女はこの恐ろしい予測と向き合うことができました。彼女の安堵感は、彼女が癌で死ぬ可能性についての統計的データからではなく、彼女の対処方略が与えてくれる再保証から生じていたのです。その後、時間のかかる死因で死ぬことにも耐えられると彼女が感じられるようになると（もちろん、そのような事態は望ましくないものですが）、彼女の健康に対する意識の集中の程度は低下し、彼女の頭から離れなかったものも弱まっていきました。

　彼女はまた、安心が得られなければ、不確実性に耐えることができずに、自分の機能の低下につながってしまうと考えていました。彼女は、「機能」が何を意味するのかを考え直し、具体的にどの活動がどの程度できなくなるかを予測しました。そして、その予測の妥当性を検証するために行動実験を行い、彼女はまず、自分がやりとげなければならないあらゆる課題において気晴らしが有効であることを知りました。彼女はさらに、健康に対する心配から距離を取るようにしておけば、しばしば、従来以上の機能を発揮できることも知りました。次に彼女は、行動実験をさらに進め、メディアを見聞きすれば、頭のなかがどうすることもできないほど癌に対する不安でいっぱいになってしまうだろう、という予測を検証しました。これについても、彼女は自分が対処できるということを発見しました。

　さらに、ティナのパートナーは彼女を安心させることをやめることに同意しました。これについてティナは、最初は不安を感じましたが、すぐに独力で安心感を得られるようになりました。

　最初のレビューセッションでは、彼女が、理論A（乳がんになり、対処不可能となる）と理論B（偏った認知と安心を求める行動によって、健康に対する心配が、彼女の頭のなか

の最優先事項になっている）についてどの程度信じているかが検討されました。彼女の結論は，現時点では理論Ａが現実となる可能性は低いと感じられ，理論Ｂを80％程度信じているというものになりました。

● 社交不安

　第13章で述べた通り，社交不安は深刻になると社交恐怖の形態を取り，比較的軽いと「内気（shyness）」の形態を取ります。社交不安のなかには，知らない人や魅力的な人に会ったときのみ生じたり，人前で書くことや食べることなど特定の行為を行う際にのみ生じたりするといった具合に，極めて限定されたものもあれば，もっと広い範囲にまたがったものもあります。
　社交恐怖に対する認知モデルは，主にClark and Wells（1995）によって開発され（図14.4参照），Butler and Hackmann（2004）によれば，「内気」にも十分適用できるものです。社交恐怖のモデルは以下のことから構成されます。

- 知覚された社交上の危険：社交不安の人がよく思い込んだり予期したりするものである。具体的には「彼らに話しかけても，退屈だと思われ避けられるだろう」あるいは「これがうまくいかなければ，恥をかくだろう」というものである。特に，否定的に判断されることや対処ができないということが中心にある不安である。
- 注意の集中：社交不安のサイクルは強い自己認識によって強まる。これは自己関係的なイメージ（self-referent imagery）（Hackmann, 1998）として明らかになることもある。このように自意識が高まると，心のなかが乱されるため，状況を正確に把握し生産的に問題解決を行うことができなくなってしまう。たとえば，友人たちの前でうまくふるまえるかどうか不安な人は，友人たちが自分に注目し自分への評価を下すことが予想されるちょっとした危機にもうまく対処できないかもしれない。自分自身に意識が集中しすぎていると，客観的に状況を検討することができなくなり，結果的に他者の反応を（否定的な方向に）誤って解釈しがちにもなる。
- 感情的理由づけ：不安という感覚について強く内省することで，ふるえや赤面などの症状に対する意識は鋭敏になる。このことによって，本人は自意識を徐々にはっきりと感じるようになる。自意識を感じることによって，本人は，自らの症状について感じているのと同じくらい鮮明に他者も本人の症状に気がついていると考えるようになる。そして本人は，自分は他者から否定的に見られていると思い込むようになる。
- 安全行動：社交不安の人は，社会的な接触を避けることで，恥をかかされたり恥ずかしい思いをしたりする可能性のあることを避けようとする。たとえば，パーティーの最中に台所を手伝う仕事に集中したり，会話の最中にアイコンタクトを避けたり，といったことなどが挙げられる。こうすることで社交不安の問題への取り組みは手つかずのままとなり，次の機会へと先送りされてしまう。いくつかの事例においては，安全行動によ

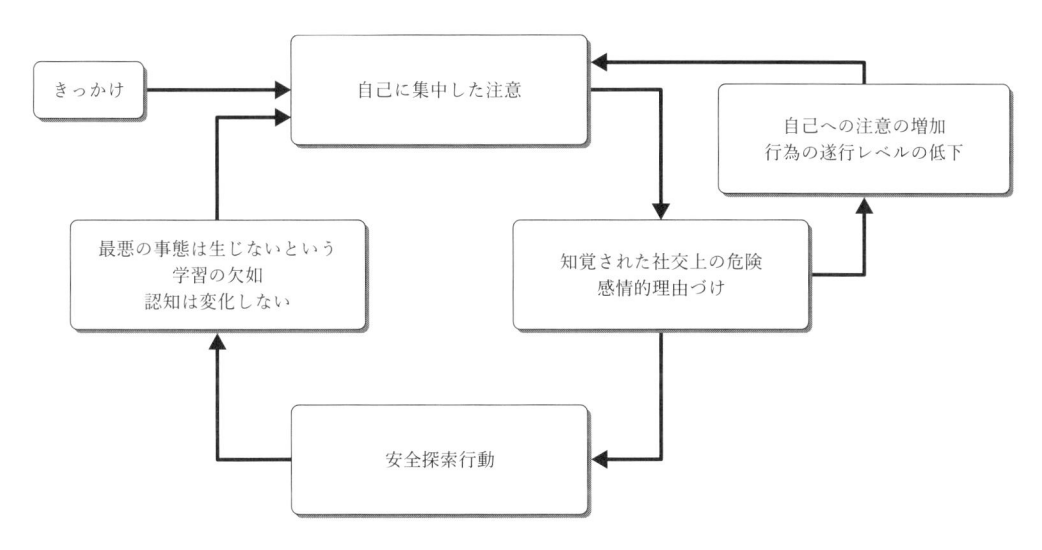

図14.4 社交不安の認知モデル

る逆効果はいっそう増大する。たとえば、パーティーの夜に台所で時間を過ごすことやアイコンタクトを避けることは、本人がかなり風変わりな人間であるという印象を与えてしまうかもしれない。

　ベットは拒否されると思っていました。彼女は、社交の場面においては、自分からは何も得られるものがないから、誰も知り合いにはなりたがらないだろうと考えていました。たとえ誰かが実際に興味を示しても、「彼らは本当の私を知らないのよ」とか「彼らは単に建前上礼儀正しくしているだけだわ」などというふうに、差し引いて考えていたのです。ベットはできる限り社交的集まりを避け、それに参加するときも、アイコンタクトはしないようにしていましたが、他者からの批判的な視線を「感じ」てはいました。彼女はゲストと会話をすることよりも、彼らの世話をすることに忙しくなりがちでした。たまたま会話に参加せざるをえない状況に置かれた場合は、ネガティブな侵入思考が強くなり、彼女はおしゃべりができなくなるのでした。

社交恐怖への介入は次のようなものとなります。

- **注意を内省以外のものに向ける**　この方略は、特に Wells and Mathews（1994）において考え出され評価もされている。内容は、注意の対象を別の感覚器の情報、すなわち、聴覚情報、視覚情報などといった複数の感覚器の情報のいずれかへと切り替えていくというものである。これはまずセッションのなかで行われ、その後、クライエントが注意の対象を自分自身から引き離すことに熟達するまで、セッション外で行われる。
- 他者から受けるだろうとクライエントが恐れている激しい批判に立ち向かうために、**アサーティブな、あるいは共感的な「内なる声」を育てる**（Padesky, 1997 ; Gilbert, 2000）　こ

の場合，クライエントに対しては自分自身に共感的かつ理解に満ちた態度で語りかけるように促す。たとえば，「もっともなことだとは思うが，私はまだあまり自信がない。自分のペースで進めばよいのだ。私は，今すぐに最も困難な状況に取り組めるようになる必要はないのだから」。

- 知覚された社交上の危険や感情的理由づけに対する**認知的再評価**　これには行動実験も含まれる。特に有効なのは，(1) セッションの録画記録を用いて，クライエントに自分の不安症状がどの程度明らかになっているかを評定させることと，(2) セラピスト自身が，不安症状のモデルを提示することである。後者では，人前に出ると，赤面や発汗あるいは失禁さえ避けられないような状態でも，相手の人間はそのことに必ずしも気づくわけではないとわかれば，クライエントの気持は楽になる。
- 社交不安のクライエントに，赤面やふるえやどもりなどの問題に対するバランスの取れた見方を学んでもらうのに有効な一連の質問がある。
    —あなたが恐れている症状は，実際にはあなたが恐れているのと同じくらい生じやすいものですか？
    —たとえ同じくらい生じやすいものとしても，実際にはあなたが想像しているのと同じくらい症状の重いものですか？
    —たとえ同じくらい症状の重いものとしても，実際には他人が気づきますか？
    —たとえ他人が気づくとしても，他人はあなたが恐れているように解釈するでしょうか？
    —たとえ他人がそのように解釈したとしても，それが何なのでしょう？　あなたは，くじけずになんとか毎日を生きていけるのではないでしょうか？

　ベットは社交不安と闘うためのいくつかの方略を学びました。まず，彼女は自分にとって最悪のシナリオを描きました。そして，(1) 自分はほとんど確実に批判され，仲間外れにされるだろう，(2) 自分は批判に対処できず，さらにそれを本気にし，深い悲しみにくれるだろう，という自らの予測の問題に取り組みはじめました。認知的再構築をすること，強く共感的な内なる声を育てること，さらにセラピストと一緒にロールプレイをすることで，彼女は自分が公然と批判されることはなく，仮にそうされても，自力で何とかやっていくことができ，絶望に陥らないでいられるのだと考えられるようになりました。また，自分のネガティブで自己関係的な思考から注意を再焦点化する方略も学びました。さらに行動実験も実行しました。これは，彼女が社交的な集まりに参加しているときに，批判的に見る人がどれくらいいるかを，セラピストが記録するものでした。彼女が驚くほどに，セラピストは一人もカウントしていませんでした。最後に，ゲストの世話を行うことに傾倒しないこと（つまり，彼女のもつ主要な安全行動を止めること）に焦点を当てた課題に取り組みました。彼女は，徐々に難しいものへと段階的に課題を遂行していくにつれて，社交を行うことができるという自信をつけていきました。

● 全般性不安障害（GAD）

　前章で述べたように，GAD は，多くの出来事や活動についての慢性的で過剰な不安と心配で定義されます（DSM-IV-TR：APA, 2000）。

> サムは 64 歳で，退職を楽しみにすべきだと感じていました。実際，妻は彼の退職を楽しみにしていました。しかし，彼はいつも，次のような心配をしていました。「もし私と妻がうまくいかなくなったらどうする？」「もし資産運用に手落ちがあったらどうする？」彼は，そのような心配は恥ずべきことであるものの，つねに自分のなかにあることだと気づきました。そして，過去に自分がそのような心配から解放されたときを思い出すことができませんでした。思い出せるのは，そのような心配が少しばかり良くなったり悪くなったりしたときだけでした。

　GAD の認知モデルは重要な認知要素として心配を強調しています。持続的な心配について考えられるいくつかのメカニズムは次の通りです。

- 知覚された脅威に意識を集中することは，もっと深い悩みに取り組むことを回避することにつながる：「もし……したら，どうしよう？」というクライエントの一方的な語りは，本当の心配のうわべの部分しか表していない。本当の心配を明らかにするためには，「もし……したら，どうするか？」という質問をセラピストが行い，クライエントに答えてもらう必要がある（Borkovec and Newman, 1999）。
- 知覚された脅威に意識を集中することは，クライエントにとってはまったく耐えられないと感じられる不確実性の問題への直面化を回避することにもつながる（Ladouceur et al., 2000；Dugas, Buhr and Ladouceur, 2004）。
- 心配の**意味**自体（メタ認知）が心配を持続させる（Wells, 1997, 2000）。Wells は，これをタイプⅡの心配と呼び，日常時の心配（タイプⅠの心配）と区別した。タイプⅠの心配は，「もしもお金が足りなかったらどうしよう！」といったようなもので，タイプⅡの心配によって持続することになる。タイプⅡの心配には，迷信的なもの（「心配していれば，悪いことは起こらない」）のようにポジティブなものもあれば，「心配しているということは，何か有益なことをしているということだ」のように心配に関する誤った認識もあれば，「このような心配は，私を狂気へと駆り立てる！」のようにネガティブなものもある。このような認知は心配に固執してしまう可能性を高め，その結果，心配が長引くと，安全行動が生じやすくなる。サムの事例において，彼は，心配することによって，ぬかりのない準備ができる，言い換えれば，不運に捕まることはない，と信じていた。それゆえ彼は，不快なことではあるが，心配を続けなくてはいけないと感じるようになってしまった。タイプⅡの心配は，ネガティブで，かつ警戒心をあおることもあり（たとえ

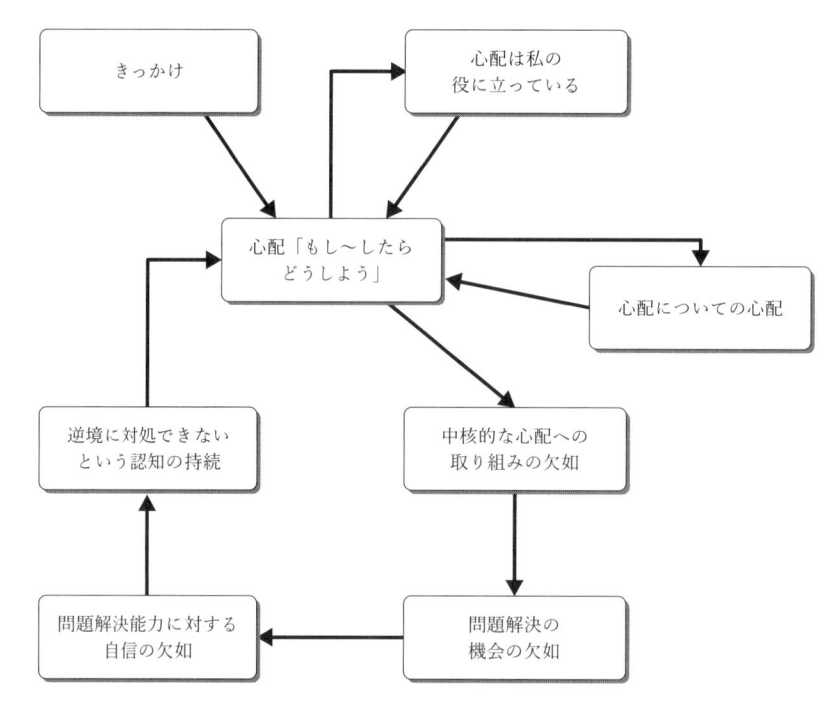

図 14.5　GAD の認知モデル

ば，「私は気が狂ってしまう」），この場合は，さらなる心配のきっかけともなる（Wells, 1997, 2000）。再びサムの事例に戻れば，彼は，自身の心配しがちな点を恥ずかしく感じており，弱点であり，男らしくないとも感じていた。このことによって，彼はさらに心配になり，不安のレベルは上がり，心配に対する傷つきやすさは高まることになった。まさに悪循環である。
- 心配は問題解決の能力を低下させる：そのため，本人は問題解決能力に対する自信を失い，さらなる心配が増えてしまう（Dugas, Buhr and Ladouceur 2004）。

GAD の介入は，役に立たない心配を理解し減らしていくこと，さらには，クライエントに根底にある不安の問題に取り組んでもらうことによって，心配のサイクルを絶ち切ることに焦点を当てます。

必須のステップは次の通りです。

- **心配の標準化と心配の気づきのトレーニング**　前者は，ある程度の心配は正常であり役立つことさえあるが，クライエントの心配のレベルはおそらく過剰となっており役立つものではないということをクライエントに理解してもらうことを意味する。気づきのトレーニングは，心配が習慣化しているクライエントに対してはとりわけ有効である。このトレーニングは，心配の頻度やきっかけやパターンを明らかにするためのセルフモニタリングで構成される。

- **回避の克服** 「もし……したら，どうするか？」という質問を行い，不安（たとえば，個人的な危険や，愛する人たちにふりかかる危険）の中身の言語化を促進する。そうすることによって，クライエントに不安の問題への直面化を回避するのではなく，不安の問題に取り組んでもらう。
- **不確実性を受け入れる** Butler and Rouf（2004）は，恐れている出来事が実際に起こる確率を評定しようという考えよりも，不確実性に耐えられないという考えで占められててしまう認知の問題への取り組みに焦点を当てることを推奨している。すなわち，彼らはクライエントには特に不確実性を受け入れてもらうことが重要であると主張している。このことは，セラピストが，最悪の場合のシナリオが現実のものとなる可能性について議論することよりも，「もし……したら，どうするか？」という質問に対するクライエントの回答が，どれだけ警戒に満ちているかを明らかにすることに焦点を当てることを意味する。したがって，行動実験は不確実性に耐えられないクライエントの認知を検証するためのものであると同時に，クライエントに疑念や曖昧さを受け入れてもらうためのものともなる（Butler and Rouf, 2004）。
- **心配に関する役に立たない認知の特定と検証** これは，「心配することは私の心臓にダメージを与えるだろう」とか「私は準備不足に陥らないためにも心配をしていなければならない」といったメタ認知を最初に特定することから始まる。そして，次に必要に応じて行動実験を行う。行動実験の目的は，心配をコントロールすることではなく，心配についての認知を変えることである。
- **心配に代わる方略を教えること** 具体的な方略としては，問題解決や気晴らし，心配に費やす時間の制限などが挙げられる。目的は，クライエントに心配をしないという経験と心配をしなくても大丈夫であることを学ぶ経験をしてもらうことである。たとえば，翌日のイベントの心配をすることに夕方の5時間を費やしているクライエントは，帰宅から夕食までの間の30分間だけ心配をし，それ以上の心配事については翌日に「持ち越す」という計画を立てるかもしれない。気晴らしは心配することへの抵抗を支えるのに有効な方略であり，気晴らしによって，クライエントは心配事にとらわれずに夕刻を過ごせることを学ぶ経験をする。クライエントにとってもうひとつの有効な方略は「心配事を捨てる」であり，これは，紙に心配事を書き，その紙を捨てるというものである（Butler and Rouf, 2004）。

サムは自分の不安について言葉で表現するよう促されました。彼は次のような恐れがあると表現しました――自分が妻に何もしてあげられないことを知ると，妻は自分のもとを去っていくのではないか。今後，自分と妻がお金を使い果たし，まともな健康管理サービスが受けられなくなるのではないか。退職をするという自分の誤った決定によって，結婚生活や安全性が損なわれ，最悪の結果として，自分が役立たずであることがわかってしまうのではないか。認知的方略を用いることによって，彼は，特有の否定的思考が過剰にならないようにすることと彼自身の粘り強さ（彼は過去において公私にわたる多くの危機

を乗り越えてきた）を評価することができるようになりました。これによって，彼は，将来の不確実性に耐えることができるようになったのです。また全体を通して，恥ずかしさ，価値のなさ，責任感といったものがテーマとなっていたが，これらのネガティブなテーマについても再評価が行われました。

サムは心配に注意が集中しているときの問題解決能力を，心配から注意をそらしたときの問題解決能力と比較する行動実験を行いました。彼は，心配することは非生産的であることを学びました。さらに彼は，心配することによって不運は避けられると信じることによって，それが習慣とともに安心の源となっていたことを理解しました。このことをいったん理解すると，彼は，心配すること以外に注意を向けられるようになり，役に立たないパターンを断ち切ることができようになりました。

● 強迫性障害 (OCD)

言葉やイメージ，衝動などの形で現れる意図しない侵入思考自体は病的ではありません (Rachman and de Silva, 1978)。したがって，私たちはそれらを問題視して対処を試みようとはしませんが，それらに対する反応は役に立たないものとなることがあります。OCDの認知モデルでは，侵入思考それ自体は正常なものですが，何か悪いことが起きることを示しているとか，自分には侵入を防ぐ責任があるといったように解釈された場合には，問題のあるものへと変化するということが大前提になっています。このように生じた不安に対処しようとして，患者は安全行動を取ります（回避，安心を求める行動，認知的もしくは動作的な儀式など）。しかしこの安全行動によって，患者は自分の心配が正確ではないということや，儀式を行わなくても不安は下がるということを学べなくなってしまいます。CBTの目的は，患者が，そのような侵入思考は何かを行う必要性を示すものではなく，無視しても安全なものであるということを学ぶことです。

最もよく見られる強迫観念は以下のものです。

- 汚れている服やものの表面を触ったことで，汚染されたのではないかと恐れること。洗浄や掃除の儀式的行為の原因になる。
- 何か潜在的に危険なものを見逃しているのではないかと恐れること（電気のスイッチやドアの鍵のかけ忘れなど）。確認そして／あるいは繰り返しの儀式の原因になる。
- 順序性や完全性に対して過度にこだわること。「正しい」と感じられるまで物事を繰り返し行う原因になる。
- 人前で悪態をつく行為，性的もしくは攻撃的な行為などの制御不可能で不適切な行為をしでかしてしまうのではないかと恐れること。思考を制御しようという無駄な試みの原因になる。

もっともよく見られる安全行動は以下のものです。

- 行動的儀式：洗浄，確認，繰り返しの行動
- 認知的儀式：他の思考によって「悪い」思考を無効にする（たとえば，祈る，「安全」のおまじない，別の「良い」思考，など）
- 強迫観念を引き起こすような状況や人あるいはものを回避する
- 家族や医者や第三者に，心配に関して安心させてくれるものを求める
- 思考の抑制

ほとんどのOCD患者は行動的儀式を行っていますが，なかには，圧倒的に認知的儀式を行っている患者もいて，後者の場合，行動的儀式はたとえあるとしてもごくわずかです（いわゆる「純粋な強迫観念」であって，介入はより困難かもしれません）。

　ヴィンスはつねにとても用心深く，自分自身の安全基準の高さに誇りをもっていました。しかし，昇進（部門の安全を確認する責任を担うことになった）以来，彼は過剰に安全の確認をするようになり，現在では夜，建物から去るのにも苦心するようになっていました。彼は5, 6回は確認のために戻り，時には自宅から車で戻ることもありました。自分の頭から心配事を追い出そうとするのですが，うまくいきませんでした。彼は，注意が不十分であることによって，何か恐ろしい事態が起こり，自分が責任を引き受けることになるのではないかと恐れていました。彼は，そのようなことになったら，あまりの恥ずかしさに自分は駄目になってしまうと考えていました。

強迫観念と強迫行為の認知ワーキンググループ（1997）において，OCDにおける主要な認知が，以下の通り示されています。

- 思考と行為の融合：「悪い」思考をもつことで，「悪い」結果になるという考え（たとえば，「もしも誰かに危害が加わることを考えると，そのように考えたことによって，その危害が現実のものとなる」）。あるいは，何か「悪い」ことを考えることは，実際に悪い行いをすることと同じくらい道徳的に悪いという考え。
- 膨れ上がった責任感：何か悪いことが起きるのを防ぐための権力と防がなければいけないという義務を人はもっているという思い込み。
- 思考は統制可能であるという認知：たとえば，人は「悪い」思考をコントロールすることができなければいけないという認知。
- 完全性：ベストなものだけが効果的で受け入れられるという二分法による思い込み。
- 脅威の過大評価：しばしば次の事柄と関連する。
- 不確実性に耐えられないこと：物事は確実な状態にできるし，そうしなければいけないという信念。たとえば，「私はある行為が安全だという確信をもつことができなければな

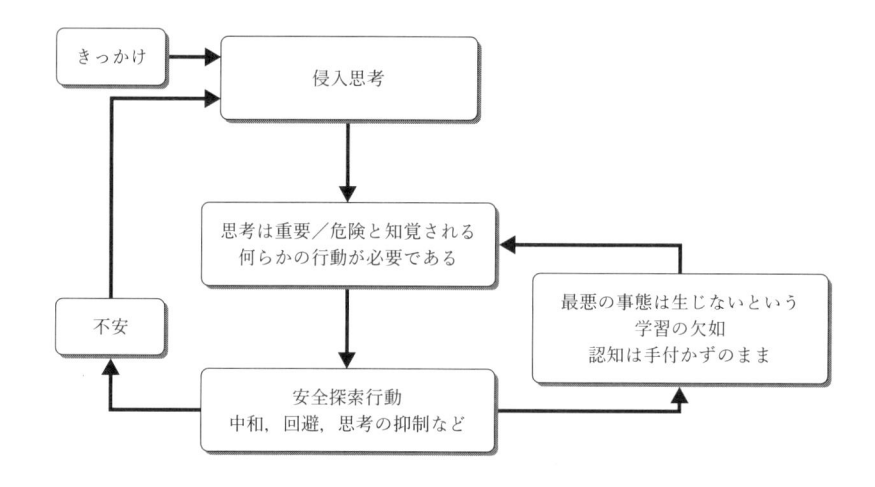

```
きっかけ → 侵入思考
              ↓
         思考は重要/危険と知覚される    ← 最悪の事態は生じないという
         何らかの行動が必要である         学習の欠如
不安          ↓                        認知は手付かずのまま
         安全探索行動
         中和, 回避, 思考の抑制など
```

図 14.6　OCD の認知モデル

らない」。

　他の不安障害と同様に，ネガティブな思考に対して抱く思考(このような思考をしてしまうのは根本的に自分がおかしいに違いない，という思考) によって，不安は高まります（Wells, 2000）。感情的理由づけ(感覚は状況を把握するための信頼できる情報源であるという思い込み，たとえば，「私は不安だ。だから今の状況は危険に違いない」) もまた OCD 患者に共通したものです（Emmelkamp and Aardema, 1999）（図 14.6 参照）。

　OCD の介入法は以下の通りです。

- 曝露反応妨害法(Exposure and Response Prevention : ERP)　これは最も確立された OCD の介入法である。この狙いは，患者が自らを不安状況（たとえば，何か「汚染されたもの」）に曝したうえで，いつも取っている安全行動（たとえば，洗浄）をしないようにすることである。ERP はもともと行動的な介入として認識されていたが，すぐに認知モデルにも適応した。認知モデルでは，ERP を，クライエントが，強迫的に行われる災難の予測は正確なものではなく，そのつらさは我慢できるということを学ぶための行動実験としてとらえている。儀式は本質的には安全行動であるので，ERP は他の不安障害における安全行動を減らすための方法にきわめて似ていると言える。家族や友人や専門家が，安全行動が行われることに結託して手助けをしているということもありうる。したがって，セラピーにおけるこの局面では，そういった人々にも介入に参加してもらうことが必要となるかもしれない。
- 侵入思考に関連する役に立たない思考や信念（「もしこう考えたら本当に起こる」「私には他人の幸福に対して責任がある」など）を，以前の章で述べた認知行動的な方略を用いて検証する。連続線上評定法は，完全主義者の極端な見方について取り組む際に特に役立つ（第 13・17 章参照）。OCD では，このように，侵入思考自体に対する直接的な取

り組みは行わない（なぜなら，それらは正常な現象と考えられるためである）。検証することが必要なのは，侵入思考を否定的に偏ってとらえる認知のほうである。
- 理論 A 対理論 B　健康不安と同様に，この介入方法は望ましい見方を強調する際にとても役に立つ。目的は，OCD が，実際の脅威を防ぐ必要があるために生じるのではなく，そのような脅威について過剰な心配をすることから生じる，ということを学習することである。

　ヴィンスの最も役に立たない認知は「自分は仕事で生じた危機についてはすべて責任を負わなければならない」というものでした。彼は自分の思考において認知的な歪みがあることを認識し，「責任のパイ」（第 17 章参照）を作ることによってこの認知の問題に取り組み，もっと現実的な責任の分配ができるようになりました。しかし彼はまた，彼の非現実的な高い基準を支えている二分法的思考の問題にも取り組まなければなりませんでした。そして，連続線上評定法（第 17 章参照）によって，彼はいっそう柔軟になりました。彼はまた，「もし非難されるような立場に立ったら，私はダメになってしまう」といった他の主要な認知の問題にも，標準的な認知的介入の方法を使って取り組みました。最悪の状況のシナリオにも耐えることができるという自信がつくと，彼は安全行動を減らすプログラムの導入に同意しました。このプログラムには，彼が自宅にいて，自分の部門が大丈夫であるか落ち着かないときに，彼の妻が彼に安心を保証するようなことをしないということが含まれていました。彼は，最初は，破局的なことが起こるかもしれないという恐れから意識を逸らそうと必死になりました。彼は（几帳面に）自分の体験を日記に付け，不安が下がっていく様子や，安全行動や破局的思考が減っていく日々に満足を感じる様子を克明に記録しました。彼はまた，安全行動は必要ないという証拠が得られるようなときには，破局的な事態が生じることもないということに気づきました。

● **PTSD**

　いくつかの PTSD の認知モデルがこの 10 年間につくられてきましたが，最も著名なのは Ehlers and Clark（2000）のものでしょう。認知モデルでは以下の点が強調されています。

- モデルにおいて最も影響力のある構成要素は不安の感情である。ただし，罪や悲しみや恥といった感情もまた顕著であることが，徐々にわかってきている。
- 鮮明な記憶によって，危険な体験が現時点でも続いていると感じられる。
- これらの記憶は，心的外傷体験についての知的な理解とは切り離されている。そのため，患者はこれらの記憶を大局的に見たり受け入れたりすることができない。
- 記憶が視覚的に体験される。ただし，心的外傷の出来事の想起は，他の感覚モダリティ（音，身体感覚，匂いなど）において体験されることもある。

- 記憶が悪夢やきわめて鮮明なフラッシュバックとして体験される。

記憶は感情的に強く刺激され，いくつかの理由から維持されます。

- **安全行動** 高い不安に対処しようとして，PTSDの患者はしばしば記憶の想起を抑制するための行動的・精神的な回避を行う。
- このことによって，**記憶の処理**（すなわち，心的外傷の出来事を，時間や場所や結末についての情報と関連づけて解釈し直し，過ぎ去ったこととして認識すること）が妨げられる。そして，記憶の想起は，知的な理解とは切り離され，感情的なものによって誘発されやすい状態のままとなっている。したがって，記憶が想起されると，高いレベルの苦痛と覚醒がもたらされる。
- **誤った解釈** 心的外傷体験についての役立たない評価（たとえば，「これで誰も信用できないということがわかった」「私が不注意だったからこのようなことが起きた」）もしくはPTSD症状についての役立たない評価（「私は弱い」「私は正気を失いつつある」）によって，侵入思考に関連した苦痛がますます増え，さらに，覚醒の頻度や安全行動が増えることがある。

さらに，PTSDのサイクルは，以下のことによって維持されます。

- 不意に生じる鮮明なイメージは極めて嫌悪すべき対象であるため，患者はそれが生じやすい状況を回避しようとする。
- すべてではなく選択的に記憶を処理することによって，想起の内容が，心的外傷体験のネガティブな面に偏った形に歪められてしまう。このため，苦痛が強まる。
- 危険に対する過大評価：通常，心的外傷の被害者は現時点における安全性に対する脅威を過大評価してしまう。したがって，覚醒と安全行動はともに頻度が高まる。

これらについては図14.7を参照してください。

　アリスターは，スピードを出しているときにタイヤがパンクし，交通事故にあいました。幸運にも彼は助かりました。8カ月後，彼は依然として，自分の車がひっくり返る記憶や，視界や音や匂いの記憶が，まるで事故を追体験するかのように，鮮明によみがえることを体験していました。彼のなかでは，再びすべてが真っ暗となり，古い電車がブレーキをかけるときの音に似た，路上で金属が削られるような音が聞こえました。そして，自分が逆さづりになっているような感覚を覚え，つねに「私は死ぬんだ」という思考を再体験していました。彼は，ガソリンの匂いをかいだときや事故が起こった場所に戻ったときに，特にフラッシュバックを多くしていました。そのため，彼は，運転は自分でしていましたが，燃料の補給はいつもパートナーにしてもらい，さらに，事故現場付近には

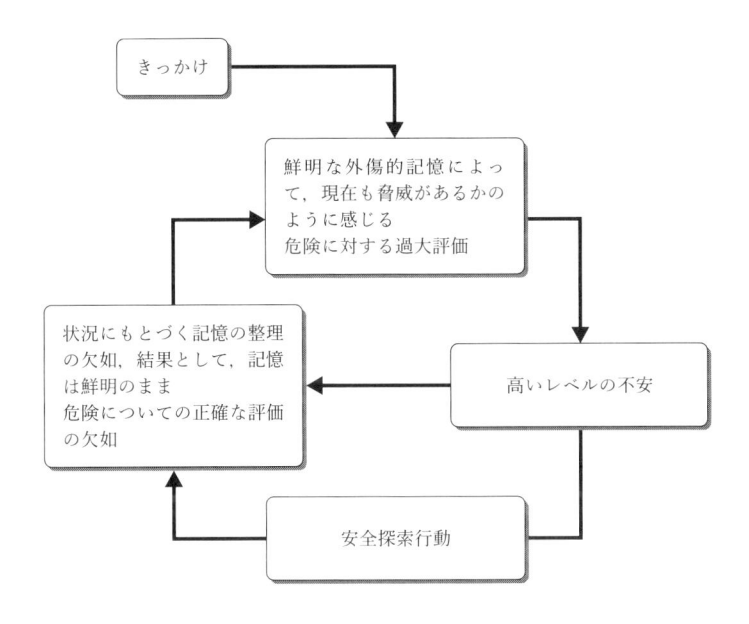

図 14.7　PTSD の認知モデル

車で行かなくなっていました。

認知モデルにもとづく PTSD の介入は次のように行われます。

- **不意に生じるイメージ**　これに対しては，イメージが適切に処理され文脈に沿ったものとなるように，イメージと結びついている高い覚醒レベルを下げていく方法が用いられる。この方法は，合理的な評価を行うことによって記憶を形成していくというものである。すなわち，イメージを，時間や場所や長期的に見た結末といったもののなかに配置することによって，現在も脅威が存在しているという感覚を除去するのである。この方法は，心的外傷体験を「再体験」しながら認知の再構成を行うこと（Grey, Young and Holmes, 2002），あるいは，認知の再検討を目的として，心的外傷体験の詳細をいくつか書き出してもらう認知プロセスセラピーを行うこと（Resick and Schnicke, 1993 ; Ehlers et al., 2003）によって実践されている。心的外傷体験の記憶について自らに役立つ解釈を行うことを通して，クライエントは心的外傷体験と何らかのつながりをもっている現実生活にも向き合っていこうという気持ちになり，自らの抱える，不安を生じさせる認知の問題にも取り組めるようになる。
- 他の不安障害と同じように，役に立たない思い込みを再検討し，新しい可能性を実際に検証することで**安全行動**を減らすことができる。
- 実際の結果を検討し，もっと合理的な別の解釈を考え出すことによって，**最初の解釈が誤っていたこと**を明らかにすることができる。ここでも「標準的な」CBT の介入法を用いる。
- **選択的に行われる記憶処理**の問題に対しては，認知の偏りの問題全般への対処と同様，ク

ライエントに，注意の脱中心化の技法や自分自身の認知を遠くから眺める技法などを教えることが有効な取り組みとなる。これによって，クライエントは，広く，バランスの取れた，苦痛の生じにくい見方を獲得することができる。
- **生活を取り戻すこと** 心的外傷の犠牲者の多くは，心的外傷を体験する以前は楽しめていた人づきあいや運動などの活動を行わなくなってしてしまう。したがって，彼らと話し合い，意味のある活動を再開してもらうための課題を設定する。この目的は，彼らにもっと正常な生活スタイルをつくってもらうことはもちろん，彼らの生活の質や気分の状態を改善させることでもある。

アリスターの侵入的な記憶は，認知の再構成に対して強く反応しました。最終的にセラピストは，彼に，体験したことを，あたかも現在起こっていることであるかのように語ってもらいました。ただし，感情的に「ホットスポット」な場面では話を止めて，彼が今知っていることに照らして彼の認知を再検討しました。これによってアリスターは，最も顕著だった「私は死んでしまう」という思考の問題に取り組むことができました。そして衝突した車からほとんど無傷の状態で脱出したことを思い出すことができ，それとともに，フラッシュバックの強さは減っていきました。彼はまた，「自分にはその事故の責任がある」という事故の後に大きくなっていた後ろめたさの認知を修正することもできました。このことがさらに，記憶が呼び起こされるのではないかという不安を低減させました。彼は徐々に再び事故現場を訪れることができるようになりました。初めはパートナーと一緒に，後に一人でできるようになりました。そして事故について話したり読んだりすることができるようになりました。フラッシュバックが起こりそうだという彼の予測は，それを裏づけるものがないということがわかり，彼は自信を取り戻しました。一般に，臭いと関連した不安は特に強固であることから，ガソリンの臭いを回避する問題に取り組むことは難しいものでした。しかし，フラッシュバックへの不安を減らすことができたことにより，彼は，時折，鮮明な記憶が生じても，過度の苦痛もなく我慢できるようになりました。そして，もはやガソリンの臭いを回避する必要性を感じなくなりました。

PTSDの原因は，自然災害のような非個人的なもの，もしくは，個人が何らかの攻撃を受けたときのような，きわめて個人的に感じられるもののいずれかです。暴行を受けているような個人的な事例の場合，クライエントとの人間関係には，セラピー内とセラピー外双方において気配りが求められるでしょう。クライエントが性的被害を受けている場合は，その性的被害や他の性的関係について話し合ためにも，十分な気配りが必要となります。

● 併存障害

不安障害の現れ方は，複数の不安障害が併存したり，不安障害と他の問題が併存したりす

るなどさまざまです。たとえば、重篤な OCD の患者は摂食障害にかかりやすく、慢性的な不安障害の患者は抑うつ気分が生じる可能性があります。また、飲んだり食べたりして安心するというコーピング方略が長じると、それ自体が問題化することもあります。アセスメントではこのことを必ず考慮に入れる必要があり、介入を行う際もつねに他の問題が存在していないかどうか注意していなければなりません。

● 結論

前章では不安障害を包括的に理解することを行いましたが、本章では、特定のモデルと、それに関連する介入アプローチに焦点を当てました。実践では、クライエントのニーズに柔軟かつ敏感でいられるように、包括的なアプローチと特定のアプローチの双方を意識しておく必要があります。特定のモデルによって、当該の不安障害について的確かつ有益な理解を得ることができ、包括的な見方によって、特定のモデルとプロトコルがクライエントのニーズを満たさなかった場合に立ち戻ることのできる「第一原則」を得ることができます。

● 特定のモデルや介入プロトコルに取り組む際の潜在的問題

✱ 十分なアセスメントを行わずに診断が妥当であると思い込み、ある介入プロトコルに固執すること

クライエントの多くは、特定の診断分類についての基準を満たし、プロトコルにもとづくアプローチが役立ちますが、きちんとしたアセスメントをせずにそのように思い込んではいけません。リファー元の診断や、第一印象が間違っている可能性はあります。

✱ クライエントの体験を特定のモデルに当てはめようとすること

アセスメントは、高い関心をもちつつも偏見のない態度で行う必要があります。もしもクライエントの提示するものが、あなたが妥当だと考えているモデルにきちんと適合しないのであれば、おそらくそのモデルはその人には有効ではありません。このような場合、包括的なフォーミュレーション（Beck et al., 1979）を用いることが適切であり、これによって、どの介入法が最善であるかを判断することができるでしょう。

✱ クライエントがあまり反応していないときに、ひとつのプロトコルに固執すること

プロトコルに従うことは重要ですが、クライエント各人や彼らの示す特徴には、いくつかの点でプロトコルとずれるほどの個人差があります。そのずれがあまりにも大きい場合は、クラ

イエントを再度アセスメントし，プロトコルが最善のアプローチであるかどうかを考える必要があるでしょう。また，そのプロトコルを続けることが最もクライエントのためになると考えられる場合でも，そのプロトコルの適用については少しずつ行うことが必要になるときもあるでしょう。このようなときは，たとえば，特定のスキルトレーニング（アサーティブネスやタイムマネジメントなど）のためのセッションを特別に導入したり，過剰な怒り，未解決の悲しみ，フラッシュバックなどといった介入の進展を妨げているように見える問題に一時的に取り組んだりします。

● 要約

- 一般に，不安障害には，しっかりと確立された特定のモデルがある。特定のモデルは，不安障害の下位分類それぞれの特徴を理解するためのものである。そして，不安障害の下位分類それぞれに対処するために試行され検証されたプロトコルがある。
- 可能な場合は，プロトコルの使用が介入の第一選択となる。したがって，プロトコルには精通している必要がある。
- 不安の「第一原則」にも精通している必要がある。具体的には以下のことが必要となる。
  (1) 標準的なモデルに適合しないクライエントについては，問題をフォーミュレーションすることができるように，不安に関連した問題の生成に寄与し，問題を維持している要因を包括的に理解すること。
  (2) 必要に応じてアプローチに柔軟性をもたせられるように，不安障害を維持しているサイクルを絶つ際に用いられる一連の対処方略を理解すること。

● 練習問題

★ 振り返り／考えてみよう

- 不安障害を説明するモデルを見てどう思いますか？　モデルはあなたの経験と一致していますか？　モデルは理に適ったものと言えますか？　もしも否定する場合は，この理論をあなたの臨床経験と結びつける際に，何が問題となりますか？
- プロトコルについてはどうですか？　同じく，それらは理に適ったものと言えますか？　プロトコルをもっと積極的に用いれば効果が得られそうなクライエントを誰か思いつきますか？　プロトコルがクライエントにとってどのように役立つかを確かめることに関して問題がありますか？　もしも問題があると答えた場合は，どのような問題が生じると予想されますか？

✳ やってみよう

- モデルとプロトコルについてさらに文献を読みましょう。あなたがモデルとプロトコルについて正確に理解したかどうかを確かめるために、原著に立ち返りましょう。
- 不安障害を説明する認知モデルについての理解を深めるために、あなたの不安障害のクライエントについて検討しましょう。その人たちの問題についてのフォーミュレーションを検討しましょう。
- あなたのクライエントがモデルと一致したならば、そのモデルにもとづいたガイドが示されているプロトコルを、あなたが最大限活用しているかどうかチェックしましょう。
- もしもあなたが、プロトコルに正確に従うことに慣れていないのであれば、「テストケース」を行ってみましょう。そして、そこで行われる介入法を徹底的に理解し、可能な限りそのプロトコルに沿った実践をしましょう。そして、このことがクライエントとあなたの双方にどのように役立つかを見い出しましょう。もしもあなたが、クライエントにとって有効なプロトコルを忠実に実行することに困難を感じるのであれば、モデルとプロトコルに対してあなた自身が勝手に決めつけていることがないかどうか確かめましょう。
- もしもクライエントがモデルと一致しないのであれば、あなたならどのようにフォーミュレーションするのかを考え、クライエントが問題に取り組めるよう支援しましょう。その際、あなた自身が不安障害の本質をどこまで理解しているかということ、さらには、あなた自身がどのような方略を用いることができるかということを念頭に置くようにしましょう。
- スーパーヴァイザーからの支援を活用し、必要ならば、不安障害のクライエントの介入に取り組むなかで生じている疑問や困難について話し合う時間を確保しましょう。

● 学習を深めるために

Wells, A. (1997) Cognitive Therapy of Anxiety Disorders : A Practical Guide. London : Wiley Blackwell.
定評のある「基本レベル」のテキスト。さまざまな不安障害への対処の仕方が、実践と知識の両面から述べられている。包括的で、理論と実践が見事に融合した内容となっている。

Butler, G., Fennell, M. and Hackmann, A. (2008) Cognitive-behavioural Therapy for Anxiety Disorders : Mastering Clinical Challenges. New York : Guilford Press.
不安障害に介入するための思慮に富んでいて、良質なフォーミュレーションにもとづくアプローチが記されている。しかも、エビデンスにもとづいて介入法が紹介されている。たいへん読みやすいにもかかわらず、不安障害の問題への取り組みが、簡略化されずに詳しく述べられている。

15 より広範囲への CBT の応用

はじめに

　25年以上にわたって CBT は，不安や抑うつだけでなく，幅広い心理的問題について適用されてきました。本章では，その他の問題への CBT の応用について簡潔に概観します。狙いは以下の2つとなります。

- 上に挙げたようないくつかの問題・障害の重要な側面を説明し，認識できるようにすること。
- そのような問題を扱っていく際に関係してくることについて概説する。それによってクライエントをリファーするか自分で担当するか決めることができる。これらの問題・障害を扱う際には，さらなるトレーニングとスーパーヴィジョンが必要となる。

各セクションの終わりに，発展学習のための文献を挙げました。
ここで解説する問題・障害は以下のものです。

- 摂食障害
- トラウマ
- 怒り
- 精神病
- 関係性の問題
- 物質乱用

摂食障害

　摂食障害，特に神経性大食症の治療において，CBT はかなり研究されてきました。最近では，認知療法のセラピストは，摂食障害について診断横断的な理解をするようになってきています（Waller, 1993 ; Fairburn, Cooper and Shafran, 2003）。しかしやはり，各病態の間には明確な違いが存在していて，彼らを理解し治療するには，その違いを考慮しなければなりません。

表 15.1　ボディ・マス・インデックス（BMI）

BMI（kg/m^2）	WHO 分類
<18.5	低体重
18.5-24.9	
25-29.9	I 段階過体重
30-39.9	II 段階過体重（肥満）
>=40	III 段階過体重（病的な肥満）

- **神経性無食欲症（Anorexia Nervosa : AN）** DSM-IV（APA, 2000）の診断基準には，低体重（女性では無月経を伴う），体重と体型を過度に気にすること，ボディイメージの歪みが含まれる。さらに制限型 AN（純粋にカロリー摂取を制限する）と，むちゃ食い／排出型 AN（過食とそれに対する極端な代償行動のエピソードがある）に下位分類される。過度の運動は AN では珍しくない。
- **神経性大食症（Bulimia Nervosa : BN）** DSM-IV の診断基準には体重と体型を過度に気にすることが含まれるが，診断に不可欠なのは周期的なむちゃ食いエピソード（1 回に非常に多量の食物を短時間で摂取し，それをコントロールできないと感じている）である。BN ではむちゃ食いに対する重大な代償行動――たとえば自己誘発嘔吐，下剤使用，断食，過度の運動などがある。
- **むちゃ食い障害（Binge-Eating Disorder : BED）** これは DSM-IV の暫定的な分類で，過度な代償行動がないむちゃ食いである。過体重に関連することもあればしないこともある。
- **特定不能の摂食障害（EDNOS）** この「特定不能の摂食障害」は，陽性基準（臨床的に深刻な摂食の障害を有している）と陰性基準（その障害は AN・BN いずれの診断基準も満たさない）が 1 つずつしかない。摂食障害ではこの診断が最も多いことは注目すべきことである（Palmer, 2003）。
- **肥満** 精神医学的問題を含むことも多いが，肥満とは，単に過体重という身体の状態を指します。心理的な原因やそれ以外の原因による結果である。

摂食障害は若い女性に多く見られますが，男性に起こる場合や年配の女性に起こる場合も見逃してはなりません。抑うつや強度の不安による食欲低下，また摂食の過度のコントロールを伴う強迫性障害（OCD）と混同しないように気をつけること。

臨床実践では，体格はボディ・マス・インデックス（BMI = kg/m^2）によって算出されます。低体重・過体重の分類は表 15.1 を参照のこと。摂食障害の人，特に BMI が低い，または極端に高い人との臨床では，BMI の記録を付けておくことがたいていは重要になります。自分の体重を量りすぎるクライエントもいて，これは安心確保の一形態としてターゲットにする必要があります。これを嫌がるクライエントもいて，介入の障害になる可能性があるので，早期介入が必要です。クライエントが自分自身で体重を量れない場合には行動実験が限られます。作業同盟も妥協の産物になり，最も重要なこととして，極端な体重は健康リスクをもたらすので監視が必要になります。これはセラピスト，医師，または多職種チームの他のメ

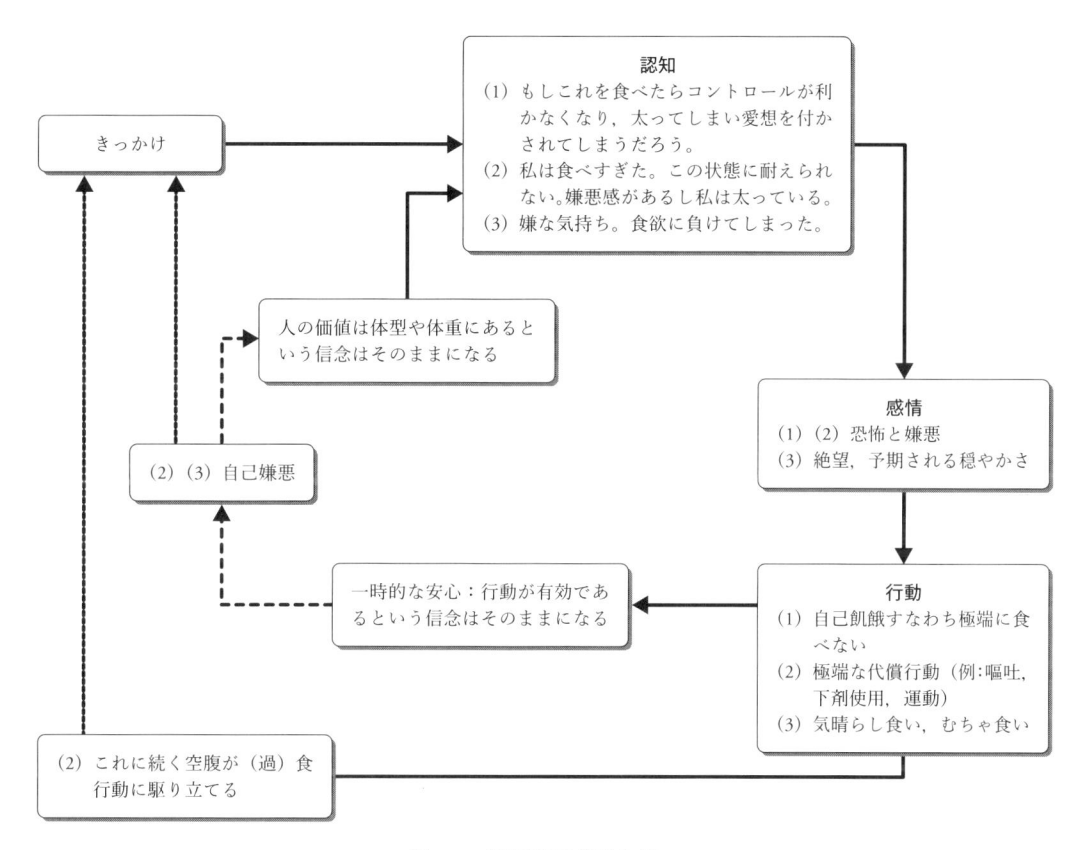

```
   ┌──────┐         ┌────────────────────────────┐
   │きっかけ│────────→│  認知                      │
   └──────┘         │ (1) もしこれを食べたらコントロールが利│
      ↑  ↑          │   かなくなり，太ってしまい愛想を付か│
      │  │          │   されてしまうだろう。      │
      │  │          │ (2) 私は食べすぎた。この状態に耐えられ│
      │  │          │   ない。嫌悪感があるし私は太っている。│
      │  │     ┌───→│ (3) 嫌な気持ち。食欲に負けてしまった。│
      │  │     │    └────────────────────────────┘
      │  │     │                   │
      │  │  ┌──┴──────────────┐    │
      │  │  │人の価値は体型や体重にあると│   │
      │  │  │いう信念はそのままになる│    │
      │  │  └──────────────────┘    ↓
      │  │                   ┌────────────────┐
      │  │                   │ 感情           │
      │  │  ┌──────────┐      │ (1)(2) 恐怖と嫌悪│
      │  │  │(2)(3) 自己嫌悪│     │ (3) 絶望，予期される穏やかさ│
      │  │  └──────────┘      └────────────────┘
      │  │      ↑                   │
      │  │   ┌──┴──────────────┐    │
      │  │   │一時的な安心：行動が有効であ│←──┤
      │  │   │るという信念はそのままになる│   │
      │  │   └──────────────────┘   ↓
      │  │                   ┌────────────────┐
      │  │                   │ 行動           │
      │  │                   │ (1) 自己飢餓すなわち極端に食│
      │  │                   │   べない       │
      │  │                   │ (2) 極端な代償行動（例：嘔吐，│
      │  │                   │   下剤使用，運動）│
      │  │                   │ (3) 気晴らし食い，むちゃ食い│
      │  │                   └────────────────┘
      │  │                           │
   ┌──┴──┴────────────────┐             │
   │(2) これに続く空腹が（過）食 │←────────────┘
   │   行動に駆り立てる     │
   └──────────────────┘
```

図 15.1　摂食障害の維持サイクル

ンバーによって行われます。このとき，体重計に乗らなくても，自分の体重はだいたい推測できるというクライエントの言葉を信用しないほうがよいでしょう。肥満に対する感覚には，信頼性がないことはよく知られています。

摂食障害の特徴を，以下にまとめます。

✱ 1. 認知，情動，行動の相互作用

このようなパターンを見つけ出すことが，（どの診断であれ）摂食障害のクライエントの治療における基礎になります。これは EDNOS に診断される人にも当てはまり，認知行動的な維持サイクルが，あなたのガイドになるでしょう。図15.1では次の3つの例が示されています——（1）自己飢餓（self starvation）サイクル，（2）食べてしまったことへの過度の代償行動サイクル，（3）過食のサイクル。

✱ 2. 共通の核となるテーマ

ネガティブな自動思考によって「それはそんなに悪いこと？」という質問が投げかけられ

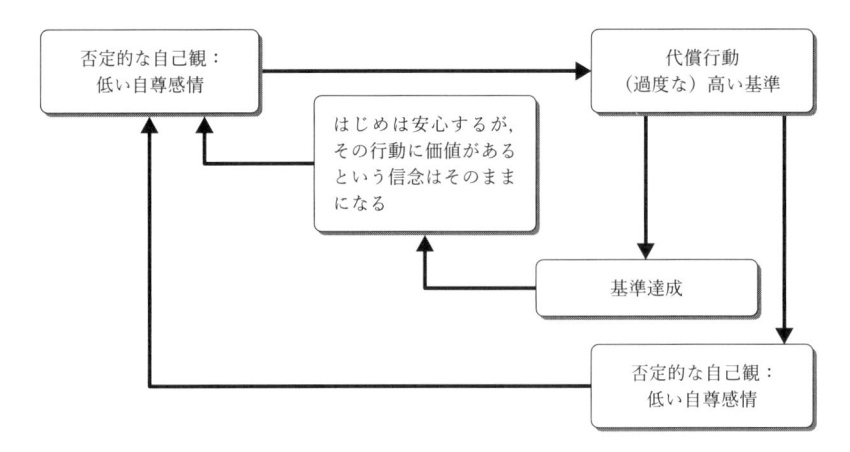

図15.2 摂食障害を維持する完全主義

ることがよくあります。摂食障害は，ただ体型や体重を気にしてしまうことだけで起こることは少ないので，我々は普通の体重でいることや過体重でいること，非常に太っていることなどについて，何がそんなに悪いのかを質問していかなければなりません。臨床報告や研究で明らかになったテーマは以下の通りです。

- **社会的，対人関係的問題**　見捨てられること，他者からの評価に対する恐怖，恥，低い自尊感情が含まれる（Waller and Kennerly（2003）のレビューを参照のこと）。このように，アセスメントの際にシステム的な（特に家族の）要素を考慮することが必要で，そのためにパートナーや親にも治療に参加してもらうことがある。
- **コントロール**　摂食障害の発生や維持における強い要因だと長い間考えられてきていて，最近ではその役割が精査されてきている（Fairburn, Shafran and Cooper, 1999）。

✳ 3. 認知プロセス

他の障害と同様，摂食障害の発展と維持にも極端な認知プロセスが核となる役割を担っています。特に完全主義と解離（dissociation）は摂食障害の維持に強力な役割を果たしています。

- **二分法的思考**：「全か無か」思考はよく見られるもので，完全主義として表れる傾向がある。これはたとえば，やせることへの極端な目標や，極端に食べすぎたり食べなさすぎたりするといった形で見られる。また否定的な自己評価が基にあることが多く，過度な達成を目指そうとする代償行動をもたらす。クライエントが成功したとき，その行動が価値あるものという信念が強化され，否定的な自己評価はそのままになってしまう。クライエントが失敗したときには自尊感情がいっそう低くなってしまう（図15.2参照）。
- **解離（dissociation）**：つまり，現在の情動的・認知的な体験を，無視したり切り離したりするというメンタルプロセスは，摂食障害と関係がある。自己飢餓や過食によって，解

離が起こる可能性があるからである(Vanderlinden and Vandereycken, 1997)。知覚されたネガティブ感情に対して繰り返し解離していると，感情は耐えることができるということを学べなくなってしまう。これによって，食べ物の乱用による解離が，主要なコーピング方略になる。

4. 感情

現在，情動が摂食行動を引き起こす大きな役割を果たしているという十分な根拠があります(Waters, Hill and Waller, 2001)。これは食べすぎ・食べなさすぎの両方に関係していて，空腹・満腹の感覚が情動によって無効化されてしまっていることが研究によって示唆されています。

- **気分や感情への耐性のなさ**　この場合，クライエントが耐えられないと思う感情が，むちゃ食いや食事制限によって和らげられている。このことは非常に効果的な場合があり，極端な摂食行動を行う抵抗しがたい理由になりうる。
- **空腹感や満腹感を無効化してしまう感情**　不安，怒り，興奮などの形を取る過覚醒状態は，食べる必要性と食べるのをやめる必要性との両方の感覚を障害する。
- **感情を空腹感だと誤解する**　怒り，不安，スリル，惨めさを，空腹感であると間違って認識するクライエントは，このような感情への反応として食べることが多い。食べることにはなだめる効果があり，感情が縮小していく感覚を体験するので，自分は本当に空腹だったのだという信念が強化される。

5. モチベーション

摂食障害のクライエントは，問題に取り組むことにアンビバレンスな態度や，さらには明らかな抵抗を示すこともあり，セラピストはそのモチベーションに集中しなければならないことがよくあります。これには時間がかかり，今のところ，CBTに動機づけの要素を付加することでアウトカムが改善するという証拠はほとんどありません(Treasure et al., 1999)。しかし，摂食障害のクライエント，特に制限型の神経性食欲不振症では，自分の行動を替えていくことに対して，非常にアンビバレントな気持ちがあることがあり，このことは知っておかなくてはなりません。Waller et al. (2007) は，クライエントの立場を理解し，共感的かつ効果的に，彼らのアンビバレンスに対して援助していく方法を，明確なガイドラインとしてまとめています。

6. 健康へのリスク

急性・慢性どちらの摂食障害においても，結果として深刻な健康被害が起こる可能性があります。そのため，内科医に診てもらいながら，クライエントに注意をはらい，管理してい

くべきでしょう。イギリスで実践を行うほとんどのセラピストにとっては，一般医（GP）にこれを担ってもらうことになります。考えられる主な問題は以下の通りです。

- **神経性無食欲症・神経性大食症**　栄養失調状態とその影響，心臓血管の合併症，胃腸の問題，免疫システム不全，生化学的異常，中枢神経系の変化，無月経，骨粗しょう症，腎臓の機能低下
- **肥満**　代謝系の合併症，心臓血管系の合併症，呼吸器系の問題，変形性関節症

✴ 摂食障害へのCBTの適用

　診断が何であれ，アセスメントをしながらCBTを行う必要があります。そのフォーミュレーションによって，適切な認知的・行動的介入ができるようになるでしょう。特にクライエントがDSMの診断モデルに当てはまらないような状態のとき，フォーミュレーションはとても重要になります。摂食障害のクライエントに特徴的な二分法的思考スタイルには，連続線上計量スケーリングで取り組んでいくことができるでしょう（第8章参照）。そして強力な渇望と絶対的な思考スタイル（むちゃ食いや自己飢餓のリスクをもたらすもの）にうまく取り組めるようクライエントを援助することは，再発予防において特に重要となります（第6章参照）。

　AN，BED，肥満に対しては，**行動的な方法**が取られてきた長い歴史があります。これらの介入はANでの体重の回復と安定や，むちゃ食いをしてしまう人のむちゃ食いを減らすことに比較的効果が見られます。しかしその効果はほとんど長続きしないので，この20年は認知を修正することのほうに重きが置かれるようになっています。

　他の点として，問題を維持させているサイクルを壊していくことも介入に含まれます。摂食障害を扱うCBTのプロトコールが最も優れているのは，まさに「維持モデル」（Vitousek, 1996を参照）にもとづいている点です。生成モデルやスキーマレベルの意味まで包含するモデルが支持されつつあります（Waller and Kennerley（2003）のレビューを参照）。臨床的には，摂食障害のクライエントがもつ特定のニーズをわかっていることと，セラピスト側がその治療に関わるためのリソースを充分にもっているかどうかを意識しておくことが必要です。

　ANの治療では以下のことを考慮に入れる必要があります。

- 低体重状態が長く続くことによる問題：ANのクライエントに医学的スクリーニングを定期的に受けさせるべきであることが一般的に合意されている（Zipfel, Lowe and Herzog, 2003）。
- 飢餓状態の影響：行動的・認知的変化が起こり，CBTへのモチベーションや取り組む能力が低下してしまう。
- ANの身体的危険の理解の否認や欠如：治療に取り組む能力が低下する。

クライエントが，自分の行動を適切で機能不全ではないと考えている場合には，介入への取り組みはさらに悪くなります。

BN の介入では以下のことを考慮に入れる必要があります。

- 過食に対する極端な代償行動（嘔吐，下剤使用など）による医学的危険

むちゃ食いと肥満の治療では以下のことを考慮に入れる必要があります。

- 過食と過体重状態の医学的危険

❏ 推薦文献

Treasure, J., Schmidt, U. and van Furth, E.（2003）Handbook of Eating Disorders. 2nd Ed. Chichester : Wiley.
Waller, G., Cordery, H., Corstorphine, E., Hinrichsen, H., Lawson, R., Mountford, V. and Russell, K.（2007）Cognitive Behavioural Therapy for Eating Disorders : A Comprehensive Treatment Guide. New York : Cambridge University Press.

● トラウマ

　心理的トラウマは，さまざまな出来事によって引き起こされる可能性があります。たとえば残虐行為を目撃したり，自然災害を経験したり，性被害（子どものとき，または大人になってから）を受けたり，などがそれに当たります。DSM-IV（APA, 2000）はトラウマのストレッサーを，実際に命の危険があったり大けがをしたとき，または自分や他人の身体に重大な損傷が及ぶ危険があった場合として定義しています。これ以外のものは，どんなにストレスがかかっていても PTSD とは診断されません。しかし上記に定義されるようなトラウマを経験していなくても，トラウマによる心理的な結果に苦しんでいるクライエントもいます。また DSM の診断基準（トラウマの再経験や感情の麻痺）を満たしていないクライエントでも，トラウマの心理的後遺症に苦しんでいる人もいます。

　Terr（1991）はトラウマ被害者を 2 タイプに分類しました。

- タイプⅠ：単一のトラウマを経験している。
- タイプⅡ：繰り返しトラウマを経験している。

　Terr はもともと子どもに適用するためにこの分類を作成したのですが，これは大人にも適用されています。Rothschild（2000）は，大人用のタイプⅡの分類をさらに改良し，安定した背景があるかどうか，また断片的にしかトラウマを想起できない人とトラウマ全体を想起できる人とを区別できるようにした。Scott and Stradling（1994）はさらにカテゴリーを拡張し，

長期間の強制によるストレス障害（*Prolonged Duress* Stress Disorder : PDSD）として，継続したストレス（慢性的な病気や子ども時代の情緒的虐待などのようなストレス）を経験しているクライエントを，ある一時点のトラウマをもつクライエントと分けて記述しました。

　このような分類を見ると，トラウマを経験した人たちが決して均質な集団でなく，また，トラウマによる臨床的に重要な状態は，PTSDだけではないことがわかります。認知療法のセラピストたちによる研究は，PTSDを発症したトラウマ被害者に焦点を当てる傾向があり，そういう人たちに対する治療はよく発展してきています（第14章参照）。もしDSMの診断基準を満たさないトラウマ被害者に関わるのであれば，まず第一の原則から始める必要があるでしょう。つまり，PTSDのためのプロトコルをすべてのトラウマ経験者に当てはめるのではなく，介入する前にフォーミュレーションを行うということです。

　子ども時代にトラウマを経験した人は，大人になってから心理的困難を経験することが多いことがかなり明らかになってきています（Mullen et al., 1993）。子ども時代にトラウマを経験した人は，摂食障害，うつ，対人関係困難などさまざまな心理的問題を併発する可能性があります。したがって，多くの問題を見せるタイプⅡのトラウマ経験者というのは認知療法のセラピストにとってもなじみ深く，そのような問題の認知的な理解もすでに存在しています。

　トラウマの経験者の臨床を行うときには，考慮しなければならない重要な問題がいくつかあります。これらについて以下で議論していきます。

✻　1. 対人関係の問題

　対人被害のトラウマを経験した人の多くは，（セラピストであるあなたも含めて）他人との信頼関係を形成しにくいという問題を抱えています。CBTを導入する準備段階として，作業同盟を構築するためにセッションに「投資する」ことも珍しくありません（第3章参照）。事故や人間以外からの攻撃，自然災害によるトラウマ経験者のほうが，より信頼関係を構築しやすいでしょう。

　対人被害のトラウマを経験した人は，実生活での対人関係においても困難を生じることが多く，クライエントの状況をシステム的に概観することが役立つでしょう。そうすることで，彼らの子どもとの関係について新たな理解を得られることが少なくありません（子どもたちはネグレクトや虐待されている危険はないでしょうか？）。また重要な他者との関係についても同様です（クライエントが相手を傷つける危険性はないでしょうか？　パートナーはどうでしょうか？）。人生早期でトラウマを繰り返し経験することがパーソナリティ障害につながることもよくあり（Terr, 1991 ; Layden et al., 1993 ; Beck et al., 2004），セラピストとしてこのような可能性に対応できるよう準備しておく必要があります。

✻　2. トラウマの記憶

　すでに述べてきたように，PTSDでないトラウマの表現にはさまざまなものがあります。こ

のことを明確に表しているのが，思い出せるトラウマ経験の記憶の幅広さです。

- **トラウマ記憶の欠如** トラウマの記憶がないクライエントがいる。被害者は非常に混乱していたり解離していたりすることがあるので，すべての記憶を思い出せるわけではない。クライエントはこのように言うだろう。「私の心は凍っていて，彼が何て言ったか／何をしたか覚えていないんです」「ナイフは見えるんだけれど，それ以外のことは何も思い出せないんです」。そのような場合には，回復できる記憶はもう何もない可能性がある。誤った記憶をつくりだしてしまう危険があるので，無理やり思い出させようとすべきではない（下記を参照）。またトラウマ的な記憶が抑圧されているという可能性も示唆されている（British Psychological Society, 1995）。トラウマの記憶が保持されている可能性はあるが，やはり，それを無理に思い出させようとすると記憶を歪ませてしまう可能性もある。
- **侵入思考** 避けようのないことだが，多くのトラウマ経験者はいくつかの，またはすべての感覚に影響するような侵入思考を経験する。これらのなかにはフラッシュバックのような性質をもつものもある。特定の出来事をかなり正確に反映している記憶がある一方で，正確でない記憶もあり，いくつかの出来事が混じりあった記憶もある。タイプⅠのPTSDにおける侵入思考に取り組むための実証的に確立された方法（たとえばEhlers and Clark, 2000）を，タイプⅡのトラウマの侵入思考に当てはめるのは，ベストな方法ではないだろう。より良い方法はまだわかっていない。
- **記憶の誤り**はよく研究されているし，起こりうることであると認識されている（British Psychological Society, 1995）。すべての記憶は歪められやすいものである。というのも記憶は脳のなかにビデオレコーダーのように保存されているわけではなく，むしろ記憶が思い出されるたびに作り直されるジグソーパズルのピースの集合のようなものとして保存されているからである。しかし，記憶の詳細な部分は正しいかどうか信用できないが，一般的な記憶はわりと信用できるということを私たちは知っている。このように，私たちは休日を楽しんだか最低の気分で過ごしたかは正確に思い出せるのだが，詳細な部分の記憶はかなり信用できないものである。臨床的には，ガイドラインにおいては，不正確な可能性がある時間の経った記憶の詳細部分には，あまりこだわらないことになっている。

✳ 3. スキーマレベルの取り組み

　子ども時代のトラウマは，特にそれが長期にわたるものであった場合，人の自己や他人，将来に対する根本的な感覚に重大な影響を与える可能性があります。それによって強力な信念システム（すなわちスキーマ）ができあがってしまう可能性があり，それは大人になるまでには固定化され，自分を苦しめるようなものになってしまいます。スキーマとスキーマ療法については第17章で述べますが，クライエントが，硬直化した信念体系に支えられた広範囲にわたる困難を抱えている可能性を頭に入れておくだけでも充分でしょう。

✴ 4. 表現の複雑さ

　複雑な，または長期にわたるトラウマを経験してきたクライエントと関わるとき，その人が，いくつかの組み合わさった問題や，非機能的な環境での生活をともなっていることがあります。そしてそれはセラピーをも弱体化させるものです。要するに，全体像は複雑であり，いくつか組み合わさった問題や，複数の衝動的行動（自傷など）を含んでいる可能性がある。そのようなクライエントのためには，もう一度「より広い全体像」のフォーミュレーションを行う必要があります。そのためには，さらに情報を引き出すような質問――「他に何か影響しているかもしれないと思うことはありますか？」「他の状況ではそんなことがありますか？」「仕事では？」「家庭では？」といった質問をするのがよいでしょう。

✴ トラウマ経験者に対するCBT

　PTSDの研究は例外ですが，トラウマ経験者へのCBTの評価はまだ体系化されておらず，RCT研究が足りない状況です。しかし多くの経験を積んだ実践家によるガイドラインはあるため，パーソナリティ障害をもつトラウマ経験者に関わる際にどうアプローチすべきか参考にできるでしょう（たとえばLayden et al., 1993 ; Beck et al., 2004）。Gilbertの共感性療法（Compassionate Mind Therapy : CMT）の理論を支持する研究が増えてきていて，固定化した自己非難・自己攻撃信念をもっている人に対する有効な介入とされています（Gilbert and Irons（2005）のレビューを参照）。クライエントが呈している特定の側面（たとえばArntz and Weertman, 1999）や，トラウマの特定のカテゴリーへの介入（たとえばResick and Schnicke, 1993）に認知技法を用いることを支持する証拠もあります。

　要約すると，タイプIIのトラウマでは効果が実証されたプロトコールが確立していないので，認知療法における一般的なスキルを使うことが必要です。しかし，私たちは以下のようなガイドラインを奨励します。

- より広範囲における全体像をフォーミュレーションすること。
- 記憶の質に留意すること。
- 可能な限り理解できるI軸の問題に焦点を当てること。そして適切なところには治療プロトコルを使うこと。
- 対人関係困難，スキーマによってもたらされる問題，そして複数の問題の発現といった状況に関わっていく可能性を忘れないこと。
- リスクアセスメントをいつもアジェンダに入れておくこと。

❏ **推薦文献**

Beck, A.T, Freeman, A. and associates（2004）Cognitive Therapy of Personality Disorders. 2nd Ed. New York : Guilford Press.
Grey, N.（2009）A Casebook of Cognitive Therapy for Traumatic Stress Reactions. Hove : Routledge.
Layden, M.A., Newman, C.F., Freeman, A. and Byers-Morse, S.（1993）Cognitive Behaviour Therapy of Borderline Personality Disorder. Needham Heights, MA : Allyn & Bacon.
Mcnally, R.J.（2003）Remembering Trauma. Cambridge, MA : Harvard University Press.
Petrak, J. and Hedge, B.（2002）The Trauma of Sexual Assault : Treatment, Prevention and Practice. Chichester : Wiley.

● **怒り**

　怒りは一種の感情で，他の感情と同様に，必ずしもいつでも問題となるものではありません。しかし，頻度や深刻さが度を越していたり，自分や他人にとって危険な行動につながったり，あるいは，人が目的を達成することに役立たず，むしろ阻害するような行動に結びついたりするときには，怒りは問題となるかもしれません。またそれは，ドメスティック・バイオレンス──身体的なものあるいは情緒的なもの──や職場，道端，対人場面などでの攻撃性の爆発といった，対人関係の問題の中核ともなりえます。

　怒りは他の感情より注目を集めてきませんでしたが，CBT が怒りの問題の効果的な介入法になりうるという証拠があります（Beck and Fernandez, 1998 ; Naeem, Clarke and Kingdon, 2009）。ベック派のアプローチは，怒りを，人々がどう行動するかについての重要な「規則」が破られたと感じた状況下で生じる，あるいは脅威にさらされたときの守りの反応だとみなします（Beck, 1999）。しかし，怒りをコントロールするための最もよく知られた CBT アプローチは Navaco（1979, 2000）によって開発され，ベック派の認知モデルよりは Meichenbaum（1975）のストレス免疫訓練に多くを負っています。簡単に述べると，このセラピーは 3 つの段階からなります。

- 準備：アセスメントやフォーミュレーションを通して，怒りの種類を特定することを援助する。そのなかにはきっかけ，典型的な思考，感情，行動を含む。
- スキルの獲得：クライエントは，感情のたかぶりが生じたときに，それを低める助けになるスキルを学ぶ。これにはリラクセーションや「自己教示法」がある。
- 応用するための訓練：クライエントは段階的により困難な状況のなかでスキルを使う練習をする。多くは，想像での練習から始めて，ロールプレイをし，現実場面での適用へと進んでいく。

　Novaco のアプローチの中核にある自己教示法は，クライエントに怒りが生じそうな状況という難しい段階の切り抜け方を教えてくれます。それには次の段階があります。

- 怒りの生起に備える（たとえば，困難でありそうな状況を認識する，他人への過度の期待を減らす）。
- 身体的な興奮に対処する（たとえば，リラクセーションや呼吸コントロールによって）。
- 認知的な興奮に対処する（「怒っても私のためにならない」といった自己教示的な発言を用いる）。
- 対処後の振り返り（結果を評価しどうやって前に進むか考える）。

リスクを注意深くアセスメントする必要性ということもありますが，怒りに対するセラピーの最も難しい点として，クライエントが十分に取り組まないことがよくあります。怒りはかつて彼らにとって役に立つととらえられてきたことがあったし，しばしば短期的には効力を発揮するものです。またクライエントは，本人以外の人（たとえば家族や裁判所）が怒りを問題だと思ったためにセラピーに連れて来られたのかもしれません。また，多くの人は，自分が怒っているときに他の視点など探したがらないものです。それゆえに，協働的な関係を通じた取り組みと，注意深いアセスメントが必要不可欠です。またあなたはセラピストとして，自分自身が危険な状態ではないかどうかを注意深く考えておく必要があるでしょう。

❏ 推薦文献

Beck, A.T.（1996）Prisoners of Hate. New York : Harper Collins.
Navaco, R.W.（1979）The cognitive regulation of anger and stress. In : P.C. Kendall and S.D. Hollon（Eds.）Cognitive-behavioral Interventions : Theory, Research and Procedures. New York : Academic Press.
Novaco, R.W.（2007）Anger dysregulation. In : T. Cavell and K. Malcolm（Eds.）Anger, Aggression and Interventions for Interpersonal Violence. Mahwah, NJ : Erlbaum.

● 精神病

精神病のための CBT 研究の多くは，統合失調症の薬物抵抗性症状に焦点が当てられてきました。しかし，双極性障害のための CBT に関しても興味深い研究がいくつかあります（たとえば，Basco and Rush, 1996 ; Lam et al., 1999 ; Scott, 2001 を参照）。統合失調症では，CBT の介入が適用できる最もよくある症状は以下の通りです。

- 幻覚，特に幻聴（つまり，本人にしか知覚できない，普通でない歪んだ感覚）
- 妄想（根拠がなく，文化的規範でも説明できないような，誤った思い込み）
- うつや不安といった気分の問題
- 自尊感情の低下，関係性の問題，社会的ひきこもりといったその他の関連する問題

加えて，家族や，他のケアする人と協働するという重要な役割があります。Pilling et al.（2002）

は，統合失調症のためのCBTと家族療法のレビューを行っています。

　原則としては，精神病のCBTは，他の障害へのCBTと同様のものです。つまり，あなたの仕事は，フォーミュレーションをつくり，そのフォーミュレーションのなかにある維持要因に向けてCBTの介入方略を適用することです。にもかかわらず，精神病に働きかけることは大きなリスクと複雑性をともなうので，次のことに気を付けるべきです。精神病的な症状にCBTを使う前に，より単純な問題に対してCBTを使い慣れておくこと。そして，適切なスーパーヴィジョンを受けられるようにしておくこと。また，精神病に対するCBTは，単独で行われるのではなく，抗精神病薬や，メンタルヘルスチームによる援助といったケアの枠組みのなかのひとつとして行われるという認識も重要です。

　精神病に関するCBT理論は，他の障害に比べてそれほど確立されておらず，今まさに次々に発展している領域です。しかし最新のモデルでは，幻覚は注意，知覚，判断の障害（たとえば，自分の考えを外部からのものと混同してしまうこと）を含んだ認知過程の産物とされています。さらに，妄想はこの過程から生じた異常な経験を意味づけようとする試みを表しています。ゆえに妄想は推論や注意におけるバイアスによって維持されているのだとされています（たとえば，Fowler, Garety and Kuipers, 1995 ; Chadwick, Birchwood and Trower, 1996 ; Garety et al., 2001 ; Morrison et al., 2003 を参照）。

　普通，精神病に対するCBTの目的は，クライエントが精神病的な症状により良く対処するのを助けること，それらの症状によって引き起こされる苦痛やできないことを軽減すること，再発のリスクを減らすこと，です。この本ですでに述べられたCBTの標準的な特徴のいくつかは，精神病において特に重要です。協働関係を構築すること，症状について，これまでとは別の，脅威的でない，差別的でない説明となるようなフォーミュレーションは不可欠です。そして，フォーミュレーションは症状の発生源，意味，コントロールに関する認知を特定したり検討したりするのに用いられます。この探索には行動実験が鍵となりえます（Close and Schuller, 2004 を参照）が，特に注意深く計画し，実行しなければなりません。

　他に特別に注意をしなくてはならない点として，(真偽は別として)精神科医療によって虐待されてきたと思っている疑い深いクライエントに関わることがあります。また，軽躁の心地よい体験によって，患者がそれを問題だと思っていないこともあります。風変わりな思考過程のため，あなたはクライエントの考えを追うことが難しいかもしれません。また家族やケアする人のニーズもあります。

　こうした複雑な要因があるため，精神病に対するCBTはしばしば，比較的ゆっくりとしたペースの長期の介入になるでしょう。そして，セラピストはベテランによるスーパーヴィジョンとサポートを受ける必要があります。

❏ 推薦文献

Chadwick, P., Birchwood, M. and Trower, P.（1996）Cognitive Therapy for Delusions, Voices and Paranoia. Chichester : Wiley.
Kingdon, D. and Turkington, D.（2004）Cognitive Therapy of Schizophrenia. New York : Guilford Press.

Lam, D., Jones, S. and Hayward, P.（2010）Cognitive Therapy for Bipolar Disorder : A Therapist's Guide to Concepts, Methods and Practice. 2nd Ed. Chichester : Wiley.
Larkin, W. and Morrison, A.（2006）Trauma and Psychosis. Hove : Routledge.
Morrison, A., Renton, J.C, Dunn, H., Williams, S. and Bentall, R.P.（2003）Cognitive Therapy for Psychosis : A Formulation-based Approach. Hove : Brunner-Routledge.

● 関係性の問題

　人間関係における困難も，助けを求めてくるクライエントにはよく起こることです。これは，DSMのⅠ軸の障害（APA, 2000）をもっている人についてもそうであり，パーソナリティ障害に分類される長期の問題をもっている人についてもそうです。たとえば，Ⅰ軸障害では，社交不安をもっているクライエントは自己主張することが難しいかもしれないし，自尊感情が低い人は他人に過度に依存的になるかもしれません。うつのクライエントは社会的にひきこもりになるかもしれません。認知行動的なフォーミュレーションは，認知，感情，行動，身体の状態の関連を見ることによって，関係性の問題にも同様にアプローチすることができます。このとき認知は関係性と関わっています。

　何カ月も抑うつ状態だったある女性は，友達と過ごす時間を徐々に減らしてきていました。もし彼女が，誰かから会おうと誘われたとしたら，彼女は「私は退屈な人間で，話すことが何もない。もし私が友達にこの状態で会ったら，私は彼らを失ってしまうだろう」という自動思考が出てきます。それゆえに，彼女は，ほとんどの誘いを断ってしまい，その結果友人たちは彼女にあまり連絡を取らなくなってしまいました。

　このようなクライエントの場合，この自動思考はうつ状態によく見られるものですが，彼女の思考に全般的に生じるものではないので，この問題は，自動思考のレベルでうまくアプローチできるでしょう。パーソナリティ障害の人々の場合，関係性の困難はより広がっていて，障害の中核をなしている傾向があります。しかし，中核的思い込みに取り組む必要がある場合でも，CBTアプローチでは，自己や他者への認知と，その行動や感情への関連が果たす大きな役割を強調します。

　情緒的ネグレクトの経験がある男性は「私の味方は誰もいない」という強力で広範な思い込みをもっていました。これにより，彼は「もし私が自分の失敗を正直に言ったら私は拒絶されてしまうだろう」というルールをつくりました。その結果，自分自身を守る手段としてしばしば嘘をつくことを選びました。これは短期的には彼の恐怖を和らげましたが，中期的には彼は重大な困難に直面しました。彼は嘘を取り繕うためにさらに複雑な話をつくりださなくてはなりませんでした。介入では，小さな失敗を告白すること，他人，特に妻がどのように反応するかを注意深くメモに取るという行動実験を行いました。

関係性の問題は，セラピストとの関係においても見られます。Safran and Muran（1995）は，関係性についての不適切な認知を否定するために，協働関係における相互作用がどのように用いられうるかについて述べています（第3章参照）。Safran and Segal（1990）は，他人の反応の仕方が，関係性についての不適切な思考の維持に大きく影響していることを提案しています。彼らは，クライエント自身の対人行動が，予測していた通りの反応を相手から引き出し，それがクライエントのもともとの思い込みを強化していると述べています。

　学生時代にいじめに遭っていた女性は，自分は人から見て一緒に過ごしづらい人間だと思っていて，もし自分がグループに参加しようとしたら，拒絶されて孤独感を味わうだろうと思っていました。彼女はグループから歓迎されないと思い込んでいたので，彼女はグループのなかにいるとき（たとえば専門家の会議のとき），よそよそしく傲慢に振る舞いました。それは「もしあなたたちが私を好きでないならば，私があなたたちを好きであるかのように振る舞うことで自分を貶めたりしたくない」という思い込みにもとづいていました。彼女の同僚はこれに対して，もっと近づきやすい人と交流するという反応をしたのですが，これは，グループでは自分は歓迎されないという彼女の思い込みを強化していました。

　もし不適切な思い込みが特定されたら，次にセラピーにおいて，クライエントが予測している反応をセラピストが示さないという実験を行うこともできます。そして，これがクライエントの思い込みにどのような影響を与えたかを一緒に考えます。するとクライエントは，修正された思い込みにもとづいた別の対人行動を取るという実験ができます。

　セラピストは授業の仕事があったので，いつもの面接時間を変えなくてはなりませんでした。クライエントはこれを，セラピストが自分と会いたくないのだと解釈したので，彼女はよそよそしくして，代わりの日程を拒否しました。セラピストはこれに引っ張られて「じゃあ好きにしなさい！」と反応する代わりに，日程変更の難しさをあたたかく心配し，非言語的にクライエントに会える方法をなんとか探したいと思っていることを示しました。日程の問題が解決した後で，セラピストはクライエントに，その状況でどのように感じたか，セラピストの反応が彼女のもともとの思い込み（この場合，それまでのセッションで話し合われていた）にどんな示唆をもたらしたかについて振り返るように促しました。

　Beck et al.（2004）とYoung, Klosco and Weighaar（2003）は，対人関係の問題に対応する方法についての工夫を書いているし（第17章参照），Linehanと共同研究者（1993）は境界性パーソナリティ障害のクライエントを援助するために弁証法的行動療法（Dialectical Behavior Therapy：DBT）と呼ばれる集団プログラムを開発しました（第16章参照）。このプログラムは長期のもので，一年ほどかかる場合もありますが，これまでの結果では，対人的社会的な

適応において大きな効果がありました。

最後に，Dattilio and Padesky（1990）による，カップルとのセラピーで関係性の問題について取り組むためのさまざまなアイディアも存在します。

❏ 推薦文献

Dattilio, F.M. and Padesky, C.A.（1990）Cognitive Therapy with Couples. Sarasota, FL : Professional Resource Exchange.
Safran, J.D. and Segal, Z.V.（1990）Interpersonal Process in Cognitive Therapy. New York : Basic Books.
Safran, J.D. and Muran, J.C.（1995）Resolving therapeutic alliance ruptures : Diversity and integration. Session : Psychotherapy in Practice, 1 ; 81-92.

● 物質乱用

薬物乱用について言及するとき，アルコール，ドラッグ，タバコの乱用について考えがちです。ギャンブル，過食，自傷，強迫など「嗜癖性のある」とみなせるその他の行動も，薬物乱用のためにつくられた方法が適用できると覚えておくと役に立ちます。この節では主にアルコール，ドラッグといった DSM-IV によって定められた物質乱用について焦点を当てます。

- 物質乱用は重大な障害や苦痛（責任を果たせなくなる，法的・対人的問題）をもたらす不適切な使用方法のことを指す。
- 物質依存はより深刻なもので，耐性が強まり，禁断症状が出て，使用量が増える。悪い結果を引き起こすとわかっていても，その薬物をずっと渇望する。

✲ なぜ物質を乱用するのか？

悪い結果を引き起こすのに，なぜ人々は乱用をするのでしょうか。よくある理由には次のようなものがあります。

- 気分コントロールするため：抑うつや不安をコントロールし，幸福感のようなポジティブな気分を強化する。
- 逆境に対処するため：たとえば虐待や貧困など。
- 重度の精神症状を抑えるため。

物質乱用を止めるのは非常に難しいことですが，それは部分的には物質のポジティブな効果（気分の高揚，問題の棚上げ）に匹敵するものが何もないからだと言われます。これは**身体依存**によって悪化します。身体依存とは，その人が物質の使用をやめると禁断症状が表れるこ

とです。短期的な介入のみで援助できる物質乱用者もいますが，多くの場合は長期的介入を必要とします。理想的には，物質乱用だけでなく，クライエントの他の問題にも対応すべきです。多くのプログラムでは，薬物療法，心理社会的援助，心理教育など2つ以上の手段を使用しています。効果は良好であるというエビデンスもあります（たとえば Hubbard（2005）を参照）。薬物乱用に対する CBT アプローチは，行動の維持における非機能的思考の別の役割を強調します（Beck, et al. 1993 ; Marlatt and Gordon, 1985）が，それについてはこれから解説します。

✳ 薬物乱用に対する認知行動的アプローチ

　Liese and Franz（1996）の物質乱用の発展モデルは，一般的な CBT の発展モデルに似ています（第4章参照）。異なる点は，嗜癖性の行動（たとえば薬物を使用する家族，薬物使用を進める友人）や，薬物に関する信念の発展（「もし薬物を使えば，不安をあまり感じなくなる」「薬を使えばもっと簡単になじめる」）に対する特別なエクスポージャーや実験を行うことです。

　一般的な CBT アプローチは，他の問題へのアプローチと似ているところがあります。それにはこの本を通じて述べられてきた，モデルに慣れてもらうこと，構造化されたセッション，また，第8・9・10章で述べてきたような認知・行動・身体に関する幅広いテクニックが含まれます。Daley and Marlatt（2006）による有用な臨床例があります。しかしこのようなクライエントたちに対しては，責めないようなケース・フォーミュレーションに非常に大きな力点が置かれます。このようなクライエントと関わるときには，適応的なコーピングスタイルや，強力なソーシャルサポートといった資源を強調することが特に役立ちます。この領域では，協働的な治療同盟が明らかに重要であり，また介入へのコンプライアンスに関わってきます（Petry and Bickel, 1999）。頻繁な再発，反社会的，違法な行動，不誠実などが起きると非常に困難になりかねませんが，この種の問題を抱えたクライエントと関わるうえでの課題のひとつは，純粋に同情的・共感的な立場を維持することです。これは，困難な行動をフォーミュレーションの観点でとらえることによって促進されます。

　変化に対して著しいアンビバレンスをもっているこのクライエントたちに大きく関わってくる重要な概念が，**変化への準備性**（Prochaska et al., 1994）（第11章参照）と，彼らの状態を，連続性のなかで変化させていくように取り組むことの重要性です。思い切って行動を変えるための準備は，クライエントが経験している渇望のレベルによって変動します。薬物を使用したいという強力な身体的衝動によって，セラピーへの取り組みが阻害される可能性があります。あなたはそれを予測して，渇望を和らげるような代替行動を取れるように促す必要があります。たとえば，内的・外的な渇望の引き金をモニターし，自分をなだめ，気晴らしをするための用紙を使ったり，運動をしたり，人と交流したりすることによって，波乗りのように"衝動をやりすごす"ことをします（Daley and Marlatt, 2006）。

　物質乱用を自分でコントロールできるように促していくべきなのか，それとも，(AA（Alcoholic Anonymous）のような有力グループが主張しているように）完全に断てるように促していくのか，という問題は，この領域で働く人々のなかで議論が分かれています。コントロー

ルされた乱用は，比較的軽い乱用ですが，非常に大きい集団に関わってくる可能性があります（Sobell and Sobell, 1993）。**害減弱化アプローチ**は，この問題を回避するひとつの方法であり，クライエントが進んでいく段階を考慮に入れるアプローチです。セラピーの目的は，完全に乱用を止めるのではなく，乱用の影響を減らしていくことにあります（Marlatt et al., 1993）。

認知行動的アプローチでは，コントロールを練習する個人の能力を強調します。そのもうひとつの重要な側面は再発予防です（Daley and Marlatt, 2006）。これには，ハイリスク状況を特定し避けること，物質乱用につながる意思決定の吟味，ライフスタイルの変更，再発から学んでさらなる再発を減らすことなどがあります。

物質乱用者に関わるという問題は，すでに解説してきたように，著しい変化へのアンビバレンスや，コンプライアンス違反，不誠実などの困難な行動です。また，物質乱用の現れ（たとえば不眠，パニック発作）は目立たないため，見つけるのが難しいかもしれません。それゆえ，他の問題のクライエントの臨床においても，物質乱用を仮説として留意しておくことが重要です。

❏ 推薦文献

Beck, A.T, Wright, F.D., Newman, C.F. and Liese, B.S.（1993）Cognitive Therapy of Substance Abuse. New York : Guilford.
Daley, D.C. and Marlatt, G.A.（2006）Overcoming Your Alcohol or Drug Problem. Effective Recovery Strategies : Therapist Guide. Oxford : Oxford University Press.
Liese, B.S. and Franz, R.A.（1996）Treating substance use disorders with cognitive therapy : Lessons learned and implications for the future. In : P.S. Salkovskis（Ed.） Frontiers of Cognitive Therapy. New York : Guilford.

● その他の CBT の応用

明らかに，ここでいくつか述べてきた以上に CBT の応用範囲は広がっています。CBT はさまざまな人々に対して用いられています。小児，思春期，高齢者，学習障害，性的問題に対して，また，法廷，身体医療，職場などの場でも用いられています。これらの応用は興味深いものですが，すべて説明することは本書の目的を超えていますし，また，私たちは CBT の多目的性について警告をしておきたいと思います。クライエントが専門家を求めていたら，訓練の機会，専門家によるスーパーヴィジョン，テキストがあなたを導いてくれるでしょう。私たちはそれらを最大限に活用することを強く勧めます。しかし，この本で述べられた原則は，すべての CBT 的介入にとって重要であり，私たちが説明してきた方法はさまざまなクライエント集団に対して役に立つでしょう。第 1 章から第 11 章までにまとめられた基本は，あなたが認知的なアセスメントを実行し，フォーミュレーションを提供し，適切であれば幅広いクライエント集団との臨床を行うために役立つでしょう。

16
CBTの新たな提供方法

● **はじめに**

「古典的な」サイコセラピーは，伝統的に，セラピストとクライエントが対面で，毎週50分にわたる「介入時間」をもつという構造で行われてきました。CBTもおおむねこのスタイルに従ってきたのですが，同時に，他の方法でも伝統的な方法をしのぐような効果が得られるかどうかについても検討してきました。こうした今までとは違った新しいアプローチは，通常，以下のようないくつかの目的を達成するために用いられます。

✱ **セラピーの費用対効果を上げる**

この目的は，公的な財源から出資を受けている多くのヘルスケアシステムにつねに付きまとう問題から生じています。すなわち，セラピーの供給量が需要を十分に満たしていないために，セラピーを受けるためにキャンセル待ちするのが当たり前になってしまっているという必然的な問題です。

このことは，セラピーの待ち時間に関する以下のような常識的な「方程式」から，簡単に導き出されます。

$$待ち時間\alpha = \frac{リファーされたクライエントの人数 \times リファーされたクライエント1人あたりにかかる平均時間}{セラピスト1がセラピーに使える時間}$$

これは厳密には数学的な方程式ではありませんが，理論上は以下のことをすることによってセラピーの待ち時間を減らせるということを忘れないために役立ちます。

- セラピーを受けたいと思う人の数を減らす（例：リファーを制限する，リファーを減らすために一般市民のウェルビーイングを全般的に高める）。
- セラピストがセラピーに使える時間を増やす（例：より多くのセラピストを配置する，セラピストがセラピーに費やす時間の割合を増やす）。
- クライエント1人あたりにかける平均時間を減らす（例：クライエントに会う時間を短くする，グループを通して一度に会うクライエント数を増やす）。

私たちが検討するアプローチのいくつかは，上記の3番目の変数に影響を与えます。すなわち，クライエント1人あたりにかける時間を減らすことで，一定時間内に対応するクライエント数の増加を未然に防ぎ，それによってより多くのより速い援助を提供するのです。

✳ セラピーを身近で便利にする

　日常生活のなかで，週1回1時間（＋長い移動時間）をやりくりすることは，多くのクライエントにとって簡単なことではありません。彼らは仕事をもっていて簡単には休みを取れないかもしれませんし，もし休みを取れば減給になってしまうかもしれません。または，彼らには子どもやそれ以外にも世話をしなくてはならない人がいるかもしれません。もしかすると，セラピーを受けることが難しい場所に住んでいてセラピーを受けるためにお金がかかってしまうという人もいるかもしれません。こうしたことがネックになって，セラピーを利用しにくくなっている人も多いでしょう。したがって，私たちセラピストは，これらの困難を克服する方法を考えなければなりません。セラピーの提供方法の柔軟性を高めるための議論をまとめた古典的な論文が，Lovell and Richards（2000）によって書かれています。Lovellらは，論文のなかで，"Multiple Access Points Levels of Entry"の頭文字を取り，"MAPLE"という新語を提唱しています。彼らは，CBTはクライエントのために，効果・利用しやすさ・経済性をうまく兼ね備えたセラピーを提供するべきであると論じています。

✳ セラピーの効果を上げる

　「古典的でない」方法を用いるセラピーのなかには，セラピーの効果を高める可能性のあるリソースを利用することを主目的とするものもあります。そのため，グループ・セラピーやペア・セラピー（pair therapy：表16.1参照）を採用するセラピストは，それらの方法を用いることで，経済性や利便性が高まるだけでなく，伝統的な一対一のセラピーにはない形で問題に対処できると考えています。

✳ IAPTによる密度の低い介入

　これまで特定の方略について述べてきましたが，さらにイギリスのIAPT（Improving Access to Psychological Therapies）プロジェクトのなかで，密度の低い介入法（Low Intensity CBT：LICBT）として知られつつあるプログラム的なアプローチも簡単に紹介したいと思います。

● CBTの提供の仕方

　本章では，伝統的なセラピーに代わるCBTの提供方法として，(1) セルフヘルプ，(2) 大

表 16.1 各々の提供方法と主目的

方法	費用	利便性	効果
セルフヘルプ	✓	✓	
大グループ	✓	✓	
標準的グループ	✓		✓
カップル・セラピー			✓
ペア・セラピー		✓	✓

グループ，(3) 標準的グループ，(4) カップル・セラピー，(5) ペア・セラピーという，5つの主要な方法について検討します（表 16.1 参照）。

● セルフヘルプ

ここでは，古典的なセラピーに比べると，セラピストの接触がほとんどない，もしくはまったくない状態で，クライエントが何らかの媒体を使って CBT の介入方略を自習学習する一連のアプローチをセルフヘルプと呼ぶことにします。

そのため，私たちはセルフヘルプのなかに以下のようなアプローチを含めています。

- **読書療法（Bibliotherapy）** クライエントが自分自身でセラピーを行うために CBT の本を使う療法である。CBT の本はしばしばセラピストによって補助的に利用されるが，ここでは多かれ少なかれ古典的なセラピーに完全に取って代わるものとしての読書療法に焦点を当てる。したがって，ここでの重要な目標はセラピストがクライエントに会う時間を減らすことである。読書療法は，クライエントがセラピストと実際に接触しないで，純粋に自助的に行われる（というのも，セラピストがクライエントにセラピーの代わりに本を使うよう勧めたり，クライエントが本屋さんで本を買うだけということもあるため）。または，セラピストには会うが，その時間を減らす場合もある（補助つきのセルフヘルプ）。なお，ここではセラピーの専門書に焦点を当てているが，援助的なアドバイスを直接的には提供しない小説やそれ以外の本であっても，セラピーに役立つこともある。
- **コンピュータ化された CBT（Computerised CBT：CCBT）** クライエントに CBT の使い方を教えることを目的として，CD，DVD，インターネットなどによって提供されるコンピュータ・プログラムを利用する。このプログラムでは，たとえば，ビデオクリップ，テキスト文書，自記式の質問表や日誌などといった，マルチメディアなアプローチがなされる。
- 最近開発されたセルフヘルプのアプローチに，いわゆる**本の処方**スキーマ（*book prescription schemes*）を利用するものがある。Frude（2005）によって開発されたこのアプローチは，地元の公立図書館がセルフヘルプの本のリストを所蔵しており，プライマリーケアのス

タッフから「本の処方」を受けると長期間にわたって借りることができるというものである。最近開発された別のアプローチに，プライマリーケアにおける「セルフヘルプ・クリニック」がある。このアプローチでは，クライエントがメンタルヘルスのスタッフに短時間のセッションを申し込むと，メンタルヘルスのスタッフが，読書療法の教材の利用の仕方を教えてくれたり，サポートをしてくれる（Lovell, Richards and Bower, 2003）。

これらのアプローチのエビデンスは，少なくともある程度は希望がもてるものです。読書療法とCCBTは，プライマリーケアにおいては，通常の介入よりも有効であるという結果が得られています。セルフヘルプについては，ある最新のレビューは，セルフヘルプは対面面接と同等の効果があると結論づけています（Cuijpers et al., 2010）。しかし，エビデンスは限定的で，研究の質もあまり良くないことが多いため，さらなる検証が必要です（Bower, Richards and Lovell, 2001 ; Lewis et al., 2003 ; Richardson and Richards, 2006）。たとえば，初期の統制されていない予備的な研究では，補助付きのセルフヘルプを用いた介入は見込みがあることが示唆されましたが（Lovell et al., 2003），より最近の統制された研究では，同様の結果は得られていません（Richards et al., 2003）。さらに，これまでに出されてきた研究結果の多くがプライマリーケアにおいて得られているものであるため，こうしたアプローチが，二次的ケアや三次的ケアにおけるよりシビアで複雑な問題に対しても有用であることを支持するエビデンスは乏しい，ということも付け加えておきます。

いくつか不確実な点はありますが，セルフヘルプのアプローチは，ステップドケア・プログラムの一段階として，発展し推奨されてきました（例：NICE, 2004a）。セルフヘルプは費用対効果と，伝統的なセラピーだったら来なかったかもしれないような広範囲の人たちに対する利便性の向上という点でメリットがありますが，それだけではありません。セルフヘルプ・アプローチは，クライエントが精神医学的システムに過度に巻き込まれることを防ぐための一助となります——セルフヘルプ・アプローチは，おそらくスティグマと依存を最小限にするでしょうし，自尊心を高め，クライエントが将来いつでも自分で復習できるような形で援助を提供します。もちろん，何がしかのネガティブな影響が起こる可能性もあります。効果が得られないという可能性以外にも，「誤った」セルフヘルプの試みが，CBTの効果に対して抵抗感を植えつけてしまう可能性も指摘されています。この場合，クライエントはCBTを役に立たないと結論づけてしまい，効果が得られたかもしれない援助を受け損ねてしまうかもしれません（なお，私たちの知るところでは，こういった理論上のリスクが実際の臨床場面において起こっているかどうかについてのエビデンスはありません）。

セルフヘルプ・アプローチについては，特にプライマリーケアでは試してみる価値が十分にありますが，その効果についてはこれからもできるかぎり検証されていくべきであると考えています。こうしたアプローチを伝統的なセラピーに部分的ないしは完全に取って代わるものとして用いる際には，臨床的な経験から，以下のようなものが主なガイドラインとなると考えられます。

- クライエントには，識字力があり，読むこと（あるいは CCBT の場合にはコンピュータを使うこと）に対して抵抗感がなく，読書を妨げるような心身の障害がないことが求められる。
- セルフヘルプは CBT における第一段階として利用されるべきである（すでに CBT を経験しているクライエントには用いるべきではない。ただし，CBT の方略を思い出したいというクライエントに対して「補充的に」行う場合は例外とする）。
- クライエント自身に，試しにセルフヘルプをやってみようと思う意思が求められる。なお，クライエントのセルフヘルプに対する考え方をつねにチェックし，何か気になることがあれば，それについてじっくりと考えるように援助したほうがよい。
- セルフヘルプは，複雑で長期的な問題よりも，比較的軽症で限定的な問題に対して有効に働く可能性が高い（複雑で長期的な問題のある側面についても，それなりの効果はあるが）。
- 少なくとも，セラピストとの接触をある程度もつことは，セルフヘルプの成功率を高めるようである（例：補助付きのセルフヘルプ，スーパーヴァイズ付きのセルフヘルプ——たとえば，Gellatly et al.（2007）参照）。しかし，その接触はきわめて限定的である。たとえば，Lovell のセルフヘルプ・クリニックでは 1 セッションに 15 分しか使わないため，一連のセラピーにおいてセラピストが接触した平均時間は，わずかに 1 時間を超える程度である。こうした限定的な接触においては，通常，適切な本を紹介すること，クライエントのセルフヘルプの試みを支え，励ますこと，そして困難が生じたときに問題解決できるように援助することに重点が置かれる。
- 読書療法では，様々な本について各々の効果を比較したエビデンスは充分ではない。しかし，先述の「本の処方」スキーマでは，セラピストの援助によって承認を得ながら本へに向かうことができる（たとえば，インターネットで入手できる Devon Book Prescription Scheme（2004）のリストを参照のこと）。CCBT については，最近，イギリス国立臨床研究所（the National Institute for Clinical Excellence）は，うつについては"嫌な気分をやっつけろ"（Beating the Blue），パニック障害や不安障害については"不安との戦い"（Fear Fighter）を推奨している。

このあたりのより詳しい議論については，Williams（2001）を参照のこと。

● 大グループ

上記とは別の「効率的な CBT」として，White の「不安に対するストレスコントロールプログラム」があります（White, Keenan and Brooks, 1992；White, 2000）。White のアプローチは，20～50 人のクライエント集団に行われ，クライエントたちは，プログラム期間中および終了後にも取り組めるように，プログラムの内容を記述したものを渡されます。

このアプローチを「大グループ」と呼ぶことで，このアプローチの重要な特徴であるグループに含まれる人数を表すことができます。しかし，一方で，こう呼ぶことでそれ以外の特徴について誤解を招いてしまう可能性もあります。というのも，このアプローチは，一般的な意味でのグループ・セラピーではなく，教育的な色合いがより強く，夜間授業に近いものだからです。セラピー 1 コースは，2 時間のセッション 6 回分で構成されており，通常は夕方に，プライマリーケアの現場，もしくはヘルスケアではない現場でも開催されます。クライエントには，本人たちの希望があればパートナーもセラピーに連れて来るように勧められます。効果研究では，このプログラムは不安障害に対して有効であり，その効果はフォローアップでも維持されることが示されています（White, Keenan and Brooks, 1992 ; White, 1998）。White（2000）では，このアプローチについて，クラスの立ち上げ方や進め方といった実践的なアドバイスも含めて，わかりやすく説明されています。

このアプローチのメリットは，セラピストにとってもクライエントにとっても時間的にきわめて効率的な形で，多くの人に対して援助を提供することができるという点にあると言えます。このアプローチを不安障害に適用する場合には，ストレスを教育可能なスキルを用いて対処できるものとして概念化します。このようなアプローチは，古典的なセラピーにはつながりにくかった人たちにとっても魅力的です―― White は，もともとそうした人たちにアピールするためにこのアプローチを開発したところもあります。大グループは，人数は多いものの，望まない限りは誰も目立つことはありません。また，参加者に自身の特定の問題について一切議論させないというガイドラインもあります。このようなルールによって安心する参加者もいます。クラスの人数の多さによって，参加者は自己の特異性やスティグマを感じなくてすむというメリットもあるでしょう。つまり，「40 人もの人たちが同じような問題をもっているんだから，私はそんなに変じゃない！」という心境になるのです。一方で，もちろんこのような，どちらかというと個別性の低いアプローチが効果的ではないクライエントもいます。また，パートナーを連れて行くことで何とかなるかもしれませんが，そのような大人数の人々に対応することに難しさを感じるクライエントもいるかもしれません。

● 密度の低い介入

第 1 章で述べたように，ここ数年で新しく発展してきたもののひとつに，英国政府が行っている IAPT プロジェクトがあります。このプロジェクトは，国営保険サービスのプライマリーケアにおいてより一般的なメンタルヘルス問題に対する心理療法の利便性を高めることを目的としています。IAPT の第 1 段階には密度の濃い介入（この本はおおむねこちらについて書かれています）と，密度の低い介入の 2 つの異なる CBT アプローチがあります。ここでは後者について簡単に触れておきたいと思います。しかし，密度の低い介入について詳しく述べる紙幅がないため，関心がある場合には，本章の情報源にあたることをお勧めします。

密度の低いアプローチは，すでに今まで述べてきたいくつかの特徴をもっています。この

アプローチは，CBT について「明らかに量は多いが，質的には薄い」アプローチのことです。クライエント側の制約と，稀少で高価な専門職の活用の両方を最小限に抑えることによって，CBT をより身近なものにすることを目標としています。

IAPT における密度の低い介入の主な特徴は，以下のようなものです。

- このアプローチでは，段階的ケアモデル（ステップドケア）を採用しており，サービスを受けにきたクライエントは，介入の優先順位を付けられる。そして，効果的ではあるが最も制約の少ない介入方法を指定され，クライエントは規定に沿って介入の効果測定を行い，モニターされる。そして，必要に応じてより集中的な介入へとステップアップする。
- また，このアプローチでは協働的なケアが行われる。異職種の専門職が対等の立場でクライエントときちんと関わりつづける。
- これまで述べてきたような経済効率の良い介入方法を用いる。Richards（2010）は，密度の低い介入には臨床的に以下のような特徴があると述べている――より少ないセッションで行われ，自己管理を強調する。また，構造化されており，マニュアルを単に介入の補助として使うのではなく中核的な方略として，介入の中心に据える。また，電話やコンピューターを介したやりとりなど様々な形で行われる。

典型的な密度の低い介入では，次のような CBT の方略に自助的に取り組むように指導されます。たとえば思考の把握，不安な状態でのエクスポージャー（ただし，エクスポージャーを行うときには，対面の面接をフルに行うのではなく，電話で短時間のやりとりをすることもよくあります），簡単な行動活性化（第 17 章参照），薬物療法へのサポート，コンピュータを使った CBT などです。IAPT のウェブサイト（IAPT, 2010）にアクセスすると，密度の低い介入の実施者のための訓練用カリキュラムや情報をダウンロードすることができます。IAPT の成果について，最初に公刊された学術誌のなかで，Clark and Beck（2009）は，密度の低い介入はクライエントに対して良い効果をもたらしただけでなく，さらに印象的なことには，平均介入時間 2.6 時間という高い介入の処理能力をデータで示しました。

密度の低い介入については，他にも次の2点を覚えておくとよいでしょう。

(a) 密度の低い介入は，標準的な CBT を薄めたようなものではない。薄めたというよりも，介入の仕方も，セラピストも，標準的な CBT とは明らかに"異なる"。
(b) 密度の低いアプローチは，まったく違ったアプローチであり，クライエントの数が多いため（援助者1人50ケースは珍しくない），スーパーヴィジョンの方法も第19章で述べているようなものとは異なる。たとえば，コンピュータシステムによってケースをモニターし，自動的にスーパーヴィジョンのフラグが上がるようになっている（Richards, 2010）。これらの理由により，標準的な CBT のセラピストが必ずしも優れた密度の低い介入のセラピストやスーパーヴァイザーになるわけではない。

● 標準的グループ

　クライエントとより協働的な関係を維持しながらもコストを削減する別の方法として，心理力動的集団の原理とは違った形で，個人に用いる CBT アプローチを小グループ形式で行うことによって，CBT グループを発展させる方法があります。特定の障害のために開発されたさまざまな集団プロトコル・プログラムが開発されています（Bieling, McCabe and Antony, 2006）。アジェンダをつくる際の CBT の構造「感情・思考・行動のモニタリング／不適切な思い込みの再評価／ホームワーク課題」と行動実験はグループでも用いられます（Freeman, 1983）。はじめは，抑うつのクライエントのためのグループに焦点が当てられていましたが（例：Hollon and Shaw, 1979），徐々に他の障害にも幅広く広がってきました（レビューとしては Ryder (2010) を参照）。この方法には経済的な効率性以外にも，以下のようなメリットがあります。

- セラピストの時間の節約（ただし，下記の議論を参照）。
- 他の人の症状や問題を共有することで，グループ成員の経験をノーマライズすること。
- クライエントはしばしば自分自身については気づかないことを他人については気づくことができる――例：思考と感情のつながりを理解する，あるいは他人の認知の歪みに気づく能力を高める（Rush and Watkins, 1981）。
- 難しい課題を行うことに対するグループからのサポート――例：勇気がいる行動実験。
- ホームワークを行う文化の醸成など。
- グループメンバーが獲得したスキルを使って，お互いにコ・セラピストのように振る舞う可能性――たとえば，「ホットな思考」を捕らえるときなど（Hope and Heimberg, 1993）。
- 特に不安障害については（不安障害に限らないが），グループ内で行動実験をすることができる。

　しかし，これらのメリットは，以下のような多くの考えうるデメリットによって相殺されます（Tucker and Oie, 2007）。以下にデメリットを挙げます。

- 個々のクライエントに特異な思い込みや行動に合わせてセッションをつくることが難しい。
- 恥ずかしい思い込みを開示することをためらう可能性があること。
- 一人あるいは数人の個人がセッションを独占してしまう，あるいはセッションに取り組まない危険性。
- グループ内の改善ペースの違いによって，やる気をなくす人もいること。
- ドロップアウトはグループを意気消沈させるような衝撃を与えること。
- 援助的ではない文化が発展する可能性――的外れな議論や，ホームワークをやってこないことなど。

それにもかかわらず，セラピストの時間を節約する可能性があることはとても魅力的であり，多くのさまざまな種類のグループが発展してきました。

✳︎ CBT グループの様式

グループは異なる目的（たとえば，「入院患者」対「外来患者」）で発展してきており，Morrison（2001）はそれらを以下のように分類しました。

- **オープンエンドなグループ**　クライエントは複数のセッションにどこからでも参加できる。このようなグループでは，教育的な色調が強いかもしれない。たとえば，感情と認知のつながりのような広い問題に焦点を当てざるをえず，個人的な問題について考える機会は少ない。
- **オープンでテーマが順番に替わるグループ**（Freeman et al., 1993）　プログラムが予め決められているので，すべてのセッションが必ずしもどのクライエントにとっても適切というわけではない。通常よりも頻繁に行われる──たとえば，1週間に3回。
- **プログラムされたグループ**　講義形式であることが多く，最も相互作用が少ない。上述のような大きな集団で行う場合と似ている。
- **閉じたグループ**　すべての人が同じ時期にグループに参加し，すべてのプログラムを行っていくので，全員が同程度の CBT のスキルをもつ。

✳︎ グループのメンバーシップ

これは，グループの機能に大きく影響されます。もし，そのグループがパニック障害や境界性パーソナリティ障害のような問題を扱うために企画されるのであれば，スクリーニングを入れる必要があるでしょう。一方で，たとえば外来におけるオープンエンドなグループなど，グループが診断に関わる問題に対処するためにスキルを高めることを意図するのであれば，その場合は，診断に関わらない幅広いクライエントがグループメンバーになるでしょう。それに関連して，そのグループの目的は何か，最も利益が得られそうなのは誰かということも問われます。グループが成功するかどうかはメンバーによるところもあるため，誰が参加するかは重要です。Ryder（2010）は，グループの立ち上げを計画する際には，参加基準（たとえば，グループから社会的な利益が得られる）や，除外基準（たとえば，自殺企図）を設けることを検討すべきであるなど，役に立つ助言をしています。

✳︎ セラピストの参入

一般的には（たとえば，Freeman et al., 1993），グループ成員間の相互作用に気を付けると同時に，技術的な情報を提供する（例：DTR の使い方の教示）という2つの仕事があることも

あり，2人以上のセラピストでグループを運営するほうが楽であるとされています。Hollon and Shaw（1979）は，1人のセラピストがコ・セラピストなしで運営できる最大の人数は6人までだと述べています。Ryder（2010）はセラピストの人数が増えれば技術的なスキルを教えるだけでなく，グループの動きを見ておくことができるため（Yalom, 1995），より多くの人に参加してもらうことが可能になると指摘しています。セラピスト同士は異なる役割をもち，互いの役割が重なったり，あるいは役割の不足がないように合意を得ておくべきです。

✴ 頻度

オープンなグループは，通常，期間の制限なく続けられますが，閉じたグループは12～20セッションで運営される傾向があります。外来患者なら通常週1回，入院患者ならより頻繁となります。それらは，通常は1時間半～2時間にわたって実施されるので，講義や技術的なことだけでなく，グループディスカッションにも十分な時間を取ることができます。

✴ グループのルール

グループのメンバーは守るべきルールを知っておいたほうがよいでしょう。たとえば，守秘義務を守ること，きちんと参加すること，時間を厳守すること，他のメンバーを尊重すること，発作が起きたときには対処できることなどについてです。

✴ グループCBTからどのような効果が得られるのか？

Morrison（2001）は，診断や形態が異なるさまざまな種類のグループの効果研究を調べ，その結果を論文に簡潔にまとめました。それによれば，グループ介入の研究は研究目的がはっきりしていないために，全体としてはグループでの介入が個別の介入よりも有効であることを実証するのは難しかったようです。また，多くの研究ではサンプル数が非常に少ない（たとえば，うつについてはRush and Watkins, 1981／不登校についてはScholing and Emmelkamp, 1993），あるいは同じ問題を扱った他の研究結果に比べて個人的な介入の効果が低い（たとえば，パニック障害についてはTelch et al., 1993），グループで提供されるプログラムが一貫してCBTを行っていないためです（たとえば，強迫性障害についてはEnright（1991））。それにもかかわらず，Morrisonは深刻なうつや強迫性障害などより深刻な障害をもつクライエントには，個人的な介入のほうがよいだろうとしながらも，効果研究におけるグループCBTの効果はおおむね支持されると結論づけました。

✴ グループCBTの費用対効果

グループCBTのメリットに関する多くの議論で，グループセラピーの費用対効果の高さが

指摘されています。しかし，以下の理由から実際にはそうでもないこともわかっています。

- グループセッションでは，典型的な個人的セラピーの1時間よりも長く，1時間半あるいは2時間かかる。
- 紹介者がグループに適していないようなクライエントにもグループ・セラピーの機会を与えてしまうことがあるため，クライエントをスクリーニングする過程には非常に時間がかかる。
- グループのためにたくさんの資料を準備する必要がある（例：配布資料，質問紙，評点など）。
- 恐らくコ・セラピストと一緒に行うであろうが，グループプログラムの準備をするために時間がかかる。
- 各セッション後にコ・セラピストと報告し合う時間が必要である。
- クライエントが仕事後の移動時間に加えて，2時間を費やすということが難しいかもしれない。Antonuccio, Thomas and Danton（1997）は，このようなコストは，相対的なコストを調べる際に考慮される必要があると述べた。
- 個々人がグループにおける介入効果をあまり得られない場合には，セラピストの時間当たりの効果について考える必要がある。

もちろん，そのままCBTグループを続けて発展させてもよいのですが，グループのなかの個々人の進捗状況を評価することも大事です。一人ひとりのクライエントについて，これまでの自分自身の経験や公表されている研究から，似たようなクライエントを見つけ出し，そのクライエントと進捗状況を比べてみるとよいでしょう。クライエント個々人を見た場合には，少人数のほうがより良いということを知っているとしても，グループセラピーでクライエントに改善が見られるのであれば，少数のクライエントを個人的なセラピーに誘うよりも，より多くの人をグループに誘うほうが妥当かもしれません（期待するような効果があまり得られないかもしれませんが）。Morrison（2001）は，グループに入る前に2～3回の個人的セッションをクライエントに提案するのは有効であると言います。というのも，グループのなかで注意しておくべきクライエントの特徴を把握したり，CBTアプローチに順応するように教育しておくことができるからです。そうすることで，グループセラピーと個人セラピーの両方のアプローチの最も良いところを得ることができるでしょう。

● カップル・セラピー

　カップルの関係性そのものが，カップルの片方あるいは両者にとって中心的な問題である場合には，カップルで介入を行うことがセラピーの効果を高めるためのもう1つの方法となります。カップル・セラピーにおけるCBTアプローチでは，自分自身について，カップルの

関係性や関係性というもの全般について，カップルの双方がどのように考えているかが，カップルが自分たちの関係を互いにどう感じているのか，また互いに対してどのように振る舞っているのかを理解するうえで，きわめて重要であると考えます。これらの考えは，人生の初期に学習されたかもしれませんし，言葉ではっきりとは述べられないかもしれません。そのため，セラピーでは，カップルがこれらについてどのように考えているかを把握するように援助することが主な仕事となります（Beck, 1988）。互いの関係性についてパートナーがどのように考えていると予想しているか，また各々の予想が現在の関係性についての認識を歪めているのかについて，まんべんなく注意を払うことが重要です。

　認知療法の一般的な原理と特徴は，カップル・セラピーのワークにも応用されます。たとえば，構造的なセッションを強調したり，セッションとセッションの間に宿題を出すことが強調されることなどです。アセスメントは，各々のパートナーがともに参加するジョイントセッションでも行われます。ジョイントセッションには，たとえば，セッション中に外からかかってくる電話について，あるいはセッション中の議論についての基本ルールがあります（Dattilio and Padesky, 1990 参照）。起こっている問題をリストアップして，フォーミュレーションを行った後，セラピーでは以下の3つの領域に焦点が当てられるようになります。

✱ 1. 現実的でない期待の修正

　これは，これまでの章で書かれた個人を対象とするセラピーの原理やテクニックに沿って行われます。

　　結婚について希望をもてないと感じているある女性は，「私が彼の生活の中心でない限り，私たちの関係は意味がない」という信念をもち，彼女のパートナーが一人で行動しているときはいつでも，「私たちは何も一緒にすることができない」という自動思考をもっていました。セラピーでは，それぞれのパートナーの否定的自動思考についてそう考える根拠を探し，徐々に，現在の互いの関係性を考慮した考え方をもてるよう一緒に作業を進めていきました。たとえば，「私たちの人生は，重要な領域では相互に連動して重なることもあるし，その他の領域では離れることもできます。そして，私たちの関係はまだまだ意味がある」という考えをもてるようになっていったのです。

　Beck（1988）は，典型的な認知の偏りと，それらに対する対処の仕方に関する良い例を挙げています。

✱ 2. 非難についての誤った帰属の修正

　カップルがけんかや非難の悪循環に陥っており，その関係が固定してしまっていることはよくあります。このようなときには，双方が互いの問題についての責任を受け入れない状態

になっています。彼らが自分たちの問題に一緒に取り組めるようにするために，セラピーでは，各々が自分の責任についてどのように考えているのかを明らかにするとともに，その考えについてもう一度考えてみるように援助することから始めます。

✴ 3. コミュニケーションの練習と問題解決

　カップルが破壊的な相互作用を減らせるようにするためには，典型的には新しいスキルを獲得するための援助が必要でしょう。コミュニケーション・トレーニングでは，よく聴くスキル，自分のニーズをはっきり言うこと，自分の感情に責任をもつことが強調されます。これについては Burns（1999）にわかりやすく記述されています。カップルは，コミュニケーションの仕方を学びながら，激しい怒りに対する対処法も効果的に学ぶことが重要であり，その学びを，介入セッションのなかでリハーサルすることもできます。

　カップルがより効果的にコミュニケーションできるようになると，多くのカップルは，今度は互いに相容れないところをどのように扱うのかという問題解決について学ぶ必要が出てきます。Jacobson and Margolin（1979）は，カップルにおける問題解決の一般的な原理を示しました。それには以下のようなものが含まれます。

- 問題を明確にする
- 非難よりも解決に焦点化する
- 妥協を学習する

　カップル・セラピーへの行動的アプローチ（たとえば，Stuart, 1980）では，それぞれのパートナーが相手を喜ばせるようにするなど，行動をポジティブなものに変えることを強調します。CBT では，この方略は不合理な信念を明らかにするときや，行動実験に組み込むときに用いられます。

　カップル・セラピーにおいて特に注意すべき問題は，2 人の間で最近発覚した不倫や新たに起こってきた暴力のような危機です。介入の初期段階では危機を和らげることが優先されるでしょう。もう 1 つの問題は，パートナーのどちらかが関係を終わらせたいと思っているときです。たとえば，一方のパートナーが，あばかれたくない秘密（例：不倫）があるときや，一方のパートナーが別に付き合っている人がいるとき，あるいは一方のパートナーが重い精神障害を抱えているときなどです。このような問題については，Dattilio and Padesky（1990）でも扱われて言及されていますが，スーパーヴァイザーと話し合うべきです。その際，できればスーパーヴァイザーにカップルワークの経験があれば理想的です。

● ペア・セラピー

　これは，似たような問題を抱える2人のクライエントに対して同時に行われるセラピーです。私たちの知るところでは，CBTのペア・セラピーは，Kennerley（1995）によって初めて提案されました。Kennerleyは，トラウマをもつクライエントたちに対してペア・セラピーを勧めました。彼らは構造化された治療的なセッティングで他人と問題を共有したいと思ってはいるものの，実際にはCBTのセラピーグループに入ることができなかった人たちでした。彼らが他のクライエントと一緒にワークを行いたいと思う主な理由は，グループセラピーでも体験するようなことですが，幼少時代の虐待経験によるスティグマを払拭するためであったり，あるいは，他者がそれについてどのように対処してきたかに対する気づきを得るためでした。グループに入らない大きな理由としては，社会不安がとても強いためにグループに参加できないグループセラピーへの参加を妨げるようなパーソナリティ障害がある，次のグループまでの待ち時間が長いなどがあります。

　ペアはトラウマの経験や現在の問題の類似性からマッチングされ，一人のセラピストが，グループセラピーで使われるのと同様のプログラムを用いて治療を行いました（Kennerley et al., 1998）。Norris（1995）は，ピアグループに参加した2人の女性の経験を詳細に述べています。このケースでは，幼少期のトラウマに対処するためにペア・セラピーを行いました。統制群はありませんでしたが，このアプローチがクライエントに受け入れられることを示す予備的な示唆が得られました。クライエントはグループに参加せずして他者と問題を共有できるという社会的利益を得ることができ，グループセラピーと同じくらい良い援助を受けることができました。

● 要約

- CBTは，患者とセラピストが1時間にわたってセラピーを行うという伝統的な方法以外にも，さまざまな方法で実施できる。
- 本章では，以下のようなバリエーションについてみてきた。
  ―セルフヘルプ
  ―大グループ
  ― IAPTによる密度の低いアプローチ
  ―標準的グループ
  ―カップル
  ―ペア
- これらのバリエーションは，伝統的な対面式のCBTに比べて費用，敷居の低さ，効果を上げるうえで有用かもしれない。

- **練習問題**

  * **振り返り／考えてみよう**

    - これらのアプローチには何か問題があるだろうか？　あるとすれば，それは何で，どの程度の問題だろうか？
    - これらのアプローチに対してよくなされる批判のひとつに，これらのアプローチが本格的な CBT に対して予防接種的な役割を果たしてしまうかもしれないということがある。つまり，もし，簡略的なアプローチやグループ・アプローチがうまくいかなかったときに，クライエントは本格的な CBT を試すことに抵抗を感じるかもしれず，それによってクライエントは有効な援助を受け損ねてしまうかもしれない。ただし，私たちはこの考えを支持する証拠も，否定する証拠も持ち合わせていない。あなたはこれについてどのように考えるだろうか？
    - これらのアプローチのうち，どのアプローチがあなたのやり方やあなたのクライエントに合うだろうか？

  * **やってみよう**

    - あなた自身の臨床実践のなかで，あるいはあなたが働いているサービス機関において，これらのアプローチのどれかをやってみようと思うだろうか？
    - このアプローチを行うためには，どういうことが必要だろうか？　CBT アプローチについて誰と相談する必要がありそうだろうか？　どうしたら最もうまくできるだろうか？
    - もし予防接種的な影響があなたにとって重要だとしたら，実践においてこの問題がどの程度本当に起こりうるかをどのようにチェックすることができるだろうか？
    - 一般的に，あなたはいつもと違う CBT アプローチを行ったことによる影響をどのように評価することができるだろうか？

- **学習を深めるために**

Bennett-Levy, J., Richards, D., Farrand, P., Christensen, H., Griffiths, K., Kavanagh, D., Klein, B., Lau, M., Proudfoot, J., Ritterband, L. White, J. & Williams, C.（Eds.）（2010）The Oxford Guide to Low Intensity CBT Interventions. Oxford : Oxford University Press.

IAPT（2010）Web page : Training resources for Low Intensity therapy workers. Retrieved 27 January 2010 from www.japt.nhs.uk/2009/01/20/training-resources-for-low-intensity-therapy-workers/

Richards, D.（2010）Low intensity CBT. In : M. Muller, H. Kennerley, F. McManus, and E. Westbrook（Eds.）The Oxford Guide to Surviving as a CBT Therapist. Oxford : Oxford University Press.

Ryder, J.（2010）CBT in groups. In : M. Mueller, H. Kennerley, F. McManus and E. Westbrook（Eds.）The Oxford Guide to Surviving as a CBT Therapist. Oxford : Oxford University Press.

患者のセルフヘルプのために役に立つ資源には，以下のものがある．

CBT のリーダーたちによるセルフヘルプ本である Constable Robinson の"Overcoming"シリーズは以下を参照してほしい．
www.constablerobinson.com/?section=books&series=overcoming
オックスフォードの認知療法センターが発行している患者のための小冊子は以下を参照してほしい．
www.octc.co.uk/content.asp?PageID=63
Chris Williams の 5 領域のアプローチは以下でダウンロードできる．
www.fiveareas.com/

17
CBTの新たな展開

● はじめに

　CBTはもともとはうつ病になった人々を支援するために発展し，そして徐々に広範囲の精神障害にも広がっていきました。1990年代までには，認知・感情・行動といったプロセスを含んだモデルが精巧につくりあげられ，それによってパーソナリティ障害などのより複雑な問題を経験しているクライエントの困難を援助するようになりました。

　複雑な問題をもったクライエントに対して臨床的に最も重要とされるモデルでは，認知的・行動的な困難におけるスキーマの役割を強調しています。これらはスキーマに明確に焦点化する（Beck et al., 1990 ; Young, 1990），あるいはスキーマの問題に間接的に取り組む（Gilbert, 2005 ; Linehan, 1993），あるいは強調点を少し変えることによってすばらしい可能性を提示しつつある認知療法のアプローチの基礎となりました。こうしたスキーマに焦点化した発展が，本章において最も重要なものとなるのですが，本章では介入の強調点をより強く意識したり，他の重要なモデルや理論についても見ていきます。これにはマインドフルネス認知療法（Mindfullness-Based Cognitive Therapy : MBCT）（Segal, Williams and Teasdale, 2002）を実証する相互認知サブシステムモデル（ICSモデル）（Teasdale and Barnard, 1993）や，ACT（Acceptance and Commitment Therapy）の理論的ベースとなる関係フレーム理論（Hayes, Barnes-Holmes, Roche, 2001）が含まれます。

　ここ10年の間に，行動活性化（Behavioural Activation : BA）（Jacobson, Martell and Dimidjian, 2001）も出現しています。行動活性化は，うつに対するCBTの構成要素のひとつに焦点化したセラピーです（第12章参照）。

　これらの各発展について本章では簡潔にしか述べられないので，より詳細な手引きを知りたいと思う読者には，入手可能な訓練マニュアルや出版物を参照することをお勧めします。

● なぜ伝統的なCBTの枠組みから外れた働きかけを考えるのか？

　第1に，特別な問題に対してCBTを効果的に行うためには，伝統的なCBTの修正もしくは洗練が必要になります。これは，たとえば，クライエントが不測の事態を扱わなければならない状況において，介入計画よりも多くのセッションをしたり，また介入計画を補足するために追加で別の介入を付け加えるようなことです。

　さらに，CBTがすべての心理的問題に対する最適な技法ということはなく，またすべての

クライエントに受け入れられるわけでもありません。実際に，他の心理療法の枠組みがより有効であることもあります。たとえば神経性無食欲症の介入においては家族療法が有効です（Eisler, le Grange and Asen, 2003 参照）。

　第2に，慢性的で複雑な問題を抱えた人々に適用を拡大するために，認知療法を大いに発展させた専門家もいます。これには，認知療法における対人関係のプロセスへの関心の拡大（Safran and Segal, 1990），スキーマ焦点化認知療法（Schema-Focused Cognitive Therapy：SFCT）（Beck et al., 2004），スキーマセラピー（Young et al., 2003），CBTにマインドフルネス・トレーニングを組み合わせたMBCT（Segal, Williams and Teasdale, 2002）などが含まれます。

　第3に，CBTの特定の側面に焦点を当て，典型的なCBTを発展させた専門家もいます。たとえば行動活性化（Jacobson, Martell and Dimidjian, 2001）では，うつの介入を行う際に，従来のCBTの認知的構成要素を強調しません。

　セラピストは，CBTに適しているように思われる，クライエントの問題のフォーミュレーションを行っても，認知行動的な介入がより良いと思えるものの，「古典的な」アプローチでは不十分のように思われるクライエントに対して，CBTの典型的枠組みから外れた働きかけを考えるのかもしれません。実際に，どのようなクライエントにどのような援助を行うかを示したガイドラインがあります。これによれば，たとえばMBCTはうつの再発の予防に対して推奨されており，自責や恥によって進展が止まってしまった人に対する共感的なマインドトレーニングが有効です。またSFCTは積年のネガティブな信念体系によって行き詰まってしまったクライエントに対して有効です。これらのアプローチについては本章で後述します。

● セラピーにおけるスキーマ

✴ スキーマとは何か？

　スキーマは信念を超えたものだということに異論はないでしょう。スキーマとは，私たちが入ってくる情報を分類し，出来事の予期を可能にする情報処理過程の構造です。それは完全な認知的構造であると主張する専門家もいれば，より複雑な多画的モデルであると主張する者もいます。私たちは皆，自分自身や出来事などについてスキーマをもっています。これらの知識構造によって，私たちは自分に何が起きているかをすばやく処理することができ，周囲の状況を断定することができます。一般に，スキーマは幼少期から発達し，そのスキーマによって，その後人は自分や世界，未来について特定の解釈をするようになるとされています。

　Williams et al.（1997）はスキーマを**蓄えられた知識の集合体**であり，それは「注意を向けたり，予測したり，解釈したり，記憶の検索をすることによって，新しい情報の符号化を行い，理解し，その領域のなかで検索を行うといった相互作用をするもの」であり，「新しい情報を秩序立てるための鋳型となる安定した内的な構造である」と簡潔に記述しています（p.211）。

これに対してあなたは,「実際にはどういうこと？」と聞きたくなるかもしれません。では,以下の一節について考えてみましょう。

> マリーは通路を歩いています。集まった人々は静まりかえり,彼女の両親は誇らしげに眺めています。彼女は角帽を少し直しました。

何も言及しなくても,あなたはおそらくすぐに,これはマリーの卒業式だと結論づけたでしょう。あなたが事前にもっている式典に関する知識が,「行間を読み」,何が起きたかを予想するための情報を提供したのです。この知識の集合体はスキーマのなかにあります。スキーマはとても機能的で柔軟性があります（「角帽」という字を読むまでは,この場面を結婚式だと思ってもおかしくなかったのですが,それを読んだ段階で他の可能性に変わりました）。このように限られた情報をもとに性急に推論できてしまう能力は,たいていの場合,私たちの役に立ちます。しかし,スキーマの内容が偏っていたり柔軟性がないと問題が生じます。つまり,間違った「行間の読み方」をしてしまうのです。たとえば――

> ロージーの上司が「今日は素敵だね」と言い終わると,彼女は圧倒されるような苦痛を感じ,部屋を出たいと思いました。彼女の頭を駆け巡った考えは「彼は私のこと太ってるって思ってるんだ」であり,彼女が体験した感情は恐れと強い嫌悪感でした。

ロージーのセルフスキーマが非常にネガティブに偏っていたため,彼女の上司が彼女の容姿についてコメントしたとき,彼女は「行間を読み」,賛辞を読み取る代わりに非難されたと思い込んだのです。

Beck et al.（1979）は,抑うつの認知モデルにスキーマがあると考えました。彼は,アクセス可能な思考（自動思考）が「より深い」精神構造（スキーマ）に色づけされていることに気づきました。たとえば「絶望（hopeless）」のラベルで表される自己スキーマには,「挑戦したって無駄だ」や「何もうまくいかない」といった否定的自動思考がうまく当てはまります。また「不信」で表される人間関係のスキーマは,「彼は私を操るためにそう言ってるだけなんだ」や「結局はみんな私を置き去りにするんだ」といったような否定的自動思考で説明されるでしょう。

スキーマは長い間,永続的な知識構造（Neisser, 1976）と考えられてきましたが,柔軟にその程度を変えることができます。そのため,私たちは新しい経験をすることによって態度や期待を変えることができるのです。たとえば,経営者の経験をすることによって,その人の自己イメージは「私は人を扱えない」から「私は他人を管理することができる」へと変わるかもしれません。トラウマ体験をした後の世界観は「基本的な安全」から「脅威や危険」に変わるかもしれません。CBTでは「今,ここ」での作業を行うなかで,クライエントに新しい可能性を提供し,スキーマのレベルにインパクトを与えるような経験をするように促します。それによって,このような変化を引き起こすことができるのです。

● スキーマ焦点化療法

しかし，新しいエビデンスに直面しても，なお変わることに抵抗するようなスキーマをもつクライエントもいます。これは，パーソナリティ障害が絡んだ人など，長年にわたって心理的問題を抱えてきた人の中核的なスキーマのようです。概して，変化に抵抗するスキーマをもったクライエントは，ネガティブな思い込みを脅かすようなポジティブな経験を受け入れられません。代わりに，彼らは「たしかにそうだ。でも彼は同情してそう言っただけだ」「その通りだ。でもただ運がよかっただけなんだ」といった言葉で，ポジティブな経験を**繰り返し**退けてしまいます。なかにはロージーのように，ポジティブな経験をありがたく思うことすらできなくなってしまうクライエントもいます。彼らはすぐさまそれを内面の否定的な見方にうまく合うようなネガティブな出来事へと歪めてしまうのです。

彼らのようなクライエントのために，スキーマに焦点化した次世代の認知療法が開発されました（Perris, 2000）。役に立たないスキーマの抵抗力に対処するために，より直接的にスキーマを扱う方略を開発し，それを促進するようなアプローチが必要となったのです。したがって，スキーマ焦点化ワークは，伝統的な CBT の強調点を少し変えたものであり，伝統的な CBT とまったく別の新しいアプローチではありません。

スキーマ焦点化アプローチは，心理的問題の根源となる幼少期・青年期の理解と，クライエント－セラピストの関係性に重点を置きます。それによって，より大きな歴史的文脈と同時に内的個人的な文脈からフォーミュレーションをしていきます。すでに 1979 年の段階で，Beck らは「幼少期の問題を扱うことは，うつや不安が深刻な段階では必ずしも重要ではないが，長期にわたるパーソナリティ障害では有効である」と述べています。

セラピストは，デリケートでとらえにくい中核的なテーマをより容易に明らかにするために，クライエント－セラピストの相互作用を使うことを強調します（Perris, 2000 ; Beck et al., 2004）。クライエントに人間関係の困難や深い絶望感に向き合わせるため，変化の媒体としてその関係を使うのです。認知療法では転移を仮定しませんが，転移は精査されるべきものとしています。Young et al.（2003）は，特にスキーマセラピーにおける「部分的な育て直し」と「感情的直面化」の有効性を強調しており，これらはいずれも協働関係が変化の媒体となることを想定しています。

スキーマワークはクライエントにとって有益な新しくて役に立つ信念体系を発展させるものであり，それによって古い考え方に対抗することができます。というのも，単に古い思い込みを破壊するだけでは，クライエントに空虚感のようなものを感じさせるからです。これらの方略の多くは，「典型的な」CBT 技術を洗練させたものであり，以下のものが含まれます。

肯定的データログ（Padesky, 1994）は，ポジティブな経験を系統立ててまとめたリストです。これは，古くて役に立たない考え方に立ち向かい，新しくてより建設的な信念体系をつくるための助けになります。

たとえば，ロージーは「私は魅力的な人間だ」という新しい考え方に一致する情報を集めました。まず，彼女は他の人について魅力的だと感じる特性をリストにまとめました。

- いつでも笑顔
- 本物の温かさ
- 優しさ
- 寛大さ
- 公平さ

ロージーは，彼女のリストに身体的な姿形についての記述が含まれていないことについて興味深く感じ，他の人も自分と似たような見方をしているのかもしれないと思いました。彼女はこのリストをチェックリストとして使い，彼女がこれらのどれかひとつに当てはまっていることに気づいたときや，誰かが彼女のことを魅力的だと褒めてくれた時々にそれを書き留めるようにしました。はじめは良いところに気づくのは難しく，ログを続けるには励ましが必要でした。しかし，練習を重ねるうちに，ロージーは人から褒められたことや，うまくいったことに気づくのがだんだんうまくなっていきました。こうやって彼女は新しい考え方につながるような情報を収集し，肯定的な出来事に気づくスキルを身に付けることができるようになったのです。

このテクニックはまったく新しい方略というわけではなく，私たちが伝統的な CBT で使っているデータ集めのエクササイズを洗練させたものです。とはいえ，これは一般的にはクライエントにとってかなり大変な作業であり，長期にわたるでしょう。

連続線上評定法（Pretzer, 1990）は，クライエントが役に立たない二分法の思考スタイルと戦うときに助けとなる方略です。伝統的な CBT では，クライエントが「全か無か」思考に気づくように援助し，両極端な考えの間にある可能性の幅をもたせるように促します。連続線上にその程度を位置づける連続線上評定法はこの考えに基づいており，まずはじめに両極の間にあるスペクトラムを描き出します。そして，「全か無か」というものの見方（これについては第 8 章でも論じています）の妥当性について議論したり比較検討を行います。

ロージーの場合，彼女は「醜いか魅力的か」という二分法をもっていました。そのため，彼女はあなたは魅力的であるというとてもはっきりとしたメッセージをもらったにもかかわらず，そのコメントを聞いて彼女は自分が醜いということを確証してしまいました。セラピーにおいて，魅力というものは連続体であり，身体的な姿形以上のものがあることに気づきはじめました。

振り返りログ（**Historical logs**）（Young, 1984）は，回顧的な思考記録です。ある思い込みがなぜ抗しがたい影響力をもっているように感じられてきたのか，そしてなぜ今になって，その妥当性を疑わなければならないのか，その理由を歴史的に再検討するという系統的な方法で，過去の重要な出来事について再評価します。

　ロージーは自分は醜いという思い込みについて，過去にさかのぼっていくつかのエピソードを思い出しました。そのなかには，8歳の頃，子どもたちに取り囲まれて，「気持ち悪い」とからかって歌われたというエピソードがありました。彼女はなぜそのとき彼女は彼らの言葉を信じてしまったかを思い出しました。

　私は太っていて，両親はいつも私を非難しました。

しかし今，彼女は彼女の「賢い心」を使って8歳のときに彼女が導き出した結論に挑戦することができるでしょう。

　私はごく普通の容姿の女の子でした。でも，少しぽっちゃりしたために，私は私のことをよく知らない子どもたちのスケープゴートにされていたのです。

そして彼女は新しい結論を引き出しました。

　私は家庭生活によって，批判を信じてしまうほど傷つきやすい子でした。でも，今は，あの子どもたちは人をうわべでしか見ない残酷な子たちで，悪いのは私じゃなくてあの子たちだったんだ，ということがわかります。

　責任のパイ技法（Greenberger and Padesky, 1995）：クライエントに対して，困った状況になってしまっているのは誰のせいか，あるいは何のせいなのかについて考えるように促します。時として，クライエントは何か悪いことが起こり，それについてひどく恥ずかしいと感じると，すべてではなくても，そのほとんどは自分の責任だと思ってしまうことがあります。

　ロージーのケースでは，彼女は自分が太っていることについて自分を責めていて，それが自己嫌悪や恥，抑うつ気分につながっていました。彼女のセラピストは誰が，あるいは何が，彼女が太っていることの原因となっていそうかについて考えてみるよう促しました。彼女は，はじめは悪戦苦闘していましたが，ゆっくりとリストをつくっていきました。

1. 食品産業……食べ物をおいしそうに包装し，広告する。
2. 自分の抑うつ……食べて楽になろうとさせる。
3. 両親……私を支えてくれなかったため，私は食べることで癒されるようになった。

4. 母親……自分はいつもダイエットしているのに彼女は自分自身が食べたいものを私に食べさせようとする。それで私は太った子になってしまった。
5. 子どもたち……「太っている」ことをからかった。それが体重に対する強迫観念のきっかけとなった。
6. ダンススクール……痩せていないと受け入れられないという考えを私たちに吹き込んだ。それは体重に対する強迫観念の一因となった。
7. 体重に対する自分の強迫観念……食べ物に夢中になった。
8. おば……私は心から彼女を愛していた。でも彼女はチョコレートをくれて私を励ましてくれた。そのために，おそらく私は特にチョコレートに夢中になった。

彼女はすべての可能性を出し尽くした後，リストの一番下にサインをしました。

なかにはこの作業だけで責任に対する極端な見方を修正するのに十分なクライエントもいます。というのも彼らは今，問題にはさまざまな要因があったことがわかるからです。しかしGreenbergerとPadeskyはさらなる作業をすることを勧めています。クライエントに原因とされた人や事がどのくらいその問題に影響しているかを評価させ，そしてそれを円グラフに書き換えるように言っています。この作業はクライエントによっては負担が大きすぎることもありますが，それ以外のクライエントにとっては役に立ちます。

ロージーのケースでは，彼女の評価は以下のようになりました。

1. 食品産業……5%
2. 自分の抑うつ……10%
3. 両親……40%
4. 母親……10%
5. 子どもたち……10%
6. ダンススクール……5%
7. 体重に対する自分の強迫観念……15%
8. おば……1%
9. 自分自身……4%

リストの最後まで到達したとき，ロージーは自分の配分が4%しか残っていないことに気づきました。その結果，自分自身に抱いていた恥ずかしさや怒りが少し減りました。彼女の円グラフを図17.1に示します。

クライエントは，これは何かの間違いでセラピストが図をごまかしたのではないかと思う

100%　　　　　　　　　　　　　4%

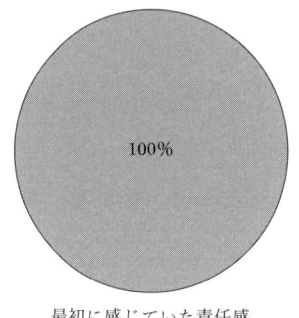

　　最初に感じていた責任感　　　　　　作業後の自責の念

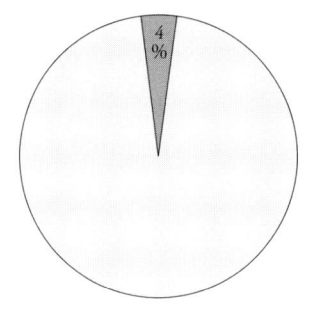

図17.1　ロージーの責任の円グラフ

かもしれません。そしたら，あなたは彼らにもう一度各々の配分を考え直してもらい，気に入らないところを変えるように言います。そうすると，通常は，クライエントは彼らの責任配分は彼らがもともと期待していたほど多くはないというところに落ち着くでしょう。

　なお，あなたのクライエントに「私に責任はないので，それについて私ができることは何もない」と結論づけてしまわないようにすることも重要です。自分に起こった出来事について責任を感じない人も，今後起こることに対しては責任をもつことができます。つまり，あなたは暖房装置が壊れることに対しては責任をもたなくてよいのですが，それを直すことについては責任をもつことができます。

　スキーマを変える方略には「**体験技法**」の開発も含まれます。体験技法は古典的なCBTではロールプレイや視覚化といった形で行われていましたが，ゲシュタルト療法や複雑なイメージ・エクササイズでも用いられるようになっていきました。たとえばロージーにとって，Padeskyの言う心理劇（Padesky, 1994）は役に立ちました。それは，彼女の亡くなった父親とのやりとりのロールプレイでしたが，彼女はそれによって彼の感情的・身体的な虐待に直面化することができました。また，彼女にとってはイメージの再構成（Layden et al., 1993）も役に立ちました。イメージの再構成で，彼女は学校の子どもによって冷やかされたイメージを今一度思い起こし，彼女の反応や結論について考え直し，最後にはポジティブなものに書き換えたのです。

　ロージーの場合，新しいイメージとは（おどおどした醜い様子ではなく）背が高くて魅力的だと感じながら立ち去っていくイメージでした。そして彼女は間違っていたのは彼らのほうで，精神的には彼女のほうが優れていたという自信をもつことができました。彼女は醜さの「フェルトセンス」に立ち向かっていくときに，自分は背が高くて魅力的であるという身体感覚に特に焦点化しました。

　このようなボディイメージの変化は，長年にわたって「魅力的でない」や「不快である」という「感覚」をもった人々には特に役に立つでしょう（Kennerley, 1996）。他の体験技法としては，スキーマ・ダイアログ（Young et al., 2003）があります。これは，クライエントが古くて役に立たない信念体系とより適応的な信念体系との間で対話を行うものです。

セッションのなかで，セラピストは彼女は醜いというロージーの仮説の役を演じ，ロージーは繰り返し，彼女は魅力的だという信念を支持するような共感的でポジティブなことを言ってそれに応じるというリハーサルを行いました。最初は，セラピストがネガティブな考え方の妥当性を崩すような議論をしてみせましたが，ロージーはすぐに自分でその役ができるようになり，議論のなかで，彼女は魅力的だという説得力のある議論ができるようになりました。

チャレンジの最初の段階でクライエントをサポートするため，Young はクライエントがたどるプロセスを要約したスキーマ・フラッシュカードを使用するよう勧めています。これらは本質的には怒りや不安，衝動といった感情をクライエントが自分で扱うためのものであり，どうしてこのように感じてしまうのか，それに対して何ができるのか，といったことについて考えるためのきっかけとして用いるものです。

ロージーのスキーマ・フラッシュカードは Young の思い込みバージョンの修正簡易版です。

　　　今の感情：
　　　その原因は間違いなく：
　　　しかし：
　　　だから私は：

ロージーはいつもそのカードを持ち歩いており，嫌なことがあったときにそれを使っていったん立ち止まることを思い出します。そして，何が起こっているのかを理解し，彼女にとって何が一番良いことなのかを考えます。たとえば，ある夜，彼女は家に帰るために車を運転している途中に心が書き乱れてきて，(たくさんの) チョコレートを買いに行くために駐車場に突進しました。駐車場に着いたところでスキーマ・フラッシュカードを取り出しました。

　　　今の感情：動揺していて壊れそう。私はこの感情をどこかにやってしまいたい。
　　　その原因は間違いなく：仕事で失敗して恥をかいたから。そのために自己嫌悪に陥っている。
　　　しかし：ネガティブなスキーマが入り込んできて，私に最悪の事態を想定させる。そのために気分が悪くなっている。これは自分自身に対する過去の捉え方であって，私は自分のことを有能でちゃんとした人だと思えるようになりつつある。
　　　だから私は：ストレスに対処するためにいつものように食べないようにする。陽気な音楽でもかけて自分の良いところを思い出し，食べすぎることなくこの感情をやり過ごせるかを見てみよう。

表 17.1　古典的な CBT とスキーマに焦点化した CBT の方略

古典的な CBT	スキーマに焦点化した CBT
行動実験の一部としてのデータ収集	肯定的データログ
二分法的思考を特定しグラデーションを理解する	連続線上評定法
思考記録	振り返りログ
自責に対する質問	責任のパイ
ロールプレイ	心理劇
単純なイメージ転換	幼少期の記憶の意味づけの転換／複雑なイメージ転換
身体技法	ボディイメージの転換
役に立たない考えに立ち向かう	スキーマ・ダイアログ
進捗の振り返り	中核的思い込みログ
備忘録	スキーマ・フラッシュカード

このようにしてロージーは意識をそらすことで，彼女の感情や衝動を引き起こしているスキーマに気づくことができました。そして，非合理な自動思考に対抗して自分自身の実験をしてみました。

根本的な信念に取り組む際に使用する技術は，「古典的な」CBT の方略を一段と発達させたものです。これについては表 17.1 に要約されています。

体験技法は，特にスキーマレベルの変化に効果を上げてきました（Arntz & Weertman, 1999）。ただし，それらは強い感情を呼び起こすことがあるため，慎重用いられるべきです。たとえば，明らかにそれを使用することの正当性が認められる場合や，クライエントがその結果起こってくる影響に耐えられると自信をもって言える場合にのみ使用されるべきでしょう。

スキーマ焦点化ワークはとても高い目標を掲げているので，クライエントに対してしばしば，長期間にわたるセラピーを提供しなくてはなりません。それは時として数年にわたることもあります（Young et al., 2003）。したがって，「スキーマ焦点化セラピーを使うスキルが自分にあるか」だけでなく「クライエントと私は長期にわたる介入ができるか」についても問う必要があります。

スキーマ焦点化セラピーは本格的な実証研究が行われていないにもかかわらず，障害の枠組みを超えて，認知療法の世界で人気を勝ち得たのは注目すべきことです（Riso, du Toit and Young, 2007）。これまでも単事例の事例報告や（Morrison, 2000 など），スキーマを変化させる具体的な方略の検討（Arntz and Weertman, 1999 など），オープンな臨床試験はありましたが（Brown et al., 2004），無作為統制実験の結果が得られるようになったのはごく最近のことです。2006 年に Giesen-Bloo らは，3 年以上にわたって実施した Young のスキーマセラピーが，境界性パーソナリティ障害の患者に対して有効であったことを示す研究を発表しました。同じ年に，Davison と共同研究者は，より短期間（1 年間の CBT 治療とその後 1 年間のフォローアップ）の研究結果を発表しました。この研究では，スキーマ焦点化 CBT は普段通りの介

入（TAU）と組み合わせて実施されました。この研究でも境界性パーソナリティ障害の患者を対象に行われ，結果は TAU の介入を組み合わせた介入よりも良い結果が得られました。1 つは Young のスキーマ療法（2003）を用い，もう 1 つは Beck のスキーマ焦点化 CBT（1990）を用いており，両介入は別のものですが，いずれも十分な結果を出しています。しかし，この結果が境界性パーソナリティ障害以外にも当てはまるというわけではないでしょう。同じことは境界性パーソナリティ障害のクライエントを対象としたごく最近の無作為統制実験でも言えます（Farrell, Shaw and Webber, 2009）。この研究では普段通りの治療に 30 セッションにわたるスキーマ焦点化集団療法（Schema-Focused Group Therapy : SFT）を加えた場合の効果が調べられました。その結果，両方の介入を行ったグループは，普段通りの介入だけのグループよりも患者の機能に有意な改善が認められました。

　以上より，スキーマに焦点化する介入は境界性パーソナリティ障害に対しては理論的には有効であり，臨床的にも頑健であると言えるでしょう。ただし，境界性パーソナリティ障害以外の人に対してはかなり慎重に行われるべきです。アセスメントにより認知療法の適用であるとされたクライエントに対しては，第一選択としては伝統的な CBT を勧めるべきでしょう。

● 共感療法

＊ 共感療法とは何か？

　心理療法を求める人々からよく報告される感情は，恥です（Gilbert & Andrews, 1998）。たとえば，それはうつ病（Gilbert, 1992）や摂食障害，児童虐待（Andrews, 1997）と関連があります。自己批判が強い人は伝統的な CBT ではあまりうまくいかず（Rector et al., 2000），長期間抱いてきたネガティブなスキーマにもとづく解釈しかできないというエビデンスもあります。共感的な心理療法は，内的な恥や自己批判，自己非難をもっている人に対して，自分自身に共感し，それによって差恥心を低減したり，取り除くことを目的としています。

　恥の意識が強いクライエントもしばしば認知療法の技法を用いますが，感情の変化が起こらないことがあります。というのも，彼らの反応は恥と自己批判でいっぱいになってしまっているからです。その理由のひとつに，役に立たない認知に挑戦する際に，彼らはそれ自体に対して厳しい態度で臨んでしまうことがあるからです。これはおそらく，親が子どもをなだめるときに，「怖がらないで」という言葉をとても怖い調子で言うようなことに例えられます。このときの気の使い方は滑稽ですらあり，同じ言葉を共感的で優しく気遣いながら言う親とは正反対です。

　Gilbert（2005）のアプローチは，よく使われる認知行動的介入と，自己批判と恥を表明するように促す**共感トレーニング**とを組み合わせたものです。これは，認知的評価の技法に，思いやりと気遣いを組み合わせたものです。

❋ 社会的知能理論

　共感トレーニングは，Gilbert の社会的知能理論（1989）をベースとしています。これは，自分に関連する情報が，もともとは社会との関連のなかで起こってきたシステム（社会的知能）を通して処理されることが多いとするものです。したがって，私たちは誰しも，自分自身と内的な関係を結んでおり，我々の思考や感情はこの「自己と自己」の関係を反映しています。たとえば，自分に対して攻撃的な人は攻撃されていると感じやすい，あるいは大事にされる必要性を感じやすい人は自分をなだめる傾向がある，といったことです。共感療法はこの内的な関係性に焦点を当て，クライエントが自分自身の内に共感と温かさを育てるよう訓練します。それによって，効果的に自分をなだめ，自分に対する攻撃に対抗できるようになるのです。

❋ 共感療法の実践

　共感療法には古典的な CBT と多くの類似点があります。しっかりとした協働関係はセラピーにとって非常に重要です。セラピストは，恥の感情や自己批判の感情と関係する重要な認知－感情過程をつかむために，クライエントに気づきを促したり，思考モニタリングを行います。そこで導き出されたフォーミュレーションを共有し，それによって，問題のパターンを見つけ出します。それと同時に，「自己批判は自分に役立っている。これが自分の個性だ」といった信念など，セラピーを妨害するものを明らかにします。問題がどのように発展したのか，またなぜそれが持続しているのか，についての理解を共有することで，Gilbert の言う「脱－恥と脱－罪悪感」（p.287）が可能となります。これは，Linehan の確認の**概念**と類似しています。Gilbert は，大事にされているという実感をもつために，イメージを用いることを勧めています。それによって，受容，安心感，落ち着きといった感情を促進します。このように心が共感的になっている状態を，役に立たない自動思考に対する共感的なリフレーミングを行うために活用するのです。

　共感療法は体験的な介入を用いるので，スキーマ焦点化アプローチとの類似点が多くあります。手法としては，共感的な自己をイメージし，過去のトラウマ経験を再構成します。批判的な思考回路に名前を付けることを学ぶことで，否定的自動思考による情緒的な影響と距離を置くことができるようになります。そして，もう一人の自分との内的会話を行っていきます。その際に，ゲシュタルト療法の 2 つの椅子の技法を用いることもあります。また，共感的な瞑想が用いられることもありますが，これはその方法や目的において DBT や MBCT（下記参照）のマインドフルネス・エクササイズと似たものです。

　共感トレーニングは，比較的「若い」精神療法ですが，広がりを見せており（レヴューとしては Gilbert and Irons（2005）参照），うつ病（Gilbert, 2005）や PTSD（Lee, 2005），不安障害（Bates, 2005 ; Hackmann, 2005）の介入に適用されつつあります。共感療法は理論的にはしっかりしたものなのですが，共感療法の臨床実践における議論は十分になされていません。非統

制実験（たとえば Gilbert & Proctor, 2006）や事例研究（たとえば Mayhew & Gilbert, 2008）などではその有用性が支持されていますが，臨床試験を用いた介入効果の検討は未だなされていません。このアプローチは有効でないとまでは言えませんが，スキーマ焦点化アプローチの導入を検討する際には十分な注意を払ったうえで，限定的に用いられるべきでしょう。

● マインドフルネス認知療法（MBCT）

✴ マインドフルネス認知療法とは何か？

　この新しい介入法は，うつ病の再発予防のための方法として開発されました（Segal, Williams and Teasdale, 2002）。これは，古典的な認知療法の要素と，マインドフルネス・トレーニングの要素を組み合わせたものです。マインドフルネス・トレーニングとは Kabat-Zinn（1994）が開発した，治療的瞑想の手法であり，彼は，マインドフルネスを「今の一瞬に，評価をしないで，意識的に注意を向けることである」（Kabat-Zinn, 1994, p.4）としています。

　1995 年にさかのぼりますが，Teasdale, Segal and Williams（1995）は，CBT は否定的な認知の**内容**についての信念を変えるために効果があるとするこれまでの理論とは異なる見解を提示しました。彼らは，CBT はクライエントをいったん立ち止まらせ，認知を同定し，その認知の内容の正確性と有用性を評価するように促すことで，彼らが問題の認知から「距離を取る」ことができるようになるため効果があると指摘しました。これによって，「距離を取る」ことや「脱中心化」することができます。Teasdale et al.（2002）は，うつ病の再発を低減するための効果的な介入として，脱中心化や**メタ認知**への気づきを増やすことの重要性を強調しました。

　これは，クライエントを役に立たない思考や感情を脱中心化的な視点から眺められるような心理状態になるよう援助することによって，クライエントが心理的な苦しみから解き放たれる可能性を高めるものです。マインドフルネス・トレーニングの瞑想状態が脱中心化を高めることから，マインドフルネスは CBT に組み込まれ，マインドフルネス認知療法が開発されました。

✴ 相互認知サブシステム（ICS）

　マインドフルネス認知療法は，相互認知サブシステム（ICS）として知られている情報処理モデルをベースとしています。これは，心を相互作用する要素の集合体としてとらえています（Teasdale and Barnard, 1993）。これらの要素はそれぞれ，感覚器官や他の心の要素から情報を受け取ります。そして，それぞれの要素がこれらの情報を処理し，変換した情報を他の要素に送ります。そのため，特定の刺激への反応として繰り返し発生するパターンが生じ，そこには**相互作用のネットワーク**が生じます。特に，うつ病の既往歴がある人は大うつ病の既往歴の

ない人に比べて，認知－感情的反芻（考え込み）の自己永続的なサイクルにより巻き込まれやすくなります。この反芻のパターンは，うつ病の再発の可能性を高めます（Teasdale, 1988）。

Teasdale は，心の要素間の相互作用において繰り返し起こるパターンを「心のモード」と呼び，それを車のギアになぞらえました。

> ちょうどギアにそれぞれ独自の使用法（発進，加速，走行など）があるように，心のモードにも各々に特徴的な機能がある。車の場合には，ギアの変更は自動的に（エンジンスピードが一定量に達したことを検知する装置を用いたオートマティックなギアチェンジによって），あるいは意図的に（個人が意識的にある一定の速度を繰り返したり，あるいは別の速度に変えたりする）行われる。（Teasdale, 2004, p.275）

彼は続けて，車のように，心は同時に 2 つのギアを入れたり 2 つのモードになることはできないと言います。そのため，ある人が 1 つの心のモードを稼働させると，その人は同時に別の心の状態にいることはできません。マインドフルネス認知療法では，クライエントが役に立たない「心のギア」に気づき，それから自由になって，より機能的な認知モードにシフトするよう援助します。マインドフルネスは反芻（考え込み）とは正反対の，これまでとは違った有用な認知モードとされています。うつ的な反芻は，ネガティブなことについて自動的に繰り返し考えてしまう点に特徴がありますが，マインドフルネスはクライエントを反芻とは相反する心の状態にすることによって，うつの再発の可能性を減らします。反芻と相反する状態とはつまり，以下のような状態のことです。

- 意識的に：過去や未来についてあれこれ考えるよりも，現在の経験に焦点化する。
- 思考を，現実に対する妥当な考えというより，心的事実とみなす。
- 評価を加えない：物事を良い悪いではなく，事実を事実として見る。
- 完全に今：つまり，その瞬間を体験する。それによって認知的経験的回避を減らす。

✱ マインドフルネス認知療法の実践

マインドフルネス認知療法は，大うつ病の再発を減らすためにマニュアル化された，グループスキルトレーニング・プログラムです（Segal, Williams and Teasdale, 2002）。これはマインドフルネスに CBT の要素のなかで使えそうなものを統合したものです。しかし，役に立たない考えを**変化**させることはほとんど強調されず，むしろそういった考えを尊重してよりマインドフルネス的になるようにすることを強調します。ここで重要なことは，評価を加えずに徹底的に受容することです。MBCT はクライエントが認知，感情，身体的経験をより意識化し，それらとこれまでとは違った形で関われるようにすることを目的とします。クライエントは，将来起こりうるうつの再発を減らす方法として，習慣化された不適切な認知のループから解き放たれるように教育されます。

グループは，毎週2時間のセッションを8回続け，セッションの合間にはホームワークが課されます。これらは気づきのエクササイズという形で行われ，ホームワークは気づきのスキルを日常生活に応用し，統合していくように企画されています。最初の8回のミーティングに続いて，フォローアップのセッションが間隔を空けて行われます。

2つの無作為統制実験によって，うつ病の再発に対するマインドフルネス認知療法の効果評価が行われています。その結果，再発率が50%減少したことが明らかになりました。昨今の無作為統制研究では，Kuyken et al.（2008）が，15カ月以上のフォローアップで，抗うつ薬と同じくらいの再発予防効果が認められたことを示しました。ごく最近行われた小規模な研究では（Barnhofer et al., 2009），慢性うつの患者の症状軽減にも有効であったことが示されました。これまでの研究では，MBCT は 3 回以上のうつエピソードをもつ人の再発のリスクを減らす，費用対効果の高い予防的プログラムであることが示されています。マインドフルネス認知療法はまた，双極性障害や慢性疲労，不眠，全般性不安障害といった他の問題をもつクライエントにも適用されつつあり，今後さらなるモデルの精緻化と臨床試験が望まれます。

● 他のメタ認知療法

✳ 他のメタ認知療法とは何か？

これまでの章で見てきたように，メタ認知的気づきは思考やイメージを認知として経験するために必要な能力であると言えるでしょう。たとえそれが心のなかで起こった出来事であったとしても，です。このようなメタ認知の援助的なメリットは，マインドフルネス認知療法だけでなく他のCBTの開発にも応用されるようになってきました。メタ認知療法はACTや弁証法的行動療法（以下参照）の一部です。1995 年には Wells が不安障害にメタ認知療法（Metacognitive Therapy : MCT）を導入しましたが，彼は後に（2008 年）メタ認知療法を不安と抑うつの両方に用いています。この臨床的アプローチの理論的背景は，自己制御実行機能モデル（Self-regulatory Executive Function Model : S-REF）（Wells and Mathews, 1994）である。このモデルでは，精神障害は認知的注意症候群（Cognitive Attentional Syndrome : CAS）によって強化されているとしています。それは以下のようなものから構成されます。

- 心配と反芻
- 脅威のモニタリング
- 役に立たない対処行動

これに対して，MCT アプローチは次のように構成されます。

- 何事にもとらわれないマインドフルネス

- 注意訓練
- 状況に応じた意識的な再焦点化

これらの方略はその人の認知についてメタな気づきを促し，認知との関係性を変え，心配や反芻，脅威をモニタリングすることの必要性や有効性について抱いている信念に取り組むことを目的としています。それは，否定的自動思考やスキーマの妥当性を検討させることによってその中身を修正させるというより，メタ認知の中身，つまり，どのように思考が経験され，統制されているかに目を向けさせるものです。

● 革新的な行動的介入

✱ 革新的な行動的介入とは何か？

臨床家や研究者のなかには，介入の構成要素に明らかに認知を含みながらも，介入においては行動の重要性を強調するような認知行動的介入を開発させた人たちもいます。これらには，Linehanの弁証法的行動療法（1993），アクセプタンス・コミットメント・セラピー（Hayes, Strosahl and Wilson, 1999）やJacobsonの行動活性化（Martell, Addis and Jacobson, 2001）が含まれます。ますます注目されつつあるこれらのアプローチの要約を，以下に示します。

✱ 弁証法的行動療法（DBT）

Linehan, Heard and Armstrong（1993）は，この介入方法を，特に，介入効果が低いとされている境界性パーソナリティ障害と診断され，自殺未遂を冒す女性のために開発しました。弁証法的行動療法は認知的，行動的な方略を幅広く含んでおり，それらの方略は自殺など境界性パーソナリティ障害に関連する問題に対応するために開発されたものです。その中核的なスキルは次のようなものです。

- 感情調整
- 対人関係能力
- ストレス耐性
- マインドフルネス
- セルフマネジメント

介入には，個人セッションとグループセッションの両方が同時に必要とされます。
弁証法的行動療法の特徴は，「弁証法」の強調，または相反するものとの調和とされている。たとえば，変化の必要性を認識しながらも自己受容するとか，BPDによく見られるやる気の

高低の波を調整するといったことです。そして，このような対話のプロセスに焦点化しながらも，構造や内容よりもプロセスを強調します。

　弁証法的行動療法はCBTといくつかの点で違いがあります。弁証法的行動療法は挑戦することを目標にするよりも，クライエントの行動や現実を受容したり，それを確認することを促します。弁証法的行動療法では治療関係が中心に据えられており，セラピーを阻む行動を明らかにし，それを扱うことを強調します。

　弁証法的行動療法は，現在，通常の治療法と比較したいくつかの試験で評価されつつあります（たとえば，Bohus et al., 2004 参照）。総じて，弁証法的行動療法はより良い持続率を示しており，自傷行為の減少にも効果が認められています。弁証法的行動療法は特定の危険な行動を減らすようですが，今のところ，その効果はきわめて限定的で，弁証法的行動療法は必ずしも多くの境界性パーソナリティ障害のクライエントが苦しんでいる広範な問題をターゲットとはしていません。

✳ アクセプタンス・コミットメント・セラピー (ACT)

　ACTでは，心理的問題は柔軟で有効な行動が取れなくなることによって生じると考えます。そして，セラピーのゴールは，たとえ邪魔をするような思考や感情が出てきたとしても，クライエントが効果的な行動を選択できるように援助することです。この療法は，Hayesの関係フレーム理論をベースにしています（Hayes, Barnes-Holmes and Roche, 2001）。関係フレーム理論では，心理的問題は心理的な柔軟性がなく，経験を回避することによって生じるととらえます。このモデルは2つの要素から構成されます。**1つはアクセプタンスとマインドフルネスの過程であり，もう1つはコミットメントと行動変容の過程です**。そのため，この療法はアクセプタンス・コミットメント・セラピーと呼ばれます。ACTでは，「心理的柔軟性」をより多く生み出すように，これらの2つのプロセスのバランスを取ります。Hayesは，心理的柔軟性は今の瞬間を完全に意識的，歴史的なこととして体験できる力としています。そして，状況にもよりますが，何に価値を置くかによって行動が変化したりしなかったりします。

　セラピストは，Gilbertの介入ガイドラインと同様に，クライエントに対して共感的な態度を取るように助言されます。Hayesもまた，現在の重要性を強調し，MBCTやDBTと同じように，マインドフルネスを援助的に用いることを推奨しています。

　ACTを支持するものとして，たとえば精神症状（Bach and Hayes, 2002）や特定の不安障害（Zettle, 2003）については，いくつかの無作為実験で効果が認められています。

✳ 行動活性化 (BA)

　行動活性化は，CBTの構造分析研究を行った結果，うつ病に対する独立した介入として登場した介入法です（Jacobson et al., 1996）。BAは抑うつ的思考に対抗するコーピングスキルが組み込まれた，認知療法の完全バージョンと同等の有効性が見出されています。

行動活性化は焦点化された活性化戦略を通して，抑うつ的な人たちが自身の生活を取り戻すことができるよう援助します。行動活性化は二次障害を引き起こすことによって，抑うつエピソードを悪化させてしまう，回避や引きこもり，怠惰といったパターンに立ち向かいます。BAはまた，クライエントが，反抑うつ効果をもつような生活上の強化子をもてるように援助するよう設計されています。この方法は第 12 章でも取り上げられています。そこでは，抑うつのマネジメントを行うための介入計画の機能について，より詳細に書かれています。BAについてのきちんとした説明が必要な場合は，Martell, Addis and Jacobson（2001）を参照してください。

● 神経科学

✴ 神経科学とは何か？

　ここでは脳の機能についての研究について触れておきます。というのも，大変興味深いことに，ここ 10 年の間に CBT 関連の文献で脳の機能についての研究が頻繁に取り上げられるようになっているからです（CBT の脳に及ぼす影響に関する実験的・方法論的なレビューについては，Frewin, Dozois and Lanius（2008）を参照）。
　理論家も実践家も，感情的あるいは認知的反応についてより根本的に理解することに関心をもちつつあるようです。たとえば，Brewin（2001）や Ehlers and Clark（2000）は心的外傷の記憶の形成について理解するため，あるいは PTSD のモデルを開発するために，脳のメカニズムについて言及しています。Gilbert の社会的知能理論（1989）は神経科学を組み込んでおり，Young et al.（2003）も「感情的な脳」の神経生物学を理解することの重要性を述べ，LeDoux（1999）の神経学の知見を参照しています。MBCT の研究者はトレーニングの神経生理学的効果についての研究を多く実施するようになってきています（Barnhofer et al., 2007 など）。

✴ どこが興味深いのか？

　認知療法のセラピストは，感情や感情のプロセスに関心をもっています。そして，私たちは CBT のセッションにおいて，感情をアセスメントし，感情に焦点化し，感情をモニターします。基本的な感情反応はより原始的な大脳辺縁系，特に扁桃部によって起こることは，これまでにもよく知られてきたところです。大脳辺縁系から大脳皮質を通ることで，私たちの感情的な反応は関連づけられ（既存の知識と照合される），さらに高度に発達した前頭前野につながることで私たちは感情を認識し，調整することができます。2008 年に Beck がうつの脳科学のより深い理解を求め，McNally（2007）は，不安障害の神経心理学についてきちんと理解することを求めています。ともに，脳の機能をもっとよく理解することで心理学的な問題のより包括的な理解ができるようになるため，より良い心理的な治療ができるようになると論じています。しかし，それはどうしたらできるのでしょうか？

より良い理解は，私たちの介入に知識を与えてくれます。たとえば，前頭前野の皮質の機能が損傷すると，感情のマネジメントができなくなります。これは境界性パーソナリティ障害にも関係します（Berlin, Rolls and Iversen, 2005）。それゆえに，境界性パーソナリティ障害のクライエントは衝動的で，感情を理解し，コントロールすることが難しいということは疑う余地のないところです。したがって，私たちはセラピストとして，このことを考慮し，自分自身にも彼らに対しても現実的な期待を抱く必要があるでしょう。また，前頭葉の機能障害はトラウマの発達に関係しています。それによって，幼少期にトラウマティックな体験をした患者のなかには，感情的に想像を湧き立たせるようなワークやロールプレイをすることにとても苦労する人がいるのが，なぜなのか理解できるでしょう。また，脳のこれらの領域の機能を高めることは瞑想（Lazar et al., 2005）や運動（Colcombe et al., 2003）と関係があり，身体運動が感情や不安を調整するモノアミンのレベルを高めることもわかっています（Chaouloff, 1989）。したがって，標準的な認知的介入に最初から困難があるクライエントに対しては，こういった活動をすることを，確信をもって促すことができます。脳の不安の回路（McNally, 2007）や抑うつの回路（Bhagwagar and Cowan, 2007）が強固であるということがわかっていると，クライエントの再発しやすさや，そのために再発防止のためのワークが重要であるということが理解しやすくなるようです(第6章参照）。慢性的なストレスによって視床下部が委縮して，記憶や想起ができなくなります。そのため，記憶を助けるような介入をセッションに組み込むことで，それを補うことができるのです。

　これらは，脳の機能の初期原理をいくらか理解することで，あなたの心理療法がより良くなることの一例にすぎません。研究者にとって，障害ごとに違った脳のメカニズムが働いていることを理解することは，薬物療法や心理療法，あるいはその併用において重要な情報となります。特により深刻な精神障害があるときにはよりいっそう重要です。

● 結論

　認知行動療法が1970年代に登場して以来，研究者やセラピストはそれをより多くの人に，より効果的に使えるように努力を続けてきました。その結果，今や，さまざまなニーズや問題を抱えた幅広いクライエントの治療において，CBTにもとづいたさまざまな介入をすることができるようになりました。しかしながら，エビデンスにもとづいた介入から逸れてしまうことには十分な注意が必要であり，あなたのクライエントの問題理解が介入の正当性を裏付けるものであるかどうかを確かめるようにしてください。

- **問題**

* **セラピストに介入を提供する力量がない**

　セラピストはCBTの基本原理やその論拠について精通しているだけでなく，人間関係の難しさに立ち向かうクライエントや，さまざまな問題──そのなかには彼ら自身や他者にとって危険なものもあります──を抱えているクライエントと協働できる必要があります。そのため，あなたはセラピストとしてさらなる訓練を積めるように準備し，良いスーパーヴィジョンと良いサポートの両方を確保する必要があります。

* **セラピストが介入の複雑さや要求にストレスを感じている**

　本章で紹介した介入は，セラピストのスキルや資源に対して無理な要求をしてくるような難しいクライエントに対して用いられる傾向があります。上述のように，複雑なクライエントと協働する際には，セラピストがスーパーヴィジョンを受けることは必須であり，さらにピアサポートを受けることでストレスはいくらか軽くなります(ただし，サポートはスーパーヴィジョンに加えて行われるべきものであり，決してスーパーヴィジョンの代わりになるものではありません)。それでも，セラピストは現実的であるべきであり，必要に応じて長期的あるいは集中的にケアを提供できるという確信がかなりある場合にのみ，ケースを担当するべきです。また，セラピストのスキルや資源に見合う程度のケース数をもつようにするなど，クライエントの「バランス」を保つことも重要です。Kennerley et al.（2010）は，そのなかのある章でセラピストのストレスに対処について述べていますが，それは実践的で役に立つものです。

* **ケースが永遠に終わらないように思える**

　複雑なニーズをもつクライエントの場合には，20回のセッションから数年にわたる，文字通り「長期的な」セラピーが必要となることもあります。不必要にセラピーが長期化しないようにしたり，あるいは依存を生み出さないようにするために，スーパーヴィジョンを利用して，セラピーの進展を定期的に振り返るとよいでしょう。もし，認知療法が役に立っている，あるいは必要だという兆しがほとんどみられないのなら，終結も視野に入れたほうがよいでしょう。

* **代理トラウマ**

　より複雑なケースワークの場合には，トラウマ的な出来事を述べるクライエントとセラ

ピーを行うことは避けられません。そして，そのセラピーを行うことによって，セラピスト自身も代理的にトラウマを体験してしまうことがあります（McCann and Pearlman, 1990）。良いスーパーヴィジョンとサポートを受けることで，トラウマ的な侵入思考を体験したり，それが起こらないようにするための行動——たとえば感情を感じないために，あるいはイメージを抑圧するためにお酒を飲むといった行動など——を取るといった，代理トラウマの早期のサインに気づくことができます。

● 要約

- 認知療法は増えつづけるさまざまな臨床群や，増えつづける複雑かつ慢性的な問題をもったクライエント集団に用いられてきた。それにより，認知療法の発展やCBTの改良が必要になり，以下のような療法が生み出されてきた。
  ―スキーマ焦点化アプローチ：Youngのスキーマ療法と，Beckのスキーマ焦点化認知療法（SFCT）
  ―CMT，マインドフルネス認知療法，メタ認知療法といったメタ認知的アプローチ
  ―弁証法的行動療法，ACT，行動活性化といった革新的な行動療法
- とても興味深くかつ心強いことに，これらの新しいアプローチのいくつかには共通するテーマがある。それはスキーマや，メタ認知的気づき，受容の重要性である。また，心理療法の機能の根底にある神経学的なプロセスを理解することは現代の時代精神に合ったことである。
- これらの発展が大変エキサイティングなものであり，熱意をもってなされてきたことは間違いない。しかしながら，一般的には，いくつかの介入についてはその実証性が乏しい。あるいは，たとえばスキーマ焦点化アプローチを施した境界性パーソナリティ障害や，弁証法的行動療法を施した境界性パーソナリティ障害の自殺未遂の女性など，きわめて特定の治験によって実証されているにすぎない。さらなるエビデンスが得られない限り，これらのアプローチが他のクライエントにも一般化して用いることができるのか，あるいは特定の条件の下で用いるべきなのかについて確信をもつことはできない。

● 練習問題

＊ 振り返り／考えてみよう

本章はいくつかのパートに分かれており，各々については簡単な概説しかなされていないので，さらに関心を深める余地は大いにあります。したがって，まずはあなたが重要だと思ったのはどこであったかを考えてみて，そしてそのセクションを少し時間をかけて振り返

り，役に立つと思えるところを書き留めておくとよいでしょう。

- あなたが興味深いと思ったところを特定したら，次のような質問を自分に投げかけてみよう。
    —「これが自分自身の臨床実践や，私のクライエントのニーズに実際にはどのように関係するだろうか？」
    —「これは私の方法にどのようにフィットするだろうか？」
    —「これは私自身のスーパーヴィジョンや研究や関心にどのように関係するだろうか？」
    —「この新しいアプローチは私のクライエントの援助をより良くするだろうか？」
    —「このアプローチは古典的なCBTに対してどのような点で優れているのだろうか？」
- あなた自身に問うてみてほしい。「私が新しい方法を導入するに際して，その正当性を証明するような理論的あるいは実証的なデータが十分にあるだろうか？」そして，あなたのケースの概念化は新しいアプローチの必要性を示しているかどうか，クライエントのフォーミュレーションをもう一度見直してほしい。
- あなたは本当に，あなたの最大限の能力を用いて古典的なCBTを実践したのだろうか？ 古典的なCBTをしっかりと行ったのだろうか？
- 批判的かつ現実的に考えてほしい。あなたが新しいアプローチを用いるのは，ただそれが魅力的だから試してみたいだけではないだろうか？

✻ やってみよう

- もし，あなたが本章のアイディアのいくつかを実践してみようと思ったら，どうしたら自分の知識やスキルを向上させられそうかを考えてみてください。まずは，多くの書籍を読み，たくさんの訓練を受け，そして専門的なスーパーヴァイザーを見つけるところから始めることになるかもしれません。しかし，そうするにあたって，まずは訓練を受ける機会そのものがなかなかないというところが第一段階となるでしょう。また，あなたはそれをするための時間（とお金）を確保しなくてはなりません。したがって，資源を確保するための具体的な計画を立て，このプロジェクトを始めるまでのデッドラインを決めて，今後の発展に備えておかなくてはなりません。
- CBTの発展について学ぶことに関心のある同僚がいるかどうかを確認してみるのもよいでしょう。もし，そういう同僚がいたら，お互いに支え合いながら，サポートしたり励まし合ったりすることができるでしょう。
- あなた自身の介入を今一度評価してみてください。自分自身のセラピーの効果を評価する方法を培っておくのはよい勉強になります。また，比較的新しいアプローチ，あるいは今のところほとんど実証実験の基礎がないようなアプローチを導入しようとする場合には，こういったことをすることは非常に大事です。

- **学習を深めるために**

The CBT Distinctive Features Series（Ed. Windy Dryden）. Hove : Rouledge
最近出版されたテキストを収録したこのシリーズは，神経科学への期待以外の，この章で述べたすべての発展的アプローチをカバーしている。

Gilbert, P.（2005）Compassion : Conceptualizations, Research and Use in Psychotherapy. Hove : Routledge.
専門家が特定の臨床領域における CMT の介入の詳細について書いた，初めての CMT マニュアル。このテキストには多くの臨床的な知恵と実践的なガイダンスが含まれている。

Riso, L.P., do Toit, P.L. Stein, D.J. and Young, J.E.（2007）Cognitive Schemas and Core Beliefs in Psychological Problems. Washington, DC : American Psychological Society.
この本は，さまざまな精神障害に対してスキーマ焦点化による介入を行うことについて書かれた有用かつ大部な書籍である。著者らは特定の領域の専門家であり，細心の注意を払って行えば，スキーマ焦点化アプローチを行う可能性を述べている。また，この書籍には豊富な臨床例が掲載されている。

Segal, Z.V., Willians, M.J.G. and Teasdale, J.（2001）Mindfulness-based Cognitive Therapy for Depression : A New Approach to Preventing Relapse. New York : Guilford Press.（越川房子［監訳］（2007）マインドフルネス認知療法――うつを予防する新しいアプローチ．北大路書房）
この本は MBCT の実践家にとっての基礎的なテキストである。うつの再発に対する MBCT の一連の流れについて，臨床家にもわかりやすく，親切かつ明確に概説されている。

18
CBT 実践の評価

● 評価とは何か？　そしてなぜ私たちは評価を行うべきなのか？

　私たちが実践を評価することの意味は，セラピーがいかに有効に作用しているか，また，あるセラピーの形式が別のものよりも良いかどうかを決定するという目的で，データを集めることにあります。以下のいくつかの理由によって，私たちは CBT の実践家が自分のセラピーの有効性を評価しようとすべきだと考えます。

1. 評価することによって私たちは，「科学者－実践家モデル」という素晴らしい伝統のなかに身を置くことになる。このモデルは実践家が「実世界」において研究を行うことで，知見を蓄積していくことを狙っている（Salkovkis, 1995, 2002 ; Margison et al., 2000 も参照のこと）。これらのアプローチの背景にあるアイディアは，伝統的な，大学ベースのコントロールを置いた研究を進めるのはもちろん不可欠であるが，臨床実践ベースの，普通の臨床家が行う研究によって明らかになる知見もあるということである。
2. 評価することによって私たちは，クライエントと費用負担者の両者に対して，クライエントがどのような結果を期待できるかに関するより確かな情報を提供できる。したがってこのような評価は，私たちの上司に対する説明責任や，クライエントに対するインフォームド・コンセントの重要な一部である。さらに評価することで，クライエントと私たちセラピストとの両者が，期待通りに私たちが進んでいるかどうか，また修正の必要がある部分があるかどうかを知ることができる。
3. 評価することで，私たちがサービスの方法を変えたときに，比較するためのベースラインデータを得ることができる。たとえば，もしセラピーから脱落する人の割合を減らそうとして方法を変えたならば，変える前の割合がどのくらいかを知っておくことが役立つ。もし私たちがうつの人たちのアウトカムを改善しようとしてある訓練をするなら，訓練をする前のアウトカムを知っておくことが必要である。この種の日常業務のデータは，臨床実践の評価に非常に役立ちうる。

　したがって，日常的にセラピーを評価するシステムは重要です。短い本章では，この分野の研究デザインの問題のほんの一部しか扱えませんが，いくつか役に立つ指針を提示したいと思います。

● 評価の種類

評価には主に2つのポイントがあります。

- 1つの臨床ケースのアウトカム（1つのグループの評価も含む）
- 臨床サービス全体のアウトカム（1人の臨床家でも100人の臨床家でも人数にかかわらず）

この2つを順番に解説していきます。

✱ ひとつの事例を評価する

　1ケースのアウトカムを評価する主な目的は，(a) セラピーにおいて，何が変化（もしあれば）を引き起こしたのかを，あなたとクライエントが理解すること，そして (b) 多くの場合―事例実験と呼ばれるものを使って，いくつかのケースでの臨床介入の効果をより綿密に検討することです。

　一事例実験のひとつは，非常に単純なものです。つまり，多くの場合，セラピーの最初と最後に関連しそうな測定を行い，クライエントが変化したかどうか，またどの程度変化したかを調べます。このような測定評価であっても，シンプルで良い臨床実践となります。これにより，ターゲットとなる問題に対してセラピーがどの程度の変容をもたらしたかを，セラピストとクライエントの両者がはっきりと知ることができます。

　個々の単一事例の研究デザインは，おそらく多くの読者にとってなじみが薄いかもしれません。表面をなぞる程度になるかもしれませんが，これらのアプローチのもとになる考えを簡単に解説します。関心のある読者は，Barlow, Andrasik and Hersen（2006）や Kazdin（2010）といった確立されたテキストを読むとよいでしょう。

　一事例デザインの狙いは，介入や，介入のなかのある構成要素の効果評価について，より私たちが自信をもてるようにすることです。一事例デザインに最も共通しているアプローチは，定期的な反復測定です。基本的なロジックは次の通りです。関心対象の問題について何らかの測定法を確立し，次に傾向（いわゆるベースライン）を見ることができるくらい十分な回数の測定を繰り返します。このベースラインと，介入した後に起きる変化とを比較することができます。観察できた変化は，介入ではなく，偶然や他の要因によるものという可能性があるのですが，ベースラインがあればある程度反論することができます。もし，セラピーの前と後に1回ずつだけ，1人のケースだけに測定を行うならば，セラピー以外の要因で変化が起きた可能性を排除することができなくなります。たとえば，クライエントが宝くじに当たったとか，誰かを好きになった，新しく素晴らしい仕事を得たなどです。もしより多くの測定を行えば，私たちが介入したちょうどそのときに，たまたまセラピー外で何かが起きる可能性をはるかに低く抑えることができます。

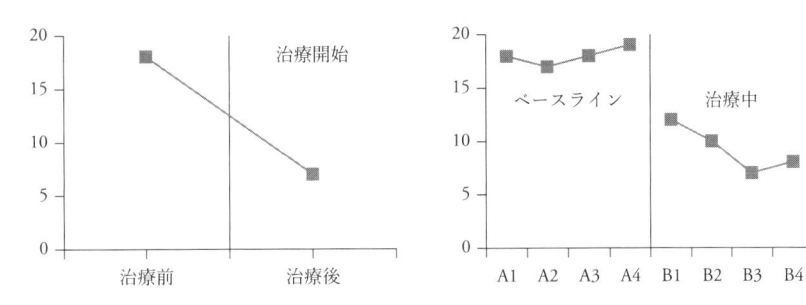

図 18.1 「介入前後の測定」と「繰り返し測定」

図 18.2 A-B-A デザイン

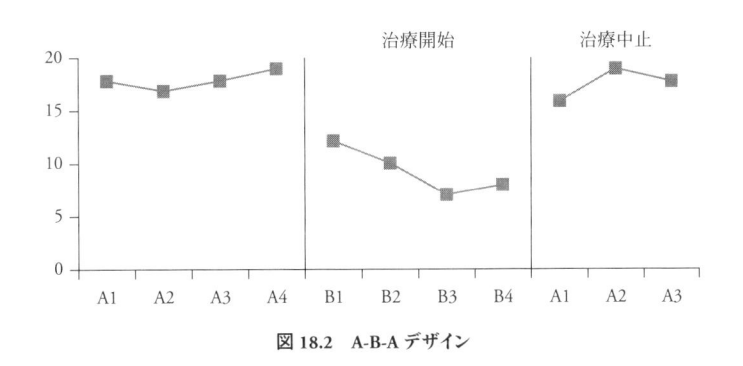

　図 18.1 はこのロジックを表しています。縦軸は問題とされる測定，抑うつ質問紙の得点，一日の強迫観念の数，ある特定の状況での恐怖の自己評価などを表現しています。介入前後のそれぞれ 1 回ずつの測定を示した左のグラフでは，得点の減少が，セラピーと無関係の外的要因による可能性を排除できません。たった 2 時点しか測定していないので，どのような測定であったとしても，それに影響を与えるどんなことでも，その 2 時点の間の時間に起こりえます。しかし右のグラフのように，頻回の反復測定をすると，介入によって変化が生じたと信じるに足る，ずっと良い理由となります。それは，介入が開始された「ちょうどそのときに」何かの出来事が起きて，一連の測定に反応が見られたということはほとんど考えにくいからです。

　多くの単一事例デザインの基本ロジックは，この原理に従っています。私たちは，介入の変更と測定のパターンの変化とが同時に起きているかどうかを確認します。もしそうならば，それは介入が変化をもたらしたと信じるに足る理由となります(しかし私たちは,同時に起きた何らかの出来事が変化を起こしたわけではないという確信をもつことはまだできません)。

　図 18.1 の右側に示されているシンプルなデザインは，介入前のベースラインと介入経過全体にわたる継続測定から構成されていて，A-B デザインとしてよく知られています。つまりベースラインは条件 A であり，介入は条件 B です。もしも介入が，持続効果をもたず，介入が行われている間だけ作用すると考えられるもの（例：睡眠健康プログラム）ならば，A-B デザインではなく，介入を実施し，その後に中止する A-B-A デザインのようなバリエーションを行うこともできます。これについては図 18.2 を参照してください。

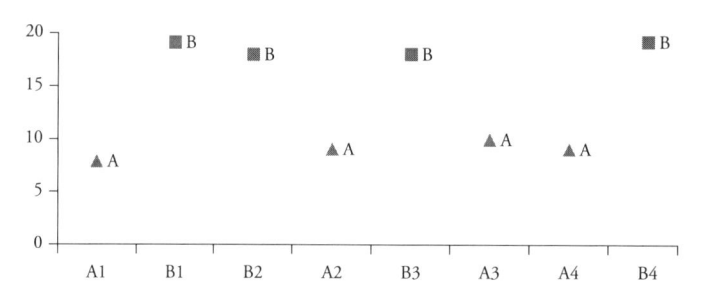

図 18.3　条件交替デザイン（alternating treatments design）

　介入開始に対する反応だけでなく，その後に中止したときの反応をも測定することによって，基本ロジックは強固なものとなります。このような逆反応が，ただ偶然に介入の変更と同時に起きたという可能性はさらに小さくなり，したがって介入が変化を招いたのであるという確信をより強くすることができます。もちろん，もし介入が持続効果を期待できるもの（たとえば，うつ気分の改善を目的としたCBT）であるならば，このA-B-Aデザインは使用できません。介入中止するとすぐにクライエントの気分が落ち込むということは考えられないからです。

　よく使用される研究デザインを，あと2つ簡単に紹介します。まず1つ目は，条件交替デザイン（alternating treatments design）です。これは一事例において2つの介入法のどちらがより効果的かを決める方法です。ただ，介入効果がすぐに現れ，測定可能になるものでないと使えません。区切られた期間（たとえば介入セッション，または何らかの時間単位）のそれぞれに対して，2つの介入法のうち1つを無作為に選んで割り当てられ，それぞれの期間で毎回測定を繰り返します。測定した結果，図18.3のように，2つの介入条件間で明確な違いが現れたならば，片方の介入法がもう片方よりも効果的である証拠になります。たとえば，特定の話題を話すことがクライエントを不安にさせるという仮説を検討したいとしましょう。まず，その話題を話すセッションと話さないセッションとを無作為に決めるということを，クライエントと合意します。そして，それぞれのセッションで，不安を評定してもらいます。図18.3において，もしAが「回避」セッションで，Bが「会話」セッションであるとすれば，図のパターンは，会話よりも回避が低い得点をもたらすことを測定によって示唆したことになります。

　このデザインは，患者の行動実験（第9章参照）にも役立ちます。たとえば，強迫的な患者が玄関のドアを繰り返し確認することは，1回だけ素早く確認して歩き去るよりも，不安が高くなるのか低くなるのかを調べることに役立ちます。

　最後に，多重ベースラインデザインを紹介します。その名の通り，別の測定を同時に見る方法です。多重ベースラインには，「行動」について，「状況」について，「被験者」について，といったいくつかのバリエーションがあります。行動についての多重ベースラインデザインの簡単な例を考えてみましょう。あるクライエントには2つの異なる強迫儀式があって，ベースラインの時点で，私たちはその両方を定期的にモニターします（図18.4を参照。三角形は片方の儀式の頻度を，四角形はもう片方の儀式の頻度を表しています）。そして私たちは

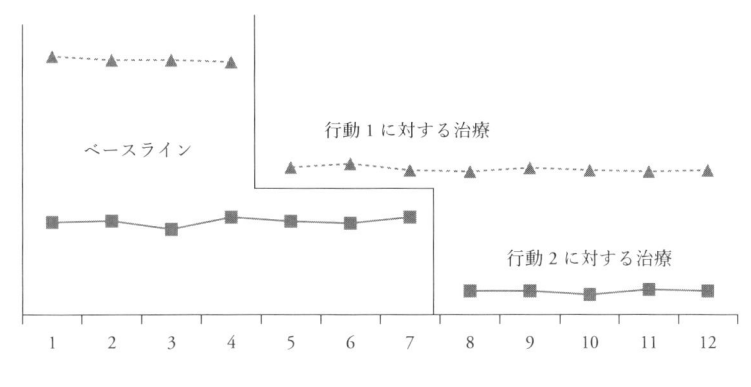

図18.4　行動についての多重ベースライン

片方の行動（このケースでは儀式）に対してのみ介入を導入します。少し間を空けて，もう1つの行動（このケースではもう片方の儀式）に対して介入を導入します。もし図18.4のようなパターンが得られたら，それぞれの行動は「その行動のための介入が実施されたときにだけ」変化を示しており，このことは，変化の原因はまさにその介入であると考えられる理由となります（強迫観念に対する介入の評価にこのデザインを用いた例としてSalkovoskis and Westbrook（1989）を参照）。

　被験者や状況についての多重ベースラインデザインも同じ原理です。もちろんベースラインの数は前述例のように2つである必要はなく，いくつでも構いません。図18.4の例において，それぞれデータのまとまりはある行動（このケースでは儀式）を表していません。被験者についての多重ベースラインの場合は，それぞれのデータのまとまりは，ベースラインの後の異なる時期に介入を導入したそれぞれの人を表します。状況についての多重ベースラインの場合は，それぞれのデータのまとまりは，それぞれの状況を表しています（たとえば，破壊的行動に対する介入プログラムが，まず最初に学校で導入され，その後に家でも導入されました）。この研究デザインは，行動，被験者，条件の間に独立性が想定できるときにだけ使用できることに注意すべきです。つまり，もし介入が次々に般化していきそうなものであれば，介入開始と反応とのシンクロは見られないでしょう。

　最後に，私たちはこれまで代表的な一事例デザインアプローチの結果の「視覚的検討」のみを解説してきたことには注意が必要です。つまり，結果がどのように見えるかを，グラフのパターンを見ることで検討してきました。この20年以上，一事例デザインに関する統計分析も発展してきていますが，多くの一般的な実践家が使うには，まだ十分にわかりやすいものとは言えません。

✳︎　サービスの評価

　もう1つのよくある評価の型として，サービス全体に関するデータ，つまり多数のクライエントに関するデータの収集が挙げられます。この評価の主な目的は次の通りです。

- クライエント集団の特徴を描き出すこと（例：年齢，性別，問題の慢性化の程度など）
- サービスの状態を描き出すこと（例：ドロップアウト率，介入セッションの平均回数など）
- アウトカムの測定を用いて，サービスにおける介入の有効性を立証すること
- 定期的に収集されたデータをベースラインとして用いることで，サービスの変更を評価すること（例：サービスの変更が，より良いアウトカムや，より高いクライエントの満足につながっているか）

どのようなデータを集めるべきかはサービスの関心や目的によるので，ここで特定することはできません。しかし，ほとんどのサービスは以下のようなさまざまなデータを収集しています。

- クライエントのアウトカムに関するデータ（例：メンタルヘルスを測定する質問紙を介入前と介入後に実施。下記を参照）
- クライエントの人口統計学的データ（例：年齢，性別，問題の持続期間，職業）
- 紹介されてきた日付などのサービスについてのデータ（これにより，サービス開始までに待っていた期間が計算できる）
- 介入のドロップアウトやキャンセルといったサービスのアウトカム

数年前に，筆者たち全員が働いていたサービスでは，ウェイティングリストの長さを改善するために，介入に10セッションまでという制限をかける決断をしました。この変更には，当然心配な点もあったので，効果を評価するということが合意されました。次のように，新しい手続きのいくつかの側面が評価されました。

1. その制限は，クライエントのアウトカムに影響を及ぼしたか？ このサービスでは，ルーチンとして長年にわたってデータを集めてきていた。この既存データは「歴史的な統制群」として使用し，新体制のもとでのデータと比較することができた。
2. クライエントの満足には変化があったか？ 私たちは，クライエント満足質問紙（Larsen et al., 1979）をこれまで実施していたので，これも比較に使用することができた。
3. この制限に対して，セラピストはどのように反応したか？ この変更は，セラピストにとって困難なことだったかそうでなかったか，セラピーに影響があったかどうかなどについて，簡易的な評定尺度を用いた。

結果として，10セッションへの制限をしても，アウトカムにはおおむね違いが見られませんでした。クライエントの満足は，以前と変わりませんでした。セラピストは一長一短という反応を示しました。つまり，困難になった面もありましたが，やりやすくなった面もあったということです。おおむね以前と同様のアウトカムが得られていましたが，ひとつ例外がありました。それは，パーソナリティ障害のクライエントは，短い介入ではあまり良くならなかったということで，この点はさらに検討されました。

● 頻繁に利用される質問紙

先述したように，どのアウトカムの測定を用いるかは，それぞれのサービスがその必要性に応じて決めることです。しかし，(a) 実施に必要な時間が長すぎない点，(b) 広く用いられ，他のサービスや研究・試験と比較ができる点，(c) 多くの人々に共通するメンタルヘルスを査定できる点という3点で，以下に挙げるものは臨床場面でのルーチン利用に適しています。

- ベック抑うつ質問票（Beck Depression Inventory：BDI）（Beck et al., 1961）は，おそらく最もよく知られた抑うつを測定する質問紙である。最新の改定版として BDI-II（Beck, Brown and Steer, 1996）が出ているが，初期の研究との比較可能性を保つために，初版が現在でも研究で用いられることがある。
- ベック不安質問票（Beck Anxiety Inventory：BAI）（Beck et al., 1988）は，同様な質問紙で，不安を測定する。
- 臨床アウトカムのルーチン評価：アウトカム測定（Clinical Outcomes in Routine Evaluation：Outcome Measure：CORE-OM：Evans et al., 2002；Barkham et al., 2006；Mullin et al., 2006：次のウェブサイトも参照── www.coreims.co.uk）はイギリスの，特にプライマリーケアの場面におけるメンタルヘルス測定について一般的になりつつある質問紙である。Mullin et al.（2006）では，イギリスのさまざまなサービスからの 10,000 人を超えるサンプルに対して実施し，国民の平均値の基準が提供されており，有用性が高い。
- HAD 尺度（Hospital Anxiety and Depression Scale：HADS）（Zigmond and Snaith, 1983）はその名称とは裏腹に，コミュニティ場面に適している。一般的な病院場面で用いるために当初は設計され，したがって身体の問題と精神の問題との混同を避けることが目指されている。精神の問題と身体の問題を同時に有しているクライエントが多くいる場面において，この質問紙は特に有用である。

どのようなメンタルヘルスの問題に対しても，文献検索によって適している測定法を見つけられるでしょう。

＊ 他の測定方法

標準化された質問紙で足りない点は，他の測定方法で補います。たとえば，個人的に問題を評定したり，特定の認知に対して簡単に評定したり，問題の頻度や持続時間を記録したりなどです（第 5 章参照）。

● 臨床的有意性のある統計手法

　サービス評価のデータは標準的な統計手法を用いて分析することができます。しかし「臨床的有意性（clinical significance）」として知られる分析のアプローチは，臨床のサービスに特に適しており，Jacobsonによって発展してきたものです（Jacobson and Revenstorf, 1988 ; Jacobson et al., 1999）。この分析の目的は，従来の統計的検定で見られるような，サンプルサイズを大きくするとどんな小さな平均値差も有意としてしまう問題に対処することです。従来の検定では，その差は偶然によっては説明できないという意味で「有意（significant）」と言いますが，重要であるという意味でsignificantであるとは言っていません。したがって，サンプルサイズが大きいときに，介入の前後で患者のBDI得点の平均値が変化したということは，統計的には有意です。つまり「偶然ではない」という意味ではたしかにそうです。しかし，この程度の変化しか期待できないのであれば，クライエントは少しも幸福だと感じられないという意味で，臨床家としては，そのような得点の変化は臨床的有意性はないと考えるでしょう。

　Jacobsonの臨床的有意性検定アプローチは，研究参加者一人ひとりを見て，以下の2つの問いを立てます。

1. その人の尺度得点の変化は，偶然によるものではないと考えられるくらいに十分なものだろうか？　「信頼できる変化」指標は，尺度の信頼性と母集団での自然なバリエーションをもとに算出される。得点の変化が，この算出された指標の値を超えれば，確実に改善（または悪化）したとされる。
2. その患者が実際に変化したと言えるのなら，その変化はカットオフポイントを超えて健常の領域に入っているだろうか？　もしそうなら，その患者は改善しただけでなく「回復」したと考えられる。「健常カットオフ」基準のさまざまな設定方法をJacobsonらは示している。たとえば，ある患者が，機能不全者の集団ではなく，健常集団に属しているだろうと統計的に判断できるポイントを算出することが挙げられる。

　図18.5は，各クライエントの分析から導き出されうる結果を示しています。上記の2つの計算に従って，すべてのクライエントは以下のように分類されます――確実に悪化した／確実な変化はなし／確実に改善した（しかし回復はしていない）／回復した。

　このアプローチの利点は次の通りです。

(a) より意味のある統計結果を報告することができる。Jacobsonの基準の両方を満たしているクライエントは，たしかに臨床的に重大な改善をしていると，多くの臨床家が認めている。
(b) 結果の数字が，クライエントやサービスの管理者にとって理解しやすいものになる。たとえば「平均ではBDI得点が17.3から11.2へ変化した」よりも「平均56％のクライ

		1. 得点変化は「信頼できる変化」の基準を超えているか？		
		Yes（悪いほうに）	No	Yes（良いほうに）
2. 得点はカットオフを超えて健常範囲に入っているか？	No	確実に悪化した	確実な変化はない	確実に改善した（しかし回復はしていない）
	Yes			回復した

図 18.5　臨床的有意性に関する得点変化の分類

エントが回復した」のほうが伝わりやすい。Westbrook and Kirk（2005）は，日常的な臨床データに関するこのような分析の例を提示している。

　ここまで，この「基準点作り（bench-marking）」の方法は（Wade, Treat and Stuart, 1998 ; Merrill, Torbert and Wade, 2003 も参照）CBT が臨床実践や臨床試験において有効な介入法であるということを示してきました。一方で，この臨床的有意性の分析は，CBT をどのようなクライエントにも有効な万能薬のように信じている人たちにとっては，目を覚まさせるものです（これは他のどんな心理療法にも言えることです）。このアプローチによる研究のほとんどによれば，1/3 から 1/2 のクライエントしか回復に至っていません。

● 評価における困難

＊ シンプルさを保つこと

　より多くのデータを集めたいという誘惑はつねにあります。「現在ここまで来たが，次はこれについて調べよう……あとこれも……そしてこれも」。その結果，手に負えない量の膨大なデータの収集が，クライエントに大きな負担となります。信用できるデータの収集に非常に時間がかかり，また分析にはさらに多くの時間がかかってしまいます。一般的に，データの項目は少ないほうがよく，そうすれば適度に経済的に収集や分析を行うことができます。

＊ 測定尺度を繰り返し使用すること

　尺度への過度の慣れによって，クライエントが質問紙を「自動操縦」のようにして埋めてしまうことが時にあります。いつでも，クライエントと質問紙の結果について数分間話し合う時間をもったほうがよいでしょう。そうすれば回答がどれだけ妥当であるかをアセスメントすることができます。

✱ データ収集の継続

　当初，定期的なデータ収集に対する熱意をもって開始しますが，その熱意は維持するのは難しいことです。そこで，データ収集を維持していく2つの重要なポイントを提案しておきます。第1に，ある程度上のほうの立場に積極的な推進者を置くこと。データ収集・分析をサポートし，データ収集を忘れた際には促すような人のことです。第2に，データを収集している臨床家が，定期的に，そのデータによってなされた分析を見たり，結果をフィードバックされることが非常に重要です。分析されないデータはどんな形であれ利用価値はありません。分析結果を見ることがない場合には，データを収集しつづけようとする機会は減っていきます。

✱ 研究デザイン

　臨床サービスの評価が，RCTのような高い水準の研究デザインに到達できることは普通はありません。すべての研究デザインは以下の2点の間で妥協していると言えます。(a) 不確定要素を可能な限り排除した，統制度の高い研究デザイン。しかしそうすることによって実際の臨床場面からかけ離れてしまいます。(b) 実際の臨床実践に非常に近い，より「現実的」な研究デザイン。しかしその結果として要因についての不確実性が残ってしまいます。したがって，"ないよりはまし"というエビデンスもありますし，日常的なアウトカムの描写を可能にする目的で，多少の不確実さは受け入れていくという原則でサービス評価は行われます。現実世界での研究についての本（Robson, 2002）は，この問題についての理解を深めるために役に立ちます。

● 要約

- CBTの強みのひとつは，実証主義，つまり理論や介入の有効性を支持する良いエビデンスがあるかの評価を重視していることである。このようなことの重視は，学術界だけでなく，臨床サービスにおいても実践できるし，そうすべきである。
- セラピーやセラピーの一要素が有効であるかどうかを，単なる主観的意見としてではなく，信頼性をもって言うために，個々の臨床ケースを見ることは，よくある評価のひとつの形である。いわゆる一事例デザインは，この場合特に便利で，通常のCBT実践に大きな変更を加えることなく実施できる。
- もうひとつ，もっと幅広い形の評価として，臨床サービス全体が，ある重要な意味で「うまくいっているか」を評価することがある。良好なアウトカムを得ているか，関連する別のサービスと比較して同程度にうまくいっているか，過去よりも良いアウトカムを得ているか，などである。アウトカムをアセスメントする測定ツールが多く存在する。他

のサービスや他のトライアルと比較できるものもある。
- 臨床的有意性分析は，臨床家とクライエントの両者にとって意味のあるわかりやすい方法で，アウトカムをまとめられる便利な方法となりうる。

● 練習問題

✻ 振り返り／考えてみよう

- あなたが関わっているサービスは，ルーチン的な評価を何か行っているでしょうか？ もしそうなら，どのくらいうまくいっているでしょうか？ 何が改善されたでしょうか？ もし評価を行っていなければ，評価に対する賛成意見と反対意見にはどのようなものがあるでしょうか？ 評価するのは良い考えだということを，どのように同僚や上司に対して説得できるでしょうか？
- あなたが担当している個々のクライエントはどうでしょうか？ セラピーでの彼らの改善を評価するためにもっと何かできないでしょうか？ あなたやクライエントに対して，評価はどのように役立つでしょうか？ もっと評価を行うとしたら，どのような困難が出てくるでしょうか？

✻ やってみよう

- 臨床実践のなかから出てくる問いについて考えることで，研究や評価につながるたくさんのおもしろいアイデアが浮かびます。たとえば「この問題に対しては，Yという方法よりもXという方法のほうがうまくいくように思える」「Zを行うと，介入からのドロップアウトが少なくなるようだ」などです。このようなアイデアをメモに取り，関連するエビデンスを集める方法があるかどうかを考えるとよいでしょう。
- あなたが関わっているサービスが，現在ルーチン的にデータを集めていない場合，データ収集が役立つであろうこと，またどのようなデータを集めるかについて，同僚と話すことができるでしょうか？
- データがあるのに，それを分析したり整理したりしていない場合，データをまとめるために，近いうちに時間を取ることができるでしょうか？

● 学習を深めるために

Robson, C.（2002）Real World Research. 2nd Ed. Oxford : Blackwell.［3rd Edition Due in 2011］
タイトルが示すように，「現実世界で」つまり学術的な状況以外で研究を行うための，包括的で優れた入門書。

Field, A.(2009)Discovering Statistics Using SPSS. 3rd Ed. London : Sage.
私たちの多くにとっては，統計は脅威である。しかし Field は，ポピュラーな統計ソフトである SPSS を使用してどのように統計的検定を行うかについて，たくさんの詳細な具体例とともに，できるだけおもしろく実用的に解説している。

Westbrook, D.(2010)Chapter 18 : Research and evaluation. In : M. Mueller, H. Kennerley, F., McManus and D. Westbrook(Eds.)The Oxford Guide to Surviving as a CBT Therapist. Oxford : Oxford University Press.
臨床実践のなかで評価・研究を行う際のさまざまな問題点に関する簡潔な入門書である。

19
CBTにスーパーヴィジョンを用いる

● **はじめに**

　実際にやってみれば誰もがすぐに気づくことですが，良いセラピーはそれほど簡単にできるようなものではありません。ただ本を読んで，ワークショップに出て，そして現場に出れば，良いCBTを行えるというものではありません。有効な臨床訓練はもっと長期にわたるものであり，そのなかであなたが学んだ理論や介入戦略を，臨床現場で出会うクライエントの複雑な現実とつきあわせていくのです。臨床的なスーパーヴィジョンは，このような連続的な学びのための主な方法のひとつです。（以下に述べるように）スーパーヴィジョンはいろいろな形で行われますが，基本的には，あなたのセラピーについて話し合ったりあるいは直接的に観察してくれる他者がいて，セラピーがうまくいっているかどうかを検討し，問題を明確にし，解決策を見つけ出し，あなたのスキルを高めるという考えに則っています。スーパーヴィジョンはどのレベルのCBTの実践家にとっても必要であり，特に初心者にとっては必須のものです。

　このようなスーパーヴィジョンの有効性については，おそらくほとんどのCBT実践家から支持されることでしょう。しかし，困ったことに，CBTのように経験主義を重視するようなアプローチについて，スーパーヴィジョンが実際のところ，スーパーヴァイジーのスキルやクライエントの結果に対して違いをもたらすのかどうかについては，まだ十分なエビデンスはありません。最近のある重要な研究（Mannix et al., 2006）では，CBTの訓練を受けた後にスーパーヴィジョンを受けたセラピストは，スーパーヴィジョンを受けていない人たちに比べてCBTのスキルがより維持され，改善していたことが明らかになっています。しかし，もっと多くのエビデンスが必要でしょう。したがって，この後に書かれていることの多くは，確固としたエビデンスにもとづいているというよりは，私たちや他のセラピストの臨床経験や信念にもとづいています。私たちが伝えるべきことの多くは，新たなエビデンスを得ることによって実証できるでしょうし，実証されていくべきものでしょう。

● **スーパーヴィジョンのゴール**

　CBTにおける臨床的なスーパーヴィジョンについて，一般的に合意が得られている画一的な定義があるかはわかりませんが，臨床的なスーパーヴィジョンが以下のゴールのいくつかを達成することに役立つという点では合意が得られています。

- セラピストのスキルを高める：すでにもっているスキルに磨きをかけて改善すると同時に新しいスキルを獲得する。
- クライエントを守る：セラピーの質を確保するための枠組みを提示する。実践的なレベルで適切な方略が用いられているかどうかを確認したり，あるいは感情的なレベルにおいて協働関係を外から，より客観的に見られるようにする。
- セラピーによって起こりうる困難に対処するためのサポートをセラピストに提供する。
- セラピストのスキルと実践をモニターし，評価する。

これらの様々な内容がスーパーヴィジョンのなかで扱われるバランスは，セラピストとスーパーヴァイザーの特徴や経験，あるいはスーパーヴィジョンの文脈などの要因によって変わってくるでしょう。

最後のゴール，すなわち評価について考える際には，総括的評価と形成的評価の違いについて考えておくべきです。

- 総括的評価は，総合的判断の段階で当初の目的が達成されているかどうかを評価するときに用いられる：その評価項目がある意味において「よくできた」か？（たとえば，訓練生はそのコースをパスするのに十分うまくできていたかどうか）
- 形成的評価は，その当初の目的がクライエントの改善の役に立っているかどうかを評価するときに用いられる。すなわち，重要なのは，「Xは十分かどうか」ではなく，むしろ「私たちはどうしたらXをより良くできるだろうか」という点である。形成的評価の要素はほとんどの臨床のスーパーヴィジョンに含まれるが，総括的評価は通常，訓練コースやセラピストの認定といったようなプロセスにおいてのみ重要となる。

総括的評価と形成的評価のいずれの目的にも有効な認知療法のスキル評価のツールとして，認知療法尺度があります（CTS：Young and Beck, 1980；Dobson, Shaw and Vallis, 1985；改訂版 CTS-R：Blackburn et al., 2001 参照）。

● スーパーヴィジョンの形態

私たちはスーパーヴィジョンを2つの次元に分けることができます。1つは，スーパーヴィジョンが，セラピスト個人を対象とするのか，グループを対象とするのかという次元です。もう1つは，スーパーヴィジョンが，より専門性が高い人からそれほど専門性が高くない人に対して行われるのか，それともおおよそ同等の専門性をもつ人たちの間で行なわれるのかという次元です。これらを組み合わせるとスーパーヴィジョンの4つの形態が見えてきます。各々のカテゴリーに暫定的に付けた呼称を表19.1に示します。

私たちの考えではこれは間違っていると思うのですが，時として，すべてのスーパーヴィ

表 19.1　スーパーヴィジョンの形態

	個人	グループ
指導者とみなされる人あり	1. 徒弟制	2. 指導グループ
指導者とみなされる人なし	3. コンサルテーション	4. ピアグループ

ジョンには指導者と見なされる人が必要とされることがあります。私たちは，たとえ互いの専門性がさほど高くなくても，ピアスーパーヴィジョンは十分役に立つと感じています。これはCBTのセラピーで起こっていることと同じです。セラピスト自身があまり詳しくない領域のことであったとしても，誘導されながら発見するというプロセスを経ることで，セラピストはクライエントを援助することができるかもしれません。したがって，スーパーヴィジョンのなかで，ピアは同じプロセスをたどってセラピストにとっての新しい考え方に開かれていくことができるかもしれません。もし2人ともCBTの経験がまったくないとしたら，盲者が盲者を誘導するという危険性はあります。しかし，このようなスーパーヴィジョンは，専門家によるスーパーヴィジョンを受ける機会が限られているという状態に比べればまったく問題ではありません。

　なお，いずれの形態にも各々メリットとデメリットがあります。

✱ 1. 徒弟制

　これはおそらく多くの人が考える典型的なスーパーヴィジョンです。熟達した経験のある臨床家が比較的初心者であるセラピストに一対一で会い，初心者のセラピストのスキルを磨くというものです。スーパーヴァイジーのニーズにあわせて，詳細に検討するための卓越した視野をもってセラピースキルの練習が行われるものであり，間違いなく良い方法でしょう。主なデメリットは，指導者の時間をぜいたくに使う点です（そして，そのために高額になります）。また，たった一人のスーパーヴァイザーしかいないために，スーパーヴァイジーが得られる意見や専門的知識には限りがあります。

✱ 2. 指導グループ

　指導グループの最も売りとなるところは，専門性を提供するという意味では徒弟制モデルと同じ利点がありながらも，より経済的に，かつさまざまな面で実践的な学びが得られるという点です。また，スーパーヴァイジーは自分自身のケースだけでなく，他のセラピストのケースについても話を聴くことで学べるという点もメリットのひとつです。ただし，グループ内の個々人が得られる個人的な時間が少なくなり，セミナーのようになってしまう可能性があるという点はデメリットとなる可能性があります――もちろんセミナーも時として有用なのですが――。

✱ 3. コンサルテーション

　私たちはこの言葉を徒弟制と似たような設定——つまり，スーパーヴィジョンのために2人の個人が会うときに使います。ただし，コンサルテーションの場合には，両者の熟達度がほぼ同等であるため，どちらが「徒弟」というわけではありません。経験豊かなセラピストにとっては，このような形が唯一ありうるスーパーヴィジョンの形となります。というのも，自分よりも経験のある人が他にいないからです。コンサルテーションでは，片方がもう片方のスーパーヴィジョンをするというような一方向的な形もあるし，それぞれが互いに相手をスーパーヴァイズする相互的な形のどちらもありえます。

✱ 4. ピアグループ

　ピアグループのメリットは比較的廉価で，実施しやすいということです。また，代理学習ができ，より平等になれるために，経験の少ない参加者でも有意義に過ごすことができ，考えを共有しやすくなります。デメリットとしては，「盲者が盲者を導く」というリスクがあるために，実は誰も自分たちが何を話しているのかについて，きちんとわかっていないということが起こりえます。また，どのようなグループスーパーヴィジョンでも起こりうることですが，それぞれのスーパーヴァイジーの持ち時間が少なくなること，そしてグループ・ダイナミクスに責任をもつ指導者がいないということもリスクとなるでしょう。

✱ スーパーヴィジョンの代替手段

　上記の方法以外にも，電話やメールなどその他のコミュニケーション手段を用いて行うスーパーヴィジョンも考えてみるとよいでしょう。これらの代替手段によるスーパーヴィジョンは個人を対象としたスーパーヴィジョンの場合により有効でしょう。直接顔を合わせることなしにグループの相互交流を行うのは容易ではありません。ましてや感情的な問題が起こったときなどはとても大変です。また，音声やビデオテープを流すという点においても技術的な難しさがあるかもしれません。それにもかかわらず，ニーズに見合ったスーパーヴァイザーがいないようなときには，このような有効な代替手段がしばしば用いられます。

　私たちは，何人かのスーパーヴァイジーに，電話で臨床のスーパーヴィジョンを行っています（彼らには，通常，移動できる範囲内に適当なスーパーヴァイザーがいないという理由があります）。実際のところ，私たちがスーパーヴァイジーに一度も顔を合わせたことがないようなケースもあります。このようなスーパーヴィジョン形式には制約もありますが，スーパーヴィジョン関係はうまくいっています。コミュニケーションにおけるノンバーバルな側面が排除されてしまうような他の方法と同様に，電話でのスーパーヴィジョンは誤解が生じる可能性が高まります。そのような問題を回避するために，両者

ともにより明確な要約やフィードバックを行うように細心の注意を払う必要があるでしょう。昨今では，技術が進歩したことにより，インターネットを介したスーパーヴィジョンが行われるようになっています。インターネット用のカメラを用いることで両者が互いを見て，声を聴くことができます。このようなシステムにはテープを流せるものもあります。このようなアプローチは十分うまくいきますが，きわめて高度な技術を必要とするわけではありませんし，高速のインターネット回線が必要というわけでもありません。

✳ スーパーヴィジョンかセラピーか？

すべての形態のセラピーに認められることですが，セラピスト自身の問題や信念がセラピーに影響を与えることがあります。このような問題は，スーパーヴィジョンのなかで考えていくべきものなのでしょうか，あるいは個人的なセラピーとして他の設定で行われるべきものなのでしょうか？　スーパーヴィジョンのなかで取り扱われる個人的な問題には制約があるのでしょうか？　もし制約があるとすれば，スーパーヴィジョンのなかで扱われるべきではないとされた問題をあなたはどこにもっていけばいいのでしょうか？　これらの問いに対する正解はありませんが，多くのCBTのセラピストは，セラピスト自身の問題がクライエントとの作業に直接的に影響するのであれば，その範囲においては，スーパーヴィジョンのなかで扱われるべきであると言うでしょう（たとえば, Padesky, 1996b）。もし，あなた自身の信念によって（たとえば，「クライエントがストレスに感じるようなことは決してしてはならない」あるいは「私のクライエントの進展については私だけに責任がある」など），他の視点から考えれば妥当と思われる介入方略を用いることができないようであれば，スーパーヴィジョンでそのことについて考える必要があるででしょう。もし，その信念がより大きな問題の一部であることが明らかになれば，それはスーパーヴィジョンという限られた時間のなかで扱われるべきことではありません。もしそれがクライエントとの作業に直接的に影響しないのであれば，どこか他の場所で扱われるべきでしょう。

✳ テープの使用

クライエントとのセッションをオーディオやビデオに録音して，それをスーパーヴィジョンに用いることは，CBTのスーパーヴィジョンの特徴のひとつでした（ここではテープと表現しますが，もちろん昨今では他にも多くのデジタル録音機器があります）。通常であればスーパーヴァイザーはスーパーヴァイジーの説明を信頼するしかないのですが，代わりにテープを使用してスーパーヴァイジーがセッションを録音し，スーパーヴィジョンのなかで（その一部を）再生することによって，スーパーヴァイザーは何が起こったかをより直接的に観察することができます。たいていの人はこのような形で自分自身のセラピーを他者にオープンに提示することについて不安を感じますが，一度乗り越えれば比較的抵抗はなく，かつきわめて有効な方法です。そのため，私たちはテープを使うことを強く推奨しています。そ

のメリットには以下のようなものがあります。

- **自己省察** 必ずしも心地よいものではないが，自分のセラピーのテープを聞くことはとても良い勉強になるし，自分の実践を批判的に評価することができる。スーパーヴィジョンの際の疑問点をあらかじめ準備しておけるし，テープのなかで最も重要な部分をスーパーヴァイザーとシェアすることもできる。
- セラピストの捉え方やクライエントの発言を（肯定的にも否定的にも）**省略したり，歪めることを避けることができる** セッションのなかで重要なことほど自分では気が付いないこともあるし，そういうところはあまり報告したくないということもある。テープはあなたにとってもスーパーヴァイザーにとっても，それを見抜くチャンスを与えてくれる。
- そのため，セラピストの説明だけでスーパーヴィジョンが行われているときにはほぼ不可能だが，テープを用いることで**深くて正確な**スーパーヴィジョンを行うことができる。セラピストの説明はどうしても部分的なものになってしまうが，テープを用いることでスーパーヴァイザーはセラピーでの複雑なやりとりをそのまま聞いたり見たりすることができる。数分のテープを聞くことでわかってくることと比べたら，セラピー中のやりとりを言葉で詳細に**伝える**のにどれだけ時間がかかることだろう。ほとんどの人にとって言語的な説明によって，クライエントがどんな感じなのかのニュアンスまで完璧に伝えることはとても難しい。テープを介して，スーパーヴァイザーはセラピーで何が行われているかだけでなく，あなたのクライエントの印象をより良く知ることができる。それによって，クライエントの行動に対処するために必要かつ有益な助言ができるのである。
- もし，あなたがイギリス認知行動療法学会のセラピストとして認定されたいのであれば，"ライブスーパーヴィジョン"（つまり，あなたのスーパーヴァイザーが実際のクライエントとのセッションを直接的，あるいは記録によって見たり聞いたりする）と呼ばれるものを一定時間数受けることを求められる，ということを心に留めておくとよい。この件についてさらに知りたい場合には，www.babcp.com を検索してほしい。

もしあなたがテープを使用しているのなら，それをいかに効果的かつ倫理的に行うかという実践的なことについても考えておく必要があります。

- どのセッションでも録音を始める前に，クライエントから十分なインフォームド・コンセントを取らなくてはならない。そのためには，クライエントの同意を得てそれを記録するためのプロセスが必要である。あなたは，あなたが所属している病院や機関の方針に従わなければならない。もし，そういうものがなければ，自分自身で方針を決めなくてはならない。その際には，そのテープはどのように扱われるのか，誰がそれを聴くのか，保管の際にはどのような工夫がなされるのか，スーパーヴィジョン終了後のテープの破棄や，あるいは録音の消去についても言及する必要がある。今日では，多くの NHS

エージェンシーではデジタル録音は暗号化して保存することが求められているため，それらがたとえ紛失したり盗まれたりしたとしても他者にそれを聞かれることはない。
- テープを使用するのであれば，うまくいかなくなったときや特定の必要性が生じたときのみに使用するのではなく，すべてのセッションについて録音することを習慣にしてしまったほうが楽である。何か特定の困難が生じた段階で，クライエントに録音の交渉をするよりも，毎回のセラピーで最初に録音の確認をすることをルーティン化させてしまったほうが，通常は同意が得られやすい。

● スーパーヴァイザーを選ぶ

　訓練を受けるといった特定の状況においては，あなたは自分のスーパーヴァイザーを選ぶ選択肢がないこともあるかもしれません。というのも，そういう場合にはスーパーヴァイザーはあなたにすでに当てがわれてしまっているからです。しかし，もしあなたが自分でスーパーヴァイザーを選ぶことができるなら，以下のことについて考えてみるとよいでしょう。

- そのスーパーヴァイザーは，あなたが信頼できる人物であり，一緒にいて心地良いと思える人だろうか？　スーパーヴァイザーとの協働関係はクライエントとの協働関係と同じくらい重要であるため——時として同じくらい難しくもあるのだが——，スーパーヴァイザーと良い協働関係を築けるということが必要となる。
- そのスーパーヴァイザーはあなたが学ぶべき技術をもっているだろうか？　たとえば，あなたはある特定の問題に関する援助の専門家を必要としているかもしれないし，あるいは援助過程をよりうまく進められるような誰かを必要としているかもしれない。しかし，最初から，その人があなたのニーズにどの程度見合った人なのかを判断することは難しい。したがって，最初の試行期間について合意を得ておくことが重要である（以下参照）。
- そのスーパーヴァイザーはあなたのスーパーヴィジョンに意欲的だろうか？　あるいはスーパーヴィジョンとして合意した期間中は快く関わってくれるだろうか？
- そのスーパーヴァイザー自身はスーパーヴィジョンを受けているだろうか？　スーパーヴァイザー自身も自分自身の臨床実践についてスーパーヴィジョンを受けることが次第に一般的になりつつある。
- イギリス認知行動療法学会は現在，資格をもったセラピストがスーパーヴァイザーとしても認可されるような道筋をつくっている。この原稿を書いている現段階においては，この付加的な資格を持っている人の数は比較的少ない。したがって，スーパーヴァイザーとしての認可を得ることはまだ必要要件とはされていない。しかし，少なくとも，将来スーパーヴァイザーになる可能性のある人がそのような認可を受けているかどうかを知りたいと思うかもしれない。第1章で言及したCBTのための能力構成を作ったRoth

and Pilling は，スーパーヴィジョンの能力についても同じような形のものを開発している。あなたやあなたのスーパーヴァイザーにとって興味深いものかもしれない（Roth and Pilling, 2007）。

● スーパーヴィジョンの合意についての交渉

あなたがスーパーヴァイザーを選ぶ場合でも，あるいはすでにスーパーヴァイザーが当てがわれている場合でも，スーパーヴィジョンに望むことや期待することを明らかにするために，あらかじめ打ち合わせをすることは重要です。あなたは以下のようなことについて考えておきたいと思うかもしれません。

- 実際的な取り決めについて：スーパーヴィジョンをいつ，どこで，どのくらいの期間にわたって，どのくらいの頻度で行うか？
- 秘密保持について
- 「一般的な」スーパーヴィジョンを行うのか，あるいは特定の目的をもってスーパーヴィジョンを行うのか？（たとえば，ケース・フォーミュレーションがうまくなりたいとか，強迫性障害のクライエントにうまく対処できるようになりたいとか，自傷をするクライエントに上手に対応したいなど）もし，あなたに特定の目的がある場合には，そのスーパーヴァイザー自身は自分がそれを援助するために必要なスキルをもっていると感じているだろうか？
- あなたやそのスーパーヴァイザーは，上述したようなスーパーヴィジョンの目的について，優先順位をもっているだろうか？　たとえば，あなたはスーパーヴィジョンのなかで総合的評価が重視される訓練コースにいるということはないだろうか？
- 一連のスーパーヴィジョンのなかでどういうことが起こるかについて，あらかじめ予測することは難しいが，スーパーヴィジョンと個人的なセラピーの境界線についてのあなたとスーパーヴァイザー双方の見解を考慮する必要があるだろう。
- 試行期間を設けて，スーパーヴィジョンについて見直しをし，スーパーヴィジョンがうまくいっていない場合にはその合意を取り消すことができるようにしておくことは，賢明な措置である。

本章の付録にイギリス認知行動療法学会のスーパーヴィジョンの合意書のサンプルを載せておいたので，参照してください。

いかなる形であれ，グループスーパーヴィジョンには同じような問題が起こるので，グループ用の独自の合意書があってもよいでしょう。たとえば，グループメンバーの間でどのくらい持ち時間があるのかなどについてです。この場合，毎回メンバー全員が同じ時間を使う，どの回でも一人の人がプレゼンテーションを行う（この場合は，おそらく個々のスーパーヴィ

ジョンの間隔は長く空くことになるでしょう），あるいはこれらを組み合わせて，1回のうち，ある人がある程度長めのまとまった時間を使い，その他の人は短い時間を使うといった選択肢もあるでしょう。スーパーヴィジョンの体験について，スーパーヴァイジーからグループや指導者に対してより明確なフィードバックをする必要もあるかもしれません。時折起こることですが，もし，グループメンバーのほとんどあるいは全員があるスーパーヴァイジーのアプローチに賛成できないような場合には，スーパーヴァイジーは見せ物にされた感じを抱き，孤独を感じたままになってしまいます。スーパーヴァイジーが過度に傷ついたり，不快感を抱かないためにも，グループのプロセスについてはしっかりと注意を払う必要があります。

● スーパーヴィジョンのための準備

　スーパーヴィジョンに対して周到に準備を行うことで，スーパーヴィジョンから最善の学びを得ることができます。そのために多くの時間をかける必要はありませんが，スーパーヴィジョンが始まる前に2分以上の時間をかけて，クライエントの記録にざっと目を通し，それからスーパーヴァイザーに会いに行くとよいでしょう。特に，あなたが検討したいと思っているクライエントについて，スーパーヴィジョンで**訊いておきたい質問**を明確にしておくことをお勧めします。これは単に質問をすればよいと言っているのではなく，むしろそれをすることであなたがどこに焦点を当てたいと思っているかを明確にすることができるからです。想定される質問には切りがありませんが，以下のような質問が含まれるかもしれません。

- このクライエントについてのフォーミュレーションを発展させるためにはどうすればよいか。
- クライエントの自分に対する依存傾向に対処するにはどうしたらよいか。
- クライエントに役立ちそうな行動実験は何か。
- このクライエントのどういうところが私に怒りを喚起させるのかについて考えてみることができるか。
- 強迫性障害（OCD）の介入について，どこでもっと学ぶことができるか。

　スーパーヴィジョンにテープを用いる際にも準備は重要です。また，スーパーヴァイザーがすべてのクライエントの全テープを聞くためにはかなりの時間を要するため，それはほぼ不可能です。そのため次のような2段階のプロセスで行うとよいでしょう。まず，自分自身でテープを聞きます。そしてテープを聞きながら，問題が起こっていそうなところを書き留めておきます。ここでいう問題とは，あなたがスーパーヴィジョンを受けたいと思うような問題が起こっているところです。あなたが話し合いたいと思うポイントが含まれる数分の部分を選び出し，スーパーヴィジョンのセッションの前にその箇所からテープがスタートするように準備をしておきます。このような準備をしておくことで，テープを効果的かつ経済的

に使うことができます。

　Padesky（1996b）のスーパーヴァイザーのための質問集は，スーパーヴァイジーがスーパーヴィジョンのための準備をする際にも役立ちます。その質問には，セラピーの難しさに影響する次のような要因が含まれています。

1. このクライエントにとってのCBTのフォーミュレーションとそれにもとづいた介入計画が立っているか？
　もしなければ，それをつくることがスーパーヴィジョンの質問となるかもしれない。
2. フォーミュレーションとそれにもとづく介入計画はその後も継続しているか？
　もし継続していなければ，スーパーヴィジョンでの質問はケース・フォーミュレーションと介入計画の継続を阻んでいるのは何かについて考えるものになるだろう。その原因はセラピスト自身の信念かもしれないし，クライエントの特徴や行動によるものかもしれない。
3. 求められている介入を行うために必要な知識や技術をもっているか？
　もしもっていないなら，スーパーヴィジョンを知識や実践的なスキルを得るため，あるいはどこでそれらを得られるかについての助言をもらうために活用するかもしれない。
4. セラピーに対するクライエントの反応は予期していたようなものであったか？
　もしそうでなければ，スーパーヴィジョンにおいて，クライエントのどのような思い込みが，あるいはクライエントの生活環境や，どのような生育歴がセラピーの進展を妨げているのかについて検討するかもしれない。
5. もし上記のすべてについて十分に答えられるなら，他に介入することがあるか？
　協働関係については，スーパーヴィジョンではセラピスト側の要因や問題について考える必要がある。つまり，ケース・フォーミュレーションを修正する必要があるかどうか，別の介入アプローチが必要かどうかについて検討する。セラピーでよく生じる困難についてさらに知りたい場合には，Westbrook et al.（2010）を参照されたい。

　マイケルは彼が苦労しているクライエントとの関係性を考える際に，このチェックリストが有効であることに気が付きました。その作業をするなかで，彼の問題は第4段階あたりにあるということがわかりました。彼はおおよそ筋が通っているように見えるケース・フォーミュレーションと介入計画を立てており，それに従って介入を行っていました。しかしそれがうまくいっていないように感じられていたのです。クライエントの主たる感情は抑うつと怒りでした。彼女は援助目的に向けて他に取り組むべきことがあるにもかかわらず，その作業をするよりも，彼女の怒りを正当化することに躍起になっていました。これがわかったことで，マイケルはこのケース・フォーミュレーションには見落としていた点があったことに気が付きました。というのも，この「怒りの正当化」への囚われはこれまでうまく説明されていなかったからです。この点について彼はクライエントと探求していったところ，マイケルは，彼女が自分の欲求を表明する唯一の方法が怒ることで

あるという思い込みをもっていることがわかってきました。彼女の怒りは時に度が過ぎるために，彼女は他の人に服従させられるように感じてしまうのでした。この再フォーミュレーションにより，クライエントは他の方法で自己主張できるようになるための作業を開始することができました。

● スーパーヴィジョンのなかで

スーパーヴィジョンの面接は第11章に示したようなCBT面接のモデルに従って行われます。そのため，スーパーヴィジョンはCBTと同様の手順で実施されます。

- **アジェンダの設定** 今日のメイントピックスは何か，また私たちはスーパーヴィジョンの時間をそれらのトピックスごとにどのように分けるとよいだろうか？ スーパーヴァイザー，スーパーヴァイジーのどちらでもアジェンダのためのトピックスを提示することができる。ただし，スーパーヴァイジーはより多くの経験をもっているはずなので，アジェンダ設定にはより多くの責任をもつべきである。ホームワークの振り返りはつねにアジェンダに挙げられるべきである。もしホームワークの振り返りのなかで行われなくても，前回行ったスーパーヴィジョンがその後，臨床的にはどのような結果になったのかについて振り返る機会をもつべきである。
- **メイントピックス** スーパーヴィジョンの大半は，合意された主なアジェンダについての作業を進めながら行われる。
- **ホームワークを出す** スーパーヴァイジーは次までに実施すべきリストに合意して，スーパーヴィジョンを終える。ホームワークには，特定の記事を読むといったことから，クライエントと特定の治療方略を試すといったものまでさまざまである。
- **振り返り** スーパーヴァイジーはこのスーパーヴィジョンについてどのような感想をもつだろうか。何を学び，何を難しいと感じただろうか。あなたのスーパーヴィジョンにおける質問に対してきちんと答えてもらえたかどうかを自問するかもしれない。スーパーヴァイザーはあなたがスーパーヴィジョンを受けやすいようにしてくれているだろうか。打ち解けた感じと厳格な感じのバランスや，教育的かどうか，あるいは支持的であることと建設的な批判のバランスは適切であったかどうか。

より良いスーパーヴィジョンを受けるには，自分の能力を見せつけたり，難しさを認めることに対して防衛的にならず，できるだけオープンであるようにすることも重要です。あなたが「特に何も問題ありません」と言っていると，スーパーヴァイザーは「それは素晴らしい！」と言うかもしれませんが，あなた自身はそのスーパーヴィジョンから多くのことは学べないでしょう。完璧なセラピーができる人は誰もいません。したがって，より多くのスキルを身に付けるための一番良い方法は，起こっている問題に対してオープンであることです。

つまり，スーパーヴィジョンでは，ケースについて率直に言語的な話し合いをすることで，さまざまな技法についての学びが得られるということを覚えておいてください。ロールプレイを行うのもよいでしょう。それには2つの方法があります。1つは，あなたがクライエント役をやり，スーパーヴァイザーがあなたがクライエントに対し，どのような対応をすべきかについてモデルを示してみるものです。もう1つは，スーパーヴァイザーがクライエントをやって，あなたがセラピストとしてある特定の方略でリハーサルをしてみるというものです（このようなときにテープは役に立ちます――テープで見たり聞いたりすることができれば，スーパーヴァイザーがクライエント役をやりやすくなるでしょう）。また，スーパーヴィジョンにおいては，率直な教育的指導や本の紹介が役に立つこともあります。

● スーパーヴィジョンに付随する問題

✳ スーパーヴァイザーが見つからない

私たちは定期的に適切なスーパーヴィジョンを受けることの重要性を強調しなくてはならないのですが，どのスーパーヴァイザーについたらいいかわからなかったり，あるいはスーパーヴァイザーに連絡できないということもあるでしょう。そのようなときには，まずは自己スーパーヴィジョンをすることをお勧めします。あなたのセラピーの記録を聴く時間を取って，スーパーヴィジョンにおける質問を見直してみます（上述のPadeskyのガイドラインを使うなどして）。そして，自分の実践や資源について批判的に省察してみます。つまり，あなたはその困難を自分で解決できそうかどうかを明らかにするのです。もし，できないようなら，単発で同僚や外部の「専門家」からコンサルテーションを受けてみることを考えたほうがよいでしょう。スーパーヴィジョンを受けられないということで諦めてはいけません。

✳ スーパーヴァイザーとの問題

スーパーヴァイザーがスーパーヴィジョンにあまりコミットしてくれない（たとえば，いつも遅刻してくる，あるいは電話に出るためにスーパーヴィジョンが中断されるなど），あるいは，スーパーヴァイザーからサポートされているようにあまり感じられないといった問題はよく起こります。このような問題は，スーパーヴァイザーとスーパーヴァイジーの相性があまり良くないために起こることがあります。このような場合には，別の組み合わせによるスーパーヴィジョンが必要です。しかし，この協働関係をもっと良いものにできないかを考えてみるのもよいでしょう。スーパーヴァイザーはあなたが何を求めているか，気づいているでしょうか？ もし気づいていないとしたら，なぜ気づかないのでしょうか？ スーパーヴァイザーに対するあなたの期待は現実的でしょうか？ あるいは，今のスーパーヴィジョンにさらなるサポートや個人的なセラピーを加える必要があるでしょうか？ 互いに納得で

きるような契約を結ぶための時間をもつことによって、スーパーヴァイズ関係で生じた問題を予防したり、最小限に食い止めることができることもあります。

✳ 評価を気にして面接のテープを持っていってはいけないという思い

　何があなたがテープを持っていくことを阻害しているのか考えてみましょう。テープを使う理由を考えてみる必要があるでしょう。あるいは、本当にあなたが思っているようなメリットとデメリットがあるのかどうかを知るために行動実践をしてみる必要があるでしょう。

　問題はあなたの実践についての不安なのか、あるいはあなたが無能であることがばれてしまうことへの怖れでしょうか。こういった心配はよくあることであり、経験のあるセラピストでも抱くものです。そして、ここで重要なのはこのことに向き合って何とかしようと努力することです。それを見つけるためのガイドに沿って、あなたの抵抗感の理由を明らかにし、その問題をスーパーヴィジョンのなかでも取り上げてみるとよいでしょう。

✳ 実践していない方略に同意すること

　今一度、まだ実践していない方略に同意することについての考えや思い込みを、自分なりに理解しておく必要があります。たとえば、あなたは必要以上にスーパーヴァイザーの言いなりになって、本当は同意していないようなことまでやると言っていないでしょうか？　もしそうだとしたら、あなたはなぜスーパーヴァイザーに異議を唱えることが難しいのでしょうか？

　あるいは、あなたはその計画について純粋に良いと思っているのに、実際の面接場面では脱線してしまうのでしょうか？　もう一度、どうしてそうなってしまうのか、考えてみましょう。面接テープは面接場面のどこで脇道に逸れていってしまうのかを把握するために、とても役に立ちます。そして、いつものように、これらの質問についてもスーパーヴィジョンの場で考えることができます。

✳ スーパーヴィジョンについての否定的な思い込み

　時折、スーパーヴィジョンについて否定的な見解をもっている人に出くわすこともあります。たとえば、スーパーヴィジョンの元来の目的は、面接が適切に行われているかどうかを概観したり、確かめたりすることとされているため、自分自身がまるで管理的なコントロールや、痛烈な批判の対象となっているような嫌な体験としてとらえることもあるかもしれません。しかし、改めて考えてみれば、スーパーヴィジョンのもともとの目的はあなたの臨床がよりうまくなって、クライエントをより良く援助できるようになるように、あなたを援助することであるということは明らかです。したがって、スーパーヴィジョンは恐れるべきものではなく、学びの機会とみなされるものです。私たちの臨床実践においては、その進展を妨げる否定的な思

い込みを明らかにすることがきわめて重要です。したがってあなたは自分自身の否定的思い込みに気づき，それを評価するためにあなた自身のCBTのスキルを使わなくてはなりません。

● 要約

- さらなるエビデンスが必要ではあるが，きちんとした臨床のスーパーヴィジョンは優れたCBTセラピストになるために(実際は他のどのような療法のセラピストになるためにも）不可欠であるということについては，おおよそコンセンサスが得られている。
- スーパーヴィジョンはさまざまな形式（ペア，グループなど），さまざまな方法（対面，電話など）で，リーダーがいてもいなくても行われうる。いわゆる"徒弟制"モデルがおそらく最も一般的だが，個々の状況によってすべての方法にメリット・デメリットがある。
- CBTでは，"ライブ"スーパーヴィジョン（たとえば，面接の場にいたり，あるいは録音を聞くなどして，スーパーヴァイザーが面接場面を直接的に知ることができる）はきわめて有効で，イギリス認知行動療法学会ではセラピストの認定を受ける際にはライブスーパーヴィジョンを求められる。
- もし選択の余地があるのであれば，あなたにとって最も良いスーパーヴァイザーが誰なのかについて考え，そのうえでスーパーヴィジョンの契約に同意するとよい（たとえそれが実際の契約であってもただのインフォーマルな理解にすぎなくとも）。
- スーパーヴィジョンはあなた自身の準備が整っていて，あらかじめスーパーヴィジョンでする質問がはっきりしているときに，最も有効である（たとえば，スーパーヴィジョンから得たいものは何かなど）。

● 練習問題

✱ 振り返り／考えてみよう

- あなたの最近のスーパーヴィジョンについて少し時間をかけて考えてみよう（スーパーヴァイザーと一緒に考えてみるのもよい）。何がうまくいっていて，何がうまくいっていないのでしょうか？ あなたがスーパーヴィジョンから学びたいと思っていることは何なのでしょうか？ スーパーヴィジョンからより良い学びを得るために，あなたやあなたのスーパーヴァイザーの各々がなすべきことはあるでしょうか？
- あなたは，最近「テープ」（面接を録音したもの）を使っているでしょうか？ もし使っていないとしたら，どういった要因が絡んで使っていないのでしょうか？ 技術的な問題だろうか，それとも自信のなさから生じる問題でしょうか，あるいは何かが起きる，あ

るいは何か他のことが起こるかもしれないという特定の信念でしょうか？　何が起こるのか，あるいはそれ以外にもどういうことが起こりうるのかについて考えてみよう。

✳ やってみよう

- もっとしっかりと準備をすることによってスーパーヴィジョンの時間をより有効に使うことができるでしょうか？　その枠組みのひとつとして，上述のPadeskyのスーパーヴィジョンの質問表を用いれば，あなたのスーパーヴィジョンが役に立っているかどうかがわかるでしょう。
- もしあなたが今，面接の記録をスーパーヴァイザーに聞かせたくないという恐れを抱いているなら，あなたが面接の記録を聞かせようとするとどういったことが起こるかについて，行動実験をしてみるとよいかもしれません。あなたが恐れていたほどひどい体験だったでしょうか？　実際のメリットとデメリットは何でしょうか？
- もしあなたがCBTについて学び始めたばかりで，CBTのスーパーヴァイザーがまだいないようなら，できるだけ早くスーパーヴァイザーを見つけるとよいでしょう。

● 学習を深めるために

　私たちはスーパーヴィジョンを「する」のではなく，スーパーヴィジョンを「受ける」ための教科書について，他に良い教科書を知りません。そのため，以下のものは一般的なCBTのスーパーヴィジョンのトピックスに関して有用と思われるものです。

Bennet-Levy, J.（2006）Therapist skills : Their acquisition and refinement. Behavioral and Cognitive Psychotherapy, 34 ; 57-78.
この論文では，セラピストがいかにして熟達するか，またさまざまなスキルを獲得するためにはさまざまな学習方法が必要となる，といったことについて，興味深い重要なモデルの作成が試みられている。

Kennerley, H. and Clohessy, S.（2010）Chapter 16 Becoming a supervisor. In : M. Mueller, H. Kennerley, F. McManus and D. Westbrook（Eds.）Oxford Guide to Surviving as a CBT Therapist. Oxford : Oxford University Press.
新たにスーパーヴァイザーになる人が立ち向かうべき挑戦や，良いスーパーヴィジョンをするために必要とされるスキルについてのガイドである。

Milne, D.（2009）Evidence-based Clinical Supervision : Principles and Practice. Chichester : Wiley-Blackwell.
スーパーヴィジョンに関する英国のリーダー的な研究者の一人であるDerek Milneが，スーパーヴィジョンについてのエビデンスをまとめたものであり，エビデンスにもとづいたより良い実践のためのガイドでもある。

Padesky, C.（1996）Developing cognitive therapist competency : teaching and supervision models. In : P. Salkovskis（Ed.）The Frontiers of Cognitive Therapy. New York : Guiford Press.
この本のなかで，PadeskyはCBTのスーパーヴィジョンはCBTのアプローチと同じくらい役に立つと述べている。彼女はまた，この章の前半に載せた「スーパーヴィジョン・チェックリスト」という有用なチェックリストについて概説している。

おわりに

　本書の翻訳を思い立ったのは，原書初版が出版された 2007 年であった。当時，認知行動療法の実践においても教育においてもケース・フォーミュレーションの重要性を再認識し，そのためのよいテキストを探していた。すでに金剛出版から『認知行動療法ケースフォーミュレーション入門』を翻訳出版していたが，それは行動療法系のケース・フォーミュレーションをまとめたものであり，認知療法系の関連書を探していたときに出版されたのが本書であった。著者はいずれも英国のオックスフォードで活動する臨床心理士であった。私自身，その数年前にオックスフォード大学に客員研究員として滞在し，オックスフォードが英国の認知行動療法の中心であることを知っていたので，迷わず出版直後に本書を購入した。すぐに読み，まさに探していた本であることを確信し，2008 年の私の大学院授業で輪読をした。参加者の評判もよかったので，翻訳をすることにし，参加者に下訳をお願いした（当時の授業の参加メンバーについては，文末に記して感謝する）。下訳が出たのが 2009 年で，金剛出版にお願いをして版権を取得していただき，私のほうで出版に向けて原稿を整理し，出版の準備が整ったのが 2010 年であった。

　2010 年にはオックスフォード大学臨床心理学コースの Susan Llewelyn 教授が私の研究室の客員教授として滞在していたので，彼女を介して第一著者の David Westbrook 博士と連絡を取り，出版に向けての打ち合わせを開始した。ところが，その時彼が私に言ったのは，「すでに改訂版の原稿を出版社に渡してあるので，改訂版の訳をしたほうが良いかもしれない」ということであった。翌年出版された改訂版を読み，相当の加筆修正がされていることを確認したので，改めて改訂版に基づく翻訳出版をすることにして，新たに改訂版の版権を取得していただいた。

　そして，翻訳にあたっては，私の研究仲間である「これからの臨床心理学研究会」（通称「コレリン研」http://korerin.jp/）のメンバーに協力をお願いした。コレリン研は，私の研究室出身の臨床心理士から構成され，心理職の教育訓練カリキュラムの構築をテーマとした研究会である。その研究会では，今後の心理職の教育訓練において認知行動療法は必須科目であり，そのテキストとして本書が相応しいということになり，私が監訳を担当するということで翻訳に着手した。各メンバーの担当は，下記の通りである。なお，翻訳に向けての研究会の開催などに関しては文部科学省の科学研究費（基盤研究 A：課題番号 23243073）の支援を受けた。

　　下山晴彦／第 1 章
　　松澤広和／第 2 章，第 4 章，第 7 章

小堀彩子／第3章，第6章，第11章
石丸径一郎／第5章，第15章，第18章
袴田優子／第8章，第9章，第10章
森田慎一郎／第12章，第13章，第14章
高橋美保／第16章，第17章，第19章

初版の下訳作成に協力を得た院生および研究生（当時）は下記メンバーである。

綾城初穂／李健實／梅垣佑介／梅澤史子／海老根理絵／鴛渕るわ／倉光洋平／慶野遥香／先光毅士／白木治代／末木新／曽山いづみ／髙岡昂太／高山由貴／堤亜美／中坪太久郎／永野千恵／西村詩織／野田香織／原直子／原田満里子／広津侑実子／平林恵美／福永宏隆／藤岡勲／藤平敏夫／向後裕美子／藪垣将／八巻絢子／山田哲子／山本渉／吉田沙蘭

出版にあたっては，版権を2度にわたって取得していただくなど，編集部藤井裕二さんをはじめとして金剛出版の皆様にはたいへんお世話になった。最後に記して感謝したい。

下山晴彦

文献一覧

Abramson, LY., Alloy, L.B., Hogan, M.E., Whitehouse, W.G., Donovan, P., Rose, D.T., Panzarella, C. and Raniere, O. (2002). Cognitive vulnerability to depression: theory and evidence. In : R.L. Leahy and E.T. Dowd (Eds), Clinical Advances in Cognitive Psychotherapy : Theory and Application. New York : Springer.

Ackermanm, S.J. and Hilsenruth, M. (2003). A review of therapist characteristics and techniques positively impacting the therapeutic alliance. Clinical Psychology Review, 23, 1-37.

American Psychiatric Association (APA) (2000). Diagnostic and Statistical Manual of Mental Disorders. 4th Edition (Text Revision). Washington D.C. : American Psychiatric Association.

Andrews, B. (1997). Bodily shame in relation to abuse in childhood and bulimia. British Journal of Cilnical Psychology, 36, 41-50.

Antonuccio, D.O., Thomas, M. and Danton, W.G. (1997). A cost-effective analysis of cognitive behaviour therapy and Fluoxetine (Prozac) in the treatment of depression. Behaviour Therapy, 28, 187-210.

Ardenne, P. and Farmer, E. (2009). Using interpreters in trauma therapy. In : N. Grey (Ed.) A Casebook of Cognitive Therapy in for Traumatic Stress Reations. Hove : Routledge.

Arntz, A., Rauner, M. and van den Hout, M.A. (1995). If I feel anxious there must be a danger : exconsequentia reasoning in inferring danger in anxiety disorders. Behaviour Research and Therapy, 33, 917-925.

Arntz, A. and Weertman, A. (1999). Treatment of childhood memories : theory and practice. Behaviour Research and Therapy, 37, 715-740.

Bach, P. and Hayes S.C. (2002). The use of acceptance and commitment therapy to prevent the re-hospitalization of psychotic patient : a randomised controlled trial. Journal of Consulting and Clinical Psychology, 70, 1129-1139.

Baddeley, A. (2004). Your memory : A user's guide. London : Prion.

Baldwin, S., Berkerjon, A., Atkins, D., Olsen, J. and Nielson, S. (2009). Rates of change in naturalistic therapy : Contrasting dose-effect and good-enough level models of change. Journal of Consulting and Clinical Psychology, 77, 203-211.

Barkman, M., Mellor-Clark, J., Connell, J. and Cahill, J. (2006). A core approach to practice besed evidence : A brief history of the origins and applications of the CORE-OM and CORE system. Counselling and Psychotherapy Research, 6, 3-15.

Barlow, D.H., Andrasik, F. and Hersen, M. (2006). Single Case Experimental Designs. 3rd Edn. Boston : Allyn and Bacon.

Barlow, D.H., Hayes, C.H. and Nelson, R.O. (1984). The Scientist Practitioner : Research and Accountability in Clinical and Educational Settings. Oxford : Pergamon Press.

Barnhofer, T., Crane, C., Hargus, E., Amarasinghe, M., Winder, R. and Williams, J.M.G. (2009). Mindfulness-based cognitive therapy as a treatment for chronic depression : A preliminary study. BRAT, 47, 366-373.

Barnhofer, T., Duggan, D., Crane, C., Hepburn, S., Fennell, M. and Williams, J. (2007). Effects of meditation on frontal alpha-asymmetry in previously suicidal individuals. Neuroreport, 18-7, 709-713.

Bartlett, F. (1932). Remembering. Cambridge : Cambridge University Press.

Basco, M. and Rush, A. (1996). Cognitive Behavioural Therapy for Bipolar Disorder. New York : Guildford Press.

Bates, A. (2005). The expression of compassion in group therapy. In : P. Gilbert (Ed.). Compassion : Conceptualisations, Research and Use in Psychotherapy. Hove : Brunner-Routledge.

Beck, A.T (1963). Thinking and depression, 1 : Idiosyncratic content and cognitive distortions. Archives of General Psychiatry, 9, 324-333.

Beck, A.T. (1964). Thinking and depression, 2 : Theory and therapy. Archives of General Psychiatiy, 10, 561-571.

Beck, A.T. (1967). Depression : Clinical, Experimental and Theoretical Aspects. New York : Harper and Row.

Beck, A.T. (1988). Love is Never Enough. New York : Harper and Row.

Beck, A.T. (1999). Prisoners of Hate. New York : Harper Collins.

Beck, A.T. (2008). The evolution of the cognitive model of depression and its neurobiological correlates. American J Psychiatry. psychiatryonline.org 1-9.

Beck, A.T., Brown, G. and Steer, R.A. (1996). Beck Depression Inventory II Manual. San Antonio, TX : The Psychological Corporation.

Beck, A.T., Emery, G. and Greenberg, R.L. (1985). Anxiety Disorders and Phobias : A Cognitive Perspective. New York : Basic Books.

Beck, A.T., Epstein, N., Brown, G. and Steer, R.A. (1988). An inventory for measuring clinical anxiety : Psychometric properties. Journal of Consulting and Clinical Psychology, 56, 893-897.

Beck, A.T., Freeman, A. et al. (1990). Cognitive Therapy of Personality Disorders. New York : Guilford Press.

Beck, A.T., Freeman, A. et al. (2004). Cognitive Therapy of Personality Disorders. 2nd Edn. New York : Guilford Press.

Beck, A.T., Rush, A.J., Shaw, B.E. and Emery, G. (1979). Cognitive Therapy of Depression. New York : Guilford Press.

Beck, A.T., Ward, O.H., Mendelson, M., Mock, J. and Erbaugh, J. (1961). An inventory for measuring depression. Archives of General Psychiatry, 4, 561-571.

Beck, A.T., Wright, E.D., Newman, G.E. and Liese, B.S. (1993). Cognitive Therapy of Substance Abuse. New York : Guilford Press.

Beck, R. and Fernandez, E. (1998). Cognitive-behavioral therapy in the treatment of anger : A meta-analysis. Cognitive Therapy and Research, 22, 63-74.

Bennett-Levy, J. (2003). Mechanisms of change in cognitive therapy : The case of automatic thought records and behavioural experiments. Behavioural and Cognitive Psychotherapy, 31, 261-277.

Bennett-Levy, J., Butler, G., Fennell, M., Hackmann, A., Mueller, M. and Westbrook, D. (Eds) (2004). The Oxford Guide to Behavioural Experiments in Cognitive Therapy. Oxford : Oxford University Press.

Bennett-Levy, J., Richards, D., Farrand, P., Christensen, H., Griffiths, K., Kavanagh, D., Klein, B., Lau, M., Proudfoot, J., Ritterband, L., White,J., and Williams, C. (Eds) (2010). The Oxford Guide to Low Intensity CBT Interventions. Oxford : Oxford University Press.

Berlin, H.A., Rolls, E.T. and Iversen, S.D. (2005). Borderline Personality Disorder, impulsivity, and the orbitofrontal cortex. American Journal of Psychiatry, 162, 2360-2373.

Bhagwagar, Z. and Cowan, P.J. (2007). It's not over when it's over : Persistent neurobiological abnormalities in recovered depressed patients. Psychological Medicine, 38, 307-313.

Bieling, P.J. and Kuyken, W. (2003). Is cognitive case formulation science or science fiction? Clinical Psychology : Science and Practice, 10, 52-69.

Bieling, P., McCabe, R. and Antony, M. (2006). Cognitive Behavioural Therapy in Groups. New York : Guilford Press.

Blackburn, I.M., James, I.A., Milne, D.L., Baker, C., Standart, S., Garland, A. and Reichelt, K. (2001). The revised cognitive therapy scale (CTS-R): psychometric properties. Behavioural and Cognitive Psychotherapy, 29, 431-446.

Bohus, K., Haaf, B., Simms, T., Limburger, M.F, Schmahl, C., Unckel, C., Lieb, K. and Linehan, M.M. (2004). Effectiveness of inpatient dialectical behavioural therapy for borderline personality disorder : A controlled trial. Behaviour Research and Therapy, 42, 487-499.

Bootzin, R.R. (1972). Stimulus control treatment for insomnia. Proceedings of the American Psychological Association, 7, 395-396.

Bordin, E.S. (1979). The generalisation of the psychoanalytic concept of the working alliance. Psychotherapy, 16, 252-260.

Borkovec, T.D. (1994). The nature, functions and origins of worry. In : G.C.L. Davey and E. Tallis (Eds). Worrying : Perspectives on Theory Assessment and Treatment. Chichester : Wiley.

Borkovec, T.D. and Newman, M.G. (1999). Worry and generalized anxiety disorder. In : P. Salkovskis (Ed.). Comprehensive Clinical Psychology, Vol.6. Oxford : Elsevier.

Borkovec, T.D., Newman, M.G., Lytle, R. and Pincus, A.L. (2002). A component analysis of cognitive behavioural therapy for generalized anxiety disorder and the role of interpersonal problems. Journal of Consulting and Clinical Psychology, 70, 288-298.

Borkovec, T.D. and Sides, J.K. (1979). Critical procedural variables related to the physiological effects of progressive relaxation : A review. Behaviour Research and Therapy 17, 119-125.

Bower, P., Richards, D.A. and Lovell, K. (2001). The clinical and cost effectiveness of self-help treatments for anxiety and depressive disorders in primary care: a systematic review. British Journal of General Practice, 51, 838-845.

Brewin, C.R. (2001). A cognitive neuroscience account of post-traumatic stress disorder and its treatment. Behaviour Research and Therapy, 39, 373-393.

British Psychological Society (1995). Recovered Memories : The Report of the Working Party of the BPS. Leicester : BPS Publications.

Brown, G.K., Newman, C.F, Charlesworth, S.E., Crits-Christoph, P. and Beck, A.T. (2004). An open clinical trial of cognitive therapy for borderline personality disorder. Journal of Personality Disorders, 18, 257-271.

Brown, G.W. and Harris, T.O. (1978). The Social Origins of Depression : A Study of Psychiatric Disorder in Women. London : Tavistock.

Brown, G.W., Harris, T.O. and Bifulco, A. (1986). Long-term effects of early loss of parent. In : M. flutter, L. Izard and R. Read (Eds). Depression and Childhood : Developmental Perspectives. New York : Guilford.

Bruch, M. and Bond, E.W. (1998). Beyond Diagnosis : Case Formulation Approaches in CBT. Chichester : Wiley.

Burns, D. (1980). Feeling Good : The New Mood Therapy New York : William Morrow.

Burns, D. (1999). The Feeling Good Handbook. New York : Plume.

Butler, G. (1998). Clinical formulation. In : A.S. Bellack and M. Hersen (Eds). Comprehensive Clinical Psychology. New York : Pergamon.

Butler, G., Fennell, M. and Hackmann, A. (2008). Cognitive Behaviour Therapy for Anxiety Disrders : Mastering Clinical Challenges. New York : Guilford Press.

Butler, G. and Hackmann, A. (2004). Social anxiety. In : J. Bennett-Levy, G. Butler, M. Fennell, A. Hackmann, M. Mueller and D. Westbrook (Eds). Oxford Guide to Behavioural Experiments in Cognitive Therapy. Oxford : Oxford University Press.

Butler, G. and Hope, T. (2007). Manage Your Mind. Oxford : Oxford University Press.

Butler, G. and Rouf, K. (2004). Generalized anxiety disorder. In : J. Bennett-Levy, G. Butler, M. Fennell, A. Hackmann, M. Mueller and D. Westbrook (Eds). Oxford Guide to Behavioural Experiments in Cognitive Therapy. Oxford : Oxford University Press.

Butler, G. and Surawy, C. (2004). Avoidance of affect. In : J. Bennett-Levy, G. Butler, M. Fennell, A. Hackmann, M. Mueller and D. Westbrook (Eds). Oxford Guide to Behavioural Experiments in Cognitive Therapy. Oxford : Oxford University Press.

Carey, T.A. and Mullan, R.J. (2004). What is Socratic questioning? Psychotherapy : Theory, Research, Practice, Trainmg, 41, 217-226.

Centre for Economic Performance, Mental Health Policy Group (2006). The Depression Report : A New Deal for Depression and Anxiety Disorders. London : London School of Economics.

Chadwick, P., Birchwood, M. and Trower, P. (1996). Cognitive Therapy for Delusions, Voices and Paranoia. Chichester : Wiley.

Chaouloff, F. (1989). Physical exercise and brain monoamines : A review. Acta Physiologica Scandinavica, 137-1, 1-13.

Clark, D., Layard, R., Smithies, R., Richards, D., Suckling, R. and Wright, B. (2009). Improving access to psychological therapy : Initial evaluation of two UK demonstration sites. Behaviour Research and Therapy, 47, 910-920.

Clark, D.A. and Beck, A.T. (2009). Cognitive Therapy of Anxiety Disorders. New York : Guilford Press.

Clark, D.A., Beck, A.T. and Alford, B. (1999). Scientific Foundations of Cognitive Theory and Therapy of Depression. New York : John Wiley.

Clark, D.M. (1986). A cognitive approach to panic. Behaviour Research and Therapy, 24, 461-470.

Clark, D.M. (1989). Anxiety states : Panic and generalised anxiety. In : K. Hawton, P. Salkovskis, J. Kirk, and D. Clark (Eds). Cognitive-behaviour Therapy for Psychiatric Problems : A Practitioner's Guide. Oxford : Oxford University Press.

Clark, D.M. (1999). Anxiety disorders : Why they persist and how to treat them. Behaviour Research and Therapy, 37, S5-S27.

Clark, D.M. (2002). A cognitive perspective on social phobia. In : W.R. Crozier and L.E. Alden (Eds). International Handbook of Social Anxiety. Chichester : Wiley.

Clark, D.M. and Beck, A.T. (1988). Cognitive approaches. In : C. Last and M. Hersen (Eds). Handbook of Anxiety Disorders. New York : Pergamon.

Clark, D.M. and Wells, A. (1995). A cognitive model of social phobia. In : R. Heimberg, M. Liebowitz, D.A. Hope and F.R. Schneier (Eds), Social Phobia : Diagnosis, Assessment and Treatment. New York : Guilford Press.

Close, H. and Schuller, S. (2004). Psychotic symptoms. In : J. Bennett-Levy, G. Butler, M. Fennell, A. Hackmann, M. Mueller and D. Westbrook (Eds). Oxford Guide to Behavioural Experiments in Cognitive Therapy. Oxford : Oxford University Press.

Colcombe, S.I., Erickson, K., Raz, N., Webb, A.G., Cohen, N.I., McAuley, E. and Kramer, A.F. (2003). Aerobic fitness reduces brain tissue loss in aging humans. Journal of Gerontology Biological Science Medical Science, 58-2, M176-M180.

Committee on Training in Clinical Psychology (1947). Recommended graduate training program in clinical psychology. American Psychologist, 2, 539-558.

Craft, L.L. and Landers, D.M. (1998). The effect of exercise on clinical depression and depression resulting from mental illness : A meta-analysis. Journal of Sport and Exercise Psychology, 20, 339-357.

Cuijpers, P., Donker, T., van Straten, A., Li, J. and Andersson, G (2010). Is guided self-help as effective as face-to-face psychotherapy for depression and anxiety disorders? : A systematic review and meta-analysis of comparative outcome studies. Psychological Medicine, 40, 1943-1957.

Daley, D.C. and Marlatt, G.A. (2006). Overcoming Your Alcohol or Drug Problem : Effective Recovery Strategies : Therapist Guide. Oxford : Oxford University Press.

Dattilio, F.M. and Padesky, C.A. (1990). Cognitive Therapy with Couples. Sarasota, FL : Professional Resource Exchange.

Davey, G.C.L. and Tallis, F. (Eds) (1994). Worrying : Perspectives on Theory Assessment and Treatment. Chichester : Wiley.

Devon Book Prescription Scheme (2004). Book list retrieved 18 February 2006, from http://www.research.plymouth.ac.uk/pei/projects/selfhelpbookspresc/booklist.htm.

Dobson, K., Shaw, B. and Vallis, T. (1985). Reliability of a measure of the quality of cognitive therapy. British Journal of Clinical Psychology, 24, 295-300.

Duckro, P., Beal, D. and George, C. (1979). Research on the effects of disconfirmed client role expectations in psychotherapy : A critical review. Psychological Bulletin, 86, 260-275.

Dugas, M.J., Buhr, K. and Ladouceur, R. (2004). The role of intolerance of uncertainty in etiology and maintenance. In : R.G. Heimberg, C.L. Turk and D.S. Mennin (Eds.) Generalized Anxiety Disorder : Advences in Research and Practice. New York : Guilford Press.

Durham, R.C. and Turvey, A.A. (1987). Cognitive therapy vs behaviour therapy in the treatment of chronic general anxiety. Behaviour Research and Therapy, 25, 229-234.

Ehlers, A. and Clark, D.M. (2000). A cognitive model of post-traumatic stress disorder. Behaviour Research and Therapy, 38, 319-345.

Ehlers, A., Clark, D.M., Hackmann, A., McManus, F, Fennell, M., Herbert, C. and Mayou, R. (2003). A randomised controlled trial of cognitive therapy, a self-help booklet, and repeated assessments as early interventions for posttraumatic stress disorder. Archives of General Psychiatry, 60, 1024-1032.

Eisler, I., le Grange, D. and Asen, E. (2003). Family interventions. In : J. Treasure, U. Schmidt and E. van Furth (Eds). Handbook of Eating Disorders. 2nd Edn. Chichester : Wiley.

Emmelkamp, P.M.G. and Aardema, A. (1999). Metacognitive, specific obsessive-compulsive beliefs and obsessive compulsive behaviour. Clinical Psychology and Psychotherapy, 6, 139-146.

Enright, S.J. (1991). Group treatment for obsessive-compulsive disorder : An evaluation. Behavioural Psychotherapy, 19, 183-192.

Espie, C.A. (1991). The Psychological Treatment of Insomnia. Chichester : Wiley.

Espie, C.A. (2010). Insomnia : Conceptual issues in the development, persistence, and treatment of sleep disorders in adults. Annual Review of Psychology, 53, 215-243.

Evans, C., Connell, J., Barkham, M., Margison, F., McGrath, G., Mellor-Clark, J. and Audin, K. (2002). Towards a standardised brief outcome measure: psychometric properties and utility of the CORE-OM. British Journal of Psychiatry, 180, 51-60.

Eysenck, H.J. (1952). The effects of psychotherapy: an evaluation. Journal of Consulting and Clinical Psychology, 16, 319-324.

Fairburn, C.G., Cooper, Z. and Shafran, R. (2003). Cognitive behaviour therapy for eating disorders : A 'transdiagnostic' theory and treatment. Behaviour Research and Therapy, 41, 509-528.

Fairburn, C.G., Kirk, J., O'Connor, M., Anastadies, R and Cooper, P.J. (1987). Prognostic factors in bulimia nervosa. British Journal of Clinical Psychology, 26, 223-224.

Fairburn, C.G., Shafran, R. and Cooper, Z. (1999). A cognitive-behavioural theory of anorexia nervosa. Behaviour Research and Therapy, 37, 1-13.

Farrell, J.M., Shaw, I.D. and Webber, M.A. (2009). A shema-focused approach to group psychotherapy for outpatients with borderline personality disorder : A randomised controlled trial. Journal of Behaviour Therapy and Experimental Psychiatry, 40, 317-328.

Fennell, M. (1989). Depression. In : K. Hawton, P. Salkovskis, J. Kirk and D. Clark (Eds). Cognitive-behaviour Therapy for Psychiatric Problems : A Practitioner's Guide. Oxford : Oxford University Press.

Fennell, M. (1999). Overcoming Low Self Esteem : A Self-help Guide Using Cognitive-behavioural Techniques. London : Constable Robinson.

Fennell, M., Bennett-Levy, J. and Westbrook, D. (2004). Depression. In : J. Bennett-Levy, G. Butler, M. Fennell, A. Hackmann, M. Mueller and D. Westbrook (Eds). The Oxford Guide to Behavioural Experiments in Cognitive Therapy. Oxford : Oxford University Press.

Flavell, J.H. (1979). Metacognition and cognitive monitoring : A new area of cognitive developmental inquiry. American Psychologist, 34, 906-911.

Foa, E.B. and Riggs, D.S. (1993). Post-traumatic stress disorder in rape victims. In : American Psychiatric Association, Annual review of psychiatry Washington D.C. : APA.

Fowler, D., Garety, P. and Kuipers, E. (1995). Cognitive Behaviour Therapy for Psychosis : Theory and Practice. Chichester : Wiley.

Fox, K.R. (2000). The effects of exercise on self-perceptions and self-esteem. In : S.J.H. Biddle, K.R. Fox, and S.H. Boutcher (Eds). Physical activity and psychological well-being. London : Routledge.

Freeman, A. (1983). Cognitive Therapy with Couples and Groups. New York : Springer.

Freeman, A., Schrodt, R., Gilson, M. and Ludgate, J.W. (1993). Group cognitive therapy with inpatients. In : J.H. Wright, M.E. Thase, A.T. Beck and J.W. Ludgate (Eds). Cognitive Therapy with Inpatients. New York : Guilford Press.

Freud, S. (1909). Analysis of a phobia in a five-year-old boy. Standard Edition Vol.X, 5-149.

Frewin, P.A., Dozois, D.I.A. and Lanius, A.A. (2008). Neuroimaging studies of psychological interventions for mood and anxiety disorders : Empirical and methodological review. Clinical Psychology Review, 28, 228-246.

Frude, N. (2005). Prescription for a good read. Counselling and Psychotherapy Journal, 16, 28-31.

Gabbard, G.O. (1991). Psychodynamics of sexual boundary violations. Psychiatric Annals, 21, 651-655.

Garety, P., Kuipers, E., Fowler, D., Freeman, D. and Bebbington, P. (2001). A cognitive model of the positive symptoms of psychosis. Psychological Medicine, 31, 189-195.

Garfield, S.L. (1986). Research in client variables in psychotherapy research. In : S.L. Garfield and A. Bergin (Eds). Handbook of Psychotherapy and Behaviour Change. 3rd Edn. New York : Wiley.

Gellatly, J., Bower, P., Hennessy, S., Richards, D., Gilbody, S. and Lovell, K. (2007). What makes self-help interventions effective in the management of depressive symptoms? : Meta-analysis and meta-regression. Psychological Medicine, 37, 1217-1228.

Ghaderi, A. (2006). Does individualization matter? A randomized trial of standardized (focused) versus individualized (broad) cognitive behavior therapy for bulimia nervosa. Behaviour Research and Therapy, 44, 273-288.

Giesen-Bloo,J., Van Dyck, R., Spinhoven, P., Van Tilburg, W., Dirksen, C., Van Asselt, T., Kremers, I., Nadort, M. and Arntz, A. (2006). Out-patient psychotherapy for borderline personality disorder : randomised clinical trial of schema-focused therapy vs transference-focused psychotherapy. Archives of General Psychiatry, 63, 649-658.

Gilbert, P. (1989). Human Nature and Suffering. Hove : Lawrence Erlbaum.

Gilbert, P. (1992). Depression : The Evolution of Powerlessness. New York : Guilford Press.

Gilbert, P (2000). Overcoming Depression : A Self-help Guide Using Cognitive-behavioural Techniques Rev.edn,. London : Constable Robinson.

Gilbert, P (2005). Compassion : Conceptualisations, Research and Use in Psychotherapy. Hove : Brunner-Routledge.

Gilbert, P. and Andrews, B. (1998). Shame : Interpersonal Behaviour, Psychopathology and Culture. New York : Oxford University Press.

Gilbert, P. and Irons, C. (2005). Focused therapies and compassionate mind training for shame and self-attacking. In : P. Gilbert (Ed.). Compassion : Conceptualisations, Research and Use in Psychotherapy. Hove : Brunner-Routledge.

Gilbert, P. and Proctor, S. (2006). Compassionate mind training for people with high shame and self-criticism : Overview and pilot-study of a group therapy approach. Clinical Psychology and psychotherapy, 13, 353-379.

Gottlieb, M.C. (1993). Avoiding exploitative dual relationships : A decision-making model. Psychotherapy, 30, 41-48.

Graham, P. (1998). Cognitive behaviour therapy for children and families. Cambridge : Cambridge University Press.

Greenberger, D. and Padesky, C. (1995). Mind Over Mood. New York : Guilford Press.

Greist, J.H. and Klein, M. (1985). Running as treatment for depression. Comprehensive Psychiatry, 20, 41-54.

Grey, N., Young, K. and Holmes, E. (2002). Hot spots in emotional memory and the treatment of posttraumatic stress disorder. Behavioural and Cognitive Psychotherapy, 30, 37-56.

Hackmann, A. (1998). Cognitive therapy with panic and agoraphobia : Working with complex cases. In : N. Tarrier, A. Wells and G. Haddock (Eds). Treating Complex Cases : The Cognitive Behavioural Approach. Chichester: Wiley.

Hackmann, A. (2005). Compassionate imagery in the treatment of early memories in Axis I anxiety disorders. In : P. Gilbert (Ed.). Compassion : Conceptualisations, Research and Use in Psychotherapy. Hove : Brunner-Routledge.

Hackmann, A. and Holmes, E. (2004). Reflecting on imagery : A clinical perspective and overview of the special issue of memory on mental imagery and memory in psychopathology. Memory, 12, 389-402.

Haddock, G., Barrowclough, C., Shaw,J., Dunn, G., Novaco, R. and Tarrier, N. (2009). Cognitive-behavioural therapy vs social activity therapy for people with psychosis and a history of violence. British Journal of Psychiatry, 194, 152-157.

Harvey, A.G. (2002). A cognitive model of insomnia. Behaviour Research and Therapy, 40, 869-893.

Hayes, S.C. (2004). Acceptance and commitment therapy, relational frame theory, and the third wave of behavioral and cognitive therapies. Behavior Therapy, 35, 639-665.

Hayes, S.C., Barnes-Holmes, D. and Roche, B. (2001). Relational Frame Theory : A Post-Skinnerian Account of Human Language and Cognition. New York : Plenum Press.

Hayes, S.C., Strosahl, K. and Wilson, K.G. (1999). Acceptance and Commitment Therapy : An Experiential Approach to Behaviour Change. New York : Guilford Press.

Hays, P.A. (2006). Integrating cognitive-behavioural therapy with alaskan native people. In : P.A. Hays and G.Y. Iwamasa (Eds.). Culturally Responsive Cognitive Behaviour Therapy : Assessment, Practice and Supervision. Washington D.C. : Am erican Psychologlcal Association

Hays, P.A. and Iwamasa, G.Y. (Eds.). (2006). Culturally Responsive Cognitive Behaviour Therapy : Assessment, Practice and Supervision. Washington D.C. : Am erican Psychologlcal Association

Heimberg, R.G. (2002). Cognitive behaviour therapy for social anxiety disorder : Current status and future directions. Biological Psychiatry, 51, 101-108.

Hollon, S.D. and Shaw, B.F. (1979). Group cognitive therapy for depressed patients. In : A.T. Beck, A.J. Rush, B.F Shaw and G. Emery (Eds). Cognitive Therapy for Depression. New York : Guilford Press.

Hollon, S.D., De Rubies, R.J., Shelton, R.C., Amsterdam, J.D., Salomon, R.M., O'Reardon, J.P. et al. (2005). Prevention of relapse following cognitive therapy vs medications in moderate to severe depression. Archives of General Psychiatry, 62, 417-422.

Holmes, E.A., Grey, N., Young, K.A.D. (2005). Intrusive images and 'hotspots' of trauma memories in Posttraumatic Stress Disorder : An exploratory investigation of emotions and cdognitive themes. journal of Behavior Therapy and Experimental Psychiatry, 36, 3-17.

Honey, P and Munford, A. (1992). The Manual of Learning Styles. Maidenhead : Peter Honey.

Hope, D.A. and Heimberg, R.G. (1993). Social phobia and social anxiety. In : D.H. Barlow et al. (Eds). Clinical Handbook of Psychological Disorders : A Step-by-step Manual. 2nd Edn. New York : Guilford Press.

Horvarth, A.O. (1995). The therapeutic relationship : From transference to alliance. In Session : Psychotherapy in Practice, 1, 7-17.

IAPT (2010). Webpage : Training Resources for Low Intensity Therapy Workers. Retrieved 27 January 2010 from www.iapt.nhs.uk/2009/01/20/training-resources-for-low-intensity-therapy-workers/.

Iwamasa, G.Y., Hsia, J. and Hays, P.A. (2006). Cognitive-behavioural therapy with Asian Americans. In : P.A. Hays and G.Y. Iwamasa (Eds.). Culturally Responsive Cognitive Behaviour Therapy : Assessment, practice and supervision. Washington D.C. : American Psychological Association.

Jacobson, E. (1970). Modern Treatments of Tense Patients. Springfield, IL : Thomas.

Jacobson, N.S., Dobson, K.S., Truax, P.A., Addis, M.E., Koerner, K., Gollan, J.K., Gortner, E. and Prince, S.E. (1996). A component analysis of cognitive-behavioural treatment for depression. Journal of Consulting and Clinical Psychology, 64, 295-304.

Jacobson, N.S. and Margolin, G. (1979). Marital Therapy : Strategies Based on Social Learning and Behaviour Exchange Principles. New York : Brunner/Mazel.

Jacobson, N.S., Martell, C.R. and Dimidjian, S. (2001). Behavioural activation treatment for depression : Returning to contextual roots. Clinical Psychology : Science and Practice, 8, 255-270.

Jacobson, N.S. and Revenstorf, D. (1988). Statistics for assessing the clinical significance of psychotherapy techniques : Issues, problems, and new developments. Behavioral Assessment, 10, 133-145.

Jacobson, N.S., Roberts, L.J., Berns, S.B. and McGlinchey, J.B. (1999). Methods for defining and determining the clinical significance of treatment effects : Description, application and alternatives. Journal of Consulting and Clinical Psychology 67, 300-307.

James, I.A., Morse, R. and Howarth, A. (2009). The science and art of asking questions in cognitive therapy. Behavioural and Cognitive Psychotherapy, 38 ; 83-93.

Kabat-Zinn, J. (1994). Wherever You Go, There You Are : Mindfulness Meditation in Everyday Life. New York : Hyperion.

Kazantzis, N., Deane, F. and Ronan, K. (2002). Homework assignment in cognitive and behavioural therapy : A meta-analysis. Clinical Psychology Science and Practice, 7, 189-202.

Kazantzis, N., Whittington, C. and Dattilio, F. (2010). Meta-analysis of homewaork effects in cognitive and behavioral therapy : A replication and extention. Science and Practice, 17, 144-156.

Kazdin, A.E. (1982). Single-case Research Designs : Methods for Clinical and Applied Settings. New York : Oxford University Press.

Kazdin, A. (2010). Single-case Research Designs : Methods for Clinical and Applied Settings (2nd Ed.). New York : Oxford University Press.

Kelly, S. (2006). Cognitive-behavioural therapy with African Americans. In : P.A. Hays and G.Y. Iwamasa (Eds.). Culturally Responsive Cognitive Behaviour Therapy : Assessment, Practice and Supervision. Washington D.C. : American Psychological Association.

Kennerley, H. (1995). Presentation at BABCP Annual Conference. Lancaster.

Kennerley, H. (1996). Cognitive therapy of dissociative symptoms associated with trauma. British Journal of Clinical Psychology, 35, 325-340.

Kennerley, H., Mueller, M.M. and Fennell, M.J. (2010). Looking after yourself. In : M. Mueller, H. Kennerley, F. McManus and D. Westbrook (Eds.). The Oxford Guide to Surviving as a CBT Therapist. Oxford : Oxford University Press.

Kennerley, H., Whitehead, L., Butler, G. and Norris, R. (1998). Recovering from Childhood Abuse : Therapy Workbook. Oxford : Oxford Cognitive Therapy Centre.

Kirk, J. and Rouf, K. (2004). Specific phobias. In : J. Bennett-Levy, G. Butler, M. Fennell, A. Hackmann, M. Mueller and D. Westbrook

(Eds). Oxford Guide to Behavioural Experiments in Cognitive Therapy. Oxford : Oxford University Press.

Kischka, U., Kammer, T., Maier, S., Thimm, M. and Spitzer, M. (1996). Dopaminergic modulation of semantic network activation. Neuropsychologia, 34,1107-1113.

Kolb, D. (1984). Experiential Learning : Experience as the Source of Learning and Development. Englewood Cliffs, NJ : Prentice-Hall.

Krakow, B., Hollifield, M., Johnston, L., et al. (2001). Imagery rehearsal therapy for chronic nightmares in sexual assault survivors with posttraumatic stress disorder. Journal of the American Medical Association, 286, 537-545.

Krupnick,J.L., Sotsky, S.M., Elkin, I., Simmens, S., Moyer, J., Watkins, J. and Pulkonis, P.A. (1996). The role of therapeutic alliance in psychotherapy and pharmacotherapy outcome : Findings from the NIMH treatment of depression collaborative research project. Journal of Consulting and Clinical Psychology, 64, 532-539.

Kuyken, W. (2006). Evidence-based case formulation : Is the emperor clothed? In : N. Tarrier, (Ed.). Case Formulation in Cognitive Behaviour Therapy : The Treatment of Complex and Chalienging Cases. Hove : Brunner-Routledge.

Kuyken, W., Byford, S., Taylor, R.S., Watkins, E., Holden, E., White, K., Barrett, B., Byng, R. and Evans, A. (2008). Mindfulness-based cognitive therapy to prevent relapse in recurrent depression. Journal of Consulting and Clinical Psychology, 76-6, 966-978.

Kuyken, W., Padesky, C.A. and Dudley, R. (2009). Collaborative Case Conceptualization : Working effectively with Clients Incognitive-Behavioural Therapy. New York : Guilford Press.

Ladouceur, R., Dugas, M.J., Freeston M.H., Leger, E., Gagnon, F. and Thibodeau, N. (2000). Efficacy of cognitive behavioural therapy for generalized anxiety disorder : Evaluation in a controlled clinical trial. Journal of Consulting and Clinical Psychology, 68, 957-964.

Lam, D., Jones, S., Bright, J. and Hayward, P. (1999). Cognitive Therapy for Bipolar Disorder : A Therapist's Guide to Concepts, Methods and Practice. Chichester : Wiley.

Lambert, M.J. and Bergin, A.E. (1994). The effectiveness of psychotherapy. In : A. Bergin and S. Garfield (Eds). Handbook of Psychotherapy and Behaviour Change. 4th Edn. New York : Wiley.

Lang, P.J. (1968). Fear reduction and fear behavior: Problems in treating a construct. In : J.M. Shlien (Ed.). Research in Psychotherapy Vol.I. Washington D.C. : APA.

Larsen, D.L., Attkisson, C.C., Hargreaves, W.A. and Nguyen, T.D. (1979). Assessment of client/patient satisfaction : Development of a general scale. Evaluation and Program Plannmg, 2, 197-207.

Layden. M., Newman, C., Freeman, A. and Morse, S.B. (1993). Cognitive Therapy of Borderline Personality Disorder. Boston, MA : Allyn and Bacon.

Lazara, S.W., Kerrb, C.E., Wasserman, R.H., Gray, J.R, Greve, D.M., Treadway, M.T., McGarvey, M., Quinn, B.T., Dusek, J.A., Benson, H., Rauch, S.L., Moore, C.I. and Fischl, B. (2005). Meditation experience is associated with increased cortical thickness. Neuroreport, November 28 ; 16-17, 1893-1897.

LeDoux, J. (1999). The Emotional Brain : The Mysterious Underpinnings of an Emotional Life. London : Phoenix.

Lee, D.A. (2005). The perfect nurturer: a model to develop a compassionate mind within the context of cognitive therapy. In : P. Gilbert (Ed.). Compassion : Conceptualisations, Research and Use in Psychotherapy. Hove : Brunner-Routledge.

Lewin, K. (1946). Action research and minority problems. Journal of Social Issues, 2, 34-46.

Lewis, G., Anderson, L., Aray, R., Elgie, R., Harrison, G., Proudfoot, J., Schmidt, U., Sharp, D., Weightman, A. and Williams, C. (2003). Self-help Interventions for Mental Health Problems : Report to the Department of Health RandD Programme. London : Department of Health.

Liese, B.S. and Franz, R.A. (1996). Treating substance use disorders with cognitive therapy: lessons learned and implications for the future. In : P.M. Salkovskis (Ed.). Frontiers of Cognitive Therapy. New York : Guilford Press.

Linehan, M.M. (1993). Cognitive-behavioural Treatment for Borderline Personality Disorder : The Dialectics of Effective Treatment. New York : Guilford Press.

Linehan, M.M., Heard, H.L. and Armstrong, H.E. (1993). Naturalistic follow-up of a behavioural treatment for chronically parasuicidal borderline patients. Archives of General Psychiatry, 50, 971-974.

Lovell, K. and Richards, D.A. (2000). Multiple access points and levels of entry (MAPLE): ensuring choice, accessibility and equity for CBT services. Behavioural and Cognitive Psychotherapy, 28, 379-391.

Lovell, K., Richards, D.A. and Bower, P. (2003). Improving access to primary mental health care: uncontrolled evaluation of a pilot self-help clinic. British Journal of General Practice, 53, 133-135.

Mannix, K., Blackburn, I., Garland, A., Gracie, L., Moorey, S., Reid, B., Standard, S., Scott, L. (2006). Effectiveness of brief training in cognitive behaviour therapy techniques for palliative care practitioners. Palliative Medicine, 20, 579-584.

Mansell, W. and Clark, D.M. (1999). How do I appear to others? Social anxiety and biased processing of the observable self. Behaviour Research and Therapy, 37, 419-434.

Margison, F., Barkham, M., Evans, C., McGrath, G., Mellor-Clark, J., Audin, K. and Connell, J. (2000). Measurement and psychotherapy : Evidence-based practice and practice-based evidence. British Journal of Psychiatry, 177, 123-130.

Marlatt, G.A. and Gordon, J.R. (1985). Relapse Prevention : Maintenance Strategies in the Treatment of Addictive Disorders. New York : Guilford Press.

Marlatt, G.A., Larimer, M.E., Baer, J.S. and Quigley, L.A. (1993). Harm reduction for alcohol problems : Moving beyond the controlled drinking controversy. Behaviour Therapy, 24, 461-504.

Martell, C.R., Addis, M.E. and Jacobson, N.S. (2001). Depression in Context : Strategies for Guided Action. New York : Norton.

Martinsen, E.W., Medhus, A. and Sandvik, L. (1985). Effects of aerobic exercise on depression : A controlled study. British Medical Journal, 291, 109.

Mayhew, S.L. and Gilbert, P. (2008). Compassionate mind training with people who hear malevolent voices : A case series report. Clinical Psychology and Psychotherapy, 15, 113-138.

McCann, I.L. and Pearlman, L.A. (1990). Vicarious traumatization : A framework for understanding the psychological effects of working with victims. Journal of Traumatic Stress, 3, 131-149.

McManus, F.V. (2007). Assessment of anxiety. Psychiatry, 6-4, 149-155.

McMillan, D. and Lee, R. (2010). A systematic review of behavioral experiments vs exposure alone in the treatment of anxiety disorders : A case of exposure while wearing the emperor's new clothes? Clinical Psychology Review, 30, 467-478.

McNally, R.J. (2007). Mechanisms of exposure therapy : How neuroscience can improve psychological treatments for anxiety disorders. Clinical Psychology Review, 27, 750-759.

Meichenbaum, D.H. (1975). A self-instructional approach to stress management : A proposal for stress inoculation training. In : C.D. Spielberger and I. Sarason (Eds). Stress and anxiety, Vol.2. New York : Wiley.

Merrill, K.A., Tolbert, V.E. and Wade, W.A. (2003). Effectiveness of cognitive therapy for depression in a community mental health center : A benchmarking study. Journal of Consulting and Clinical Psychology, 71, 404-409.

Michelson, L. (1986). Treatment consonance and response profiles in agoraphobia : The role of individual differences in cognitive, behavioural and physiological treatments. Behaviour Research and Therapy, 24, 263-275.

Miller, W. and Rollnick, S. (2002). Motivational Interviewing : Preparing People to Change Addictive Behaviour. New York : Guilford Press.

Moore, R. and Garland, A. (2003). Cognitive Therapy for Chronic and Persistent Depression. Chichester : Wiley.

Moorey, S. (2010). The six cycles maintenance model : Growing a 'vicious flower' for depression. Behavioural and Cognitive Psychotherapy, 38, 173-184.

Morin, C.M. (1993). Insomnia : Psychological Assessment and Management. New York : Guilford Press.

Morrison, A.P., Renton, J.C., Dunn, H. et al. (2003). Cognitive Therapy for Psychosis : A Formulation-based Approach. London : Psychology Press.

Morrison, N. (2000). Schema-focused cognitive therapy for complex long-standing problems : A single case study. Behavioural and Cognitive Psychotherapy, 38, 269-283.

Morrison, N. (2001). Group cognitive therapy : Treatment of choice or sub-optimal option? Behavioural and Cognitive Psychotherapy, 29, 311-332.

Mullen, R.E., Martin, J.L., Anderson, J.C., Romans, S.E. and Herbison, G.P. (1993). Child sexual abuse and mental health in adult life. British Journal of Psychiatry, 163, 721-732.

Mullin, T., Barkham, M., Mothersole, G., Bewick, B. and Kinder, A. (2006). Recovery and improvement benchmarks for counselling and the psychological therapies in routine primary care. Counselling and Psychotherapy Research, 6, 68-80.

Myhr, G., Talbot, J., Annable, L. and Pinard, G. (2007). Suitability for short-term cognitive-behavioral therapy. Journal of Cognitive Psychotherapy, 21, 334-345.

Mynors-Wallis, L., Davies, I. and Gray, A. et al. (1997). A randomised controlled trial and cost analysis of problem-solving treatment for emotional disorders given by community nurses in primary care. British Journal of Psychiatry, 170, 113-119.

Mynors-Wallis, L., Gath, D.H. and Baker, F. (2000). Randomised controlled trial of problem solving treatment, antidepressant medication and combined treatment for major depression in primary care. British Medical Journal, 320, 26-30.

Naeem, F., Clarke, I. and Kingdon, D. (2009). A randomized controlled trial to assess an anger management group programme. The Cognitive Behaviour Therapist, 2, 20-31.

Naeem, F., Phiri, P., Rathod, S. and Kingdom, D. (2010). Using CBT with diverse patients : Working with South Asian Muslims. In : M. Mueller, H. Kennerley, F. McManus and D. Westbrook (Eds). Oxford Guide to Surviving as a CBT Therapist. Oxford : Oxford University Press.

National Institute of Mental Health (NIMH) (2001). Facts about anxiety disorders. Retrieved 21 May 2006 from NIMH web site : http://www.nimh.nih.gov/publicat/adfacts.cfm.

Neisser, U. (1976). Cognition and Reality : Principles and Implications of Cognitive Psychology. San Francisco, CA : W.H. Freeman.

Newman, C.F. (1994). Understanding client resistance : Methods for enhancing motivation to change. Cognitive and Behavioural Practice, 1, 47-69.

Nezu, A.M., Nezu, C.M. and Perri, M.G. (1989). Problem-solving Therapy for Depression : Theory Research and Clinical Guidelines. New York : Wiley.

NICE (2002). Schizophrenia : Core interventions in the treatment and management of schizophrenia in primary and secondary care. Retrieved 9 May 2005 from NICE web site : http://www.nice.org.uk/page.aspx?o=42461.

NICE (2004a). Depression : Management of depression in primary and secondary care. Retrieved 9 May 2005 from NICE website : http://www.nice.org.uk/page.aspx?o=235367.

NICE (2004b). Eating disorders : Core interventions in the treatment and management of anorexia nervosa, bulimia nervosa and related eating disorders. Retrieved 9 May 2005 from NICE website : http://www.nice.org.uk/page.aspx?o=101246.

NICE (2004c). Anxiety : Management of anxiety (panic disorder, with or without agoraphobia, and generalised anxiety disorder) in adults in primary secondary and community care. Retrieved 9 May 2005 from NICE web site : http://www.nice.org.uk/page.aspx?o=235400.

NICE (2005). Post-traumatic stress disorder (PTSD) : The management of PTSD in adults and children in primary and secondary care. Retrieved 9 May 2005 from NICE web site: http://www.nice.org.uk/page.aspx?o=248146.

NICE (2006). Technology Appraisal 97 : Computerised Cognitive Behaviour Therapy for Depression and Anxiety. London : National Institute for Health and Clinical Excellence.

NICE (2009a). Schizophrenia : Core Interventions in the Treatment and Management of Schizophrenia in Adults in Primary and Secondary Care. Retrieved 25 January 2010 from NICE website : www.nice.org.uk/nicemedia/pdf/CG82NICEGuideline.pdf.

NICE (2009b). Depression : The treatment and Management of Depression in Adults. Retrieved 25 January 2010 from NICE website : www.nice.org.uk/nicemedia/pdf/CG91NICEGuideline.pdf.

NICE (2009c). Depression : The treatment and Management of Depression in Adults. Retrieved 25 January 2010 from NICE website : www.nice.org.uk/nicemedia/pdf/CG90NICEGuideline.pdf.

Niemeyer, R.A. and Feixas, G. (1990). The role of homework and skill acquisition in outcome of group cognitive therapy for depression. Behaviour Therapy, 21, 281-292.

Norris, R. (1995). Pair Therapy with Adult Survivors of Sexual Abuse. Thesis submitted for MSc in Clinical Psychology.

Novaco, R.W. (1979). The cognitive regulation of anger and stress. In : P.C. Kendall and S.D. Hollon (Eds), Cognitive-behavioral Interventions : Theory Research and Procedures. New York : Academic Press.

Novaco, R.W. (2000). Anger. In : A.E. Kazdin (Ed.). Encyclopedia of Psychology. Washington D.C. : American Psychological Association and Oxford University Press.

Obsessive-Compulsive Cognitions Working Group (1997). Cognitive assessment of obsessive-compulsive disorder. Behaviour Research and Therapy, 35, 667-681.

Orlinsky, D., Grawe, K. and Parks, B. (1994). Process and outcome in psychotherapy. In : A. Bergin and S. Garfield (Eds). Handbook of Psychotherapy and Behaviour Change. 4th Edn. New York : Wiley.

Öst, L.G. (1987). Applied relaxation : Description of a coping technique and review of controlled studies. Behaviour Research and Therapy, 25, 397-410.

Öst, L.G. and Sterner, U. (1987). Applied tension : A specific behavioural method for treatment of blood phobia. Behaviour Research and Therapy, 25, 25-30.

Öst, L.G., Sterner, U. and Lindhal, J.-L. (1984). Physiological responses in blood phobics. Behaviour Research and Therapy, 22, 109-127.

Öst, L.G., Sterner, U. and Fellenius, J. (1989). Applied tension, applied relaxation and the combination in the treatment of blood phobia. Behavior Researche and Therapy, 27, 109-121.

Ottavani, R. and Beck, A.T. (1987). Cognitive aspects of panic disorder. Journal of Anxiety Disorders, 1, 15-28.

Overholser, J.C. (1991). The socratic method as a technique in psychotherapy supervision. Professional Psychology : Research and Practice, 22 ; 68-74.

Padesky, C. (1993). Socratic questioning : Changing minds or guiding discovery? Keynote address delivered at European Association for Behavioural and Cognitive Therapies conference, London.

Padesky, C. (1994). Schema change processes in cognitive therapy. Clinical Psychology and Psychotherapy, 1, 267-278.

Padesky, C. (1996a). Guided Discovery Using Socratic Dialogue. Oakland, CA : New Harbinger.

Padesky, C. (1996b). Developing cognitive therapist competency : Teaching and supervision models. In : P. Salkovskis (Ed.). Frontiers in Cognitive Therapy.New York : Guilford Press.

Padesky, C. (1997). A more effective treatment focus for social phobia? International Cognitive Therapy Newsletter, 11, 1-3.

Padesky, C. (2005). Constructing a new self : Cognitive therapy for personality disorders. Workshop presented in London, England, 23-4 May 2005.

Padesky, C. and Greenberger, D. (1995). Clinician's Guide to Mind Over Mood. New York : Guilford Press.

Padesky, C.A. and Mooney, K.A. (1990). Clinical tip : Presenting cognitive model to clients. International Cognitive Therapy Newsletter, 6, 13-14.

Palmer, B. (2003). Concepts of eating disorders. In : J. Treasure, U. Schmidt and E. van Furth (Eds). Handbook of Eating Disorders. 2nd Edn. Chichester : Wiley.

Perris, C. (2000). Personality-related disorders of interpersonal behaviour : A developmental-constructivist cognitive psychotherapy approach to treatment based on attachment theory. Clinical Psychology and Psychotherapy, 7, 97-117.

Persons, J.B. (1989). Cognitive Therapy in Practice : A Case Formulation Approach. New York : Norton.

Persons, J.B., Burns, D.D. and Perloff, J.M. (1988). Predictions of drop-out and outcome in cognitive therapy for depression in a private practice setting. Cognitive Therapy and Research, 12, 557-575.

Peruzzi, N. and Bongar, B. (1999). Assessing risk for completed suicide in patients with major depression : Psychologists' views of critical factors. Professional Psychology : Research and Practice, 30, 576-580.

Petry, N. and Bickel, W. (1999). Therapeutic alliance and psychiatric severity as predictors of completion of treatment for opioid dependence. Psychiatric Services, 50, 219-227.

Pilling, S., Bebbington, P., Kuipers, E., Garety, P., Geddes, J., Orbach, G. and Morgan C. (2002). Psychological treatments in schizophrenia : I. Meta-analysis of family intervention and cognitive behaviour therapy. Psychological Medicine, 32, 763-782.

Pope, K.S. and Bouhoutsos, J. (1986). Sexual Intimacy between Therapists and Patients. New York : Praeger.

Pope, K.S., Tabachnick, B.G. and Keith-Spiegel, P. (1987). Ethics of practice : The beliefs and behaviours of psychologists as therapists. American Psychologist, 42, 993-1006.

Pretzer, J. (1990). Borderline personality disorder. In : A.T. Beck, A. Freeman et al., Cognitive Therapy of Personality Disorders. New York : Guilford Press.

Prochaska, J. and DiClemente, C. (1984). The Trans-theoretical Approach : Crossing the Traditional Boundaries. Homewood, IL : Dow Jones Irwen.

Prochaska, J.O. and DiClemente, C.C. (1986). Towards a comprehensive model of change. In : W. Miller and H. Heather (Eds), Treating Addictive Behaviours : Processes of Change. New York : Plenum Press.

Prochaska, J.O., Velicer, W.F., Rossi, J.S., Goldstein, M.G., Marcus, B.H., Rakowski, W., Fiore, C. Harlow, L.L., Redding, C.A., Rosenbloom, D. and Rossi, S.R. (1994). Stages of change and decisional balance for twelve problem behaviors. Health Psychology, 13 ; 39-46.

Rachman, S.J. and de Silva, P (1978). Abnormal and normal obsessions. Behaviour Research and Therapy, 16, 233-248.

Rachman, S.J. and Hodgson, R. (1974). Synchrony and de-synchrony in fear and avoidance. Behaviour Research and Therapy, 12, 311-318.

Rachman, S.J., Radomsky, A.S. and Shafran, R. (2008). Safety behaviour : A reconsideration. Behaviour Research and Therapy, 46 ; 163-173.

Raimy, V. (Ed.) (1950). Training in Clinical Psychology. New York : Prentice-Hall.

Raue, P.J. and Goldfried, M.R. (1994). The therapeutic alliance in cognitive-behaviour therapy. In : A.O. Horvath and L.S. Greenberg (Eds). The Working Alliance. New York : Wiley.

Rector, N.A., Bagby, R.M., Segal, Z.V., Joffe, R.T. and Levitt, A. (2000). Self-criticism and dependency in depressed patients treated with cognitive therapy or pharmacotherapy. Cognitive Therapy and Research, 24, 571-584.

Ree, M. and Harvey, A.G. (2004). Insomnia. In : J. Bennett-Levy, G. Butler, M. Fennell, A. Hackmann, M. Mueller and D. Westbrook (Eds). The Oxford Guide to Behavioural Experiments in Cognitive Therapy. Oxford : Oxford University Press.

Resick, P.A. and Schnicke, M.K. (1993). Cognitive Processing Therapy for Rape Victims. Newbury Park, CA : Sage.

Richards, A., Barkham, M., Cahill, J., Richards, D., Williams, C. and Heywood, P. (2003). PHASE : A randomised controlled trial of supervised self-help cognitive behavioural therapy in primary care. British Journal of General Practice, 53, 764-770.

Richards, D. (2010). Low intensity CBT. In : M. Mueller, H. Kennerley, F. McManus and D. Westbrook (Eds.). The Oxford Guide to Surviving as a CBT Therapist. Oxford : Oxford University Press.

Richardson, R. and Richards, D.A. (2006). Self-help : Towards the next generation. Behavioural and Cognitive Psychotherapy, 34,13-23.

Riso, L.P., duToit, P.T. and Young, J.E. (in press). Cognitive Schemas and Core Beliefs in Psychiatric Disorders : A Scientist-practitioner Guide. New York : American Psychiatric Association.

Robson, C. (2002). Real World Research. Oxford : Blackwell.

Rogers, C. (1951). Client-centred Counselling. Boston : Houghton-Mifflin.

Rollnick, S., Miller, W.R. and Butler, C.C. (2008). Motivational Interviewing in Health Care : Helping Patients Change Behaviour. New York : Guilford Press.

Roth, A. and Fonagy, P (2005). What Works for Whom? 2nd Edn. New York : Guilford Press.

Roth, A. and Pilling, S. (2007). The competences required to deliver effective cognitive and behavioural therapy for people with depression and with anxiety disorders. London : Department of Health. Document also downloadable from the DoH website at : www.dh.gov.uk/prod-consum_dh/groups/dh_digitalassets/@dh/@en/documents/digitalasset/dh_078535.pdf (Retrieved 22 April 2010).

Rothschild, B. (2000). The Body Remembers : The Psychophysiology of Trauma and Trauma Treatment. New York : Norton.

Rush, A.J., Beck, A.T., Kovacs, M. and Hollon, S.D. (1977). Comparative efficacy of cognitive therapy and pharmacotherapy in the treatment of depressive outpatients. Cognitive Therapy and Research, 1, 17-37.

Rush, A.J. and Watkins, J.T. (1981). Group versus individual therapy : A pilot study. Cognitive Therapy and Research, 5, 95-103.

Ryder, J. (2010). CBT in groups. In : M. Mueller, H. Kennerley, F.M. McManus and D. Westbrook (Eds.). The Oxford Guide to Surviving as a CBT Therapist. Oxford : Oxford University Press.

Safran, J.D. and Muran, J.C. (1995). Resolving therapeutic alliance ruptures : Diversity and integration. In Session : Psychotherapy in Practice, 1, 81-92.

Safran, J.D. and Segal, Z.V. (1990). Interpersonal Process in Cognitive Therapy. New York : Basic Books.

Safran, J.D., Segal, Z.V., Vallis, T.M., Shaw, B.F and Samstag, L.W. (1993). Assessing patient suitability for short-term cognitive therapy with an interpersonal focus. Cognitive Therapy and Research, 17, 23-38.

Salkovskis, P.M. (1985). Obsessive-compulsive problems : A cognitive-behavioural analysis. Behaviour Research and Therapy, 23, 571-583.

Salkovskis, P.M. (1988). Phenomenology, assessment and the cognitive model of panic. In : S.J. Rachman and J. Maser (Eds). Panic : Psychological Perspectives. Hillsdale, NJ : Erlbaum.

Salkovskis, P.M. (1991). The importance of behaviour in the maintenance of anxiety and panic : A cognitive account. Behavioural Psychotherapy, 19, 6-19.

Salkovskis, PM. (1995). Demonstrating specific effects in cognitive and behavioural therapy. In : M. Aveline and D. Shapiro (Eds.). Research Foundations for Psychotherapy Practice. Chichester : Wiley.

Salkovskis, P.M. (1999). Understanding and treating obsessive-compulsive disorders. Behaviour Research and Therapy, 37, S29-S52.

Salkovskis, P.M. (2002). Empirically grounded clinical interventions : Cognitive-behavioural therapy progresses through a multi-dimensional approach to clinical science. Behavioural and Cognitive Psychotherapy, 30, 3-9.

Salkovskis, P.M. and Bass, C. (1997). Hypochondriasis. In : D.M. Clark and C.G. Fairburn (Eds). Science and Practice of Cognitive-behaviour Therapy. Oxford : Oxford University Press.

Salkovskis, P.M., Jones, D.R.O. and Clark, D.M. (1986). Respiratory control in the treatment of panic attacks : Replication and extension with concurrent measurement of behaviour and pCO2. British Journal of Psychiatry, 148, 526-532.

Salkovskis, PM. and Warwick, H.M. (1986). Morbid preoccupations, health anxiety and reassurance : A cognitive-behavioural approach to hypochondriasis. Behaviour Research and Therapy, 24, 597-602.

Salkovskis, P.M. and Westbrook, D. (1989). Behaviour therapy and obsessional ruminations : Can failure be turned into success? Behaviour Research and Therapy, 27, 149-160.

Schmidt, N. and Woolaway-Bickel, K. (2000). The effects of treatment compliance on outcome in cognitive-behavioural therapy for panic disorder : Quality versus quantity. Journal of Consulting and Clinical Psychology, 68, 13-18.

Scholing, A. and Emmelkamp, P.M.G. (1993). Exposure with and without cognitive therapy for generalised social phobia : Effects of individual and group treatment. Behaviour Research and Therapy, 31, 667-681.

Schulte, D. and Eifert, G.H. (2002). What to do when manuals fail? The dual model of psychotherapy. Clinical Psychology : Science and Praactice, 9 ; 312-338.

Schulte, D., Kuenzel, R., Pepping, G. and Schulte, B.T. (1992). Tailor-made versus standardized therapy of phobic patients. Advances in Behaviour Research and Therapy, 14, 67-92.

Scott, J. (2001). Overcoming Mood Swings : A Self-help Guide Using Cognitive Behavioural Techniques. London : Robinson.

Scott, M.J. and Stradling, S.G. (1994). Post-traumatic stress without the trauma. British Journal of Clinical Psychology, 33, 71-74.

Segal, Z.V., Williams J.M. and Teasdale, J.D. (2002). Mindfulness-based Cognitive Therapy for Depression : A New Approach to Prevent Relapse. New York : Guilford Press.

Silver, A., Surawy, C. and Sanders, D. (2004). Physical illness and disability . In : J. Bennett-Levy, M. Fennell, A. Hackmann, M. Mueller and D. Westbrook (Eds.). The Oxford Guide to Behavioural Experiments in Cognitive Therapy. Oxford : Oxford

University Press.

Simon, R.I. (1991). Psychological injury caused by boundary violation precursors to therapist-patient sex. Psychiatric Annals, 21, 616-619.

Smith, D. and Fitzpatrick, M. (1995). Patient-therapist boundary issues : An integrative review of theory and research. Professional Psychology : Research and Practice, 26, 499-506.

Sobell, M.B. and Sobell, L.C. (1993). Problem Drinkers : Guided Self-change Treatment. New York : Guilford Press.

Stuart, G.L., Treat, T.A. and Wade, W.A. (2000). Effectiveness of an empirically based treatment of panic disorder delivered in a service clinic setting : 1-year follow-up. Journal of Consulting and Clinical Psychology, 68, 506-512.

Stuart, R. (1980). Helping Couples Change : A Social Learning Approach to Marital Therapy. New York : Guilford Press.

Tarrier, N., Wells, A. and Haddock, G. (1998). Treating Complex Cases : The Cognitive Behavioural Approach. Chichester : Wiley.

Tavris, C. (1989). Anger : The Misunderstood Emotion. New York : Simon and Schuster.

Taylor, A.H. (2000). Physical activity, anxiety and stress. In : S.J.H. Biddle, K.R. Fox and S.H. Boutcher (Eds). Physical Activity and Psychological Well-being. London : Routledge.

Teasdale, J.D. (1988). Cognitive vulnerability to persistent depression. Cognition and Emotion, 2, 247-274.

Teasdale, J.D. (1996). Clinically relevant theory: integrating clinical insight with cognitive science. In : P. Salkovskis (Ed.). Frontiers of Cognitive Therapy. New York : Guilford Press.

Teasdale, J.D. (2004). Mindfulness-based cognitive therapy. In : J. Yiend (Ed.). Cognition, Emotion and Psychopathology : Theoretical, Empirical and Clinical Directions. Cambridge : Cambridge University Press.

Teasdale, J.D. and Barnard, P.J. (1993). Affect, Cognition and Change : Remodelling Depressive Thought. Hove : Eribaum.

Teasdale, J.D., Moore, R.G., Hayhurst, H., Pope, M., Williams, S. and Segal, Z.N. (2002). Metacognitive awareness and prevention of relapse in depression : Empirical evidence. Journal of Consulting and Clinical Psychology, 70, 275-289.

Teasdale, J.D., Segal, Z.N. and Williams, J.M.G. (1995). How does cognitive therapy prevent depressive relapse and why should attentional control (mindfulness) training help? Behaviour Research and Therapy, 33, 25-39.

Telch, M.J., Luxcas, J.A., Schmidt, N.B., Hanna, H.H., Jaimez, T.L. and Lucas, R.A. (1993). Group cognitive-behavioural treatment of panic disorder. Behaviour Research and Therapy, 31, 279-287.

Terr, L.C. (1991). Childhood traumas : An outline and overview. American Journal of Psychiatry, 148, 10-20.

Thase, M.E., Greenhouse, J.B., Frank, E., Reynolds, C.F., Pilkonis, P.A., Hurley, K. et al. (1997). Treatment of major depression with psychotherapy or psychotherapy-pharmacotherapy combinations. Archives of General Psychiatry, 54,1009-1015.

Treasure, J.L., Katzman, M., Schmidt, U., Troop, N., Todd, G. and de Silva, P. (1999). Engagement and outcome in the treatment of bulimia nervosa : First phase of a sequential design comparing motivation enhancement therapy and cognitive behaviour therapy. Behaviour Research and Therapy, 37, 405-418.

Treasure, J.L., Schmidt, U. and van Furth, E. (2003). Handbook of Eating Disorders. 2nd Edn. Chichester : Wiley.

Tucker, M. and Oie, T. (2007). Is group more cost effective than individual CBT?The evidence is not solid yet. Behavioural and Cognitive Psychotherapy, 35, 77-91.

Vanderlinden, J. and Vandereycken, W. (1997). Trauma, Dissociation and Impulse Dyscontrol in Eating Disorders. Bristol, PA : Brunner/ Mazel.

Vitousek, K.B. (1996). The current status of cognitive behavioural models of anorexia nervosa and bulimia nervosa. In : P.M. Salkovskis (Ed.). Frontiers of Cognitive Therapy. New York : Guilford Press.

Vittengl, J., Clark, L. and Jarret, R. (2010). Moderators of continuation phase cognitive therapy's effects on relapse, recurrence, remission and recovery from depression. Behaviour Research and Therapy, 48 ; 449-458.

Wade, W.A., Treat, T.A. and Stuart, G.L. (1998). Transporting an empirically supported treatment for panic disorder to a service clinic setting : A benchmarking strategy. Journal of Consulting and Clinical Psychology, 66, 23 1-9.

Waller, G. (1993). Why do we diagnose diferent types of eating disorder? Arguments for a change in research and clinical practice. Eating Disorders Review, 1, 74-89.

Waller, G., Cordery, H., Corstorphine, E., Hinrichsen, H., Lawson, R., Mountford,V. and Russell, K. (2007). Cognitive Behavioural Therapy for Eating Disorders : A Comprehensive Treatment Guide. Cambridge : Cambridge University Press.

Waller, G., Kennerley, H. (2003). Cognitive behavioural treatments. In : J. Treasure, U. Schmidt and E. van Furth (Eds.). Handbook of Eating Disorders (2nd Ed.). Chichester : Wiley.

Warwick, H.M.C. and Salkovskis, P.M. (1989). Hypochondriasis. In : J. Scott, J.M.G. Williams and A.T. Beck (Eds). Cognitive Therapy in Clinical Practice. London : Croom Helm.

Waters, A., Hill, A. and Wailer, G. (2001). Bulimics' responses to food cravings : Is bingeeating a product of hunger or emotional state? Behaviour Research and Therapy, 39, 877-886.

Watson, J.C. and Greenberg, L.S. (1995). Alliance ruptures and repairs in experiential therapy. In Session : Psychotherapy in Practice, 1, 19-31.

Wells, A. (1995). Meta-cognition and worry : A cognitive model of GAD. Behavioural and Cognitive Psychotherapy, 23, 301-320.

Wells, A. (1997). Cognitive Therapy of Anxiety Disorders : A Practice Manual and Conceptual Guide. Chichester : Wiley.

Wells, A. (2000). Emotional Disorders and Metacognition. Chichester : Wiley.

Wells, A. (2008). A metacognitive therapy : Cognition applied to regulating cognition. Behavioural and Cognitive Psychotherapy, 36, 651-658.

Wells, A. and Mathews, G. (1994). Attention and Emotion : A Clinical Perspective. Hove : Lawrence Erlbaum.

Wenzlaff, R.M. and Bates, D.E. (2000). The relative efficacy of concentration and suppression strategies of mental control. Personality and Social Psychology Bulletin, 26, 1200-1212.

Wenzlaff, R.M., Wegner D.M. and Klein, F.B. (1991). The role of thought suppression in the bonding of thought and mood. Journal of Personality and Social Psychology, 60, 500-508.

Westbrook, D.J. and Kirk, J. (2005). The clinical effectiveness of cognitive behaviour therapy : Outcome for a large sample of adults treated in routine practice. Behaviour Research and Therapy, 43, 1243-1261.

Westbrook, D., Mueller, M., Kennerley, H., McManus, F. (2010). Chapter1 : Common problems in therapy. In : M. Mueller, H. Kennerley, F. McManus and D. Westbrook (Eds.). Oxford Guide to Surviving as a CBT Therapist. Oxford : Oxford University Press.

Westen, D. (1996). Psychology : Mind, Brain and Culture. New York : Wiley.

Westra, H. and Stewart, S. (1998). Cognitive behavioural therapy and pharmacotherapy : Complementary or contradictory approaches to the treatment of anxiety? Clinical Psychology Review, 18, 307-340.

White, J. (1998). 'Stress control' large group therapy for generalized anxiety disorder : Two year follow-up. Behavioural and Cognitive Psychotherapy, 26, 237-246.

White, J. (2000). Treating Anxiety and Stress : A Group Psycho-educational Approach Using Brief CBT. Chichester : Wiley.

White, J., Keenan, M. and Brooks, N. (1992). 'Stress control' : A controlled comparative investigation of large group therapy for generalized anxiety disorder. Behavioural Psychotherapy, 20, 97-114.

Wilkinson, P.W. (2002). Cognitive behaviour therapy. In : J.N. Hepple, J. Pearce and P.W. Wilkinson (Eds.). Psychological Therapies for Older People. Developments for Effective practice. Hove : Bruner-Routledge.

Williams, C. (2001). Use of written cognitive-behavioural therapy self-help materials to treat depression. Advances in Psychiatric Treatment, 7, 233-240.

Williams, J.M.G. (1992). The psychological treatment of depression : A guide to the theory and practice of cognitive behaviour therapy London : Routledge.

Williams, J.M.G. (1997). Depression. In : D.M. Clark and C.G. Fairburn (Eds). Science and Practice of Cognitive Behaviour Therapy. Oxford : Oxford University Press.

Williams, J.M.G., Teasdale, J.D., Segal, Z.V. and Soulsby, J. (2000). Mindfulness-based cognitve therapy reduces overgeneral autobiographical memory in formerly depressed patients. Journal of Abnormal Psychology, 109, 150-155.

Williams, J.M.G., Watts, F.N., McCleod, C. and Mathews, A. (1997). Cognitive Psychology and Emotional Disorders. 2nd Edn. New York : Wiley.

Witkiewitz, K. and Marlatt, G.A. (2007). Therapist's Guide to Evidence-based Relapse Prevention. Burlington, MA : Elsevier.

Wolpe, J. (1958). Psychotherapy by Reciprocal Inhibition. Stanford, CA : Stanford University Press.

Wright, J.H. and Davis, D. (1994). The therapeutic relationship in cognitive-behaviour therapy : Patient perceptions and therapist responses. Cognitive and Behavioural Practice, 1, 25-45.

Yalom, I. (1995). The Theory and Practice of Group Psychotherapy. New York : Basic Books.

Young, J.E. (1984). Cognitive therapy with difficult patients. Workshop presented at the meeting of the Association for Advancement of Behaviour Therapy, Philadelphia, PA.

Young, J.E. (1990). Cognitive Therapy for Personality Disorders : A Schema Focused Approach. Sarasota, FL : Professional Resource Exchange.

Young, J. and Beck, A.T. (1980). Cognitive Therapy Scale : Rating Manual. Unpublished MS, University of Pennsylvania, PA.

Young, J.E., Klosko, J. and Weishaar, M.E. (2003). Schema Therapy : A Practitioner's Guide. New York : Guilford Press.

Zettle, R.D. (2003). Acceptance and commitment therapy (ACT) versus systematic desensitization in treatment of mathematics anxiety. The Psychological Record, 53, 197-215.

Zigmond, A.S. and Snaith, R.P. (1983). The Hospital Anxiety And Depression Scale. Acta Psychiatrica Scandinavica, 67, 361-370.

Zipfel, S., Lowe, B. and Herzog, W. (2003). Medical complications. In : J. Treasure, U. Schmidt and E. van Furth (Eds). Handbook of Eating Disorders. 2nd Edn. Chichester : Wiley.

索引

● 人名

Beck, A.T.……009-011, 017, 022, 026, 271, 291
Burns, D.……147, 207, 369
Clarke, D.A.……024
Padesky, C.……015, 031, 074, 108, 152, 163, 169, 175, 198, 201, 203, 207, 270, 323, 354, 368, 376, 378-380, 413, 418, 420, 423
Richards, D.……024, 025
Westen, D.……155
Rogers, C.……042, 055

● A

A-B-A デザイン……399, 400
ACT［▶アクセプタンス・コミットメント・セラピー］
BA……373, 389, 390
BAI［▶ベック不安質問票］
BDI［▶ベック抑うつ質問票］
BMI［▶ボディ・マス・インデックス］
IAPT（Improving Access to Psychological Therapies）
　─による密度……358, 370
　─のウェブサイト……363
　─プロジェクト……362
MBCT［▶マインドフルネス認知療法］
Multiple Access Points Levels of Entry……358
PTSD［▶心的外傷後ストレス障害］
SMART……253, 269
WAS［▶週間活動スケジュール］

● あ

アウトカム……343, 397, 398, 402, 403, 406, 407
アクセプタンス・コミットメント・セラピー（ACT）
　……373, 387, 389, 393
アジェンダ……034, 040, 048, 118, 227, 249, 251, 256-258, 264, 269, 348, 364
　─の設定……026, 247, 248, 250, 252, 253, 267, 268, 419

アセスメント……015, 036, 039, 048, 055, 060, 061, 065, 066, 075, 076, 078-081, 084, 092, 094, 095, 101, 102, 106, 109-112, 119, 126, 143, 147, 168, 240, 247, 249, 263, 264, 267, 304, 309, 311, 335, 336, 342, 344, 348-350, 356, 368, 383, 390, 405, 406
アドレナリン……291, 293
安全確保行動……044, 057, 081, 084-086, 100, 102, 120, 121, 249, 256, 257, 262, 265, 305, 307, 309, 310
安全行動……183, 204, 216, 218, 219, 222, 228, 230, 234, 237, 239, 240, 242-244, 296, 301, 302, 314, 315-318, 321, 322, 324, 325, 328-333
安全探索行動……301
アンビバレンス……260, 343, 355, 356
怒り……013, 023, 056, 057, 081, 116, 173, 190, 199, 236, 256, 264, 299, 336, 339, 343, 349, 350, 369, 379, 381, 417-419
維持サイクル……272, 300, 302, 304-307, 312, 319, 341
一事例デザイン……398, 399, 401, 406
異文化……059, 060, 062, 064
イメージ……011, 018, 019, 047, 054, 059, 081, 118, 140, 148, 154, 156, 160, 162, 164, 165, 171-175, 178-184, 186, 191, 197-200, 206, 226, 230, 256, 261, 282, 286, 291, 295, 296, 302, 303, 308, 309, 314-316, 322, 328, 332, 333, 340, 375, 382, 384, 387, 393
　─・エクササイズ……380
インフォームド・コンセント……071, 397, 414
内気（shyness）……322
内なる声……198, 323, 324
うつ病……019, 025, 026, 028, 029, 037, 038, 043, 045, 046, 076, 081, 086, 092, 096, 110, 114, 117, 119, 122, 124, 161, 171, 272-274, 276, 278-285, 287-289, 296, 373, 383-387, 389
　─の認知的三要素……271
運動……182, 225, 235-237, 242-244, 279, 280, 308, 334, 355, 391
エンプティ・チェア技法……199
嘔吐恐怖症……262
応用筋緊張……225, 237, 238, 243, 245
オーディオ／ビデオ録音……413

443

● か

害減弱化……356
ガイドライン……027, 036, 077, 120, 227, 235, 243, 313, 343, 347, 348, 360, 362, 374, 389
介入
　―効果……021, 027, 028, 031, 037, 051, 100, 109, 217, 367, 385, 388, 400
　―プロトコル……037, 043, 077, 171, 216, 305, 313, 335
　　密度の低い―……358, 362, 363
回避……086, 102, 309
　―行動……057, 151, 189, 219, 305, 311
解離……047, 116, 230, 342, 343, 347
科学者-実践家モデル……397
学習障害……356
確認の概念……384
活動記録……209
活動スケジュール……257, 258, 274, 275, 278, 280, 281, 289, 290, 307, 308
カップル・セラピー……025, 038, 266, 359, 367-369
関係性の困難……339, 352
関係性の問題……350, 352-354
関係フレーム理論……373, 389
観察……010
感情……046, 081, 100, 172, 173
感情的理由づけ……303, 322, 324, 330
感度……117
記憶……037, 047, 116, 118, 133-135, 138, 142, 143, 180, 197-200, 272, 276, 295, 299, 300, 303, 331-334, 346-348, 374, 382, 390, 391
儀式……039, 047, 068, 103, 111, 122, 123, 255, 295, 299, 301, 305, 309, 328-330, 400, 401
気逸らし法……182
気晴らし……274, 308, 310, 315, 321, 327, 355
急性ストレス障害（Acute Stress Disorder：ASD）……295
境界性パーソナリティ障害……067, 353, 365, 382, 383, 388, 389, 391
共感療法……383, 384
協働関係……042, 051-054, 056-058, 062-064, 066, 071, 076, 080, 094, 100, 104, 129, 152, 153, 163, 165, 166, 222, 249, 283, 284, 351, 353, 376, 384, 410, 415, 418, 420
協働的なケア……363
強迫観念……035, 097, 295, 328, 329, 379, 399, 401
強迫行為……295, 299, 329

強迫性障害（Obsessive-Compulsive Disorder：OCD）……011, 026, 039, 056, 076, 087, 103, 110, 119, 204, 213, 255, 295, 299, 309, 314, 328, 340
恐怖症……010, 011, 015, 027, 082, 089, 124, 151, 213, 215, 228, 237, 243, 262, 263, 294-296, 313-316
　特定の―……027, 213, 294, 295, 313, 314
極端な思考……184, 185, 187, 200, 304
グループCBTの費用対効果……366
グループのメンバーシップ……365
形成的評価……410
ケース・フォーミュレーション……026, 036, 037, 043, 058, 075, 152, 167, 171, 172, 204, 205, 209, 225, 226, 244, 355, 416, 418 [▶フォーミュレーション]
血液恐怖……296
幻覚……350, 351
健康不安……022, 058, 087, 088, 115, 297, 300, 314, 318-320, 331
幻聴……350
コ・セラピスト……364, 366, 367
合意についての交渉……416
抗うつ薬……279, 283, 387
効果測定……109-113, 125, 363
行動活性化（Behavioural Activation：BA）……271, 281, 373, 374, 388-390
行動技法……209, 225, 307, 308
行動実験……040, 209-224, 228, 233
行動主義……010, 011, 274
行動的方略……039, 272, 289
行動派（activist）……131-134
呼吸法……148, 225, 232-235, 243, 244
コーピング……061, 137, 193, 335, 343, 355, 389
コンサルテーション……025, 411, 412, 420
コンピュータ化されたCBT（Computerised CBT：CCBT）……359

● さ

再発……020, 034, 045, 079, 136-140, 142, 260, 262-265, 273, 274, 288, 289, 294, 344, 351, 355, 356, 374, 385-387, 391
　―管理……129, 135, 142, 143
作業同盟……051-053, 061, 062, 072, 073, 100, 133, 166, 267, 340, 346
　―の決裂……056, 057
漸進的筋弛緩法……226
思案派（reflector）……131-133

思考記録……026, 112, 121, 132, 163, 165, 174, 177, 190, 257, 309, 378, 382
　―表……081, 127, 175, 176, 205, 273, 282
自己開示……067, 070, 071, 073
自己観察……172
自己叱責……184, 186, 196, 200
自己制御実行機能モデル（Self-regulatory Executive Function Model：S-REF）……387
自己評定……120, 126
自殺念慮……271, 283-285, 289
「死者の解決」（dead man's solution）……254
システミック・セラピー……266
自制違反効果（Abstinent Violation Effect：AVE）……138
持続時間……119, 120, 403
自尊感情……342, 350, 352
自尊心……060, 061, 138, 139, 229, 235-237, 257, 258, 260, 360
質問紙……113, 114, 122-126, 143, 263, 367, 399, 402, 403, 405
実用派（pragmatist）……131-133
指導グループ……411
自動思考……017-021, 030, 041, 047, 058, 063, 065, 100, 106, 113, 156, 158, 177-179, 186-188, 200, 201, 204, 205, 238, 249, 251, 256, 260, 261, 264, 269, 273, 274, 277, 281, 282, 341, 352, 368, 375, 382, 384, 388
自助的に取り組む……363
嗜癖行動……137
社会不安……022, 027, 066, 068, 081, 089, 113, 123, 220, 254, 370
社交恐怖……295, 296, 298, 302, 322, 323
社交不安……298, 302, 309, 314, 322-324, 352
週間活動スケジュール……274, 275, 289
終結……036, 038, 142, 247, 252, 253, 264-266, 273, 392
守秘義務……065, 066, 283, 366
条件交替デザイン……400
心気症……295, 297, 318
神経科学……390, 395
神経性大食症……028, 339, 340, 344
神経性無食欲症……180, 340, 344, 374
心的外傷後ストレス障害（Post-traumatic Stress Disorder：PTSD）……028, 079, 088, 093, 204, 231, 295, 296, 299, 300, 303, 314, 331-334, 345-348, 384, 390
侵入思考……119, 180, 231, 323, 328, 330-332, 347, 393
心配……303, 304, 325-328
　タイプⅠの―……325
　タイプⅡの―……325

信頼性……029, 076, 113, 114, 116, 119, 120, 125, 126, 341, 404, 406 ［▶妥当性］
心理劇……199, 380, 382
スーパーヴァイザー……056, 058, 072, 074, 107, 143, 169, 223, 245, 263, 269, 337, 363, 369, 394, 410-423
　―との問題……420
スーパーヴィジョン……047, 058-060, 067, 070, 073, 107, 141, 152, 168, 206, 222, 339, 351, 356, 363, 392-394, 409-423
　―の形態……410, 411
　―のゴール……409
　―の面接……419
スキーマ……079, 106, 158, 166, 193, 200-202, 204, 274, 288, 344, 347, 348, 359, 361, 373-376, 380-385, 388, 393
　―に明確に焦点化する……373
　―・フラッシュカード……381
　―を蓄えられた知識の集合体……374
　本の処方―……359
スキーマ焦点化療法（セラピー）……079, 376, 382
頭痛……063, 229, 236, 296, 297, 309
スモールステップ……286
精査……025, 150, 159, 319, 321, 342, 376
成人の学習理論……129, 142
精神病……339, 351
性的関係……071, 334
（性的でない）身体接触……070, 071
性的問題……356
生理学的測定……123
赤面……019, 210, 211, 214, 296, 322, 324
摂食障害……028, 054, 056, 092, 136, 138, 139, 189, 190, 237, 255, 335, 339-344, 346, 383
　特定不能の―……340
絶望……022, 056, 063, 065, 137, 138, 153, 260, 269, 271, 272, 283-285, 287, 324, 375, 376
セラピーの費用対効果……357, 366
セラピスト自身の問題……070, 413
セルフヘルプ……140, 141, 147, 163, 358-361, 370
　スーパーヴァイズ付きの―……361
　補助付きの―……360, 361
セルフモニタリング……102, 118, 166, 247, 258, 263, 267, 275, 282, 307, 309, 326
全か無か……071, 137, 184-186, 200, 278, 280, 296, 342, 377
洗浄……119, 299, 305, 328, 329, 330
選択的注意……184, 185, 195, 200, 304, 313, 316, 318

全般性不安障害（Generalised Anxiety Disorder：GAD）
　……295
総括的評価……410
相互認知サブシステム（ICS）……385
　―モデル（ICSモデル）……373
操作的定義……116, 209
ソクラテス式問答法……039, 047, 053, 059, 130, 145,
　149, 151, 152, 167-169, 184

● た

第三者……122, 123
大グループ……358, 359, 361, 362, 370
多重ベースラインデザイン……400, 401
脱中心化……184, 186, 187, 191, 196, 200, 308, 315, 334,
　385
脱落……310, 397
妥当性……028, 029, 113, 114, 122, 125, 126, 150, 151,
　163, 191, 200, 209, 300, 317, 321, 377, 378, 381, 388
　［▶信頼性］
短期記憶……133, 134　［▶長期記憶］
知覚された危険……292
知覚された脅威……291-293, 300, 302, 308, 313, 315,
　318, 319, 325
注意の集中……302, 322
中核的思い込み……019-021, 023, 030, 031, 092, 106,
　158, 161, 162, 191, 200-203, 205, 250, 273, 274, 281,
　289, 352, 382
長期記憶……133, 134　［▶短期記憶］
直観への依存……184, 185, 196, 200
デメリット……188, 189, 309, 364, 411, 412, 421-423
転移……052, 376
　―関係……067
動機づけ面接法……139
逃走……291
闘争……291
読書療法……140, 359, 360, 361
徒弟制……411, 412, 422
トラウマ……019, 028, 065, 079, 093, 168, 179-181, 198,
　203, 339, 345-348, 370, 375, 384, 391-393
　―記憶の欠如……347
ドロップアウト……062, 364, 402, 407

● な

二重関係……069, 073
日常思考記録表……163, 202
日記……110, 112, 113, 117, 120, 121, 123-126, 135, 174,
　175, 184, 191-193, 228, 258, 331
二分法的思考……162, 184, 185, 190, 192, 193, 331, 342,
　344, 382
認知技法……171, 205, 206, 210, 225, 307, 308, 348
認知
　―原則……013, 017
　―の偏り……022, 030, 184-187, 272, 311, 333, 368
　―モード……386
　―モデル……100, 273, 305, 313, 315-317, 320, 322,
　　323, 325, 326, 328, 330, 331, 333, 337, 349, 375
　―レベル……017, 019, 020
　ホットな―……164, 165, 174
認知的再構成……140
認知的方略……182, 281, 282, 286, 289, 311, 327
認知的注意症候群（Cognitive Attentional Syndrome：
　CAS）……387
認知分析療法（cognitive analytic therapy：CAT）……141
認知療法……010-012, 026, 030, 055, 093, 112, 129, 130,
　133, 142, 145, 147, 163, 172, 174, 186, 188, 200, 209,
　266, 268, 271, 283, 291, 307, 311, 339, 346, 348, 368,
　373, 374, 376, 382, 383, 385-387, 389, 390, 392, 393,
　410

● は

破局的思考……185, 187, 263, 296, 331
破局的予期……300
曝露反応妨害法（Exposure and Response Prevention：
　ERP）……330
曝露法……314
パニック障害……022, 028, 043, 075, 087, 123, 236, 243,
　295-297, 301, 303, 314, 316, 317, 361, 365, 366
パニック発作……066, 167, 177, 187-190, 192-194, 196,
　199-201, 218, 232, 233, 292, 294-297, 316, 356
反応性……113, 126
ピアグループ……370, 411, 412
ひきこもり……038, 063, 089, 140, 190, 350, 352
否定的思い込み……422

否定的自動思考（NATs）……017-021, 030, 041, 047, 058, 063, 065, 100, 106, 113, 114, 156, 158, 204, 249, 251, 256, 260, 264, 269, 273, 274, 277, 281, 282, 368, 375, 384, 388
肥満……340, 341, 344, 345
費用対効果分析……189
広場恐怖……027, 036, 040, 045, 103, 112, 119, 211, 218, 263, 295-297, 300, 309, 314
頻度……119
不安障害……011, 019, 027, 028, 037, 084, 085, 190, 225, 291-296, 298, 301, 307, 308, 310, 311, 313, 314, 319, 325, 330, 333-337, 361, 362, 364, 384, 387, 389, 390
　特定不能の―……300
不安反応……211, 212, 291-293
フィードバック……015, 023, 033, 034, 040-042, 048, 049, 054, 055, 064, 084, 095, 118, 121, 132, 134, 135, 159, 245, 249, 250, 252, 259, 260, 267, 288, 290, 309, 406, 413, 417
フェルトセンス……204, 380
フォーミュレーション……075-080, 084, 085, 095-099, 103-107, 147, 148, 161, 162, 259-261, 263, 264
　［▶ケース・フォーミュレーション］
不確実性……321, 325, 327-329, 406
物質乱用……092, 339, 354-356
フラッシュバック……180, 181, 295, 296, 300, 303, 332, 334, 336, 347
フラッディング……212
ブレインストーミング……285
併存障害……334
ベースライン……109, 112, 126, 397-402
ベック不安質問票（BAI）……249, 403
ベック抑うつ質問票（BDI）……117, 124, 249, 288, 403, 404
弁証法的行動療法（DBT）……300
ホームワーク……175, 177, 198, 216, 218, 249, 250, 256-259, 261-264, 266-268, 270, 364, 387, 419
ボディ・マス・インデックス（BMI）……340

● ま

マイノリティグループ……061, 062, 063, 065
マインドフルネス認知療法（MBCT）……271, 373, 374, 384-390, 393
　―の実践……386
マインドフルネス瞑想……187
待ち時間……357, 370

ミラクル・クエスチョン……254
むちゃ食い……028, 138, 139, 140, 252, 340, 343-345
むちゃ食い障害……028, 340
迷信的な思考……321
メタ認知……186, 321, 325, 327, 385, 388
　―的気づき……186, 387, 393
メタ認知療法……387, 393
メリット……064, 188, 189, 265, 360, 362, 364, 366, 387, 411, 412, 421
面接の構造化……253
妄想……350, 351
モチベーション……072, 150, 259, 260, 268, 343, 344
モニタリング……018, 102, 111, 113, 114, 116-120, 127, 138, 166, 186, 219, 247, 256-258, 263, 267, 274, 275, 277, 278, 282, 289, 307, 309, 326, 364, 384, 387, 388
問題イメージの変容……198
問題解決……017, 033, 051, 054, 125, 142, 150, 153, 171, 190, 211, 272, 284-286, 289, 290, 298, 304, 308, 322, 326-328, 361, 369

● や

薬物療法……028, 122, 266, 282, 283, 310, 355, 363, 391

● ら

リテラシー……064, 065, 073
リハーサル……133, 135, 140, 142, 197, 369, 381, 420
リフレーミング……189, 384
リラクセーション……063, 134, 135, 225-234, 236, 238, 242-245, 301, 307, 308, 349, 350
　応用―……226, 227
　―・イメージ……226
理論A対理論B……307, 308, 321, 331
理論派（theorist）……131-133
臨床的有意性……404, 405, 407
連続線上評定尺度……194-196, 201
連続線上評定法……330, 331, 377, 382
ロールプレイ……123, 131, 140, 164, 178-181, 184, 197-200, 244, 257, 324, 349, 380, 382, 391, 420

著者略歴

David Westbrook
（デヴィッド・ウエストブルック）

臨床心理士，オックスフォード認知療法センター長。コンサルタント臨床心理士としてトレーニングを受ける以前，精神科看護師として勤務。ロンドンで行動療法専門家チームの責任者となる。この経歴から，指導者の立場にある世界のCBTセラピストからのトレーニングを含む認知療法に関心をもつようになる。CBT実践歴は25年を超え，近年はオックスフォード認知療法センターでトレーニング，スーパーヴィジョン，研究に携わる。またNHSの臨床家でもあり，重篤な問題を抱えた患者に臨床活動に従事している。英国認知行動療法協会（BABCP）の認定セラピスト，スーパーヴァイザー，トレーナー。

Helen Kennerley
（ヘレン・ケナリー）

NHSに勤務するコンサルタント臨床心理士。オックスフォード認知療法センターで臨床活動に従事しており，先端認知療法研究コース長として，CBTトレーニングとスーパーヴィジョンを提供している。NHSでの臨床活動は主に子どものトラウマへのスーパーヴィジョン。オックスフォードとアメリカでトレーニングを受け，CBT実践歴は25年を超える。またオックスフォード認知療法センター創設メンバーでもあり，これまでにいくつもの認知療法のセルフヘルプ本を執筆している。2002年には，英国認知行動療法協会（BABCP）から英国で最も影響力のある女性認知療法家に贈られる賞の最終選考者となる。英国認知行動療法協会（BABCP）の認定セラピスト，スーパーヴァイザー，トレーナー。

Joan Kirk
（ジョアン・カーク）

リヴァプール，エジンバラ，オックスフォードでトレーニングを受け，コンサルタント臨床心理士としての臨床キャリアは40年を超える。独自の行動オリエンテーションは1970年代から次第に認知行動的なポジションへと移行。研究や執筆活動だけでなく，講演やスーパーヴィジョンや教育活動にも力を入れている。数年間責任者を務めたオックスフォードの成人臨床心理サービスは，やがてオックスフォード認知療法センターへと発展し，初代センター長となる。2004年にNHSを離れ，現在は個人開業。英国心理学協会会員，英国認知行動療法協会（BABCP）の認定セラピスト。

監訳者略歴

下山晴彦
(しもやま・はるひこ)

1983年，東京大学大学院教育学研究科博士課程中退。東京大学学生相談所助手，東京工業大学保健管理センター講師，東京大学大学院教育学研究科助教授を経て，現在，東京大学大学院教育学研究科臨床心理学コース教授。博士（教育学），臨床心理士。

主著 『認知行動療法――理論から実践的活用まで』（共著，金剛出版，2007），『臨床心理アセスメント入門』（単著，金剛出版，2008），『子どもと若者のための認知行動療法ガイドブック』（訳，金剛出版，2008），『よくわかる臨床心理学 改訂新版』（編，ミネルヴァ書房，2009），『子どもと若者のための認知行動療法実践セミナー』（共著，金剛出版，2010），『認知行動療法を学ぶ』（編，金剛出版，2010），『臨床心理学をまなぶ1――これからの臨床心理学』（単著，東京大学出版会，2010），『精神医療の最前線と心理職への期待』（共編，誠信書房，2011），『学生相談 必携GUIDEBOOK』（編，金剛出版，2012）ほか多数。

訳者略歴
[50音順]

石丸径一郎　東京大学大学院教育学研究科臨床心理学コース専任講師。博士（教育学），臨床心理士。主著『臨床心理学研究法シリーズ第5巻 調査研究の方法』（単著，新曜社，2011），『同性愛者における他者からの拒絶と受容――ダイアリー法と質問紙によるマルチメソッド・アプローチ』（シリーズ・臨床心理学研究の最前線）（単著，ミネルヴァ書房，2008）。[第 5・15・18 章]

小堀彩子　新潟大学人文社会・教育科学系准教授。臨床心理士。主要論文「子どもを持つ共働き夫婦におけるワーク・ファミリー・コンフリクト調整過程」『心理学研究』81-3；193-200 (2010)，「看護師のバーンアウト促進・抑制要因としての共感性――調整変数を考慮に入れた検討」『心理臨床学研究』26-5；559-567 (2008) [第 3・6・11 章]

下山晴彦　奥付に記載 [第 1 章]

高橋美保　東京大学大学院教育学研究科臨床心理学コース准教授。博士（教育学），臨床心理士。主著『中高年の失業体験と心理的援助――失業者を社会につなぐために』（シリーズ・臨床心理学研究の最前線）（単著，ミネルヴァ書房，2010）。[第 16・17・19 章]

袴田優子　北里大学大学院医療系研究科医科学専攻臨床心理学コース専任講師。博士（教育学），臨床心理士。主著 Hakamata, Y. and Inada, T. (2011) Structural and functional neuroimaging studies of anxiety-related personality trait : Implication for the neurobiological basis of human anxious personality (Chapter 6). In : F. Columbus (Ed.) Personality Traits : Theory, Testing and Influences. NY : Nova Science Publishers, pp.103-132. 主要論文　Hakamata, Y., Lissek, S., Bar-Haim, Y., Britton, J.C., Fox, N., Leibenluft, E., Ernst, M., Pine, D.S. (2010) Attention bias modification treatment : A meta-analysis towards the establishment of novel treatment for anxiety. Biological Psychiatry 68-11 ; 982-990. [第 8・9・10 章]

松澤広和　慶成会老年学研究所研究員。臨床心理士。主著『実践 心理アセスメント』（共編，日本評論社，2008），『認知症と診断されたあなたへ』（共著，医学書院，2005）。[第 2・4・7 章]

森田慎一郎　北里大学医学部精神科学特任准教授。博士（教育学），臨床心理士。主著『社会人と学生のキャリア形成における専門性――今日的課題の心理学的検討』（単著，武蔵野大学出版会，2010），『学生相談 必携GUIDEBOOK』（共編，金剛出版，2012）。[第 12・13・14 章]

認知行動療法臨床ガイド

印　刷	2012年11月10日
発　行	2012年11月20日
著　者	デヴィッド・ウエストブルック｜ヘレン・ケナリー｜ジョアン・カーク
監訳者	下山晴彦
発行者	立石正信
発行所	株式会社 金剛出版　〒112-0005 東京都文京区水道1-5-16｜電話03-3815-6661｜振替00120-6-34848
装　幀	吉田朋史（東京ピストル）
組　版	藍原慎一郎
印刷・製本	シナノ印刷

ISBN 978-4-7724-1271-1　C3011　©2012　Printed in Japan

† 好評既刊 †

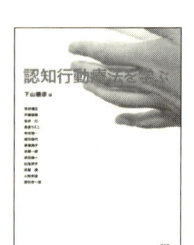

下山晴彦 [編]
認知行動療法を学ぶ
A5判｜348頁｜定価 3,600円［+税］

日本の認知行動療法の第一人者たちによってつづられた本書の18講義からは，まるで著名臨床家の実際のワークショップに出席して講義を聴講するように，認知行動療法の全体像と個別事例への実践方法を理解することができる。

下山晴彦 [編]
認知行動療法　理論から実践的活用まで
A5判｜252頁｜定価 3,200円［+税］

なぜいま認知行動療法なのか。本書では認知行動療法の発展の歴史と最近の動向を概観した上で，実際に適用する際の技法の基本を示す。さらにさまざまな障害や対象にむけての具体的なプログラムを紹介することで，その実効性ある介入の実際を明らかにし，理論と実践の橋渡しをする1冊。

山上敏子＋下山晴彦 [著]
山上敏子の行動療法講義　with 東大・下山研究室
A5判｜300頁｜定価 2,800円［+税］

行動療法の大家・山上敏子が下山晴彦研究室で語る！「方法としての行動療法」の理念と実践方法について，臨床経験から導かれた事例を援用しつつ臨床の楽しさとともに語った，若手臨床家のための実践本位・東大講義！

B・カーウェン＋S・パーマー＋P・ルデル [著]　下山晴彦 [監訳]
認知行動療法入門　短期療法の観点から
A5判｜246頁｜定価 3,200円［+税］

本書は，心理援助の専門活動に関わる人々のための認知行動療法の入門書であり，それを短期に応用するための実践書でもある。限られた時間の中でクライエントの負担を最小限に抑え，最大限の効果を短時間で達成するためのさまざまな方略や技法，介入の進め方の具体的なガイドラインを詳述。

下山晴彦 [著]
臨床心理アセスメント入門　臨床心理学は，どのように問題を把握するのか
A5判｜232頁｜定価 3,200円［+税］

臨床心理学の最新知見に基づく臨床心理アセスメントの方法を，全23回講義を通して解説。本書を通じて得られた心理的問題の総合的把握のための枠組は，臨床心理学のみならず，メンタルヘルス活動全体における臨床心理アセスメントの意義と役割を知ることにつながるだろう。